일상 속에 숨어 있는

뜻밖의
세계사

일러두기

이 책에 실린 도판들은 한국어판에 별도로 추가한 것들이며,
저작권이 없는 자료들이다.

창문과 굴뚝에서 케이크와 에어컨까지,
우리 곁에 있는 그것들은 모두 어디서 왔을까

일 상 속 에 숨 어 있 는

뜻 밖 의 세 계 사

찰스 패너티 지음 　　　　　 이형식 옮김

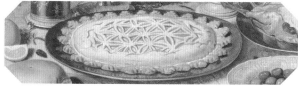

북피움

차례

1장

행운과 미신의 탄생

 미신 : 5만 년 전, 서아시아

　나폴레옹은 검은 고양이를 무서워했다. 율리우스 카이사르는 꿈을 두려워했다. 헨리 8세는 자신이 앤 불린과 결혼하게 된 것을 사악한 마법에 걸렸기 때문이라고 했다. 표트르 대제는 다리 건너는 것을 병적으로 무서워했다. 새뮤얼 존슨은 건물을 출입할 때 언제나 오른발을 먼저 들여놓았다.

　이처럼 불운에 대한 미신 때문에 여전히 많은 사람들이 사다리 아래를 지나가거나, 방안에서 우산을 펴거나, 13일의 금요일에 비행기 타기를 꺼린다. 반면에 바로 그런 사람들이 행운을 기원하며 손가락을 십자 모양으로 만들거나 네 잎 클로버를 찾아 헤맨다.

　사실 미신은 논리적으로 얼토당토않으므로 교육이나 과학의 발달과 함께 사라졌어야 마땅하다. 그러나 객관적 증거를 중시하는 요즘도 많은 사람들이 남몰래 미신을 믿고 있다. 미국 전역에서 행운의 숫자 때문에 수만 장의 복권이 매일 판매되고 있다는 사실은 이를 입증하는 단적인 예이다. 이런 행동은 어쩌면 당연하다. 왜냐하면 미신은 우리 인류 역사상 가장 오래된 유산의 한 부분이기 때문이다.

고고학자들은 5만 년 전 서아시아를 휩쓸고 다녔던 네안데르탈인들이 가장 먼저 미신, 즉 내세의 삶에 대한 믿음을 만들어냈을 것으로 추측한다. 그 이전의 인류들이 죽은 자를 그냥 버렸던 데 반해, 네안데르탈인들은 장례 의식을 통해 매장했으며 내세에 쓸 음식, 무기, 숯 등을 함께 묻었던 것으로 밝혀졌기 때문이다.

미신이 종교의 싹틈과 병존하게 된 것은 놀랍지 않다. 인류사를 살펴볼 때, 어떤 사람에게 미신인 것이 다른 사람에게는 종교가 된 경우가 많이 있다. 기독교를 공인한 로마 황제 콘스탄티누스가 이방 종교를 미신이라고 불렀다면, 이교도 정치가인 타키투스는 기독교를 사악하고 비이성적인 믿음이라고 비난했다. 신교도들은 구교도인 천주교도들이 성자와 유물을 숭배하는 것을 미신적인 것으로 여기고, 천주교도들도 힌두교 관습을 같은 시각으로 바라본다. 나아가 무신론자에게는 모든 종교적 믿음이 미신적이다.

오늘날에는 왜 차골이 행운을 상징하며, 깨진 거울이 불길한 징조인지에 대해 논리적으로 설명하는 것은 불가능한 것 같다. 그러나 옛날에는 모든 미신에 합당한 원인과 문화적 배경, 그리고 실제적인 설명이 있었다.

미신은 매우 직접적으로 생겨났다.

원시인들은 번개, 천둥, 일식, 탄생, 죽음 등에 대한 답을 찾으려 했지만 자연법칙에 대한 지식이 부족하여 보이지 않는 영적인 존재를 믿기 시작했다. 그들은 위험을 감지하는 동물들의 육감을 관찰하고 영적인 존재가 자기들에게 경고를 보내고 있다고 상상했다. 그리고 씨앗에서 싹이 트고 올챙이가 개구리로 변하는 신비로운 자연현상을 저승의 간섭으로 해석했다. 또한 하루하루 살아가기 힘들었던 그들은 세상에는 선한 신보다 악령들이 더 많다고 믿었다. 이처럼 오늘날까지 전해 내려온 대부분의 미신은 우리 자신을 악으로부터 지키는 방법에 관한 것들이다.

고대인들은 뭐가 뭔지 알 수 없는 혼돈의 세상에서 자신을 보호하기 위해 토끼 다리나 동전의 앞뒷면, 네 잎 클로버 따위를 이용했다. 이것은 혼돈에 인간의 의지를 부여하기 위한 시도이기도 했다. 그들은 하나의 부적이 실패하면 다른 것을, 그리고 또 다른 것을 지속적으로 시험했는데, 이런 과정에서 수많은 평범한 사물, 표현, 주문이 마술적인 의미를 갖게 되었다.

어찌 보면 과학 문명 속에 살고 있는 오늘날 우리도 똑같은 행위를 하고 있다. 예를 들어 한 학생이 어떤 펜을 가지고 논문을 써서 상을 타면 그 펜은 '행운'의 펜이 된다. 경마를 즐기는 사람이 비 오는 날 돈을 많이 따면 날씨가 그의 '내기 변수'로 작용하게 된다. 이처럼 우리는 평범한 것을 특별한 것으로 만든다. 사실 우리 주변에는 문화로 인해 미신적인 의미가 결부되지 않는 물건이 거의 없다. 겨우살이풀, 네 잎 클로버, 마늘, 사과, 말발굽, 우산, 딸꾹질, 깨진 거울, 손가락으로 십자 만들기, 검은 고양이, 무지개 등등. 이것들은 시작에 불과하다.

과거에 신비하게 여기던 많은 현상들이 오늘날에는 과학적으로 설명된다. 그러나 우리의 일상생활에는 여전히 예측 불가능한 일들이 많다. 특히 불행한 일을 당했을 때 설명할 수 없는 일들을 설명하기 위해 우리는 미신으로 눈을 돌리곤 한다. 우리가 소중히 여기는 미신들이 옛날에 어떻게 시작됐는지 살펴보자.

 토끼 다리 : 기원전 600년 이전, 서유럽

옛사람들은 행운을 얻기 위해 집토끼의 사촌뻘인 산토끼의 다리를 들고 다녔다. 산토끼 다리에 마력이 있다고 믿었기 때문이다. 그러나 대부분의 고대 유럽인들은 집토끼와 산토끼를 혼동했고, 세월이 가면서 두 동물 모두 행운의 마력을 지니고 있는 것으로 귀하게 여겨졌다.

'토끼 다리에 행운이 있다'는 생각은 고대 토테미즘에 뿌리를 두고 있다. 토테미즘은 다윈보다 수천 년 앞서 인류가 동물의 후손이라는 주장의 근본이 된다. 또 다윈주의와는 달리 토테미즘은 모든 종족이 각각 다른 종류의 동물에서 진화했다고 믿는다. 각 종족들은 자기 조상이라고 믿는 동물을 살상하는 것을 삼가고 숭배했을 뿐만 아니라 이 동물의 일부를 토템이라고 불리는 부적으로 삼았다.

토테미즘의 잔재는 현대사회에도 곳곳에 남아 있다.

성서에서 특정 동물을 먹지 말라고 금한 것은 토테미즘에서 출발한다. 사람의 무리를 동물 이미지나 특성으로 분류하는 관습이나, 어떤 팀에게 행운을 가져다준다고 생각하여 특정 동물을 마스코트로 삼는 것 역시 토테미즘에서 나왔다. 이런 이유로 뉴욕의 월가에는 황소와 곰이 있으며, 미국 정부에는 매와 비둘기가 있고, 미국 의회에는 코끼리와 당나귀가 있다. 우리는 우리를 상징하는 토템을 더 이상 가지고 다니지 않을지는 모르나 여전히 우리의 생활 속에 함께하고 있는 셈이다.

민속학자들은 고대 서유럽인들에게 토끼 다리 부적을 남겨준 '산토끼' 부족은 찾아내지 못했지만, 토끼가 왜 행운의 상징이 되었는지에 대한 증거는 충분히 확보했다.

토끼는 땅굴 속에 사는 습성 때문에 신비한 분위기가 서려 있었다. 켈트족은 토끼의 이런 습성을 두고 땅속 신과의 비밀스러운 교감 때문이라고 믿었다. 그래서 토끼는 자신들이 알지 못하는 정보를 알 수 있다고 생각했다. 또 인간을 비롯한 대부분의 동물들이 눈을 감고 태어나는 데 비해 토끼는 눈을 뜨고 세상에 태어난다는 사실 때문에, 켈트족은 토끼가 출생 전의 삶의 신비를 목격하는 지혜로운 영물이라고 믿었다(사실 산토끼는 눈을 뜨고 태어나지만 집토끼는 눈을 감고 태어난다).

그러나 토끼의 신체 일부를 행운이나 번영의 상징으로 연관 짓는 실질적인 이유는 다른 데 있다. 그 이유는 토끼가 새끼를 많이 낳는다는 사실이다. 토끼가 새끼를 너무나 많이 낳는 것 때문에 고대인들은 토끼를 자연에 있어서 생산적인 모든 것의 상징으로 간주했다. 그리고 토끼의 신체 어떤 부분이라도(꼬리, 귀, 다리, 또는 말린 내장) 소유한 사람에게는 행운이 온다고 믿었다. 흥미롭게도 가장 행운이 많다고 여겨지고 가장 선호된 토템은 다리였다. 왜 하필이면 다리일까?

민속학자들은 프로이트의 성적 해석이 있기 훨씬 전에 인간이 동굴벽화와 돌조각에서 남근의 상징으로 다리를 그렸다고 주장한다. 다리는 여자에게 아이를 낳게 해주고 들판에 풍작을 가져다주는 토템인 것이다.

 편자 : 4세기, 그리스

행운을 가져다주는 부적들 가운데 가장 보편적인 것 중 하나인 편자는 말이 존재하는 모든 나라에서 강력한 부적으로 통했다.

편자는 그리스인들에 의해 4세기 무렵 행운의 상징으로 간주됐지만, 오늘날처럼 문 위에 걸어놓아 악을 쫓는 부적으로 편자를 자리매김한 이는 대장장이를 하다 959년에 캔터베리 대주교가 된 성 던스턴이라고 전한다.

'어느 날 던스턴에게 한 사람이 찾아와서 요상하게 갈라진 발에다 편자를 박아달라고 했다. 던스턴은 순간적으로 그가 마귀임을 알아차렸다. 던스턴은 편자를 박으려면 그를 벽에다 족쇄로 묶어야 한다고 말한 후 그렇게 했다. 그리고 매우 강하고 고통스럽게 편자를 박았다. 족쇄에 묶여 꼼짝없이 당하고 만 마귀는 살려달라고 애걸했다. 그러자 던스턴은 '편자가 문 위에 걸려 있는 집에는 절대 들어가지 않겠다'는

맹세를 받고나서야 마귀를 풀어주었다.'

10세기 무렵에 이 이야기가 생겨난 후부터 기독교인들은 편자를 귀중히 여겼다. 그래서 처음에는 편자를 문틀 위에 걸었다가 나중에는 문 중간으로 내려서 부적과 노크하는 고리쇠의 이중적인 역할을 하게 했다. 이것이 편자 모양의 노크하는 고리쇠가 생겨난 유래다. 기독교인들은 한때 5월 19일을 성 던스턴 축일로 지키면서 편자놀이를 했다.

그리스인들에게 편자의 마력은 또 달랐다. 편자는 악을 몰아낸다고 생각했던 철로 만들어졌으며, 오랫동안 행운의 상징으로 간주되어온 초승달 모양이었다. 로마인들은 편자를 승마 도구로서만이 아니라 부적으로도 사용했다. 이런 이교도적 믿음이 기독교인들에게 계승되었으며, 성 던스턴과 관련된 내용을 추가했던 것이다.

마법에 대한 공포가 가장 컸던 중세에는 편자가 한층 강력한 위력을 발휘했다. 당시 사람들은 마녀들이 빗자루를 타고 다니는 것을 말에 대한 두려움 때문이라고 생각했고, 말을 연상시키는 것 중에서도 특히 편자가 (십자가가 흡혈귀에게 공포를 주는 것처럼) 마녀를 막아낸다고 믿었다. 또 마녀로 지목당해 죽은 여자의 관에는 반드시 편자를 박아서 되살아나지 못하게 했다. 러시아에서는 편자를 만드는 대장장이를 마귀의 마

악마의 발에 편자를 박는 성 던스턴.

술에 대항해 '선한 마술'을 부리는 능력이 있는 존재로 생각했다. 그리고 결혼, 사업 계약, 부동산 등에 관련된 거룩한 맹세는 성경이 아니라 편자를 만드는 모루 위에다 했다. 그리고 편자는 아무렇게나 다는 것이 아니었다. 뾰족한 부분을 위로 향하게 해서 행운이 새어나가지 않도록 해야 했다.

영국에서는 19세기까지도 편자가 강력한 행운의 상징으로 남아 있었다. 악과 질병을 몰아내는 데 널리 이용되는 아일랜드의 기도문은(성 던스턴의 전설과 함께 시작되었다) '성부, 성자, 성령이시여 마귀를 말뚝에 박으소서'라고 되어 있다. 1805년 트라팔가 해전에서 적을 만났을 때 미신을 믿었던 영국 제독 호레이쇼 넬슨은 지휘선 〈빅토리〉호의 돛대에 편자를 박았다. 넬슨의 승리는 영국을 정복하려던 나폴레옹의 꿈을 무산시켰다. 편자가 영국인들에게 승리의 행운은 가져다주었을지 몰라도 넬슨 자신은 이 전투에서 목숨을 잃고 말았다.

 네 잎 클로버 : 기원전 200년, 영국

태양신을 숭배하는 고대 영국의 드루이드 사제들은 보통 세 잎인 클로버들 중에 숨어 있는 희귀한 네 잎 클로버를 신성하게 여겼다.

드루이드(켈트어로 '참나무를 잘 아는'이라는 의미) 교도들은 참나무 숲을 경배 장소로 선호했다. 그리고 네 잎 클로버를 가지면 주위에 있는 마귀를 볼 수 있으며, 주문을 외워 그 시악함을 물리칠 수 있다고 믿었다. 참고로, 행운의 부적에 대한 유래뿐만 아니라 사제, 교사, 판사로 활동했던 지식층 켈트족이 가졌던 생각들과 행동에 관한 대부분의 이야기는 율리우스 카이사르의 기록과 아일랜드 전설에서 나왔다.

영국의 여러 섬들과 갈리아 지방에서 살던 드루이드 교도들은 일 년에 여러 차례 신성한 참나무 숲에서 모였다. 이곳에서 그들은 논란거리를 해결했고, 몹시 아프거나 다가올 전쟁에서 죽을 위험이 있는 사람들을 위해 거대한 등나무 우리에 사람을 채워 희생제물로 불태우는 의식을 거행했다. 그들의 핵심 교리는 영혼의 불멸, 그리고 죽은 후 아기로 다시 태어난다는 믿음이었다. 드루이드 사제들은 범죄자들을 제물로 바치는 것을 선호했지만 죄 없는 사람도 불에 태웠다. 이 믿음의 의식이 끝나기 전에 드루이드 교도들은 가족의 화목을 지켜준다고 믿는 겨우살이 가지를 모으고 진귀한 네 잎 클로버를 찾아다녔던 것이다.

그러나 1950년대에 원예학자들이 네 잎 클로버만 싹 틔우는 씨앗을 개발함으로써 네 잎 클로버는 더 이상 희귀하지 않다. 온실에서 수백만 개가 자라고 부엌 창문에도 수없이 재배되기 때문에 네 잎 클로버의 독특함뿐만 아니라 네 잎 클로버를 찾아내는 데서 느꼈던 흥분도 사라져버렸다.

 ## 엄지손가락 치켜세우기 : 기원전 500년, 에트루리아

오늘날 엄지손가락을 치켜세우는 제스처는 인정, 용기, 또는 끈기의 표현이다. 하지만 기원전 4세기에 살던 에트루리아의 검투사에게 이것은 '목숨을 살려주라'는 의미였다. 오늘날에는 엄지손가락을 밑으로 향하는 것이 '마음에 들지 않는다'는 뜻이지만, 에트루리아 시대에는 '죽음'을 의미했다.

에트루리아의 '엄지손가락 규칙'이 로마인들에게 받아들여져서 현대적 제스처의 기원이 되기는 했지만, 이집트인들도 비슷한 의미의 엄지손가락 언어가 있었다. 이집트에서 엄지손가락을 세우는 것은 '희망 또는 승리'를 의미했다. 반대로 엄지손가락을 내리는 것은 '불운 또는 패배'를 의미했다.

왜 엄지손가락이 신호를 전달하는 손가락이 되었을까?

율리우스 카이사르 시대의 로마인들은 이 제스처에 대한 최초의 기록을 남기고 있다. 그들은 아기가 태어날 때 엄지손가락이 꼭 쥔 주먹 속에 묻혀 있는 것을 발견했다. 아기는 점차로 주변의 자극에 반응을 보이면서 동시에 손이 천천히 펴지고 엄지손가락이 위로 올라간다는 사실을 알게 됐다. 그들은 반대로 사람이 죽음을 맞이하면 마치 하나의 주기가 끝나는 것처럼 손이 움츠러들면서 밑으로 처진 엄지손가락을 감싸게 된다는 사실도 발견했다. 이 두 현상의 발견으로 인해 로마인들에게 엄지손가락을 치켜세우는 것은 '삶의 긍정'이 되었고, 엄지손가락을 내리는 것은 '죽음'을 의미하게 되었던 것이다.

 하나님의 축복이 임하시기를 : 6세기, 이탈리아

옆 사람이 재채기를 하면 독일인들은 '건강Gesundheit'이라고 말하고, 이탈리아인들은 '행복Felicita'이라고 말하며, 아랍인들은 손을 모으고 경건하게 절한다. 이처럼 나라마다 재채기를 하고 났을 때 해야 하는 축복의 행위는 제각각이다.

그런데 이 풍습은 언제부터 시작됐을까? 재채기가 개인적 큰 위험의 징조로 간주되던 시기로 거슬러 올라가보자.

오랜 세월 동안 사람들은 머리에 담겨 있는 삶의 진수인 영혼이 재채기를 통해 갑자기 바깥세상으로 축출될 수 있다고 믿어왔다. 이런 생각은 임종의 순간 병자들이 재채기를 하는 것에 의해 더욱 굳어졌다. 그래서 사람들은 재채기를 참으려고 온갖 노력을 했고, 자기도 모르게, 또는 참을 수 없는 재채기를 하고 나면 즉시 행운을 비는 인사를 주변 사람들로부터 받았다.

기원전 4세기, 아리스토텔레스와 의술의 아버지 히포크라테스의 가르침을 통해 사람들은 새로운 사실을 알게 되었다. 이 두 그리스 학자는 콧구멍을 통해 들어간 이물질에 대한 머리의 반응으로 인해 재채기를 하게 된다고 설명했다. 그리고 병든 사람이 재채기를 하는 것은 죽음이 임박했음을 알리는 것이라고 말했다. 또한 옆에 있는 사람이 이런 불길한 재채기를 한다면 '장수하시기를!' '건강을 즐기시기를!' '제우스신의 가호가 있기를!' 등의 덕담을 하라고 권했다.

그로부터 약 100년 후, 로마의 의사들은 재채기에 관한 학식과 미신을 더욱 확장시켰다. 로마인들은 건강한 사람이 하는 재채기는 닥쳐올 질병이나 나쁜 귀신을 몰아내려는 신체의 시도라고 설명했다. 따라서 재채기를 참는 것은 오히려 병을 몸 안에 키우고 허약함과 죽음을 초래하는 짓이라고 충고했다. 결과적으로 재채기를 하는 유행이 로마 제국을 휩쓸게 되었고, 재채기후에 하는 새로운 덕담이 많이 만들어졌다. 시원하게 재채기를 한 사람에게는 '축하합니다', 재채기를 하려는 사람에게는 '행운이 있기를!'이라는 격려가 그것들이다.

'하나님의 축복이 임하시기를God bless you'

이 기독교적인 표현은 조금 다른 유래를 가지고 있다. 이것은 교황 그레고리오 1세의 통치 시절에 그의 명령으로 처음 시작되었다. 당시 지독한 전염병이 이탈리아를 휩쓸고 있었는데 불길한 징후 중 하나가 심한 만성 재채기였다. 너무나 치명적이어서 사람들은 이런 징후를 보이고 난 후 곧바로 죽고 말았다. 따라서 재채기는 '임박한 죽음'의 동의어가 되다시피 했다.

교황 그레고리오 1세는 건강한 사람들에게 병자들을 위해 기도하도록 간청했다. 그는 또한 '건강을 즐기시기를'이라는 평범한 덕담 대신에 더 급박하고 확실한 '하나님의 축복이 임하시기를'이라는 기원을 말하라고 명령했다. 그리고 이와 같은 축복의 말을 해줄 사람이 옆에 없으면 재채기한 사람 자신이 '하나님이여, 나를 도우소서!'라는 소리를 크게 지르라고 충고했다.

교황 그레고리오 1세가 만들어낸 이 기도는 질병과 함께 유럽 전역에 퍼져나갔다. 그리고 재채기를 심각하게 간주하던 태도 또한 오늘날까지 남아 있는 '무시할 수 없다Not to be sneezed at'라는 표현에 담기게 되었다. 우리는 어떤 말을 하고 나서 그 말의 심각성을 강조하기 위해 이런 표현을 쓴다. 그러나 이 표현의 역사를 모르면 뜻을 알기 어렵다.

깨진 거울 : 1세기, 로마

거울을 깨뜨리는 것은 오늘날까지 남아 있는 불운에 관한 미신 중에서 가장 널리 퍼져 있는 것으로, 유리 거울이 생기기 훨씬 전부터 시작되었다. 이 미신은 종교적 요인과 경제적 요인이 합쳐져서 생겨났다.

고대 이집트인들과 이스라엘인들, 그리고 그리스인들이 사용하던 최초의 거울은 청동, 구리, 은, 금과 같은 금속으로 만들어 광택을 낸 것이라 깨뜨릴 수가 없었다.

기원전 6세기 무렵에 그리스인들은 얕은 유리 또는 토기 그릇에다 물을 담고 물에 비친 그림자로 점을 치는 관습을 시작했다. 이들은 집시의 수정 구슬처럼 물이 담긴 유리그릇이(로마인들은 이것을 미라토리움miratorium이라고 불렀다) 모습을 비춰보는 사람의 미래를 보여준다고 믿었다. 예언은 '거울 해독자'가 읽었다. 만약 유리그릇이 흔들려 물의 표면에 모습을 비출 수 없으면 거울 해독자는 그릇을 들고 있는 사람에게 미래가 없거나, 즉 곧 죽거나 미래가 너무 암울해서 신들이 가슴 아픈 광경을 그 사람이 못 보도록 하는 것이라고 해석했다.

1세기 무렵에 로마인들은 이 불운에 관한 미신을 받아들인 후 나름대로 변화를 가했다. 그것이 바로 오늘날 우리가 알고 있는 의미이다. 로마인들은 사람의 건강은 7년을 주기로 변한다고 주장했다. 그리고 거울이 사람의 외모, 즉 건강을 비추므로 깨진 거울은 그 사람이 7년 동안 아프거나 불운을 당할 것을 예시한다고 믿었다.

이런 미신은 15세기 이탈리아에서 실용적이고 경제적으로 적용되었다. 그 뒤에 은박이 덮인 판유리 거울이 처음으로 베네치아에서 제작되었다. 워낙 비쌌기 때문에 이 거울은 매우 조심스럽게 다루어졌고, 부잣집에서 거울을 닦는 하인들은 거울을 깨뜨리면 죽음보다 더 심한 7년 간의 불운이 닥쳐올 것이라는 경고를 들었다. 이렇게 효과적으로 미신을 이용하게 된 것이 몇 세기 동안 유럽에서 불운에 대한 믿음을 더 강화하는 역할을 했다. 17세기 중반 비싸지 않은 거울이 영국, 프랑스에서 대량으로 제작되었을 때쯤에는 이 미신이 널리 퍼져 뿌리내린 상태였다.

13이라는 숫자 : 기독교 이전 시대, 스칸디나비아

조사에 따르면, 불운에 대한 미신 중에서 '13'이라는 숫자가 주는 불안이 가장 많은 사람에게 무수한 방법으로 영향을 끼치고 있다고 한다.

예를 들어 프랑스 사람들은 13이라는 숫자를 주소로 사용하지 않는다. 이탈리아에서는 복권에 13이라는 숫자를 뺀다. 미국의 국내선과 국제선 항공기에는 13번째 열의 좌석이 없다. 미국에서는 현대식 고층 건물, 콘도, 공동 아파트, 그리고 아파트 건물의 12층 다음에는 바로 14층이 온다.

이런 미신이 얼마나 위력적인지를 시험하는 심리적 실험이 있었는데, 그 정황은 다음과 같다. 새로 지은 호화판 아파트 건물에 잠정적으로 13층을 만들어놓았더니 다른 층에 있는 아파트들은 모두 세를 놓았으나 13층에 있는 아파트는 단지 몇 호밖에 세를 놓을 수 없었다. 며칠 후 13층을 12-B라고 바꾸었다. 그랬더니 전부 세놓을 수 있었다는 것이다.

그렇다면 이 '13이라는 숫자에 대한 공포증'은 어떻게 생겨났을까? 이것은 기독교 이전 시대의 노르웨이 신화로 거슬러 올라간다.

'어느 날 국민적 영웅을 모시는 발할라 신전에서 12명의 신을 초대하여 잔치를 벌였다. 그런데 분쟁과 악의 신인 로키는 초대도 받지 않았으면서 무단으로 신전에 들어왔다. 그래서 신들의 수는 13명이 되었다. 급기야 로키를 몰아내려는 싸움이 벌어졌고, 이 싸움에서 가장 사랑받는 신 발더가 살해되고 말았다.'

이 신화가 13을 둘러싼 불행에 대한 최초의 기록 중 하나이다.

이 미신은 유럽 전역으로 퍼져나가 기독교의 여명기에 이르렀을 때는 13이라는 숫자에 대한 공포증이 지중해 연안 국가에까지 퍼진 상태였다.

민속학자들은 이 미신이 역사상 가장 유명한 만찬, 즉 '최후의 만찬'에 의해 더욱 강화되었다고 주장한다. 이 만찬이 있고 나서 24시간도 채 못 되어 예수는 십자가에 못 박혔다. 만찬에 모인 예수와 제자들의 수는 13명이었다.

신화학자들은 노르웨이의 전설이 기독교 만찬을 예시한다고 생각했으며 배반자 유다와 분쟁의 신 로키, 살해된 좋은 신 발더와 십자가에 못 박힌 예수 사이에서 유사점을 찾고 있다. 한 가지 분명한 것은 초기 기독교 시대 이래로 정찬에 13명의 손님을 초대하는 것은 재앙을 가져왔다는 점이다.

미신이 늘 그렇듯이 일단 한 가지 생각이 굳어지면 사람들은 의식적으로든 무의식적으로든 예상에 들어맞는 사건을 찾게 된다. 예를 들어 1798년에 영국에서 발행된 「신사 잡지Gentlemen's Magazine」는 그날그날의 보험 통계를 인용함으로써 13에 관한 미신을 부재질했다. 이 통계에 따르면 어떤 방에 13명의 사람들이 있으면, 이들 중 평균적으로 한 명은 1년 안에 사망한다는 것이다. 당시 많은 영국인들에게 「신사 잡지」의 통계 수치는 미신을 입증하는 것처럼 보였다.

아이러니하게도 미국에서 13이라는 숫자는 행운의 숫자로 간주되어야 옳다. 왜냐하면 13은 미국의 많은 상징들 가운데 하나이기 때문이다. 미국

지폐 뒷면에는 미완성 피라미드에 13개의 계단이 있다. 흰머리독수리는 한쪽 발에는 13개의 열매와 13개의 잎이 달린 올리브 가지를, 다른 발에는 13개의 화살을 쥐고 있다. 독수리 머리 위에는 13개의 별이 있다. 물론 이 모든 것은 미신과 전혀 관계가 없는 미국의 초기 13개 주를 상징한다.

 13일의 금요일

가장 재수 없는 날을 설명하려다 보면 우리는 그날 일어난 가장 비참한 사건에 초점을 맞추게 된다. 이브가 아담을 사과로 유혹한 날, 노아가 홍수를 당해 방주를 띄운 날, 바벨탑에서 언어의 혼란이 일어난 날, 솔로몬의 성전이 무너진 날, 예수가 십자가에서 죽은 날이 13일이면서 금요일이었다고 사람들은 전통적으로 믿어왔다. 그러나 이런 미신은 사실 노르웨이 신화에서 비롯되었다.

금요일Friday이라는 말은 풍요와 사랑의 여신 프리가에서 나온 말이다. 노르웨이인과 게르만족이 기독교로 개종했을 때 여신 프리가는 산꼭대기로 치욕적인 추방을 당했다. 설상가상으로 마녀로 지칭되는 불행까지 겹쳤다. 이 프리가 여신이 앙심을 품고 금요일만 되면 자신과 다른 마녀와 마귀들로 구성된 13명이 모임을 갖고 다음 주를 위해 불운한 운명의 장난을 모의한다고 사람들은 생각했다. 그 후로 금요일은 스칸디나비아 지역에서 오랫동안 '마녀의 안식일'로 전해졌다.

 검은 고양이 : 중세, 영국

사람 앞을 가로질러 가는 검은 고양이에 대한 두려움이 미신이 된 것은 비교적 최근의 일이다. 이것은 또한 기원전 3000년 무렵 이집트에서 고양이를 처음 기르기 시작했을 때, 고양이에게 부여했던 신성한 위치와는 전적으로 반대되는 것이다. 고대 이집트인들은 검은 고양이를 포함한 모든 고양이를 존중해 고양이가 다치거나 죽지 않도록 법으로 보호했다. 너무 숭배한 나머지 고양이가 죽으면 매우 슬퍼했다. 그리고 가난한 집이든 부유한 집이든 고양이 시체를 화려하게 방부처리하고 최고급 리넨으로 감싸서 청동이나 목재 같은 고급 미라 상자에 넣었다(당시에 특히 목재는 이집트에서 구하기 힘든 것이었으며, 고고학자들은 고양이 묘지를 발굴한 적이 있다). 이집트인들은 고양이가 높은 데서 여러 번 떨어져도 죽지 않는 것을 보고 신기하게 여겨 고양이에게 목숨이 아홉 개 달렸다는 생각을 처음으로 한 사람들이다.

고양이의 인기는 인류 문명이 있는 곳이면 쉽게 퍼졌다. 2,000년 이상 된 산스크리트 기록에는 고대 인도 사회에서 고양이의 역할에 대해 전하고 있으며, 중국의 공자는 애완 고양이를 키웠다고 한다. 서기 600년 무렵에는 마호메트도 고양이를 품에 안고 설교를 했으며, 바로 같은 시기에 일본인들은 탑에 있는 성스러운 경전을 고양이가 지키도록 했다고 한다. 이때는 사람 가는 길을 고양이가 가로질러 가면 행운의 징조였다.

그런데 고양이에 대한 두려움, 특히 검은 고양이에 대한 공포는 언제부터 생겨났을까?

고양이에 대한 두려움은 중세 영국에서 처음 생겼다. 도시의 급작스런 인구 팽창과 고양이의 독립성, 의지력, 그리고 은밀함의 결합은 고양이의 몰락을 가져오게 만들었다. 골목길 여기저기서 볼 수 있는 고양이는 대게 가난한 자나 외로운 노파가 키웠다. 당시는 마녀에 대한 공포가 유럽을 휩쓸었을 때인데, 이 노파들은 사악한 마술을 부린다는 혐의를 받았다. 그리고 이들이 키우는 고양이, 특히 검은 고양이도 그녀들과 연관되어 마술을 부리는 것으로 여겨졌다. 1560년대 영국의 링컨셔에서 일어났다고 전해지는 한 이야기는 고양이에 대한 당시 생각을 잘 반영해주고 있다.

'달빛도 없는 캄캄한 밤에 아버지와 아들이 길을 가고 있었다. 그런데 작은 동물 하나가 갑자기 자기들을 가로질러 얕은 공간으로 들어가는 것에 깜짝 놀랐다. 그들이 그 구멍 속으로 돌을 던졌더니 검은 고양이가 절룩거리며 기어 나왔다. 그리고는 마을에서 마녀로 의심받는 여자의 집으로 절룩거리며 황급히 뛰어 들어갔다. 다음날 아버지와 아들은 거리에서 우연히 그 여자를 만났다. 그녀의 얼굴에는 상처가 나 있었고 팔에는 붕대가 감겨 있었다. 또한 그녀는 절룩거리며 걷고 있었다.'

그때부터 링컨셔에서는 밤에 마녀들이 검은 고양이로 변장하고 다니는 것으로 의심받게 됐으며, 이 전설은 끈질기게 이어졌다. 마녀들이 사람들 눈에 띄지 않고 밤거리를 나다니기 위해 검은 고양이로 변신한다는 생각은, 미국 세일럼에서 '마녀사냥'이 있을 때 미국 사람들의 중요한 믿음이 되었다. 한때는 인간에게 한없이 사랑받던 동물이 두려움과 경멸의 대상으로 전락하고 만 것이다.

중세 말기의 많은 나라들은 고양이를 말살시키려는 시도까지 했다. 마녀에 대한 공포가 편집증으로 상승되어가자 많은 죄 없는 여자들과 무고한 고양이들이 화형당했다. 너무 밝은 눈과 너무 영리한 얼굴, 그리고 너무 조숙한 성격을 가지고 태어난 아기는 자라서 낮에는 마녀로, 밤에는 고양이로 변신할까 두려운 나머지 희생시켜버렸다. 프랑스에서는 매달 수천 마리의 고양이를 불태웠다. 그러나 1630년 무렵에 루이 13세는 이 잔혹한 행위를 중단시켰다.

마녀와 검은 고양이를 묘사한 중세의 삽화.

검은 고양이가 유럽에서 몇 세기를 두고 화형당했는데도 불구하고 검은 색깔을 가진 고양이 유전자가 완전히 없어지지 않은 것은 신기한 일이다. 정말로 검은 고양이는 목숨이 아홉 개나 되는 걸까!

 동전으로 결정하기 : 기원전 1세기, 로마

고대인들은 중요한 삶의 결정을 신이 해야 한다고 믿었다. 그들은 또 중요한 질문에 '예' 또는 '아니요'로 분명하게 답해주도록 신들을 달랠 교묘한 예언의 방법을 생각해냈다('예' 또는 '아니요'를 결정하기에 안성맞춤인 동전이 최초로 만들어진 것은 기원전 10세기에 리디아인들에 의해서였으나 그때부터 의사결정에 사용된 것은 아니었다).

그로부터 900년 후, 율리우스 카이사르는 동전으로 선택하는 방법을 처음으로 만들어냈다. 그의 얼굴이 로마 동전의 한쪽 면에 새겨져 있었기 때문에, 선택을 위해 동전을 던졌을 때 논란의 승리자 또는 신으로부터의 긍정적인 답변을 가리키는 쪽은 당연히 카이사르의 얼굴쪽이었다.

카이사르에 대한 존경심이 대단했기 때문에 재산, 결혼, 범죄 등과 같은 중요한 소송은 이 동전으로 결정됐다. 카이사르의 얼굴이 나오는 쪽으로 동전이 떨어진다는 것은, 비록 그 자리에 황제가 없지만 특정 결정에 찬성하며 다른 의견에는 반대한다는 뜻이었다.

 소금을 쏟는 것 : 기원전 3500년, 근동

소금은 인류 최초의 양념일 뿐 아니라 인간의 식사를 너무나 극적으로 변화시킨 매개물이다. 따라서 이 귀중한 양념을 '쏟아버린 행위'를 '매우 불운하다'는 말과 연관시킨다고 해서 이상할 건 하나도 없다.

소금을 어쩌다 쏟았을 때 소금을 약간 집어 왼쪽 어깨 너머로 던짐으로써 불운을 무효화시키려는 제스처는 고대 수메르인, 이집트인, 아시리아인, 그리고 훗날 그리스인들이 사용했다. 로마인들은 양념과 상처를 치료하는 약으로 소금을 너무나 귀중하게 여겼기 때문에 소금을 사용한 표현을 만들어냈으며, 그 표현이 영어의 일부가 되었다. 로마 작가 페트로니우스는 소설 『사티리콘』에서 로마 군인들을 비난하며 '소금을 받을 자격도 없다not worth his salt'라는 표현을 썼다. 로마 군인들은 '살라리움salarium'이라고 불리는 소금을 살 수 있는 특별 급여를 받았다. 이것이 '샐러리salary'라는 영어의 어원이 되었다.

고고학자들은 기원전 6500년대까지는 유럽인들이 유럽 대륙에서 발견한 최초의 소금 광산오스트리아의 할슈타인 광산에서 실제로 소금을 채굴했을 것으로 생각한다. 오늘날 잘츠부르크 근처에 있는 이 동굴들은 관광 명소가 되었다. 물론 잘츠부르크라는 말 자체도 '소금의 도시'라는 뜻이다.

소금은 물을 정화하고 생선과 고기를 보존했으며 음식 맛을 향상시켰다. 이스라엘인들, 그리스인들, 그리고 로마인들은 중요한 모든 제사에서 소금을 사용했다.

소금을 귀하게 생각하고 소금 쏟는 것을 불운의 징조로 생각하는 것은 레오나르도 다빈치의 「최후의 만찬」에도 적절하게 포착되어 있다. 유다는 소금을 쏟음으로써 닥쳐올 비극예수를 배반하는 행위을 예시하고 있다. 그러나 역사적으로 최후의 만찬 때 소금을 쏟았다는 증거는 없다. 다빈치는 이 장면을 더 극적으로 만들기 위해 널리 퍼진 미신을 그림에다 재치 있게 가미시킨 것으로 보인다. 어쨌든 다빈치의 이 고전 회화에는 두 가지 불운의 징조, 즉 소금을 쏟는 것과 13명의 손님이 그려져 있다.

흉안 : 고대, 근동과 유럽

'재수 없는 눈빛' '쪼그라들게 하는 눈초리' '눈빛이 사람을 죽일 수 있다면' '칼날 같은 눈으로 쳐다보다' 등은 가장 보편적인 두려움, 즉 흉안evil eye과 관련된 표현들이다.

흉안은 거의 모든 문화에서 찾아볼 수 있다. 고대 로마에서는 적에게 마술을 걸기 위해서 흉안을 가진 직업적 마술사들을 고용했었다. 그리고 흉안은 인도 전역과 근동에 널리 퍼져 두려움의 대상이 되었다. 중세 유럽인들은 흉안의 마술에 걸릴까봐 너무나 두려워한 나머지 이상하고 멍하며 유난히 빛나는 눈빛을 가진 사람은 누구를 막론하고 화형시켜버렸다. 백내장에 걸리면 그것은 곧 죽음을 의미했다.

이 미신이 어떻게 해서 그토록 많은 다른 문화에서 독자적으로 생기게 되었을까? 민속학자들이 가장 널리 수용하는 이론 중의 하나는 동공 반사 현상에 관한 것이다. 우리가 어떤 사람의 눈을 들여다보면 우리의 작은 모습이 동공의 검은 부분에 나타난다. 실제로 '동공'을 뜻하는 영어의 '퓨필pupil'이라는 말은 '작은 인형'을 의미하는 라틴어 '퓨필라pupilla'에서 유래했다.

고대인들은 자신의 축약된 모습이 다른 사람의 눈동자에 비치는 것을 매우 이상하고 무섭게 생각하거나 자신들이 흉안에 영원히 박힐 위험에 빠진다고 믿었던 것 같다. 이것은 사진이 찍히면 영혼을 잃는다고 믿었던 약 100년 전의 아프리카 원시 부족들의 삶에서도 잘 나타난다.

이집트인들은 흉안에 대비할 기묘한 방어 수단으로 '콜kohl'이라는 세계 최초의 마스카라를 만들었다. 콜은 남녀 모두 사용했으며 눈 주위에 둥글게 또는 타원으로 그렸다. 이것의 화학적 원료는 안티몬이라는 금속이었고, 남자용 콜은 점쟁이들이 만들었으나 여자들은 자기들이 좋아하는 비밀 원료를 사용해서 직접 만들었다.

고대 이집트인들은 흉안에 대비하는 방어 수단으로 '콜'이라는 마스카라를 만들어서 남녀 모두 사용했다.

마스카라가 왜 흉안을 막는 방어 수단이 되었는지 자신 있게 말할 수 있는 사람은 없다. 그러나 눈 주위에 검게 원을 그리면 햇빛을 흡수하여 결과적으로 눈에 비치는 반사광을 최소화시키게 된다는 것만은 분명하다. 이 현상은 시합 전에 눈 밑에 검은 그리스를 칠하는 야구선수들에게는 잘 알려져 있다. 강렬한 사막 햇빛 아래서 상당한 시간을 보냈던 고대 이집트인들은 이 비밀을 발견하여 우리가 흔히 생각하는 미용적인 용도뿐만 아니라 현실적이고 미신적인 용도로도 마스카라를 이용했던 것 같다.

황새가 아기를 갖다준다 : 고대, 스칸디나비아

집에 새로 아기가 갑자기 태어나는 것을 설명하기 위해 스칸디나비아 지역의 엄마들은 아이들에게 '황새가 아기를 갖다준단다'라고 말하곤 했다. 또 엄마의 산후조리를 설명하기 위해 '황새가 떠나기 전에 엄마의 다리를 물었어'라는 말을 아이들에게 들려주었다. 새로 태어난 아기를 보고 호기심을 가지는 어린아이들에게 해명해야 하는 입장은 (특히 아기가 집에서 태어나던 시절에는) 이해할 만하다.

그런데 그 많은 동물들 중 왜 하필이면 황새일까?

일찍이 스칸디나비아 지역의 동식물 연구가들은 황새가 왜 집 굴뚝에 둥지를 짓는지를 연구했다. 그들은 '황새는 70년이라는 긴 수명을 살면서 매년 같은 굴뚝으로 되돌아오고, 한 번 짝을 맺으면 평생 함께하며, 젊은 황새들은 나이가 들거나 병든 부모에게 엄청난 주의와 관심을 기울이면서 먹을 것

을 가져다주고 보호한다'는
놀라운 특성을 알아냈다. 이
런 특성을 가진 황새가 집 굴
뚝에 둥지를 틀고 사는지라
'새로 태어난 아기를 굴뚝을
통해 갖다준다'라고 엄마가
말하기에는 안성맞춤이었던
것이다.

아기를 물어다주는 황새를 묘사한 19세기 일러스트. 한밤
중에 황새가 개울가에서 졸고 있는 아기들 중에서 데리고
날아갈 아기를 뽑아내는 장면을 묘사하고 있다. 여자 아기
는 빨간 의자에, 남자 아기는 파란 의자에 앉아 있다.

사실 고대 로마인들은 남
을 위하는 황새의 행동에 감
동을 받아 '황새법'이라는 법
을 통과시켰는데, 이것은 자
녀가 나이 든 부모를 의무적
으로 부양하게 하는 법이었
다. 그리스인들도 감명을 받은 것으로 보인다. '황새stork'의 그리스어 어원인
'스토르게storge'라는 말은 '강한 혈육의 정'이라는 뜻을 담고 있다. 이 노르
웨이 전설은 오랫동안 스칸디나비아 전역에 널리 전해져왔으며, 덴마크 작가
안데르센은 자신의 동화에 이 이야기를 담아 전 세계에 널리 퍼뜨렸다.

 하품을 손으로 가리는 것 : 고대, 중동

오늘날 하품할 때 손으로 입을 가리는 것은 필수 예절이다. 그러나 원래
이것은 예절 때문이 아니라 숨을 크게 내쉬다가 영혼과 생명이 몸에서 빠져
나갈지도 모른다는 두려움에서 생겨났다.

고대인들은 신생아가 살아나려고 발버둥치면서 탄생 직후에 하품을 하

는 것을 정확하게 관찰했다(그러나 해석은 잘못했다). 아기가 하품하는 것은 산소를 더 많이 폐에 들이키려는 반사작용인데, 당시의 높은 영아사망률을 해명할 길이 없었던 의사들은 그 원인을 하품에 돌렸다. 무력한 아기는 하품을 할 때 손으로 입을 막을 수 없었던 것이다. 로마 의사들은 실제로 어머니들에게 아기가 태어난 후 처음 몇 달 동안은 아기를 특별히 잘 지켜보고 있다가 하품을 할 때 손으로 덮어주라고 권하기까지 했다.

오늘날에는 하품할 때 고개를 돌리는 것도 좋은 예의범절로 여기고 있다. 그러나 이 관습이 처음 생긴 것은 예의 때문이 아니다. 또 하품한 후에 하는 사과의 말도 예의와 상관이 없다.

고대인들은 하품이 옆 사람에게 전염된다는 점을 정확하게 관찰했다. 그래서 만일 하품이 하품하는 당사자에게 위험하다면 이 위험이 전염병처럼 다른 사람에게 옮을 수도 있다고 믿었다. 따라서 사과의 말은 옆 사람을 치명적인 위험에 빠뜨린 데 대한 당연한 표현이었다.

현대 과학은 사람이 잠에서 깨어나거나 육체적으로 피곤할 때, 그리고 격렬한 운동의 초기 단계에서 신체가 산소를 갑자기 많이 필요로 할 때 하는 것으로 하품을 설명하고 있다. 그러나 하품이 왜 전염되는지에 대한 생리학적 설명은 아직 없다. 단지 하품하는 사람의 모습이 바라보고 있는 사람 뇌의 시각 중추에 전달되고 거기서 다시 하품 중추로 전달된다는 것만 밝혀냈을 뿐이다. 그런 특정 경로가 왜 존재하는지는, 하품 자체가 고대인들에게 그랬던 것처럼, 현대인들에게도 풀리지 않는 신비다.

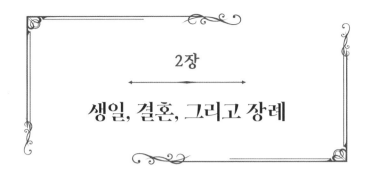

2장

생일, 결혼, 그리고 장례

 결혼 풍습 : 서기 200년, 북유럽

3~4세기 무렵 로마 제국을 자주 침략했던 게르만계 고트족 남자들은 보통 자신이 사는 마을 내에서 신붓감을 찾았다. 그러나 여자가 부족할 때는 신랑될 사람이 들러리best man의 도움을 받아 '부모의 품을 잠시 벗어난 이웃 마을 젊은 처녀'를 납치해 왔다.

오늘날까지 남아 있는 이 '들러리 풍습'은 원래 무장을 한 두 사람이 행하던 전술에서 기인한 것으로 글자 그대로 최상의 남자, 즉 '베스트 맨'에게 어울리는 풍습이었다. 사실상 신부를 번쩍 들어올려 납치했던 이 풍습에서, 오늘날 신랑이 신부를 안고 문지방을 넘어 신혼집으로 들어가는 상징적 행동의 유래를 찾아볼 수 있다.

당시의 들러리는 반지만 가지고 있는 것이 아니었다. 신부의 가족이 무력으로 신부를 되찾으러 올 위협이 언제나 남아 있었기 때문에, 들러리는 결혼식이 끝날 때까지 무장을 하고 긴장한 채 신랑 곁에 머물거나 신혼부부의 집 바깥에서 보초를 서기도 했다.

이런 풍습은 대부분 게르만족의 전설에서 나왔으며, 이것을 입증하는 문서나 물품들도 발견되었다. '많은 고대 민족들훈족, 고트족, 비시고트족, 반달족은 교회의 제단 밑에 곤봉, 칼, 창 등의 무기를 숨겨놓았다'는 기록이 그것이다.

신랑의 왼쪽에 신부가 서는 전통(북유럽의 야만인들 ─ 로마인들이 그런 명칭을 붙였다 ─ 은 신랑의 왼쪽에 신부를 세웠다) 또한 단순한 에티켓이 아니었다. 갑자기 공격을 당할 경우 오른손으로 칼을 자유롭게 사용함으로써 신부를 보호하기 위한 것이었다.

 결혼반지 : 기원전 2800년, 이집트

결혼반지에 얽힌 유래와 의미에 대해서는 논란이 많다. 어떤 학파는 오늘날의 결혼반지가 원래는 야만인들이 신부를 도망가지 못하도록 집에 묶어두기 위해 사용하던 족쇄의 상징이라고 주장한다(이것이 사실이라면 오늘날 반지를 교환하는 의식은 남녀평등을 적절하게 표현하고 있는 셈이다).

실제로 결혼식에서 처음 교환되었던 반지에 초점을 맞추고 연구한 학파도 있다. 이 학파는 고대 이집트의 제3왕조 때 처음으로 반지가 교환되었으며, 그들에게 원은 시작도 끝도 없는 영원을 의미했고, 결혼은 두 사람이 영원토록 결속하는 행위였다고 주장하고 있다.

금반지는 부유한 이집트인과 로마인들에게 가장 가치 있는 소유물로 여겨졌다. 폼페이에서 발굴된 2,000년 된 반지 중에는 후대

신부와 신랑을 결합시키는 그리스도를 묘사한 7세기의 비잔틴 결혼반지(위)와 그리스도의 생애를 새긴 6세기의 결혼반지(아래).

에 유럽 전역에, 그리고 1960년대와 1970년대 히피들의 시대에 미국에서 유행한 독특한 디자인의 반지가 있다. 아직도 남아 있는 이 금반지에는(오늘날 우정의 반지라고 불리는 타입) '악수하는 두 개의 손'이 새겨져 있다.

초기에는 반지의 디자인이 의미를 전달하고 있었다. 오늘날까지 남아 있는 몇몇 로마 반지를 살펴보면, 한쪽에 조그만 열쇠가 붙어 있는 것을 볼 수 있다. 이것은 신부가 열쇠로 신랑의 마음을 열었다는 감상적인 의미가 아니라 로마법에 의한 결혼 성립의 중심되는 원칙, 즉 아내가 남편 재산의 절반을 가질 권리가 있음, 또한 마음대로 곡식 한 자루, 피륙 한 필, 또는 창고에 있는 아무것이나 가질 수 있음을 의미하는 것이었다.

 ### 다이아몬드 약혼반지 : 15세기, 베네치아

이탈리아 북부 문화예술의 중심지인 베네치아에서 1503년에 기록된 한 결혼 문서에는 '다이아몬드가 박힌 결혼반지 한 개'라는 내용이 적혀 있다. 모디나에 사는 메리라는 여자의 이 반지는 다이아몬드가 세팅된 최초의 약혼반지 중의 하나였다. 영원토록 계속될 다이아몬드 반지 전통이 시작된 것이다.

베네치아인들은 다이아몬드가 가장 단단하고 오래 가는 광물질 중의 하나라는 사실과, 이것을 잘 세공하고 닦으면 광채를 발한다는 것을 최초로 발견한 사람들이다. 부유한 베네치아인들 사이에서 다이아몬드가 세팅된 은반지와 금반지는 약혼반지로 인기가 높았다. 귀하고 값도 비싸서 유럽 전역으로 빨리 퍼지지는 못했지만, 다이아몬드는 그 탁월한 매력 때문에 미래가 보장되어 있었다. 마침내 17세기 무렵에는 다이아몬드 반지가 유럽인들의 약혼식에서 가장 인기 있는 증표가 되었다.

또 다른 최초의 다이아몬드 약혼반지 중의 하나는 2살짜리 예비신부가 낀 가장 작은 반지였다. 이 반지는 영국 왕 헨리 8세의 딸 메리 공주가 프랑스 왕 프랑수아 1세의 왕자와 약혼할 때 만들어졌다. 1518년 2월 28일 태어난 왕자는 양국의 친밀한 연합을 더욱 공고히 하기 위해 태어나자마자 정략적으로 약혼하게 되었는데, 이때 아기 공주 메리에게 최신식 유행의 반지가 증정되었다. 물론 이 반지는 공주의 조그만 손가락에 잠시동안 끼워져 있었을 뿐이었지만.

일반적으로 약혼할 때 반지를 주고받는 풍습은 언제부터 시작됐을까? 다이아몬드 약혼반지에 얽힌 분명한 기록과는 달리 이것의 유래는 분명치 않다.

고대 앵글로 색슨족은 예비 신랑에게 값비싼 개인 소유물을 깨뜨리도록 요구했다. 그렇게 하여 반쪽은 신랑이, 다른 반쪽은 신부 아버지가 보관했다. 돈 많은 남자가 금이나 은 덩어리를 반으로 가르는 것은 관례였다.

약혼식의 증표가 반쪽으로 깨진 금속조각에서 반지로 대체된 시기 또한 확실치 않다. 한 가지 분명한 것은 약혼반지가(적어도 유럽인들 사이에서는) 결혼반지보다 먼저 존재했다는 점이다. 이 사실은 역사적인 자료를 통해 증명되고 있다.

그러나 로마 천주교도들에게 있어 약혼반지가 언제부터 공식적으로 시작되었는가 하는 문제는 논란의 여지가 없다. 서기 860년에 교황 니콜라우스 1세는 결혼하려는 언약을 약혼반지로 의무적으로 표현하도록 명령했다. 결혼의 신성함을 지키는 데 있어서는 추호도 타협하지 않았던 그는 로렌 왕국의 로타르 2세의 결혼과 이혼, 재혼에 관여했던 두 명의 대주교를 '중혼 묵인죄'로 파문시킨 적도 있다. 그는 또한 반지 재료로 아무것이나 쓸 수 있도록 허락하지 않았다. 약혼반지는 반드시 귀금속, 특히 신랑감의 재정적 희생을 의미하는 금으로 만들도록 지시했다.

이 시기에 두 개의 다른 관습, 즉 결혼 서약을 어긴 남자로부터 반지를 몰수하는 것과 약혼을 파기한 여자가 반지를 되돌려주는 관습이 정착되었다. 교회는 결혼 서약의 진실함과 이것을 파기했을 경우의 처벌에 있어서 단호했다. 엘비라 종교회의에서는 파혼한 남자의 부모를 3년간 파문했다. 또 교회가 받아들일 수 없는 이유로 여자가 파혼을 하면 그녀가 속한 교구의 신부는 그녀를 평생 수녀원에 있으라고 명령할 수 있었다. '죽음이 우리를 갈라놓을 때까지'라는 맹세는 한때 신랑 신부가 실제로 결합하기 몇 주, 아니 몇 달 전부터 효력을 발생하기까지 했다.

어원학자들은 반지의 로마원어 아르해arrhae, 즉 '약조금'이라는 말에 약혼 반지가 갖는 의미가 정확하게 묘사되어 있다고 생각한다.

 ## 반지 끼는 손가락 : 기원전 3세기, 그리스

고대 히브리인들은 결혼반지를 검지에 끼었으며, 인도인들은 엄지에 끼었다. 오늘날 결혼반지를 '세 번째 손가락'(엄지손가락을 빼고)에 끼는 관습은 인간의 인체 구조를 잘못 기록한 그리스인들에 의해서 시작됐다.

기원전 3세기 무렵의 그리스인들은 '사랑의 핏줄'이라는 특정한 핏줄이 '세 번째 손가락'에서 직접 심장으로 흐른다고 믿었다. 따라서 세 번째 손가락이 사랑의 약속을 상징하는 '결혼반지를 끼는 손가락ring finger'이 되는 것은 당연한 일이었다.

로마인들은 그리스인의 해부도를 표절하여 반지 끼는 관습을 아무 의심 없이 받아들였다. 그들은 정확하게 어떤 손가락이 세 번째인지를 둘러싼 애매모호함을 분명하게 하기 위해 '새끼손가락 옆에 있는 손가락'이라고 표현했다. 이 손가락은 로마의 의사들에게는 약을 저을 때 쓰는 '치료 손가락'이기도 했다. 이 손가락의 핏줄이 심장으로 직접 연결되어 있다고 믿었기 때문에, 혹시 독이 섞인 조제물이 있으면 환자에게 투여되기 전에 의사의 심장에 즉시 감지될 것이라는 생각에서였다.

기독교인들도 반지 끼는 손가락의 관습을 계속 유지했으나 사랑의 핏줄에 도달하기 위해서는 반지가 손가락을 차례차례 거쳐가야 한다고 믿었다. 신랑은 먼저 '성부의 이름으로'라는 말과 함께 반지를 신부의 검지 위에 놓았다. 그리고 '성자의 이름으로'라고 기도하면서 반지를 중지로 옮겼고, 마지막으로 '성령의 이름으로 아멘'이라는 종결어와 함께 세 번째 손가락으로 옮겼다. 이를 두고 삼위일체 공식이라 했다.

웨딩케이크 : 기원전 1세기, 로마

요즘은 웨딩케이크를 신부가 먹지만 항상 그래왔던 것은 아니다. 웨딩케이크는 원래 신부에게 던져졌던 것으로 결혼 의식에서 없어서는 안 될 다산多産의 상징으로 생겨난 것이다.

오랜 세월 동안 풍요와 번성의 상징으로 통했던 밀은 일찍이 결혼식날 신부에게 뿌리는 곡식이었다. 오늘날 신부 친구가 부케를 받으려고 애쓰는 것처럼 당시의 처녀들은 자신도 시집갈 수 있기를 희망하면서 결혼식장에 뿌려진 곡식을 부지런히 주웠다.

그런데 건축업자의 재주를 능가하는 제과 기술을 가지고 있던 고대 로마의 제빵업자들은 이 풍습을 바꾸어버렸다. 기원전 100년 무렵부터 이들은 결혼 의식에 쓰는 밀로 작고 달콤한 케이크를 굽기 시작했다. 뿌리는 것이 아니라 먹기 위한 케이크였다. 그러나 신부에게 밀 던지는 재미를 포기하고 싶지 않았던 하객들은 종종 케이크를 던지기도 했다.

로마의 시인이며 철학자이자 『만물의 본성에 관하여De rerum natura』 저자인 루크레티우스에 따르면, 밀 케이크를 신부의 머리 위에 으깨는 절충식

빅토리아 시대에 집에서 결혼식을 올리는 모습을 그린 일러스트. 피로연에서 신부가 웨딩케이크를 자르고 있다.

의 새 의식이 생겨났다고 한다. 이것은 '같이 먹는다'는 뜻의 콘파레아티오 confarreatio라는 풍습이었는데, 아이를 많이 낳으라는 뜻에서 신랑 신부는 빵 조각의 일부를 먹도록 되어 있었다. 케이크가 다 떨어지면 견과류, 말린 과일, 꿀 바른 아몬드 등의 달콤한 과자류인 콘페토confetto를 하객들에게 대접했다.

웨딩케이크를 먹는 풍습은 서유럽 전역으로 퍼져나갔다. 영국에서는 빵 조각을 먹고 난 후 특별한 에일주를 마셨다. 이 술은 '신부의 에일bryd ealu or bride's ale'이라고 불렸는데, '신부의bridal'라는 말은 이렇게 생겨난 것이다.

그러나 이런 결혼 풍습은 경제적으로 어려웠던 중세 초기에 변화를 겪게 되었다. 익히지 않은 밀과 쌀이 다시 신부의 머리 위에 부어졌고, 장식용 케이크는 먹기 위한 간단한 비스킷이나 과자로 대치되었다. 그리고 하객들은 손수 비스킷을 구워서 결혼식에 참석하도록 권유받았다. 잔치에 쓰고 남은 음식은 가난한 사람들에게 나누어주었다.

이 어려운 시절의 풍습은 시간이 가면서 또다시 변해갔다. 영국에서는 기부받은 과자, 비스킷, 다른 구운 제품들을 거대한 무더기로 쌓아놓는 것이 관례였고, 이것은 신혼부부의 번성을 상징했기 때문에 높을수록 좋았다. 신혼부부는 이 무더기 위로 몸을 숙여 키스를 나누었다.

찰스 2세가 통치하던 1660년대에 영국을 방문했던 한 프랑스 요리사는 (안타깝게도 이름은 역사에 남아 있지 않지만) 케이크를 쌓아놓는 의식을 구경하게 되었다. 그는 영국 사람들이 케이크를 아무렇게나 쌓아놓거나 어떤 때는 떨어뜨리기도 하는 모습에 질려버린 나머지, 산더미처럼 쌓인 비스킷을 설탕을 입힌 여러 층의 케이크로 변형시킬 기발한 생각을 했다. 요리사의 재치에 영국적인 것을 무조건 싫어하는 프랑스 사람들의 생각이 합쳐져서 가장 사치스러운 결혼 장식, 즉 여러 층의 웨딩케이크가 탄생하게 된 것이다. 프랑스인들의 낭비를 당시의 영국 신문은 통탄하고 있었지만, 아이러니하게도 그 세기가 끝나기도 전에 영국 제과업자들도 똑같은 멋진 다층 케이크를 모방해 만들어내고 있었다.

 ## 허니문 : 초기 기독교 시대, 스칸디나비아

'허니문'은 고대 노르웨이어 'hjunottsmanathr'에서 나온 말로 냉소적인 의미를 담고 있다. 당시의 신혼부부들이 결혼생활을 시작하기 전에 가졌던 자기들만의 시간이라는 게 오늘날처럼 행복한 것만은 아니었기 때문이다.

북유럽에서는 젊은 총각이 신부를 이웃 마을에서 훔쳐올 경우, 일정 기간 은신처로 그녀를 데려가 숨어 지내야 했다. 친구들이 그를 안전한 곳으로

피신할 수 있도록 도왔는데, 신혼부부의 행방은 베스트 맨best man만 알고 있었다. 시간이 지나 신부의 가족들이 신부 찾기를 포기한 후에야 그는 신부를 데리고 자기 가족이 살고 있는 집으로 돌아올 수 있었던 것이다. 즉, 허니문은 '은신'을 의미했다. 이 이야기는 허니문의 유래에 관해서 민속학자들이 흔히 하는 설명이다.

허니문과 관련 있는 고대 북유럽의 또 하나의 풍습은 신혼부부는 결혼한 첫달 내내 '미드'라는 벌꿀술을 매일 마셨다는 점이다. 이 관습은 실제로 433년부터 453년까지 아시아 훈족의 왕이었던 아틸라의 기록사에도 나온다. 아틸라는 로마 황제 발렌티아누스 3세의 누이인 호노리아 공주를 납치해와 450년에 결혼하면서 이 술을 잔뜩 마셨다. 이미 결혼한 그녀를 납치해와서 자기 부인이라고 우겨댔던 아틸라는 로마 제국의 절반도 자기 것이라고까지 주장했다. 그로부터 3년 후, 아틸라는 다시 잔치를 벌였다. 벌꿀술을 너무나 좋아했던 그는 이 술을 과음한 나머지 구토하고 기절해서 혼수 상태를 헤매다 결국 죽고 말았다.

어원상으로 볼 때, '허니문honeymoon'의 '허니honey'는 벌꿀술 '미드mead'에서 직접 유래한 말이지만, '문moon'이라는 말은 냉소적인 뜻을 내포하고 있다. 북유럽인들에게 '문'이라는 말은 천체가 한 달 주기로 운행하는 것을 의미했다는데, 이것이 '허니'라는 말과 합쳐져 '결혼해서 사는 매달의 삶이 첫달만큼 달콤하지는 않다'는 것을 암시했다. 16~17세기의 영국 산문 작가들과 시인들 역시 '허니문'을 '부부의 애정이 달아올랐다 식어버리는' 뜻으로 해석했다.

 웨딩마치 : 19세기, 영국

전통적으로 교회에서 올리는 결혼식에는 두 작곡가가 쓴 두 곡의 웨딩마치가 쓰인다. 신부가 입장할 때는 바그너의 오페라 「로엔그린」(1848)에 나오는 '신부합창'이라는 웅장하고 중간 빠르기의 음악에 맞춰 통로를 걸어 들어간다. 그리고 신랑 신부가 퇴장할 때는 멘델스존의 「한여름밤의 꿈」(1826)이라는 웨딩마치의 경쾌하고 빠른 곡에 맞춰 퇴장한다.

이것의 기원은 1858년 영국의 빅토리아 공주와 프러시아의 프레데릭 윌리엄 왕자의 왕실 결혼으로 거슬러 올라간다. 영국 빅토리아 여왕의 맏딸이었던 빅토리아 공주는 행진곡을 직접 골랐다(문화예술계의 후원자이기도 했던 그녀는 멘델스존의 곡을 높이 평가했고, 바그너의 곡은 거의 숭앙할 정도였다). 왕실이 하는 일을 따라하길 좋아하던 영국 국민들은 빅토리아 공주가 고른 결혼행진곡을 귀족, 평민 가리지 않고 애용했다. 결혼식에 없어서는 안 될 또 하나의 전통이 이렇게 만들어졌다.

 ## 흰 웨딩드레스와 베일 : 16세기, 영국과 프랑스

오늘날에 이르기까지 몇 백 년 동안 흰색은 순결과 정절을 상징해왔지만, 고대 로마에서 신부의 예복 색깔은 노란색이었다. 그리고 플라메움flammeum, 즉 불꽃 빛깔의 노란 베일이 신부의 얼굴을 가렸다(신부 베일은 웨딩드레스보다 몇 세기 앞서 생겨났으며, 신부 베일보다 더 앞서 생긴 것이 일반 얼굴 베일이다).

패션 역사가들은 얼굴을 가리는 베일은 전적으로 남자들이 만들어낸 것이며, 결혼한 여자나 독신 여자를 겸손하고 순종적으로 만들고 다른 남자들 눈에 띄지 않게 하려는 의도에서 고안된 가장 오래된 장치라고 주장하고 있다. 오랜 역사를 거치는 동안 베일은 우아함과 음모, 겸손과 애도의 상징으로 사용되어왔지만, 베일은 여자들이 자신들을 위해 만들지 않은 유일한 의류이다.

적어도 4,000년 전에 중동에서 시작된 베일은 독신 여성에게는 수줍음의 상징으로, 결혼한 여성에게는 남편에 대한 순종의 상징으로 사용되어왔다. 이슬람교에서는 여자가 집 밖으로 나갈 때 머리와 얼굴 일부를 반드시 가리도록 했다. 남성들이 만든 이 규칙은 시간이 지나면서 더욱 엄격해졌고, 여자는 눈만 빼고(옛날 베일은 두꺼운 천으로 만들어져 시야를 방해했다) 모두 가리게 되었다.

북유럽 국가들에서 베일 쓰는 관습은 덜 엄격하고 격식도 덜 차렸다. 이들 나라에서는 납치된 신부만이 베일을 썼다. 색은 중요하지 않았다. 단지 가린다는 사실만이 중요했다.

기원전 4세기 그리스인과 로마인들 사이에서는 환히 들여다보이는 베일이 결혼식 때 유행했다. 베일은 핀이나 리본으로 머리에 고정했으며, 베일과 웨딩가운 모두 노란색이 선호하는 색깔이 되었다. 중세에는 색이 초점이 아니었다. 오히려 옷감의 질이나 장식에 강조점이 주어졌다.

영국과 프랑스에서는 결혼식 때 하얀 옷을 입는 풍습이 16세기 작가들에 의해서 처음으로 언급되었다. 흰색은 신부의 처녀성을 시각적으로 보여주는 선언이었다. 이는 너무나 명백하고 공개

빅토리아 여왕의 웨딩 베일.

적인 선언이었으나 모든 사람들이 공감한 것은 아니었다. 특히 목사들은 결혼의 선결 조건인 처녀성을 그렇게 야단스럽게 광고할 필요는 없다고 생각했다. 그 후로도 150년 동안 영국의 신문과 잡지들은 흰 결혼식 복장에 대한 논란을 다루었다.

18세기 후반에 이르자 흰색이 결혼식의 표준색이 되었다. 이렇게 된 데는 당시의 모든 가운이 흰색이었기 때문이라고 패션 역사가들은 주장하고 있다. 흰색은 또한 정장의 기본색이 되었다. 1813년에 흰색 웨딩 가운과 베일을 담은 패션 그림이 영향력 있는 프랑스 잡지 「부인 저널Journal des Dames」에 최초로 실렸다. 이때부터 스타일이 결정되었다.

이혼 : 고대 아프리카와 근동

결혼이 정식으로 와해되려면 먼저 공식적인 결혼이 있어야 한다는 것은 지극히 당연하다. 남아 있는 가장 오래된 결혼 증서는 기원전 5세기 무렵에 이집트의 엘레판틴에 주둔했던 유대인 수비대의 아랍어 파피루스 속에서 발견되었다. 이 계약서는 간결하고 장식이 없는 판매 증서였는데, 거기에는 '건강한 14살 소녀를 암소 여섯 마리와 바꾼다'라고 적혀 있었다.

로마 사람들에게 결혼 증서는 복잡한 법률 문서나 마찬가지였다. 이 증서에는 지참금의 조건, 이혼이나 사망시의 재산 분배와 같은 조건을 엄격하게 서술하고 있다. 1세기 무렵에는 개정된 결혼 증서가 이스라엘 사람들 사이에 공식적으로 도입되었으며, 약간의 수정만 거친 뒤 아직도 사용되고 있다.

이혼은 간단하면서도 격식을 갖추지 않은 절차로부터 시작되었다. 초기 아테네와 로마에서는 결혼 파기에 관한 법적 근거가 없어 남자는 여자가 싫어지면 언제든지 이혼할 수 있었다. 판사로부터 이혼을 허락받아야 했지만 거부당했다는 기록은 하나도 없다. 7세기까지만 해도 앵글로 색슨족의 남편은 정말 말도 안 되는 이유로도 아내와 이혼할 수 있었다. 당시의 법은 다음과 같이 기술하고 있다.

> '아기를 못 낳거나, 기형이거나, 어리석거나, 열정적이거나, 사치스럽거나, 무례하거나, 습관적으로 술에 취하거나, 밥을 많이 먹거나, 말이 많거나, 싸움을 잘하거나, 욕을 잘하는 여자는 거부될 수 있다.'

고대와 현대의 이혼 풍습을 연구하는 인류학자들은 한 가지 점에서 의견이 일치한다. 즉, 역사적으로 아내가 생산력으로 간주되고 집안의 가장으로 여겨지던 모계 사회에서는 합의 이혼이 더 널리 성행했지만, 신부를 돈을 주고 데려옴으로써 신부의 생산력과 성적 권리가 남편에게 상징적으로 이전되는 부계 사회에서는 이혼이 남성의 욕망이나 변덕에 따라 좌우되었다는 점이다.

생일 : 기원전 3000년, 이집트

오늘날에는 살아 있는 사람의 생일을 축하하는 것이 일반적인 관습이다. 그러나 고대의 전통이 지금까지 유지되었다면 우리는 사람의 죽은 날을 매년 지키게 될 것이다. 죽은 날을 기념하는 것은 한때는 매우 중요한 행사였기 때문이다.

우리가 지키고 있는 생일 풍습 중 많은 부분은 과거와는 180도 다른 것이다. 옛날에는 여자나 아이들의 생일은 지켜지지 않았다. 그리고 한때 그리스의 전통이었던 장식한 생일케이크는 몇 세기 동안 만들어지지 않았다. 오늘날 촛불을 잔뜩 밝히고 떠들썩하게 '해피 버스데이 투 유'를 외치면서 다시 등장하기는 했지만.

생일 풍습들은 어떻게 해서 생긴 것일까?

고대 이집트나 바빌로니아 등에서 생일잔치는 하류 계층에서는 듣도 보도 못한 것이었다. 또 여왕을 제외하고는 계층에 상관없이 어떤 여성의 생일도 거의 지켜지지 않았다. 왕, 여왕, 또는 높은 계급의 귀족들만이 자신이 태어난 날을 인정했던 것이다.

역사에 기록된 최초의 생일 축하는 기원전 3000년 무렵 이집트의 왕인 파라오들의 생일이었다. 이 풍습은 메네스가 북왕국과 남왕국을 통일한 다음에 시작되었는데, 생일 축하는 하인과 노예, 그리고 자유민이 참가한 성대한 집안 행사였다. 종종 죄수들도 왕궁의 감옥에서 풀려났다.

두 명의 고대 여성의 생일 기록이 남아 있다. 1세기 그리스의 전기작가이며 에세이 작가였던 플루타르크에 따르면 프톨레마이오스 왕조의 마지막 여왕인 클레오파트라 7세가 애인 안토니우스를 위해 자기의 생일잔치를 성대하게 벌였다고 되어 있다. 이때 초청된 손님들은 화려한 선물을 받았다. 그러나 오빠 프톨레마이오스와 근친상간 결혼을 하여 아들을 낳은 클레오파트라 2세는 남편으로부터 역사상 가장 무시무시한 생일 선물을 받았다. 그것은 살해당해 절단된 아들의 시체였다.

그리스인들은 이집트인들로부터 생일을 축하하는 아이디어를 얻었고, 과자 만드는 기술로 이름났던 페르시아인들로부터는 생일 축하의 표시로 달콤한 생일케이크를 만드는 관습을 받아들였다. 작가 필로코루스는 달과 사냥의 여신 아르테미스를 숭배하는 사람들이 매달 6일에 밀가루와 꿀로 만든 커다란 케이크를 구워서 여신의 생일을 축하했다고 전하고 있다. 아르테미스의 케이크 위에 촛불을 밝혔을지도 모른다. 왜냐하면 촛불은 아르테미스 여신이 땅을 향해 비추던 달빛을 상징했기 때문이다.

그리스인들은 한 달에 한 번씩, 1년에 열두 번 신들의 생일을 축하했다.

그리고 집안 가장의 생일이 돌아올 때는 아무리 화려하게 잔치를 해도 아깝지 않을 정도로 성대하게 치렀다. 그러나 여자들과 아이들의 생일은 지킬 가치조차 못 느꼈다. 그리스인들은 살아 있는 남자를 위한 잔치를 '게네슬리아Genethlia'라고 불렀다. 이것은 남자가 죽은 후에도 '게네시아Genesia'라는 이름으로 몇 년 동안 지속됐다.

로마인들은 생일 축하 풍습에 새로운 변화를 첨가했다. 로마 원로원에서는 중요한 정치가의 생일을 국가 공휴일로 삼는 풍습(오늘날에도 시행되는)을 시작했다. 기원전 44년에 원로원에서는 암살된 카이사르의 생일을 매년 지키자는 법안을 통과시켰다. 축하의 하이라이트는 퍼레이드, 서커스 공연, 검투사 시합, 저녁 연회, 그리고 연극 공연 등이었다. 그러나 이런 전통은 기독교의 번성과 함께 완전히 사라지고 말았다.

이교도들에게 핍박받고 순교당하던, 그리고 아기가 세상에 태어날 때 아담의 원죄를 가지고 태어난다고 믿었던 초기 기독교도들에게 세상은 험하고 잔인한 곳이었기에 탄생을 축하할 이유가 없었다. 이들에게는 오히려 죽음이 진정한 구원이면서 천국으로 가는 길이었으므로, 사망한 날은 기도로 기념할 만한 날이었다.

우리의 일반적인 생각과는 달리 축하를 받고 축일로 제정되는 날은 성자들의 생일이 아니라 사망한 날이다. 기독교 역사가들은 초기 교회에서 말하는 '탄생'은 내세로 가는 탄생, 또는 내세로 가는 길로 해석했다. 초기 교회의 대변인인 베드로 크리솔로고는 다음과 같이 밝히고 있다.

'성자의 탄생일은 그들이 육체적으로 태어난 날이 아니라 그들이 땅에서 하늘로 탄생한 날, 고통에서 안식으로 가게 된 날이다.'

초기 교회의 교부들이 생일 축하를 반대한 또 다른 이유가 있다. 이들은 이집트와 그리스인들에게서 빌어온 축제를 이교도 행사의 잔재라고 생각했다. 서기 245년에 초기 기독교 역사가들이 그리스도 탄생의 정확한 날짜를 정하려고 했을 때 천주교에서는 이런 일을 신성모독으로 규정하고, 그리스도가 '마치 파라오라도 된 것처럼' 그의 생일을 지키는 것은 죄악이라고 선포했다.

4세기 무렵에 이르러 교회는 생일 축하에 대한 태도를 바꾸기 시작했다. 그리고 예수 탄생일을 정하는 문제를 심각하게 논의하기 시작했다. 물론 그 결과로 크리스마스를 축하하는 전통이 시작되었다. 서구 세계가 생일을 축하하는 풍습을 다시 시작한 것은 그리스도 탄생을 축하하면서부터였다.

12세기에 이르러서는 여자와 아이들의 생일을 기록하고 매년 그날을 축하하는 유럽 교회의 풍습이 정착되었다. 이 무렵부터 촛불을 꽂은 생일케이크가 다시 등장했다.

 ## 생일케이크와 촛불 : 중세 후기, 독일

생일케이크를 먹는 풍습은 고대 그리스에서 잠시 시행된 적이 있었다가 중세의 독일 농민들 사이에서 다시 생겨났다. 이 풍습은 어린이를 위해 특별히 마련하는 '킨더페스테Kinderfeste' 즉 '어린이를 위한 축제'라는 새로운 축하 방식으로 재등장했는데, 어떤 의미에서는 어린이들의 생일 파티가 이때부터 시작된 것이라고 할 수 있다. 13세기의 독일 어린이들은 많은 면에서 오늘날의 어린이들보다 훨씬 더 많은 관심과 사랑을 받았다.

킨더페스테는 새벽부터 시작되었다. 생일을 맞이한 아이를 깨울 때는 촛불이 꽂힌 케이크를 들고 들어가서 깨웠다. 촛불은 계속 새것으로 교환되면서 케이크를 먹는 가족 식사 후까지 하루 종일 밝혀졌다. 촛불의 수는 아이의 나이보다 하나 더 많았는데, 이 촛불은 '생명의 빛'을 상징했다(촛불이 생명을 상징한다는 생각은 역사상 도처에서 찾아볼 수 있는데, 셰익스피어는 『맥베스』에서 생명을 '잠깐동안의 촛불'이라고 묘사하고 있고 어떤 격언은 '촛불 양쪽에 불을 붙이는' 것을 금하고 있다). 생일을 맞이한 아이는 선물을 받았을 뿐 아니라 자신이 좋아하는 요리들로 식사 메뉴를 결정했다. 소원을 말하고 촛불을 불어 끄는 풍습도 독일의 킨더페스테에서 유래했다. 생일 촛불은 단숨에 꺼야 하며 소원이 이루어지려면 비밀로 간직해야 했다.

해피 버스데이 투 유 : 1893년, 미국 켄터키

세계에서 가장 자주 불리는 음악인 이 노래는 '모두 굿 모닝Good Morning to All'이라는 제목으로 1893년에 출판된 『유치원 노래 이야기Song Stories of the Kindergarten』에 처음 실렸다.

켄터키주 루이빌에 사는 두 자매가 쓴 이 곡조는 원래 생일 축하 때 부르려고 만든 것이 아니라 아침에 교실에서 어린이들을 맞이하기 위한 곡이었다. 그러던 것이 생일 노래로 표절당한 것이다.

곡의 멜로디를 작곡한 밀드레드 힐은 교회 오르간 연주자, 음악회 피아니스트, 흑인 영가의 권위자였다. 그녀는 1859년 루이빌에서 태어나 자신이 만든 곡조에 '해피 버스데이'라는 가사가 붙여지기 몇 년 전에 57살의 나이로 시카고에서 죽었다.

그녀의 동생 패티 스미스 힐은 언니가 가르치던 루이빌 실험 유치원의 교장으로 있으면서 이 곡에 가사를 붙였다.

어린이 교육에 평생 관심을 가졌던 패티 스미스 힐 박사는 1906년 컬럼비아대학의 사범대학 교수로 부임했다. 3년 후에는 유아교육과 과장이 되었다. 컬럼비아대학의 명예교수로 1946년에 뉴욕에서 사망할 때까지 수많은 수상을 했지만, 그 모든 것들보다도 그녀는 '해피 버스데이 투 유'라는 노래에 끼친 공로 때문에 아마 가장 잘 기억될 것이다.

힐 자매는 '모두 굿 모닝'이라는 곡을 1893년 10월 16일자로 판권등록을 했다. 그러나 이 곡은 1924년 3월 4일 로버트 코울맨이 댈러스에서 편집, 발행한 노래책에 허락 없이 실렸다. 노래의 원래 제목과 1절은 그대로 실려 있었지만 2절 가사의 첫 줄은 '해피 버스데이 투 유Happy Birthday to you'로 바뀐 상태였다.

그 후 10여 년 동안 이 노래는 가사를 약간 변형시킨 상태로 여러 번 출판되었으며, 1933년까지는 '해피 버스데이 투 유'로 널리 통용되었다. 1년 후생일 노래가 브로드웨이 뮤지컬 「수천 명이 환호할 때As Thousands Cheer」에서 밤마다 울려 퍼지자 또 다른 힐 자매인 제시카는 뻔뻔스러운 도둑질을 했으면서도 인세 한 푼 내지 않은 사실에 분개하여 소송을 제기했다. 힐 가족은 멜로디의 주인으로서 자신들의 노래가 상업적으로 불릴 때마다 인세를 받을 권리가 있었던 것이다.

사람들은 이 친근한 곡조에 판권이 붙어 있다는 사실을 알고 충격을 받았다. 약 50만의 사람들에게 전화와 배달부를 통해 노래하는 생일 축하를 보냈던 웨스턴 유니언 전보회사는 그 일을 중단했다. 뮤지컬 「수천 명이 환호할 때」에서도 이 노래가 빠졌다. 그리고 「날아가는 천사Angel in the Wings」라는 쇼의 스폰서들은 공연할 때마다 힐 가족에게 인세를 내야 한다는 사실을 알게 되자 바로 작곡자에게 다른 곡을 쓰라고 했다. 또 나중에 히트한 작품 「해피 버스데이」에서 주인공 역할을 한 헬렌 헤이즈는 제작자들이 인세를 내지 않도록 하기 위해 가사를 말로 하고 말았다.

패티 스미스 힐 박사는 자신과 언니가 전 세계적인 생일 풍습으로 정착된 생일 축하곡을 작곡했다는 것을 아는 상태에서 오랜 병고 끝에 78살의 나이로 세상을 떠났다.

 ## 장례 전통 : 5만 년 전, 서아시아

장례와 관련된 최초의 증거는 인간의 시조로 알려진 서아시아의 네안데르탈인까지 거슬러 올라간다.

네안데르탈인은 두상이 무겁고, 코가 두껍고 크며, 난폭한 인상을 가진 원시인으로 종종 묘사된다. 그러나 고고학자들은 실제 네안데르탈인들이 고전적인 유럽인의 특징과 금발, 그리고 털이 없는 피부를 가졌던 것으로 보고 있다. 그들은 또 발굴된 유골을 통해 네안데르탈인들이 현대인과 비슷한 두뇌 능력을 가졌을 것이라고 추정하고 있다.

장례 의식을 행하고 죽은 자를 매장하는 풍습을 시작했던 네안데르탈인들은 음식, 사냥 무기, 불 피우는 숯과 함께 시체를 묻고 갖가지 꽃을 뿌렸다. 이라크의 샤니다르에서 발견된 네안데르탈인들의 무덤에서는 여덟 가지 꽃가루가 발견됐다. 심지어 5만 년 전 사람들인 이들도 불과 장례식을 연관지은 것으로 보인다. 왜냐하면 네안데르탈인의 묘터에서 횃불을 피운 흔적이 발견됐기 때문이다. 그러나 정확한 의미는 아직 밝혀지지 않았다. 그보다 훨씬 후에, 고대 로마인들은 장례식 횃불이 죽은 영혼이 영원한 안식처로 가는 길을 인도해준다고 믿었다. 장례식을 뜻하는 영어 'funeral'이라는 말은 '횃불'을 뜻하는 라틴어 'funus'에서 나온 말이다.

'장례식'이라는 말 외에도 로마인들은 우리에게 장례식에 촛불을 켜는 풍습을 남겨주었다. 귀신의 영역은 어둠이었으므로 귀신은 빛을 싫어한다고 생각해 시체 주위에 촛불을 밝히면 거기에 깃들려고 하는 귀신을 쫓아낸다고 믿었기 때문이다.

앞으로 알게 되겠지만, 서양 장례 전통의 대부분은 죽은 자에 대한 존경

심보다는 영혼 세계에 대한 두려움에서 출발했다.

검은 상복　오늘날 사람들은 죽은 이에 대한 경의의 표시로 장례식 때 검은 옷을 입는다고 말한다. 그러나 옛날 서구 사회에서 검은 옷을 장례의 색깔로 정하게 된 것은 죽은 친척, 적, 또는 이방인에 대한 두려움 때문이었다.

옛날 사람들은 정신을 차려 조심하지 않으면 죽은 자의 영혼이 살아 있는 사람의 몸 속에 다시 들어온다고 믿었다. 인류학적 기록을 보면 원시 백인들은 자신의 몸을 귀신들로부터 숨기기 위해 장례식 때 자신의 몸을 검은색으로 칠한 것으로 되어 있다. 그리고 오늘날의 문명사회에서조차 아프리카 흑인들이 죽은 자의 영혼이 자신을 알아보고 들어오는 것을 막기 위해 몸과 반대 색깔, 즉 흰색을 칠한 모습을 볼 수 있다.

몸에 검은색을 칠하는 것을 보고 인류학자들은 검은색 상복을 왜 입게 되었는지를 알아냈다. 죽은 사람의 가까운 친척들이 보호색으로 검은 상복을 몇 주 또는 몇 달간 입는 지역이나 나라도 많이 있다. 애도하는 사람이 얼굴에 베일을 쓰는 것도 바로 이런 두려움에서 나온 것이다. 지중해 국가들에서는 과부가 남편의 떠도는 영혼으로부터 숨기 위해서 1년 내내 베일을 쓰고 검은 옷을 입었다. 결국 검은 상복은 검은색 자체에 경건함이 있다기보다는 흰 피부를 가진 사람을 위한 보호 마스크인 셈이다.

검은 상복을 입은 빅토리아 여왕.

관 관 역시 죽은 자에 대한 두려움 때문에 생겨났다. 고대 수메르인들은 기원전 4000년 무렵에 죽은 사람을 나뭇가지를 엮어 만든 바구니 속에 묻었다. 북유럽 사람들은 죽은 자가 살아 있는 사람들 사이에 떠돌지 못하도록 극단적인 방법들을 사용했다. 즉, 죽은 사람의 몸을 묶고 발과 머리를 자르거나 그를 더 꼼짝 못하게 만들기 위해서 무덤으로 가는 길을 일부러 구불구불 돌아서 그가 다시는 먼저 살던 집으로 되돌아오지 못하게 했다. 또 죽은 자의 관을 그가 늘 사용하던 집 정문이 아니라 일부러 벽에 구멍을 뚫어 이 구멍을 통해 집 밖으로 내간 후 다시 구멍을 막아버리는 것이 여러 문화권에서 발견됐다.

지하 6피트 깊이에 묻는 것도 안전한 방도라고 여겨졌으나 나무로 짠 관에 넣고 거기다 못을 박으면 더 안심이 되었다. 옛날 관을 보면 수많은 못으로 고정되어 있을 뿐만 아니라(장례 행렬 때 뚜껑이 흘러내릴까봐 못을 박았다고 보기에는 못이 너무 많다고 인류학자들은 주장한다) 일단 관이 땅속에 내려가면 그 위에 흙을 덮기 전에 크고 무거운 바위를 관뚜껑 위에다 놓았는데, 이것이 오늘날의 묘석으로 변했다.

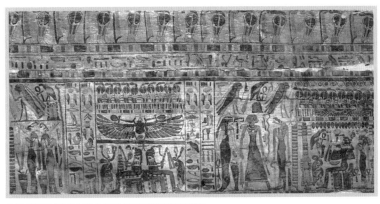

고대 이집트의 관의 패널. 장례식 장면이 그려져 있다.

남편에게 집착하여 죽은 남편이 안치된 관을 묻지 않고 계속 갖고 다닌 합스부르크가의 유명한 '미친 여왕' 후아나를 묘사한 그림.

물론 나중에는 친척들이 묘석에다 사랑스럽게 기억에 남을 말도 새기고 무덤을 방문해 경의도 표했다. 그러나 이런 개화된 풍습이 생기기 전까지는 친구와 가족들은 죽은 자 근처에 얼씬도 하지 않았다.

관이라는 뜻의 영어 'coffin'이라는 말은 '바구니'라는 뜻의 그리스어 '코피노스kophinos'에서 나왔다.

기도할 때 손을 모으는 것 : 9세기, 유럽

기도할 때 취했던 가장 오래되고 경건한 제스처는 팔과 손을 하늘을 향해 높이 뻗는 것이었다. 그리고 점차 팔을 몸 가까이 접어 가슴에 포개면서 손목을 심장 위로 교차시켰다. 이런 제스처들은 그 자체의 논리와 분명한 의도를 가지고 있다. 하나님이 하늘에 계신다든가 심장이 감정의 근원지라든가 하는 것이 그것이다.

손을 세워 모으는 습관은 나중에 생겼다. 그런데 이 행위는 이상하지는 않지만 의미가 확실하지 않다. 이것은 성경 어디에도 언급된 적이 없다. 이것은 9세기 무렵 기독교 교회에서 처음 등장했다. 그 후에 조각가들과 화가들은 그 이전 시대의 교회 기도 장면을 묘사할 때도 이 제스처를 넣었다. 그런데 이것은 알고 보면 종교나 경배와 아무 관계가 없다. 오히려 복종이나 종속을 의미했다.

종교사가들은 이 제스처의 근원을 죄수의 손을 족쇄로 묶는 행위에서 찾는다. 아직도 나무덩굴이나 로프, 수갑 등이 법질서를 지키는 기능을 하지만 모아진 손은 창조자에 대한 인간의 복종을 의미했다.

상당히 많은 역사적 증거들은 손을 모으는 행동이 기독교 교회가 사용하기 훨씬 전부터 널리 행해졌던 제스처라는 것을 보여주고 있다. 백기가 항복을 표시하는 기호로 쓰이기 전에는 포로로 잡힌 로마인은 손을 족쇄에 채운 자세를 취함으로써 살해되는 것을 피할 수 있었다. 고대 그리스인들에게 이 제스처는 귀신을 꼼짝 못하게 만들어 대사제의 명령을 듣도록 하는 마력이 있는 것으로 믿겨졌다. 중세의 영주들은 시종들이 충성을 맹세하는 행동으로 손을 모으는 자세를 취하게 했다.

기독교는 이런 여러 관습을 통해 신적인 권위에 인간이 절대복종한다는 표시로 이 제스처를 받아들였다. 후에 기독교계의 많은 작가들은 손을 모으는 것이 교회의 뾰족한 첨탑을 상징한다는 더 경건하고 멋진 생각을 만들어내 신도들에게 긴장했다.

후광 : 고대, 유럽과 아시아

화가들이 종교적인 인물들 머리 위에 그려온 밝은 원형의 빛은, 원래 기독교적인 상징이 아니라 이교도적인 상징이었다. 그리고 그 자체는 왕관의 기원이다.

고대의 글과 그림은 신들의 머리를 둘러싼 후광에 대한 언급으로 가득 차 있다. 고대 힌두, 인도, 그리스, 그리고 로마의 예술품에서 신들은 머리 주변에 하늘의 빛을 발하고 있다. 그리고 왕들은 자신들이 신과 특별한 관계가 있다는 것을 강조하기 위해, 그리고 자신들에게 신적인 권위가 위임되었다는 것을 강조하기 위해 깃털, 보석, 또는 금으로 만든 왕관을 썼다. 자신들의 신성을 확신하고 있었던 로마 황제들은 상징적인 왕관을 쓰지 않고는 결코 대중 앞에 나타나지 않았다. 예수의 머리에 강제로 씌워진 가시관은 하늘이 내려준 그의 왕권을 공개적으로 조롱하기 위한 것이었다.

오랜 시간 동안 지나치게 사용한 결과 원형의 빛은 이교도 신과의 연관성을 상실하게 되었고, 그 자체가 교회의 여러 종파의 유력한 상징이 되었다. 후광의 이교도적인 뿌리를 알고 있었던 초대 천주교의 교부들은 화가나 작가들이 후광을 그리거나 언급하는 것을 고의로 막았다(중세의 삽화 원고를 보면 이런 종교적인 명령이 100% 효과적이지는 않았음을 알 수 있다).

역사가들은 7세기 무렵부터 교회가 후광을 점차로 취하게 된 것은 실용적인 목적 때문이라고 추정한다. 이것은 옥외에 세워진 종교적 동상들이 비에 맞거나, 부식하거나, 새똥이 떨어져 보기 싫게 되는 것으로부터 방지하기 위한 일종의 우산이었던 것이다. 그러한 후광들은 나무나 구리로 만든 커다란 원형 접시였다. 이 시기 동안에 후광은 '후광halo'이 아닌 많은 다른 이름으로 알려지게 되었다.

어원학자들은 후광이라는 단어의 어원을 이교도나 기독교 어느 쪽에서도 찾지 않는다. 예수 탄생 수천 년 전에 농부들은 곡식단을 단단히 쌓은 후 멍에를 멘 소들을 그 위에 계속 걸어다니게 함으로써 추수를 했다. 소가 다니는 둥근 원을 그리스인들은 '원형 타작 마당'이라는 뜻의 'halo'라고 불렀다. 16세기에 점성학자들이 이 말을 재해석하여 천체를 둘러싸고 있는 굴절

이탈리아 르네상스 시대의 화가 프라 안젤리코의 「피에솔레 제단화」. 후광은 왕관의 기원이 되었지만 성인의 머리 위에 그려진 후광은 원래 기독교적인 상징이 아니었다.

된 태양빛을 가리키는 데 사용했을 때, 신학자들은 성자의 머리 주위를 둘러싸는 왕관을 표현하는 데 전용했다. 그래서 어느 현대 종교사가는 '후광은 그리스 농업의 전통과, 로마의 과대망상적 통치자들의 신격화와, 중세 점성술과, 먼지와 비바람을 막는 보호수단이 합쳐져 생겼다'고 주장한다.

아멘 : 기원전 2500년, 이집트

모든 종교에서 가장 친숙하고 자주 쓰이는 '아멘amen'이라는 말은 초기 기독교 기록뿐만 아니라 이슬람 기록에서도 발견된다. 아멘이라는 말은 히브리 성경에는 13회 나오지만 신약 성경에는 119회나 나온다.

이스라엘 사람들에게 아멘이라는 말은 동의, 인정, 그리고 진리를 의미하는 표현인 '그렇다'는 의미였다. 그래서 설교나 연설을 하는 학자들은 자신의 말이 믿을 만하며 신뢰성이 있다는 것을 청중에게 확인시켜주기 위해 '아멘'

이라는 말로 끝을 맺었다.

아멘은 기원전 2500년 무렵 이집트에서 시작되었다. 이집트인들에게 '아문Amun'이라는 말은 '숨겨진 자'라는 의미로 한때 중동 지역에서 숭배되었던 높은 신의 이름이었다. 나중에 다른 문화에서 주피터 신의 이름을 사용하여 'By Jove!'라고 감탄사를 외치게 되면서, 이집트인들도 자신들의 신에게 'By Amun!'이라고 부르면서 간구했다. 이스라엘 사람들은 이 말을 차용하여 새로운 의미를 부여하고 기독교인들에게 전파했다.

 악수 : 기원전 2800년, 이집트

가장 오래된 기록에 따르면 악수는 권력이 신에게서 지상의 통치자에게 이양되는 것을 의미했다. 이것은 이집트어의 동사 '주다to give'에 잘 나타나 있는데, 이 말을 상형문자로 쓰면 내민 손 모양이 된다.

기원전 1800년 무렵 바빌로니아에서는 왕이 바빌로니아 신화의 으뜸 신인 마르두크 동상의 손을 잡도록 되어 있었다. 새해 축제 때마다 거행되는 이 행동은 새로운 1년 동안 권위를 통치자에게 이양시키는 역할을 했다. 이 의식은 너무나 설득력이 있어서 아시리아가 바빌로니아를 점령했을 때 아시리아의 왕들은 신의 노여움을 사지 않기 위해 대대로 이 의식을 거행해야 했다. 미켈란젤로가 시스티나 성당 천장에 멋지게 그려놓은 것은 악수의 이런 측면을 간파하고 있음이다.

민간설화는 이보다 더 오래되고 사변적인 악수의 기원을 제시하고 있다.

'옛날 사람들은 낯선 사람을 만나면 반사적으로 단검에 손을 대는 반응을 보였다.
상대방 역시 그렇게 했고 두 사람은 조심스럽게 서로를 빙빙 돌며 시간을 보냈다.
죽을 때까지 싸우기보다는 화해를 하는 게 좋다는 생각이 서로 들게 되면 두 사람은

단검을 칼집에 꽂고 호의의 표시로 오른손(무기를 쓰는 손)을 내밀었다.'

그래서 역사상 무기를 들고 싸운 적이 없는 여성들 사이에는 악수하는 습관이 없는 것이다.

오래된 인사 습관들에는 다음과 같은 이유들이 있다. 신사들이 모자를 벗는 관습은 포로가 정복자에 대한 복종을 표시하기 위해 옷을 벗었던 고대 아시리아 시대로 거슬러 올라간다. 그리스인들은 새로 온 하인들에게 윗도리를 벗도록 했다. 로마인들은 샌들을 벗은 후 신성한 사당에 다가갔다. 신분이 낮은 사람은 상전의 집에 들어가기 전에 신을 벗었다. 영국에서는 여자들이 왕을 만날 때는 장갑을 벗었다. 사실 남자가 절을 하고 여자가 무릎을 살짝 굽혀 인사를 하는 제스처는 복종 또는 경의를 표시하는 행동의 잔재이다. 여자가 무릎을 살짝 굽히는 인사는 원래는 완전히 무릎을 꿇는 인사였다. 중세가 되면서 영주에게 농노임을 표시하는 행위로 모자를 벗었는데, 이것은 '나는 당신의 충성스러운 종입니다'를 암시하고 있었다. 이 제스처가 너무나 설득력이 있어 기독교에서는 이것을 받아들여 남자들이 교회에 들어갈 때는 모자를 벗도록 했다.

마침내 신분이 낮은 남자끼리도 서로 모자를 살짝 벗는 시늉으로 경의를 표하는 게 표준 예법이 되었다.

3장
← →
달력을 넘기면

 새해 첫날 : 기원전 2000년, 바빌로니아

'명절' 의미를 지닌 영어의 '홀리데이holiday'는 '거룩한 날'을 의미하는 'halidai'라는 중세 영어에서 나온 말이다. 인간 축제는 거의 대부분 종교성을 띠고 있다.

새해 첫날은 '거룩한 날'의 축제 중에서 가장 오래되고 보편적인 것이다. 그런데 신기하게도 이것의 기원은 달력이라는 것이 아직 없었던……, 씨앗을 뿌리는 때부터 수확을 거두는 시기까지를 '한 해' 또는 '한 주기'로 간주하는 시대로까지 거슬러 올라간다.

기록상 최초의 신년 축제는 바빌로니아의 수도인 바빌론에서 거행되었다 (바빌로니아 유적은 오늘날 이라크의 엘힐라라는 현대 도시 근처에 있다). 이 축제는 봄이 시작되는 3월 하순의 춘분에 시작하여 무려 11일 동안이나 계속되었다. 축제를 집전하는 사제는 동트기 두 시간 전에 일어나 유프라테스강의 성스러운 물에 몸을 씻고, 이 지역 농사의 신인 마르두크에게 풍년을 허락해달라고 기원하며 찬양을 올렸다. 그는 또 머리를 자른 양의 엉덩이 살을 성전 담벼락에 발라서 성스러운 건물을 해칠지도 모르는, 또는 내년 농사에 닥칠지 모를 액운을 닦아냈다. '쿠푸루kuppuru'라고 불렸던 이 의식은, 당시 이스라엘 민족들 사이에서도 '욤 키푸르Yom Kippur'라는 속죄제 때 행해졌다.

사람들은 음식, 포도주, 독주 등을 엄청나게 소비했는데, 이것은 즐기기 위한 것이기도 했지만 더 중요한 것은 한 해의 풍년을 허락한 마르두크 신에 대한 감사 행위였다. 6일째 되는 날에는 풍요의 여신에 대한 찬양의 일환으로 가면무언극이 공연되었으며, 이어서 화려한 퍼레이드가 신전에서 출발해 바빌론 교외에 있는 새해의 집에 이르기까지 펼쳐졌다(고고학적 유적인 새해의 집은 그동안 많이 발굴된 적이 있다).

그런데 씨를 뿌리는 날이었던 새해 첫날이 어떻게 해서 봄이 시작되는 시기에서 만물이 죽어 있는 겨울로 옮겨졌을까?

천문학적으로나 농업적인 관점에서 볼 때 1월은 농작의 주기, 또는 새해를 시작하기에는 어울리지 않는 시기이다. 왜냐하면 1월에는 계절의 시작을 알리는 네 개의 시점인 춘분, 추분, 동지, 하지 때처럼 해가 하늘에서 어떤 기준점에 서 있지도 않기 때문이다. 그런데도 특정 로마인들은 1월로 거룩한 날을 옮겨버렸는데, 거기에는 2,000년에 걸친 신기하고 복잡한 이야기가 얽혀 있다.

고내력에 따르면 로마인들은 봄이 시작되는 3월 25일을 힌 헤의 첫날로 삼았다. 그러나 황제들과 고관들은 자신의 재임 기간을 늘리기 위해서 달과 해의 길이를 멋대로 조작했다. 그런 이유로 해서 기원전 153년에 이르러서는 달력의 날짜가 천문학적인 기준점과 너무나 맞지 않았다. 마침내 로마 원로원에서는 많은 공식 행사들을 바로잡기 위해서 1월 1일을 새해의 시작으로 공포했다. 그러나 날짜 조작은 계속되었다. 기원전 46년 율리우스 카이사르는 달력을 다시 1월 1일에 맞추기 위해 1년을 445일이나 지속하게 했다. 그 해는 '혼돈의 해'라는 역사적 명칭을 얻게 되었다. 그리고 카이사르의 새 달력은 그의 이름을 따서 율리우스력이라고 불리게 되었다.

4세기에 로마가 기독교로 개종하고 난 다음 황제들은 계속해서 신년 축제를 열게 했다. 그러나 초창기의 천주교회는 모든 이방 풍습들을 철폐했고, 이것을 수치스러운 것이라 하여 교인들이 참여하지 못하게 했다. 교회에 교인이 늘어나고 세력이 커지면서 교회는 이방 축제와 경쟁할 수 있는 기독교적 축제를 전략적으로 계획했다. 1월 1일의 신년 축제에 맞서기 위해서 교회에서는 예수가 할례받은 날을 나름대로의 명절로 설정했다(이것은 아직까지 천주교, 루터교, 감독교파, 그리고 많은 동방종교의 종파에서 지키고 있다).

중세 교회는 이교도식 신년 축제를 계속 강하게 금해 교세가 우세한 나라와 도시에서는 이 축제가 완전히 사라졌다. 주기적으로 부활했을 때는 정해진 시기가 없이 아무 때고 시행되었다. 11세기에서 13세기까지 중세 전성기의 어느 시기에는 영국인들은 3월 25일에, 프랑스인들은 부활절에, 이탈리아인들은 크리스마스와 12월 15일에 새해를 각각 지켰다. 지중해와 대서양을 가르는 이베리아반도 지역에서만 1월 1일을 고수했다.

1월 1일이 세계적으로 통용된 것은 지난 400년 동안에 일어난 일이다.

새해 전날 밤 옛날부터 이날 밤은 1년 중 가장 소란스러운 밤이었다. 유럽의 농부들은 나팔을 크게 불고 북을 두드리면 작물을 죽이는 귀신들을 쫓아낼 수 있다고 생각했다. 중국에서는 사람들이 모여서 심벌즈를 치고 폭죽을 터뜨리면 빛의 힘인 양이 어둠의 힘인 음을 몰아낸다고 생각했다.

미국에서 오늘날 우리가 하는 현대적 새해 전날 밤 축하를 시작한 사람들은, 17세기에 뉴암스테르담에 정착한 네덜란드 사람들이었다. 이들에게 떠들썩함의 전형을 보여준 사람들은 아메리카 원주민들이었을지 모르지만.

유럽 이민자들이 신세계에 도착하기 전부터 원주민인 이로쿼이 족들은 옥수수가 익는 시기에 맞춰 새해 전날 밤 축제를 거행했다. 그들은 먹지 않은 옥수수와 다른 곡물들과 옷, 살림살이, 나무 가재도구 등 지나간 해의 소유물들을 함께 모아 커다란 화톳불에 던져 넣음으로써 새해와 새 삶의 시작을 기념했다. 이 행위의 의미는 너무나 분명하여 후대의 학자들이 그것의 의미를 깊이 연구할 필요도 없었다.

인류학자 제임스 프레이저 경은 『황금 가지』에서 그만큼 상징적이지는 않지만 또 다른 이로쿼이 족의 새해 전날 행위를 묘사하고 있다.

> '다채로운 변장을 한 남녀가 손에 잡히는 것은 뭐든 던지고 부수면서 이 천막에서 저 천막으로 뛰어다녔다. 그 시간은 무엇이든지 허용되는 시간이었다. 사람들은 정신이 나간 것으로 되어 있기 때문에 자신들의 행위에 대해 책임질 필요가 없었다.'

미국 이민자들은 원주민들이 새해 전날 난리를 피우는 것을 보고 자기들도 똑같이 행동했다. 그러나 그들은 옷이나 가재도구, 그리고 음식이 부족해서 화톳불을 피울 수는 없었다. 1773년 새해 전날에는 뉴욕의 축제가 너무나 소란스러워 시에서 세해를 축하하기 위해 폭죽, 집에서 제조한 폭탄, 그리고 개인용 엽총을 사용하는 것을 금하는 법령까지 만들 정도였다.

 ### 성 밸런타인데이 : 5세기, 로마

성 밸런타인데이라는 연인들의 명절은, 로마의 풍요의식을 없애기 위해, 곤봉에 맞고 목 잘려 죽은 한 신부를 천주교가 수호 성인으로 내세우면서 시작되었다.

　기원전 4세기 초부터 로마인들은 매년 루페르쿠스 신 앞에서 젊은 남자들의 통과의식을 거행했다. 젊은이들은 상자에 담겨 있는 10대 소녀들의 이름을 임의로 뽑았다. 제비뽑기에 뽑힌 소녀는 동반자가 되어 1년 동안 서로 즐기고(때로는 성적으로 즐기고) 재미있는 시간을 보내게 하였으며, 이 기간이 끝나면 다시 제비를 뽑았다.

　그로부터 800년이 지난 후 이 관습을 종식시키고자 마음먹은 초대 교부敎父들은 루페르쿠스 신을 대신할 '연인들의 성자'를 찾았다. 그들은 약 200년 전에 순교당한 주교 밸런타인이 그럴듯한 후보자라고 생각했다.

　서기 270년, 로마의 클로디우스 황제는 금혼령을 내렸다. 그는 남자가 결혼을 하면 집을 떠나 전쟁에 나가기 싫어하기 때문에 형편없는 군인이 된다고 생각했다. 제국에는 군인들이 필요했고, 사람들의 평판 같은 것은 아랑곳하지 않던 클로디우스 황제는 결혼제도를 폐지해버렸던 것이다.

　그러나 인테람나의 주교였던 밸런타인은 젊은 연인들을 몰래 찾아오게 해서 결혼식을 올려주었는데, 이 사실을 알게 된 황제는 진노해 밸런타인 주교를 궁궐로 불러들였다. 그런데 황제는 젊은 주교의 위엄과 확신에 감명을 받아 로마신을 믿도록 개종시켜 처형당하는 불행으로부터 구해주려고 했다. 그러나 밸런타인은 기독교를 포기하길 거부했다. 오히려 섣불리 왕을 개종시키려 했다. 270년 2월 24일 밸런타인은 곤봉으로 두들겨 맞고 돌팔매를 당한 후 효수되었다.

　기록에 따르면 밸런타인은 옥에서 처형을 기다리고 있을 때 간수 아스테리우스의 눈먼 딸과 사랑에 빠졌다고 한다. 그리고 흔들리지 않는 믿음으로 그녀의 시력을 기적적으로 회복시켰다. 죽음을 눈앞에 두고 그는, 그녀에게 '당신의 밸런타인으로부터'라는 작별 인사를 서명했고, 이 작별 인사는 그가 죽은 후에도 계속 남게 되었다. 교회의 입장에서 볼 때 밸런타인은 루페르쿠스의 인기를 빼앗을 수 있는 이상적인 후보로 보였다.

496년 교황 젤라시오 1세는 2월 중순에 거행하는 루페르쿠스 축제를 불법이라고 선언했다. 그러나 로마인들이 운수에 자신을 맡기는 제비뽑기를 좋아한다는 것을 알고 그것만은 존속시켰다. 제비뽑기 상자에는 자원한 독신 여자들의 이름 대신에 성인들의 이름이 담겨졌다. 남녀 모두 종이쪽지를 뽑았고, 자기들이 뽑은 성인의 삶을 모방해서 다음 해를 살도록 되어 있었다. 물론 이것은 예전과는 다른 목적을 가진 다른 게임이었다. 여자를 기대했다가 성자의 이름을 뽑는 것은 많은 로마 젊은이들을 실망시켰음은 물론이다. 이 행사의 영적인 주관자는 수호성인 밸런타인이었다. 시간이 가면서 점점 더 많은 로마인들이 마지못해 기존의 루페르쿠스 축제를 교회의 명절로 대치했다.

밸런타인 카드 전통적으로 2월 중순은 로마인들이 짝을 만나고 구애하는 시기로, 원래 루페르쿠스 제전을 통해 굳어진 관습이었다. 그러나 사형에 처하는 엄한 벌 때문에 아무도 루페르쿠스식의 제비뽑기를 다시 시행하지는 않았다. 그 대신 로마의 젊은이들은 2월 14일에 자기가 사모하고 구애하고 싶은 여성에게 손으로 쓴 사랑의 인사를 전하는 풍습을 도입했다.

기독교기 견피되면서 밸런디인데이 키드로 발전히게 되었는데, 헌존히는 카드 중 가장 오래된 것은 1415년에 오를레앙의 샤를 공작이 런던탑에 갇혀 있을 때 아내에게 보낸 카드다. 이것은 현재 대영박물관에 소장되어 있다.

16세기에 제네바의 주교였던 성 프란치스코 살레시오는 카드 풍습을 없애고 성자의 이름을 제비뽑는 풍습을 다시 시행하려 했다. 그는 기독교인들이 너무 제멋대로여서 그들에게 본보기가 될 성인이 필요하다고 생각했던 것이다. 그러나 이 제비뽑기는 별로 성공적이지 못해 교황 젤라시오 1세의 제비뽑기보다 더 단명하고 말았다. 반대로 카드는 사라지기는커녕 더 성행해지면서 장식이 많아졌다. 사랑의 묘약을 화살촉에 묻힌 벌거벗은 천사 큐피드는 가장 인기 있는 밸런타인 이미지가 되었다. 사람들은 이날과 연관 지어 로마 신화에서 사랑과 아름다움의 신 비너스의 아들인 큐피드를 가장 많이 연상했기 때문이다.

17세기에는 손으로 만든 카드가 크고 화려했던 반면, 가게에서 산 카드는 작고 비쌌다.

1797년에 영국의 어느 출판사는 『젊은 남자의 밸런타인 글쓰기The Young Man's Valentine Writer』를 발행했는데, 거기에는 스스로 사랑의 말을 지어내지 못하는 젊은 연인을 위해 감상적인 수십 개의 시 구절이 담겨 있었다. 인쇄업자들은 이미 '기계식 밸런타인'이라고 불리는 한정된 수의 밸런타인 카드를 제작하기 시작했다.

19세기가 되자 우편 요금이 저렴해지면서 직접 전하지는 못하지만 더 쉽고 빠르게 우편으로 부치는 밸런타인 풍습이 생겨났다. 이것은 또한 익명으로 카드를 교환하는 것을 처음으로 가능케 했을 뿐 아니라 모두 점잖은 척 했던 빅토리아 시대에 갑자기 짜릿한 시 구절이 등장하는 원인이 되었다. 음란한 밸런타인 카드가 우후죽순처럼 퍼지자 몇몇 나라에서는 카드 교환하는 풍습을 금했다. 예를 들어 시카고에서는 19세기 후반에 미합중국 우편으로 배달되기에 합당치 못하다는 이유로 약 2만 5,000통의 카드를 배달 거부하는 사태까지 벌어졌다.

미국에서 처음으로 밸런타인 카드 사업을 한 사람은 인쇄업자이며 화가인 에스터 하우랜드였다. 그녀가 1870년대에 정교하게 수를 떠서 만든 카드는 5~10달러 정도의 가격이었는데, 어떤 것은 35달러에 팔리기도 했다. 그 이래로 밸런타인 카드 사업은 성황을 맞이했다. 크리스마스를 제외한다면 미국 사람들이 가장 많은 카드를 교환하는 날은 밸런타인데이다.

키스 대신 XXX 밸런타인 카드와 편지에다 사랑스럽게 'XXX'라고 사인을 하는 연인들은, 이 풍습이 십자 표시 또는 'X'가 맹세의 힘을 가졌던 초대 기독교 시대까지 거슬러 올라간다는 것을 모를 것이다. 이 'X'는 갈보리의 십자가뿐만 아니라 그리스도를 의미하는 그리스어 'Xristos'의 첫 글자이기도 했다.

사람들이 글을 잘 쓰지 못하던 시절에는 십자 표시의 사인이 법적으로 유효한 표시였다. 성경에다 손을 얹고 맹세를 할 때 성경에다 키스를 하는 것처럼, 사람들은 어떤 약속을 할 때 자신의 진실성을 강조하기 위해 십자 표시에 키스를 했다.

'X' 표시에 키스를 하는 습관이 변해서 결국 'X' 표시 자체가 키스의 상징이 된 것이다. 제2차 세계 대전 동안 영국과 미국 정부에서는 군인들이 편지에다 'XXX'를 적는 것을 금지했다. 군대 내의 스파이가 키스 표시로 위장하여 비밀 정보를 보낼 수도 있다는 우려 때문이었다.

 부활절 : 2세기, 로마

기독교에서 예수의 부활을 축하하는, 그래서 가장 성스러운 날로 여겨지는 부활절은 고대 색슨족 축제의 명칭이자 봄과 자손을 상징하는 이방 종교의 여신 '에오스트레Eostre'의 이름이기도 하다.

에오스트레 여신을 숭배하는 떠들썩한 색슨족의 축제가 거룩한 기독교의 예배로 바뀌게 된 이야기는 초기에 교회가 얼마나 막강했는지를 보여주는 또 다른 예가 된다.

2세기 로마 북쪽의 튜턴족에게 선교를 하던 기독교 선교사들은 수많은 이교도의 종교의식을 만나게 되었다. 그러나 그들은 가능한 한 이미 뿌리박힌 관습들을 너무 강하게 막으려고 하지는 않았다. 그보다는 조용하게(교묘하게) 이교도의 관습을 기독교 교리와 화합할 수 있는 의식으로 바꾸려고 노력했다. 이렇게 한 데는 실제적인 이유가 있었다. 개종자들이 공공연하게 기독교 의식에 참여하게 되면(그것도 다른 사람은 아무도 기념하지 않는 날에) 핍박의 표적이 되었던 반면, 기독교 의식을 오랜 전통의 이교도 의식과 같은 날 치르게 되면 또 두 종교의 예배 형태가 그다지 다르지 않으면, 기독교로 개종한 사람들은 생명을 유지하면서 많은 이교도들을 기독교인으로 개종시킬 수 있었기 때문이다.

　기독교 선교사들은 꾀를 부려서 봄이 시작할 때 거행하는 이스터 축제가 자기들이 예수의 부활 기적을 축하하는 시기와 일치한다는 주장을 했다. 그래서 부활 축제가 에오스트레나중에 철자가 Easter로 바뀜라는 보호막 아래 숨게 되었으며, 개종한 많은 기독교인들은 생명을 구할 수 있었다.

　몇 십 년 동안 부활주일은 금요일, 토요일, 일요일 등 여러 가지로 지켜져 왔다. 그러다가 325년에 로마 제국의 콘스탄티누스 대제가 소집한 니케아 종교회의에서 부활절 규칙이라는 것을 제정했다.

> '부활절은 춘분 또는 그 후 처음으로 보름달이 뜬 다음 첫 번째 일요일에 축하해야 한다.'

　따라서 부활절은 천문학적으로 3월 22일 이전 또는 4월 25일 이후가 될 수가 없었다. 이 회의에서 콘스탄티누스 대제는 기독교의 공식 상징으로 십자가가 채택됐음을 공표했다.

부활절 토끼　토끼, 더 정확하게 말하면 산토끼가 부활절 상징이 된 것은 '이스터Easter'라는 말의 어원으로 추적해볼 수 있다. 672년에 출생하여 735년에 사망한 영국 역사가 베네러블 비드에 의하면, 앵글로 색슨족이 에오스트레 여신을 숭배한 것은 그녀를 표현하는 지상의 상징인 산토끼를 통해서였다.

부활절 토끼 풍습은 독일인들이 18세기와 19세기에 펜실베이니아로 이민 오면서 미국으로 들여왔다. 독일인들은 펜실베이니아에서 점차로 버지니아, 노스캐롤라이나, 사우스캐롤라이나, 테네시, 뉴욕, 캐나다로 이주하면서 이 풍습도 함께 가져갔다. 그러나 대부분의 18세기 미국인들은 퀘이커, 장로교, 청도교 등 좀 더 엄격한 교파의 사람들이었다. 그들은 흰 토끼와 같은 경박한 상징을 완전히 무시했다. 이런 튜턴족의 부활절 관습이 미국 사회에서 받아들여진 것은 100년이 더 지나서였다. 사실 장로교가 주축이 되어 전국적으로 부활절을 축하하게 된 시기가 죽음과 파괴라는 유산을 남긴 남북전쟁 후였다. 장로교측은 부활절을 가족을 잃은 수백 만의 미국인들에게 영감과 새로운 희망을 줄 수 있는 원천으로 간주했다.

부활절 달걀　부활절 선물로 초콜릿과 달걀 모양의 캔디를 교환하기 시작한 것은 100년도 채 되지 않는다. 그러나 진짜 달걀흰 달걀, 색칠한 달걀, 금 잎사귀를 붙인 달걀을 봄철에 서로 교환하는 것은 부활절보다도 몇 세기 앞선 관습이다.

고대의 많은 문화권에서 달걀은 탄생과 부활을 의미했다. 이집트인들은 달걀을 무덤에 묻었다. 그리스인들은 무덤 위에다 달걀을 놓았다. 로마인들은 '모든 삶이 알에서 나온다'라는 격언을 만들었다. 그리고 전설에 따르면 예수가 십자가를 갈보리까지 옮기는 것을 도와준 구레네 시몬은 직업이 달걀 장수였다(예수가 십자가에 못 박히는 일이 끝난 후 그가 농장에 돌아와

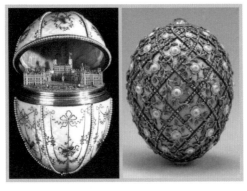

러시아 가치나 궁전을 정교하게 묘사한 파베르제 달걀(1901, 왼쪽)과 니콜라이 2세가 황후에게 선물한 파베르제 달걀(1907, 오른쪽).

보니 암탉이 낳은 달걀이 모두 무지갯빛으로 바뀌어 있었다고 하지만 실제적인 증거는 미약하다). 이런 기존 관습 덕분에 교회가 2세기 무렵에 부활을 축하하기 시작할 때 널리 알려지고 쉽게 알아볼 수 있는 상징을 찾기 위해 멀리 갈 필요가 없었던 것이다.

당시에 부자들은 선물용 달걀에 도금을 하거나 금 잎사귀를 씌웠고 농부들은 물감을 들였다. 물감을 들일 때는 달걀을 꽃, 잎사귀, 로그우드logwood 조각, 연지벌레 등을 함께 넣고 삶았다. 시금치 잎이나 아네모네 꽃잎은 녹색을 내는 데 그만이었다. 노란색은 가시금작화, 보라색은 로그우드를 사용했으며, 연지벌레의 체액은 주홍빛을 만들었다.

1880년대 초 독일의 일부 지방에서는 부활절 달걀이 출생 증명서를 대신했다. 달걀을 단색으로 물들여 바늘이나 날카로운 도구로 껍질에다 달걀을 받는 사람의 이름과 출생일을 새겼다. 이런 부활절 달걀은 법정에서도 신분과 나이의 증거로 인정했다.

현존하는 부활절에 사용된 가장 귀중한 달걀은 1880년대에 손으로 만들어진 것이다. 위대한 금세공업자 표트르 칼 파베르제가 만든 이 달걀은 러시아의 차르 알렉산드르 3세가 황후 마리아 표도로브나에게 선물로 준 것이다. 1886년에 증정된 첫 번째 파베르제 달걀은 길이가 2인치 반이었고 겉으로 보기에는 속을 정도로 단순했다. 그러나 하얀 에나멜 껍질 속에는 금으로 된 노른자위가 있었고, 이것을 열면 루비색 눈을 가진 금색 암탉이 보였다. 암탉의 부리를 들면 열렸는데, 이 안에 왕관을 다이아몬드로 복제한 모형이 있었다. 그보다 더 작은 루비 펜던트가 왕관에 달려 있었다. 오늘날 파베르제 달걀의 가치는 400만 달러 이상으로 추정된다.

 만우절 : 1564년, 프랑스

만우절의 기원에 대해서는 많은 설명이 있다. 그중 어떤 것들은 만우절에 하는 농담만큼이나 기상천외하다.

그럴듯하지는 않지만 널리 알려진 만우절의 기원은 예수를 미워하는 사람이 예수를 바보처럼 보이게 하려고 꾸며낸 이야기라는 것이다. 이 이야기에 따르면 예수는 자기 운명이 이미 결정되었는데도 로마의 관리들을 쓸데없이 찾아다닌 것으로 전해진다. 중세의 종교극에서는 이것을 심심찮게 극화하고 있는데 예수가 안나에게서 가야바에게, 또 빌라도에게, 또 헤롯에게, 그리고 다시 빌라도에게 찾아가는 여정을 그리고 있다(흥미롭게도 기독교가 생기기 전에도 많은 나라에서는 사람을 '바보 심부름' 보내는 풍습이 있었다).

가장 설득력 있는 역사적 증거는 만우절이 샤를 9세 시절의 프랑스에서 시작되었음을 시사하고 있다.

16세기 초 프랑스 전역에서는 봄의 시작을 알리는 3월 25일을 새해 첫날로 지키고 있었다. 선물 교환을 포함한 새해 축하는 1주일 정도 지속되었으며 4월 1일에 저녁 식사와 파티를 하면서 끝났다. 그러나 1564년에 새로 개정된 더 정확한 그레고리력을 채택하면서 샤를 9세는 새해 첫날을 1월 1일로 옮긴다고 공포했다. 변화를 거부하거나 변화를 잊어버린 많은 프랑스 사람들은 이 기간 동안 계속해서 파티를 열고 선물을 교환했는데, 옛 풍습을 고집하는 이들을 놀리기 위해 장난을 좋아하는 사람들이 우스꽝스러운 선물과 있지도 않은 파티에 초대하는 초대장을 보냈다. 이렇게 놀림감이 된 사람은 '4월 생선'으로 불렸다. 이 시기가 태양이 물고기자리를 벗어나는 때였기 때문이다. 이 이후부터 4월 1일에 벌어지는 모든 사건에는 이 이름이 붙여졌다. 심지어 프랑스 황제였던 나폴레옹 1세가 1810년 4월 1일 두 번째 아내인 오스트리아의 마리 루이즈와 결혼했을 때에도 '4월 생선'이라는 놀림을 받았다.

 어머니날 : 1908년, 웨스트버지니아 그래프턴

어머니를 위해 하루를 제쳐두어야겠다는 생각은 오래전부터 있었지만 우리가 오늘날 지키고 있는 어머니날이 시작된 것은 아직 1세기도 되지 않는다. 성인이 된 자녀들이 자신의 가족에 너무 신경 쓰느라 어머니에게는 무관심한 것을 보고, 한 효성 지극한 딸이 이것을 바로잡기 위해 어머니날을 정했다. 그녀의 이름은 웨스트버지니아에 사는 교사 안나 자비스였다.

1864년에 태어난 안나 자비스는 웨스트버지니아의 그래프턴에서 학교를 다녔다. 어머니를 너무나 사랑했던 그녀는 버지니아의 스톤턴에 가서 메리 볼드윈 대학을 다니는 것조차 안타까워했다. 졸업을 하자마자 그녀는 공립 교사가 되어 고향으로 돌아왔다.

1902년에 아버지가 돌아가시자 안나와 어머니는 필라델피아에 있는 친척 집에서 살아야만 했다. 3년 후 5월 9일, 어머니마저 돌아가시자 안나는 깊은 슬픔에 잠겼다. 모든 면에서 모범적인 딸이었지만 그녀는 어머니를 위해 해드리지 못한 일 때문에 죄책감에 사로잡혔다. 2년 동안 이 괴로움이 점점 자라서 1907년에는 소중한 아이디어로 열매가 맺혔다. 어머니의 2주기인 5월 두 번째 일요일에 안나 자비스는 친구들을 필라델피아에 있는 집으로 초대했다. 그녀가 제시한 아이디어, 즉 어머니날을 매년 전국적으로 지키자는 생각은 만장일치의 지지를 얻었다.

그녀는 이 아이디어를 다른 사람들에게도 시험해보았다. 어머니들은 자신들의 노고를 인정하는 것이 진작부터 있었어야 한다고 생각해왔던 터였고 자녀들도 모두 동의했다. 아버지들도 반대하지 않았다. 미국의 일류 의류사업자인 친구 존 워너메이커는 재정적인 뒷받침까지 제공했다.

1908년 초봄에 자비스는 어머니가 20년 동안 매주 성경을 가르쳤던 그래프턴의 앤드루스 감리교 선데이 스쿨의 교장에게 편지를 썼다. 그녀는 이 편지에 어머니를 기념하기 위한 행사를 하기에는 그 지역의 교회가 가장 안성맞춤일 것이라는 제안을 했다. 게다가 거기 모인 모든 어머니들도 축하를 받을 수 있는 일이었다.

1908년 5월 10일 첫 번째 어머니날 예배가 407명의 자녀와 어머니들이 참석한 가운데 웨스트버지니아주의 그래프턴에서 거행되었다. 목사님이 인용한 성경구절은 마침 예수 그리스도가 십자가상에서 어머니와 제자에게 한 작별 인사, 즉 요한복음 19장 26절과 27절이었다.

'여자여, 당신의 아들을 보소서! 당신의 어머니를 보라.'

이 예배의 끝 순서로 안나 자비스는 모든 어머니와 자녀들에게 자기 어머니가 가장 좋아했던 카네이션을 선물로 증정했다. 이렇게 해서 어머니날 전통이 시작된 것이다.

지금까지 사람들이 제안한 휴일 중에 이만큼 많은 전국적인 지지를 얻고, 또 모든 이익집단들이 만장일치로 동의한 경우는 없었다. 하원은 어머니날 결정을 즉시 통과시켰다. 오직 어느 중서부 출신의 상원의원만이 반기를 들고 나왔다. '아버지날도 있으면 좋겠군. 아니면 장모의 날, 아니면 아저씨의 날이던가.'라고 의회 기록은 적고 있다. 결국 이 결정은 상원에서 유보되고 말았다.

이에 굴하지 않은 안나 자비스는 역사상 가장 성공적인 단독 편지 쓰기 캠페인을 시작했다. 그녀는 전국에 있는 국회의원, 주지사, 시장, 신문사 편집장, 목사와 재계 지도자 등 귀를 기울일 만한 모든 중요한 인물들에게 편지를 썼다. 그들은 귀를 기울였고, 사설, 설교, 정치 연설 등으로 반응을 보였다. 조그만 마을과 소도시, 시와 주에서 비공식적으로 어머니날을 지키기 시작했다. 1914년 무렵에는 어머니날에 반대하는 것은 냉소적일 뿐만 아니라 비애국적인 일로 여겨지기 시작했다. 마침내 상원도 법안을 통과시켰고 1914년 5월 8일 우드로 윌슨 대통령은 5월 두 번째 일요일을 어머니날로 정하는 선언에 날인했다.

영국인들이 사순절 넷째 일요일을 '어머니 주일'이라 하여 오랫동안 어머니들을 모셔왔지만 어머니날이 세계적으로 퍼지게 된 것은 미국 사람들의 관습으로 인해서였다. 윌슨 대통령의 공표가 있고나서 몇 년 안 되어 거의 모든 나라가 어머니날을 지켰다. 그러나 미국은 여러 면에서 다른 나라들을 능가한다. 오늘날 미국인들은 어머니날에 1,000만 다발 이상의 꽃을 사고 1억 5,000만 통의 카드를 교환하며 1년 중 어느 때보다 더 많이 외식을 한다. 이날 미국 가정의 3분의 1이 어머니를 모시고 나가서 식사를 대접한다.

어머니날 캠페인에는 성공했지만 안나 자비스의 개인적인 삶은 해피 엔딩이 아니었다. 실패로 끝난 연애 때문에 그녀는 결혼을 하지 않기로 맹세를 했고 자식이 없는 상태에서 어머니날이 닥칠 때마다 자신에 대한 쓰라린 조롱으로 어머니날을 바라보게 되었다. 그리고 종교 행사로 의도했던 어머니날에 상업주의가 밀려오면서 그녀는 사사건건 따지는 사람이 되었고, 어머니날을 통해 이익을 남기려는 회사들을 상대로 소송까지 제기했다. 그러나 유감스럽게도 그녀는 소송에서 져서 세상을 등지게 되었다. 저축해둔 돈은 바닥나고 살던 집까지 잃게 되었다. 설상가상으로 그녀가 평생을 바쳐 돌보았던 눈먼 언니 엘지노어도 사망했다. 이런 불행 때문에 건강을 해친 그녀는 1944년 11월에 사람들의 도움을 청해야 할 지경이 되었다. 그녀의 절망적인 곤경을 알아차린 친구들은 기금을 마련했고, 이 돈으로 그녀는 사립 요양원에서 여생을 보낼 수 있었다.

수많은 어머니들에게 행복을 가져다주었던 그녀는 귀먹고, 병들고, 거의 눈먼 상태에서 1948년 84살의 나이로 외롭고 쓸쓸한 죽음을 맞았다.

 아버지날 : 1910년 6월 19일, 워싱턴주 스포캔

1910년의 어머니날, 워싱턴주 스포캔의 한 교회에 앉아 설교를 주의 깊게 듣고 있던 어느 시집간 딸은 '아버지의 날을 공식적으로 축하하면 어떨까' 하는 생각을 떠올리게 되었다. 이때는 웨스트버지니아에서 처음으로 어머니날을 지킨 지 2년 후였다.

그녀는 소노라 스마트 도드 부인이었다. 자식을 위한 어머니의 희생을 칭찬하고 있는 설교를 듣던 도드 부인은 자기 집에서는 자식을 위해 희생한 삶이 바로 자기 아버지라는 사실을 깨달았다. 남북전쟁 참전 용사였던 그녀의 아버지 윌리엄 잭슨 스마트는 아내가 아이를 낳다가 일찍 죽자 홀로 여섯 아이를 키웠다. 자신의 아버지가 동부 워싱턴의 농장에서 견뎌낸 고난을 떠올리며 도드 부인은 다른 모든 지역에서 인정받지 못하고 고생하시는 아버지들을 생각했다.

그녀가 제안한 아버지날은 마을의 목사들과 스포캔 YMCA 회원들로부터 강한 지지를 받았다. 도드 부인의 아버지 생신이었던 6월 5일로 계획된 아버지날은 목사들이 아버지에 대한 새로운 주제의 설교를 준비하기 위해서는 시간이 더 필요하다고 주장하는 바람에 19일로 연기되었다.

이미 전국적으로 어머니날을 지킬 필요를 역설하고 있던 전국의 신문들은 스포캔에서의 독특한 아버지날 행사를 다루었다. 아버지날에 대한 관심이 증폭되었다. 도드 부인의 아이디어를 처음으로 전국적으로 지지해준 유명 인사는 어머니날을 지지해주기도 했던 웅변가이며 정치 지도자인 윌리엄 제닝스 브라이언이었다. 아버지를 무시하면 안 된다고 생각했던 그는 도드 부인에게 '부모 자식 간의 관계는 아무리 강조해도 지나치지 않습니다'라고 편지를 썼다.

그러나 아버지날은 어머니날만큼 빨리 받아들여지지는 않았다. 전원 남자로 구성되어 있던 의회 의원들은 이날을 공식적으로 선언하는 것이 스스로 축하의 등을 두드려주는 것으로 오해받을 수 있다고 생각했다.

1916년 우드로 윌슨 대통령 가족은 사적으로 이날을 지켰다. 그리고 1924년에는 캘빈 쿨리지 대통령이 각 주에서 원한다면 각자 아버지날을 지키는 것이 좋겠다고 권유했다. 그는 주지사들에게 편지를 썼다.

'이날을 널리 지키게 되면 아버지와 자식 관계가 더욱 친밀해질 뿐만 아니라 아버지들에게 더욱 책임감을 느끼게 할 것입니다.'

아버지날을 공식적으로 인정받게 하려고 많은 사람들이 노력했다. 그중에서 가장 두드러진 노력은 마거릿 체이스 스미스 상원의원이 1957년에 쓴 편지이다. 그녀는 의회에 강력하게 주장했다.

'아버지와 어머니를 모두 공경하든가 어느 누구도 공경하지 않아야 합니다. 부모님
중 한쪽만 공경하고 다른 분을 뺀다면 그것은 가장 슬픈 모욕이 될 것입니다.'

마침내 1972년(제안된 지 62년 만에) 아버지날은 닉슨 대통령에 의해 영원히 인정받았다. 역사상 선례가 있는지를 추적해본 역사가들은 단 한 가지 예를 찾아냈다. 그것은 로마인들이 2월에 아버지를 추모한 행사였는데, 단지 돌아가신 분들만을 위한 것이었다.

오늘날 미국에서는 아버지날은 다섯 번째로 카드를 많이 보내는 날이다. 미국인들은 이날 8,500만 장 이상의 카드를 교환한다.

핼러윈 : 기원전 5세기, 아일랜드

옛날에도 핼러윈은 화톳불을 피우고 마귀 같은 장난을 치는 것 외에도 마녀, 도깨비, 그리고 유령들을 위한 축제였다.

몇 세기가 지나면서 유령 같은 옷을 입고, 불을 피우고, 장난스러운 행동을 하는 이유가 변하게 되었다. 오늘날 우리는 이런 짓을 재미로 하며, 그것도 주로 아이들이 한다. 그러나 과거에는 정말 진지하게 했으며, 주로 어른들이 했다.

'올 핼러우즈 이브All Hallows Eve'라는 이름으로 불렸던 이 축제는 원래 기원전 5세기 무렵에 아일랜드에서 켈트족이 거행했다. 당시 공식적으로 여름의 끝을 알리는 시점이었던 10월 31일 밤에, 켈트족의 각 가정들은 방황하는 유령들에게 자기 집이 차갑고 매력없는 장소로 보이도록 하기 위해 벽난로의 불을 꺼뜨렸다. 그리고 마을 바깥에 모여 거대한 화톳불을 피우고 드

루이드 사제가 지난 여름의 추수를 태양신에게 감사드렸다. 동시에 숨어 있는 귀신들을 겁주어 쫓아내려고 했다.

켈트족들은 바로 전년에 죽은 모든 사람들이 10월 31일에 모여 영원히 내세로 가기 전에 자기들이 열두 달을 지낼 사람이나 짐승의 육체를 택한다고 믿었다. 떠다니는 귀신을 쫓아내기 위해 켈트 가족들은 마귀, 도깨비, 마녀 복장을 입었다. 그들은 온갖 소란을 피우고 떠들썩하게 불이 꺼진 집 안과 밖을 행진했다. 마침내 그들은 길을 따라 마을 밖에 있는 화톳불 근처로 모여 외모나 태도로 보아 벌써 귀신이 붙었다고 여겨지는 마을 사람 한 명을 택해서 귀신을 겁주기 위한 본보기로 불 속에 집어넣어 희생시켰다.

로마인들은 켈트족의 핼러윈 풍습을 받아들였으나 61년에 사람을 제물로 삼는 것을 금하면서 이집트식의 인형으로 대치했다. 이집트인들은 처음에는 왕과 함께 시종들을 같이 묻었으나 나중에는 우샵티ushabti라고 불리는 수많은 상들을 묻었다. 세월이 흐르면서 귀신에 홀린다는 생각이 시들해졌으며 많은 핼러윈 관습의 진지한 내용들이 가벼운 의식적 오락으로 변하게 되었다.

1840년 무렵 미국으로 이민 간 아일랜드 사람들은 핼러윈 풍습을 미국에 전했다. 뉴잉글랜드에 사는 아일랜드 청년들이 '장난칠 수 있는 밤'에 가장 좋아했던 장난은 집 바깥에 있는 간이건물을 뒤집고 대문을 경첩에서 떼어내는 일이었다.

아일랜드 사람들이 들여온 풍습 중에는 뉴잉글랜드의 농업문화 때문에 바뀐 풍습도 있었다. 고대 켈트족들은 속을 파낸 커다란 무에 마귀 얼굴을 조각하고 그 속에 촛불을 밝히는 잭오랜턴Jack-o'-Lantern이라는 풍습을 행했었다. 신세계로 이민 온 아일랜드 사람들은 무를 찾을 수가 없었다. 그 대신 호박이 널려 있는 것을 발견했다. 청교도들이 호박의 먹을 수 있는 부분을 감사절의 대표 음식으로 만들었다면 아일랜드인들은 껍질을 핼러윈 풍습의 중요한 부분으로 만들었다.

아일랜드 전설에 기초하여 잭오랜턴이라는 말을 처음으로 만들어낸 사람들 또한 아일랜드인들이었다. 아일랜드인들 사이에 구전되는 전설은 이렇다.

'술 잘 먹고 인색하기로 유명한 잭이라는 사람은 마귀를 속여 그를 나무에 올라가도록 했다. 그리고는 재빨리 나무 둥치에 십자가를 새겨 사탄을 꼼짝 못하게 해서 다시는 죄짓도록 유혹하지 않겠다는 서약을 받아냈다. 그런데 문제는 잭이 죽은 후에 일어났다. 살아생전에 죄를 많이 지었던 잭은 죽어서 하늘나라에도 가지 못하고 앙심을 품은 사탄 때문에 지옥에도 가지 못하게 된 것이다. 심판의 날까지 추운 암흑 속에서 방황해야 하는 벌을 받게 된 잭은 가는 길을 비출 수 있도록 숯 한 덩어리라도 달라고 사탄에게 간청했다. 사탄에게는 불기가 있는 숯이 많았다. 그러나 사탄은 정말 잠깐동안만 불기를 유지할 수 있는 숯 한 덩어리만을 잭에게 주었다. 달리 방법이 없었던 잭은 무 속을 파내고 그 안에 숯을 넣어서 잭오랜턴을 만들었다.'

 추수감사절 : 1621년, 매사추세츠주 플리머스

처음으로 추수감사절을 지낸 사람들은 청교도들이다. 그러나 오늘날 미국 사회가 추수감사절을 명절로 삼게 된 데는 19세기에 살았던 한 여성잡지 편집장의 끊임없는 노력 덕택이다.

〈메이플라워〉호를 타고 종교적 박해를 피해 미국으로 온 102명의 청교도들은 해마다 행하는 추수감사 축하제를 잘 알고 있었다. 이 풍습은 매우 오래되고 보편적인 것이었는데, 그리스인들은 농업의 여신 데메테르를 섬겼고, 로마인들은 옥수수의 여신 케레스에게 경배를 드렸으며, 유대인들은 8일간의 장막절 축제로 풍요한 수확을 주신 데 대한 감사를 드렸다.

네덜란드에서 출발하여 넉 달 동안의 긴 여정 끝에 청교도들은 1620년 12월 11일에 플리머스에 도착했다. 그러나 혹심한 날씨와 역병이 이들을 강타해 1621년 가을쯤에는 구성원 중 46명을 괴혈병과 폐렴으로 잃었다. 그러나 살아남은 자들은 감사할 조건이 있었다. 풍성한 새 농작물을 수확했던 것이다. 음식이 넘쳐났다.

청교도들이 이렇게 살아남아 결실을 거둘 수 있었던 데는 영어를 할 줄 아는 스콴토라는 아메리카 원주민의 도움이 컸다. 어릴 때 아메리카 탐험가들에게 생포된 스콴토는 스페인에 노예로 잡혀갔었다. 그는 영국으로 탈출하여 부유한 상인 밑에서 몇 년을 일한 후 영국 사람처럼 변해 청교도가 상륙하기 6개월 전에 고향인 원주민 마을로 돌아왔다. 그는 청교도들이 집을 짓는 것과 옥수수와 보리를 심고 재배하는 일을 2년여 동안 도와주었다.

1621년 가을 청교도들은 윌리엄 브래드퍼드를 새 총독으로 선출했고, 일곱 가정과 네 개의 공공건물로 이루어진 작은 마을에서 공식적으로 감사절날을 선포했다.

브래드퍼드 총독이 쓴 『플리머스 플랜테이션에 대하여』라는 역사책에 따르면 잔치는 사흘 동안 계속되었다. 그는 '새를 잡으러 네 명을' 보냈고, 이들이 가져온 오리와 거위는 바닷가재, 조개, 송어, 옥수수, 녹색 채소, 그리고 말린 과실들과 함께 식탁에 올려졌다.

청교도들은 감사절날 왐파노악 족의 추장인 마사소이트와 그의 90명의 용사를 초청했다. 91명의 아메리카 원주민과 56명의 이주자들을 위한 잔치를 준비하는 일은 네 명의 청교도 여성과 두 명의 10대 소녀가 도맡아 했다(그전 해 겨울에 13명의 여자가 죽었다).

제1회 추수감사절도 단지 규모가 작았을 뿐 오늘날의 잔치의 모든 요소를 갖추고 있었다. 군인들의 행진, 머스킷 총소리와 나팔 소리가 마일스 스

아메리카 원주민들과 청교도 이주민들이 지낸 첫 번째 추수감사절.

탠디시 대위에 의해 연출되었다. 나중에 추수감사절은 롱펠로의 「마일스 스탠디시의 구혼」이라는 시를 통해 영원히 남게 되었다. 90명의 인디언 용사들은 경주와 높이뛰기 시합에서 이주자들과 겨뤘으며 활솜씨를 뽐냈다. 백인들은 총으로 사격 솜씨를 보여주었다.

칠면조, 크랜베리, 호박파이 첫 번째 추수감사절 음식을 준비했던 여섯 명의 여자들은 자신들이 구할 수 있는 변변찮은 재료만으로 요리를 해야 했다. 그러나 다양한 메뉴를 준비했고, 이것들은 미국의 전통 명절 음식이 되었다. 흔히 알고 있는 것과는 달리 현대 추수감사절 음식의 대표적인 두 가지 주식, 즉 칠면조와 호박파이는 당시 청교도들의 잔치에서는 맛볼 수 없었을지도 모른다.

브래드퍼드 총독이 새를 잡으러 보낸 네 사람이 '야생 칠면조를 잔뜩' 잡아서 돌아오긴 했지만, 그들이 잡은 새가 오늘날의 칠면조라는 확실한 증거는 없다. 야생 칠면조가 북동부의 숲에 서식하긴 했지만 17세기 청교도들이 말하는 '칠면조'는 호로호로새guinea fowl, 즉 머리에 깃털이 없고, 몸통이 둥글고, 하얀 점이 찍힌 검은 털을 가진 새를 통틀어서 부르는 말이었다.

마사소이트 추장이 용사들을 숲으로 보내 '사슴 다섯 마리를 잡아 총독에게 가져왔다'는 기록이 남아 있는 것으로 보아 메뉴에 사슴고기가 있었던 것은 분명했다. 쓴 야생 자두, 말린 열매 등과 함께 물냉이와 리크가 식탁에 올랐지만 〈메이플라워〉호에는 암소가 타지 않았기 때문에 우유, 버터, 치즈는 없었다. 빵이나 호박파이도 없었을 것이다. 배에 싣고 온 밀가루는 오래전에 다 먹은 상태였으며, 밀이 뉴잉글랜드 지방에서 성공적으로 재배되기까지는 몇 년이 지나야 했기 때문이다. 그러나 청교도들은 식사 때 삶은 호박을 즐길 수는 있었다.

요리하는 사람들은 빵을 대용할 만한 음식을 만들어냈다. 풍부한 옥수수를 끓여서 둥근 케이크로 반죽한 다음 사슴 기름으로 튀겼다. 요리팀에는 15명의 어린 소년들도 있었는데, 3일간의 축제 기간 동안 소년들이 야생 크랜베리를 따왔다. 여자들은 크랜베리를 끓이고 으깨서 고기와 함께 먹을 소스를 만들었다.

이듬해는 흉작이었다. 수용하고 먹여야 할 새로운 이민들이 배로 가득 밀려왔다. 청교도들은 추수감사절을 지낼 만큼 넉넉지 못했다. 사실 처음 도착한 해에 풍성하게 며칠간 잔치를 벌인 후로, 청교도들은 매년 추수감사절을 축하하지는 못했다.

추수감사절이 언제 국가 공휴일이 되었는가　1777년 10월은 처음으로 13개 주가 모여서 공동으로 감사절을 지낸 역사적인 순간이었다. 이것은 또한 새러토가에서 영국군을 무찌른 승리를 축하하는 자리이기도 했다. 그러나 이 행사는 단 한 번의 행사로 끝나고 말았다.

조지 워싱턴 대통령은 취임하던 해인 1789년 처음으로 추수감사절을 전국적으로 선포했다. 그러나 각 주들 사이의 불화로 인해 그의 명령은 수행되지 못했다. 우선 많은 미국인들은 단지 몇몇 초기 정착자들이 겪은 어려움을 전국적인 규모로 축하할 만한 가치가 없다고 생각했다. 새로 탄생한 국가가 축하할 다른 거룩한 일들도 많았던 것이다. 토머스 제퍼슨 대통령은 두 번의 재임 기간 중에 전국적으로 추수감사절을 지키는 것을 오히려 적극적으로 비난하기까지 했다.

오늘날 미국 사회에서 추수감사절이 전국적으로 지켜지게 된 것은 사라 조세파 헤일이라는 잡지 편집장의 헌신적인 노력의 결과이다.

헤일 부인은 매우 인기 있던 보스턴 「레이디스 매거진Ladies' Magazine」의 편집장으로 있을 당시 혼자서 추수감사절을 지키기 위한 운동을 벌이기 시작했다. 추수감사절을 옹호하는 그녀는 추수감사절을 명절로 지정하자고 주장하는 사설을 썼고, 지방 정치인들에게 편지를 쓰라고 독자들에게 권유했다. 그리고 추수감사절을 명절로 삼자는 데 반대하는 사람들을 신랄하게 비난했다.

잡지 외에도 그녀는 거의 40년 동안 주지사, 목사, 신문 편집장, 그리고 재지 중인 대통령들 모두에게 수백 통의 편지를 보냈다. 그녀의 요구는 항상 같았다. 11월의 마지막 목요일을 '한해의 은혜에 대한 감사와 기쁨을 하나님께 돌릴 수 있는' 날로 만들어달라는 요구였다.

마침내 전국적인 사건이 터지면서 헤일 부인의 요구는 실현되게 되었다.

1863년에 발발한 남북전쟁은 나라를 두 개의 군대 진영으로 갈라놓았다. 수백 명의 남군과 북군 병사가 목숨을 잃은 게티스버그 전투가 벌어지기 몇

주 전인 그해 9월, 헤일 부인의 마지막 사설은 매우 가슴을 찌르며 애국적인 어조로 발간됐다. 매우 많은 전사자를 냈지만 게티스버그는 북군에게 큰 승리를 안겨주었다. 사람들의 분위기도 들뜬 데다가, 널리 보급된 헤일 부인의 사설의 영향력 때문에 1863년 10월 3일, 에이브러햄 링컨 대통령은 11월의 마지막 목요일을 전국적인 추수감사절로 공포했다.

그 이후 이 전통을 바꾸려는 논란거리가 딱 한 번 있었다. 1939년에 프랭클린 루스벨트 대통령은 감사절을 한 주 당겨서 11월 셋째 주로 옮겼다. 상점 주인들이 감사절과 크리스마스 사이에 쇼핑할 수 있는 날이 더 많아야 된다고 요구했기 때문이었다.

이렇게 하자 상인들은 흡족해했지만 일반 사람들에게는 좋을 것이 없었다. 전국적으로 격렬한 항의가 일어났다. 수백 만의 미국인들이 대통령의 명령을 거역하고 계속해서 11월 마지막 목요일에 추수감사절을 지켰다. 항의하는 시민들은 출근도 하지 않았다. 다음 해에는 항의가 더 거세게 일어났다. 감사절을 훔친 심술쟁이로 역사에 영원히 기록되고 싶지 않던 루스벨트는 1941년 봄에 자신의 판단이 잘못됐음을 공개적으로 인정하고 감사절을 11월 마지막 목요일로 돌려놓았다. 상인들은 세일과 할인을 제공하면서 맞섰다. 크리스마스 상품 판촉을 매년 점점 더 일찍 하는 전통이 이때부터 생긴 것이다.

크리스마스 : 337년, 로마

종교적인 날이자 명절로서, 크리스마스는 몇 세기에 걸쳐 축적되어온 여러 나라의 문화 전통이 융합된 결과이다. 칠면조가 나오는 저녁 식사, 크리스마스트리, 크리스마스카드와 산타클로스, 통나무, 겨우살이, 벨, 캐럴 등 각각 다른 여러 민족들에게서 나온 전통들이 이제는 12월 25일에 없어서는 안 될 중요한 부분들이 되어버렸다. 예수 그리스도가 실제로 12월 25일에 태어났는지는 아무도 확신할 수 없지만.

12월 25일에 예수 탄생을 축하하자는 생각은 4세기 초에 처음 제기되었다. 이것은 기독교의 존재를 위협하는 이방 종교의 12월 25일 축제를 약화시키려는 교부들의 교묘한 전략이었다.

중요한 것은 예수가 태어난 후 2세기 동안은 그가 정확하게 언제 태어났는지 아무도 몰랐고, 알려고도 하지 않았다는 사실이다. 생일은 중요하지 않았다. 오히려 사망일이 중요했다. 게다가 예수는 신이었기 때문에 사람으로 태어난 사실 자체는 고의적으로 그 의미가 부각되지 않았다. 교회에서는 심지어 예수의 생일을 '마치 그가 파라오 왕이라도 되는 것처럼' 지키는 것은 죄가 된다고 선포하기까지 했다.

그러나 몇몇 변절한 신학자들은 탄생의 시점을 밝히려 했고 1월 1일, 1월 6일, 3월 25일, 5월 20일 등 여러 날짜를 생각해냈다. 사람들은 5월 20일을 가장 유력하게 생각했는데, 왜냐하면 누가복음에 목동들이 예수의 탄생 소식을 들었을 때 밤에 양을 치고 있었다고 기록하고 있었기 때문이다. 목동들은 양이 새끼를 낳는 봄철에만 밤낮으로 양떼를 돌보았다. 겨울에는 울타리에 가둬놓고 돌보지도 않았다. 그러나 교회가 어쩔 수 없이 12월 25일을 합법적인 성탄절로 삼게 된 것은 기독교의 경쟁 상대가 되는 미트라교가 인기를 얻게 되면서부터였다.

여전히 대다수를 차지하고 있던 이교도 로마인들은 '무적의 태양신의 생일'인 미트라를 12월 25일에 지키고 있었다. 이 의식은 페르시아에서 시작해서 기원전 1세기에 로마에 뿌리를 내리게 되었는데, 서기 274년이 될 때까지 미트라는 대중들에게 너무나 인기가 있어서 아우렐리아누스 황제가 이것을 공식적인 국교로 선포할 지경에 이르렀다. 300년대 초에는 이 의식이 기독교를 심각하게 위협해 한동안 어느 종교가 살아남을지 분명치 않을 정도였다.

교부들은 어떻게 할지에 대해 논란을 벌였다.

로마인들이 오랫동안 축제를 즐겼다는 것은 잘 알려진 사실이다. 이 전통은 로물루스 왕이 팔라티노 언덕에 로마를 건설할 때인 기원전 753년부터 시작되었다. 로마인들이 12월에 축제와 퍼레이드를 하게 된 것은 '무적 태양신의 생일' 때문만이 아니다. 그들은 농업의 신인 사투르누스를 기념하는 농신제도 12월에 벌였다.

기독교에서도 12월에 할 수 있는 대응 축제가 필요했다. 기독교로 개종한 사람들이 당당하게 축제를 벌일 수 있는 기회를 제공해주기 위해 교회는 예수 탄생을 공식적으로 인정했다. 그리고 태양신 숭배 축제와 정면으로 대결하기 위해 교회에서는 예수 탄생일을 12월 25일로 잡았다. 이날을 지내는 방법은 기독교답게 경건하게, 즉 미사를 드리는 것이었다. 320년에 한 신학자는 이렇게 적고 있다.

> '우리는 태양의 탄생을 축하하는 이교도와는 달리, 태양을 만드신 이를 축하하는 것이기 때문에 이날을 거룩하게 지킨다.'

후세에 사회학자들은 집단으로 이런 의식을 거행하는 것의 심리적 위력계급의 통합, 집단 정체감의 확립, 공동 목표의 강화을 자세히 설명했지만, 이 원리는 사람들이 오랫동안 본능적으로 느껴오던 바였다.

로마의 콘스탄티누스 대제가 침례를 받고 처음으로 왕권과 교회를 결합시킨 337년에 크리스마스는 서구 사회에서 영원히 뿌리를 내리게 되었다. 기독교는 국교가 되었다. 그리고 354년에 로마의 리베리우스 주교는 예수의 죽음뿐만 아니라 탄생을 기념하는 일이 중요한 것임을 다시금 강조했다.

크리스마스트리 : 8세기, 유럽

크리스마스트리(장식은 하지 않은) 풍습은 서기 700년대 초반기에 독일에서 시작된 것으로 추정된다.

영국 성직자이며 선교사였던 세인트 보니페이스는 가이스마르 교외에서 게르만계 드루이드 족에게 예수 탄생에 관한 설교를 하고 있었다. 우상 숭배자들에게 참나무가 신성한 것이 아니라는 것을 보여주기 위해 그는 즉석에서 커다란 참나무 한 그루를 찍었다. 커다란 참나무는 쓰러지면서 작은 전나무를 제외한 근처에 있는 모든 관목을 쓰러뜨렸다. 우연한 사건은 수많은 해석을 낳을 수 있는데, 구전에 따르면 보니페이스는 개종자를 많이 만들기 위해 전나무가 살아남은 것을 기적으로 해석해 '이 전나무를 아기 예수의 나무라고 부릅시다'라고 말했다고 한다. 그 후 독일에서는 전나무 묘목을 심으면서 크리스마스를 축하했다.

우리가 더 확실하게 알 수 있는 것은 독일에서 16세기에 이르러서야 실내나 실외에 있는 전나무들을 장식하는 풍습이 확립되었다는 것이다. 1561년의 알자스 지방 암슈바이어의 삼림법에는 '어떤 주민도 크리스마스용으로 8피트 이상의 나무를 한 그루 이상 가질 수 없다'라고 되어 있다. 당시 나무에 걸었던 장식물로는 갖가지 색으로 만든 장미, 사과, 웨이퍼, 금박, 사탕 등이 있었다.

니무에 촛불을 처음 밝힌 사람은 16세기의 종교기혁가 마딘 루디라고 널리 알려져 있다. 어느 겨울 설교를 구상하며 집으로 걸어가다가 루터는 상록수 가운데 빛나고 있는 무수한 별빛에 감동을 받았다. 가족들에게 그 장면을 다시 연출하기 위해서 그는 거실에 나무를 세우고 나뭇가지에 촛불을 매달았다.

1700년대에는 크리스마스트리가 확고한 전통으로 자리 잡았다. 이 풍습

크리스마스트리를 둘러싼 마르틴
루터의 가족을 묘사한 삽화(1860
년 무렵).

은 독일에서 서유럽의 다른 지역까지 퍼져갔다. 영국에서는 19세기에야 빅
토리아 여왕의 남편 앨버트 공에 의해 크리스마스트리 풍습이 유행했다. 작
센 코부르크고타 공작의 아들이었던 앨버트는 크리스마스트리를 장식하면
서 자랐고 1840년에 빅토리아와 결혼했을 때 독일 전통을 따르도록 여왕에
게 요청했다.

　미국에서는 펜실베이니아에 살던 독일인들이 크리스마스트리 풍습을 처
음 시작했다는 주장에 대해서는 논란의 여지가 없다. 크리스마스트리와 수
많은 장식이 신대륙에서 처음 언급된 것은 펜실베이니아주 랭커스터에 사는
매슈 잠의 1821년 12월 20일자 일기에서다.

　다른 많은 크리스마스 풍습처럼 트리가 미국에서 이토록 늦게 받아들여
진 사실은 놀랍지 않다. 뉴잉글랜드 청교도들에게 크리스마스는 성스러운
것이었다. 청교도들의 두 번째 총독이었던 윌리엄 브래드퍼드는 크리스마스
를 지내는 데 있어서의 경박스러움을 처벌하면서 모든 '이교도적인 조롱'을
박멸하려 했다고 적고 있다. 올리버 크롬웰도 크리스마스 캐럴, 장식된 나무,
그리고 '성스러운 사건'을 모독하는 즐거운 표현 같은 '이교도 전통'에 대해

경고하는 설교를 했다.

1659년에 매사추세츠의 일반 법정은 교회 예배 이외에 12월 25일을 지키는 것을 범죄로까지 규정하는 법을 시행했다. 사람들은 나무를 장식한 죄로 벌금형을 받았다. 이런 엄격함은 19세기까지 지속되었지만 19세기가 되면서 독일과 아일랜드 이민자들이 청교도적인 전통을 흔들어놓기 시작했다. 1856년에 시인 헨리 워즈워스 롱펠로는 이렇게 말하고 있다.

> '우리는 이곳 뉴잉글랜드에서 크리스마스에 관한 한 과도기에 서 있다. 낡은 청교
> 도적 정서는 크리스마스를 즐거운 휴일로 삼는 것을 금하고 있다. 그러나 해가 갈
> 수록 크리스마스는 더욱 즐거운 행사가 되고 있다.'

그해에 크리스마스는 크롬웰의 철학을 마지막까지 지지하던 매사추세츠 주에서 법정 공휴일이 되었다.

흥미롭게도 1800년대에 추수감사절을 전국적으로 확산하는 데 큰 역할을 했던 『고디의 레이디스 북』이 축제풍의 크리스마스 풍습을 유행시키는 데도 한몫했다. 부담 없고 유머러스한 그림, 집안 장식 요령, 크리스마스 과자와 만찬 요리법, 집안에서 트리 장식 만드는 법 등을 통하여 이 잡지는 수천 명의 가정주부들에게 예수 탄생이 단지 성스러운 날이 아니라 축제 같은 휴일이 될 수 있음을 확신시켜주었다.

Xmas 우리가 잘 아는 크리스마스의 약칭은 그리스인들로부터 시작되었다. X는 그리스도의 그리스어 표기인 'Xristos'의 첫 글자이다. 16세기에 이르러서는 'Xmas'가 유럽 전역에서 유행했다. 초기 기독교인들은 이 말이 '그리스도의 예배mass'라는 것을 알았지만 그리스어의 의미를 잘 모르는 후세

의 기독교인들은 X라는 글자를 이교도들이 크리스마스의 중심되는 의미를 삭제하려고 고안해낸 불경한 글자로 오해했다. 몇 백 년 동안 기독교인들은 Xmas라는 말을 사용하는 것을 용납하지 않았다. 아직까지 그것을 인정하지 않는 기독교인들도 있다.

 ### 크리스마스카드 : 1843년, 영국

상업적으로 인쇄된 크리스마스카드를 보내는 일은 1843년 런던에서 시작되었다.

사람들은 그전에는 손으로 쓴 명절 인사를 교환했다. 처음에는 직접 전하다가 나중에는 우편으로 전했다. 1822년 무렵에는 손수 만든 크리스마스카드가 미국 우편국의 골칫거리가 되었다. 그해에 워싱턴시의 우편국장은 사람을 16명이나 더 고용해야 한다고 투덜댔다. 앞으로 우편체계가 마비될 것을 우려한 그는 우편으로 카드를 교환하는 것을 금지시켜달라고 의회에 청원하면서 '이런 식으로 가다가는 어떻게 될지 모르겠다'고 결론지었다.

이 풍습은 계속되었을 뿐만 아니라 매력적인 상업 카드가 팔리면서 우편국의 부담은 가중되었다.

상업용으로 처음 디자인된 크리스마스카드는 런던의 미술가 존 캘콧 호슬리가 만든 것이었다. 당시 유명한 화가였던 호슬리는 1843년 여름 부유한 영국의 사업가 헨리 콜 경의 부탁을 받고 카드를 만들었다. 콜 경은 '메리 크리스마스'를 기원하기 위해 친구와 사업상의 교우들에게 자랑스럽게 보낼 카드를 원했던 것이다.

헨리 콜 경은 1800년대의 혁신가였다. 그는 영국 우편제도를 현대화하고, 앨버트 홀을 건립했으며, 1851년의 박람회도 주선하고 빅토리아와 앨버트 박물관 개관도 감독했다. 그는 무엇보다도 삶을 아름답게 영위하는 것을 원

존 캘콧 호슬리가 그린 세계 최초의 크리스마스카드.

해 여가를 이용해 본드 거리에 집안 장식품을 전문으로 파는 미술품 가게를 경영했다.

호슬리는 3면으로 된 카드를 만들었다. 양쪽 면에는 각각 선행(헐벗은 자를 입히고 굶주린 자를 먹이는)을 그렸다. 가운데 면에는 어른과 아이들이 음식과 음료를 잔뜩 차려놓고 파티를 하는 그림을 그렸다(당시 영국식 절제 운동에 대해 신랄한 비난이 있었다).

최초의 크리스마스카드에는 '메리 크리스마스 앤드 해피 뉴 이어 투 유'라고 쓰여 있었다. '메리'라는 말은 당시 '복된 영국'이라는 말에서 볼 수 있는 것처럼 '복된'이라는 종교적인 의미였다. 헨리 콜을 위해 제작된 1,000통의 카드 가운데 오늘날 개인 소장으로 남아 있는 것은 12장뿐이다.

인쇄된 카드는 곧 영국뿐만 아니라 독일에서도 커다란 유행이 되었다. 그러나 미국인들이 이 아이디어를 받아들이는 데는 30년이 걸렸다. 1875년 보스턴에 사는 독일 태생의 루이스 프랑이라는 석판공이 카드를 인쇄하기 시작했다. 그는 '미국 크리스마스카드의 아버지'라는 이름을 얻게 되었다.

프랑의 고급 카드는 비쌌고 처음에는 마리아와 아기, 크리스마스트리, 또는 산타클로스가 아니라 장미, 데이지, 치자, 제라늄, 사과꽃 등 꽃꽂이를 화려하게 인쇄한 그림을 담았다. 미국인들은 크리스마스카드를 좋아했지만 프랑이 만든 종류의 카드를 좋아하지는 않았다. 그는 1890년 파산하고 말았다. 제1차 세계 대전 때까지 유행한 것은 독일에서 수입한 값싼 크리스마스 엽서였다. 전쟁이 끝나면서 미국의 현대식 카드 산업이 탄생했다.

오늘날 미국에서만도 매년 20억 통 이상의 크리스마스카드가 교환될 정도로 크리스마스는 카드가 가장 많이 팔리는 날이 되었다.

 ## 산타클로스 : 4세기 후반, 유럽, 아시아, 아메리카

산타클로스의 원조 성 니콜라우스는 4세기 초에 남동 튀르키예의 리키아라는 마을에서 태어났다. 그는 경건함을 보이기 위해서 어릴 때 스스로 한 주에 두 번, 수요일과 금요일에 금식을 했다. 그리고 부모가 일찍 돌아가시자 평생을 예수를 위해 헌신하려고 신학교에 들어갔다. 그가 행했다고 전하는 많은 기적 중에서 처음 행한 기적은 팔레스타인으로 배를 타고 가다가 팔을 뻗어서 험한 풍랑을 잠잠하게 한 것이다. 나중에 그는 항해사들의 수호성자가 되었다.

어린 나이에 그는 소아시아 마이라의 주교로 임명되었다. 그는 전도를 너무나 잘하고 가난한 자를 돌보아주기까지 해서 로마 관리들을 화나게 했다. 기독교 박해 기간 동안에 그는 폭군이었던 로마 디오클레티아누스 황제에 의해 옥에 갇히고 고문당했다. 난폭하고 방탕한 정치를 하던 황제는 60살에 갑자기 농사를 짓고 배추를 기르는 순박한 삶을 살겠다고 왕위에서 물러났다. 로마인들은 이것을 기뻐했다. 그것은 니콜라우스를 위해서도 아주 다행한 일이었다. 새로 황제가 된 콘스탄티누스 1세는(나중에 기독교로 개종했다) 주교를 풀어주었다. 그리고 콘스탄티누스 1세가 325년에 니케아 공의회를 소집했을 때 니콜라우스는 주요 회원으로 참석했다. 그는 342년 12월 6일에 죽은 것으로 전해지고 있으며 그 후 러시아, 그리스, 시칠리아의 수호성인으로 받들어졌다.

성 니콜라우스의 삶의 두 가지 측면이 그를 산타클로스가 되게 만들었다. 그가 남을 많이 도와준 것은 거의 전설적이며, 또 그는 특히 아이들을 좋아했다. 그가 어린이를 보호한 내용은 로마의 기록을 통해 알 수 있는데, 이것을 통해 그는 마침내 어린이의 수호성인이 되었다. 중세와 그 후에도 그는 여러 이름으로 불렸는데, 그중에 산타클로스라는 이름은 없었다.

오늘날의 어린이들은 수백 년 전에 유럽 아이들에게 선물을 가져다주었던 성 니콜라우스를 거의 알아보지 못할 것이다. 거의 흘러내리는 백발 수염을 빼고는, 그는 양쪽이 삐죽 나온 모자와 지팡이까지 갖춘 빨간색과 흰색의 주교 복장을 하고 이집 저집을 돌았다. 그는 눈길을 달리는 사슴이 아니라 고집 센 당나귀를 구스르면서 다녔다. 그는 크리스마스이브 밤이 아니라 크리스마스 축제일인 12월 6일날 도착했다. 그가 벽난로 옆에 놓아둔 선물은 과일, 견과, 딱딱한 캔디, 나무나 진흙으로 만든 인형 등 오늘날 기준으로 보면 작고 실망스러운 것이었다. 그러나 이것은 나중에 유럽에서 등장한 산타가 놓고 간 선물보다는 좋은 것이었다.

16세기의 종교개혁 기간에 성 니콜라우스는 대부분의 유럽 국가에서 추방되었다. 영국의 파더 크리스마스와 프랑스의 빠빠 노엘 등 더 세속적인 인물이 그 자리를 대신 차지했다. 어느 누구도 아이들에게 풍성하게 선물을 주는 사람은 아니었고, 당시에 아이들은 별로 중요한 존재들도 아니었다. 예를 들어 파더 크리스마스는 사랑과 관련된 어른들의 축제를 후원해주는 인물이었다.

네덜란드인들은 성 니콜라우스 전통을 유지했다. '선원들의 보호자'로서 성 니콜라우스는 미국에 도착한 최초의 네덜란드 선박의 뱃머리를 장식했다. 뉴욕시에서 최초로 건설된 교회도 그의 이름을 따서 명명되었다.

네덜란드인들은 크리스마스와 관련된 두 가지를 신세계로 들여왔는데, 이것들은 금방 미국화되었다.

16세기 네덜란드에서는 아이들이 성 니콜라우스가 도착하는 날 밤에 벽난로 가에 나무로 된 신발을 놓아두었다. 신발에는 선물을 싣고 다니는 당나귀에게 줄 짚을 채워놓았다. 그 보답으로 성 니콜라우스는 작은 선물을 신발에 넣어주었다. 미국에서는 신발을 구하는 데 한계가 있어서 대신에 늘어나는 스타킹을 굴뚝 옆에 걸어두었다.

네덜란드인들은 성 니콜라우스St. Nicholas를 '신트 니콜라스Sint Nicolaas'라고 썼고, 이것이 신세계에서는 '신터클라스Sinterklaas'가 되었다. 17세기에 네덜란드인들이 뉴암스테르담의 통치권을 영국인들에게 넘겨주었을 때 신터클라스는 산타클로스Santa Claus라는 영어식 철자로 바뀌었다.

사슴이 끄는 썰매를 비롯해 오늘날 우리가 산타클로스에 관해 알고 있는 전설들은 미국에서 생긴 것인데, 이것은 뉴욕 신학 교수가 지은 시가 인기를 끌게 된 덕분이다.

1822년에 클레멘트 클라크 무어 박사는 크리스마스이브에 아이들에게 읽어줄 「크리스마스 전날 밤」이라는 시를 지었다. 이 시를 한 친구가 신문사에 보내지 않았더라면(작가도 밝히지 않고) 이 시는 무어 박사 집안의 소유로만 남아 있었을 것이다. 이 시는 다른 신문에도 실렸고 잡지에도 등장했다. 그리고 시에서 표현한 모든 이미지가 산타 전설의 일부가 되었다. 고전학자였던 무어 박사는 아이를 위한 시를 쓴 것을 인정하는 것이 자신의 학자로서의 명성에 해가 될 것이라고 생각했다. 그래서 그는 1838년이 되어서야 자신이 시를 쓴 장본인임을 밝혔다. 그런데 이 무렵에는 전국의 모든 어린이들이 「크리스마스 전날 밤」이라는 시를 외울 정도였다.

산타의 체중이 늘어난 것도 미국에서였다. 원래 성 니콜라우스는 키가 크고 날씬하고 우아한 주교였는데, 이 이미지가 몇 세기 동안 굳어져왔다. 불그레한 뺨에 뚱뚱한 산타는 19세기의 만화가 토머스 내스트가 만들어낸 것으로 여겨지고 있다. 1863년에서 1886년까지 내스트는 「하퍼 주간지Harper's Weekly」에 크리스마스 만화 시리즈를 그렸다. 20년 동안 연재된 이 만화는 산타가 점차 변하는 모습을 보여준다. 무어 박사의 시에서 그렸던 작고 땅딸막하고 요정 같은 모습은 오늘날 미국 어느 골목에서나 볼 수 있는 수염을 기르고, 배가 나오고, 구세군 종을 울리는 사람의 모습으로 변했다. 내스트의 만화는 산타가 장난감을 만들고, 아이들의 행동을 체크하고, 아이들이 주문한 특별한 선물을 살피는 등, 어떻게 1년 내내 시간을 보내는지를 세상에 보여주었다. 그의 이미지는 산타 전설의 일부가 되었다.

 빨간 코 사슴 루돌프 : 1939년, 시카고

'빨간 코 사슴, 롤로' '빨간 코 사슴, 레지날드'. 이 두 이름은 가장 유명한 시슴의 이름으로 지어낸 것이다. 그리고 오늘날 잘 알려진 크리스마스 노래는 백화점 고객들에게 공짜 전단으로 나누어주던 시로 시작되었다.

1939년, 시카고에 있는 몽고메리 워드 백화점은 산타클로스가 부모들과 아이들에게 나누어줄 뭔가 참신한 것을 찾고 있었다. 백화점의 광고 카피라이터였던 로버트 메이는 가족들이 두고두고 명절 때마다 읽을 수 있는 그림이 그려진 시를 작은 책자로 인쇄해서 나누어주자고 제안했다.

메이는 산타를 도와주는 코가 반짝이는 사슴을 생각해냈다. 그리고 그의 미술가 친구 덴버 길렌은 쉬고 있거나 놀고 있는 사슴을 기발한 모습으로 스케치하느라 동물원에서 몇 시간을 보냈다. 몽고메리 워드 백화점측은 그림과 메이의 시를 승인했으나 롤로라는 이름은 퇴짜를 놓았다. 레지날드라는 이름도 마찬가지였다. 메이는 두운을 그대로 유지할 수 있는 다른 이름을 생각해냈고 마침내 4살짜리 딸이 좋아하는 루돌프로 정했다. 1939년 크리스마스에는 240만 부의 '루돌프' 책자가 전국의 몽고메리 워드 백화점 매장에서 배포되었다.

'루돌프'는 1947년까지 크리스마스 책자로 이따금 다시 인쇄되었다. 1947년에 메이의 친구인 자니 막스는 이 시에 곡을 붙이기로 결정했다. 그리고는 직업 가수들을 이 사람 저 사람 접촉했지만 모두 노래를 취입하는 것을 거절했다. 그러나 1949년에 진 오트리가 승낙을 했다. 오트리의 레코딩은 〈히트 퍼레이드Hit Parade〉 정상에 올랐다. 그 이후 300개의 다른 레코딩이 만들어졌고 8,000만 장 이상의 레코드가 팔렸다. 진 오트리의 오리지널 앨범은 지금까지 빙 크로스비의 「화이트 크리스마스」 다음으로 많이 팔린 레코드이다.

4장

식탁에 둘러앉아

 식탁 예절 : 기원전 2500년, 근동

예절은 한 사람을 사회적인 의식에 참가하도록 또는 제외되도록 만드는 일련의 규칙이다. 그중에서도 특히 식탁 예절은 초대해준 사람에게 '함께 식사를 하게 되어 영광이다.'라는 표현 수단으로 시작되었다.

오늘날 예법을 따지는 사람들은 역사상 식사 예절이 지금처럼 나쁜 적은 없었다고 주장한다. 이들은 가족 모두가 함께 식사하면서 아이들의 나쁜 습관을 부모가 즉시 고쳐줄 수 있는 전통적인 저녁 식사가 없어진 것을 이유로 들고 있다. 또 인스턴트 식품이 널리 퍼진 것과 패스트푸드 식당이 급성장한 것도 원인으로 지적한다. 패스트푸드 식당에서는 아이러니하게도 식탁 예절을 잘 지키는 아이들이 오히려 따돌림을 받을 수도 있다. 그리고 젊은이들이 사회 규범보다 개인의 목소리를 앞세울 때 예절은 설 자리가 없어진다.

오늘날 예절 경시 풍조는 놀랍게도 매우 다양한 곳에서 찾아볼 수 있다. 군 장성들과 회사 중역들은 신병들과 신입사원들의 식탁 예절이 창피할 정도로 엉망이라고 말한다.

그러나 이런 문제들은 요즘 생긴 게 아니다. 에티켓을 연구하는 역사가들은 미국에서 격식을 갖춘 매너가 경시된 것은 오래전에(구체적으로는, 또 아이러니하게도 평등을 좋아하고 가식적인 예법을 싫어했던 토머스 제퍼슨과 함께) 시작됐다고 주장한다. 그 자신은 나무랄 데 없는 매너를 가졌던 제퍼슨은 종종 일부러 매너를 무시했다. 그리고 대통령 재임 시에 평등하게 창조된 인간들 사이에 인위적인 차이를 만든다며, 수도에서의 의전 규칙을 완화하려고까지 했다. 그러나 매너가 완화되거나 경시되려면 그 이전에 우선 격식화되어야 하는데, 그 과정은 오래전에 시작되었다.

음식이 귀했던 옛날에 음식을 찾아다니느라 혈안이었던 원시인은 식탁 예절을 지킬 여유가 없었다. 그는 혼자서 몰래 먹었다. 그러나 기원전 9000년 무렵 근동에서 농업이 시작되면서 인간은 사냥꾼이나 노획꾼에서 농부로 진화했다. 그는 한곳에 정착하여 더 안정된 삶을 누리기 시작했다. 음식이 풍부해지면서 음식은 공동사회에서 공유되었다. 그리고 음식의 준비와 소비를 위한 규칙들이 만들어졌다. 한 가족이 식탁에서 매일 행하는 버릇이 다음 세대의 관습으로 이어졌다.

올바른 인간 행동에 대한 최초의 규범을 적은 역사 자료는 이집트 고대 왕조 때 발간된 『프타호텝의 가르침The Instructions of Ptahhotep』이라는 책에 있다(프타호텝은 제드카레 파라오의 신하였다). 기원전 2500년 무렵에 쓰인 예절에 대한 이 자료는 현재 파리 고대 유물 소장실에 있다.

'프리시 파피루스prisse papyrus'라고 알려진(두루마리를 발견한 고고학자 이름이 프리시였다) 이 글은 성경보다 약 2000년 앞선 것이다. 내용은 당시 신분 상승을 노리는 젊은 이집트 청년들을 위한 충고처럼 쓰여 있다. 즉 '윗사람과 같이 있을 때는 그가 웃으면 같이 웃어라. 윗사람의 철학이 옳은지 그른지 따지지 말라. 그래야 윗사람의 마음에 들 수 있다'라고 충고한다. 또

말조심하는 지혜에 대한 언급도 많다. 우선 윗사람의 관계에서는 '마음은 깊고 말은 적게', 그리고 아내와의 관계에서는 '잠잠하라. 왜냐하면 그것이 꽃보다 더 좋은 선물이기 때문이다.' 등이 그 일부이다.

기원전 700년 무렵, 성경 말씀이 한 권의 책으로 묶이기 시작되었을 때쯤, 『프타호텝의 가르침』은 이집트의 나일 삼각 지역과 메소포타미아의 비옥한 초승달 지역 전역에 퍼졌다. 종교학자들은 성경 곳곳에서(특히 잠언과 전도서, 그리고 특히 음식의 준비와 소비 부분에서) 『프타호텝의 가르침』의 영향을 발견하고 있다.

포크 : 11세기, 토스카나

로마인들은 귀족, 평민 할 것 없이 모두 손으로 음식을 먹었다. 거의 모든 유럽 사람들도 르네상스가 시작되어 까다로운 예법이 생기기 전까지는 손을 사용했다. 그러나 손으로 먹는 방법에도 옳고 그른 방법과 세련되고 무식한 방법이 있었다. 로마 시대 이래로 평민들은 다섯 손가락으로 음식을 집었고, 지위가 있는 사람은 세 손가락으로 점잖게 음식을 집어먹음으로써 약지와 새끼손가락을 더럽히지 않았다.

16세기가 될 때까지도 포크가 유럽에서 널리 사용되지 않았다는(로마식의 '세 손가락 규칙'이 여전히 이용되고 있었다는) 증거는 1530년대의 에티켓 책자에서 찾아볼 수 있다. 이 책자는 점잖은 자리에서 식사할 때는 다섯 손가락이 아니라 세 손가락만 사용하는 것이 세련된 방법인 동시에 상류층과 하류층을 구분하는 표시 중 하나인 점을 신경 쓰라고 충고하고 있다.

물론 매너는 상대적인 것이고 시대마다 다르다. 포크가 생기게 된 경위, 그리고 사람들이 포크 사용을 거부했던 이야기는 좋은 예가 된다.

오늘날 영어 '포크fork'라는 말은 농부의 쇠스랑을 의미하는 라틴어 '푸르카furca'에서 나왔다. 이 오래된 연장을 미니 형태로 만든 것이 튀르키예의 차탈회위크 지방의 고고학 발굴지에서 발굴되었는데, 기원전 4000년 무렵의 것으로 추정되고 있다. 그러나 미니 쇠스랑이 어떤 기능을 했는지는 아무도 모른다. 역사가들은 식사 도구로 쓰이지는 않았으리라고 생각하고 있다.

식사 도구로서의 작은 포크는 11세기의 토스카나에서 처음 등장했는데, 아이러니하게도 사람들의 눈총을 받았다. 성직자들은 하나님이 만든 인간의 손가락만이 하나님이 주신 음식을 만질 가치가 있다고 주장하면서 포크 사용을 비난했다. 그럼에도 토스카나의 부자들은 금포크와 은포크를 주문했다. 이 포크들은 대부분 갈래가 두 개짜리였다.

적어도 100년 동안 포크는 충격적인 신상품으로 남아 있었다. 이탈리아의 어느 역사가는 이렇게 기록하고 있다.

> '베네치아의 한 귀부인이 자기가 디자인한 포크로 식사를 했다가 면전의 몇몇 성직자들로부터 너무 세련된 척한다는 비난을 받았다.'

이 귀부인은 이 식사가 있은 얼마 후 전염병으로 죽었는데, 목사들은 그녀의 죽음이 신의 처벌이며, 포크를 사용할 것을 염두에 두고 있는 사람들에게 주는 경고라고 설교했다.

토스카나에서 등장한 지 100년이 지났을 때 갈래가 두 개인 포크는 캔터베리 대주교이자 헨리 2세의 대법관이었던 토머스 아 베케트에 의해 영국에 소개되었다. 교회법 수호에 열성적이었던 그는 1164년에 평신도 법정의 재판을 피하기 위해 영국을 떠났다. 왕의 사면을 받고 6년 후에 돌아왔을 때, 대주교는 갈래가 두 개인 이탈리아식 포크에 익숙해져 있었다.

14세기가 될 때까지 영국에서 포크는 여전히 비싸고 장식이 많은 이탈리아의 희귀품에 불과했다. 1307년에 작성된 에드워드 1세의 목록에 보면 왕이 쓰는 수천 개의 나이프와 수백 개의 스푼 중에 포크는 겨우 일곱 개뿐이었다. 여섯 개는 은포크, 하나는 금포크였다. 그리고 14세기 후반 프랑스의 샤를 5세도 포크가 열두 개밖에 없었다. 그나마도 대부분은 보석으로 장식되어 있어 식사용 포크가 아니었다.

사람들은 허락되는 여러 가지 방법으로 음식을 집었다. 두 개의 나이프 중 하나로 찍기도 하고, 스푼으로 뜨기도 하고, 예법에 맞게 세 손가락으로 집기도 했다. 심지어 포크의 원산지인 이탈리아에서도 17세기까지 포크의 사용은 조롱거리였다. 특히 남자가 포크를 사용하면 까다롭고 여자 같다는 말을 들었다.

여자도 사정이 그다지 나을 게 없었다. 1626년에 베네치아에서 발간된 출판물은 '총독의 아내가 나이프와 손가락을 써서 점잖게 먹는 대신에 하인에게 음식을 작은 조각으로 썰어달라고 명하여 이것을 갈래가 두 개인 포크로 먹은 사실'을 적고 있다. 저자는 '믿을 수 없는 겉치레'라고 비난하고 있다. 포크는 유럽에서 계속 희귀한 물건이었다. 25년 후 어느 에티켓 지침서에서는 아직 잘 알려지지 않은 포크 사용에 관한 충고로 다음과 같은 말을 하고 있다. '포크로 수프를 먹으려고 하지 말라.'

그렇다면, 포크가 유행이 된 것은 언제, 어떤 이유에서였을까?

포크의 유행은 18세기에 접어들어 신분 구분을 강조하기 위해서 시작되었다. 프랑스 혁명이 일어나면서 혁명가들이 '자유, 평등, 박애'를 부르짖자 지배계층인 프랑스 귀족들은 포크갈래가 네 개 달린 포크를 자주 사용하기 시작했다. 그 후로 포크는 사치, 세련됨, 지위의 상징이 되어버렸다.

식탁에서 신분을 구분하는 또 다른 표시는 개인의 앞에 놓인 식사 도구의 종류였다. 귀족들 앞에는 각각 나이프 등의 식사 도구, 접시, 글라스 일체

포크가 없는 중세의 식탁. 포크는 18세기 프랑스 혁명 정신에 반발한 지배계층 귀족들이 신분을 구분하기 위해 많이 사용하면서 사치와 세련됨, 지위의 상징이 되었다.

가 놓였지만 일반인들은 그렇지 못했다. 18세기까지만 해도 대부분의 사람들이 개별적으로 소유한 것은 나이프와 스푼뿐이었다. 당시의 에티켓 지침서에는 이렇게 충고하고 있다.

'모든 사람이 한 접시에서 음식을 떠먹을 경우에는 높은 사람보다 먼저 너의 손을 넣지 않도록 조심하라.'

스푼 : 2만 년 전, 아시아

스푼의 역사는 포크보다 수천 년 앞서 있다. 그리고 스푼과 스푼 사용자들이 오랜 역사 속에서 포크나 포크 사용자처럼 경멸의 대상이 된 적은 한 번도 없다.

초기의 스푼은 어원을 통해 모습을 알 수 있다. '스푼spoon'은 앵글로 색슨어의 '스폰spon'에서 나왔는데, 뜻은 '나뭇조각'이었다. 스푼은 얇고 오목한 나뭇조각으로서 마실 정도로 액체 상태가 아닌 죽이나 국물이 있는 음식을 먹을 때 사용됐다.

아시아에서 스푼이 출현한 시대는 2만 년 전인 구석기 시대로 거슬러 올라간다. 그리고 고대 이집트 무덤에서도 나무, 돌, 상아, 금으로 만든 스푼이 발견됐다. 그리스와 로마의 상류층 사람들은 구리와 은으로 만든 스푼을 썼고 가난한 사람들은 나무 스푼을 사용했다. 중세 때부터 보존된 스푼은 은과 금으로 화려하게 만든 것들도 많지만 주로 뼈, 나무, 주석으로 만든 것이었다.

15세기 무렵의 이탈리아에서는 '사도 스푼'이라는 것이 유행했다. 주로 은으로 만든 이 스푼은 손잡이에 사도의 모습이 새겨졌다. 부유한 베네치아와 토스카나 사람들은 사도 스푼을 아이가 세례받을 때 줄 수 있는 이상적인 선물로 여겼다. 손잡이에는 아이의 수호성인 모습을 새길 수 있었다. 특권을 가지고 태어난 아이를 두고 '은수저를 입에 물고 태어났다'고 말하는 관습은 이때부터 시작되었는데, 이 말은 가족들이 세례 선물로 아이에게 은으로 만든 사도 스푼을 선물할 만큼 부유하다는 의미였다.

 나이프 : 150만 년 전, 아프리카와 아시아

현대인으로 진화하는 과정에서 초기의 직립 영장류인 호모 에렉투스는 짐승을 살육할 수 있는 표준화된 돌칼을 최초로 만들었다. 150만 년 전에 살았던 그들은 돌을 가지고 자기 마음에 들 때까지 작업을 할 수 있는 능력을 가진 최초의 유인원이었다. 그 이후 쭉 나이프는 인간의 중요 무기이자 주방 기구였다. 수천년이 지나도 나이프의 모습은 거의 변하지 않았다. '나이프knife'라는 말은 앵글로 색슨어인 '크니프cnife'에서 인지할 수 있다.

그 후로도 오랫동안 대부분의 사람들은 칼 하나만 가지고 있었다. 이들은 칼을 즉시 사용할 수 있도록 허리에 차고 다녔는데, 이것으로 어떤 날은 고기를 썰고 어떤 날은 적의 목을 따기도 했다. 귀족들만이 전쟁용, 사냥용, 식사용 칼을 따로 가질 여유가 있었던 것이다.

옛날 나이프는 오늘날의 스테이크 나이프처럼 끝이 뾰족했다. 알려진 바에 의하면 끝이 둥근 나이프는 1630년 무렵에 널리 퍼졌던 무례한 식탁 습관을 중지시키려던 아르망 장 뒤 플레시스의 노력에서 비롯됐다고 한다.

그는 프랑스 루이 13세의 주교이자 총리였던 아르망 장 뒤 플레시스 드 리슐리외로 더 유명하다. 교묘한 음모와 기민한 정치술로 프랑스를 17세기 초 유럽의 초강대국으로 올려놓은 그는 나랏일과 자신의 권력 쟁취에 몰두하는 한편 격식을 갖춘 예법을 강조했는데, 당시 식탁 습관 가운데 하나를 아주 못마땅해했다. 식사 중에 고위직 남자들이 나이프의 날카로운 끝으로 이를 쑤시는 일이었는데, 이것은 예절 지침서에서 적어도 300년 동안이나 개탄해오던 습관이었다. 리슐리외는 이런 행위를 자신의 식탁에서 금지시켰을 뿐 아니라 집사를 시켜 아예 집에 있는 모든 나이프의 끝을 갈아버리라고 명했다. 이 습관을 어떻게 중지시킬 수 있을까 고민하던 프랑스 부인들도 리슐리외와 같은 나이프를 주문하기 시작했다. 그 결과 17세기가 끝날 때쯤 대다수 프랑스인들의 식탁에 끝이 뭉툭한 나이프가 등장하기 시작했다.

나이프가 150만 년 전에, 스푼이 2만 년 전에, 포크가 11세기에 시작되기는 했지만, 오늘날처럼 나이프, 포크, 스푼 세트가 테이블 위에 오르기까지는 이처럼 긴 시간이 필요했다. 오늘날 사람들은 양식을 먹을 때 이 세 가지가 세트로 테이블에 올라오는 것을 당연하게 여긴다. 그러나 200년 전만 해도 유럽과 미국 대부분의 레스토랑에서는 나이프, 포크, 스푼 중 한두 가지만 제공했고 세 가지를 모두를 제공하는 경우는 드물었다. 부유한 사람들은 여행할 때 자기 개인용 식사도구를 싸가지고 다녀야만 했다.

냅킨 : 기원전 500년 이전, 근동

오늘날 우리가 입을 닦고 무릎을 덮기 위해 사용하는 종이와 천으로 된 작은 냅킨은 더 다양한 용도로 사용됐던 옛날에는 결코 충분한 크기가 아니었다. 풀코스의 식사를 손으로만 먹었던 시절이었으므로 타월 크기의 냅킨이 필수였다는 말이다. 실제로 최초의 냅킨은 풀사이즈의 타월이었다.

고대 이집트, 그리스, 로마인들은 손에 묻은 음식을 닦기 위해 '서비에트 serviettes'라고 불린 타월 크기 냅킨을 사용했다. 그리고 몇 시간 동안 진행될 수도 있는 식사 도중에 손을 더 깨끗이 하기 위해서는 장미 꽃잎과 로즈메리 같은 꽃과 약초로 향을 낸 물그릇인 핑거볼을 사용했다. 이집트인들은 먹는 음식에 따라 아몬드, 계피, 또는 오렌지꽃, 몰약, 감송 등으로 향기를 맞추었다.

기원전 6세기 로마의 제7대 왕이자 마지막 왕인 타르퀴니우스 수페르부스 재위 시절에 로마 귀족들은 냅킨의 두 번째 용도를 개발했다. 남은 음식을 싸가는 주머니로 사용한 것이다. 연회에 온 손님들은 자신의 식탁에 남은 음식을 냅킨에 싸서 가져갔으며, 빈손으로 돌아가는 것은 실례였다.

보존된 문서를 보면 한때 냅킨이 누렸던 영광이 잘 나타나 있다. 1680년대 이탈리아에서는 사람과 행사의 종류에 따라 26가지 냅킨 접는 방법이 있었다. 그중에는 목사들을 위한 노아의 방주형, 신분이 높은 귀부인을 위한 암탉형, 그밖의 여성들을 위한 병아리형, 그 밖에도 잉어, 거북이, 황소, 곰, 토끼형 등이 있었다.

1729년의 에티켓 지침서는 큰 냅킨의 여러 용도를 분명히 기술하고 있다.

그것은 다음과 같다.

> '입, 입술, 손에 기름이 묻었을 때 닦는다. 빵을 자르기 전에 나이프를 닦는다. 스푼
> 과 포크를 사용한 후 닦는다.'

특히 강조하고 있는 점은 '손가락에 기름이 묻어 더러울 때는 냅킨을 너무 더럽히지 않기 위해 손을 먼저 빵조각에다 닦아라'라는 것이다.

타월 크기 냅킨의 지배를 무너뜨린 것은(이 점에서는 핑거볼도 마찬가지) 포크였다. 일단 음식을 다루는 데 포크가 사용되자 손가락이 깨끗해졌고, 큰 냅킨은 필요가 없어졌다. 냅킨은 여전히 필요했지만 크기가 작아졌으며 입을 닦는 데만 사용되었다.

영국 민속 기록은 18세기에 생긴 냅킨의 또 다른 용도를 적고 있다. 도일리라는 이름의 양복장이는 런던의 스트랜드 거리에 리넨 가게를 열었다. 그가 취급하는 주된 상품은 디저트를 대접할 때 테이블보를 보호하기 위해 사용하는, 아름다운 레이스로 가장자리를 장식한 원형의 냅킨이었다. 고객들은 도일리의 냅킨을 그냥 그렇게 '도일리의 냅킨'으로 불렀고, 이 말을 자주 사용하다보니 이 물건 자체가 도일리Doily로 알려지게 되었다.

냅킨의 원래 크기와 기능은 '냅킨'이라는 말의 어원에도 잘 나타나 있다. 냅킨이라는 말은 '작은 테이블보'를 의미하는 고대 프랑스어 '나프롱napperon'에서 나온 말이다. 영국인들은 몸의 전면을 보호하거나 손을 닦기 위해 허리에 매는 커다란 천에다 나프롱이라는 말을 차용하여 사용했다. 그리고 이것을 내프런napron이라 불렀다. 철자 한 개가 포함된 발음 변화 때문에 '나프롱a napron'은 '에이프런an apron'으로 변했다. 이처럼 냅킨은 시대에 따라 타월, 테이블보, 도일리, 그리고 에이프런으로 우리 곁에 있어왔다. 이처럼 화려하고

말썽 많고 복잡한 역사를 거쳐온 냅킨은 오늘날 한 번 쓰고 버리는 일회용품 신세로 전락하고 말았다.

젓가락 : 고대, 중국

중세 중반기에 유럽인들은 식탁에 있는 음식을 작고 먹을 만한 크기로 잘라놓는 새로운 유행을 맞이하게 되었다. 그러나 당시 유럽인들은 중국과 거래를 하는 상인들이 들여온 이 풍습을 재미없고 공연히 까다롭게 만드는 것으로 여겼다. 13세기까지 유럽인들이 모르고 있었던 것은 음식을 자르도록(식탁에서가 아니라 부엌에서) 한 동양의 생활문화였다.

오랫동안 중국인들은 원래의 동물 모습과 조금이라도 닮은 커다란 시체 덩어리를 식탁에 내오는 것은 조잡하고 야만적이라고 가르쳐왔다. 게다가 부엌에서 보이지 않는 가운데 미리 할 수 있는 일, 즉 고기를 자르는 일을 손님이 식탁에서 낑낑대며 하도록 하는 것은 실례라고 생각했다. 오래된 중국의 격언은 이런 철학을 한마디로 요약하고 있다.

'우리는 고기를 자르기 위해서가 아니라 먹기 위해 식탁에 앉는다.'

이런 생각은 식탁에 나오는 음식의 크기가 어떠해야 하는지를 말해주고 있고, 이것은 또한 음식을 먹기 위한 도구가 필요했음을 시사하고 있다. 나무, 뼈, 상아 등으로 만든 젓가락은 미리 자른 작은 덩어리를 입에 넣기에 안성맞춤이었다. 이 도구를 두고 중국인들은 '콰이체kwai-tsze, 재빠른 것이라는 의미'라 불렀다. 영어로 젓가락을 '찹스틱chopsticks'이라고 하는 것은 '콰이체'를 영어식으로 발음한 것이다.

동양의 대철학자인 공자551~479 B.C.는 예의범절의 아버지였다. 그는 종교를 창시하거나 서양식 철학 체계를 만들지는 않았다. 대신에 그는 당시의 사회 무질서를 보고 사회 안정의 기초로 탄탄한 가족관계를 강조하면서 올바른 행동의 원칙을 주창했다. 동양에서 모든 예절의 기초는 공자의 말 '네가 당하기 싫은 일을 남에게 하지 마라'에 담겨 있다.

서양의 에티켓 교본 : 13세기, 유럽

야만족들이 남유럽의 문명화된 국가들을 침략하고 약탈했던 중세 암흑기에 매너는 사람들의 관심거리가 아니었다. 예절의 정식 규범들은 몇 백 년 동안이나 사용되지 않았다. 매너와 에티켓에 대한 관심은 11세기에 십자군 운동이 인기를 얻고 이에 따라 나름의 기사도 규범을 가진 기사도가 특권을 누리면서 다시 일깨워지게 되었다.

'짝짓기coupling'라고 불리는 새로운 궁정의 관습은 연회에서 귀족과 부인을 짝지워주었다. 각 쌍은 한 개의 술잔과 한 개의 접시를 공유했다. 어원학자들은 '두 사람이 어떤 일에 대해 함께 힘쓰게 될 때' 이것을 '같은 접시에서 먹다eat from the same plate'라고 표현하는 것이 바로 이런 관습에서 나왔다고 주장한다.

행동의 엄격한 규범의 재탄생은 13세기 유럽에 에티켓 교본이 등장했다는 사실을 통해 역사적으로 뒷받침된다. 상류층이 늘어나기도 해서 더 많은 사람들이 궁정에 드나들게 되었는데, 이들은 궁에서 어떻게 행동해야 할지를 알고 싶어 했다. 이것은 20세기에 계층 상승이라는 사회적 현상이 일어났을 때 에티켓 교본서가 나왔던 것과 다를 바 없었다.

다음은 상향 이동을 하는 사람들에게 당시의 에티켓 교본이 제공했던 충고를 시기별로 추려놓은 것이다(에티켓 교본을 쓴 사람이 하지 말라고 한 행동이 당시 사람들이 일반적으로 하는 행동이었다는 것을 염두에 두라).

〈13세기〉

· 많은 사람들이 뼈를 갉아먹고 도로 접시에 담는다. 이것은 대단한 실례이다.

· 먹을 때 돼지처럼 접시에다 머리를 처박고 코로 킁킁거리며, 입맛을 다시지 말 것.

· 사냥꾼처럼 식탁 너머로, 또는 식탁 위에 침을 뱉지 말 것.

· 코를 풀거나 기침을 할 때는 식탁에 아무것도 떨어지지 않도록 몸을 돌릴 것.

〈14세기〉

· 먹으면서 헛기침을 하거나 식탁보에다 코를 푸는 사람은 틀림없이 가정교육이 잘
  못된 사람이다.

· 남이 하는 것처럼 칼로 이빨을 후비지 마라. 이것은 나쁜 습관이다.

· 어떤 사람은 손을 씻지 않고 식사를 한다고 한다. 그들의 손가락이 마비될지어다!

〈15세기〉

· 입에 일단 들어간 것은 다시 접시에 꺼내놓지 마라.

· 일단 씹은 것은 다시 뱉지 마라.

· 음식을 소금에 담그는 것은 좋지 않은 매너이다.

이 기간 동안 코를 적절하게 푸는 방법에 대해서 많은 충고가 있었다. 물론 티슈도 없었고 손수건도 아직 널리 쓰이지 않았다. 가장 눈살 찌푸리게 하는 일은 식탁보나 코트 소매에다 코를 푸는 것이었다. 손에다 코를 푸는 것은 용인되었다. 당시의 화가와 조각가들은 이런 제스처를 솔직하게 그리고 있다. 프랑스의 디종에 있는 필립 왕의 묘석에 그려진 기사들의 그림을 보면 한 사람은 코트에, 다른 사람은 손에 코를 풀고 있다.

어린이들의 매너 : 1530년, 네덜란드

매너가 조잡하던 시대에 종지부를 찍고 세련된 매너의 시대를 열어젖힌 공로를 인정받고 있는 책은 1530년에 나온 『어린이들의 예절에 관하여On Civility in Children』라는 책이다. 이 책은 출간되자마자 너무 인기를 끌어서 작가 살아생전에 30판을 찍어서 명실공히 16세기의 베스트셀러가 되었으며, 18세기에 이르기까지 쇄를 거듭했을 뿐만 아니라 많은 번역판, 모방판, 속편이 나왔다. 저자는 기독교 철학자이며 교육가, 그리고 북부 인문주의 르네상스의 위대한 고전 작가인 로테르담의 에라스무스였다. 그는 당시 한창 분위기가 무르익은 주제인 어린이들에게 어떻게 매너를 가르칠까 하는 문제를 다루었다.

신분 상승을 꿈꾸는 어른들에게 있어 오래 뿌리박은 습관을 버리고 적절한 매너를 배우는 것은 무척이나 어려운 일이지만, 아이들은 매너를 매우 쉽고 편하게 배울 수 있다고 에라스무스는 지적했다. 매너란 거친 어른의 행동에다 품위를 억지로 입히는 것이 아니라 어린이가 좋은 행동을 쌓아갈 수 있도록 하는 기초가 되어야 한다는 것이었다.

에라스무스의 충고를 몇 가지 예로 들어보자(그중 몇 가지는 오늘날의 기준으로 볼 때 조잡하다).

· 음식 덩어리를 삼킬 수 없으면 점잖게 돌아서서 다른 곳에 버려라.

· 배를 압박함으로써 방귀를 참아라.

· 토해야 한다면 토해라. 더러운 것은 토하는 것 자체가 아니라 토할 내용물을 목에 담고 있는 것이다.

· 의자를 앞뒤로 흔들지 마라. 그렇게 하는 사람은 방귀를 계속 뀌고 있거나 그렇게 하려는 듯한 인상을 준다.

- 침을 뱉을 때는 침이 다른 사람에게 떨어지지 않도록 몸을 돌려라. 가래 같은 것이 떨어지면 남에게 역겹지 않도록 발로 밟아라.
- 깨끗하게 세탁한 손수건이 아니면 남에게 손수건을 권하지 마라. 코를 닦은 손수건을 펼쳐놓고 마치 네 머리에서 진주나 루비라도 떨어진 것처럼 자세히 들여다보는 것은 보기에 좋지 않다.
- 기름 묻은 손가락을 빨거나 옷에 문지르는 것은 점잖지 못하다. 식탁보나 냅킨을 사용하는 것이 더 낫다.
- 어떤 사람들은 식탁에 앉자마자 접시에 손을 가져간다. 이리떼나 하는 짓이다.

에라스무스의 충고 중 어떤 것들이 오늘날 기준으로 볼 때 우스운 것이라면 우리는 우리 시대에 나온 에티켓 교본서의 충고 또한 한번 생각해보아야 할 일이다.

'양상추 잎을 먹는 유일한 방법에 대해 : '양상추 잎은 포크의 뭉툭한 날로 잘라야 한다. 결코 칼로 자르지 마라.'

 ## 식탁에서 하는 말 : 고대부터 현재

건배나 식사기도 등 우리가 식탁에서 전통적으로 하는 말들은 옛날이나 지금이나 별로 분명하지 않은 목적에서 생겨났다. 식탁에서 음식과 관련된 표현들 역시 마찬가지이다.

건배(Make a toast) 친구의 건강과 행운을 비는 건배를 해본 사람이라면 누구나 왜 빵이 포함되어 있지 않은 의식에 '토스트'라는 말이 들어갈까 하고 의문을 가져보았을 것이다.

집주인이 친구의 건강을 위해 술을 마시는 습관은 기원전 6세기 그리스에서 매우 실용적인 이유로 인해 생겨났다. 이것은 손님들이 마시게 될 술에 독이 들어가지 않았다는 것을 안심시켜 주기 위함이었다.

술에 독을 넣는 것은 정적이나 의심이 가는 적을 제거하거나 이혼을 막기 위해 즐겨 사용되던 방법이었다. 그래서 손님을 접대하는 주인은 주전자에서 처음 따른 술을 자신이 먼저 마셔서 안전하다는 것을 보여주었고, 이런 다음 손님들은 잔을 들어서 술을 마셨다. 이렇게 손님이 주인을 따라 마시는 절차는 우정과 친목을 약속하는 상징적인 것이었다.

로마인들은 그리스인들의 독살하는 기술과(기원전 1세기의 로마 여왕이었던 리비아 드루실라는 이것을 일종의 과학처럼 만들었다) 우정을 서약하기 위해 술을 드는 습관을 채택했다. 로마인들은 술잔에다 태운 토스트 조각을 떨어뜨렸는데, 이 습관이 어원이 되었다. 이 관습은 셰익스피어 시대까지 이어졌다. 셰익스피어의 희곡 『윈저의 즐거운 아낙네들』을 보면, 늙은 기사 폴스태프가 술 한 주전자를 주문하고는 '토스트를 그 속에 넣으라'고 요구한다.

여러 해 동안 사람들은 로마인이 넣은 빵조각이 술에 단맛을 내기 위해 향료나 설탕 처리를 한 빵이라고 생각했다. 최근의 과학적인 연구를 통해 숯이 술의 신맛을 줄인다는 사실이 밝혀졌다. 따라서 탄 빵조각을 신맛이 나는 싸구려 술에 넣으면 술맛이 좋아진다. 로마인들은 이것을 우연히 발견했던 것이다. 영어의 '토스트toast'는 '불에 탄' 또는 '구운'이라는 뜻의 라틴어 '토스투스tostus'에서 나왔다.

요컨대 그리스인들은 친구의 건강을 위해 술을 마셨고 로마인들은 토스트로 술맛을 냈다. 시간이 지나면서 술 자체가 '토스트'가 되었다.

18세기 초에 건배를 하는 풍습은 또 다른 변화를 겪게 되었다. 사람들

건배는 술에 독을 타지 않았음을 입증하기 위해 시작되었으나 시간이 지나면서 축하를 할 대상을 위해 하는 것으로 바뀌었다.

은 식사에 참석한 친구를 위해 건배를 드는 대신에 축하를 할 대상, 특히 아름다운 여인을 위해 건배를 하게 되었다. 그 여인은 식탁에 앉은 사람들이 한 번도 만나보지 않은 사람일 수도 있었다. 1709년 6월 4일자 「태틀러The Tatler」지를 보면 리처드 스틸 경은 영국 남자들이 아름다운 여성을 위해 축배를 드는 일에 너무 익숙해 있어서 '건배의 대상이 되는 여성을 토스트라고 부르게 되었다'고 언급하고 있다. 스틸이 살던 시대에는 유명하거나 인기 있는 영국 사람을 '그 도시의 토스트'라고 불렀다.

19세기 영국 사람들은 건배하는 것을 너무나 좋아해서 식사할 때 건배가 빠지면 식사가 안 될 정도였다. 1803년에 어느 영국의 공작은 다음과 같이 기록하고 있다.

'식사 때 마시는 모든 잔은 누군가에게 헌정되어야 한다. 그리고 건배를 꺼리는 것

은 마치 그 자리에 건배를 받을 만한 사람이 없다는 뜻이므로 매우 무례하고 바보 같은 짓이다.'

식사에 온 손님을 효과적으로 모욕하는 한 가지 방법은 그를 위해 건배를 하지 않는 것이었다. 공작의 말을 빌자면 이것은 '직접적인 모욕'이었다.

식사기도 식사 전에 기도하는 습관은 먹거리에 대한 감사의 표현으로 생겨난 것이 아니다. 이것은 농경사회가 시작되면서 처음으로 농사를 지은 사람들이 풍성한 수확에 대해 신들에게 감사하다는 제를 올린 데서 생겨났다. 고대에 유목 민족들은 자신들이 발견한 음식의 안전을 확신할 수가 없었다. 고기와 우유는 빨리 상했고 버섯, 열매, 덩이줄기 등은 독이 들어 있을 수도 있었다. 그들은 거처를 자주 옮겨다녔기 때문에 새로운 먹거리를 계속 만나게 되었고, 오로지 시행착오를 통해서만 그것이 먹을 수 있는 것인지 알 수 있었다. 먹은 것이 몸에 해를 끼쳐 발작, 열, 구토, 또는 죽음에까지 이를 수도 있었다.

고대인들은 음식이 자신에게 미칠지도 모르는 해로운 효과를 피하게 해달라고 신에게 기도했다. 이런 생각은 훗날 중동과 아프리카 사람들이 잔치 전에 신에게 제물을 바쳤던(감사의 제사가 아니라 독으로부터 지켜주실 것을 염두에 두고) 기록에 의해 뒷받침된다. 나중에 인간은 직접 작물을 재배하고 가축과 닭을 키우게 되었다. 한마디로 말하면 자기가 먹은 음식에 대해 확실히 알 수 있었으며, 식사 전에 올리는 기도는 오늘날 우리가 알고 있는 것과 같은 의미를 지니게 되었다.

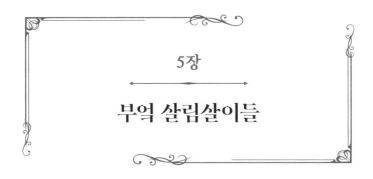

5장

부엌 살림살이들

 부엌 : 선사시대, 아시아와 아프리카

현대의 가정주부 한 사람을 갑자기 1세기의 로마 부엌으로 옮겨놓는다 해도 그녀는 청동 프라이팬, 구리 소스팬, 여과기, 달걀 반숙기, 가위, 깔때기, 주전자 등 자신이 현재 집에서 쓰는 것과 별로 다르지 않은 도구들을 가지고 저녁 식사를 준비할 수 있을 것이다. 많은 세월이 흐른 데 비해 부엌 도구들은 근본적으로 크게 변한 게 없기 때문이다.

사회를 완전히 뒤흔들어 하인 없는 사회로 재정립시킨 산업혁명이 있기까지는, 하인의 일을 대신할 기계가 크게 필요하지 않았다. 산업혁명이 있고 나서야 발명가들은 결코 만족시킬 수 없을 것처럼 보이는 시장의 요구를 충족시키기 위해 식기세척기, 교유기, 테플론, 타파웨어, 알루미늄 포일, 마찰성냥, 종이봉지, 고상한 키친아트 기구 따위의 정교한 도구들을 무수히 만들어냈다. 필요를 충족시키기 위해 등장한 이런 발명들은 나름의 역사와 변천을 겪어 이제는 온 집안 구석구석을 채우고 있다.

선사시대에 인간은 가장 원시적인 도구를 사용해 불에다 직접 음식을 요리했다. 이 원시 도구는 액체를 담는 돌그릇, 소금과 풀을 찧는 절구, 꼬챙이에 찔러 구운 고기를 자르는 돌칼 등이었다. 움직이는 부속이 달린 최초의 도구는 맷돌이었다. 중간에 구멍이 뚫린 두 개의 원반 모양 돌로 만들어진 맷돌은 위에서 곡식을 부어 돌 사이에서 으깨면 바닥에 있는 구멍으로 가루가 나왔다.

원시 부엌은 인간이 최초로 만든 질그릇의 발명으로 인해 기원전 7000년 무렵에 처음으로 변화를 가져왔다. 질그릇과 조리용 그릇은 지금처럼 크림색에서 진홍색, 잿빛에서 검정색에 이르기까지 색깔이 다양했다. 원하는 크기와 모양대로 만들어 가마에 구워 광을 냈다. 1960년대 초에 튀르키예에서 신석기 시대 것으로 보이는 최초의 다양한 부엌용 그릇들이 발굴되었다. 가장 실용적이고 다목적의 그릇인 사발류가 대부분이었으며, 물을 담는 그릇과 컵이 뒤를 이었다.

그리스 시대와 로마 시대에 부엌에서 일어난 혁신은 대부분 용도보다는 재료의 영역에서 일어났다. 부자들이 쓰는 금접시, 은컵, 유리병과 가난한 사람들이 쓰는 질그릇 접시, 속을 파낸 양뿔컵, 나무로 만든 항아리 등이 그것이다.

부엌의 대변신은 서기 700년 무렵에 시작되었다. 중세 시대에 경제적 어려움에 처한 가족들은 함께 모여 대가족으로 살게 되고 생활이 점점 더 공동체적으로 바뀌었다. 그리고 부엌은 음식과 따스함 때문에 집에서 가장 크고 가장 자주 들락거리는 방이 되었다.

당시 부엌에서 가장 귀하게 쓰인 도구는 회전식 꼬챙이였다. 이것은 1700년대 후반 오븐에다 고기를 굽는 혁신적인 아이디어가 나오기까지 거의 1,000년 동안이나 주요한 요리기구였다(1700년대 후반에도 회전식 꼬챙이는 완전히 사라지지 않았다. 많은 현대 스토브에도 전기로 작동하는 회전 꼬챙이가 있다. 그리고 야외에서 바비큐를 할 때도 회전 꼬챙이는 인기 있는 도구다).

회전식 꼬챙이를 손으로 돌려서 고기를 굽는 지루함 때문에 많은 새로운 발명이 이루어졌다. 오늘날 동물애호가들을 화나게 할 장치 중 하나는 1400년대 영국에서 등장한 '꼬챙이를 돌리는 개'이다. 로프와 도르래를 사용한 장치가 꼬챙이에서 벽에 매단 드럼통 모양의 우리까지 연결되었다. 테리어 종의 개가 우리에 갇혀 달리면 우리가 돌아갔고 꼬챙이를 회전시켰다. 이 개는 '꼬챙이 돌리는 개'로 훈련을 받았고, 활동력이 강한 힘센 개가 더 비싼 값을 받았다. 이때부터 부엌에 사용되는 새로운 장치들이 서서히 등장하기 시작한 것이다.

1세기 후 이탈리아에서는 레오나르도 다빈치가 굴뚝으로 올라가는 열기로 스스로 돌아가는 좀 더 인간적인 꼬챙이를 만들었다. 굴뚝에 상치한 작은 터빈 바퀴가 고기 굽는 꼬챙이에 연결되었다. 위로 올라가는 열은 불꽃의 세기에 비례하는 속도로 바퀴를 돌렸다. 그러나 불 위에다 직접 요리를 하는 오래된 요리 개념은 혁신적인 요리 장치, 즉 밀폐된 레인지에 의해 대치되게 되었다.

 부엌 레인지 : 17세기, 영국

최초의 레인지는 화로 주변을 벽돌로 쌓은 것이었는데, 이것은 열을 받는 윗부분과 주전자와 소스팬을 데우는 시렁으로 이루어져 있었다.

1630년에 영국 발명가 존 시브스로프는 이 장치를 철제로 만들어 특허를 신청했다. 이것은 가정용 연료로 나무를 대신하게 될 석탄으로 가열되었다. 그러나 당시 사람들은 불 위에서 직접 굽지 않고 통에다 넣고 불 위에서 요리를 한다는 생각을 쉽게 받아들이지 못했다. 게다가 열을 전달하는 매체인 레인지 윗부분을 먼저 데워야 했기 때문에 조리 시간도 길었다.

바바리아의 럼퍼드 백작도 콤팩트하고 효율이 좋은 레인지를 개발하려고 시도했지만 두 개의 다른 부엌 살림살이만 만들어내는 결과를 초래했을 뿐이었다. 1753년 미국 매사추세츠주 워번에서 태어난 그의 원래 이름은 벤저민 톰슨이었다. 영국 왕실에 충성했던 톰슨은 미국 독립전쟁 중에 스파이 노릇을 하다가 1776년 아내와 딸을 남겨두고 런던으로 달아났다. 조지 3세로부터 작위를 받은 톰슨은 영국에서 물리학을 공부했는데, 전공은 증기 에너지의 응용이었다. 그는 실험 끝에 더블 보일러와 드립 커피 메이커를 발명했으나 콤팩트형 부엌 레인지를 개발하려는 작업은 나랏일로 바빴기 때문에 중단하고 말았다.

톰슨은 바바리아의 고관대작이 되었다. 수많은 사회 개혁을 시행하는 한편 그는 틈틈이 시간을 내서 제임스 와트의 증기기관을 현대화시켰다. 그리고 유럽 상류층의 음식으로 감자를 널리 보급했다(그때까지 감자는 가축 사료나 가난한 자들이 먹을 것이 없어서 먹는 음식으로 간주되었다).

그러나 콤팩트하고 뚜껑이 닫힌 레인지를 개발하려는 그의 오랜 꿈은, 유감스럽게도 다른 사람에 의해 실현되어버렸다. 1802년에 영국의 주물공 조지 보들리가 현대식 연관이 달린 주물 레인지를 특허낸 것이다. 이것은 20세기까지 영국과 미국 부엌 레인지의 원형이 되었다.

가스레인지와 전기레인지　조지 보들리가 석탄을 연료로 쓰는 뚜껑 달린 레인지를 발명한 해에 독일의 발명가 프레데릭 알베르트 윈저는 역사상 처음으로 가스기기로 식사를 조리했다. 이 장치는 가스가 요리에 사용될 수 있으며, 석탄보다 깨끗하다는 것을 보여주기 위해 임시로 고안한 기구였다.

그 후 실험용 가스레인지가 많이 출현하기는 했지만 가스가 새고 폭발하는 등 위험했다. 정말 실용적이고 안전한 가스레인지가 유럽에서 만들어지기까지는 30년이 더 걸렸으며, 미국 가정에서 깨끗한 가스레인지를 상당수 갖게 된 것은 1860년대가 되어서였다. 가스기기로 요리하는 일의 안전함과 편안함에 너무 만족했던 주부들은 훗날 전기레인지가 나왔을 때도 가스레인지를 버리기를 꺼렸다.

최초의 전기레인지는 1890년에 나왔다. 그러나 요리하는 음식마다 거의 실패로 끝났다. 조잡한 열 조절 장치밖에 없었기 때문에 저온, 중간, 고온 등으로 조절할 수가 없었고 익지 않거나 재가 되어버리는 경우가 허다했다. 이처럼 예측 불가능한 요리를 만드는 것조차 값싼 전기료가 현실화된 1920년대 후반에야 가능했다. 게다가 미국의 많은 지역의 가정에는 아직 전기가 들어오지 않았다. 이런저런 이유로 전기레인지는 초기의 가스레인지보다 더 인기가 없었으며, 주부들의 마음을 돌려 가정의 기본 살림살이가 되는 데는 오랜 시간이 필요했다.

 알루미늄 그릇 : 19세기 초, 프랑스

도자기 그릇을 독일인들은 조리용으로, 영국인들은 가정과 병원의 소독용으로 사용했다면, 프랑스의 나폴레옹 보나파르트는 세계 최초의 알루미늄 접시로(당시에는 금접시보다 비쌌다) 손님을 대접했다.

새로 채굴된 금속인 알루미늄은 1파운드에 600달러에 팔렸는데 1820년대 유럽의 귀족들은 금과 은 식기를 치우고 알루미늄 접시, 컵, 그리고 식기를 테이블 위에 올려놓았다. 그러나 세상의 알루미늄은 인기를 얻지 못했다.

적극적인 채굴과 전기 추출 기술의 개발로 1890년에는 알루미늄 가격이 1파운드에 2달러 25센트로 곤두박질쳤다. 이렇게 낮은 가격에도 불구하고 가정주부들은 알루미늄 기구로 조리하는 것의 이점을 아직 발견하지 못했다. 기술적인 진보와 백화점의 시범이라는 두 가지 사건이 사람들의 생각을 바꾸게 될 때까지.

1886년 2월 23일, 이과 대학을 갓 졸업한 22살 발명가 찰스 마틴 홀은 미국 오하이오주 오벌린에 있는 실험실에서 알루미늄으로 실험을 하고 있었다. 홀은 이날 식기 제작용 알루미늄 합성물을 값싸게 만들 수 있는 과정을 완성했다고 자신의 노트에 기록하고 있다. 홀은 회사를 차려 가볍고 내구성 있고 닦기 쉬운 조리기구를 제작하기 시작했는데, 이 기구는 열을 고루 전달할 뿐만 아니라 알루미늄 광택도 잘 유지됐다. 알루미늄의 내구성 때문에 '웨어 에버Wear-Ever'라는 상표가 나오게 되었다.

그러나 홀의 제품은 강력한 저항에 부딪혔다. 미국의 주부들은 오랫동안 써온 주석 용기와 철제 용기를 버리려 하지 않았고, 주요 백화점들도 새로운 제품의 판매를 거부했기 때문이다. 좋은 점이 너무 많아서 믿기지 않았던 것이다.

전환점은 1903년 봄이 되어서야 왔다. 한 소비자의 권유에 의해 필라델피아의 이름난 워너메이커 백화점에서 알루미늄 기구의 조리 기능을 보여주는 최초의 공개 시연회를 개최했다. 전문 요리사가 애플 버터를 젓지도 않고 조리하는 광경을 수백 명의 여성들이 입을 딱 벌리고 지켜보았다. 요리 재료가 팬에 달라붙지도 않고 타지도 않는다는 사실을 확인하게 되자 알루미늄 조리기 주문이 폭주하기 시작했다.

1914년 찰스 홀이 죽을 무렵에는 그의 '웨어 에버' 제품은 새로운 알루미늄 조리기 산업을 탄생시켜 미국 가정의 부엌을 변형시켰다. 그리고 그에게 3,000만 달러라는 재산을 안겨주었다.

S.O.S 수세미 : 1917년, 샌프란시스코

1917년 샌프란시스코의 에드윈 콕스는 집집마다 방문하여 새로 나온 과대선전된 알루미늄 식기를 팔았으나 장사가 잘 되지 않았다. 서부 연안의 주부들은 식기 기술이 낳은 최신 상품에 매력을 느끼지 않았다. 콕스는 제품의 시범을 보여주러 부엌에 발을 들여놓기도 힘들었다. 새로운 상술이 필요했던 그는 기존 세일즈맨들의 방식대로 알루미늄 상품을 선전하게 해주면 공짜로 선물을 주겠다고 장래의 고객들을 유혹할 결심을 했다.

경험을 통해 콕스는 주부들의 가장 큰 불평이 음식이 접시 바닥에 달라붙는 것임을 알고 있었다. 그래서 그는 강면의 연마성과 비누의 세척력을 가진 수세미를 개발할 수는 없을까 고민했다.

자기 부엌에서 콕스는 작은 정사각형 강면 수세미를 비누 용액에다 적셨다. 수세미가 마르면 다시 적시는 과정을 반복하여 수세미에 말린 비누가 배어 있도록 만들었다.

주부들을 방문하면서 그는 주부들로 하여금 문을 열게 하고 판매를 높인 것은 바로 아직 이름도 붙이지 않은 수세미인 것을 발견했다. 모든 주부들은 샘플 수세미 하나를 공짜로 받았다. 대부분의 주부들이 더 달라고 요구할 정도로 인기가 좋았다. 몇 달이 안 되어 판촉물 수세미에 대한 수요가 콕스의 공급 능력을 앞질렀다. 에드윈 콕스는 냄비와 팬 장사를 그만두고 수세미 제조업에 뛰어들었다.

신상품을 소개할 기발한 이름이 필요했던 콕스는 자기가 가장 잘 아는 주부, 즉 아내에게 도움을 청했다. 아내는 '우리의 소스팬을 구한다Save Our Saucepan'는 말을 줄여서 'S.O.S'라고 이 수세미를 불렀다. 그리고 그녀는 이 글자가 바다에서의 조난신호인 '우리 배를 구해주세요Save Our Ship'의 준말이라고 (잘못) 생각했다.

콕스는 아내의 제안을 받아들였으나 S.O.S는 두 가지 점에서 잘못 붙여진 이름이다. 실제로 국제 규약이 규정하는 모스 조난신호는 '우리 배를 구해주세요'나 '우리의 영혼을 구해주세요Save Our Souls', 또는 다른 어떤 구조 요청의 표현을 축약한 말이나 준말이 아니다.

화가였다가 발명가가 된 뉴욕대학의 미술 교수 새뮤얼 모스가 1835년에 전신 부호를 고안했을 때 비교적 외우기 쉽도록 점과 줄을 합성하여 만들었다. 몇 년 후 국제위원회에서 위기의 순간에 기억나기 쉽고 모스 부호 지식이 별로 없는 아마추어라도 쉽게 전달할 수 있는 조난 신호를 정하려고 했을 때 사람들은 세 개를 간단하게 합성하기로 결정했다. 즉, 세 개의 신호로 나타내는 세 글자를 쓰기로 결정한 것이다. 그들의 생각에 3이라는 숫자는 어느 곳에서나 좋아하는 숫자 같았다.

모스 부호에서 세 개의 같은 표시로 나타내는 알파벳은 두 글자뿐이다. 세 개의 줄은 O를, 세 개의 점은 S를 나타낸다. 그래서 국제 조난신호는 (그리고 수세미의 이름은) 'OSO'가 될 수도 있었다. 그러나 줄은 점보다 전달하는 데 시간이 오래 걸리는 전기신호다. 긴급 메시지는 되도록 빨리 전달되어야 하고 송신장치의 에너지를 가장 적게 소비해야 한다. 결과적으로 도움을 청할 수 있는 세 글자로 된, 세 개의 점과 세 개의 줄로 이루어진, 빠르고 에너지 효율이 높은 신호는 'SOS'가 될 수밖에 없었다. 그리고 글자 사이에 구두점도 없었다. 그러나 콕스 부인의 실수가 수세미 판매에 영향을 미치지는 않았다.

 식기세척기 : 1886년, 일리노이주 셸비빌

'아무도 그릇 닦는 기계를 발명하지 않는다면 내가 해버려야지.'

이런 결심으로 1880년대 미국 일리노이주에 사는 한 정치가의 아내 조세핀 코크런은, 이 편리한 부엌 도구를 발명하는 일을 착수했다.

코크런 부인이 이런 결심을 하게 된 데는 설거지라는 따분한 일에 싫증을 느껴서가 아니었다. 그녀는 하녀를 많이 거느린 부자였다. 시카고의 귀족 출신으로 셸비빌이라는 작은 전원도시에 살고 있던 그녀는 공식 만찬을 자주 베풀었는데, 설거지를 하던 하녀들이 값비싼 도자기 그릇을 깨는 데 넌더리가 났던 것이다. 파티를 할 때마다 많은 접시가 깨졌지만, 새 접시를 우편 주문으로 다시 채우려면 몇 달이 걸렸다. 기계로 설거지를 하면 문제가 해결될 것 같았다.

집 옆에 있는 나무 오두막에서 그녀는 그릇의 크기를 재고 접시, 찻잔 받침, 그리고 컵을 넣는 칸들을 철사로 만들었다. 그녀는 그릇을 넣은 칸들을 바퀴 주위에 매달았고, 이 바퀴를 커다란 구리 보일러에 장치했다. 모터가 바퀴를 돌릴 때 보일러 바닥에서 비눗물이 뿜어져 나와 접시에 끼얹어졌다. 디자인은 조잡했지만 효과는 좋았고, 친구들은 너무나 마음에 들어 이것을 '코크런 식기세척기'라고 이름 붙이고 자기들 부엌에도 설치해달라고 부탁했다. 그들 역시 무책임한 하녀들이 저지르는 문제를 식기세척기가 해결해줄 것으로 믿었다.

소문이 금방 퍼졌다. 곧 일리노이의 호텔과 식당들로부터 주문이 들어오기 시작했다. 호텔과 식당들은 대량의 설거지 문제를 해결하고 깨지는 접시 때문에 지출되는 돈 문제를 해결할 수 있으리라 생각했다.

자기가 시기적절한 발명품을 만들었다는 사실을 깨달은 코크런 부인은 1886년 12월에 특허를 신청했다. 그녀의 세척기는 1893년 시카고 세계 박람회에서 '최고의 기계적 구성, 내구성, 그리고 일에 대한 적응성' 때문에 최고상을 받았다.

호텔과 식당들은 여전히 조세핀 코크런의 대용량 식기세척기의 가장 좋은 고객들이었다. 그녀가 설립한 회사는 1914년 보통 미국 가정용의 작은 식기세척기도 만들었다. 그런데 이상하게도 미국의 평범한 가정주부들은 노동을 절약하는 이 기계에 관심과 호감을 느끼지 않았다.

주부들이 거부감을 보인 데는 주변적인 문제에 원인이 있었다. 1914년에는 많은 가정들이 식기세척기가 요구하는 많은 양의 뜨거운 물이 나오지 않았던 것이다. 가정의 온수 탱크 용량은 저녁 식사 그릇 씻기도 부족했다. 게다가 미국의 많은 지역의 물은 경수, 즉 접시에 끼얹기에 좋을 만큼 충분히 비누가 풀어지지 못하게 하는 광물이 많이 녹아 있는 물이었다.

그리고 코크런의 회사에서 예측하지 못했던 또 다른 문제가 있었다. 설거지를 해본 적이 없는 코크런은 미국 가정주부들이 설거지를 싫어한다고 단정했으나 그녀의 운영진들이 왜 가정용 모델이 팔리지 않는가를 알기 위해 가정주부들에게 설문조사를 했을 때, 빨래 등 가정주부들이 싫어하는 많은 일들이 있지만 설거지는 거기 속하지 않는다는 것이 드러났다. 오히려 설문조사를 한 대부분의 여성들은 '설거지는 하루 종일 힘들게 일한 후의 피로를 풀어준다'고 대답했던 것이다.

코크런 부인의 회사에서는 새로운 광고전략을 취했다. 즉, 식기세척기를 사는 중요한 이유가 기계에서 사용하는 물이 사람의 손이 견딜 수 있는 것보다 훨씬 뜨겁기 때문이라고 광고를 했다. 그래서 식기세척기는 단지 식기를 깨끗하게 할 뿐만 아니라 살균도 해준다는 것이었다. 그러나 이런 노력에도 불구하고 판매량은 여전히 크게 증가하지 않았다. 가정용 식기세척기 시장은 제2차 세계 대전 후의 경제적 번영으로 미국 가정주부들의 주된 관심사가 여가 생활과 매력, 남편과 자녀로부터 독립된 자의식 등으로 옮겨간 1950년대가 되어서야 비로소 이익을 보기 시작했다.

마찰성냥 : 1826년, 영국

인간의 시조인 직립 원인 호모 에렉투스는 나뭇가지 두 개를 서로 문질러서 생긴 마찰을 통해 우연히 불을 발견했다. 그로부터 150만 년이 지나서야 영국의 화학자인 존 워커가 거친 표면에 성냥을 마찰시킴으로써 불을 만들어낼 수 있게 되었다. 아이러니하게도 우리는 존 워커보다는 직립 원인에 대해 더 많은 것을 알고 있다. 워커 또한 우연히 불을 발견했다.

성냥을 만들려는 시도는 다른 발명가들과 과학자들도 많이 해왔다. 주목할 만한 최초의 마찰성냥은 보일 성냥이다. 1669년에 함부르크 출신의 연금술사 헤니히 브란트는 비금속 합성물을 변화시켜 금을 만드는 역사적인 순간을 맞이하고 있다고 생각했다. 그러나 그가 만든 것은 금이 아니라 인이라는 원소였다. 실망한 그는 자신의 발명을 무시했으나 영국의 물리학자 로버트 보일이 이것에 관심을 기울였다. 1680년에 보일은 인을 입힌 거친 종이와 황을 끝에 바른 나뭇조각을 고안했다. 접힌 종이 사이에 나뭇조각을 긋자 불꽃이 피어올랐다. 이것은 화학 성냥의 원리를 최초로 시범 보인 사건이었다. 그러나 당시에는 인이 귀해 많은 양의 성냥을 만들 수 없었다. 대중들에게는 새롭고 비싼 발명품일 뿐이었다. 대부분의 유럽인들은(부싯돌을 쇠에 부딪혀 그 불꽃으로 불을 피웠던) 성냥의 존재를 알기도 전에 사라져버렸다.

1817년에는 마찰성냥을 만들려는 더 극적인 시도가 있었다. 어느 프랑스의 화학자가 대학 동료들에게 '에테르(공기 같은) 성냥'을 시범 보였다. 이것은 공기에 노출될 때 점화하는 인 화합물로 처리한 종잇조각이었다. 이 가연성 종이는 '성냥'이라고 불리는 진공 유리관에 넣어서 봉해졌다. 성냥불을 붙이기 위해서는 유리를 깨고 서둘러 불을 붙여야 했다. 왜냐하면 종이가 매우 짧은 시간 동안만 타고 있었기 때문이다. 프랑스 성냥은 공기 같았을 뿐만 아니라 단명했다.

이때 존 워커가 등장했다. 1826년 어느 날, 약제상을 경영하던 존 워커는 실험실에서 새로운 폭발물을 개발하고 있었다. 나뭇가지로 화학 혼합물을 젓던 그는 눈물 모양의 방울이 나뭇가지 끝에 말라붙어 있는 것을 보았다. 이것을 빨리 떼내기 위해 그는 실험실의 돌바닥에 대고 문질렀다. 나뭇가지는 불이 붙었고 마찰성냥은 불꽃 속에서 우연히 탄생한 것이다.

워커의 저널에 따르면 나뭇가지 끝에 있던 방울에는 인이 아니라 황화안티몬, 염소산칼륨, 고무, 그리고 녹말이 들어 있었다. 존 워커는 3인치짜리 마찰성냥을 만들어 거친 종잇조각 사이에 넣었다가 꺼내어 불을 붙임으로써 친구들을 즐겁게 해주었다.

존 워커가 자기 발명품으로 돈을 벌려고 했는지는 아무도 모른다. 그는 특허도 내지 않았다. 그러나 그가 런던에서 보인 3인치짜리 성냥의 시범을 구경하던 새뮤얼 존스는 이 발명품의 상업적 가능성을 깨닫고 성냥 사업을 시작했다. 존스는 자신의 성냥을 '루시퍼Lucifers'라고 불렀다. 런던 사람들은 성냥을 무척 좋아했고, 기록에 따르면 성냥이 생기고 나서부터 모든 종류의 담배 소비가 크게 증가했다.

처음 나온 성냥은 폭죽 같은 불꽃과 역한 냄새를 풍겼고 성냥갑에는 다음과 같은 경고문이 붙어 있었다.

'가능하면 가스를 들이마시지 마시오. 폐가 약한 사람은 루시퍼를 절대로 사용하지 마시오.'

당시 사람들은 담배가 아니라 성냥이 건강에 해롭다고 믿었다.

프랑스 사람들은 영국제 루시퍼의 냄새가 너무 역겹다고 느꼈다. 1830년 파리의 화학자 샤를 소리아 박사가 인을 기초로 한 인화합물을 재구성해 성냥의 냄새를 없애고 연소 시간을 늘렸다. 그러나 뜻하지 않게 인중독성 괴저phossy jaw라고 알려진 치명적인 유행성 질병이 생겼다. 인 성냥은 대량으로 제조되었고, 수백 명의 공장 노동자들이 신체의 뼈 부분, 특히 턱뼈가 녹아 내리는 인중독성 괴저로 고통받았다. 성냥 머리 부분을 입에 넣었던 아기들은 유아 골격 기형이 생겼다. 한 갑 분량의 성냥개비 머리에서 떼어낸 인은 자살이나 살인을 하기에 충분한 양이었다. 자살과 살인 사건이 보고된 적도 있었다.

직업병으로서 인중독성 괴저는 1911년에 다이아몬드 성냥회사에서 비독성 성냥을 개발할 때까지 영국과 미국의 공장 노동자들을 괴롭혔다. 이것에 사용된 무해한 화학물질은 삼이황화물이었다. 그리고 인도주의적인 제스처로 다이아몬드 성냥회사는 특허권을 포기하여 경쟁사들도 비독성 성냥을 생산하게 했다. 이로 인해 다이아몬드 사는 태프트 대통령으로부터 공개적인 찬사를 들었다. 이 회사는 나중에 직업병을 근절한 공로로 권위 있는 상을 수상했다.

다이아몬드 성냥은 또 다른 돌파구를 마련했다. 프랑스의 인 성냥은 조금만 마찰을 가해도 불이 붙어서 수많은 돌발 화재를 야기시켰다. 영국, 프랑스, 미국에서 발생한 많은 화재는 밤에 쥐들이 성냥개비 머리를 갉아서 발생한 것이었다. 다이아몬드 사의 제조법은 성냥의 점화 포인트를 100도 이상 높였다. 실험을 해본 결과 쥐들은 아무리 배가 고파도 비독성 성냥에 더 이상 매력을 느끼지 않았다.

안전성냥　독일의 화학 교수 안톤 슈뢰터가 1855년에 발명한 안전성냥은 한 가지 중요한 점에서 당시의 다른 성냥들과 달랐다. 이 성냥은 가연 성분

성냥공장에서 일하는 여성들.

(여전히 독성이 있는) 일부가 성냥개비 머리 부분에, 또 다른 일부가 성냥갑 표면에 있었다.

초기 성냥 제조업자들의 주된 관심사는 우발적인 화재를 막는 것이었다. 그러나 1892년에 펜실베이니아주 리마 출신의 변호사 조슈아 퍼시가 종이성냥이라는 편리한 상품을 발명했을 때 그는 주의사항을 뻔뻔스럽게 무시하고 말았다. 퍼시의 종이성냥갑에는 50개의 성냥이 들어 있었고 성냥을 긋는 표면이 덮개 안에 있었다. 그래서 스파크가 자주 일어나 다른 성냥에까지 불이 붙었다. 3년 후 다이아몬드 성냥회사에서는 퍼시의 특허를 사서 성냥을 긋는 표면을 성냥갑 밖으로 옮겼는데 이 디자인은 그 후 100년 동안 유지되었다. 종이성냥 제조는 어느 주조회사가 자신의 상품을 선전하기 위해 5만 개의 종이성냥을 주문하면서 대량사업으로 발전했다. 그전에는 손으로 인을 찍어 말리고, 이것을 조합하고, 성냥갑에 붙였으나 주문량이 너무 많아 성냥을 대량 생산할 수 있는 기계를 만들어야 했다.

주조회사의 주문으로 인해 성냥갑 표지에 광고를 하는 풍습도 생겨났다. 콤팩트하고, 값도 싸고, 외국에는 거의 없기 때문에 종이성냥은 광고의 영역에도 이용되었다. 1940년대의 미군 심리전 분과에서는 사기를 진작시키는 메시지를 종이성냥에 담아 제2차 세계 대전 초기에 독일, 일본, 이탈리아에 점령당한 나라들에 보냈다. 표지에 미얀마어, 중국어, 그리스어, 프랑스어, 스페인어, 네덜란드어, 이탈리아어, 영어로 메시지가 적힌 종이성냥갑 수백만 개가 연합군 비행기에 의해 적군의 전선 후방에 투하되었다. 그리고 필리핀을 침공하기 전에 원주민들 사기가 최악으로 떨어졌을 때 미군 비행기는 다음과 같은 약속을 담은 수백만 개의 성냥갑을 뿌렸다.

'나는 돌아올 것입니다. - 더글러스 맥아더'

 ### 블렌더 : 1922년, 위스콘신주 러신

일설에 따르면 1930년대에 '펜실베이니안'이라는 악단을 이끌었던 유명한 프레드 웨어링이 목 염증을 가라앉히기 위해 과일과 채소를 갈아 액체로 만드는 믹서를 발명했다고 한다.

이 이야기가 전적으로 맞다고는 할 수 없지만 그가 웨어링 블렌더라는 음식 액화기를 개발하고 판매하는 데 재정적인 후원을 한 것은 사실이다. 그는 웨어링 블렌더의 철자를 'Blendor'라고 씀으로써 경쟁 제품과 차별화시켜야 된다고 주장했다. 1930년대에 미국 대중이 새로 나온 독특한 믹서기에 친숙해진 것은 웨어링 믹서 회사의 판촉 노력 덕분이었다.

믹서를 실제로 발명한 사람은 위스콘신주 러신 출신의 폴란드계 미국인 스티븐 포플라브스키였다. 그는 어릴 때부터 음료를 섞는 도구를 만드는 데 강한 관심을 보여왔다. 웨어링의 믹서가 다이키리 칵테일을 만들 목적이었다면 포플라브스키의 믹서는 그가 좋아하는 몰트 밀크 셰이크를 만들기 위해 고안되었다.

7년의 실험 끝에 1922년에 포플라브스키는 믹서 특허를 냈다. 그는 '컵 밑에 진동기가 부착된' 최초의 믹서이며 '컵을 밑받침에 놓기만 하면' 몰트를 믹스하는 기계라고 적었다.

프레드 웨어링이 바텐더를 겨냥해서 믹서를 판매했다면 스티븐 포플라브스키는 그의 믹서가 미국의 모든 소다 판매기 가운데 뒤에 자리 잡는 꿈을 꾸었다. 그리고 포플라브스키의 고향 러신은 완벽한 장소였다. 소다수 판매기에서 만드는 파우더 몰트의 최대 제조원인 홀릭 사의 본사가 거기 있었기 때문이다. 1953년에 특허 소송이 걸리고 그의 회사가 오스터 제작회사에 넘어갔을 때 포플라브스키는 이렇게 증언했다. '1922년 믹서를 고안할 때 나는 과일과 채소를 분해하는 용도로 고안하지는 않았다.'

프레드 웨어링이 믹서 세계에 등장한 경위를 보자.

실제로 그가 믹서에 관심을 가진 것은 음식을 갈기 위해서가 아니라 자기가 좋아하는 다이키리 칵테일을 만들기 위해서였다. 사실 1930년대에 29달러 95센트에 팔린 웨어링 블렌더는 주로 바텐더를 겨냥한 상품이었다.

1936년 여름 오후 웨어링과 그의 펜실베이니안 악단이 맨해튼의 밴더빌트 극장에서 포드 라디오 방송을 끝마쳤을 때 친구 한 사람이 포플라브스키의 믹서를 손수 작동해 보였다. 그는 이 기계가 전국의 모든 바에 없어서는 안 될 기계가 될 것이라는 주장까지 했다. 그리고 프레드 웨어링의 재정적인 뒷받침을 구했고 웨어링은 쾌히 승낙했다.

믹서는 다시 고안되고 새로운 이름이 붙여져서 1936년 시카고 가구 시장에서 열린 전국 식당 쇼에서 웨어링 블렌더로 데뷔했다. 다이키리와 얼음을 넣은 다른 바 음료를 쉽고 빠르게 섞을 수 있는 기계로 소개되고 여러 가지 음료 샘플도 제공하자 웨어링의 기계는 스티븐 포플라브스키의 몰트 밀크 머신보다 훨씬 더 많은 관심을 모았다.

웨어링 믹서는 론 리코 럼 회사에서 믹서로 만드는 이국적인 럼 음료를 바텐더와 일반 가정에 홍보하는 전국적인 광고를 시작했을 때 미국인들의 눈길을 사로잡게 되었다. 아이러니하게도 1950년대 초까지는 믹서가 가정과 바, 그리고 레스토랑에서 너무나 확고하게 자리 잡아서 이것을 부엌에서 사용하는(케이크 믹스, 퓌레, 소스를 만드는) 도구로 판매하려고 했을 때는 엄청난 실패를 하고 말았다. 가정주부들을 재교육시키기 위해서 프레드 웨어링은 직접 순회에 나섰다. 자기의 믹서가 홀란데이즈 소스나 마요네즈를 만드는 데 유용하게 사용될 수 있음을 시범 보였다. 그러나 대중은 여전히 다이키리를 원했다.

주부들을 유혹하려고 마음먹은 웨어링 회사는 1955년에 디자이너가 고안한 색을 넣어 믹서를 만들었다. 1956년에는 얼음 분쇄기를 덧붙이고 1957년에는 커피 가는 기계를 덧붙였다. 다음 해에는 타이머를 부착했다. 판매가 증가하기 시작했고 동시에 경쟁도 치열해졌다.

오스터 회사는 모든 식사를 믹서로 만드는 '스핀 쿠커리' 프로그램을 시작했다. 이들은 소매점에 스핀 쿠커리 학교를 열고 가정주부들에게 '조운 오스터 조리법'을 우편으로 보냈다.

1950년대 후반에 '버튼 전쟁'으로 알려진 산업 전쟁이 터졌다.

처음 나온 믹서에는 '저속'과 '고속'의 두 가지 속도만 있었는데 오스터는 거기에 '중간' '정지'를 추가하여 조절 장치를 네 개로 늘렸다. 경쟁사에서는 '다지기' '갈기'를 도입했고 다른 회사에서는 '자르기' '액체로 만들기'를 추가했다. 또 다른 회사에서는 '휘젓기'와 '퓌레'를 추가했다. 1965년에 오스터는 여덟 개의 버튼이 달린 믹서를 자랑스럽게 내놓았다. 다음 해에 웨어링은 아홉 개의 버튼이 달린 믹서를 내놓았다. 한동안 믹서가 부엌에서 할 수 있는 모든 일을 처리할 수 있는 것처럼 보였다. 1968년에 주부들은 버튼이 열다섯 개 달린 믹서를 살 수 있었다. 그러나 많은 믹서 업계 관계자들은 대부분의 믹서 소비자들이 단 세 개의 속도저속, 중간, 고속만 사용한다고 자기들끼리 있을 때는 인정하고 있었다. 그럼에도 불구하고 경쟁의 열기는 믹서를 하나의 위신의 상징으로 만들고 말았다. 1948년에는 미국인들이 21만 5,000개의 믹서를 평균 38달러에 구입했으나 1970년에는 무려 1억 2,750만 개의 믹서를 평균 25달러에 구입했다.

알루미늄 포일 : 1947년, 켄터키주 루이빌

부엌에서 쓰는 알루미늄 랩은 담배와 딱딱한 캔디를 습기로부터 보호하기 위해 개발됐다.

1903년에 리처드 S. 레이놀즈가 삼촌인 담배왕 R. J. 레이놀즈 밑에 들어가서 일할 당시 담배와 연초는 습기를 막기 위해 얇은 양철과 납의 합금판으로 감싸여 있었다. 이 포일foil 기술을 익힌 리처드는 1919년 켄터키주 루이빌에 U. S. 포일이라는 회사를 차려서 담배 공장뿐 아니라 밀랍을 입힌 종이보다 포일이 방습이 더 잘 된다는 것을 알게 된 제과업자에게도 양철납 합금 랩을 공급했다. 알루미늄(아직 나온 지 얼마 안 되고 검증이 안 된 금속이었다) 값이 1920년대 후반에 떨어지기 시작했을 때, 리처드 레이놀즈는 이것을 담배와 캔디 포장지로 이용할 생각을 했다.

레이놀즈는 가볍고 부식이 없는 알루미늄의 미래가 밝다고 생각했다. 그리고 '레이놀즈 금속'이라는 이름으로 확장된 그의 회사는 곧 각 가정에 최초로 만든 알루미늄 벽면과 창문, 알루미늄 그릇, 알루미늄 냄비, 팬, 식기 등 멋진 물건들을 공급하기 시작했다. 그러나 대부분의 미국인들에게 알루미늄의 이점을 알게 해준 물건은 1947년에 만든 비약적인 발명품이었다. 이 발명품은 그가 20년 이상 알루미늄 포장재를 개발하면서 얻은 기술적 노하우의 결과인 0.0007인치 두께의 알루미늄 포일이었다.

가볍고, 녹슬지 않고, 무독성이고, 심지어 종이처럼 얇은 이 제품은 열전도율이 높고, 습기를 막아주며, 음식을 냉장할 때는 냄새와 빛을 막아주었다. 가정용품을 연구하는 역사가들은 알루미늄 포일처럼 미국 가정에 빨리 그리고 좋은 반응으로 받아들여진 제품은 일찍이 없었다고 주장한다. 놀라운 속성을 지닌 포일은 미국인들로 하여금 모든 다른 종류의 알루미늄 제품을 받아들이게 한 일등공신이었다.

알루미늄은 오늘날 우주 프로그램, 의료, 건축, 통신, 청량음료와 통조림 산업 등 거의 상상할 수 없을 만큼 다용도로 이용된다. 인류의 기술 발전을 각 시대에 주로 사용했던 금속으로 분류하는 과학의 전통을 생각해보면, 철기 시대와 청동기 시대의 예에서 볼 수 있듯이 몇 세기 후의 고고학자들은 오늘날의 시대를 1950년대쯤에 북미인들이 음식을 보존하는 데 포일을 사용하면서 시작된 알루미늄 시대라고 이름 붙이지 않을까 싶다.

 깡통 따개 : 1858년, 코네티컷주 워터베리

철제 깡통이 만들어진 후 거의 반세기가 지나서야 제대로 된 깡통 따개가 나왔다는 사실은 믿기 어려울 것이다.

50년 동안 사람들은 깡통을 어떻게 땄을까?

처음에 깡통은 '양철 상자'라고 불렸다. 1810년에 영국 상인 피터 듀란드가 개발하여 정부 계약을 통해 왕립 해군에게 식품을 배급하는 데 사용되었다.

깡통은 음식 보존의 수단으로 미국에는 1817년에 이미 도입되었지만 1861년까지는 거의 사람들의 이목을 끌지 못했다. 그러나 남북전쟁은 군량을 오래 보존할 필요를 야기시켰고, 1812년에 영국에서 전쟁 때문에 통조림이 인기를 끌었듯이 미국에서도 통조림이 인기를 끌게 되었다. 1895년 무렵에는 미국의 식료품점 진열대에서 통조림을 흔히 볼 수 있게 되었다.

피터 듀란드는 기막힌 재주를 발휘해 통조림을 고안하기는 했지만 통조림 따는 법에 대한 니즈는 완전히 무시했다. 1812년도에 영국 군인들은 총검, 주머니칼, 또는 그것도 안 될 때는 총으로 쏴서 통조림 깡통을 열었다. 1824년에 영국 탐험가 윌리엄 패리가 북극 탐험 때 가져간 통조림에는 다음과 같은 안내문이 적혀 있었다.

'끌이나 망치로 뚜껑 주위를 자를 것'

몇몇 전쟁 역사가들은 프랑스의 바욘이라는 도시의 대장장이가 처음 고안해낸 총검이, 사실은 무기가 아니라 깡통 따개로 고안된 것이라고 진지하게 주장한다.

1800년대 초에 뉴올리언스에 미국 최초의 통조림 공장을 세운 영국인 윌리엄 언더우드도 자사 제품을 딸 수 있는 특별한 장치를 만들 필요를 느끼지 못했다. 그의 충고는 당시에 널리 알려진 방법이었는데, 집에 있는 도구를 아무거나 사용하라는 것이었다.

그러나 이렇게 신경을 쓰지 못한 것은 미국이나 유럽 사람들이 모두 멍청했기 때문만은 아니었다. 사실 최초에 만들어진 깡통은 크고, 두껍고, 많은 경우 쇠로 만들어져 있어서 담겨 있는 음식보다 무거울 때도 있었다. 윌리엄 패리 경의 사슴고기 통조림 깡통은 속에 아무것도 들지 않았을 때의 무게가 1파운드약 454그램 이상이었다. 1850년대 후반에 뚜껑 주위에 테두리가 달린 더 얇은 깡통이 널리 쓰이고 나서야 깡통 따개가 간단한 도구로 고안될 수 있었다.

최초로 특허를 얻은 깡통 따개는 (집에서 쓰는 도구나 무기가 아닌) 1858년에 코네티컷의 워터베리에 사는 에즈라 워너가 발명했다. 이것은 여전히 투박하고 사용하기 불편한 도구였다. 총검과 낫이 반반씩 섞인 모양의 따개는 커다란 커브의 날을 깡통의 가장자리에 박고 둘레를 따라 힘을 주어 작동하여야만 했다. 실수를 하는 날이면 약간 아픈 정도가 아니었다. 이미 자기들 나름의 깡통 따는 기술에 익숙해 있던 미국 가정에서는 워너의 발명품을 거들떠보지도 않았다. 남북전쟁 기간 동안 미군들이 깡통 따개로 사용했던 덕분에 겨우 명맥을 유지할 수 있었을 뿐이다.

오늘날 우리가 알고 있는 깡통 따개(깡통 주위를 굴러가는 바퀴 달린 날)는 윌리엄 라이먼이라는 미국 발명가의 작품이었다. 그는 1870년에 특허를 냈다. 개념과 디자인 면에서 혁신적인 이 제품은 즉시 찬사를 받았고 오랜 시간이 지나는 동안 딱 한 가지 주요한 변화를 거쳤다. 1925년에 샌프란시스코의 스타 깡통 따개 회사는 톱니가 달린 바퀴를 (깡통이 처음으로 바퀴를 따라 돌아갔으므로 공급 바퀴라고 불린) 추가함으로써 라이만의 장치에 변화를 주었다. 이 기본 원리는 오늘날에도 쓰이고 있으며, 1931년에 처음 소개된 전기 깡통 따개의 기본이 되었다.

 ## 보온병 : 1892년, 영국

진공 보온병은 뜨거운 커피나 차가운 레모네이드의 온도를 유지하기 위해서가 아니라 실험실의 가스를 보존하기 위해 개발되었다. 19세기에는 실험 도구로 쓰이던 것이 20세기에 가정용품으로 쓰이게 된 것이다.

1890년대에 '듀어의 플라스크'라고 불린 이 도구는 영국 물리학자 제임스 듀어 경이 발명했는데, 그는 이것의 특허를 내지 않았다. 그는 자신의 발명품을 과학계에 바치는 선물이라고 생각했다(그가 만든 원제품은 런던 왕립 연구소에 전시되어 있다). 오늘날의 진공 보온병처럼 원리는 간단하지만 이것을 만드는 데는 무려 200년이 걸렸다.

진공이 단열 효과가 있다는 사실은 1643년에 이탈리아 물리학자 에반젤리스타 토리첼리가 온도계의 전신인 수은 기압계를 만들 때 이미 알아냈다. 보온병을 처음 만들 때의 문제점은 일단 만든 진공 상태를 유지하는 것과, 내벽과 외벽 사이에 있는 모든 접합점을 비전도 물질(17세기 전반에는 유럽인들에게 거의 알려지지 않았던 고무 같은 물질)로 봉하는 것이었다.

1892년에 제임스 듀어는 진공 상태의 공간을 내벽과 외벽의 유리로 단절시킨 용기를 만들었다. 방사로 인한 열전도를 확실히 막기 위해 그는 내벽에 은을 입혔다. 과학자들은 백신과 혈청을 일정 온도에 보관하기 위해 듀어의 플라스크를 사용했고 진귀한 열대어를 운반할 때도 사용했다. 듀어가 영국 과학계에 선물한 것이 그의 독일인 조수에게는 횡재 수단이 되었다.

실험실용 진공 플라스크는 유리 과학 기재를 전문으로 만드는 베를린 회사에서 일하는 라인홀트 부르거라는 전문 유리 제조자가 듀어를 위해 만들었다. 그는 또 진공병이 널리 상업적으로 이용될 수 있음을 깨달았다. 그는 섬세한 유리벽을 보호하기 위해 철제로 겉을 싼(듀어의 모델에는 없는) 작은 가정용 모델을 만들어 1903년에 독일 특허를 획득했다. 그 플라스크의 이름도 붙이고 동시에 광고 효과도 노렸던 부르거는, 가장 상상력 있는 제안에 대해 상금을 주겠다며 콘테스트를 열었다. 상금을 받은 제안은 그리스어로 '열'이라는 뜻인 '서모Thermo'였다.

1906년에 베를린을 여행하던 미국인 사업가 윌리엄 워커는 보온병을 보고 깊은 인상을 받아 석 달 안에 미국에 수입했다. 보온병이 야영하는 사람들, 사냥꾼, 가정주부들에게 너무 잘 팔리자 워커는 독일 특허권을 사서 뉴욕에 아메리카 보온병 회사라는 제조 공장을 차렸다. 쿼트1/4갤런 크기의 보온병은 7달러 50센트, 파인트1/8갤런 크기는 5달러에 팔았다.

산업계의 지도자들은 보온병이 그렇게 빨리 보급된 이유는 역사상 위대한 사람들이 사용해보고 찬사를 아끼지 않았기 때문이라고 말한다. 윌리엄 태프트 대통령은 백악관에서 썼으며, 어네스트 섀클턴 경은 남극에 갈 때 가지고 갔다. 로버트 피어리 중위는 북극에 가지고 갔고, 에드먼드 힐러리 경은 에베레스트산에 가지고 갔다. 보온병은 라이트 형제의 비행기와 제플린 백작의 비행선에도 있었다. 유명 인사의 손에 들려 사진이 찍히고, 탐험에 관한 신문과 잡지 기사에 거의 빠짐없이 언급된 덕분에 보온병은 꽤 짧은 시간 안에 엄청난 호평을 받게 되었다. 그리고 미국 대중들의 기준에서 만일 보온병이 지구 끝까지 가져가도 좋을 만큼 믿을 수 있는 것이라면, 소풍에 수프 정도야 충분히 따뜻하게 유지할 수 있는 것이었다.

당시 '서모'라는 단어는 특허 상표였다. 경쟁사들이 벌인 오랜 법정 싸움 끝에 미국 법정에서 '서모라는 말은 이제 영어에서 일반적인 용어가 되었다'고 판결을 내린 1970년 7월까지는 아무나 사용할 수 없었다.

 토스터 : 1910년, 미국

기원전 2600년 무렵에 이집트인들이 처음으로 빵을 굽기 시작한 이래 인간은 토스트를 먹어왔다. 그러나 이집트인들은 오늘날 우리가 빵을 굽는 이유와는 좀 다른 이유로 빵을 굽기 시작했다. 그들은 맛이나 감촉을 변화시키기 위해서가 아니라 오래 보존하기 위해 습기를 제거할 의도로 빵을 구웠나. 구운 빵은 곰팡이나 포자가 적어서 이집트인들의 부엌 선반에서 더 오랫동안 보존할 수 있었던 것이다.

4,000년 이상 동안 전 세계 사람들은 이집트인들이 그랬듯이 빵을 구워왔다. 꼬챙이에다 걸쳐서 불 위에 구웠다. 18세기 영국인들과 미국인들이 '토스터'라고 불렀던 도구도 손잡이가 긴 포크 두 개를 조잡하게 연결하고 가운데에 밀가루 반죽을 끼워 불 위에 굽는 것에 불과했다. 화로의 열기가

화덕에서 빵을 굽는 중세 사람들. 화덕에 불을 피우지 않고도 토스트를 굽는 것은 20세기 들어서야 가능해졌다.

일정하지 않았으므로 구워지는 정도도 일정하지 않았다.

빵 굽는 기술의 혁명으로 일컫는 19세기에 새로 도입된 도구도 빵이 제각각으로 구워지는 것은 개선하지 못했다. 토스터 오븐이라고 이름 붙여진 이 기계는, 미국에서 고정적으로 생산된 최초의 토스터였다. 양철과 철사로 만든 틀 모양의 이 기계는 석탄을 때는 스토브 위에 올려놓게 되어 있었고, 중간으로 약간 기울어지게 네 조각의 빵을 놓게 되어 있었다. 불에서 올라오는 열기가 서서히 빵의 한쪽을 굽는 동안 계속 지켜보다 빵을 뒤집어주어야 했다.

전기 토스터는 20세기에 등장했다. 덮개도 없이 골조만 있어서 철사 구조물이 훤히 들여다보였다. 열 조절 장치도 없어서 빵을 구울 때 순간순간 지켜보아야 하는 점은 달라지지 않았다. 그러나 전기 토스터의 큰 장점은 화덕 전체에 불을 피우지 않고도 하루 중 아무 때나 한 조각의 빵을 맛볼 수 있다는 점이었다. 1910년 여름에 웨스팅하우스는 자사의 전기 토스터 모델을 「새터데이 이브닝 포스트」에 광고하면서 이런 특징을 특히 강조했다.

'부엌에 가지 않고도 아침 식사를 만들 수 있습니다! 낮이나 밤이나 언제든지 사용할 수 있습니다.'

그 카피는 그냥 토스터를 소켓에 꽂기만 하면 집에 있는 어느 방에서나 토스트를 만들 수 있다는 것을 약속했다. 이런 사치는 곧 유행이 되었다. 많은 부유층 가정들은 침실마다 토스터를 설치했다. 8달러 95센트에 팔렸던 이 신분의 상징은 빵을 구울 때면 여전히 지켜보아야만 했고 손으로 뒤집어야 했다.

팝업 토스터(자동으로 빵이 튀어나오는 토스터) 이 편리한 기구는 제1차 세계 대전 중에 미네소타주 스틸워터에 있는 한 공장에서 찰스 스트라이트라는 기술자가 회사 식당에서 주는 타버린 토스트를 해결해야겠다고 결심하면서 처음 만들어졌다. 사람이 계속 지켜볼 필요가 없게 만들기 위해 스트라이트는 스프링과 가변 타이머를 설치했다. 그는 1919년 5월 29일 팝업 토스터 특허를 신청했다.

친구들의 재정 후원을 받으면서 그는 최초로 만들어지는 100개의 수제 토스터 생산 과정을 감독했다. 이 토스터들은 차일즈 식당 체인에 수송되었다. 그런데 이 토스터들은 모두 기계적인 조절 장치의 보완이 필요해 반품되고 말았다. 그러나 대량으로 토스트를 파는 차일즈 식당은 빵이 저절로 튀어나오는 원리가 마음에 들어, 스트라이트가 발명품의 문제점을 고칠 때까지 참을성 있게 기다려 주었다.

최초의 가정용 토스터인 '토스트 마스터'는 1926년에 등장했다. 이 토스터기에는 굽는 정도를 조절할 수 있는 타이머가 붙어 있었다. 그리고 원한 만큼 구워진 토스트는 자동으로 튀어나왔다. 이 기계는 너무나 많은 사람들의 관심을 불러일으켜서 1927년 3월은 '전국 토스터의 달'로 지정될 정도였다. 「새터데이 이브닝 포스트」 3월 5일자에 실린 광고는 이렇게 약속했다.

'이 놀라운 새로운 발명품은 언제든지 완벽한 토스트를 만들 수 있습니다! 지켜보

지 않아도 됩니다! 뒤집지 않아도 됩니다! 타지 않습니다!'

물론 이 약속이 100% 맞는 것은 아니었다.

기계의 전체적인 작동 온도는 토스트를 구울 때마다 점점 뜨거워졌다. 처음에 굽는 빵은 토스트 마스터가 가장 차가운 상태이므로 덜 구워져 나왔다. 두 번째와 세 번째 빵은 대개 원하는 만큼 구워졌다. 네 번째와 그 후의 빵은 점점 새까매졌다. 설명서에는 작은 글씨로 토스터를 달구기 위해 처음에는 빵을 넣지 말고 작동시킬 것을 권했으며, 나중에는 토스터를 약간 식히라고 충고했다. 이런 부족한 점들을 기술자들이 하나하나 해결함으로써 자동 토스터의 꿈이 실현된 것이다.

휘슬 주전자 : 1921년, 독일

찻주전자는 휘슬과 마찬가지로 원시 시대에 사용되었던 물건이다. 고고학자들은 마야 유적에서 여러 개의 휘슬 주둥이가 달린 2,000년 된 질그릇을 발굴했다. 물을 한쪽 구멍으로 따르면 다른 구멍에서는 약하고 가는 휘파람 소리가 났다. 이것이 역사상 최초의 휘슬 주전자인지는 확실히 알 수 없다.

역사적 기록으로는 뉴욕 출신의 은퇴한 조리기기 회사 중역인 조셉 블록이 1921년에 독일의 찻주전자 공장을 견학하다가 휘슬 주전자 아이디어를 생각해낸 것으로 되어 있다.

뉴욕에서 자라난 블록은 요리가 끝나면 휘파람 소리를 내는 압력 감자찜통을 보았다. 수십 년 후 독일의 웨스트팔리아의 주전자 공장에서 이 기억이 순간적으로 블록의 마음에서 되살아났고 변형물을 생각나게 한 것이다. 이 아이디어에 이끌린 독일 공장에서는 36개의 휘슬 주전자를 생산했다. 이것은 베를린에 있는 베르트하임 백화점에서 어느 날 아침 9시에 판매에 들어가서 정오에 다 팔려버렸다.

다음 해에 휘슬 주전자는 시카고 가정용품 전시회에 등장하면서 미국 무대에 데뷔했다. 일주일 동안 계속된 전시회에서 조셉 블록은 적어도 한 개의 전시용 주전자에서 계속 휘파람이 나오도록 했다. 이 소리 때문에 고객들이 다른 전시 코너로 가버렸지만, 많은 사람들은 주전자를 주문한 다음 다른 곳으로 갔다. 뉴욕의 와나메이커에서는 48개의 주전자를 갖다놓았는데, 소리가 나는 이 1달러짜리 신상품이 다른 가정용품 코너에서 사람들을 무더기로 끌어오는 것을 알게 되었다. 은퇴했던 조셉 블록은 다시 사업을 시작했다. 그리고 한 달에 3만 5,000개나 되는 주전자를 전국 백화점에 팔았다.

블록은 자신의 발명품이 미국 부엌에 끼친 공로가 그다지 크지 않다고 스스로 인정을 했지만 휘슬 주전자는 그 소리를 듣기 위해 동작을 멈춘 많은 사람들, 특히 어린이들의 입가에 즐거운 미소를 띠게 했다. 마치 주전자가 소리를 낼 때 미소를 지었던 마야의 어린이들처럼.

 커피포트 : 1800년, 프랑스

커피는 서기 850년에 칼디라는 에티오피아 양치기가 발견한 이래로 사람들이 애호하는 음식(400년 동안 사람들은 커피콩을 씹었다)과 음료가 되어 왔다. 그러나 1800년에 프랑스의 비긴biggin이 생기기까지 커피를 끓일 마땅한 도구가 없었다. 그동안에 커피를 많이 소비하는 나라들에서는 분쇄한 커피를 물에 넣고 그냥 끓인 후 자기들이 만든 필터로 이것을 걸러서 마셨다. 분쇄한 커피 봉지 포장에는 커피를 '냄새가 좋을 때'까지 끓이라고 적혀 있었다. 간단하기는 했지만 비긴은 환영받는 부엌의 도구가 되었다.

19세기 프랑스 약사 데크로아질Descroisilles이 발명한 비긴은 두 개의 날씬한 철제 용기주석, 구리, 또는 백랍으로 만든로 구성되어 있었고 그 사이에 구멍이 있는 판, 즉 필터가 있었다. 1850년 무렵에 프랑스의 제작자들은 최초의 자기 에나멜 비긴을 선보였다.

비긴을 최초로 미국식으로 만든 제품이 1873년에 특허를 얻었다. 방이 하나밖에 없는 실린더에는 뜨거운 물과 커피 가루를 용기 밑바닥까지 압착할 수 있는 필터가 붙어 있었다. 불행하게도 필터가 용기 벽과 꼭 맞지 않는 경우도 많아서 찌꺼기가 둥둥 떠 있는 커피가 만들어지기도 했다. 찌꺼기가 너무 짜증 난 한 여성이 더 나은 커피 제조기를 만들고자 결심하게 되었다.

멜리타 1907년에 독일의 멜리타 벤츠 부인은 비긴같이 생긴 커피포트 사이에 넣을 필터로 최적인 물질을 실험하기 시작했다. 면으로 된 천을 동그랗게 잘라서 포트의 철제 필터에 놓았더니 한동안은 괜찮았지만 금방 천이 찢어졌다. 그녀는 책상에 있는 잉크 흡수지를 잘라서 거의 완벽하고 단단하면서 기공이 많은 종이를 1908년에 만들었다. 그리고 멜리타 필터 시스템을 상용으로 개발하기 시작했다.

당시 미국에서는 모든 종류의 커피포트 판매가 너무나 느렸다. 그래서 제작자들은 1920년대까지 인기를 끌었던 아이디어를 고안해냈다. 그것은 한 가지 기구에 여러 기능을 합쳐놓는 것이었다. 가장 뛰어나고 성공적인 예가 암스트롱 회사에서 만든 퍼커 토스터Perc-O-Toaster였다. 그 기계는 빵도 굽고 와플도 굽고 커피도 끓였다. 그러나 미국인들의 사랑을 가장 많이 받았던 것은 퍼컬레이터percolator 부분이었고, 20세기 전반기에 다른 모든 타입의 커피포트를 제치고 시장을 독점했던 기계는 퍼컬레이터였다.

일회용 종이컵 : 1908년, 뉴잉글랜드

일회용 식수컵과 개인용 아이스크림 용기로 너무나 요긴한 작은 종이컵은 어떤 남자가 전혀 다른 제품을 팔려고 애쓰다가 생겨났다. 그가 팔려던 제품은 생수였다. 1센트짜리 생수는 끝내 인기를 얻지 못했지만 이 물을 담기 위해 특별히 고안된 일회용 컵은 하나의 산업으로 발전했다.

종이컵 이야기는 1908년부터 시작된다. 야심만만한 휴 무어는 차가운 생수를 판매할 수 있는 자기로 만든 판매기를 생산했다. 오늘날 사무실에서 볼 수 있는 유리 탱크 쿨러와 비슷하게 생긴 무어의 페니 물 판매기는 3단으로 구성되었다. 상층부는 얼음, 중간은 물, 그리고 하단부는 버리는 컵을 담는 곳이었다. 기계마다 한 번 쓴 위생컵은 재사용하지 않는다는 안내문이 붙어 있었다. 판매되는 것은 물이었고 컵은 부수적인 것이었다.

뉴욕에 있는 주점반대연맹에서는 즉각적으로 무어의 물 판매기를 옹호하고 나섰다. 연맹에서는 매일 수천 명의 목마른 남자들이 단지 한 잔의 물을 마시기 위해 어쩔 수 없이 술집에 들어가 '무서운 유혹'을 만나게 된다는 광고를 실었다. 거리의 모퉁이마다 물 판매기를 설치하면 술을 끊는 데 도움이 될 것이라는 판단이었다.

물 판매기 몇 대가 뉴욕시 전차역에 설치되었으나 아무도 무어의 물을 사먹지 않았다. 낙심한 무어는 자신이 최근에 설립한 뉴잉글랜드의 미국 급수회사를 살릴 수 있을지 우려하게 되었다.

기회는 공공 위생관 새뮤얼 크럼바인 박사의 도움으로 찾아왔다. 당시 사람들은 공공장소에서 주석으로 만든 꼭지를 통해 물을 마셨다. 이 꼭지는 세척도, 소독도 하지 않았으며 병든 사람이나 건강한 사람 가릴 것 없이 누구나 사용했다. 크럼바인 박사는 진작부터 공공 수도꼭지 금지법을 강력하게 주장해온 터였다. 기업가 무어와 대중의 건강을 염려하는 크럼바인은 서로 도울 수 있었다. 일회용 컵이 사용될 수 있는 조그만 기회가 온 것이었다.

재정적 후원은 하늘의 별 따기만큼 어려웠다. 무어가 접근한 모든 사람은 일회용 컵으로 돈을 번다는 생각에 콧방귀를 뀌었고 대부분의 사람들은 공공 수도꼭지가 건강을 해칠 수 있다는 생각을 믿지 않았다. 다행히도 무어는 오랫동안 식수 꼭지를 무서워하던 뉴욕의 돈 많은 은행가를 만나게 되었고, 그는 즉시 20만 달러를 투자했다. 1909년 어느 날, 거의 하룻밤 사이에 뉴잉글랜드의 미국 급수회사는 공공 컵 판매회사로 다시 태어났다.

회사가 성공할 수 있는 과학적인 분위기는 더할 나위 없이 양호했다. 그해에 캔자스주에서는 '결핵 환자가 마신 컵으로 건강한 사람이 물을 마시면 병이 전염될 수 있다'고 결론 짓고 식수 꼭지를 폐지하는 최초의 주 법안을 통과시켰다. 그리고 라파예트대학의 한 생물학 교수는 공공 수도꼭지에서 채취한 것을 현미경으로 관찰한 뒤 그 속에 엄청난 종류의 균이 있다는 연구 결과를 발표했다.

여러 주가 잇달아서 공동 수도꼭지 사용을 금지하는 법안을 통과시켰고 공공장소에서는 개인용 식수 용기를 사용하도록 권장하기 시작했다. 무어는 다시 회사명을 개인용 식수 컵 회사로 바꾸었다. 철도, 학교, 사무실에서 일회용 컵을 구매하기 시작했고 이제 일회용 컵은 건강의 상징이 되었다. '건강'은 대중들의 입에 오르내리는 말이 되었고 무어는 세 번째로 이름을 바꿔 회사 이름을 '헬스컵'으로 바꾸었다. 무어가 헬스컵이라는 이름에 싫증이 나서 위생적인 냄새가 덜 나는 이름으로 회사 이름을 바꾸지 않았더라면 우리는 오늘날 헬스컵에다 아이스크림을 담아서 먹고 있을지도 모른다.

딕시 컵 휴 무어가 헬스컵을 만들고 있던 같은 건물에 딕시 돌이라는 회사가 있었다. 1919년 어느 날 회사의 참신한 새 이름을 구상하고 있던 무어는 이웃 회사의 간판을 힐끗 보다가 어릴 때 들었던 이야기가 생각났다.

남북전쟁이 일어나기 전 뉴올리언스에서는 10달러짜리 지폐를 딕스dix, 프랑스어로 '10'이라는 뜻라고 불렀다. 강을 오르내리는 배에서 일하는 사람들은 10달러짜리 지폐를 '딕시dixies'라고 불렀고 '딕시를 벌기 위해' 강 하구로 내려간다고 말하곤 했다. 어원학자들은 이렇게 해서 '딕시dixies'라는 말과 남부의 별명인 딕시랜드Dixie Land라는 말이 생겨났다고 믿고 있다.

휴 무어에게 있어서 딕시라는 이름은 그가 원하는 모든 성질을 갖추고 있었다. 이것은 짧고, 인쇄했을 때 균형 잡히게 아름다울 뿐만 아니라, 혀에서 쉽게 굴러나왔다. 무어가 전에 지었던 이름들이 대중의 정서를 이용하여 돈을 벌려고 지어졌다면 딕시 컵 회사라는 이름은 순간의 영감에 의해 지어졌다.

이름의 변화는 아이스크림 산업이 아이스크림 소비를 증가시킬 방도를 찾고 있던 시기와 맞아떨어졌다. 아이스크림은 그동안 대량으로만 판매되었다. 소다수와 캔디바는 혼자 먹을 수 있도록 판매되었지만 아이스크림만은 온 가족이 다 먹을 정도로 큰 포장으로만 판매되었다. 무어의 회사는 납작하고 위로 열 수 있는 뚜껑 원통 주위의 홈에 딱 맞게 만든 2.5온스짜리 컵을 개발했다. 이 컵으로 인해 아이스크림 사업가들과 전 세계 아이스크림 애호가들에게 한 사람이 먹을 수 있는 크기의 아이스크림이 최초로 공급되었다.

휴 무어의 컵과 아이스크림은 이제 떼려야 뗄 수 없는 관계가 되어 1925년에는 어른 아이 할 것 없이 개인용 아이스크림을 주문할 때는 딕시 컵이라는 일반적인 이름으로 주문을 하게 되었다.

파이렉스 : 1915년, 코닝, 뉴욕

현대어의 뿌리를 찾고 있는 어원학자들은 파이렉스pyrex라는 내열유리의 이름이 '벽난로'를 뜻하는 그리스어 '파이라pyra'에서 나왔으며, 제시 리틀턴이 이 말을 자신의 파이렉스에 붙였다고 말한다. 이 주장이 논리적인 것처럼 들리기는 하지만 파이렉스라는 유리의 이름은 '파이pie'라는 단어를 통해 훨씬 더 소박한 근원을 찾아볼 수 있다. 코닝 유리에서 최초로 만든 파이렉스는 9인치짜리 둥근 파이 접시로 만들어졌기 때문이다.

그러나 사실 파이렉스에 얽힌 이야기는 파이가 아니라 케이크에서 시작된다. 1913년 어느 날 아침, 제시 리틀턴 박사는 뉴욕 코닝에 있는 코닝 유리회사의 자기 실험실에 초콜릿케이크를 가지고 출근했다. 그는 동료들에게 케이크를 권했다. 사람들은 먹으면서 맛있다고 했지만 '아침에 웬 케이크?' 하고 의아해했다.

리틀턴은 나중에 다음과 같이 설명했다. '유리그릇에다 요리를 할 수 있다고 했을 때 자네들이 웃었지. 그래서 직접적인 증거를 가져왔지.' 그 전날 밤, 리틀턴은 유리 반죽 그릇의 윗부분을 잘라내고 아내에게 거기다 케이크를 구워달라고 부탁했던 것이다.

부식성이 없고 열처리가 된 유리는 19세기 말 독일에서 개발되어 이미 여러 산업에 응용되고 있었다. 그러나 리틀턴 이전 사람들은 그것을 요리기구로 생각지는 않았다.

코닝은 1916년에 파이렉스 오븐 그릇을 처음으로 세상에 소개했다. 그리고 과학적 회의론자들에게 열처리 유리의 능력을 이해시키기 위해 「내셔널지오그래픽」에다 최초의 광고를 냈다. 유리에다 케이크를 굽는다는 신선한 아이디어가 마음에 든 사람들은 1919년 한 해 동안에 450만 개 이상의 파이렉스 제품을 샀다. 초기 제품이 두껍고, 무겁고, 색이 약간 변하고, 머리카락

같은 내부 균열과 거품 때문에 손상되었는데도 불구하고 말이다.

그러나 요리에는 굽기만 있는 것이 아니었다. 리틀턴은 파이렉스가 조리 기구의 주된 경쟁자가 되려면 스토브의 직접적인 열을 견뎌야 한다는 것을 깨달았다. 기술자들은 급속 공기 냉각, 찬 오일에 담그는 것 등 유리를 강화하는 방법을 10년 이상 실험했다. 수많은 실패 끝에 그들은 유리 자체의 성분을 약간 바꾸는 기술을 개발했다. 끈기 있는 테스트가 몇 달 동안 계속되었는데, 그동안 코닝 과학자들은 유리그릇에다 1만 8,000파운드 이상의 감자를 삶고 튀겨댔다.

마침내 1936년에 코닝은 불에 견디는 파이렉스 제품을 발표했다. 이제 유리그릇이 오븐에서 굽는 것뿐만 아니라 직접 불 위에 놓고 요리하는 데까지 사용될 수 있게 된 것이다. 열처리와 불꽃처리된 그릇의 완성은 더 큰 기술적 도전의 발판을 놓아 도자기 같은 외모와 감촉을 가진 깨지지 않는 식기를 개발하기에 이르렀다. 몇 년 동안의 실험과 수많은 접시를 깨뜨린 끝에 이 제품은 '코렐 웨어corelle ware'라는 이름으로 1970년에 데뷔했다.

 전자레인지 : 1952년, 미국

마이크로파를 이용해 요리하는 것은 정확하게 말하자면 직립 인간인 호모 에렉투스가 150만 년 전에 불을 발견한 이래 처음으로 등장한 완전히 새로운 조리 방법이다. 이런 주장은 마이크로파를 이용한 조리는 불이나 불의 요소가 음식에 직접 닿지 않는다는 사실에 의해 뒷받침된다. 순수한 전자기 에너지가 음식에 있는 수분 분자를 활성화시키고 요리에 필요한 열을 만들어내는 것이다.

마이크로파 에너지를 생산하는 전자 튜브, 즉 마그네트론은 전자레인지가 탄생되기 10여 년 전부터 사용되었다. 이것은 영국 버밍엄대학의 존 랜달

경과 해리 부스 박사의 발명품이었다. 두 과학자의 관심사는 칠면조를 굽는 것이 아니라 나치의 야심을 요리하는 것이었다. 왜냐하면 마그네트론은 제2차 세계 대전 기간 동안 영국의 레이더 방어망의 필수 요소였기 때문이다.

마이크로파의 내부 열로 요리를 한다는 생각은 전쟁이 끝난 뒤에야, 그것도 순전히 우연한 기회에 생겨났다.

1946년 어느 날 레이시온 회사의 기술자인 퍼시 스펜서 박사는 마그네트론 튜브를 테스트하다가 주머니에 넣어둔 초코바를 꺼냈다. 그는 초콜릿이 부드럽고 찐득하게 녹아서 엉망이 된 것을 발견했다. 마이크로파가 열을 발한다는 것을 알고 있던 그는 초코바가 튜브에서 새어 나오는 방사열에 가까이 있지 않았나 하는 생각이 들었다. 그 자신은 아무 열기도 느끼지 못했다. 이것이 너무나 신기해서 더러워진 바지에 신경 쓸 겨를도 없이 그는 옥수수를 사오게 해서 튜브 근처에다 놓았다. 그러자 몇 분 내에 옥수수 알갱이가 익어서 튀기 시작했다.

다음 날 아침 스펜서는 날달걀 12개를 실험실에 가져왔다. 그는 그릇에다 구멍을 뚫고 달걀 한 개를 속에 넣어 구멍을 마그네트론과 일치시켰다. 호기심 많은 동료 한 사람은 너무 가까이 몸을 숙이다가 달걀을 얼굴에 뒤집어쓰고 말았다. 그는 달걀이 속속들이 익었으며 압력 때문에 껍질이 터진 것을 깨달았다. '달걀을 재래식 방법이 아닌 마이크로파로 이렇게 빨리 요리할 수 있다면 다른 음식은 왜 안 되겠는가' 하는 생각을 스펜서는 하게 되었다.

레이시온은 상품으로 전자레인지를 개발하기 시작했다. 그리고 몇 년 내에 레이더레인지를 내놓았다. 이것의 실제 조리 공간은 별로 크지 않았지만 외형은 냉장고만 했다. 레이더레인지는 초소형화 시대가 도래하기 이전에 모든 전자제품이 안고 있던 문제점을 안고 있었다. 제품의 부피는 대부분 진공관, 냉각팬, 해파리처럼 얽힌 전선으로 가득 차 있었다. 몇몇 레이더레인지가 식당에 팔리긴 했지만 소비자 입장에서 볼 때 이 제품은 별로 기억할 만한 가치가 없는 제품이었다.

1952년이 되어서야 가정에서 가정용 전자레인지를 구입하기 시작했다. 타판 회사에서 만든 오븐은 두 개의 조리 속도, 스위치, 21분짜리 타이머가 달려 있었는데 소비자 가격이 무려 1,295달러나 되었다. 이 엄청난 가격에도 불구하고 타판 오븐과 나중에 나온 핫포인트 모델은 1950년내 내내 줄곧 가전제품 전시회에서 전례 없는 인기를 누렸다. 미국 가정의 대부분은 아직 마이크로파로 조리하기를 꺼렸지만 오븐 판매는 해가 갈수록 늘어나서 지금도 상승곡선을 긋고 있다.

 ## 플라스틱 : 1900년, 미국

플라스틱은 처음 나왔을 때 SF영화에 가끔 나오는 소도구처럼 보였다. 플라스틱 여과기는 뜨거운 물에서 비틀리고 꼬였으며 플라스틱 냉장 용기는 찬 곳에 들어가면 깨져버렸다. 또 플라스틱 접시는 햇빛 비치는 부엌에 놓아 두면 녹아서 새고 말았다.

사람들은 플라스틱이 대용품이긴 하지만 형편없는 대용품이라고 불평했다. 어떤 면에서는 맞는 말이었다.

플라스틱은 실제로 상아에 대한 값싼 대용품으로 개발되었다. 미국의 플라스틱 산업은 1868년에 상아가 너무나 부족해서 뉴잉글랜드에서 당구공을 제작하던 사람들이 적절한 대용품을 개발하는 사람에게 1만 달러를 주겠다고 제안하면서 시작되었다. 뉴욕주 올버니 출신의 젊은 인쇄공 존 웨슬리 하이엇은 자신이 셀룰로이드라고 이름 붙이고 1872년에 상표 등록을 한 제품으로 이 상금을 받았다(사실 하이엇은 직접 셀룰로이드를 개발한 것이 아니라 영국 버밍엄대학 교수 알렉산더 파크스에게서 1868년에 특허를 산

것뿐이었다).

1850년 무렵에 파크스 교수는 니트로셀룰로오스라는 화학물질을 가지고 실험을 하고 있었다. 니트로셀룰로오스를 장뇌와 혼합한 결과 그는 새 합성물이 단단하고 유연한 투명 물질이 되었음을 발견하고 이것을 파크사인parkesine이라고 불렀다. 그는 이것을 생산하기 위해 제작자들과 합작했지만 1850년대 초에는 얇고 투명한 플라스틱 필름에 대한 시장이 형성되지 못했다. 하지만 이것은 곧 스틸 사진에 혁명을 일으키고 영화라는 분야를 탄생시키게 되었다. 파크스는 아무짝에도 쓸모없는 신제품의 특허권을 존 하이엇에게 기꺼이 팔아치웠다.

1만 달러의 상금으로 하이엇은 뉴저지주 뉴어크에서 상아를 대체할 당구공을 만들기 시작했다. 그러나 그는 셀룰로이드가 한 가지 상품에만 적용하기에는 너무나 쓸모가 많은 합성물이라는 것을 곧 깨닫게 되었다.

1890년까지 셀룰로이드는 미국에서 유행어가 되었다. 남자들은 '깨끗하게 닦을 수 있는' 셀룰로이드 칼라, 커프스 단추, 셔츠 앞깃을 착용한 채 셀룰로이드 당구공을 쳤다. 여자들은 셀룰로이드 빗, 손거울, 그리고 보석을 자랑스럽게 과시했다. 노인들은 셀룰로이드 의치를 끼기 시작했고, 아이들은 세계 최초의 셀룰로이드 장난감을 가지고 놀기 시작했다. 상아도 그만큼의 인기는 누리지 못했었다.

셀룰로이드는 세계 최초의 플라스틱으로 그 전성기는 두 기념비적인 개발로 인해서 앞당겨졌다. 미국 발명가 조지 이스트먼은 1889년에 자신의 코닥 카메라에 쓸 셀룰로이드 필름을 선보였고, 토머스 에디슨은 영화를 만들 수 있는 재료로 셀룰로이드 필름을 고안했다.

세계 최초의 플라스틱은 실온에서는 완벽하게 기능을 발휘했지만 SF영화의 악몽은 제작자들이 부엌의 고온과 저온에 플라스틱을 적용하면서부터 생겨났다. 그러나 플라스틱의 새로운 돌파구는 지평선 너머에서 기다리고 있었다. 이것은 바로 베이클라이트였고, 베이클라이트는 나일론 스타킹과 타파웨어의 개발로 이어졌다.

베이클라이트 셀룰로이드는 상아 대용품으로 개발되었으나 베이클라이트Bakelite는 고무 대용품으로 고안되었다. 고무를 프라이팬 손잡이에 사용하거나 토스터나 다리미의 전기 플러그 머리 부분에 쓰면 말라버리거나 깨졌기 때문이다. 베이클라이트를 만든 리오 헨드릭 베이클랜드는 '플라스틱의 아버지'로 유명해졌고 현대 플라스틱 산업을 일으킨 장본인으로 인정받고 있다.

1863년에 벨기에에서 태어나 겐트대학에서 최신 유기화학기술 교육을 받은 베이클랜드는 자신이 손대는 모든 것을 기발하면서도 실용적인 기적의 물질로 만들었다. 뉴욕주 용커스에 정착한 후 그가 처음으로 성공한 것은 강한 햇빛이 아니라 실내에서 인공조명으로 사진 찍는 것을 가능케 한 인화지의 개발이었다. 그는 이 인화지를 1899년에 75만 달러를 받고 코닥 사의 조지 이스트먼에게 팔았고 미국에서 무한한 가능성이 있다는 신념을 더욱 확고히 하게 되었다.

훌륭한 실험실을 집에 갖춘 베이클랜드는 고무 대용품을 찾기 시작했다. 페놀, 포름알데히드, 그리고 염기의 합성물에 관해 적어놓은 1907년의 그의 노트에는 그가 뭔가 특별한 것을 발견했음을 밝히고 있다.

> '노랗고 단단한 고체…… 가능성이 많을 것 같다…… 이 물질을 가지고 조형 물건을 만들 수 있을지 알아볼 필요가 있는 것 같다. 셀룰로이드와 경화 고무의 대용물이 될 수 있을 것 같다.'

나중의 기록에는 또 다음과 같이 적고 있다.

'이번 일은 매우 성공적이다. …… 내가 베이클라이트라고 부르게 될 물질의 특허를
신청해놓았다.'

베이클라이트는 이른바 열경화성 플라스틱열과 압력으로 모양을 만들고 나면 열, 산, 전류를 견디는 강한 합성물질이라고 불리는 일련의 제품의 시작을 알리는 물질이었다. 그리고 이것을 다양한 색깔로 만들 수 있어서 인기가 더욱 높아졌다. 흑색과 흑갈색으로 나온 베이클라이트는 부엌에서 쓰는 팬과 냄비의 손잡이, 전기 플러그의 머리, 그리고 라디오 다이얼에 사용되었다. 그리고 1920년대에는 아르 데코 디자인의 화려하고 유려한 제품과 적절하게 맞아떨어졌다. 산업계에서뿐만 아니라 사회적으로도 유명 인사가 된 리오 헨드릭 베이클랜드는 1924년 9월에 「타임」 표지 인물로 선정됐다. 한때 가정용품 산업에서 미운 오리 새끼 취급을 받던 플라스틱은 이제 귀염둥이가 되었다.

셀룰로이드와 베이클라이트 개발에서 얻은 기술을 통해 새로운 가정용 제품이 쏟아져 나왔다. 매일 쓰는 일상용품모두 합성 중합체은 인류가 처음으로 독창적으로 만들어낸 원료로 만들었다는 점에서 주목할 만하다. 인간이 10만 년 동안이나 자연이 제공한 나무, 바위, 광물을 유용한 도구로 만드는 데 머리를 짜냈다면, 20세기를 시작으로 인간은 자신의 지식을 이용하여 선조들이 몰랐던, 자연에서 구할 수 없는, 그리고 지구 50억 년 역사에서 최초로 만든 중합체라는 분자의 긴 연결고리를 고안해냈다.

등장한 순서대로 기적의 플라스틱과 그 응용제품을 나열해보자.

셀로판, 1912 – 투명한 음식 랩

아세테이트, 1927 – 비누 받침, 화장실용 컵

비닐, 1928 – 테이블클로스, 옷가방, 샤워커튼

플렉시글라스, 1930 – 벽 칸막이, 창문, 보트

아크릴, 1936 – 신상품, 스웨터

멜라민 수지(멜막), 1937 – 식기

스티렌, 1938 – 글라스, 냉장실용 달걀 접시

호마이카, 1938 – 부엌 카운터 표면, 자연산 내열 광물질. 마이카(mica) 대용품

　　　　　　으로 개발됨.

폴리에스테르, 1940 – 옷

나일론, 1940 – 칫솔 손잡이와 솔, 스타킹

 타파웨어 : 1948년, 미국

　발명가 얼 타파가 개발한 타파웨어를 다른 플라스틱 통과 똑같다고 생각한다면 그것은 타파웨어 파티의 떠들썩한 열정과 1942년에 등장한 합성 중합체인 폴리에틸렌의 다목적성을 과소평가하는 것이다. 부드럽고 유연성이 있고 내구성이 아주 강한 타파웨어는 가장 중요한 가정용 플라스틱으로 손꼽힌다.

　폴리에틸렌을 처음 만든 사람은 듀폰 사의 화학자 얼 타파였다(그는 1930년대 이래 플라스딕으로 1파인트짜리 음식물 쓰레기통부터 20갤런짜리 쓰레기통에 이르기까지 모든 것을 만들려는 꿈을 가져왔다). 그는 폴리에틸렌이 가진 중요하고 수익성 높은 미래를 한순간에 움켜잡은 것이다.

　1945년에 그는 첫 번째 폴리에틸렌 상품인 7온스짜리 욕실용 컵을 만들었다. 매듭이 없이 아름답고, 값도 싸고, 절대로 깨지지 않을 것처럼 보이는 특성이 백화점 고객들을 사로잡았다. 1년 후 광고는 '현대 플라스틱 중 가장

선풍을 일으킨 제품'이라고 선언하면서 '라임, 수정, 산딸기, 레몬, 자두와 오렌지, 루비와 호박색의 뿌연 파스텔 빛깔' 타파웨어 컵을 내놓았다.

얼 타파는 다음으로 여러 가지 크기와 혁신적인 덮개를 가진 폴리에틸렌 그릇을 개발했다. 신축성이 있으면서도 꼭 들어맞는 뚜껑은 내부 공기를 몰아내서 진공을 만들었고, 외부 기압은 덮개가 꼭 닫히게 만들었다.

기존에 부엌에서 쓰던 플라스틱 그릇은 단단했지만 타파의 제품은 놀랄 만큼 유연성이 있었다. 모양도 예뻤다. 「아름다운 집House Beautiful」 1947년 10월호는 타파웨어를 특집기사로 다루었다. 제목은 '39센트짜리 예술품'이었다.

발명가이자 훌륭한 사업가이기도 했던 얼 타파는 타파웨어에 부여된 전국적인 광고 기회를 십분 활용했다. 그는 가정에서 세일즈 파티를 열어 타파웨어를 판매하는 전략을 구상했다. 1951년 무렵이 되자 가정에서의 타파웨어 파티는 몇 백만 달러짜리 장사가 되어 있었다. 타파웨어 홈파티라는 회사가 생기면서 소매 판매는 중단되었다. 3년이 채 못 되어 선물을 받는 조건으로 집에서 파티를 열겠다는 주부들에게 파티를 주선해주는 딜러가 9,000곳이나 생겼다. 회사의 1954년 판매액은 2,500만 달러에 달했다.

자신이 창조한 거대한 산업에 만족하면서 얼 타파는 1958년에 사업체를 렉솔 제약회사에 900만 달러에 매각한 후 대중의 눈앞에서 사라졌다. 그 후 그는 코스타리카 시민권을 얻어 살다가 1983년에 세상을 떠났다.

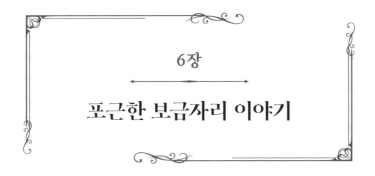

6장

포근한 보금자리 이야기

 중앙난방 : 1세기, 로마

음극선 관이 아니라 벽난로가 가정의 중심이던 시절이 있었다. 텔레비전, 비디오 게임, 가정용 컴퓨터 등 전기 음극선을 사용한 장치들이 현대적 가정과 옛날 가정을 구분하는 특징처럼 보일지 모르지만, 사실 이런 것들이 근본적인 차이를 만들지는 않는다.

현대의 가정과 옛날의 가정을 구분 지을 수 있는 것 중에 두 가지를 들라면, 당연히 조명과 중앙난방이다. 너무나 기본적이고 일상적인 것들이라 이두 가지에 문제가 생기기 전까지는 그 중요성을 잘 인식하지 못한다.

초기 기독교 시대의 로마 기술자들은 최초의 중앙난방 시스템인 하이퍼코스트hypocaust를 개발했다. 스토아 철학자이자 정치가였던 세네카는 이렇게 적고 있다.

'몇몇 원로원의 집에는 부드럽고 고른 열을 집안에 골고루 전달할 수 있는 관이 벽에 묻혀 있다.'

관은 테라코타로 만들어졌고 나무나 석탄을 태워서 생기는 지하실의 열을 전달했다.

그러나 귀족들의 전유물이었던 이 방사열 하이퍼코스트의 안락함은 로마 제국의 멸망과 함께 몇 세기 동안 종적을 감추고 말았다. 암흑시대 동안에 사람들은 불가에 모이거나 짐승의 가죽 또는 천으로 만든 무거운 외투를 뒤집어쓰는 등 원시인들이 사용한 방법으로 온기를 유지했다.

11세기에는 성의 외풍이 센 큰 방들의 중앙에 거대한 벽난로를 만드는 것이 유행했다. 그러나 구조상 열의 80% 정도가 굴뚝을 통해 달아났으므로 사람들은 여전히 불 주위에 모여야 했다. 어떤 벽난로는 불꽃 뒤 몇 피트 떨어진 곳에 진흙과 벽돌로 만든 큰 벽이 있어서 이 벽이 열을 흡수하고 있다가 불기가 죽어가기 시작할 때 열을 다시 방사했다. 그러나 이런 아이디어는 18세기에 이따금 이용되었을 뿐이다.

센강변에 있는 우아한 왕궁 루브르를 난방하기 위해 좀 더 현대적인 장치가 사용된 것은 박물관으로 개조되기 100년도 더 전의 일이었다. 1642년에 프랑스 기술자들은 불을 둘러싼 통로를 통해 실내 온도의 공기를 빨아들여 더워진 공기를 다시 방안으로 내보내는 난방 체계를 루브르의 어느 방에다 설치했다. 계속해서 재사용된 공기는 마침내 아주 탁해졌다. 옥외의 신선한 공기를 빨아들여 데우는 방법을 고안하려면 100년이 더 흘러야 했다.

대부분의 사람들에게 중요한 영향을 끼친 최초의 가정용 난방 혁명은 18세기 유럽에서 산업혁명과 함께 도래했다.

증기 에너지와 증기 열이 사회를 변화시켰다. 제임스 와트가 선구자처럼 증기기관을 실험한 지 100년도 채 지나기 전에 파이프로 전달되는 스팀은 학교, 교회, 법정, 회관, 원예 온상, 그리고 부자들의 집에 난방을 공급했다. 델 정도로 뜨거운 스팀 파이프 표면은 공기를 건조하게 해서 태운 먼지 냄새가 계속 났지만, 이런 단점은 따스함이라는 장점에 묻혀버리고 말았다.

당시 미국의 많은 가정에는 로마의 하이퍼코스트와 같은 난방시설이 갖춰져 있었다. 지하에 있는 거대한 석탄 보일러가 송풍구가 있는 각 방에 파이프를 통해 열기를 보냈다. 1880년 무렵에 이런 난방시설은 증기 열을 사용할 수 있도록 개조되기 시작했다. 물탱크를 가열하는 데는 석탄 보일러가 사용되었고, 전에 뜨거운 공기를 실어 나르던 파이프는 이제 라디에이터와 연결된 구멍으로 증기와 온수를 날랐다.

전기 히터 에디슨의 백열등이 가정에서 사용된 지 10년 후 영국의 발명가 크럼프턴과 다우징이 특허를 낸 최초의 전기 히터가 등장했다. 이들은 납작한 직사각형 모양의 주철판 둘레에 저항이 강한 철사를 여러 번 감았다. 벌겋게 달아오른 연주홍빛 열선은 철제 반사경의 중심부에 놓였고, 이 반사경은 열을 집중시켜 빛으로 만들었다.

이 장치의 원리는 간단했으나 전기 히터의 성공은 가정용 전선의 설치에 전적으로 달려 있었다. 가정에 전기를 설치하는 것은 전적으로 에디슨의 발명으로 인해서 촉진된 일이었다. 원시적인 전기 히터를 개량한 모델들이 속속 등장했다. 주목할 만한 두 가지 모델은 일리노이의 발명가 앨버트 마시가 만든 1906년형 히터인데 니켈과 크롬으로 만든 방열선이 녹지 않고 백열 온도에 도달할 수 있었다. 1912년에 영국에서 나온 히터는 열선을 감았던 무거운 주철 대신에 가볍고 불에 타지 않는 진흙을 사용함으로써 최초의 효율적인 포터블 전기 히터가 되었다.

 실내조명 : 5만 년 전, 아프리카와 유럽

'일할 수 없는 밤이 오리라.'라는 성경 구절은 어두운 시간에 대한 옛사람들의 태도를 잘 보여준다.

18세기 후반까지는 실내조명에서 실질적인 혁신은 일어나지 않았다. 그러나 단지 잠을 자거나 빈둥거리며 보내기에는 어두운 시간이 너무 길었으므로 인간은 인위적으로 집안을 밝힐 방법을 고안해냈다.

첫 번째 것은 오일 램프였다.

약 5만 년 전 크로마뇽인은 동물 기름으로 불을 붙인 섬유 심지가 계속해서 타는 것을 발견했다. 이 돌 램프는 삼각형이었고, 심지는 접시처럼 움푹 파인 곳에 역한 냄새가 나는 동물 기름과 함께 담겨 있었다. 이 간단한 원리는 수천 년 동안 이어왔다.

지금으로부터 3,300년 전 이집트인들은 집과 신전을 오일 램프로 밝혔다. 이때 램프는 조각된 토기였고 장식이 되어 있기도 했다. 심지는 파피루스로 만들었다. 가연성 물질은 냄새가 덜 나는 식물성 기름이었다. 훗날 그리스인들과 로마인들은 배에 물이 스며들지 못하도록 하는 뱃밥이나 아마포로 만든 심지에 청동으로 만든 램프를 선호했다.

냄새가 없고 비교적 깨끗하게 타는 기름이 19세기에 널리 보급되기까지는 사람들은 싸고 풍부한 물질이면 뭐든지 태웠다. 동물성 지방은 냄새가 났다. 생선 기름도 밝은 빛을 내기는 했지만 냄새가 나기는 마찬가지였다. 그런데 이 모든 기름_{동물성}과 _{식물성}은 식용이었다. 심각한 식량난을 겪던 시대에 기름은 램프에 사용되기보다는 요리 냄비에 들어가기 바빴다.

오일 램프는 또 다른 문제를 제기했다. 심지가 스스로 없어지지 않았기 때문에 이따금 집게로 들어올려 타버린 심지 꼭지를 잘라주어야 했다. 로마 시대 때부터 17세기까지 오일 램프에는 끈이나 체인으로 집게와 가위가 매달려 있었다.

레오나르도 다빈치는 밤샘 작업을 위해 역사상 최초의 고강도 램프라고 할 수 있는 것을 발명했다. 올리브유와 대마 심지를 넣은 유리 실린더를, 물을 가득 채운 유리 구에 넣음으로써 불꽃이 엄청나게 확대되었다.

물론 오일 램프에 대한 매력적인 대안이 하나 있었는데, 그것은 양초였다.

양초 : 1세기 이전, 로마

양초는 가정용 조명기구로는 비교적 늦게 등장했다. 양초에 관한 최초의 기록은 1세기의 로마 문서에서 등장한다. 그리고 로마인들은 이 새로운 발명품을 오일 램프보다 못하다고 여겼다(당시 오일 램프는 정교한 장식 예술품이었다). 동물이나 식물 지방에서 뽑은 거의 무색, 무취의 고체 추출물인 수지로 만들어진 양초는 또한 먹을 수 있는 것이어서 굶주린 군인들이 배급받은 양초를 덥석 먹어치웠다는 기록이 수없이 나온다. 몇 세기 후 한 번에 몇 달 동안 고립되었던 영국 등대지기들이 양초를 먹는 것은 거의 공인된 직업적 관행으로 굳어졌다.

가장 비싼 영국 수지 양초도 30분마다 심지를 잘라주어야 했다. 심지를 자르지 않은 양초는 원래 밝기의 몇 분의 일로 밝기가 줄어들었을 뿐만 아니라 불꽃이 낮으면 남아 있는 수지도 빨리 녹았다. 관리하지 않고 내버려둔 양초에서는 수지의

불이 켜진 양초를 든 여인(1818).

5%만이 실제로 연소되었다. 나머지는 타지도 않고 그냥 흘러내렸다. 심지를 적절히 잘라주지 않으면 1파운드 무게가 나가는 수지 양초 여덟 개가 30분도 못 되어 타버렸다. 매주 수백 개의 수지 양초를 태우는 성에서는 '심지 자르는 하인들'까지 두었다.

심지를 자르는 데는 기술과 판단력이 필요했다. 작가 제임스 보스웰은 양초의 심지를 잘 잘라야 했으나 항상 성공한 것은 아니었던 것 같다. 그는 1793년에 이렇게 썼다.

> '나는 밤늦게까지 앉아서 많은 분량의 글을 썼다. 새벽 2시에 나는 잘못해서 촛불을 꺼트렸다. 그리고 다시 붙이지 못했다.'

집안의 불이 모두 꺼지고 난 다음 다시 초에 불을 붙이는 것은 시간이 많이 걸리는 일이 될 수 있었다. 왜냐하면 마찰성냥이 아직 발명되지 않았던 시대였기 때문이다. 세르반테스는 자신의 역작 『돈키호테』에서 불씨 조각으로 성냥불을 붙일 때 짜증나는 일을 묘사하고 있다. 심지를 자르다가 불은 종종 꺼졌고, 그래서 '심지를 자르다snuff'라는 말이 '불을 끄다extinguish'라는 의미가 된 것도 무리가 아니다.

17세기가 될 때까지만 해도 극단 단원 중에는 '심지 자르는 소년'이 있었다. 이 분야에 기술을 가진 그는 가장 감정이 복받치는 클라이맥스에도 당당하게 들어와서 연기가 나는 촛불의 심지를 끌 수 있었다. 들어올 때는 사람들이 그를 못 보아도 계속 심지를 잘 자르면 박수를 받을 수 있었다.

심지 자르는 기술은 17세기 후반에 증발하는 밀랍 양초가 널리 사용되면서 사라지게 되었다. 밀랍은 값이 수지보다 3배나 비쌌지만 불꽃도 더 밝았다. 1667년 영국의 일기작가 새뮤얼 페피스는 밀랍 양초를 런던의 드루리 레인 극장에 사용하고부터 무대가 '천 배나 더 밝고 빛난다'고 기록하고 있다.

로마 천주교는 밀랍 양초를 이미 쓰고 있었다. 그리고 부유층들도 화려한 분위기가 필요한 특별한 경우에 사치스러운 이것을 썼다. 영국의 한 대가문의 기록을 보면 1765년 한 해 겨울 동안 한 달에 100파운드 이상의 밀랍 양초를 소비한 것으로 되어 있다.

다음 세기에 들어와서 사람들이 사용한 사치스러운 양초에는 영국산 광택 백색 밀랍 양초, 딱딱한 중국산 황색 채소 수지 양초, 미국 북동 해안에서 나온 초록색 소귀나무 양초가 있었다.

 가스등 : 19세기, 영국

3,000년 전 중국인들은 소금물을 증발시켜 소금을 만들기 위해 천연가스를 태웠다. 유럽 일부 지역에서는 불을 숭배하는 부족들이 천연가스가 나오는 주변에 신전을 짓고 천연가스에 불을 붙여 영원한 불꽃을 만들었다.

그러나 가스로 가정에 불을 밝히는 것은 19세기가 되어서야 가능해졌다. 이것은 벨기에의 화학자 장 밥티스타 반 헬몬트가 처음으로 석탄 가스를 만든 지 거의 200년 후였다. 기초금속을 변화시켜 금으로 만드는 '현자의 돌'이 존재한다고 믿었던 과학자이자 신비주의자였던 헬몬트는 연금술과 화학을 연결시켰다. 석탄 가스에 대한 그의 작업은 프랑스의 화학자 앙투안 라부아지에를 고무시켜 파리의 거리를 가스등으로 밝힐 생각을 하게 만들었다. 라부아지에는 1780년에 원시적인 가스등을 만들기까지 했다. 그러나 계획이 실현되기 전에 그는 프랑스 혁명 와중에 기요틴의 이슬로 사라지고 말았다.

1813년에 런던에서 세계 최초의 가스 회사가 설립되고 나서야 가정용 가스등이 현실화되었으며 빠르게 발전했다. 독일의 과학자 로베르트 폰 분젠은 가스를 공기와 미리 섞음으로써 순수한 가스 불꽃이 반짝거려서 신경 쓰

1870년대 뉴욕에서 크리스마스 파티에 초대받은 손님들이 가스등이 다시 들어오기를 기다리고 있는 장면을 묘사한 일러스트.

이게 하던 것을 감소시켰다. 가스의 조명도를 크게 강화하기 위해 분젠의 제자는 1885년에 가스 맨틀을 만들었다. 토륨과 질산세륨에 적신 실로 만들어진 맨틀은 처음에 불을 붙이면 실이 다 타버리고 탄화 합성물의 뼈대만 남아 밝은 백녹색 빛을 냈다. 1860년까지는 가스가 가정, 공장, 거리를 밝혔다. 가스는 너무나 깨끗하고 효율적인 값싼 조명의 원천이어서 다른 조명 수단이 가스등을 대치하는 건 거의 불가능할 것처럼 보였다.

 전깃불 : 1878~1879년, 영국과 미국

백열등의 아버지는 토머스 에디슨이지만, 그의 백열등이 최초는 아니었다. 영국의 발명가들은 에디슨이 전구를 완성하기 반세기 전에 이미 전깃불을 실험해왔다.

백열등은 진공 상태의 유리방 속에서 전류가 지나갈 때 백색으로 빛나는 필라멘트가 기본 요소다. 영국의 조지프 스완과 미국의 에디슨은 둘 다 탄소를 필라멘트로 사용할 아이디어를 생각해냈다. 스완은 1878년에, 에디슨은 1879년에 특허 등록을 했다. 그러나 전기배급 체계를 세우면서 백열등은 실험실과 가정, 거리에서 이용되기 시작했다.

　뉴욕의 펄스트리트 전기국은 소비자들의 요구로 공공 전기를 보급한 첫 번째 회사가 되었다. 1882년 12월까지는 203명의 맨해튼의 전기 소비자들이 개인 단위, 또는 회사에서 3,144개의 전등에서 나오는 불빛으로 일하면서 살아가고 있었다.

　이들 특권을 받은 선구자들은 평균 전구 수명 150시간에 만족해야만 했다(오늘날 전구의 수명은 2,000시간이다). 그러나 1884년 초 에디슨은 400시간짜리 전구를 완성했고, 2년 후에는 1,200시간을 지속하는 전구를 만들었다.

　전깃불은 편리함에도 불구하고 느린 속도로 보급되었다. 사람들은 전구가 빛나는 것을 보기 위해 전시장으로 몰려가는 등 호기심은 있었지만, 직접 자기 집에 전기를 설치하는 사람은 별로 없었기 때문이다. 7년이 지났는데도 에디슨 회사의 고객은 겨우 203명에서 703명으로 늘어났을 뿐이었다. 그러나 전구는 그냥 사라질 발명품이 아니었다. 전기료는 내려가고 있었지만, 실질적으로 주문을 폭주하게 만든 것은 전기 조명을 써본 사업체와 개인들의 입에서 전해지는 좋은 평판이었다. 20세기가 시작될 당시에는 1만 명의 사람들이 전깃불을 사용했으며, 10년 후에는 300만, 그리고 계속 증가하고 있었다.

　토머스 에디슨과 조지프 스완은 특허법 위반으로 서로를 고소했지만, 마침내 서로 손을 잡고 전기회사를 같이 차렸다.

네온등 '새로운 것'을 의미하는 그리스어 neos에서 이름을 따온 무색, 무취, 무미의 가스 네온은 1989년에 영국 화학자 윌리엄 램지와 모리스 트래버스가 발견했다. 그들은 가스가 지니고 있는 자연스러운 적황색 빛이 신기해서 화학적으로 이 색을 바꾸어보려 했다. 그러나 1909년 네온 튜브를 완성하여 다음 해에 파리의 그랑 팔레를 밝히는 데 사용한 사람은 프랑스의 물리학자 조르주 클로드였다. 클로드는 딱딱하고 고정된 필라멘트 대신에 가스를 사용하면 네온등이 길이와 모양에 상관없이 빛난다는 것을 보여주었다.

사람들은 네온의 광고적인 가치를 즉시 간파했다. 광고업자 자크 폰스크는 클로드를 설득해서 자기 고객의 사업명을 네온 튜브로 만들어달라고 부탁했다. 1912년에 최초의 네온사인이 파리의 몽마르트 거리를 밝혔다. 이것은 'The Palace Hairdresser궁전 미용사'라고 쓰여 있었고 적황색으로 빛났다. 훗날 과학자들은 가스를 바꾸고 튜브에 가루를 집어넣으면 온갖 무지갯빛을 낼 수 있다는 것도 발견했다.

형광등 60여 년 동안 미국의 가정을 밝혀온 백열전구는 1930년대에 형광등이라는 강력한 라이벌을 만났다. 둘 사이의 싸움은 결국 무승부로 끝나서 똑같은 방안에 두 개의 전구가 동시에 밝혀지는 결과를 가져왔다. 형광등의 강력하고 솔직한 빛은 화장실에서 돋보였고, 백열등의 부드러움은 침실에서 우세했다. 그리고 부엌에서는 형광등과 백열등이 함께 불을 밝히는 영광을 나눌 수 있었다.

형광을 만드는 것은 우라늄의 방사능을 발견한 프랑스의 물리학자 앙투안 앙리 베크렐이 처음 시도했다. 1859년에 이미 그는 전류를 받으면 빛을 내는 화학물질포스포phosphor로 유리관 내부를 칠했다. 많은 과학자들이 같은 방향으로 일을 진행하기 시작했고 곧 전기장 속에서 빛을 발하는 수십 개의 가스와 광물이 발견됐다(램지와 트래버스가 네온을 발견한 것도 바로 이런 연구를 통해서였다).

최초로 실용화된 형광등의 개발은 1934년 미국 제너럴 일렉트릭 사의 아서 콤프턴 박사에 의해서였다. 낮은 볼트에서 작동되는 형광등은 백열등보다 경제적이었다. 그리고 백열등이 빛이 아니라 열을 내는 데 80%의 에너지를 소모하는 데 비해 형광등은 에너지 효율이 너무 높아서 '차가운 불빛'이라는 이름이 붙었다.

많은 사람들이 형광등을 처음 본 것은 1939년의 뉴욕 세계 박람회장에서였다. 이곳에서 제너럴 일렉트릭 사는 백색과 컬러 형광등을 전시했다. 15년이 지나지 않아 형광등은 미국에서 주된 조명기구로서 백열등을 약간 앞섰다. 형광등의 승리는 가정에서 형광등의 섬뜩한 불빛을 더 선호했기 때문이 아니라 작업장의 조명 비용을 줄이려는 사업주들의 욕구 때문이었다.

손전등 우리가 많이 사용하는 손전등은 원래 20세기 초에 '전기 화분'이라는 신상품으로 출발했다. 미국 사람들이 전기 화분을 열성적으로 구입했더라면 손전등은 발명되는 데 훨씬 오랜 시간이 걸렸을 것이다.

러시아에서 이민 온 아키바 호로비츠는 1890년대에 뉴욕에 도착하면서 콘래드 휴버트라는 미국식 이름으로 바꾸고 나중에 라이오넬 기차를 발명하게 된 조슈아 라이오넬 코웬 밑에서 일했다. 코웬은 이미 전기 초인종(종소리가 너무 길어서 사람들이 기피했음)과 전기 선풍기(바람이 너무 약했음)를 발명했다가 포기한 전력이 있었다. 콘래드 휴버트를 고용할 당시 코웬은 막 전기 화분을 완성해놓고 있었다. 전기 화분은 날씬한 건전지를 튜브에 넣고 끝에 전구를 단 장치였다. 튜브가 화분 중간으로 올라와서 식물을 비추어주게 되어 있었다.

휴버트는 전기 화분의 상업적 가능성을 믿었고 주인에게 특허권을 자기에게 팔라고 설득했다. 신상품이 구매객을 끌어들이지 못하자 휴버트는 재고가 엄청나게 남아 있음을 알게 되었다. 투자금의 일부라도 건질 생각으로 그는 전등을 화분에서 분리하여 실린더의 디자인을 더 길게 해서 자기 명의로 '포터블 전깃불'의 특허를 따냈다.

손목만 움직이면 원하는 방향으로 빛을 비출 수 있는 편리한 전등은 너무나 잘 팔려서 콘래드 휴버트는 에버레디 플래시라이트 회사를 차렸다. 1928년 사망할 때 휴버트는 600만 달러를 자선기금으로 남길 수 있었다.

조슈아 라이오넬 코웬은 조수였던 휴버트의 성공을 부러워하지 않았다. 그 역시 여러 개의 발명품이 실패한 후, 거의 바람이 나오지 않는 선풍기에 달았던 작은 모터를 미니 기차 세트에다 다시 장착하여 마침내 횡재를 했기 때문이다.

 ### 진공청소기 : 1901년, 영국

1898년에 젊고 야심찬 발명가 세실 부스는 런던의 엠파이어 뮤직 홀에서 열리고 있는 전시회에 참가하고 있었다. 그는 한 미국인의 신종 '먼지 제거' 기계의 시범을 구경하게 되었다. 압축공기가 위에 달린 쇠상자 모양의 이 기계는 공기를 카펫으로 뿜어서 먼지와 흙을 상자 속으로 올라오게 했다.

부스는 이 발명품이 썩 마음에 들지는 않았다. 많은 먼지가 상자 속으로 들어가지 않고 도로 카펫에 내려앉았기 때문이다. 부스는 '먼지를 빨아들일 수는 없느냐'고 발명가에게 물어보았으나 '많은 사람들이 시도했지만 아무도 성공하지 못했다'는 대답을 들었다.

부스는 먼지를 빨아들이는 것에 대해서 며칠 동안 생각했다. 그는 자신의 발명에 대한 후일담을 이렇게 쓰고 있다.

> '나는 빅토리아 거리에 있는 어느 레스토랑에서 보풀이 긴 천의자의 등받이에 입을
> 갖다 대고 세게 빠는 실험을 했다. 먼지가 목에 걸려 애를 먹었지만 기발한 생각이
> 떠올랐다.'

부스가 깨달은 비결은 공기를 통과시키고 먼지를 잡아내는 필터백을 찾는 것이었다. 집에서 그는 마루에 앉아 여러 종류의 천을 입에 대고 실험을 했다. 촘촘하게 짜인 천으로 만든 손수건에는 먼지가 잘 모이는 것 같았다. 1901년, 그는 흡입 청소기를 특허냈다.

최초의 상업용 진공청소기는 오늘날의 냉장고 크기만큼 엄청나게 큰 것이었다. 이 청소기는 마차에 실어 런던 거리를 따라 사무실에서 극장으로, 또 가정으로 운반되었다. 이것을 작동시키기 위해 한 사람이 수레를 운전하고 다른 사람이 길고 유연한 호스를 조작했다. 나중에 최초의 가정용 모델이 나왔을 때도 그것을 사용하려면 두 사람이^{대개 주부와 딸} 필요했다.

진공청소기는 위생과 건강을 크게 향상시켰다. 병균이 숨어 있는 산더미 같은 먼지가 극장 좌석, 가정, 상점 바닥에서 제거되었다. 부스가 처음으로 맡은 일은 1901년에 있었던 에드워드 7세의 대관식을 위해 웨스트민스터 사원의 엄청나게 넓은 푸른색 카펫을 청소하는 일이었다. 교회의 청소원들은 부스의 기계가 빨아들인 숨어 있던 먼지의 양을 보고 믿을 수 없다는 듯이 입을 딱 벌렸다.

제1차 세계 대전 중에 부스는 자신의 청소기 몇 대를 크리스털 팰리스로 가져오라는 부탁을 받았다. 거기 주둔하고 있던 해군들이 뇌척수막염이라는 병에 걸려 죽어가고 있었기 때문이다. 전염을 막을 수 없었던 의사들은

병균이 먼지 입자를 통해 흡입되는 것이 아닌가 생각했다. 2주 동안 15대의 기계가 바닥, 벽, 계단, 대들보에서 먼지를 빨아들였고, 트럭 26대분의 잡면지를 실어 날라 땅에 묻었다. 진공청소기 덕분에 뇌척수막염 전염병은 사라지게 되었다.

미국에서 나온 최초의 상업용 진공청소기 가운데 적어도 두 개(레지나와 후버)는 성능이나 성공 면에서 특별히 주목할 만했다. 레지나와 후버의 청소기는 각각 가정용 기계의 대명사가 되었다. 두 기계는 이것을 만든 사람들의 '살아남으려는 노력'의 결과였다. 한 사람은 망해가는 사업을 살리려 했고, 다른 한 사람은 악화된 건강에서 살아남으려 했던 것이다.

레지나　1892년에 독일에서 이민 와서 뮤직 박스를 제조하는 일을 하고 있던 구스타프 브라흐하우젠은 뉴저지주 라웨이에서 레지나 뮤직 박스 회사를 설립했다. 손으로 만든 이 제품은 정교했다. 회사는 한때 기술자만 175명을 고용하고 연간 300만 달러를 벌어들일 정도로 번창했다. 또 미국 시장을 독점했을 뿐만 아니라 유럽에 수출까지 했다.

라웨이 공장에서 불과 5마일 떨어진 곳에서 토머스 에디슨은 축음기를 발명했고, 이것은 이미 미국 가정의 오락 수단으로서 뮤직 박스를 대신하기 시작했다. 파산하지 않으려는 결사적인 노력을 하는 가운데 브라흐하우젠은 어떤 해에는 자동 피아노를, 또 다른 해에는 인쇄기를 만들었으며, 축음기 제품을 제조함으로써 에디슨에게 정면으로 도전하기까지 했다. 그러나 궁극적으로 레지나 뮤직 박스 회사를 살린 것은 진공청소기였다. 레지나 진공청소기 회사는 1919년에 마지막 뮤직 박스를 만들었다.

후버 포터블 청소기　20세기 초 몇 년 간은 허버트 세실 부스의 진공청소기가 미국에서 사용되었다. 이것들은 한마디로 부자들의 사치품이었는데, 어떤 것은 디자인이 상당히 훌륭했다. 그러나 이것을 가동시키려면 두 명의 하인이 필요했다.

그런데 더 작고 간편한 휴대용 모델을 만들어야겠다는 생각을 한 사람이 있었다. 그는 먼지 알레르기로 고생하던 별볼일없는 늙은 발명가 제임스 머레이 스팽글러였다.

1907년 스팽글러는 빚 때문에 오하이오주 캔턴에 있는 백화점의 수위로 일했다. 이 백화점에는 청소해야 할 카펫이 엄청나게 많이 깔려 있었다. 그리고 빗자루로 청소를 하면서 발생하는 먼지 때문에 스팽글러는 발작적으로 기침과 재채기를 해댔다. 그렇다고 직장을 그만둘 수는 없었다. 필요가 발명을 낳듯이 스팽글러는 '먼지 안 나는 청소'를 할 수 있는 기계를 실험하기 시작했다.

그가 처음으로 만든 청소기는 깨져서 반창고로 붙인 비누 상자에 낡은 선풍기 모터를 얹은 모양이었다. 먼지받이 주머니는 베갯잇이었다.

스팽글러는 1908년에 특허를 내고 친구들에게 돈을 빌려서 전기 흡입 청소기 회사를 차렸다. 그러나 수잔 후버에게 청소기를 팔 때까지 그의 재정은 매우 위태로운 상태였다. 수잔 후버는 오하이오에서 가죽 제품과 자동차 액세서리를 만들어 성공한 사장의 아내였다.

후비 부인과 시업 확장을 고려하고 있던 그녀의 남편 윌리엄은 이 기계가 마음에 쏙 들었다. 1908년 말 윌리엄 후버는 흡입 청소기 제조권을 인수했다. 후버의 가죽 제품 공장 한 귀퉁이에서 세 명의 기술자들이 하루에 다섯 대의 진공청소기를 조립했다.

제품을 홍보하기 위해 후버는 1908년 12월 5일자 「새터데이 이브닝 포스트」에 2페이지짜리 광고를 실었다. 이 광고는 집에서 전기 흡입 청소기를 공짜로 열흘 동안 시험해볼 수 있다고 독자들을 유혹했다. 수백 명의 고객들이 반응을 보였고, 후버는 고객 한 사람 한 사람에게 시험용 청소기를 지역 상인에게 배달하는 중이라고(사실은 아직 연락을 취하지도 않았다) 편지를 보냈다. 그런 다음 몇몇 상점의 주인에게 고객들이 청소기를 한 대 구입할 때마다 커미션을 주겠다고 편지로 제안했다. 고객이 청소기를 반납하면 이 가게에서는 그것을 공짜 샘플로 가지고 있을 수도 있었다. 상점 주인들은 기꺼이 후버의 청소기를 받아들였고 곧 그는 전국적인 대리점 망을 갖게 되었다. 제임스 스팽글러는 후버의 제작 감독이 되었다.

허버트 세실 부스가 만든 최초의 진공청소기가 냉장고 모양이라면 후버의 최초의 포터블 가정용 모델은 백파이프를 빵상자와 합쳐놓은 모양이었다. 그렇지만 이것은 현대의 청소기의 모든 기본 원리와 액세서리까지 갖추고 있었다. 1920년대 무렵에 후버와 레지나라는 이름은 사람들에게 현대적 20세기식 집안청소기 이미지를 떠올리게 했다.

진공청소기는 발명된 가정용품 중에서 기념비적인 존재였다. 이것의 가장 두드러진 특징은 가정이라는 것이 생긴 후 역사상 처음으로 카펫, 커튼, 소파 등 먼지가 많이 끼는 물건에서 먼지를 제거했다는 사실이었다. 전에는 먼지가 다시 앉는 것을 막기 위해서 이런 물건들을 집 밖으로 꺼내서 빨랫줄에 걸어 놓거나 담벼락에 기대놓은 후 두들겨 먼지를 털었다. 이런 연중행사인 봄맞이 대청소는 1주일 정도 걸리는 귀찮은 일이었고 가족의 생활 리듬을 흐트러뜨릴 수 있었다. 진공청소기가 등장하면서 매일, 또는 매주 하는 청소는 사실상 옛날의 봄맞이 대청소 이상의 효과가 있었다.

카펫 청소기　진공청소기가 카펫에서 먼지를 빨아들이기 전에도 찌꺼기를 쓸어가는 기계식 카펫 청소기가 있었다. 한창 전성기에 카펫 청소기는 주부들을 빗자루의 약점으로부터 해방시키는 눈부신 발견으로 생각되기도 했다.

수백 만 미국 가정주부들에게 빗자루로부터의 해방은, 미시간주 출신의 한 부부가 1876년에 카펫 청소기를 발명하면서 도래했다. 당시 안나와 멜빌 비셀 부부는 그랜드 래피즈 시내에서 유리 제품 가게를 운영하고 있었다. 먼지 알레르기가 있던 두 사람은 유리 제품을 포장하는 먼지투성이 짚 때문에 늘 고생했다. 기계 만드는 것이 취미였던 멜빌 비셀은 회전식 머리와 먼지를 담을 통이 있는 청소기를 개발하기 시작했다.

가정용, 또는 거리용 청소기를 만들려고 한 사람은 비셀이 처음은 아니었다. 비셀보다 무려 200년 전인 1699년에 이미 에드먼드 헤밍이라는 사람은 '런던의 거리를 쓰는 새로운 기계'로 영국의 특허를 받았다. 말이 끄는 마차 바퀴에 연결된 커다란 원형 붓으로 된 이 기계는 너무나 많은 먼지를 피워 올려서 기계가 청소를 하고 지나가는 거리의 주민들로부터 격렬한 항의를 받았다.

가정용 작은 모델을 만들려는 시도도 있었지만 특별히 인기를 끌지는 못했다. 비셀의 카펫 청소기는 먼지가 치명적이지는 않지만 위험하다고 의학계에서 지적한 역사적인 시기에 등장했다. 파스퇴르는 질병의 병균 이론을 주장하면서 '공기 속에 있는 먼지가 박테리아를 옮기는 주범'이라고 말했다. 플로렌스 나이팅게일 역시 '공기도 물처럼 더럽혀질 수 있다'고 주장하면서 병원 위생을 혁신하고 있었다. 의학적 분위기가 개인과 가정의 위생에 콤플렉스를 만들어내고 있었다. 비셀의 청소기는 미국과 유럽에서 너무나 사랑받아서 1890년에는 '카펫을 비셀하다Bisselling the carpet'라는 말이 생길 정도였다. 빅토리아 여왕은 버킹엄 궁전을 청소하기 위해 비셀을 주문했고, 튀르키예 왕과 아라비아 왕들도 동양풍 카펫을 청소하기 위해 비셀을 주문했다.

그러나 비셀이 빗자루를 사라지게 했던 것처럼 전기 진공청소기가 비셀과 그 아류들을 사라지게 했다.

빗자루와 풀러 브러시   20세기에 들어와 합성수지가 개발될 때까지 미국과 유럽에서 사용되던 빗자루와 브러시는 단지 깔끔할 뿐 원시인들이 가지를 꺾거나 옥수수 단을 잘라서 손잡이에 묶어서 쓰던 빗자루와 별로 다를 바 없었다. 1900년대 초에 빗자루 산업을 강타한 한 가지 변화가 풀러 브러시 맨이라는 모습으로 문을 두드리고 있었다.

앨프리드 풀러는 1903년 캐나다 동남부의 노바스코샤에서 미국으로 왔다. 그의 전 재산은 75달러와 성경뿐이었다. 그의 약점은 백일몽을 꾸는 것과 무책임한 성격이었다. 세 군데 직장에서 해고당한 후 풀러는 보스턴 전철의 차표 수집원으로 취직했으나 재미로 기차를 몰다가 부순 후 또 해고되었고, 계속 소포를 잃어버려서 배달원으로도 해고되었다. 결국 그는 남의 밑에서 일하는 게 맞지 않는다고 하면서 1905년에 집집마다 다니며 청소용 브러시를 파는 장사를 시작했다.

코네티컷주 하트포드의 셋방에서 그는 19세기 후반 주택의 구석구석을 쓰는 데 이상적인 철사와 털 브러시를 밤에 만들어 낮에 팔았다. 이 브러시는 하나에 50센트씩 팔렸다. 놀랍게도 그는 세일즈에 소질이 있었다. 1910년에는 자기 제품을 판매할 25명의 직원까지 두게 되었다.

그러다가 진공청소기의 열풍이 빗자루와 모든 쓸개의 종말을 알리는 조종처럼 울려 퍼졌다. 그러나 브러시와 빗자루 산업측에서도 반격을 시도했다. 「집안 꾸미기 리뷰House Furnishing Review」 1919년 7월호는 가정주부들이 그동안 '쓰는 일은 고역이다'라는 세뇌를 당해왔다고 주장하면서 '얼마나 잘못된 생각인가'라는 기사를 실었다. 그리고 이 잡지는 '병을 예방하기 위해서는 여자들이 집안일, 특히 쓰는 일을 해야 한다고 의사들이 여러 번 충고했다'고 역설했다. 그리고 '쓰는 것은 매우 이로운 운동이다'라고 끝맺고 있었다. 교양 있는 여자는 진공청소기를 사용하고 심술궂은 노파들만 빗자루를 고집한다는 당시의 생각을 희석시키기 위해 빗자루 회사들은 '빗자루로 쓸면서도 여전히 예쁘군요'라는 슬로건을 채택했다.

한편 풀러는 사업을 확장해 온갖 집안 청소용구를 만들기 시작했다. 여러 가지 다양성 때문에 회사는 용케 버텨나갔다. 1943년에 앨프리드 풀러가 은퇴할 때에는 연매출액이 1,000만 달러에 달했고 풀러 브러시 맨은 미국 풍경의 낯익은 한 부분이 되었다.

 다리미 : 기원전 4세기, 그리스

적어도 2,400년 전부터 주름 없고 깨끗한 옷은 세련됨과 깔끔함과 지위의 상징이었다.

처음에 나온 다리미들은 모두 압력을 이용했다. 단지 몇 개의 다리미들만이 구김을 펴고 주름을 잡는 데 열을 사용했다. 기원전 4세기의 그리스인들은 '주름잡는 다리미'에 압력을 가했다. 이것은 밀방망이 같은 모양의 가열된 실린더 바였는데, 주름을 잡기 위해 아마포 가운 위에서 이 방망이 다리미를 굴렸다. 2세기 후 로마인들은 '맹글mangle'이라는 평평한 쇠방망이로 옷을 때려서 주름을 잡고 구김을 폈다. 이런 도구를 사용한 다림질은 지루하고 시간도 많이 걸렸으므로 노예들 몫이었다.

전쟁을 많이 했던 10세기 북유럽의 바이킹들도 구김이 없고 주름 잡힌 옷을 좋아했다. 그들은 버섯을 뒤집은 모양의 다리미를 축축한 옷감 위에 앞뒤로 흔들면서 사용했다. 패션 역사가들은 주름을 잡는 것이 너무나 힘들었기 때문에 주름잡은 옷이 상류층과 하류층을 구분하는 기준이 되었다고

영국 화가 헨리 로버트 몰랜드가 그린
다림질하는 하녀의 모습.

주장한다. 농부들은 주름이 많이 잡힌 옷을 다림질할 시간이 없었다. 주름
은 노예와 하인을 소유하고 있다는 외적인 표시가 되었다.

15세기 무렵에는 부유한 유럽 가정마다 '뜨거운 상자' 다리미를 사용했
다. 이 다리미에는 달군 석탄이나 벽돌을 넣는 칸이 있었다. 가난한 가정에
서는 여전히 불 위에다가 일정하게 데웠다가 사용하는 손잡이 달린 납작한
쇠 다리미를 사용했다. 납작한 다리미가 사용하기에 엄청나게 불편했던 점
은, 화덕에서 붙은 숯검정이 옷에 묻을 수 있다는 점이었다.

19세기에 가스불이 가정에 도입되자 많은 발명가들이 가정용 가스 라인
에 연결해서 쓸 수 있는 가스 다리미를 만들었다. 그러나 툭하면 가스가 새
고 폭발하고 불이 나는 바람에 사람들은 차라리 구겨진 옷을 입는 게 낫겠
다고 생각하게 되었다. 다리미가 정말 인기를 끌게 된 것은 가정에 전선이 설
치되면서부터이다.

전기 다리미　1882년 6월 6일, 뉴욕의 발명가 헨리 윌리는 미국 최초의 전기 다리미 특허를 받았다. 열 저항력이 큰 코일을 사용하려는 윌리의 생각은 참신했지만 다리미 자체는 실용적이지 못했다. 이것은 스탠드에 꽂았을 때만 느리게 가열되었고 코드에서 뽑아 사용하려고 하면 너무 빨리 식어버렸다. 사람들은 다리미를 다시 데우는 데 많은 시간을 소모했다. 어찌되었건 1880년대 초기에는 미국에서는 겨우 몇 백 가구에만 전기가 들어가 있었기 때문에 더 나은 기술을 사용했다 해도 별로 효과가 없었을 것이다.

20세기 초에 전기회사들이 속속 성장하면서 여러 종류의 전기 다리미가 가정주부의 눈길을 끌기 위해 경쟁을 했다. 오늘날 기준에서 보면 10파운드 이상의 모델을 노동 절감용 기구로 간주하기는 힘들겠지만 광고에서는 바로 그런 용도로 전기 다리미를 판촉했고, 가정에서도 노동 절감용 기구로 이것을 환영했다.

그러나 전기 다리미 역시 '가정용 전기가 백열등을 밝히는 유일한 목적을 위해 생산된다'는 점 때문에 다른 모든 전기 제품들과 마찬가지로 고전을 면치 못했다. 1905년까지만 해도 대부분의 전력 회사들은 해가 질 때가 되어서야 발전기를 켰고 동이 트면 껐다. 그래서 전기 토스터, 전기 커피 메이커, 전기 시계, 전기 다리미 같은 새로운 제품을 이용하려는 가정에서는 이것들을 밤에만 이용할 수 있었다. 발전소의 소음은 아침 해가 뜨면 잠잠해졌던 것이다.

얼 리처드슨은 가정용 전기와 전기 다리미의 단점을 개선하려 시도했다.

캘리포니아의 온타리오 전기회사 검침원이었던 리처드슨은 매주 검침을 하면서 가정주부들에게 여론조사도 했다. 이 조사를 통해 리처드슨은 사람들이 전기 다리미가 가볍고 낮에도 사용할 수 있다면 기꺼이 쓰겠다는 결과를 얻었다. 그는 자신이 집에서 만든 가벼운 다리미를 몇몇 주부들에게 써

보라고 권했다. 그리고 회사 상사들에게 사람들이 다림질을 가장 많이 하는 화요일 하루만이라도 시험삼아 하루 종일 전기를 가동해보자고 설득했다.

수요와 공급의 실험은 좋은 결과를 낳았다. 주부들은 엄청난 전기를 소모하면서 매주 화요일에 다림질을 했고, 발전소는 점차 발전기 가동 시간을 늘렸다.

그러나 가정주부들은 얼 리처드슨의 시험용 다리미에 한 가지 불만이 있었다(다리미 밑바닥에 '핫 포인트-뜨거운 지점-'가 있어서 열이 골고루 공급되지 않는다는 점이었다). 1906년에 얼 리처드슨이 다리미를 제조하기로 마음을 먹었을 때 그는 제품에 '핫 포인트'라는 이름을 붙여야겠다고 마음먹고 있었다.

스팀 다리미 1920년대 중반까지 미국 내에서는 평균 6달러쯤인 전기 다리미가 1년에 300만 개 이상 구매되고 있었다. 그래서 1926년에 뉴욕의 백화점에서 최초의 전기 스팀 다리미를 10달러에 내놓았을 때, 똑똑 떨어지는 습기 때문에 옷이 눌지 않는다는 주장에도 불구하고 사람들은 신제품을 그다지 필수적인 도구로 생각하지는 않았다. 왜냐하면 조심해서 다리면 옷이 타는 것을 방지할 수 있을 뿐 아니라 돈도 4달러 절약할 수 있었기 때문이다. 이런 이유로 스팀 다리미는 나오자마자 성공하지는 못했다. 그러나 1940년대에 의류제조회사에서 어지러울 정도로 많은 종류의 합성섬유를 내놓자 스팀 다리미가 먹히기 시작했다. 합성섬유는 때도 잘 묻지 않고 다림질되어 나오기는 했지만 뜨거운 다리미 밑에서는 왁스처럼 녹을 수도 있었기 때문이다.

가전제품 산업계 내에서 1940년대 후반은 '성스러운 전쟁'이라고 부를 만한 현상이 시작된 시기였다.

최초의 스팀 다리미에는 구멍이 하나뿐이었지만 1940년대에 등장한 다리미들은 둘, 넷, 마침내 여덟 개까지 구멍이 나 있었다. 구멍은 판매 전략이 되었다. 웨스팅하우스는 여덟 개의 구멍이 장점이라면 열여섯 개의 구멍은 2배로 매력적일 것이라고 생각했다. 프록터 실렉스는 숫자를 조심스럽게 열일곱 개로 올렸다. 썬빔은 36개 구멍의 스팀 다리미를 내놓아 전쟁을 가속화시켰다. 물론 구멍은 점점 더 작아졌다. 한동안 웨스팅하우스에서는 65개 구멍 다리미로 구멍 뚫는 기술의 한계에 도달한 것 같았다. 그러나 전쟁에서 승리하기로 마음먹은 씨어즈에서는 70개 구멍 모델을 내놓았다. 그러자 팡파르도 없이 프레스토에서 80개의 구멍으로 데뷔를 했다. 이제 스팀 다리미로 옷감을 태우는 일은 더 이상 있을 수 없는 일이었다. 왜냐하면 옷이 다리미 판에서 나올 때는 흥건하게 젖은 상태가 되었기 때문이다. 이제 나무에 물을 뿌리는 것처럼 옷에도 물을 뿌리는 기술이 나왔다. 그리고 '분무'가 새로운 판매 전략이 되었다.

재봉틀 : 1830년, 프랑스

구멍이 달린 바늘은 놀랄 만큼 오래전에 인간의 역사에 등장했다. 4만 년 전에 거주한 구석기 동굴에서 상아, 뼈, 해마 이빨 등으로 만든 바늘이 발견됐다. 어떤 의미에서 바늘구멍의 발명은 그 중요성에서 불의 발견이나 바퀴의 발명과 맞먹는다. 불이 인간의 음식 습관을, 바퀴가 여행 방법을 바꾸었다면, 바늘은 옷 입는 방법을 영원히 바꾸어버렸다.

구석기 시대부터 1830년까지 사람들은 손으로 바느질을 했다. 숙련된 재봉사는 1분에 약 30바늘을 꿰맬 수 있었다. 이에 비해 최초의 재봉틀은 조잡하고 비효율적이긴 했지만 1분에 200바늘을 꿰맬 수 있었다. 간단한 한 줄짜리 바느질을 할 수 있는 이 초기 재봉틀은 프랑스 리용 출신의 재봉사

바르텔레미 티모니에가 만들었다. 재봉틀을 보고 너무나 마음에 든 정부는 티모니에에게 80대의 재봉틀을 돌려 군복을 생산하게 했다. 하지만 재봉틀이 자기들 생계를 위협한다고 생각한 직업 재봉사들이 티모니에의 공장을 습격하여 기계를 모두 부숴버렸다. 티모니에도 거의 죽을 뻔했다. 티모니에는 암플레퓌라는 마을로 도망가서 가난에 못 이겨 죽었지만, 그의 재봉틀은 여러 가지 변형된 모습으로 계속 이어져 내려오고 있다.

일라이어스 하우와 아이작 싱어 일라이어스 하우는 아내와 세 자식을 먹여 살리기 위해 근근이 살아가는 보스턴의 기계공이었다. 1839년 어느 날 그는 바느질 기계를 만들 수만 있다면 큰돈을 벌 것이라는 이야기를 사장이 고객에게 하는 소리를 들었다. 하우는 이때부터 밤낮없이 그 생각만 하게 되었다.

처음에 하우는 바느질하는 아내의 손을 자세히 관찰하다가 그녀의 뜸뜨는 동작을 그대로 복사할 수 있는 기계를 만들려는 시도를 했다. 이것이 실패하자 그는 튼튼하고 기계로 디자인할 수 있는 새로운 종류의 스티치stitch를 고안해야겠다고 생각했다.

그는 1846년 9월에 재봉틀 특허를 내고 이것을 유망한 제조업자들에게 시범 보이기 시작했다. 이 재봉틀은 똑바로 얼마 동안 가다가 실을 다시 조정해야 했지만 1분에 250바늘을 꿰맬 수 있었다. 미국의 의류 제조업자들은 이 재봉틀을 보고 마음에 들어 하긴 했지만 300달러라는 가격에 망설였고, 재봉사와 재단사들의 위협도 무서워했다.

빈털터리가 되어 미국에서의 사업에 환멸을 느낀 하우는 가족을 데리고 1847년에 영국으로 건너갔다. 2년 후 더 적은 자본금과 더 불투명한 전망을 가지고 하우는 배의 요리사를 해서 뱃삯을 대면서 가족과 함께 다시 미국으

로 돌아왔다. 뉴욕에 도착
한 그는 가게에서 자기 것과
비슷한 재봉틀을 100달러
에 선전하고 있는 것을 보고
놀랐다. 그는 여러 제조업자
들의 특허권, 특히 보스턴의
기계공 아이작 싱어의 특허
권을 법적으로 조사했다.

19세기 네덜란드 화가 요제프 이스라엘스가 그린 「어린 재
봉사」(1850 - 1888).

싱어의 기계는 하우의 것
보다 우수했다. 싱어의 재봉
틀에는 아래위로 움직이는
곧은 바늘이 있었다(하우의
바늘은 곡선이었고 수평으
로 움직였다). 또 옷감을 고
정시키는 조절 레버가 있어
서 길고 곧은 뜸이나 곡선의 뜸을 뜰 수 있었다. 또 발로 작동하는 발판이
있었다(하우의 것은 손으로 돌리는 바퀴가 있었다). 그러나 싱어의 기계는
하우가 특허를 낸 특정한 깁는 법을 만들어냈다.

성격이 활달하고 야심이 강한 사업가인 싱어는 최초의 재봉틀 발명가라
는 명성을 얻는 데는 관심이 없었으므로 하우와 법정 밖에서 합의를 보기를
거절했다. 그는 아내와 두 자녀, 그리고 정부와 여섯 자녀를 부양하고 있었
다. 그는 자기 변호사에게 말했다.

'나는 발명 따위는 신경 쓰지 않아요. 내가 노리는 건 바로 돈이란 말이요.'

법정에서 사건이 질질 끄는 동안 하우보다 8년 먼저 재봉틀을 고안한 또다른 미국의 발명가가 등장했다. 월터 헌트는 여러 가지 많은 발명품을 만든 천재였는데, 그가 만든 것 중에는 3시간 만에 만든 안전핀도 있었다(그는 15달러의 빚을 갚기 위해 특허권을 400달러에 팔았다). 헌트는 재봉틀 때문에 재단사들이 일자리를 잃을까봐 자신의 재봉틀을 특허도 청구하지 않고 홍보도 하지 않았다. 1853년에 하우와 싱어의 법정 싸움이 일어날 즈음에 헌트의 재봉틀은 녹슨 잡동사니가 되어 있었다.

재판을 주재하던 판사는 싱어가 번 돈을 월터 헌트가 아니라 일라이어스 하우와 나눠야 한다고 판결했다. 재봉틀이 제조될 때마다 하우는 로열티를 받았다. 1867년에 48살의 나이로 죽기 전 한때 가난에 찌든 기계공은 한 주에 4,000달러 이상의 로열티를 거둬들이고 있었다. 그러나 안타깝게도 그를 언제나 지지해주고 재봉틀의 상업적 가능성을 결코 의심하지 않았던 그의 아내는 재봉틀로 돈을 벌어들이기 전에 죽고 말았다.

 ## 세제 : 1890년대, 독일

모든 세제는 비누라고 할 수 있지만 비누는 세제라고 할 수 없다. 이런 구분은 세제가 없어서 비누 한 장으로 빨래를 하거나 머리를 감아본 사람에게는 실용적인 면에서 사소한 것이 아니라 아주 중대한 것이다.

비누는 물에서 침전물을 형성하여 욕조 주위에 자국을, 유리컵에 흰 찌꺼기를, 세탁기의 헹굼 물에 끈적끈적한 거품을, 머리에 끈끈한 막을 남긴다. 게다가 보통 비누로 세탁한 옷은 다림질할 때 노란 얼룩을 만든다.

이런 좋지 못한 특성은 3,500년 동안이나 사용되어온 비누가 물속에 있는 광물질이나 산과 반응하여 씻겨 내려가지 않는 비용해 분자를 만들기 때문이다. 합성세제는 이 문제를 극복하기 위해 1890년대에 특별히 만들어졌다. 이것은 제1차 세계 대전 중에 독일인들이 전쟁 중의 실용적인 이유로 다량으로 생산했다. 즉, 비누를 만드는 데 쓰이는 귀중한 유지가 군사 차량이나 무기의 윤활유로 사용될 수 있기 때문이었다.

세제가 일으킨 혁명을 이해하려면 세계적인 상품으로서 비누의 중요성과 발전사를 살펴볼 필요가 있다.

비누는 언제나 지방으로 만들어졌다. 지금으로부터 2,600년 전 페니키아인들은 염소 지방과 목탄을 섞어서 세계 최초의 비누를 만들었다. 지중해를 항해하던 타고난 상인이었던 페니키아인들은 비누를 그리스인들과 로마인들에게 소개했고, 로마의 작가 플리니우스에 따르면 갈리아 사람들에게는 이것을 변비 치료제로 팔았다고 한다.

11세기 베네치아에서는 비누 제조업이 번창하는 사업이었고, 역사상 어느 시점에서는 비누에 세금을 너무 비싸게 매겨서 사람들이 밤중에 자신들이 쓸 비누를 몰래 만들기도 했다. 19세기 독일 화학자 유스투스 폰 리비히는 한 국가의 부와 문명의 정도가 비누 소비량에 의해 측정될 수 있다고 주장했다.

최초의 시판용 세척제가 등장한 것은 폰 리비히가 살던 시대였다. 비누에다 마찰력이 강하고 비용해 물질을(활석이나 백악 같은 부드러운 물질이나 부석이나 석영같이 거친 물질을) 섞어서 우수한 연마제가 생산되었다. 빨간색, 노란색 표지에 병아리가 그려진 '본아미'는 1886년에 발명되었으며, 초기 세척제 중에서 가장 인기 있는 품목 중의 하나였다.

이 무렵에야 비로소 화학자들은 비누가 때를 빼는 신비를 풀기 시작했다. 비누는 두 개의 다른 팔을 가진 분자로 구성되어 있다. 한쪽 팔은 물 분자에 달라붙기를 좋아하고 다른 팔은 물을 싫어하여 먼지나 기름 분자에 달라붙는다. 그래서 세탁을 한 물이 씻겨나갈 때 기름도 함께 빠지는 것이다. 화학자들은 물을 좋아하는 팔을 '친수성', 물을 싫어하는 팔을 '소수성'이라고 이름 붙였다. 그러나 다용도 세제로서의 비누의 명성은 도전받기 시작했다.

1890년에 독일의 화학자 크라프트는 어떤 분자가 비누 물질은 아니면서 알코올과 결합했을 때 비누처럼 거품을 만드는 것을 목격했다. 크라프트는 세계 최초의 세제를 내놓았으나 당시의 발견은 누구의 관심도 끌지 못했다. 단지 화학적인 신기한 일로만 남아 있었다.

그런데 제1차 세계 대전이 일어났다. 연합군은 독일군이 윤활유를 만드는 데 사용하는 천연유지의 공급을 차단했다. 비누의 유지가 대용으로 사용됨에 따라 독일에서 비누는 아주 귀한 물건이 되었다. 귄터와 헤처라는 두 명의 독일 화학자는 크라프트의 발명품을 기억해냈다. 그리고 '네칼Nekal'이라는 최초의 판매용 세제를 만들었다. 그들은 이것이 전시에 비누 대용품으로만 사용될 것이라고 생각했다. 그러나 세제의 장점이 너무나 빨리 드러났다. 1930년까지는 세계의 산업화된 국가의 대부분이 찌꺼기나 때를 남기지 않고 여러 면에서 비누보다 우수한 합성세제를 다양하게 생산하게 되었다.

이때 가장 인기 있는 다용도 가정용 세제는 '스픽 앤 스팬Spic-and-Span'이었다. 전적으로 현대적인 상품이지만 이 이름은 16세기에 네덜란드 선원들이 새로 만든 배를 지칭할 때 쓰는 표현에서 나온 것이다. 네덜란드어로 '스픽스플린터뉴spiksplinternieuw'라고 하면 못이나 나무 하나하나에 이르기까지 배의 모든 것이 새것이라는 뜻이었다. 영국 사람들이 나중에 이 말을 영어로 '스픽 앤 스패뉴spic and spannew'라고 부르게 되었고, 미국 선원들이 '스픽 앤 스팬spic and span'이라고 미국식으로 불렀다. 선원들의 표현인 '스픽 앤 스팬'은 일단 상표가 되자 일상언어가 되었다. 그 이후부터는 티끌 하나 없이 깨끗하거나 아주 새것을 가리킬 때 쓰는 말이 되었다.

1946년에 처음으로 성공한 가정용 세탁세제가 등장했다. '타이드Tide'라는 상표명을 붙인 이 제품은 미국의 모든 가정주부가 세탁기 없이는 못 살겠다고 마음먹은 바로 그 시기에 등장했다. 타이드는 나오자마자 성공했고, 오늘날 슈퍼마켓 선반을 장식하고 있는 많은 세제의 선두주자가 되었다.

표백제 굳이 선전을 하지 않아도 가정주부들은 여러 면에서 세제가 비누보다 우수하다는 것을 알고 있었다. 그러나 세제가 처음 나왔을 때 판매에 도움이 되었던 한 가지 요소는 옷을 '백색보다 더 희게' 만드는 형광 표백제의 첨가였다. 1929년 세제에다 사실상 형광 염색제라고 할 수 있는 형광물질을 약간 첨가하는 아이디어를 고안한 사람은 또 다른 독일의 화학자 한스 크라이스였다.

이 화학물질은 세탁하는 동안 의복의 조직 속으로 들어가며 헹궈도 빠져나가지 않았다. 이것은 조직의 일부가 되었다. 그리고 형광물질은 간단한 화학 작용을 통해 옷을 눈부시게 빛나게 하는 효과를 냈다. 옷을 햇빛에 입고 나가면 형광물질이 눈에 보이지 않는 자외선을 푸르스름한 색으로 변화시켰다. 이런 효과 때문에 옷은 보통 때보다 더 많은 빛을 반사하게 된다. 그래서 옷이 더 깨끗하지는 않으면서도 더 하얗게 보이는 효과가 생기는 것이다.

한스 크라이스는 형광 화학물질의 또 다른 이점을 알아냈다. 형광물질에서 반사된 빛의 색조는 스펙트럼에서 푸른 쪽으로 치우치게 되고 원래의 옷 속에 있는 노란색을 보완하여 밝을 뿐만 아니라 더 희게 보이도록 하는 것이다. 독일 화학 회사 파르벤에서는 '시각적 표백제'로도 최초의 특허를 땄다.

개인 위생 측면에서 세제가 비누를 완전히 몰아내지는 못했지만 선진국에서는 세제가 비누보다 3배나 많이 사용된다. 오늘날 1인당 비누와 세제 소비가 가장 많은 나라는 미국이며 스위스와 독일이 그 뒤를 따르고 있다. 반대로 비누 사용이 가장 적은 나라는 핀란드, 그리스, 아일랜드이다.

유리창 : 600년, 독일

기원전 400년 무렵에 로마인들이 처음으로 판유리를 유리창으로 사용했지만 온화한 지중해 기후 때문에 이것은 단지 흥밋거리에 지나지 않았다. 유리는 주로 보석 가공 등 실용적인 목적에나 사용되었다.

유리의 취입성형이 기원전 50년 무렵에 발명되면서 고품질의 유리창이 가능해졌다. 로마인들은 가정과 연회실에서 쓸 갖가지 모양과 크기의 술잔을 만드는 데 이 기술을 사용했다. 고대 로마 도시유적에서는 많은 유리그릇이 발굴되었다.

로마인들은 판유리 기술을 완성하지 못했다. 그럴 필요가 없었던 것이다. 판유리 기술의 혁신은 훨씬 더 추운 독일 지방에서 중세 초기에 일어났다. 서기 600년에 유럽의 유리 제조 중심지는 라인강가에 형성되어 있었다. 유리 작업에는 엄청난 기술과 오랜 수습 기간이 필요했고 이런 전제 조건들은 유리 제조 기술자들을 일컫는 '개퍼gaffer'라는 이름에도 반영되어 있다. 이 말은 '학식이 많은 할아버지'라는 뜻이다. 그의 정교한 예술품은 너무나 귀중했기 때문에 그가 긴 대롱을 사용해서 유리를 부는 화로의 구멍은 '성스러운 구멍'이라고 불렸다.

유리 제조자들은 창문을 만들기 위해 두 가지 방법을 썼다. 좋지는 않지만 널리 사용된 방법인 실린더 제조법에는 유리 제조자들이 용해된 실리카를 둥근 구 모양이 되게 한 후, 앞뒤로 흔들면서 실린더 모양으로 길게 만들었다. 그런 다음 실린더를 길게 잘라서 판유리 모양으로 폈다.

노르망디 유리 제조자들의 특기인 왕관 제조법에서는 기술자들이 유리를 불어 구를 만들면서 끝에서 쇠막대기를 붙인다. 그런 다음 막대기를 빼면 한쪽 끝에 구멍이 남는다. 그리고나서 구를 빠른 속도로 회전시키면 원심력 때문에 구멍이 팽창하고 마침내 구가 디스크 모양으로 펴지게 되는 것이다. 왕관 유리는 실린더 유리보다 더 얇았고 작은 유리창에만 사용되었다.

중세 때 유리를 구워서 착색한 스테인드글라스 유리창이 있는 유럽의 높은 성당들은 대륙에서 제조되는 판유리의 대부분을 독점했다. 유리창은 교회에서 부유한 가정으로, 그리고 일반 가정으로 퍼져나갔다. 당시 실린더 제조법으로 만들 수 있었던 가장 큰 판유리는 넓이가 120센티미터 정도여서 유리창 크기에도 제한이 있었다. 17세기에 유리 제조술이 발달하면서 약 400센티미터×210센티미터 유리도 생산되었다.

1687년에 프랑스 오를레앙에 사는 유리 제조가 베르나르 페로는 판유리를 펴는 기술의 특허를 냈다. 용해된 뜨거운 유리를 커다란 철제 테이블 위에 부은 후 무거운 철제 롤러로 펴는 기술이었다. 이 방법으로 전신 거울을 만드는 데 적합한, 비교적 왜곡이 없는 대형 판유리를 최초로 만들 수 있게 되었다.

파이버글라스 이름이 암시하듯이 파이버글라스는 잘게 뽑아낸 유리 필라멘트를 실로 만들어서 이것을 다시 단단한 판유리나 유연한 섬유로 짠 것을 말한다.

파리의 기술자 뒤비 보넬은 1839년에 유리를 뽑아내고 짜는 데 대한 특허를 획득했다. 그러나 이 과정은 너무 복잡하고 불편했다. 얇은 유리실이 가단성可鍛性을 잃지 않도록 덥고 습한 방에서 작업해야 했으며, 이것을 짜는 것도 자카드jacquard 타입의 문직기에서 조심스럽게 작업해야 했다. 당시 사람들은 유리를 천처럼 짤 수 있다는 생각에 너무나 회의적이었기 때문에 뒤비 보넬은 특허 신청을 하면서 작은 직사각형의 파이버글라스 샘플을 첨부했다.

안전유리 아이러니하게도 안전유리는 1903년에 프랑스 화학자 에두아르 베네딕투스가 유리를 깨트리는 사고를 내면서 발견했다.

어느 날 실험실에서 베네딕투스는 사다리를 타고 선반에 있는 시약을 가지러 갔다가 실수로 플라스크를 바닥에 떨어뜨렸다. 그는 유리가 깨지는 소리를 들었으나 내려다보니 놀랍게도 깨진 플라스크가 원래 모습으로 서로 붙어 있었다. 조수에게 물어본 결과 베네딕투스는 최근에 이 플라스크에 질산셀룰로오스라는 액체 플라스틱 용액이 담겨 있었음을 알게 되었다. 용액은 증발하고 얇은 플라스틱 막이 플라스크 내부에 코팅되었는데, 겉보기에는 깨끗했으므로 조수는 급한 김에 씻지도 않고 선반에 갖다놓았던 것이다.

사고로 베네딕투스가 안전유리의 원리를 발견한 것처럼 또 다른 사고들을 통해 그는 이것을 생활에 적용하는 방법을 알게 되었다.

1903년에 자동차 운전은 파리 사람들에게는 새롭지만 위험한 취미였다. 베네딕투스가 실험실에서 발견을 했던 바로 그 주에 어느 파리 신문은 최근에 자동차 사고가 잇달아 발생한다는 특집기사를 실었다. 그리고 대부분의 운전자들이 깨진 앞유리창 때문에 중상을 당한다는 내용에, 베네딕투스는 자기가 발견한 독특한 유리가 생명을 구할 수 있음을 알게 되었다.

그는 일기에 이렇게 쓰고 있다.

'갑자기 내 눈앞에 깨진 플라스크의 모습이 떠올랐다. (중략) 꼬박 24시간 동안 나는 액체 플라스틱으로 유리를 코팅했다가 깨뜨리는 실험을 반복했다.' (중략) '다음 날 저녁 나는 장래성이 많은 최초의 트리플렉스(안전유리)를 만들어냈다.'

불행하게도 새로 나온 사치품의 가격을 내리기 위해 안간힘을 쓰고 있던 자동차업계는 비싼 안전유리를 앞유리창에 사용하는 데 관심이 없었다. 운

네덜란드의 풍속화가 아드리안 판 오스타더의 「식사 후 농가의 가족」(1661). 창문은 원래 환기를 위한 '바람의 눈'으로 탄생했지만 시간이 지나면서 유리가 끼워져 오히려 바람을 막게 되었다.

전의 안전성은 제조업자가 아니라 운전자의 손에 달려 있다는 것이 지배적인 태도였다. 사고를 막기 위한 안전장치들이 자동차 디자인에 적용되기는 했지만 일단 사고가 났을 때 부상을 최소화하는 장치들은 없었다.

안전유리가 처음으로 널리 실용적으로 사용되게 된 것은 제1차 세계 대전 발발 이후였다. 안전유리가 방독면 렌즈로 사용된 것이다. 제조업자들은 작은 타원형 안전유리를 만드는 것이 비교적 쉽고 값도 싸다는 것을 알았고, 이 렌즈 때문에 군인들은 그때까지 절실히 필요했지만 얻을 수 없었던 보호장치를 갖게 되었다. 전투라는 극한 상황 속에서 새로운 유리의 성능을 시험해본 후에야 자동차업계는 안전유리를 자동차 앞유리창에 사용했다.

창문 '윈도window'라는 단어의 어원에는 시적인 이미지가 들어 있다. 이 말은 '바람의 눈wind's eye'을 의미하는 스칸디나비아어 'vindr'와 'auga'를 합친 말에서 나왔다. 옛날 노르웨이의 목수들은 집을 되도록 단순하게 지었다. 겨울 내내 문을 닫아두어야 하므로 연기와 탁한 공기는 지붕에 난 작은 구멍, 또는 '눈'을 통해 환기되었다. 바람이 이 구멍을 통해 휘파람 소리를 냈기 때문에 이 구멍은 '바람의 눈'이라고 불리게 되었다. 영국의 건축업자들은 노르웨이의 용어를 빌려서 이것을 '윈도'라고 바꾸었다. 그리고 시간이 지나면서 공기를 들여보내기 위해 만들어졌던 이 구멍에 유리를 덮어서 오히려 바람을 막아내게 되었다.

 ## 가정용 냉방 시스템 : 기원전 3000년, 이집트

인공 냉장 수단은 없었지만 고대 이집트인들은 건조하고 온화한 기후에서 일어나는 자연현상을 이용하여 얼음을 만들 수 있었다.

해질 무렵에 이집트 여인들은 얇은 질그릇에 물을 담아 짚단 위에다 내놓았다. 수면과 그릇 측면으로부터의 급격한 기화는 밤기온의 급강하와 함께 (주변 온도가 결코 빙점 이하로 떨어지지는 않았는데도) 얼음을 얼게 했다. 어떤 때는 수면에 얇은 얼음막만 생기기도 했으나 건조 상태와 밤 기온의 조건이 좋으면 물이 얼어서 딱딱한 얼음판이 되었다.

이런 현상의 원인은 낮은 습도와 기온을 내려가게 만드는 기화이다. 이런 원리를 알아냈던 많은 고대문명에서는 공기를 조절함으로써 집과 궁전을 냉방했다. 예를 들어 기원전 2000년에는 부유한 바빌로니아 상인이 자기 집에 세계 최초의 냉방 체계를 만들었다. 해가 지면 하인들이 방의 벽과 바닥에 물을 뿌려서 기화하게 만들었고, 이것이 밤공기의 냉각과 합쳐져서 더위를 식혔던 것이다.

기화를 통한 냉각은 고대 인도에서도 널리 사용되었다. 밤마다 집안의 가장은 바람이 불어오는 쪽 창에다 젖은 풀잎 매트를 걸어놓았다. 매트는 손으로 물을 뿌리거나 창 위에 매단 구멍 달린 통에서 물이 똑똑 떨어지게 하여 밤새도록 적셔놓았다. 부드러운 더운 바람이 시원한 풀잎 매트에 닿으면 기화를 촉진해서 실내공기를 냉각시켰다. 어떤 때는 거의 30도나 내렸다.

2,000년 후 전화와 전깃불이 현실이 된 후에도 무더운 여름날을 시원하게 만드는 단순하고 효과적인 수단은 여전히 기술의 손이 미칠 수 없는 곳에 있었다. 19세기 말까지만 해도 큰 식당과 공공장소에서는 얼음과 소금 혼합물 속으로 공기 파이프를 지나가게 한 후 시원해진 공기를 선풍기로 순환시켰다. 이런 거추장스러운 체계를 사용한 뉴욕시의 매디슨 스퀘어 극장은 하룻밤에 4톤의 얼음을 소비했다.

19세기 기술자들을 괴롭혔던 문제는 기온을 어떻게 낮출 것인가 뿐만 아니라 어떻게 무더운 공기에서 습기를 제거하는가 하는 문제였다. 이것은 고대인들도 깨달았던 문제였다.

에어컨 '에어컨디셔닝'이라는 말은 실제적인 냉방 체계를 만들기 전부터 사용되었다. 이 표현은 1907년 미국 면 제조업 협회에서 섬유공장의 습도를 조절하는 방법에 관한 논문을 발표했던 스튜어트 크레이머라는 물리학자가 쓴 것이다. 공기에 일정한 양의 증기를 불어넣어 섬유 속에 있는 습도를 조절하는 것이 당시에 '컨디셔닝 디 에어conditioning the air'라고 알려져 있었다. 크레이머는 동명사를 복합명사로 만들어 새로운 표현을 창조했고, 이 표현이 섬유업계 내에서는 널리 쓰이게 되었다. 그리고 야심만만한 미국의 발명가 윌리스 캐리어가 1914년에 최초의 상업용 에어컨을 만들었을 때 이미 거기에 붙일 이름이 기다리고 있었던 것이다.

벼락출세한 뉴욕 근교의 농촌 출신으로서 코넬공과대학 장학생이었던 캐리어는 난방과 통풍 체계에 매료되었다. 1901년에 졸업한 후 1년이 지나 그는 브루클린의 석판공이며 인쇄업자인 사람을 위해 처음으로 냉방 일을 떠맡았다. 인쇄업자들은 실내 온도와 습도 변화 때문에 항상 애를 먹었다. 종이가 늘어나거나 줄어들었으며 잉크가 흐르거나 말라버렸고 색깔도 인쇄할 때마다 달랐던 것이다.

캐리어는 기존 히터를 개조하여 찬물을 넣고 팬으로 차가운 공기가 순환되게 했다. 그가 정말 천재성을 발휘한 것은 온도뿐만 아니라 공기의 흐름도 세심하게 계산하고 조절하여 공기를 냉각시킬 뿐만 아니라 습기까지 제거할 수 있도록(그래서 냉각을 가속할 수 있도록) 한 점이었다. 이런 합성 효과를 성취한 덕분에 그는 '현대 냉방기술의 아버지'라는 칭호를 얻게 되었다. 일단 기초가 놓이자 발전이 빠르게 진행되었다.

1919년 최초의 냉방시설을 갖춘 영화관이 시카고에서 문을 열었다. 그해에 뉴욕의 에이브러햄과 스트라우스는 최초로 냉방시설을 갖춘 백화점이 되었다. 1925년에 뉴욕의 리볼리 극장에 133톤짜리 에어컨을 설치함으로써 캐리어는 새로운 돈벌이 시장에 뛰어들었다. 관객들이 냉방시설을 너무나 좋아했으므로 1930년 무렵에는 미국 전역에서 300개 이상의 극장이 영화 자체보다 더 큰 글자로 냉방시설이 되어 있음을 광고하게 되었다. 그리고 더운 날에는 사람들이 영화를 보기 위해서만이 아니라 더위를 피하러 영화관에 몰렸다. 1930년대 말에는 가게와 사무실 건물들에서 냉방이 노동자들의 생산성을 높여서 냉방 시설비를 상쇄하고도 남는다는 주장이 나왔다. 생산성이 높아진 것은 사람들에게 일하러 갈 새로운 이유가 생겼기 때문이었다. 비서, 기술자, 점원, 그리고 관리직에 있는 사람들도 자발적으로 일찍 출근하고 늦게 퇴근했다. 왜냐하면 가정용 냉방은 아직 까마득히 먼 훗날의 일이었기 때문이다.

 고무호스 : 1870년대, 미국

오늘날 물뿌리개는 실내에서 작은 식물에 물을 줄 때만 쓰인다. 이때 물뿌리개에 물을 계속 채우는 일은 지겨운 일이다. 그렇지만 고무호스가 개발되기 전에는 크기에 관계없이 잔디, 화단, 채소밭에 물을 줄 때 언제나 물뿌리개를 사용했다. 고무호스와 그리고 소방호스는 시간을 절약하게 하는 신의 선물일 뿐만 아니라 실용적인 목적으로 제조된 최초의 고무 제품(자동차 타이어나 비옷이 나오기 전에)이었다. 그리고 고무호스 덕분에 고무 산업이 생기게 되었다.

고무는 16세기 유럽에는 새롭고 신기한 물질이었다. 아메리카 원주민들이 만든 최초의 고무공은 콜럼버스에 의해 스페인에 소개된 후 200년 동안 많은 유럽 발명가들이 이 물질을 가지고 실험해보았지만 실용적인 목적에 적용할 수가 없었다. 그 이유는 자연 상태에서의 고무는 추울 때는 부서지고 더울 때는 달라붙는 성질을 갖고 있었기 때문이다. 그런데 부엌에서 우연한 사고로 고무를 포송포송하고 부드럽고 유연한 물질로 만드는 비법을 발견한 사람은 미국의 애송이 발명가 찰스 굿이어였다.

굿이어는 가죽의 수명을 연장하기 위해 가죽의 질을 연하게 하고 또 단단하게 하는 것처럼 고무도 그렇게 하면 더 유용하게 사용될 것이라고 생각했다. 1838년 2월의 어느 날 저녁 그는 자기 집 부엌에서 고무를 가공 처리하기 위해 여러 가지 화학물질을 섞으면서 실험을 하고 있었다. 고무와 유황 혼합물이 스푼에서 난로의 뜨거운 표면에 떨어졌다. 이것을 닦을 정신이 없었던 그는 계속해서 실험을 했고 고무는 녹았다가 다시 냉각되어 고체가 되었다. 녹아붙은 덩어리를 떼려고 했을 때 굿이어는 고무가 부드럽고 포송포송하고 유연해진 것을 보고 깜짝 놀랐다. 그날 밤 그는 겨울의 혹한 속에 부엌문 바깥에다 이것을 붙여놓았다. 아침에 이것을 들여와서 다시 구부려 보았을 때 그는 날아갈 듯 기뻤다. 이것은 부서지지도 않았고 원래의 유연함을 고스란히 유지하고 있었다. 굿이어는 유황이 고무를 '경화'시킨다는 것을 발견한 것이었다.

경화 과정을 완성시키려면 더 많은 실험이 필요했다. 그러나 돈이 없었다. 그는 더 나은 고무를 찾기 위해 이미 엄청난 시간과 돈을 써버렸다. 그와 아내, 다섯 명의 자녀는 빈털터리였고 친척 집에 빌붙어 살고 있었다. 그는 가족의 재산을 저당잡혔을 뿐만 아니라 아이들 교과서까지 팔았다. 그가 나중에 1855년에 『껌 고무와 변종Gum Elastic and Its Varieties』이라는 책에 썼듯이 자신의 전 재산을 쏟아부었던 이유는 '성공이 너무나 확실해 어떤 희생을 해도 괜찮았기' 때문이었다. 그러나 찰스 굿이어는 상업적으로는 성공하지는 못했다. 그는 빚 때문에 감옥에 갔고 1860년에 죽었을 때는 가족에게 20만 달러의 빚을 유산으로 남겼다.

고무가 미국의 꿈의 제품이 된 것은 굿이어가 죽은 지 10년이 지나서였다. 이것은 굿이어와 놀랄 만큼 이름이 비슷한 사람의 노력을 통해 이루어졌다. 남북전쟁 때 의사였다가 사업가로 변신한 벤저민 프랭클린 굿리치 박사는 1870년에 오하이오주 애크런에서 비에프굿리치 회사를 설립했다. 당시는 고무를 활용할 수 있는 방법이 별로 알려진 게 없었다. 그러나 굿리치는 고무의 가능성을 확신하고 있었다. 그는 친한 친구의 집이 불이 났을 때 가죽 소방호스가 터져서 제 구실을 못하는 바람에 몽땅 불에 타는 것을 목격한 적이 있었다. 그리고 펜실베이니아의 유전 지대에서 그는 석유를 수송할 고무호스의 필요성을 절감했다. 그는 의학 공부를 통해 고무가 외과수술이나 재활요법에 다용도로 활용될 수 있다는 것도 알고 있었다.

재능이 있고 상냥했던 그는 사업가들을 설득해서 자신의 고무회사에 투자하도록 하는 데 아무런 어려움이 없었다. 몇 달 내에 애크런 공장은 세계 최초의 고무호스를 생산하게 되었다. 이 회사에서 만든 튼튼하고 면을 입힌 소방호스가 가장 잘 팔리는 제품이 되었다.

1871년은 또한 개스킷gasket, 병마개, 보관용 병의 둥근 마개, 가정주부들이 쓰는 빨래 짜는 기계의 롤러 등 여러 가지 고무 제품들이 최초로 나온 해이기도 하다. 집 바깥에서 쓰는 물건으로서는 정원용 호스가 주된 품목이었다. 가죽 호스는 여러 가지 결점이 있었다. 계속 물에 적셨다가 말리면 가죽은 노쇠하고 갈라졌다. 햇빛에 오래 두어도 부서졌다. 탄력성 또한 매우 한계가 있었고 터질 위험도 많았다. 반면에 굿리치의 고무는 습기와 온도에 무관했으며 강한 내부 수압을 견딜 뿐만 아니라 터질 가능성도 거의 없었다. 1880년대를 통하여 직업적인 정원사이건 주말에만 정원을 돌보는 사람이건 할 것 없이 모두 기꺼이 물뿌리개를 버리고 고무호스를 들었다. 고무호스는 잔디밭뿐만 아니라 정원사에게 내려진 축복이었다.

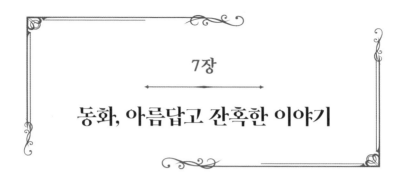

7장

동화, 아름답고 잔혹한 이야기

 동화 : 16세기, 이탈리아와 프랑스

강간, 아동학대, 그리고 내다버리고 돌보지 않는 것이 오늘날 신문의 헤드라인과 영화의 주된 내용이다. 그러나 아이러니하게도 이런 내용들은 우리가 가장 좋아하는 많은 동화들의 중심 주제(원래 만들어진 내용)였다.

「잠자는 숲속의 미녀」 원본은 공주가 키스와 함께 깨어나면서 해피 엔딩을 맞이하는 것으로 되어 있지 않다. 그녀의 진정한 시련은 그때부터 시작된다. 그녀는 강간당하고 버림받으며 그녀가 낳은 사생아들은 식인종에게 잡아먹힐 위험에 처한다. 그리고 「빨간 모자」 원본은 늑대가 빨간 모자에게 달려들어 그녀의 사지를 찢으려고 할 때 아직 할머니를 소화시키지도 못한 상태였다. 당시 많은 화가들은 두 명을 죽게 하는 것이 아이들에게 너무 잔인하다고 생각하여 이 이야기의 삽화 그리기를 거부했다. 그러던 중 한 삽화가가 사냥꾼을 도입시켰고, 마침내 이 사냥꾼이 늑대를 죽이고 빨간 모자만이라도 살려낸다.

오늘날 많은 비평가들은 아이들에게 들려주는, 그리고 그들이 따라 부르는 많은 동화나 노래가 광기, 술취함, 갈기갈기 찢기는 사람과 동물, 거짓말, 뻔뻔스러운 인종 차별 등을 교묘히 위장한, 근본적으로 불건전한 내용이라고 주장한다. 사실 많은 이야기들이 이 모든 요소들뿐만 아니라 더한 것도 담고 있다. 원전대로 이야기할 때면 더욱 그러하다.

그런데 동화작가들이 왜 부도덕하고 비인간적인 내용들을 다루었을까?

한 가지 대답은 엘리자베스 시대부터 19세기 초까지 어린이들이 작은 어른으로 간주되었다는 사실에서 출발한다. 가족들은 좁은 공간에서 갇혀 살았다. 따라서 아이들은 어른들과 같은 시간대에서 생활했으며, 음탕한 말을 듣거나 따라했고 어른들의 성적인 농담에 무방비 상태였다. 아이들은 어린 나이에 술주정을 목격했고 음주를 시작했다. 그리고 공개 태형, 교수형, 할복 자살, 족쇄형 등을 마을 광장에서 흔히 볼 수 있었으므로 폭력, 잔인함, 죽음 등도 아이들에게 낯설지 않았다. 삶은 험난한 것이었다. 동화는 이런 냉혹한 현실에 행복한 환상을 가미했다. 그리고 이런 혼합체를 아이들에게 보여주는 것은 너무나 자연스러웠으며 특별히 해롭지도 않았다.

가장 사랑받는 동화들이 오랜 생명을 유지한 데는 17세기 프랑스에 살았던 샤를 페로의 공이 크다. 그러나 모든 이야기를 페로가 지은 것은 아니었다. 많은 이야기가 구전 상태로 존재했고, 이미 글로 쓰인 것들도 있었다. 「잠자는 숲속의 미녀」, 「신데렐라」, 「빨간 모자」만 샤를 페로가 쓴 이야기다. 그는 반항적인 낙제생이었으며 여러 직업에서 실패했다. 그러다가 루이 14세의 궁정에서 동화가 인기를 끌자 동화로 눈을 돌렸다.

샤를 페로는 1628년 파리에서 유명한 작가이며 프랑스 의원이었던 사람의 다섯째이자 막내아들로 태어나 어릴 때 어머니한테 읽기를 배웠다. 저녁 식사 후에는 하루 동안 일어난 일을 라틴어로 아버지에게 보고해야 했다. 10대가 되자 정식 교육에 반발한 그는 기분 내키는 대로 여러 가지 분야에 몰두하면서 나름대로 공부를 시작했다. 이런 식의 공부를 통해 그는 많은 분야를 취미로 배웠지만 어느 것 하나 전문적으로 배운 것은 없었다.

1651년에 변호사 개업 면허를 따기 위해 페로는 시험관을 매수해 대학 졸업장을 샀다. 그러나 곧 변호사 일에 싫증을 느꼈다. 그는 결혼해서 네 명의 아이를 두었는데, 그러는 동안 정부 내에서 일자리도 네 번이나 옮겨 다녔다. 공적인 일에 만족하지 못한 그는 자신이 아이들에게 들려주던 동화를 신문에 기고하는 일에 몰두했다. 드디어 자기의 전문 분야를 찾아낸 것이다.

1697년, 그의 생애에 큰 획을 긋는 책이 파리에서 발간되었다. 『옛이야기 Tales of Times Passed』라는 제목으로 발행된 이 책에는 뛰어난 여덟 편의 이야기가 실려 있다. 이 이야기들은 하나를 제외하고는 모두 세계적으로 유명해졌다. 원래 번역된 제목으로 열거해보면, 「잠자는 숲속의 미녀」「작은 빨간 모자」「푸른 수염」「대장 고양이, 또는 장화를 신은 고양이」「다이아몬드와 두꺼비」「신데렐라, 또는 작은 유리 구두」, 그리고 「엄지손가락의 춤」이었다. 여덟 번째이면서 가장 덜 알려진 이야기인 「Riquet a' la Houppe」는 불구인 왕자가 아름답지만 멍청한 공주와 사랑을 나누는 이야기였다.

페로는 이미 구전으로나 문학적 전통의 일부가 된 이야기들을 단지 기록하는 것 이상의 일을 했다. 비록 당대의 어느 비평가가 샤를 페로의 진정한 저자는 '수많은 아버지, 어머니, 할머니, 가정교사 그리고 친구였다'고 비난하기는 했지만 페로의 천재성은 이들 이야기의 매력이 단순함에 있다는 것을 발견한 것이었다. 그는 마치 유치원에서 들은 이야기를 아이가 친구들에게 말하듯이 이야기들에 마력을 부여하여 의도적으로 순진하게 만들었다.

페로와 다른 사람들이 기록한 원전을 모르는 오늘날의 독자들은 원전에 얽힌 이야기들이 충격적일지도 모르겠다. 다음에 나오는 이야기들은 우리가 어릴 때 들었고, 다시 자녀들에게 들려주는 주요한 동화들의 원전이다.

잠자는 숲속의 미녀 : 1636년, 이탈리아

「잠자는 숲속의 미녀」는 샤를 페로가 1697년에 출간한 책의 서두에 나오는 이야기다. 이 이야기는 오늘날 우리가 이야기하는 판과 같은 것이지만 원래 이야기를 다 포함하고 있지는 않다. 페로는 이 이야기를 다시 쓰면서 아름다운 공주가 겪는 끔찍한 시련들을 많이 빼버렸다. 「잠자는 숲속의 미녀」는 잠바티스타 바실레라는 사람이 1636년에 자신의 『펜타메로네 Pentamerone』라는 동화집에 수록하면서 처음으로 출판되었다.

이 나폴리판 「잠자는 숲속의 미녀」 이야기는 이렇다. 왕은 새로 태어난 공주 탈리아가 독이 묻은 아마 가시에 찔려서 위험을 당하게 될 것이라는 경고를 현인들에게서 받는다. 그래서 왕은 궁전에서 아마 재배를 전면 금지했다. 그러나 탈리아 공주는 우연히 아마 짜는 베틀이 있는 곳으로 가게 되고 손톱 밑에 가시가 찔려 죽게 된다. 슬픔에 잠긴 왕은 딸의 시체를 벨벳 천 위에 눕히고 궁전 문을 잠근 후 그곳을 영원히 떠난다. 여기서부터 현대판과 원본 판이 나뉜다.

사냥을 하던 어느 귀족이 버려진 궁전과 아무런 감각이 없는 공주의 몸을 발견한다. 그는 그녀를 겁탈하고(그녀에게 키스를 하는 대신) 떠난다. 9개월 후 잠자는 탈리아는 쌍둥이 남매를 낳는다. '해'와 '달'이라는 이름이 붙은 두 아기는 요정의 보살핌을 받게 된다. 어느 날 남자 아기가 어머니의 손가락을 빨자 독이 묻은 가시가 빠지면서 탈리아는 의식을 되찾는다.

그녀를 겁탈하고 떠났던 귀족은 금발의 잠자는 미녀와의 즐거운 만남을 회상하면서 숲속의 버려진 궁전을 다시 방문하고 그녀가 깨어 있음을 발견한다. 그는 자기가 아이들의 아버지임을 고백하고 한 주일간 즐겁게 같이 지내다가 그녀를 다시 떠난다. 그에게는 본처가 있었던 것이다.

원본은 여기서부터 점점 더 괴상해진다. 이 귀족의 아내가 남편에게 서출

20세기 초의 러시아 화가 빅토르 바스네초프가 묘사한 「잠자는 숲속의 미녀」 한 장면.

이 있다는 것을 알게 된 것이다. 그녀는 공주와 두 아이를 잡아 요리사에게 주면서 아이들의 목을 따고 살로 맛있는 요리를 만들라는 명령을 내린다. 자기 남편이 음식을 절반쯤 먹었을 때 그녀는 희열에 차서 알려준다.

'당신은 지금 당신 자식을 먹고 있어요!'

한동안 그 귀족은 자신이 자식의 고기를 먹었다고 믿고 망연자실한다. 그러나 사실은 그렇지 않았다. 마음씨 좋은 요리사가 아이들을 살려주고 염소 고기를 대신 넣었음이 밝혀진다. 화가 난 본처는 잡혀 있는 탈리아를 화형에 처하라고 명령한다. 그러나 잠자는 숲속의 미녀는 마지막 순간에 아이들의 아버지에 의해 구출된다.

 빨간 모자 : 1697년, 프랑스

이 동화는 페로의 이야기 중 가장 짧고 가장 유명한 것 중 하나다. 역사가들은 할머니와 빨간 모자가 둘 다 잡아먹히는 페로의 이야기 이전에 나온 판을 지금까지 발견한 적이 없다. 할머니를 잡아먹은 늑대는, 민속 연구가들이 아동문학사상 가장 교묘하고 가장 유명한 문답 장면이라고 주장하는 질문으로 빨간 모자를 끌고 들어간다.

찰스 디킨스는 빨간 모자가 자신의 첫사랑이었으며 어릴 때 그녀와 결혼하고 싶었다고 고백한 적이 있다. 그는 후에 '자신의 입맛을 별로 돋우지 못한 할머니를 잡아먹고 자신의 이빨에 대한 악랄한 농담을 한 후에 빨간 모자까지 잡아먹은 늑대의 잔인성과 교활함에 치를 떨었다'고 적고 있다.

사실 많은 작가들이 페로의 끔찍한 결말을 싫어했으며, 그 대신 자신들이 만든 다른 결말을 갖다붙였다. 1840년에 나온 영국판에서는 '늑대에게 막 공격을 당하려는 빨간 모자가 비명을 질렀고 아버지와 다른 나무꾼들이 뛰어들어와 그 자리에서 늑대를 죽였다'라고 적혀 있다.

같은 시기에 프랑스 아이들은 다른 결말을 가진 이야기를 들었다. 늑대가 빨간 모자를 막 덮치려고 할 때 말벌이 유리창 틈으로 들어와서 그의 코에 침을 쏘았다. 늑대가 아파서 소리치자 지나가던 사냥꾼이 순간적으로 화살을 날렸고, 이 화살은 늑대의 귓구멍을 관통하여 그 자리에서 즉사시켰다는 것이다.

이 동화의 여러 가지 판 중에 가장 소름 끼치는 이야기는 19세기 말 영국에서 나온 것일 것이다. 이 판에 따르면 늑대는 할머니의 피를 병에다 모으고 아무것도 모르는 빨간 모자에게 이것을 마시게 한다.

한 가지 재미있는 사실은 모든 판본이 빨간 모자를 구하려고 애를 쓰지만 할머니를 살리려는 노력은 하지 않는다는 점이다.

페로보다 120년 후 그림 형제는 또 다른 이야기를 내놓고 있는데, 이것은 할머니를 살려주는 유일한 판본이다. 할머니와 빨간 모자를 먹은 늑대는 식곤증을 느껴 그 자리에서 곧바로 잠이 든다. 늑대의 우레 같은 코골이를 들은 지나가던 사냥꾼은 집으로 들어가 벌어진 일을 추측하고 늑대의 배를 가위로 짼다. 빨간 모자는 '늑대 뱃속은 너무 어두워!'라고 외치며 튀어나온다. 그다음에 지치고 헝클어진 모습의 할머니가 말없이 나온다. 그리고 늑대는 쫓아낸다.

민속학자들은 페로가 '빨간 모자' 이야기를 기가 막힌 필치로 신문에 연재함으로써 영원히 사랑받게 하기 전에는, 이 이야기가 중세 초기부터 구전으로 존재해왔을 것으로 믿고 있다.

신데렐라 : 9세기, 중국

신데렐라 이야기는 세계에서 가장 유명한 동화일 것이다. 그것은 여러 가지 문학과 구전의 형태로 적어도 1,000년의 역사를 가진 이야기일 것이다. 대부분의 판본에는 신비한 구두를 자기 것이라고 주장하기 위해 여자의 발을 잔인하게 자르는 내용이 담겨 있다.

오늘날 어린이들에게 들려주는 가난한 소녀가 요정 대모의 자비로 궁중 무도회에 참석한다는 이야기는 전적으로 샤를 페로가 만들어낸 것이다. 그가 기술적으로 재구성하지 않았더라면 서양 사람들은 스코틀랜드판에 나오는 아름답지만 가난한 딸 '라신 코티'의 이야기만 알게 되었을 것이다.

라신 코티판 신데렐라 이야기에서는 세 명의 못생긴 배다른 언니들이 그녀에게 억지로 골풀 옷(그녀의 이름이 뜻하는 것처럼)을 입게 한다. 라신 코티에게는 마법의 송아지가(그녀의 소원을 들어주는 요정 대모 대신에) 있다. 그런데 사악한 계모가 심술을 부려 송아지를 잡아먹어버린다. 슬픔에 잠긴 라신 코티는 무도회에 가고 싶어 죽은 송아지 뼈에 대고 새 드레스를 달라고 소원을 빈다. 기적처럼 소원은 이루어져 '가장 멋진' 드레스를 입게 된

20세기 일러스트레이터였던 에드먼드 뒬락이 그린 「신데렐라」의 한 장면.

그녀는 무도회에서 왕자의 마음을 사로잡지만 무도회가 끝나고 서둘러 돌아오는 길에 아름다운 공단 슬리퍼를 잃어버리고 만다.

슬리퍼가 발에 맞는 사람이라면 누구나 왕자와 결혼할 수 있다는 말을 듣고 계모는 맏딸의 발가락을 잘라낸다. 그러나 발이 여전히 커서 뒤꿈치까지 잘라낸다. 왕자는 못생긴 딸을 받아들이지만 나중에 신발 속에 있는 발이 성하지 않다는 사실과 라신 코티가 자기가 찾는 아가씨라는 이야기를 어떤 새로부터 듣는다. 이리하여 그녀는 왕자와 결혼하여 행복하게 산다.

많은 유럽의 옛 묘사에서는 공단, 천, 가죽, 또는 털로 만든 구두에 맞추기 위해 못생긴 딸의 발을 자르고 어떤 새가 왕자에게 속임수를 알려주는 것으로 되어 있다. 페로가 어릴 때 들은 프랑스 이야기에는 신발이 유리프랑스어로 verre가 아니라 늘어나는 가죽프랑스어로 vair으로 되어 있다. 늘어날 수도 없고 안이 들여다보이는 유리 구두의 장점을 착안한 것은 페로의 천재성이었다. 그가 바로 이 점에 착안했다는 것은 '신데렐라, 또는 작은 유리 구두'라는 제목에서도 잘 드러난다.

유럽에서 신데렐라 타입의 이야기를 최초로 한 사람은 잠바티스타 바실레로 여겨지고 있다. 그의 이름은 「화덕의 고양이」라는 제목으로 자신의 『펜타메로네』에 등장했다. 나폴리 출신으로 여행을 많이 한 시인, 군인, 대신, 행정가였던 바실레는 50개의 동화를 지었는데, 짐작건대 이것은 모두 나폴리 여자들이 그에게 해준 이야기들일 것이다. 그의 신데렐라는 학대받은 '제졸라'라는 이름으로 등장한다.

바실레의 이야기는 불쌍한 제졸라가 사악한 계모를 죽일 음모를 꾸미는 것으로 시작된다. 그녀는 마침내 계모의 목을 부러뜨린다. 그러나 불행하게도 그녀의 아버지는 여섯 명의 사악한 딸을 가진 훨씬 더 못된 여자와 결혼하고 새 계모는 제졸라를 온종일 화덕에서 일하도록 시킨다.

무도회에 가고 싶었던 그녀가 마법의 대추나무에 소원을 빌자, 즉시 아름다운 옷차림에 백마를 타고 열두 명의 시종을 거느린 모습으로 변했다. 무도회장에서 그녀의 아름다움에 왕은 반해버린다. 무도회가 끝난 연회장에 슬리퍼 한 짝만 남는데, 그 슬리퍼는 제졸라 외에는 맞는 사람이 없었다.

이탈리아판은 샤를 페로의 것과 아주 유사하지만 역사가들은 페로가 잠바티스타 바실레의 이야기를 잘 몰랐으며 프랑스 구전 이야기만 알고 있었을 것으로 믿고 있다.

그렇다면 최초로 신데렐라 이야기를 한 사람은 누구일까?

가장 역사가 오래된 이야기는 850년에서 860년 사이에 쓰인 중국 책에 등장한다. 중국의 이야기에서는 계모가 예신이라는 소녀를 구박하면서 누더기옷을 입히고 위험할 정도로 깊은 우물에서 물을 길어 오라고 시킨다.

이 중국판 신데렐라는 집 옆에 있는 연못에 길이가 10피트나 되는 물고기를 기르고 있다. 딸의 누더기옷으로 변장한 계모는 재주를 부려 물고기를 잡아 죽인다. 축제에 입고 갈 옷을 원하던 신데렐라는 물고기 뼈에 대고 소원을 빈다. 그러자 갑자기 아름다운 털옷과 금으로 치장한 아름다운 여인으로 변한다.

중국의 축제에는 왕자나 왕이 등장하지 않는다. 그러나 축제 장소를 급히 떠나면서 예신은 '오리털처럼 가볍고 돌바닥 위를 걸어도 소리 나지 않는' 금구두를 잃어버린다. 마침내 이 구두는 그 지방에서 가장 부자 상인의 손에 들어간다. 상인은 수소문 끝에 신발이 꼭 맞는 예신을 찾아낸다. 두 사람은 결혼하고 사악한 계모와 흉악한 딸들은 돌에 맞아 죽는다.

9세기에 나온 이 중국 신데렐라 이야기는 역사상 최초의 민담 수집가 중의 한 사람이기도 했던 당나라 시인 단성식段成式에 의해 기록되었다. 그는 이 이야기를 자기 집에서 오랫동안 일했던 하인에게 들었다고 적고 있다. 이 이야기의 기원에 대해서는 더 이상 알려진 바가 없으나 나중에 나온 서양 이야기와 많은 유사점을 가지고 있다. 오늘날까지 알려진 신데렐라 이야기는 무려 700여 가지나 된다.

 장화 신은 고양이 : 1553년, 이탈리아

1697년에 샤를 페로가 발표한 「장화 신은 고양이」는 인간을 도와주는 동물의 이야기로는 가장 잘 알려진 것이다. 그러나 이 이야기보다 전에 또는 이후에 나온 판에서 고양이 푸스는 진짜 사기꾼 역할을 하는 모델이다. 궁핍한 주인을 위해 돈을 벌려고 약삭빠른 고양이는 번쩍거리는 장화를 신고 거짓말, 사기, 협잡, 도둑질을 한다. 이야기가 끝날 때쯤에는 그의 모든 계략이 멋지게 성공하고 독자는 화려하게 차려입은 푸스가 왕실의 사교 모임에 참가하는 것을 보면서 책을 덮는다. 범죄로 돈을 벌 수가 있다는 것을 이 이야기는 보여주고 있는 것이다.

이 동화 역시 바실레의 『펜타메로네』에 처음 실렸다. 어느 나폴리의 거지가 죽으면서 아들에게 고양이를 남겨준다. 아들은 유산이 보잘것없다고 투덜대지만 고양이는 '마음만 먹으면 내가 너를 부자로 만들어줄 수 있어'라고 말한다.

페로의 이야기에서처럼 이탈리아 고양이 '일 가토Ⅱ Gatto'는 거짓말을 통해 부를 쌓는다. 그는 왕을 속여 공주를 자기 주인과 결혼시키도록 한다. 그는 자기 주인이 엄청난 땅을 살 수 있을 만큼 많은 지참금을 왕이 내놓도록 부추긴다. 페로의 이야기는 여기서 끝난다. 그러나 바실레의 이야기는 그렇지 않다.

고양이 주인은 보답으로 고양이가 죽으면 금으로 된 관에 시체를 보존하겠다고 약속한다. 시험 삼아 일 가토는 죽은 척한다. 그러나 일 가토의 주인은 자기의 우스꽝스러운 복장과 부도덕한 행위를 비웃는다. 이 외에도 자기 시체를 창 밖으로 던져버리려는 주인의 속셈까지 알게 된다. 분노한 일 가토는 벌떡 일어나 집을 뛰쳐나간 후 다시는 돌아오지 않는다.

이탈리아 이야기와 페로의 동화는 여러 가지 점에서 유사하다. 일 가토가 장화를 신지 않는다는 점과 주인의 땅을 지참금으로 산다는 점만이 다르다. 그러나 민속학자들은 페로가 바실레의 책에 대해 잘 몰랐을 것으로 확신하고 있다.

페로와 바실레의 이야기에 영향을 미쳤을지도 모르는 더 먼저 나온 이탈리아 동화가 있다. 1553년 베네치아에서는 밀라노 근처의 카라바조 출신의 이야기꾼 조반니 프란체스코 스트라파롤라가 『즐거운 밤The Delightful Nights』이라는 책에서 재미있는 고양이 이야기를 발표했다. 두 권짜리 책에 들어 있는 다른 이야기들처럼 '열 명의 소녀 입에서' 나오는 대로 이야기를 적었다고 그는 주장했는데, 세부 사항을 제외하고는 페로의 이야기와 매우 비슷하다. 그리고 스트라파롤라의 책은 바실레의 책과 달리 페로가 살던 시대에 프랑스에서 출판되었다.

몇 세기에 걸쳐 여러 나라에서 이 이야기는 어린이들의 책에서 약간 완화된 형태로 나왔다. 악한 고양이는 부자에게 재산을 빼앗아 가난한 이들에게 나눠주는 로빈 후드 같은 장난꾼으로 변화되었다.

 헨젤과 그레텔 : 1812년, 독일

두 어린이가 자기들을 죽이려는 마녀를 속이는 이 동화는 1807년 무렵 독일의 카셀 마을 근처에서 마을 사람들이 하는 민담을 기록하기 시작했던 야코프와 빌헬름 그림 형제에 의해 우리에게 전해지게 되었다.

그림 형제는 모두 156가지 동화를 수집했는데, 「신데렐라」와 「장화 신은 고양이」처럼 많은 이야기들이 샤를 페로가 기록 보존한 이야기와 비슷하다. 어린 소녀가 그림 형제들에게 「헨젤과 그레텔」 이야기를 해주었는데, 이 소녀는 나중에 빌헬름 그림의 아내가 되었다.

이 동화는 독일 작곡가 엥겔베르트 훔퍼딩크가 1893년에 초연된 어린이용 오페라에 사용한 후로 더 널리 인기를 얻었다. 그러나 이 오페라는 나중에 나온 다른 판처럼 원래 이야기의 가장 치명적인 부분을 빼놓고 있다. 그것은 바로 아이들의 부모가 아이들을 일부러 숲속의 맹수들에게 버렸다는 사실이다.

「헨젤과 그레텔」은 독일 구전을 통해서만 알려진 것은 아니다. 17세기 후반 이미 프랑스에서 유행했던 이야기에는 생강과자가 아니라 금과 보석으로 지은 집이 나온다. 이 집에서 어린 소녀는 거인에게 붙잡혀 있다가 불 속으로 거인을 밀어넣고 만다. 그러나 후세 사람들에게 이 동화를 영원히 알려지게 한 것은 그림 형제였다.

독일에서는 히틀러의 잔학 행위 이후로 「헨젤과 그레텔」 이야기가 인기를 잃어버렸다. 전쟁 직후 뮌헨에서 어린이 도서전시회가 열렸을 때, 많은 사람들은 화톳불 속에 적을 불태우는 내용에 반감을 표했다.

 백설 공주와 일곱 난쟁이 : 1812년, 독일

구전되는 동화를 수집하기 위해 카셀 마을에 머물면서 야코프와 빌헬름 그림 형제는 한 건의 결혼식만 성사시킨 것이 아니었다. 빌헬름이 「헨젤과 그레텔」 이야기를 들려준 소녀와 결혼했다면 그의 누이인 샤를로테는 그림 형제에게 「백설 공주와 일곱 난쟁이」 이야기를 해준 하센플루크 가문으로 시집을 갔다.

그림 형제는 피어나는 젊음, 스러지는 아름다움, 여자들의 경쟁 같은 요소를 예술적으로 합쳐서 한 편의 영원한 동화로 만들어냈다. 그러나 이들의 이야기가 출판된 첫 번째 것은 아니었다. 『펜타메로네』에도 빗에 머리칼이 찔려서 의식을 잃은 아름다운 7살 소녀 '리사'가 나온다. 유리관에 누운(백설 공주처럼) 리사는 계속 자라서(백설 공주도 7살에 버림받은 뒤 계속 자란다) 점점 아름다워진다. 리사의 아름다움을 시기한 여자 친척이 그녀를 죽이겠다고 결심한다(질투심 강한 왕비가 백설 공주를 죽이려는 것처럼). 그녀는 관을 열고 머리칼을 잡고 리사를 꺼내다가 빗이 빠지고 리사는 다시 살아난다.

바실레의 이야기는 최초로 기록된 백설 공주식 동화처럼 보인다. 그림 형제가 200년 후에 자기들 식의 「백설 공주」를 쓸 때 이탈리아 전설을 알고 있었는지는 확실치 않다.

월트 디즈니가 1938년에 최초의 장편 만화영화로 만든 것은 그림 형제의 작품이었다.

초기의 그림 형제 이야기를 번역한 많은 사람들은 소름끼치는 사건 하나를 빼버렸다. 왕비가 백설 공주를 죽이라고 명령할 뿐만 아니라 죽였다는 증거로 그녀의 심장을 가져오라고 명령하는 부분이었다. 디즈니는 원작의 이 부분을 다시 넣었으나 가장 끔찍한 부분은 빼버렸다. 독일판 이야기에서는 사냥꾼이 가져온 심장이 백설 공주의 것이라고 믿은 왕비가(실제로는 곰의 심장이었다) 소금을 쳐서 먹어버린다. 그리고 원작에서는 결국 패배한 왕비에게 불에 달군 쇠구두를 강제로 신긴다. 고통에 못 이긴 왕비는 춤을 추면서 죽어간다.

 ## 완두콩 위의 공주 : 1835년, 코펜하겐

샤를 페로와 그림 형제는 '고전 동화'라고 알려진 이야기들을 썼다. 이에 비해 19세기 작가 한스 크리스티안 안데르센은 민속학자들이 이른바 '예술적 동화'라고 부르는 이야기들을 썼다. 그의 이야기들은 독일 낭만주의 시대의 열매이며 민간 전설에 뿌리박고 있기는 하지만 스타일 면에서 좀 더 개인적이며 자전적인 요소와 사회 비판을 담고 있다.

안데르센은 1805년에 덴마크의 푸넨섬에서 병든 구두공과 까막눈이 세탁부의 아들로 태어났다. 그의 삶 자체가 일종의 동화이다. 왜냐하면 그는 거리의 부랑아에서 유럽 사회의 귀염둥이로 부상했기 때문이다. 그는 1835년에 『어린이들을 위한 동화Tales Told for Children』를 코펜하겐에서 출간했으나 자신의 동화를 '하찮은 것'이라고 깎아내리면서 같은 시기에 나온 첫 번째 소설 『즉흥시인Improvisatoren』을 더 자랑스럽게 생각했다. 그러나 이 소설은 곧 잊히고 말았다.

스웨덴 민담(안데르센의 불멸의 이야기보다 먼저 나온)에서는 공주가 왕족 출신인지 시험받기 위해 일곱 장의 매트리스를 깔고 매트리스 사이사이에 완두콩을 하나씩 넣은 후 그 위에서 잠을 잔다. 그리고 그녀는 수많은 추가 테스트를 받는데 매트리스 속에다 너트, 곡식 알갱이, 핀의 대가리, 그리고 지푸라기를 넣은 채 잠을 잔다. 이 모든 것은 그녀가 튀어나온 부분을 불편하게 느낄 정도로 민감한지, 그래서 왕족 집안 출신인지를 증명하기 위한 것이다.

왕족들이 매우 예민하다는 사실은 동양에서도 동화의 소재가 되었다. 동양에서 나온 이런 종류의 이야기 가운데 가장 오래된 것은 3세기에 살았던 카슈미르의 소마데바가 쓴 설화집 『카타사리트사가라Kathasaritsagara』 제12권에 나온다. 이 동화에서는 부유한 브라만의 세 형제가 누가 가장 예민한지 내기를 한다. 일곱 장의 매트리스를 깔고 자던 막내가 피부에 빨갛게 눌린 자국과 함께 괴로워하면서 깨어난다. 침대를 조사해보니 맨 밑바닥에 깔린 매트리스에 사람 머리카락 한 올이 있었다는 이야기다.

오늘날 이야기되는 「완두콩 위의 공주」는 안데르센이 어릴 때 처음 들었다는 안데르센의 원본과 약간 다르다. 안데르센은 밑바닥에 완두콩을 넣고 스무 장의 짚 매트리스와 스무 장의 깃털 매트리스 위에 공주를 자게 한다. 1846년에 안데르센의 이야기가 영어로 처음 번역되었을 때 번역가인 찰스 보너는 마흔 장의 매트리스 밑에 완두콩 한 알을 넣는 것은 너무 과장된 이야기라고 생각하여 완두콩 두 알을 추가했다. 그래서 오늘날의 동화에는 마흔 장의 매트리스와 세 알의 완두콩이 나온다.

골딜락과 세 마리의 곰 : 1831년, 영국

최초의 골딜락 이야기 판본은 1837년에 영국의 계관시인 로버트 사우디가 「세 마리 곰의 이야기」라는 제목으로 쓴 것이다. 사우디의 이야기에 나오는 골딜락은 어리지도, 아름답지도 않다. 오히려 그녀는 화를 잘 내고, 굶주리고, 집을 잃은 60대 중반의 백발 노파이며 음식을 얻어먹고 잠을 자기 위해 곰들의 집에 무단침입한다. 심술궂은 백발 노파에서 은발 미녀로, 마침내 눈부신 금발 소녀로 주인공이 변신하게 된 것은 몇 년의 세월에 걸쳐 여러 작가의 손을 빌려서 이루어졌다.

사우디는 아저씨로부터 이 이야기를 들었다고 말한다. 그리고 일단 사우디가 동화를 발표하자 큰 호응이 있었다. 영국 독자들은 「세 마리 곰의 이야기」가 사우디 가족이 독창적으로 지어낸 이야기라고 믿었다. 몇십 년 전까지만 해도 역사가들도 그렇게 생각했다.

1951년에 토론토 공립도서관의 오스본 아동도서 컬렉션에서 낡은 책자가 발견되었다. 이 책자의 제목은 「1831년 9월 세실 로지에서 운율적으로 쓰이고 삽화가 그려진 세 마리의 곰 이야기」였다. '유명한 동화'라는 부제가 붙은 그 이야기는 32살의 이모 엘리너 뮤어가 호레이스 브로우크라는 조카에게 생일 선물로 만든 책으로, 운문으로 쓰이고 그림이 그려져 있었다. 이 이야기는 로버트 사우디의 이름으로 등장하기 6년 전의 일이었다.

두 이야기는 매우 유사하다. 엘리너 뮤어의 판에서도 곰들의 집에 들어간 불청객이 '화가 난 노파'라고 되어 있다. 그러나 현관에 놓인 공기에는 사우디의 이야기에서처럼 죽이 아니라 상한 우유가 들어 있다. 사우디의 판에서는 집 없는 노파가 침대에 누워 있다가 곰들에게 발견당하자 창밖으로 뛰어내려 영영 사라지고 만다. 그러나 뮤어의 이야기에서는 화가 난 곰들이 노파를 쫓아내려고 여러 가지 잔인한 방법을 사용한다.

'불 속에 그녀를 던졌지만 태울 수는 없었네.

물속에 넣었지만 빠져 죽지 않았네.'

그러자 곰들은 노파를 성 베드로 성당의 첨탑에 던져 찔려죽게 만든다.

학자들은 로버트 사우디의 아저씨가 엘리너 뮤어의 이야기에서 중요한 부분만을 따왔다고 추측할 뿐이다. 그러나 확실한 것은 이 동화를 영국 독자들에게 소개한 사람은 로버트 사우디라는 사실이다.

그렇다면 노파를 아름다운 골딜락으로 바꾼 사람은 누구일까?

사우디의 이야기가 출판된 지 20년 후 또 다른 영국 작가 조지프 컨달이 『어린이를 위한 재미있는 책 모음Treasury of Pleasure Books for Young Children』을 출판했다. 서문에서 컨달은 독자에게 이렇게 설명한다. '나는 곰의 집에 들어간 사람을 노파에서 소녀 실버헤어로 바꾸었다.' 그리고 그는 '노파에 관한 이야기들은 너무나 많기 때문'이라고 자신의 개작을 정당화한다.

이 이야기의 주인공은 실버헤어라는 이름으로 몇 년 동안 여러 동화책에 등장했다. 그러다가 1868년에 『프렌들리 아줌마의 동화책Aunt Friendly's Nursery Books』에서 곰들의 집에 몰래 들어가는 사람이 다시 바뀐다(바로 그 숲속에는 골든헤어라는 이름의 예쁜 소녀가 살고 있었습니다). 36년 뒤인 1904년에 나온 『옛이야기와 노래Old Nursery Stories and Rhymes』에서는 주인공의 용모는 그대로였지만 이름이 그녀의 머리단에 어울리게 다시 바뀌었다(어린 소녀는 긴 금발을 기르고 있었기 때문에 이름을 골딜락이라고 했습니다). 그래서 그때부터 골딜락이라는 이름으로 지금까지 전해 내려온다.

푸른 수염 : 1697년, 프랑스

샤를 페로의 「푸른 수염」에 나오는 주인공은 부유한 영주이다. 그는 새

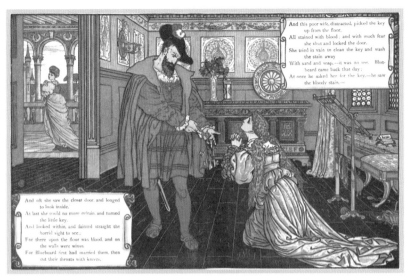

19세기 후반 영국의 일러스트레이터 월터 크레인이 그린 「푸른 수염」의 한 장면.

아내에게 자신의 엄청나게 큰 성에서 한 개의 문만은 절대로 열지 말라고 명령한다. 그러나 그녀는 그의 명령을 어기고 금지된 문을 연다. 그 속에서 죽은 전처들의 시체를 발견하고 위기에 처하지만 마지막 순간에 가까스로 죽음을 모면한다.

　금지된 방, 아내의 호기심, 그리고 마지막 순간의 구출 등의 내용을 담은 비슷한 이야기들은 유럽, 아프리카, 그리고 동양의 민속에서 두루 찾아볼 수 있다. 그러나 페로의 1697년 판본은 부분적으로 실제 사건에 기초한 것으로 여겨진다. 질 드 레Gilles de Rais라는 15세기 프랑스의 장군은 140명의 소년을 성추행한 후 고문하고 살해한 혐의로 기소된 적이 있다. 드 레가 저지른 사탄 숭배, 유괴, 아동 살해에 대한 유명한 재판은 1400년대 유럽을 경악시켰으며 이 사건은 페로가 살던 당시에도 여전히 논란의 대상이었다. 페로는 드 레에 완전히 매혹되고(?) 말았다.

질 드 레 남작은 1404년 9월 프랑스의 샹토스에서 태어났다. 젊을 때 그는 영국과의 전투에서 두각을 나타냈고 잔 다르크의 경호원으로 배속되어 그녀 옆에서 전투를 치렀다. 엄청난 부를 물려받은 그는 프랑스 왕보다 더 화려한 궁전을 소유했고 31살의 나이에 자신의 권력과 부를 확장시키기 위해서 연금술과 사탄 숭배를 시작했다. 그는 또 의식을 거행하면서 아이들을 죽이기 시작했다. 살인을 저지르기 전에는 반드시 잔치를 벌이고 자극제를 마셨다. 그리고 아이를 묶은 후 윗방으로 데려가서는 어떤 식으로 성적으로 학대받고 살해될 것인지를 아이에게 자세히 말해주었다. 이렇게 한 것은 아이가 무서워하는 것을 보고 드 레가 큰 쾌감을 느꼈기 때문이었다. 마침내 성적인 유희와 고문을 한 다음 아이는 대개 목이 잘렸다.

드 레는 천사 같은 표정을 한 아이를 특히 좋아했다. 그는 자기 영지에 개인적으로 '거룩하고 순수한 사람들의 전당'을 세우고 직접 뽑은 성가대 소년들을 직원으로 채용했다. 아이들이 신비하게 사라진다는 소문이 시골에 퍼지자 1438년에 한 어머니는 질 드 레가 자기 아들을 죽였다고 공개적으로 고소했다. 그러자 비슷한 고소가 수없이 쏟아졌다.

드 레는 2년 후 체포되어 재판을 받았다. 고문의 위협을 받자 그는 자백을 한 후 범죄의 책임을 사춘기 시절 부모의 과잉보호로 돌렸다. 그는 1440년 10월 26일 낭트에서 교수형과 화형에 처해졌다.

샤를 페로는 드 레 사건의 몇 가지 끔찍한 단면들을 이용하고 있다. 그리고 아동에 대한 변태적 성욕 부분을 16세기에 아내를 여러 명 살해한 사람의 재판 이야기로 대치시켰다. 「푸른 수염」은 실제 살인 사건을 기초한 다른 그로테스크한 이야기들에 모델을 제시했던 매우 독특한 동화이다. 페로의 이 동화 다음에 나왔던 매우 인기 있는 이야기 중 하나는 '드라큘라'라는 피에 굶주린 백작에 관한 이야기이다.

드라큘라 : 1897년, 영국

19세기의 아일랜드 작가 브램 스토커는 대영박물관에서 자료를 찾다가 소설 「드라큘라」의 소재를 운 좋게 찾아냈다. 15세기 왈라키아 공국의 왕자였던 블라드에 관한 동유럽의 옛이야기를 발견한 것이다.

루마니아 전설에 따르면 가학성 변태성욕자였던 블라드는 칼에 찔려 신음하는 희생자들에 둘러싸여 식사를 했다. 그리고 식사를 마칠 때마다 희생자들의 피를 들이켰는데, 이 피가 자신에게 초능력을 준다고 믿었기 때문이었다. 블라드의 죄는 전설적이다. 그는 벌겋게 달군 꼬챙이로 마음에 안 드는 남자 친구들을 찔렀고 자신을 배신한 여자들은 꼬챙이로 찌른 상태에서 껍질을 벗겼다. 스스로를 가둔 채 재미로 쥐와 새들을 괴롭혔다. 드라큘라 성으로 알려진 그의 산꼭대기 성 이름에서 스토커의 소설 제목이 나왔다.

드라큘라를 위한 모델을 찾은 것은 스토커 자신이지만 트란실바니아의 흡혈귀 이야기를 해주면서 장소에 대한 힌트를 준 사람은 부다페스트대학 교수인 친구였다. 스토커는 그 지역을 여행하면서 어둡고 음산한 산들과 아침 안개와 사악한 모습의 성에서 강한 인상을 받았다.

1897년에 출판된 「드라큘라」는 대성공을 거두었다. 그리고 이 소설은 고딕 공포 소설에 대한 관심을 다시 불러일으켰다. 이런 관심은 오늘날에도 책과 영화에서 지속되고 있다.

 프랑켄슈타인 : 1818년, 스위스

메리 셸리의 소설 『프랑켄슈타인 : 현대의 프로메테우스』는 1816년 6월 스위스의 제네바 근처에 있는 빌라 디오다티에서 여러 날 저녁 행해진 이야기에서 출발했다. 19살이었던 메리는 24살의 남편 퍼시 비시 셸리, 18살난 의붓동생 클레어 클레어몬트(당시 애인이었던 바이런의 아이를 임신 중), 28

살의 바이런, 그리고 그의 주치의인 23살의 존 폴리도리와 이야기짓기 경쟁을 하고 있었다.

바이런은 비가 내리고 있던 한 주 동안 독창적인 유령 이야기를 써서 서로에게 여흥거리를 마련하자고 제안했다. 메리는 어느 날 저녁 벽난로 앞에 앉아서 셸리와 바이런이 인간의 생명 근원과 생명이 인공적으로 만들어질 수 있는지 논쟁하는 것을 듣다가 아이디어를 얻었다. 당시 전류는 과학 연구의 초점이었고 두 시인은 시체에 이른바 '생명의 온기'를 불어넣어 전기로 시체를 되살리는 가능성에 대해 논쟁을 벌였던 것이다.

밤늦게 논쟁이 끝났을 때 셸리는 잠자리에 들었다. 그러나 메리는 그 생각에 사로잡혀 잠을 이룰 수 없었다. 1831년판 『프랑켄슈타인』에서 메리 셸리는 영감이 분출했던 장면을 생생하게 회상하고 있다.

> 나는 성스럽지 못한 예술을 연구하는 창백한 연구자가 자신이 조합한 물체 옆에 무릎 꿇고 있는 것을 보았다. …… 눈을 감았지만 날카로운 정신적 비전으로, 나는 한 남자가 사지를 뻗고 있는 끔찍한 환영을 보았다. 그러다가 어떤 강력한 엔진이 작동하면서 남자는 살아 있는 기색이 보이고, 어색하면서 활력을 찾은 동작으로 꿈틀거렸다.
>
> 빛처럼 빨리, 그리고 상쾌하게 그 생각은 내게 파고들었다. …… 다음 날 아침 나는 이야기를 생각해냈다고 발표했다. 나는 백일몽의 끔찍한 공포를 단지 말로 옮겨놓으면서 '11월의 음산한 밤이었다'라는 말로 그날을 시작했다.

오즈의 놀라운 마법사 : 1900년, 미국

1856년에 뉴욕주의 시터냉고에서 태어난 라이먼 프랭크 바움은 저널리스트로 직업을 시작했으나 아동문학가로 직업을 바꾸었다. 그는 1919년 할리우드에서 사망할 때까지 60권 이상의 책을 썼다. 1899년 출간된 그의 첫 번째 책 『아버지 거위Father Goose』는 상업적으로 성공을 거두었다. 그 이듬해에 그는 영원히 고전으로 남을 소설 하나를 썼다.

『오즈의 놀라운 마법사The Wonderful Wizard of Oz』는 1899년 어느 날 저녁, 바움이 자기 아들들과 이웃집 아이들 몇 명을 즐겁게 해주려고 즉흥적으로 지어낸 이야기다. 그는 도로시라는 소녀가 캔자스에 있는 집에서 바람에 날려가 이상한 마법의 땅에 내려서 허수아비, 양철 나무꾼, 겁쟁이 사자를 만나는 이야기를 상상해냈다. 그때 갑자기 이웃에 사는 트위티 로빈스라는 소녀가 마법의 땅의 이름이 무엇이냐고 물었다.

이야기의 대가는 잠시 말문이 막혔다. 몇 년 후 「세인트루이스 리퍼블릭」지에 실린 대담에서 바움은 오즈라는 이름의 기원을 밝히고 있다. 그날 밤 그의 옆에는 세 칸짜리 파일 캐비닛이 있었는데, 첫 번째 서랍은 A-G, 두 번째 서랍은 H-N, 그리고 마지막 서랍은 O-Z라고 붙어 있었다. 그는 말했다. '그래서 즉시 그 땅의 이름이 오즈가 된 거지요.'

바움은 그 이야기를 자주 했지만 나중에 그의 전기를 쓴 사람들은 그것이 바움이 지어낸 이야기일지도 모른다고 생각하고 있다. 왜냐하면 그가 1899년에 출판사에 책 원고를 보낼 때만 해도 이야기 제목은 '에머랄드 시티The Emerald City'였고, 그것은 그 마법의 땅의 이름이었던 것이다. 출판 과정에서 바움은 책 제목을 '캔자스에서 요정의 나라로From Kansas to Fairyland'로, 그리고 다시 '위대한 오즈의 도시The City of the Great Oz'로 고쳤다. 그러나 그때도 오즈는 왕국 이름이 아니라 마법사 이름이었다.

마침내 그는 자신과 출판사의 마음에 드는 제목을 생각해냈다. '오즈의 놀라운 마법사'라는 제목이었다. 그때에서야 그 땅에 오즈라는 이름을 붙이는 생각이 마음에 든 바움은 에머랄드 시티가 '오즈의 땅'에 위치해 있다고 서둘러 원고에 적어넣었다.

바움은 오즈 책을 13편이나 더 써냈고, 이 인기 있는 시리즈는 그가 죽은 후에도 계속되었다.

 ### 자장자장 우리 아기 : 1765년, 뉴잉글랜드

> 자장자장 우리 아기, 나무 꼭대기에 있네. / 바람이 불면, 요람이 흔들리고,
>
> 가지가 부러지면 요람은 떨어지리. / 아기, 요람, 모두 떨어지리.

자장가로 알려진 동요 카테고리에서 「자장자장Hush-a-Bye」은 미국과 영국에서 가장 잘 알려진 노래이다. 이것은 1765년에 나온 『어미 거위의 노래 Mother Goose's Melody』에 주석과 함께 처음 실렸다. 이 주석은 성명 미상의 작가가 이 노래를 단순한 자장가 이상으로 의도했음을 말해주고 있다. '이것은 교만하고 야심이 많아서 너무 높게 올라가다가 마침내 떨어지는 사람들에 대한 경고일 수도 있다.'

오늘까지 남아 있는 약간의 역사적 증거를 보면 작가가 〈메이플라워〉호를 타고 미국으로 온 젊은 청교도임을 알 수 있다. 그는 아메리카 원주민 여자들이 아기를 자작나무 요람에 담아 나무에 걸어두는 것을 보고 신기하다고 생각했다. 그는 요람이 여러 개 걸려 있는 나무를 보고 이 시를 지었을 것이다. 기록에 따르면 「자장자장」은 미국 땅에서 최초로 지은 시이다.

 ### 흔들목마를 타고 : 18세기 이전, 영국

> 흔들목마를 타고 밴버리 크로스로 가자. / 백마를 탄 귀부인을 보러.

손가락에는 반지를 끼고, 발가락에는 벨을 달고 / 어디를 가나 음악이 울리네.

밴버리 크로스는 많은 동요에 등장한다. 영국에 있는 밴버리라는 마을이 작가들에게 사랑받은 지역이어서가 아니라 17세기의 유명한 출판업자인 마스터 러셔가 밴버리에 살았다는 단순한 이유 때문이었다. 그는 자기 마을을 알리기 위해 출판사로 투고된 원고의 단어들을 자주 고쳤다.

'발가락에는 벨을 달고'라는 표현을 보고 역사가들은 이 노래가 15세기부터 시작된 구전의 일부일지도 모른다고 생각한다. 그때 영국에서는 가늘고 긴 발가락에 작은 장식 벨을 다는 것이 유행이었다.

백마를 탄 '귀부인'의 후보자로는 두 명의 여자가 지목되었다. 물론, 그중 한 명은 고디바 부인이다. 11세기에 코번트리에 살았던 고디바 부인은 남편이 부과한 가혹한 세금에 항의하기 위해 알몸으로 백마를 탄 것으로 전한다. 또 다른 여자는 1690년의 의원의 딸이었던 셀리아 파인즈이다. 파인즈 부인의 가족은 밴버리에 성을 소유하고 있었고 그녀는 영국의 전원을 장시간 말 타고 돌아다닌 것으로 유명했다. 어떤 권위자들은 '귀부인을 보러To see a fine lady'라는 구절이 원래는 '파인즈 부인을 보러To see a Fiennes lady'였다고 주장한다.

 꼬마 잭 호너 : 1550년 이후, 영국

꼬마 잭 호너는 / 구석에 앉아 / 크리스마스 파이를 먹으며…….

동요 「꼬마 잭 호너Little Jack Horner」 마지막 구절에서 잭은 파이에서 자두를 꺼내면서 '나는 참 착한 아이야' 하고 소리친다. 그러나 이 표현은 그의 나쁜 행동에 대한 신랄한 언급이다. 왜냐하면 잭이 꺼낸 자두는 역사적으로 실존했던 '잭'이 훔친 값비싼 것을 상징하기 때문이다.

전설에 따르면 원래의 잭 호너는 16세기에 글래스턴베리 수도원장이었던 리처드 화이팅의 집사 토머스 호너였다. 서머싯에 있는 글래스턴베리 수도원은 헨리 8세 시절 영국에서 가장 부유한 수도원이었다.

리처드 화이팅 수도원장은 글래스턴베리 수도원이 역사상 수도원 해산으로 알려진 정책에 의해 곧 몰수될

미국 일러스트레이터 프레더릭 리처드슨이 1915년에 그린 「꼬마 잭 호너」.

것이라는 낌새를 챘다. 수도원장은 왕의 환심을 사기 위해 크리스마스 파이 선물과 함께 토머스 호너를 런던으로 보냈다.

그것은 보통 파이가 아니었다. 파이 껍질 밑에는 12개의 장원 저택에 대한 권리 증서가 들어 있었다. 수도원장 화이팅이 헨리 왕의 환심을 사고 싶다는 표시였다. 런던으로 가는 길에 토머스 호너는 파이 속에 손을 넣어 광활한 멜즈 장원에 대한 증서 한 장을 꺼내서 가졌다.

헨리 왕이 수도원장의 집을 해체한 직후 토머스 호너는 멜즈 장원에 자리를 잡았고 그의 후손들은 오늘날까지 그곳에 살고 있다. 그의 후손들은 그들의 자랑스러운 조상이 수도원장으로부터 합법적으로 증서를 구입했다고 주장하고 있다.

흥미롭게도 리처드 화이팅은 나중에 체포되어 날조된 횡령 혐의로 재판

을 받았다. 배심원석에는 그의 전직 집사인 토머스 호너가 앉아 있었다. 수도원장은 유죄가 선고되어 교수형을 당하고 사지가 찢겨 죽었다. 호너는 멜즈 장원을 계속 소유할 수 있다는 허락을 받았을 뿐만 아니라 세계에서 가장 잘 알려지고 사랑받는 동요에서 영원히 기억되었다.

 ## 런던 다리 : 11세기 이후, 영국

> 런던 다리가 무너졌네. / 무너졌네, 무너졌네.
> 런던 다리가 무너졌네. / 나의 아름다운 아가씨.

동요 「런던 다리가 무너졌네London Bridge is Falling Down」 1절은 실제로 노르웨이 왕 올라프와 그의 부하들이 템스강에 놓인 목재 다리를 파괴한 것을 노래하고 있다. 그러나 이 노래에는 또 다른 사연이 있다.

중세에는 유럽 전역에서 '무너지는 다리'라는 놀이가 있었다. 놀이 규칙은 모든 나라에서 거의 같았다. 두 명의 아이가 손을 잡고 팔을 들어 올려서 다리 모양을 만들었다. 다른 아이들은 팔이 갑자기 내려와서 자기를 잡지 않기를 바라며 그 밑을 지나갔다.

이탈리아, 프랑스, 독일, 영국에는 이 놀이에서 나온 노래가 있었고 '런던 다리'도 그중 하나다. 그러나 12절로 된 긴 시의 나머지 부분에서는 다리를 다시 지으려는 모든 노력이 실패로 돌아가는 것을 노래하고 있다. 이것은 자연의 법칙을 거스르면서 강을 가로지르는 인간들이 만든 다리가 물의 신을 노엽게 한다는 옛날의 미신을 반영하고 있다.

이런 미신에 대한 가장 오래된 기록에서는 다리 기초 부분에다 산 사람을 희생제물로 가두는 것을 보여주고 있다. 희생제물로는 아이들이 선호되었다. 그들의 뼈가 그리스에서 독일에 이르는 고대의 다리 기초에서 발견되었다. 그리고 영국의 전설은 1176년부터 1209년에 걸쳐 콜처치의 피터라는 사람이 목재가 아닌 최초의 런던 다리를 지을 때 행운을 빌기 위해 어린아이의 피를 뿌렸다는 사실을 분명히 밝히고 있다.

 아동문학 : 1650년, 유럽

17세기 중반 이전에는 어린이만을 위해 쓰인 책은 사실상 존재하지 않았다. 글을 읽을 줄 아는 아이들은 빈부에 관계없이 어른들의 책을 읽는 것에 만족해야 했다. 가장 인기 있는 책 중의 하나가 기원전 6세기에 그리스에서 쓰인 『이솝 우화』였는데 몇 세기 동안 프랑스 번역판으로 존재해오다가 1484년에 처음으로 영역되었다.

동물을 의인화한 이 책은 1578년까지는 아이들이 읽을 만한 유일한 성인 문학이었다. 1578년에 독일의 작가이며 출판가인 지그문트 파이어아벤트가 『어린이를 위한 예술과 교육의 책Book of Art and Instruction for Young People』을 발간했다. 그림책이었던 이 기념비적인 도서는 당시 유럽의 삶, 우화, 그리고 독일의 민화 등을 그린 목판화 모음집이었는데 이야기는 주로 그림 설명의 연장이었다. 이 책은 엄청난 성공을 거두었고 양서 보급의 선구자였던 파이어아벤트는 오늘날도 그의 고향 프랑크푸르트에서 매년 열리는 가장 큰 도서 전시회에서 기념되고 있다.

1500년대 후반에 어린이들이 좋아했던 또 다른 책은 (원래 어린이용 도서는 아니었지만) 존 폭스가 1563년에 펴낸 『기사와 기념비Actes and Monuments』였는데 널리 알려진 제목은 '순교자들에 관한 책'이었다. 죄인들을 불사르는 지옥, 순교의 고통을 당하는 성인들, 돌에 맞아 죽고, 채찍에 맞고, 참수형당하는 기독교인들에 관한 이야기와 그림으로 가득한 이 책은 16

세기 후반에 어른과 아이들이 가장 많이 읽은 책 중 하나였다.

1657년이 되어서야 진정으로 어린이를 위한 책이 인쇄되었다. 그것은 체코의 교육가 요한 아모스 코메니우스가 쓴 그림이 실린 라틴어책『오르비스 센슈알리움 픽투스Orbis Sensualium Pictus』였다. 이 책은 독일 뉘른베르크에서 출판되었다. 코메니우스는 어린이의 교육 보조자료로 글, 도표, 그림을 함께 사용하는 것의 중요성을 처음으로 깨달은 작가였다. 책의 부제인 '세계의 모든 중요한 것들의 일람'은 책의 백과사전적인 범위와 교육적인 어조를 잘 전달해준다. 이 획기적인 책은 어린 독자를 위해 그 후에 나온 책들에 엄청난 영향을 미쳤고 여러 가지 면에서 현대 백과사전의 선구자라고 할 수 있다.

인쇄기의 광범위한 사용은 마침내 작고 값싼 어린이용 책을 현실화시켰다. 17세기에는 인기 있는 챕북행상인이 파는 값싼 책이 등장했다. 유럽의 도로변에서와 도시의 거리 구석에서 행상인이 팔고 다녔던 10쪽 분량의 얇은 이 책은 그림과 인쇄 모두 조잡하였으나 값이 쌌기 때문에 많은 독자를 끌어들였다. 이 책들은 중세의 민담, 시, 농담, 그리고 검열을 받지 않은 야한 내용의 우스운 일화를 담았다. 그러나 그 책은 엄격한 청교도주의와 모든 인쇄물에 대한 엄격한 도덕적 제재의 분위기를 도래시킨 1662년의 통일법 때문에 너무나 빠른 종말을 맞고 말았다.

역사가들은 어린이를 위한 진정한 문학이 탄생한 것이 이런 억압적인 분위기에서였다고 주장한다. 즉 어린이만을 위한 책이 어쩌다가 나오는 것이 아니라 정기적으로 나오게 되었다는 뜻이다. 나중에 '천국과 지옥' 도서라고 불리게 된 이 책들은 교조적이고, 도덕적이고, 어린이들에게 공포를 불어넣어 행동을 바로잡으려는 의도에서 쓰였다. 주된 주제는 이 땅의 삶은 하나님의 자비가 없으면 돌이킬 수 없이 영원한 지옥으로 향한다는 것이었다. 지옥에서 고통당하는 아이들을 보여주고 있는 삽화들은 다음과 같은 시구들에 의해 한층 더 강조되었다.

> 부모를 피흘리게 하는 아이들은
>
> 나중에 그 행위를 복수하는 자식을 낳게 된다.

　몇 십 년 동안 이처럼 지옥불을 설교하는 문학에서 아이들이 잠시 벗어날 수 있었던 책은 알파벳과 산수를 가르치는 교재였다. 그러한 문학에서의 탈피는 1600년대 말에 동화의 형태로 도래했다. 그리고 우리가 이미 보았듯이 특히 샤를 페로의 고전적인 『옛이야기』가 1697년에 발간되면서 시작되었다. 몇 세대 동안 이런 민담은 구전을 통해 전승되었다. 페로는 전설을 책으로 만들었고, 또 너무나 생생하고 상상력이 풍부한 필치로 옮겨놓아 그중 여덟 편의 동화는 나오자마자 불후의 명작이 되었다. 유치원에서 아이들에게 동화를 읽어주는 일은 이제 결코 옛날과 같지 않다.

8장

화장실과 목욕탕에서 생긴 일

 화장실 : 기원전 8000년, 스코틀랜드

남자들은 '어디서 손을 씻죠?'라고 묻고, 여자들은 '코에 분을 바를 장소가 있을까요?'라고 묻는다. 학교 다니는 아이들은 '좀 실례해도 될까요?'라고 더듬거리며, 외국을 여행하는 사람들은 가까운 '변소comfort station'가 어디 있는지 가르쳐달라고 하며, 영국인들은 이곳을 'WC'라고 부른다. 물론 이 모든 사람들이 찾고 있는 곳은 가장 가까운 화장실의 위치다.

결론적으로 말하자면 우리가 화장실과 화장실에서 행하는 육체적 기능을 지칭하는 데 필요한 수십 가지 완곡어법을 개발했다는 뜻이다. 그리고 이런 경향은 비단 현대의 예절만 반영하는 것은 아니다. 격식을 별로 차리지 않았던 중세에도 성과 수도원에서는 '필요한 곳'이라는 표현을 썼다.

16세기의 학자이자 인문주의자이며 역사상 최초에 속하는 에티켓 책을 쓴 에라스무스는 화장실과 육체적 기능에 대해서 최초로 기록된 규칙들을 제공해주고 있다.

'소변이나 배변 중인 사람에게 인사를 하는 것은 실례다.'

방귀에 대한 충고 : '기침을 하여 그 폭발적인 소음을 숨겨라. 법을 따르라. 방귀를 기침으로 대치하라.'

화장실의 역사는 1만 년 전 스코틀랜드에서 시작됐다. 배설물의 독성을 알고 있던 고대인들은 자연적으로 흐르는 물이 있는 근처에 자리를 잡고 볼 일을 보았지만, 배설물을 집에서부터 씻어낼 수세식 배관 시스템을 처음으로 만들었던 사람들은 스코틀랜드 연안 오크니섬 주민들이었다. 조잡하지만 하수구가 돌집에서 개천으로 연결되어 있어서 사람들은 실외가 아니라 실내에서 볼일을 볼 수 있었다.

근동에 살았던 고대 힌두교도들에게는 위생이 종교적 철칙이었다. 그들은 기원전 3000년 무렵에 이미 화장실 시설을 갖추고 있었다. 파키스탄의 인더스강 골짜기에서는 테라코타 파이프가 갖춰진 개인용과 공중목욕탕이 발굴되었는데, 이것은 벽돌로 둘러싸여 있었으며 물의 흐름을 조절할 수 있는 수도꼭지까지 있었다.

가장 정교한 고대의 화장실은 크레타섬의 크노소스 궁전에 살았던 미노아 왕족들의 화장실이었다. 기원전 2000년에 미노아 귀족들은 시멘트로 틈새를 이은 수직 돌 파이프로 물을 채우고 빼내는 욕조를 사용하는 사치를 누렸다. 시간이 가면서 이것은 오늘날의 파이프와 같이 유약을 바른 토기 파이프로 대치되었다. 파이프를 통해 더운물과 찬물이 공급되었으며 배관을 통해 왕궁의 배설물을 빼냈다. 왕궁에는 머리 위에 수조가 달린 수세식 화장실이 있었는데, 이것은 역사상 최초의 수세식 화장실이었다. 수조는 빗물을 받게 되어 있었으며 비가 오지 않으면 근처 우물에서 길어 온 물을 물통으로 붓게 되어 있었다.

화장실 기술의 발달은 고대 이집트인들 사이에서도 계속되었다. 기원전 1500년 무렵까지 이집트 귀족의 집에는 더운물과 찬물이 나오는 동관이 설치되었다. 그리고 전신 목욕은 종교의식의 중요한 부분이었다. 재미있는 것은 사제들이 하루에 네 번 찬물 목욕을 하도록 되어 있었다는 점이다. 목욕의 종교적 양상은 모세법 하의 유대인들에 의해 가장 잘 지켜졌다. 그들은 육체의 정결함을 도덕적 순수함과 동등하게 취급했다. 기원전 1000년에서 930년에 이르는 다윗과 솔로몬 통치하에서는 팔레스타인 전역에 복잡한 공공 수도관이 건설됐었다.

사우나 : 기원전 2세기, 로마

목욕을 사교적인 행사로 만든 사람들은 기원전 2세기 무렵의 로마인들이었다. 그들은 오늘날 가장 사치스럽고 비싼 헬스클럽에 맞먹을 거대한 공중 목욕탕 단지를 건설했다. 사치와 레저를 즐기던 로마인들은 이 사교 목욕탕에 정원, 상점, 도서관, 운동실, 그리고 시를 읽기 위한 라운지까지 갖추었다.

예를 들어 카라칼라 욕장은 로마인들에게 다양한 건강과 미의 옵션을 제공했다. 어느 거대한 단지에는 보디 오일을 바르고 때를 미는 살롱, 열탕, 온탕, 냉탕, 사우나실, 머리 감고 향을 바르고 곱슬거리게 하는 곳, 매니큐어 가게, 운동실이 있었다. 다양한 화장품과 향수도 살 수 있었다. 운동을 하고 목욕을 하고 화장을 하고 나면 로마의 귀족은 옆에 있는 도서관에서 책을 읽거나 강의실에 들러 철학과 예술을 논할 수 있었다. 화랑에는 그리스와 로마의 미술품이 전시되어 있었고, 같은 단지 안에 있는 또 다른 방에서는 노예들이 수없이 음식을 나르고 포도주를 따랐다.

이것은 오늘날의 골든 도어Golden Door 같은 유명 인사용 사우나였다. 차이가 있다면 로마의 클럽이 더 크고 훨씬 더 많은 멤버들이(한 번에 2,500명 정도가) 이용했다는 점이다. 그리고 이것은 남자용 사우나만 해당되었다. 비슷하지만 약간 작은 여자용 사우나도 있었다.

처음에는 남자와 여자가 따로 목욕을 했지만 나중에는 같이 목욕하는 것이 유행했다. 이것은 천주교에서 국가적 정책을 시행하던 초기 기독교 시대까지 지속되었다. 기록에 따르면 1,000년 후 유럽에서 혼욕이 다시 시작되었을 때 그랬던 것처럼 광범위한 성문란을 초래하지는 않았다고 한다. 초기 르네상스 시대에 이탈리아어 '바그뇨bagnio'라는 말은 '목욕탕bath'과 '사창굴brothel'이라는 두 가지 의미를 내포했다.

500년 무렵에 이르러 로마의 사치스러운 사우나는 사라지고 말았다.

로마 제국의 멸망으로부터 (야만인들이 침입해서 타일 깔린 목욕탕과 테라코타 수로를 모두 파괴했던) 중세 후기까지 사람들은 목욕과 일반적인 청결함을 별로 중시하지 않았다. 당시 정통 기독교의 입장은 육체의 모든 양상을 가능한 한 억제해야 한다고 주장했다. 그리고 몸을 다 드러내는 전신 목욕은 유혹을 일으키므로 죄라고 여겼다. 이런 견해가 거의 전 유럽에 퍼졌다. 침례를 받을 때 물에 몸을 담가 목욕하는 것 외에는 거의 목욕을 하지 않았다. 부자들은 몸에다 향수를 뿌렸지만 가난한 사람들 몸에서는 냄새가 풍겼다.

공용이든 사용이든 목욕 자체가 없어지면서 실내 화장실을 만드는 기술의 세련됨도 사라지고 말았다. 뒷간, 야외 변소, 요강이 사회의 모든 계층에서 다시 등장했다. 기독교적인 고상함과 목욕이 건강에 나쁘다는 의학적 미신이 합세하여 위생을 끝장내고 말았다. 수백 년 동안 질병이 만연했고 전염병이 마을과 도시 인구의 10분의 1을 죽였다.

유럽에서는 1500년대 종교개혁의 여파가 위생 관념을 더욱 악화시켰다. 육체의 유혹을 멀리한다는 점에서 서로 경쟁을 벌였던 개신교와 천주교는 평생 피부를 비누와 물에 거의 노출시키지 않았다. 2,000년 전에 매우 발달했던 화장실 배관 기술은 웅장한 유럽 궁전에서조차 거의 존재하지 않을 정도로 미미해졌다. 그리고 충동이 생길 때마다 때와 장소를 가리지 않고 공공연하게 실례를 하는 일이 너무나 자주 일어나서 1589년에 영국 왕실은 왕궁에 공개 경고장을 붙여야 했다.

> '신분을 막론하고 어느 누구라도 식전 또는 식후, 아침 일찍 또는 저녁 늦게, 소변이나 다른 오물로 계단, 복도, 또는 옷장을 더럽히는 일이 없도록 하라.'

이런 경고가 있었다는 것을 살펴볼 때, 우리는 에라스무스가 1530년에 했던 '소변이나 배변 중인 사람에게 인사하는 것은 실례'라는 충고를 완전히 이해할 수 있게 된다.

그로부터 100년 후에 나온 에티켓 교본도 같은 사회적인 문제에 대해 같은 충고를 하고 있다. 1700년 무렵에 쓰인 『정중한 예절, 젊은이가 점잖은 자리에서 자신을 소개하는 법The Gallant Ethic, in which it is shown how a young man should commend himself to polite society』에는 '용변을 보고 있는 사람을 지나갈 때는 못 본 척해야 한다'라고 충고하고 있다. 당시 프랑스 저널은 공공위생 문제가 얼마나 심각했는지 짐작하게 해준다.

> '파리는 끔찍하다. 거리는 냄새가 너무 나서 나갈 수도 없다. 거리에 있는 수많은 사람들이 너무나 악취를 풍겨서 견딜 수가 없다.'

위생 문제를 더욱 악화시킨 것은 요강이었다. 보통 가정에는 배관 시설이 없었기 때문에 요강의 오물은 종종 거리에 내버려졌다. 당시의 많은 민화들

은 밤늦게 2층집 창문 밑을 지나가
는 위험성을 묘사하고 있다. 이 시
간이 몰래 요강을 비우는 데 가장
좋은 시간이었기 때문이다. 항상 더
러운 상태로 있는 시궁창과 이런 위
험 때문에 남자가 여자를 보도 안
쪽에 에스코트하는 습관이 생겼을
것이라고 짐작되고 있다.

15세기 사람들의 요강 비우는 법.

　법적으로는 요강의 내용물을 '밤
오물 치우는 사람'이 아침에 걷어가
게 되어 있었다. 그들은 오물을 수
레에 실어 거대한 공공 분뇨 구덩이
로 날랐다. 그러나 모든 가정이 이
런 서비스에 대한 비용을 지불할 수 있는 것은 아니었고, 또 기다릴 수도 없
었다.

　1600년대에 이르자 유럽의 일부 지방에서 배관 기술이 다시 등장했다. 그
러나 화장실용이 아니었다. 17세기에 베르사유 궁전이 처음 건축되었을 때
(완성 직후 프랑스 왕실 가족과 1,000명의 귀족과 4,000명의 수행원을 수용
하게 될) 폭포와 야외 분수 시스템은 웅장하게 잘 만들어졌지만 화장실이나
목욕탕 배관은 하나도 되어 있지 않았다.

　1700년대에 영국에서 산업혁명이 시작되었지만 가정이나 공공위생에는
아무 도움이 되지 못했다. 급속한 산업화와 공업화는 질식할 정도의 인구과
잉과 전례 없는 더러움을 초래했다. 한때 아름다웠던 마을은 질병으로 고통
받는 빈민가가 되었다.

1830년대에 런던에서 콜레라가 발생하여 수많은 인구가 죽고 나서야 당국에서는 가정과 직장, 거리와 공원 등에서의 위생에 대한 계몽을 시작했다. 그 후 20세기가 시작될 때까지 영국은 최초로 가정과 공공건물에서의 배관 공사를 건축하는 데 있어 서구 세계를 선도했다. 이 무렵을 전후해 오늘날 우리가 당연하게 여기는 화장실이 현대식 수세식 변기라는 특징을 가지고 서서히 등장하기 시작했다.

 ## 현대식 수세식 변기 : 1775년, 영국

현대인의 생활에 없어서는 안 될 편의시설인 수세식 변기는 4,000년 전 미노아 왕족이 즐겼으나 그 후 35세기 동안 아무도 사용하지 않았다. 바스 출신으로 엘리자베스 여왕의 대자였던 존 해링턴은 엘리자베스 여왕을 위해 수세식 변기를 고안했다. 그는 '완벽한 변기'라고 부르면서 여왕의 총애를 얻으려고 이 기구를 이용했다. 왜냐하면 그는 도색적인 이탈리아 소설을 유포시킨 죄로 궁정에서 쫓겨난 몸이었기 때문이다.

해링턴의 디자인은 많은 점에서 정교했다. 몸통 윗부분에 물통이 있었고, 물이 탱크로 흘러가게 하는 손잡이와 배설물을 근처의 분뇨통으로 흘러가게 하는 밸브도 갖춰져 있었다.

그러나 그는 멍청하게도 여왕의 변기에 대해서 『에이작스의 변신The Metamorphosis of A jax』이라는 책을 썼는데, 에이작스라는 말은 '제이크jake:요강'라는 속어를 가지고 말장난을 한 것이었다. 책의 유머가 너무 야해 여왕은 분노했고, 그는 다시 쫓겨났다. 그리고 그의 변기도 농담거리가 되어 사라지고 말았다.

다음에 등장한 뛰어난 변기는 영국의 수학자이자 시계 제조자인 알렉산더 커밍이 1775년에 특허를 낸 것이다. 이것은 한 가지 점에서 해링턴의 디자인과 달랐다. 그 한 가지 점이란 그 자체로는 작은 문제였으나 아주 혁신적인 것이었다. 해링턴의 변기는(그리고 그동안에 나온 다른 것들도) 직접 분뇨통으로 연결되어 있었고 느슨한 덮개만이 분뇨통의 썩은 내용물로부터 변기를 차단하고 있었다. 연결 파이프에는 냄새를 차단하는 물이 들어 있지 않았다. 엘리자베스 여왕도 이 디자인을 욕하면서 분뇨통 냄새 때문에 해링턴의 변기를 못 쓰겠다고 불평했던 적이 있다.

커밍이 개선한 디자인에는 변기 밑에 있는 배수 파이프가 바로 뒤쪽으로 구부러져 있었다. 커밍의 특허신청서에 따르면 이것은 '밑에서 올라오는 냄새를 차단하기 위해 항상 물을 저장하기 위해서'였다. 그는 이 장치를 '취판 stink trap'이라고 이름 붙였고, 이것은 미래의 모든 수세식 변기에 없어서는 안 될 부분이 되었다.

이렇게 해서 현대의 수세식 변기가 발명되었다. 그러나 이것이 요강과 뒷간을 대치하고 영국과 미국 화장실의 기본 시설이 되려면 100년 이상이 지나야 했다.

 화장지 : 1857년, 미국

미국에서 최초로 상업적으로 포장된 화장지는 1857년에 조지프 가예티에 의해서 최초로 소개되었다. 그러나 낱장을 꾸러미로 묶은 이 제품은 잘 팔리지 않아 곧 상점 진열대에서 사라졌다. 당시 대부분의 미국인들은 화장실과 뒷간에 백화점의 작년 카탈로그, 어제 신문, 잡다한 전단지, 팸플릿과 광고지 등이 잔뜩 있는데, 왜 멀쩡한 종이를 사는 데 돈을 써야 하는지 이해하지 못했다. 더구나 그런 것들은 읽을거리까지 제공해주는데 말이다.

영국에서는 월터 알콕이라는 사람이 1879년에 화장지 판촉을 시작했다. 가예티가 화장지를 낱장으로 제조했던 것에 반해 알콕은 '똑똑 떨어지는 종이'를 두루마리로 만들 생각을 해냈다. 그래서 최초로 점선이 나 있는 두루마리 화장지가 소개된 것이다. 발명은 했지만 빅토리아 시대에 듣도 보도 못한 물건을 판매한다는 것은 전혀 다른 문제였다. 알콕은 자기 제품을 대량 생산하고, 광고하고, 역사상 가장 점잔을 뺐던 대중들이 이것을 받아들이게 하는 데 거의 10년을 보냈다.

대서양 건너편의 뉴욕 북부에서는 수염을 기른 두 명의 진취적인 형제가 두루마리 화장지를 포함한 자신들의 종이 제품에 대해 대중들이 관심을 끌기 위해 애쓰고 있었다. 그들은 알콕과 가예티가 실패했던 분야에서 성공을 거두었다.

어빈과 클래런스 스콧은 뉴욕주의 새러토가에서 3살 터울로 태어났다. 영국에서 알콕이 점선이 나 있는 두루마리 화장지를 완성시킨 해인 1879년에 스콧 형제는 종이 제품 사업을 시작하면서 필라델피아에 살고 있었다. 종이는 필요불가결하고, 일회용이고, 다시 사용할 수 없기 때문에 틀림없이 돈을 벌 수 있는 사업이었다. 이런 세 가지 속성을 가장 잘 대표하는 제품 하나가 있다면, 바로 화장지였다.

스콧 형제는 가예티보다 시기적으로 더 운이 좋았다.

1880년대에는 많은 가정과 호텔, 식당 등은 싱크대, 샤워 시설, 변기 등을 모두 소화할 수 있는 다용도 실내 배관을 설치하고 있었다. 대도시에서는 공공 하수도 시설을 깔고 있었다. 보스턴에 있는 트레몬트 하우스는 손님들에게 편리한 실내 화장실과 목욕탕을 제공하는 최초의 호텔이라고 일찍이 자랑한 적이 있었다. 그들은 '여덟 개의 화장실과 여덟 개의 목욕탕'이라는(비록 모두 지하실에 있긴 했지만) 구호를 내걸었다. 필라델피아는 스쿨킬 상수도에서 물을 공급하는, 완벽하게 배관이 된 화장실과 욕조를 갖춘 도시라는 명예를 누리고 있었다. 맨해튼에는 공동주택들이 우후죽순처럼 생겨나고 있었고 여기서는 많은 가족들이 배관이 된 화장실 시설을 공동으로 사용했다. 그리고 제조자들과 상점에서는 유럽 최신식 변기 좌석, 타원형의 '그림 액자', 최신식 수조를 선전했고, 그중에서 통짜 세라믹 '페데스탈 베이스'는 1884년 영국 건강박람회에서 화장실 디자인 부문 금메달을 탔다. 화장실이 바뀌고 있었다. 화장지를 위한 분위기가 갖춰진 것이다.

거대한 500장짜리 패키지로만 나오는 가예티의 화장지와 달리 스콧 형제의 제품은 작은 두루마리로 나왔다. 이것은 포장지도 평범한 누런 색이었고, 당시 완곡어법으로 '집에서 가장 작은 방'으로 불리고 있던 미국 화장실에 꼭 들어맞았다.

이 제품은 상표도 없는 갈색 포장지에서 멋진 왈도프 티슈라는 이름으로 바뀌게 되고, 나중에는 그냥 스콧 티슈라는 이름으로 불리면서 두루마리마다 '오래된 리넨처럼 부드러운'이라는 슬로건이 찍혔다.

영국의 화장지 광고처럼 스콧의 초기 광고전략은 이 제품에 대한 대중들의 정서를 존중해서 조용한 것이었다. 그러나 제1차 세계 대전이 끝나면서 이 회사는 미국의 화장지 시장을 공격적인 광고로 공략하기 시작했다. 이것은 경쟁자의 상표를 비난함으로써 속물적인 매력을 창조하는 것이었다. 가장 전형적인 광고는 다음과 같았다.

'엄마, 그들의 집은 아름다운데 화장지는 너무 썰렁해요.'

화장지 시장은 여러 경쟁자를 수용할 만큼 엄청나게 커져갔다. 스콧 형제가 간파했듯이 화장지는 필요불가결하고, 일회용이며, 재사용 불가인 물품이었기 때문이다.

페이퍼 타월　미국에서 처음으로 상업적으로 포장이 되고, 뜯어서 쓸 수 있는 타월은 1907년에 공장에서의 제작 실수로 생겨났다.

이 무렵 스콧 형제의 종이 회사는 사업적으로 성공한 회사였다. 그들이 만든 부드럽고 품질 좋은 화장지는 대형 제지 공장에서 이른바 어미 두루마리 형태로 실려 와 편리한 화장실 포장으로 잘렸다. 어느 날 제지 공장에서 실려 온 뭉치 하나에서 결함이 발견되었다. 이 어미 두루마리는 너무 두껍고 주름이 져 있었다. 화장지용으로 부적격이었던 이 제품을 반품하려 할 때 사원 하나가 이 두꺼운 종이를 작은 타월 크기로 잘라서 쓰자고 제안했다. 그는 이 제품을 일회용 '페이퍼 타월'로 광고할 수 있을 것이라고도 했다.

미국 최초로 상업용으로 포장된 종이 타월은 1907년에 '새니 타월'이라고 명명되었고 주로 호텔, 레스토랑, 기차역 등의 공용 화장실에서 쓰도록 판매되었다. 그런데 이 무렵 가정주부들은 단순히 경제적 이유 때문에 종이 타월에 반발했다. 천 타월을 빨아서 무한정 다시 쓸 수 있는데 왜 한 번 쓰고 버리는 종이 타월에 돈을 들이냐는 주장이었다. 그러나 종이 타월 값이 점점 떨어지자 가정주부들은 이것의 편리성을 깨달았다. 1931년에 새니 타월은 '스콧 타월'로 이름이 바뀌면서 200장짜리 타월 한 두루마리가 25센트에 팔렸다. 화장지가 화장실의 필수품이라면 페이퍼 타월은 집안 어느 방에서도 편리하게 쓸 수 있는 제품이 되었다.

 크리넥스 : 1924년, 미국

우리는 오늘날 티슈를 일회용 손수건으로 사용한다. 그러나 원래 용도는 다른 데 있었다.

1914년에는 면이 부족해 킴벌리 클라크는 새롭고 놀랄 만한 흡수력을 가진 셀루코튼이라는 대체물을 개발했다. 이것은 전장의 외과용 붕대로, 야전 병원에서, 그리고 응급실에서 사용되었다. 흡수력이 좀 더 좋은 것은 군인들의 방독면 공기 필터로도 사용되었다.

하지만 전쟁이 끝나자 엄청나게 쌓인 셀루코튼 재고는 큰 골칫거리가 되었다. 회사는 만드느라고 몇 년 동안을 고생한 이 제품을 평화 시에도 사용할 수 있는 용도를 찾았다.

처음 등장한 것은 미용 제품이었다. 할리우드와 브로드웨이의 배우들이 화장을 지우기 위해 콜드크림 티슈로 사용했던 것이다(셀루코튼은 나중에는 '코텍스'라는 여성의 생리대로 상품화되었다).

크리넥스 커치프라는 이름이 붙은 '위생 콜드크림 제거 티슈'는 천으로 만든 화장 수건의 일회용 대치물로 선전되었다. 그리고 100개들이 한 상자가 65센트에 팔렸다. 잡지에서는 헬렌 헤이즈, 거트루드 로런스, 로널드 콜먼 같은 유명 인사를 광고모델로 기용했다. 그리고 미국 여성들은 크리넥스 커치프로 루주, 파운데이션, 분, 립스틱을 지우는 것이 더 매력적일 뿐 아니라 과학적인 방법이라는 이야기를 들었다.

스타를 내세운 광고는 완벽하게 들어맞아 5년 동안 크리넥스 매출은 꾸준히 상승했다. 그러나 예기치 않은 현상이 발생했다. 이 제품이 일회용 손수건으로 쓰기에 안성맞춤이라는 소비자의 편지가 회사 본부에 쇄도했다. 남자들은 이것을 왜 그런 식으로 판촉하지 않느냐고 따졌고 여자들은 남편들이 콜드크림 닦는 커치프로 코를 푼다고 불평했다.

1921년 후반이 되면서 소비자 편지가 점점 더 증가했다. 그해에 시카고 출신의 발명가 앤드루 올슨은 혁신적인 '자동으로 휴지가 튀어나오는 상자'를 고안했고 킴벌리-클라크 사는 이것을 생산하기 시작했다. 이 상자 옷에는 티슈 두 장이 서로 맞물려서 접히게 되어 있었다. 서브 어 티슈라는 이름이 붙은 제품 때문에 훨씬 더 많은 사람이 크리넥스를 코를 푸는 용도로 쓰게 되었다. 쉽게 빨리 뽑아 쓸 수 있는 장점 때문에 예기치 않은 재채기를 막는 데 안성맞춤이었던 것이다.

1930년, 갈피를 못 잡고 의견이 엇갈린 킴벌리–클라크 사 경영진은 티슈의 두 가지 목적을 시장에서 시험해보기로 했다. 소비자들에게 두 장의 쿠폰 중 한 장을 가져오면 크리넥스를 한 통 주겠다는 제안이었다. 그런데 두 장의 쿠폰에는 각각 다른 문구가 적혀 있었다.

> '콜드크림을 지우는 데 크리넥스만큼 좋은 것이 없다는 것을 증명하기 위해서 티슈
> 한 박스를 증정합니다.'

다른 쿠폰에는 '크리넥스가 손수건으로 손색이 없다는 것을 증명하기 위해 티슈를 증정합니다'라고 적혀 있었다. 엄청난 수의 쿠폰이 몰려들었다. 그리고 가져온 사람들의 61%가 손수건 광고에 반응을 보였다.

일회용 손수건으로 티슈를 판촉하기 시작하자 효과가 엄청났다. 경영진은 다시 크리넥스를 집에서 사용할 수 있는 열두 가지 다른 용도를 생각해냈다. 예를 들면 가구의 먼지를 털거나 윤을 낼 때, 냄비나 팬에서 음식 찌꺼기를 닦아낼 때, 감자튀김 기름을 뺄 때, 자동차 유리창을 닦을 때 등등이었다. 실제로 1936년에 나온 크리넥스 박스에는 46가지 용도를 적은 설명서가 들어 있었다. 그러나 사람들은 주로 코를 푸는 데 썼다.

크리넥스라는 상표는 영어 단어의 일부가 되어서 사전에서 티슈를 일컫는 보통명사가 되어버렸다.

칫솔 : 기원전 3000년, 이집트

고대인들이 사용한 최초의 칫솔은 연필 크기의 나뭇가지 한쪽을 씹어서

부드러운 섬유질 형태로 만든 '씹는 막대기'였다. 기원전 3000년 무렵의 이집트 무덤에서 발견된 이 씹는 막대기를 처음에는 치약 같은 연마제가 첨가되지 않은 상태에서 치아에 대고 문질렀다. (아직도 세계 일부 지역에서 사용되고 있다. 많은 아프리카 부족들은 살바도라 페르시카, 또는 '칫솔나무'라고 불리는 특정 나무의 가지만을 사용한다. 미국치과협회는 미국의 두메산골에 사는 사람들도 나뭇가지를 칫솔로 쓰는 것을 발견했다. 미국 남부에서는 이것이 '나뭇가지 칫솔'이라고 알려져 있다. 이것은 어느 모로 보나 현대식 나일론 칫솔만큼 효과적이었다. 치과의사들은 루이지애나의 슈리브포트에 사는 어느 노인이 평생 느릅나무 가지를 사용하였는데도 프라그도 전혀 없고 잇몸도 건강한 상태라고 보고한 적이 있다.)

오늘날과 같은 솔로 만든 최초의 칫솔은 1498년에 중국에서 생겨났다. 시베리아와 중국의 추운 지방에 사는 돼지의 목 등에서 뽑은 털을(날이 추워지면 돼지털이 뻣뻣해진다) 대나무나 뼈로 만든 손잡이에 박아넣었다. 동양과 거래하던 상인들이 중국 칫솔을 유럽인들에게 소개했는데, 유럽 사람들은 돼지털이 너무 뻣뻣하다고 불평했다.

당시 칫솔질을 하던 유럽인들은(칫솔질은 그렇게 보편적인 일이 아니었다) 부드러운 말털 칫솔을 선호했다. 현대 치과의학의 아버지 피에르 포샤르는 유럽에서 사용되는 칫솔에 대해 처음으로 자세한 설명을 했다. 1723년에 펴낸 책에서 그는 말털 칫솔의 비효율성을 비판했다. 말털이 너무 부드러웠기 때문이다. 그리고 치과 위생을 전혀 실행하지 않거나 어쩌다 한 번 실행하는 많은 사람들을 비난하는 동시에 천연 해면 조각으로 매일 이와 잇몸을 세게 닦으라고 권했다.

한때는 오소리 같은 동물털로 만든 칫솔도 유행했다. 그러나 많은 사람들은 식사 후에 딱딱한 깃대로 (로마인들이 그랬듯이) 이를 후비거나 특별 제작한 청동이나 은 이쑤시개를 선호했다.

많은 경우 철제 이쑤시개는 단단한 천연모 칫솔보다 건강에 위험을 덜 끼쳤다. 19세기 프랑스 세균학자 루이 파스퇴르가 병균에 관한 이론을 발표하자 치과업계에서는 모든 동물털로 만든 칫솔이(습기를 계속 머금고 있으므로) 시간이 가면 엄청난 세균과 균류의 번식을 초래할 것이며, 칫솔의 날카로운 끝이 잇몸을 찌르면 무수한 구강 감염의 원인이 될 것임을 깨달았다. 동물털 칫솔은 끓는 물에 소독하면 털이 너무 부드러워지거나 아주 못 쓰게 될 수 있었다. 그리고 좋은 동물털 칫솔은 자주 바꾸기에는 너무 비쌌다. 이런 문제들은 1930년대가 되어서야 비로소 해결의 실마리가 풀리기 시작했다.

나일론 칫솔 : 1938년, 미국

듀폰 사의 화학자들이 1930년대에 나일론을 발견하자 칫솔업계에 일대 혁명이 일어났다. 나일론은 질기고 단단하고 탄력성이 좋아 변형이 잘 되지 않았을 뿐만 아니라 습기를 머금지 않아 잘 말랐으며, 따라서 세균 번식도 막았기 때문이다.

최초의 나일론 칫솔은 1938년 미국에서 웨스트 박사의 '기적의 칫솔'이라는 이름으로 판매되었다. 듀폰 사에서는 이 인조 섬유를 엑스턴 솔이라고 불렀고 '엑스턴의 재료는 ⅰ 나일론이라고 불리는데, 최근에 나온 단어라서 사전에도 없을 것입니다'라고 광고했다. 회사에서는 나일론이 돼지털보다 우수하다는 점과 돼지털은 칫솔에서 빠져 이빨에 끼지만 나일론 솔은 칫솔대에 더 단단히 박혀 있다는 사실을 강조했다.

그러나 사실 최초의 나일론 솔은 너무 뻣뻣해서 잇몸을 아프게 했다. 잇몸에 너무 상처가 잘 났기 때문에 처음에는 치과의사들이 나일론 칫솔을 추천하기를 거부할 정도였다.

1950년대 중반이 되면서 듀폰 사는 부드러운 나일론을 완성시켰고, 이것을 파크 애비뉴 칫솔이라는 형태로 대중에게 소개했다. 뻣뻣한 칫솔은 10센트였지만, 더 고급인 부드러운 파크 애비뉴 모델은 49센트나 됐다.

나일론 칫솔은 구강 위생만 향상시킨 것이 아니라 전 세계 돼지들의 고통을 줄여주는 데에도 크게 이바지했다. 예를 들어 나일론 칫솔이 소개되기 1년 전인 1937년에는 미국에서만 150만

1910년대 미국 잡지에 실린 칫솔 광고.

파운드의 돼지털이 칫솔을 만들기 위해 수입됐었다.

그다음에 나온 칫솔의 기술적 진보는 스퀴브 사가 내놓은 최초의 전동칫솔 브록소던트였다. 미국치과협회가 보증해준 이 칫솔은 솔이 위아래로 움직였다. 1년 후 제너럴 일렉트릭 사는 코드 없이 건전지로 작동하고 재충전되는 칫솔을 디자인했다. 제너럴 일렉트릭 사의 과학자들은 여러 마리 개에다 이것을 실험했고 주주들에게 '개들도 이닦기를 좋아한다'고 주장했다.

오늘날 전 세계 사람들은 손으로 사용하는 간단한 나일론 칫솔을 좋아한다. 그러나 미국치과협회는 칫솔에 대해 한 가지 아이러니한 주장을 하고 있다.

'칫솔이 비싸지도 않고 쉽게 바꿀 수 있는데도 미국인의 5분의 4가 칫솔이 닳아빠져 잇몸을 상하게 할 때까지 한 칫솔에 매달린다.'

치약 : 기원전 2000년, 이집트

역사상 최초로 기록된 치약은 4,000년 전에 이집트 의사들이 고안한 것이다. 연마성과 자극성이 강한 이 치약의 원료는 부석 분말과 강한 식초였다. 그리고 씹는 막대기를 사용해서 문질렀다.

오늘날 판단기준으로 볼 때, 이것은 로마 초기의 치약보다는 훨씬 나았다. 로마인들은 인간의 소변으로 치약을 만들었는데, 액체 형태일 때는 구강 청정제로도 사용했다. 1세기 무렵 로마 의사들은 소변으로 양치질하는 것이 치아를 희게 하며 잇몸에 더 단단히 고착시킨다고 주장했다.

로마의 상류층 여인들은 유럽 대륙에서 가장 강하다고 생각되었던 포르투갈산 소변을 비싸게 사들였다고 한다. 오늘날의 치과 역사가들은 이것이 사실일 수도 있다고 생각한다. 그러나 포르투갈 오줌이 강했던 이유는 이것이 포르투갈에서 오랜 시간이 걸려 육로로 왔기 때문일 것이다. 소변은 치약과 구강청정제 성분으로 18세기까지 계속 사용되어왔다. 옛날 치과의사들이 자기들도 모르는 상태에서 권장했던 소변 속 성분은 암모니아였으며 이것은 나중에 현대식 치약에도 이용되었다.

로마 제국의 멸망과 함께 유럽의 치과 기술과 치과 위생은 급속도로 하락했으며, 500년 동안 사람들은 집에서 만든 찜질약과 임시 변통의 발치로 치통을 완화시켰다.

10세기의 페르시아 익사 알라지_{라틴명은 라제스}의 글은 구강 위생을 혁신과 중요성을 촉구하는 운동의 기점이 되고 있다. 라제스는 충치를 때우는 것을 추천한 최초의 의사였다. 그는 명반_{암모늄과 철을 함유}과 유향_{지중해 소나무에서 추출한 노란 송진}으로 만든 아교 같은 풀을 사용했다. 당시 유향은 니스칠이나 접착제의 주된 성분이었다.

알라지의 치아 충전재는 매우 발달한 것이긴 했으나 이것을 넣기 위해 썩은 부분을 드릴로 파내는 것은 치과의사에게는 고도의 숙련도와 환자에게는 초인적인 인내심을 요구했다. 옛날 드릴의 주요 단점은 송곳 끝이 너무 천천히 돌아간다는 것이었다. 치과의사는 철제 못을 엄지와 검지 사이에 잡고 수동으로 전후로 움직였으며 그동안 계속 이것을 누르고 있어야 했다.

18세기가 되어서야 회중시계 크기에 회중시계의 내부 회전 방식을 가진 기계식 드릴이 나왔다. 조지 워싱턴의 개인 치과의사였던 존 그린 우드가 어머니의 물레를 이용하여 드릴 끝을 돌릴 생각을 하면서부터 비로소 적당히 빠르고 페달이 달린 치과용 드릴이 생겨났다. 불행히도 이것이 너무 빨리 회전함으로 인해 발생하는 열이 단점이었다. 그래도 이 단점은 고통이 짧다는 이점에 의해 상쇄되었다(존 그린의 드릴이 1분에 500번 회전한다면 오늘날의 수랭식 모델은 1분에 50만 번 이상 회전한다).

치아 미백　유럽 사람들의 구강 위생에 대한 태도는 14세기 무렵부터 바뀌었다.

당시 이를 주로 뽑던 이발사 겸 외과 의사들은 1308년에 조합을 결성했다. 발치 외에 이발사 겸 외과 의사들이 주로 하던 치과 시술은 이를 하얗게 만드는 것이었다. 사람들은 눈부시게 하얀 이를 좋아했고, 이발사 겸 외과 의사는 거친 철제 기구로 환자의 이를 간 다음 거기다 부식력이 아주 강한 질산 용액인 강수를 발랐다. 이렇게 하면 한동안 이가 하얗게 보였다. 그렇지만 에나멜을 너무나 파괴하여 중년에는 엄청난 충치가 생기게 만들었다. 그러나 허영을 좇던 많은 유럽 사람들은 18세기에 이르기까지 산으로 이를 닦았다.

이발사 겸 외과 의사들이 임시변통으로 행하던 외과수술 때문에 이발소의 적색과 흰색의 교차 줄무늬 표시가 생겨났다. 그 경위는 다음과 같다. 이를 뽑던 외과 의사들은 이발도 하고, 수염도 다듬고, 만병통치로 여겨지던 피 뽑는 일도 했다. 피를 뽑는 동안 환자는 한쪽 손에 기둥을 꽉 쥐는 것이 상례였다. 이것은 혈관이 솟아올라 피가 더 콸콸 나오게 하기 위함이었다. 이 기둥은 피로 물드는 것을 최소화하기 위해 빨간색으로 칠했고, 사용하지 않을 때는 출혈을 막기 위해 사용하던 거즈로 둘둘 말아서 손님을 끌기 위한 광고로 상점 바깥에 걸어놓았다. 나중에 기둥 꼭대기에 붙여진 도금한 손잡이는 피도 뽑고 비누 거품도 내는 두 가지 용도로 사용되었던 놋대야를 상징한다. 나중에 외과 의사와 이발사가 갈라섰을 때 이발사가 기둥을 차지했다.

인공적으로 이를 하얗게 만들기 위해 치르는 대가는 이에 구멍이 나는 것이었다. 이로써 인간의 가장 오래된 고통 중의 하나인 자연적인 충치에 또 다른 요인이 첨가되게 되었다. 발치를 무서워한 사람들은 지독한 만성 통증에 시달렸다. 이들 중 많은 사람들은 역사상 중요한 정책 결정자들이었다. 예를 들어 루이 14세와 엘리자베스 1세가 심한 치통에 시달리면서 중요한 결정을 내려야 했다는 사실을 역사책이 빠뜨리고 있는 것은 참 놀랍다.

1685년에 루이 14세는 치아 감염으로 고통받고 있던 한 달 동안 종교적 자유를 허용했던 낭트 칙령의 취소에 사인해 수많은 사람들이 이민을 가게 만들었다. 엘리자베스 1세는 충치가 심해서 만성 치통에 시달렸지만 발치를 두려워했다. 1578년 12월의 몇 주 동안 그녀는 참을 수 없는 치통 때문에 한숨도 자지 못해 약을 먹어야만 했는데, 이 약 역시 극도로 정신을 혼란케 하는 약이었다. 그녀는 런던의 주교가 자원하여 여왕이 보는 앞에서 자기 이를 뽑아서 고통이 참지 못할 만한 게 아니라는 것을 보여준 후에서야 비로소 발치에 동의했다. 이 고통의 시간들 속에서도 그녀는 수백만 백성의 삶에 영향을 미치는 법안들을 처리하는 군주의 책무를 다했다.

좀 더 가까운 예로 조지 워싱턴은 충치, 잇몸 염증, 그리고 18세기 치과 치료 기술의 미숙함 때문에 어른이 된 후 줄곧 고생했다. 22살부터 그는 이를 하나씩 잃었는데, 그럴 때마다 틀니를 끼워 거의 잇몸을 망가뜨렸다. 그의 치통은 그칠 날이 없을 정도로 계속되어 노년에는 씹는 것이 거의 불가능했음을 여러 자료를 통해 알 수 있다. 그리고

중세의 치과 치료. 보기만 해도 무시무시하다.

그가 마침내 귀가 멀게 된 것은 얼굴에 자연스러운 모습을 유지하기 위해 아래턱에 부자연스러운 자세를 부과했기 때문일 것으로 추측된다.

이들의 심한 치통이 정책 결정에 어떠한 영향을 미쳤을까에 대한 추론적인 역사책이 한 권쯤 쓰일 만도 하다.

불소치약　오늘날에는 불소 합성물십중팔구 불소 인산염 소다이 들어 있지 않은 치약은 상상하기 어렵다. 그러나 사람들이 충치를 예방하고 줄이기 위해 불소를 사용한 것은 단순히 20세기에 들어와서 생긴 현상이 아니다. 불소치약이 나온 것은 20세기일지 모르지만.

1802년, 이탈리아의 나폴리 지역 치과의사들은 환자들의 이에서 황갈색 반점을 보았다. 알고 보니 이 반점은 사람의 이에 있는 여러 가지 에나멜과 이 지역 토양과 물에서 발생하는 고도의 불소가 상호작용을 해서 생긴 것이었다. 그런데 치과의사들이 간과할 수 없었던 사실은 반점 있는 이가 보기는

싫지만 충치가 없다는 사실이었다. 이런 발견으로 1840년대가 되면서 이탈리아와 프랑스의 치과의사들은 어릴 때부터 불소와 꿀을 섞어 만든 사탕을 정기적으로 빨아먹도록 제안하게 되었다.

식수에 불소를 넣는 최초의 과학적 시도는 1915년 미국에서 있었다. 결과가 너무 고무적이어서 마침내 불소는 물, 구강청정제, 치약에 모두 들어가게 되었고 사람들의 충치 고민은 줄어들기 시작했다.

의치 : 기원전 800년, 에트루리아

오늘날의 이탈리아 중부 서해안 토스카나 지역에 살았던 에트루리아인들은 고대인 가운데 치과 기술이 가장 발달했었다. 그들은 충치를 뽑은 후 전체 또는 부분 의치를 박았다. 이 하나하나는 상아나 뼈를 가지고 실물처럼 깎았으며, 이를 고정하는 브리지는 금으로 만들었다. 사람이 죽으면 성한 이를 뽑아서 상류층 사람들을 위해 더 진짜 같은 의치로 만들었다. 치의학 역사가들은 에트루리아인들의 의치를 디자인하고 가짜 이를 만드는 기술은 19세기까지 당할 자가 없었다고 주장한다.

이와 비교해볼 때 중세와 르네상스 초기의 치과의사들은 시술이나 사고방식 면에서 원시적이었다. 그들은 충치를 '이빨 벌레'가 속에서 밖으로 구멍을 뚫으면서 생기는 것이라고 가르쳤고(이 이론은 오늘날 남아 있는 수많은 그림으로 묘사되어 있다), 썩은 이를 뽑기는 했지만 이것을 대치할 노력을 거의 하지 않아서 환자가 평생 구멍이 뚫린 채 살아가도록 내버려두었다. 부자들은 가난한 사람들의 튼튼한 이를 샀다. 흥정된 가격에 뽑힌 이들은 상아로 만든 '잇몸'에 박아넣어 고정시켰다.

위턱에 있는 의치를 고정시키는 것은 치과의사에게는 고도의 기술을 요구했고 환자에게는 지속적인 주의와 허영심을 요구했다. 1500년대의 멋쟁이 여성들은 의치 철사를 고정시키기 위해 고리로 잇몸에 구멍을 뚫었다. 16세기에는 스프링을 사용해서 위턱에 있는 의치를 고정할 수 있게 되었는데, 스프링의 힘이 너무 강력해서 입을 다물고 있으려면 계속 압박을 가해야만 했다. 조금만 정신을 팔면 턱이 갑자기 딱 벌어졌다.

이런 의치 모양은 프랑스 혁명을 전후로 개선되기 시작했다. 파리의 치과의사들은 자기를 사용해서 내구력이 있고 진짜처럼 보이는 이를 통째로 처음으로 구워냈다. 이 유행은 클로디우스 애시에 의해 미국에도 전파되었다. 애시는 전쟁터에서 이를 모으는 행위를 통탄해왔던 사람이었다. 아직 죽지 않은 부상병들로부터 전리품으로 이를 무자비하게 강탈해 가는 도둑들에 대해 괴담이 난무했다. 수천 명의 유럽인들은 '워털루' 의치를 과시하듯 끼고 다녔고, 1860년대까지만 해도 수천 명의 미국인들이 '남북전쟁' 의치를 사용했으며, 수많은 젊은 미국 군인들의 이가 유럽으로 수송되었다. 자기류 이가 나오면서 이런 일이 마침내 종식되었다.

자기가 의치의 모양을 크게 개선시켰다면, 1800년대 후반에 완성된 가황 처리 고무 기술은 처음으로 끼기 편하고 만들기 쉬운 의치 기초를 만들 수 있게 했다. 19세기에 등장한 두 가지 혁신 기술과 함께 마취 일산화질소, 또는 '웃음 가스'가 개발되면서 고통 없는 치과 시술의 시대가 열렸다. 인류 역사상 처음으로 충치나 아픈 이를 고통 없이 뽑은 후, 편하고 내구력 있고 아름다운 의치로 갈아 끼울 수 있게 되었다. 1880년대까지는 의치 수요가 엄청났다. 다음 세기에 와서 플라스틱이라는 기적이 등장하면서 외관도 개선되게 되었다.

면도기 : 2만 년 전, 아시아와 아프리카

우리는 원시인들이 수염을 그대로 길렀을 것이라고 생각하지만 고고학자들은 남자들이 2만 년 전부터 면도를 했다는 증거를 가지고 있다. 동굴 벽화에는 수염이 있는 사람과 없는 사람이 같이 묘사되어 있으며, 묘터에서는 최초의 면도기로 쓰였던 날카로운 돌조각과 조개가 발견됐다. 그리고 철과 동을 가공하는 기술이 완성된 직후부터는 이것을 재료로 면도기를 만들었다.

역사를 통하여 남자의 얼굴에 난 털과 이것의 처리 방법은 왕과 농부, 군인과 상인들의 삶에서 중요한 요인이었다. 고대 이집트인들에게 말끔하게 면도한 얼굴은 신분의 상징이었다. 왕족은 청동 면도칼을 무덤까지 갖고 갔다. 그리스인들은 날마다 면도를 했고, 로마인들은 면도하는 것을 남자답지 못하다고 생각했지만 전쟁터에서는 면도칼을 썼다. 왜냐하면 수염을 기르면 육박전에서 불리했기 때문이다. 오늘날 이발사라는 뜻의 영어 '바버barber'는 로마인들이 수염을 일컬을 때 하는 말 '바르바barba'에서 유래했다.

미 대륙에서는 아메리카 원주민들이 조개껍질을 집게로 사용해서 수염을 하나씩 용감하게 뽑았다고 전한다. 남북전쟁 당시 포토맥의 남군 지휘관이었던 앰브로스 번사이드 장군은 면도칼을 선별적으로 사용했다. 그의 가장 두드러진 특징은 귀를 따라 뺨까지 이어지는 무성한 구레나룻이었는데, 이것은 유행이 되어 '번사이드burnsides'라고 알려지게 되었다. 20세기로 바뀌면서 이 말은 언어학적인 자리바꿈을 하여 '사이드번sideburns'이 되어버렸다. 이렇게 된 이유에 대한 만족스러운 설명은 아직까지 없다.

번사이드 장군 시대까지 면도칼은 고대 이집트 시대 이래로 겉모양에서는 거의 변함이 없었다. 그러나 더 안전한 면도칼을 만들려는 시도는 몇 차례 있었다.

 안전면도기 : 1762년, 프랑스

오랫동안 젊은 남자(또는 여자)들은 날카로운 면도칼로 안전하게 면도하는 방법을 살을 베어가면서 고통스럽게 배웠다. 안전면도기로 특별히 제작된 최초의 도구는 직업 이발사 장 자크 페레가 처음 발명하여 1762년에 프랑스에서 등장했다. 거기는 한쪽 날을 따라 철제 안전장치가 달려 있어서 실수로 칼이 미끄러져 살을 베지 않도록 했다. 약 7년 후 영국의 셰필드에서는 더 개선된 디자인이 등장했는데, 무게도 가볍고 쓰기도 간편했다. 오늘날의 T자형 면도기는 1880년대에 미국에서 처음 나온 발명품인데 날을 교환할 수가 없어서 정기적으로 갈아야 했다.

정말 혁신적인 개혁은 세일즈맨이면서 발명가였던 킹 질레트라는 사람에 의해 거의 독자적으로 이루어졌다.

1855년에 위스콘신주 폰 더 랙에서 태어난 질레트는 키가 크고 어깨가 넓고 귀족적으로 잘생겼을 뿐만 아니라 성공하려는 집념이 강했다. 그가 애초부터 더 나은 면도기를 개발하려고 한 것은 아니었고, 그의 원래 포부는 완전히 새로운 사회질서를 세상에 제공하려는 것이었다. 1894년 그는 두서 없는 사회주의 개혁의 청사진인 『인간의 흐름The Human Drift』이라는 책을 발간해 '세계인들에게' 증정했다. 오늘날 면도를 하는 모든 남녀는 이 책이 완전히 실패했다는 사실에 감사해야 할 것이다.

질레트는 다른 데로 눈을 돌렸다. 일회용 병뚜껑을 발명한 그의 친구 윌리엄 페인터는 실패한 작가이자 세일즈맨인 질레트에게 병뚜껑처럼 한 번쓰고 버린 후 갈아 끼울 수 있는 물건을 고안해보라고 제안했다.

질레트는 이 제안에 마음이 끌렸다. 1년 동안 그는 매사추세츠주 브루클라인에 있는 집에서 알파벳 순서대로 자주 쓰는 집안용품과 사무용품을 계속해서 정리했다.

1895년 어느 날 아침, 질레트는 면도를 하다가 면도날이 너무 무디어진 것을 보고 어떤 생각을 떠올렸다. 훗날 그는 이것을 다음과 같이 적고 있다.

'내가 그날 둥지에 앉는 새처럼 가볍게 내 눈으로 면도기를 바라보면서 면도기를 들

고 서 있을 때 질레트 면도기와 일회용 면도날이 탄생하게 되었다.'

생각은 단순했지만 기술을 완성하는 데는 6년 이상이 걸렸다. 질레트가 접촉한 도구 제작자들은 작고, 값싸고, 종이처럼 얇은 면도날은 만들 수 없다고 말했다. MIT 엔지니어들은 계획을 포기하라고 충고했다. 그러나 엘리베이터 누름단추를 발명한 윌리엄 니커슨이라는 MIT 교수가 1901년에 그와 공동작업을 하기로 결정했다.

공동작업의 첫 번째 열매인 하나에 5달러짜리 면도기 51개와 일회용 면도날 168개는 1903년에 출고되었다. 면도기의 안전성과 편리함에 대한 소문이 너무나 빨리 퍼져서 공급이 수요를 따라잡을 수 없을 정도였다.

1906년에 미국인들은 30만 개의 면도기와 50만 개의 면도날을 구입했고, 모든 상품 포장에는 질레트의 사진과 사인이 찍혀 있었다. 그리고 미국이 제1차 세계 대전에 참전하게 되자 미국 정부는 미군 전체가 면도하는 데 충분한 물량인 350만 개의 면도기와 3,600만 개의 면도날을 주문했다. 전쟁으로 세계 각처의 젊은이들이 질레트의 발명품을 처음 써보게 되었고, 고국으로 돌아갈 때 질레트 면도기와 일회용 면도날을 계속 공급받기를 원했다.

킹 질레트는 백만장자가 몇 번이고 될 정도로 떼돈을 벌고 1931년에 은퇴했다. 바로 그해에 면도날은 이것이 누려온 긴 독점의 역사에서 최초로 강력한 도전자를 만나게 되었다. 바로 전기면도기였다.

 전기면도기 : 1931년, 미국

미군에 복무하면서 제이콥 쉬크는 질레트 면도기와 면도날을 지급받았다. 그는 이 제품에 아무 불만이 없었다. 이 면도기로 언제나 말끔하고 편리

한 면도를 할 수 있었다. 물, 비누, 셰이빙 크림이 없는 경우나 겨울에 찬 물을 데울 수 없을 때를 제외하고는.

전쟁이 끝나고 쉬크는 전기 모터로 작동하는 이른바 '건조한 면도기'를 발명하기 시작했다.

튼튼하고 강력한 모터는 모두 무겁고 크다는 점이 가장 큰 문제였다. 5년 동안 쉬크는 작은 전기 모터를 직접 완성하는 일을 했고 1923년에 특허를 신청했다.

그러나 계속된 장애가 그의 노력을 방해했다. 그에게 재정적 보조를 해주는 사람들은 전 세계 수백 만의 사람들과 마찬가지로 질레트 면도기와 면도날로 만족스러운 면도를 하고 있었다. 전기면도기란 정말 필요한 것일까? 쉬크는 그렇다고 생각했다. 그는 집을 저당 잡히고 빚더미에 올라앉았고, 최초의 전기면도기를 경제대공황이 절정에 달했던 1931년에 25달러라는 높은 가격으로 내놓았다.

첫해에 제이콥 쉬크는 겨우 3,000개의 면도기를 팔았다.

그다음 해에 그는 약간의 이윤을 남겨 이것을 전국적인 광고에 재투자했다. 그런 정책을 해마다 반복하여 1937년에 그는 미국, 캐나다, 영국에서 거의 200만 개의 전기면도기를 팔았다. 전기면도기는 생필품은 안 되었을지 모르나 20세기의 전기 발명품 중의 하나였고, 제이콥 쉬크는 면도하는 사람을 위한 시장이 존재한다는 것을 입증했다.

쉬크가 1930년대에 질레트라는 이름과 경쟁한 것처럼 1940년대에는 레밍턴과 선빔이라는 이름들이 쉬크와 경쟁했다. 레밍턴은 1940년대에 투 헤드 면도기를 도입함으로써 또 하나의 역사적인 전환기를 마련했다. 듀얼이라는 이름이 붙은 이 면도기는 오늘날 멀티헤드 면도기 쪽으로의 경향을 선도했다. 그해에 레밍턴은 여성만을 위한 전기면도기를 내놓아 작은 센세이션을 일으켰다. 여자들은 수 세기 동안 원치 않는 털을 뽑거나 밀었지만 기록된 면도의 역사에서는 거의 주의를 끌지 못했다.

비누 : 기원전 600년, 페니키아

욕실의 필수품인 비누는 발견된 이래로 다양한 세척과 의약적 목표를 수행해왔다. 이것은 유행을 타기도 유행에서 멀어지기도 했고, 어느 나라에서는 문명의 절정이라고 찬양되는가 하면 그 이웃 나라에서는 지나친 결벽이라고 비난받기도 했다.

약 4,000년 전에 소아시아의 히타이트족은 물에 띄운 사포나리아 잎을 태워 그 재로 손을 씻었다. 같은 시기에 우르 지방의 수메르족은 알칼리 용액을 만들어서 몸을 씻었다. 기술적으로 볼 때 이 두 가지는 비누와 비슷하되 비누는 아니었다. 실제 비누는 바다를 항해하는 페니키아족에 의해서 기원전 600년에 개발되었다. 오늘날 비누화라고 알려진 과정에서 페니키아인들은 염소의 유지, 물, 탄산칼륨 성분이 높은 재를 끓여서 증발시킨 후 왁스 같은 고체 비누를 만들었다.

그 후 20세기 동안 비누의 운명은 서구인의 위생과 종교 관념과 밀접하게 따라다녔다. 예를 들어 기독교가 몸을 드러내는 죄악에 대해 경고했던 중세시대에는 비누 생산이 사실상 중단되었다가 의학에서 질병의 주된 원인으로 박테리아를 지목하지 비누 생산이 급증했다. 이런 역사를 거쳐왔지만 여러가지 향과 색을 가진 비누는 페니키아인들이 만든 것과 근본적으로는 똑같은 물건이었다. 그런데 1879년 어느 공장에서 일어난 사고 때문에 새롭고 정말 신기한 비누가 만들어지게 되었다.

물에 뜨는 비누 1878년 어느 날 아침, 아버지가 세운 비누와 양초 회사를 경영하던 32살의 할리 프록터는 당시 수입된 카스티야 비누와 경쟁하려면 새롭고 크림색의 흰빛을 띤, 미세한 향내가 나는 비누를 만들어야겠다고 결심했다.

남북전쟁 당시 남군의 비누 공급원이었던 이 회사는 그러한 도전을 해보기에 적격인 회사였다. 그리고 프록터의 사촌이었던 화학자 제임스 갬블은 곧 바라던 제품을 만들었다. 그냥 '하얀 비누'라고 명명된 이 비누는 찬물에서도 풍부한 거품을 냈으며 부드럽고 균질한 밀도를 가지고 있었다. 그러나 프록터와 갬블의 하얀 비누는 아직 '아이보리'라고 명명되지도 않았으며 물에 뜨지도 않았다.

비누 생산이 시작되었고 신제품은 잘 팔려나갔다. 그런데 어느 날 비누 용기를 감독하던 공장 노동자가 교유기를 끄는 것을 잊어버리고 점심을 먹으러 갔다. 돌아와보니 비누 용액에 공기가 너무 많이 들어가 있었다. 비누 용액을 버리기 아까웠던 그는 응고, 절단 프레임에 이것을 부었고, 그리하여 사상 최초로 공기가 들어간 물에 뜨는 비누가 출시되었다.

소비자들의 반응은 거의 즉각적이었다. 물에 뜨기 때문에 더러운 물 속을 더듬어서 찾지 않아도 되는 그 놀라운 비누를 요청하는 편지가 공장으로 쇄도했다. 우연한 사고가 가져온 행운이라고 생각한 할리 프록터와 제임스 갬블은 그때부터 만드는 모든 하얀 비누에 교유 과정을

물에 동동 뜨는 것을 강조한 아이보리 비누 광고.

더 길게 하라고 지시했다.

그러나 그렇게 혁신적인 제품에 붙이기에 '하얀 비누'라는 이름은 너무 평범했다. 교회에서 일요일 아침에 생각할 수 있는 모든 이름들을 생각하던 할리 프록터는 목사가 시편 45편을 읽을 때 어느 한 단어에서 영감을 받았다.

> '그대가 입는 모든 옷에서는 몰약과 침향과 육계 향내가 풍겨나고, 아이보리(상아)
>
> 궁에서 들리는 현악기 소리가 그대를 즐겁게 하도다.'

길쭉한 모양의 아이보리 비누는 에디슨이 성공적으로 백열등을 테스트했던 달인 1879년 10월에 시장에 데뷔했다. 두 사건은 겉으로 보기에 서로 연관이 없어 보인다. 그러나 영리한 사업가였던 할리 프록터는 전기가 돈 잘 벌리는 자신의 양초 사업을 망하게 할 것임을 예견하고 사상 최초의 물에 뜨는 비누를 집중적으로 판촉하기로 했다.

길쭉한 아이보리 비누 중간에 홈을 파서 절약형 크기로 쪼갤 수 있게 한 것은 프록터의 아이디어였다. 덕분에 가정주부들은 세탁비누 크기의 비누 하나를 살지, 아니면 화장실용 비누 두 개를 살지 고민하지 않아도 되었다. 그리고 회사에서는 한 가지 제품만 만들면 되었다.

아이보리의 품질을 시험하기 위해 프록터는 화학 교수와 독립 연구소에 비누를 보내 분석을 의뢰했다. 보고서 하나가 그의 마음을 사로잡았다. 이 보고서는 아이보리 비누에는 불순물이 100분의 56%밖에 없다고 진술하고 있었다. 프록터는 부정적인 보고서를 긍정적으로 뒤집어서 '아이보리 비누의 순도는 99.44%입니다'라고 광고했고, 이것은 프록터앤드갬블 사 광고의 보증서가 되었다.

심리적 견지에서 보면 이 문구는 광고의 천재성이 이루어낸 성공이었다.

왜냐하면 순도와 물에 뜨는 성질은 서로를 강화시키는 역할을 했으며 비누 판매도 촉진시켰기 때문이다. 비누의 순도와 부드러움을 더 극적으로 강조하기 위해 프록터는 '아이보리 베이비'라는 것을 도입해서 상점 주인들에게 실물 크기의 전시용 포스터를 공급했다. 매디슨가에서는 미국 가정주부들에게 아이보리 비누를 사도록 권유한 이 광고가 광고 역사상 가장 효과적인 것이었다고 주장한다.

젊은 시절 할리 프록터는 사업에 성공하면 45살에 은퇴하겠다고 스스로에게 약속했다. 물에 뜨는 비누 덕분에 너무나 큰 성공을 거둔 그는 1년 빠른 44살에 은퇴하는 사치를 자신에게 허락했다.

샴푸 : 1890년대, 독일

샴푸의 주된 기능은 두피의 피지를 두발에서 제거하는 것이다. 이 피지가 먼지와 머리를 손질하면서 쓴 용액들을 머리카락에 달라붙게 하기 때문이다. 보통 비누는 이런 일을 하기에 적합하지 못하다. 왜냐하면 보통 비누는 그 자체에서부터 찌꺼기가 나오기 때문이다.

세제는 이 일을 쉽게 할 수 있었으나 1800년대 후반에야 발견되었고 1930년이 되어서야 풍부한 수량으로 제조되었다. 그렇다면 그러는 동안 사람들은 어떻게 효과적으로 머리를 감았을까?

고대 이집트인들은 감귤류의 산이 피지를 효과적으로 분쇄하기 때문에 감귤주스를 탄 물을 가지고 머리를 감는 유행을 퍼뜨렸다. 향내가 나고 때때로 소량의 비누와 합성한 수제 감귤류 조제품은 몇 세기 동안 인기가 있었다.

세제 같은 대용품이 유럽에 등장한 것은 중세 후기였다. 이것은 물과 비누를 소다나 산화칼륨잿물을 넣고 끓인 것이었다. 산화칼륨은 그 합성물에 고도의 음 수산기 이온을 생기게 했는데, 이것이 바로 오늘날의 샴푸의 기초가 되었다. 샴푸와 비슷하지만 비누에 더 가까운 이 용액들은 집에서 만들어졌고, 제조법은 대대로 전해 내려왔다.

아이러니하게도 '샴푸'라는 말은 독일 화학자들이 오늘날의 샴푸가 된 최초의 세제를 개발하고 있던 바로 그 시기에 영국에서 만들어졌다. 1870년대에 영국 정부는 영국 동인도회사로부터 인도의 통치권을 빼앗았고 힌두어를 말하는 인도인들에게 점점 더 많은 자치권을 부여했다. 힌두어뿐만 아니라 인도의 패션과 예술이 영국에서 유행하고 있었다. 1870년대에 첨단을 앞서가던 영국의 미용사가 '마사지하다' '주무르다'를 의미하는 힌두어 '참포champo'에서 '샴푸shampoo'라는 말을 만들었다.

샴푸는 가게에서 살 수 있는 병에 든 용액이 아니었다. 이것은 영국의 고급 살롱을 이용하던 사람들에게 해주던 샴푸와 두피 마사지를 의미했다. 모든 살롱들이 서로 남에게 공개하지 않으려는 조제액은 미용사들이 비누, 물, 소다를 이용한 전통적인 방식을 변주하여 미용실 안에서 만들어졌다. 기술적으로 볼 때 세제를 사용해서 처음 만든 샴푸는 1890년대에 독일에서 만들어졌다. 제1차 세계 대전 후 이 제품이 판매용 머리 비누 용액으로 판매되었을 때 거기에 붙일 '샴푸'라는 이름이 이미 기다리고 있었다.

미국에서는 존 브렉이라는 사람이 대머리가 되는 것을 모면하려는 개인적인 투쟁을 사업으로 변화시키면서 샴푸사업을 시작했다.

1900년대 초기에 25살이었던 브렉은 매사추세츠의 자원 소방서 대장이었는데 머리가 점점 빠지고 있었다. 자문을 구한 뉴잉글랜드 지방의 의사들은 대머리를 고칠 길이 없다고 말했지만 잘생긴 젊은 소방수는 이 진단을 받아들일 수가 없었다.

남이 있는 머리카락을 지키는 것이 그의 집념이 되었다. 그는 집에서 머리가 안 빠지는 약과 여러 가지 두피 마사지 테크닉을 개발했다. 그리고 1908년에는 스프링필드에 두피 치료 센터를 열었다. 그의 샴푸가 그 지역 미용실의 인기 품목이 되자 브렉은 머리와 두피 제품 라인과 공급 지역을 확장했다. 그는 1930년에 정상 모발용 샴푸를 소개했고, 3년 후에는 건성과 지성용 샴푸도 만들었다. 1930년대 말까지 브렉의 미용 사업은 전국적으로 퍼져 한때는 미국의 주요 샴푸 제조회사가 되었다. 그러나 그의 성공적인 샴푸 제조에도 불구하고, 그 어느 것도 자신이 대머리가 되는 것을 막을 수는 없었다.

9장

————◆————

화장대 앞에서

 화장품 : 8,000년 전, 중동

　아름다움은 영원히 즐길 대상이지만 이것을 유지하는 데는 많은 돈이 든다. 미국의 남자와 여자들은 허영이라는 이름으로 해마다 50억 달러 이상을 미용실과 이발관, 화장품 가게에서 쓰고 있다.

　몸단장하는 데 이렇게 많은 돈이 든다는 것을 듣고 놀랄 사람은 없을지도 모르겠다. 왜냐하면 이것은 적어도 8,000년이나 지속되어온 일이기 때문이다. 얼굴과 몸에 화장을 하고 향수를 뿌리고 분을 바르는 것, 그리고 머리에 물을 들이는 것은 종교나 전쟁 의식의 일부로 시작되었고 기록된 역사만큼이나 오래되었다. 고고학자들은 얼굴과 눈 화장품을 갈고 섞는 데 사용하는 팔레트를 발굴했는데 이것은 기원전 6000년까지 거슬러 올라가는 것으로 추정되고 있다.

　고대 이집트에서는 기원전 4000년까지 미장원과 향수 공장이 성업할 정도로 화장 기술은 고도로 숙련되고 널리 이용되었다. 당시에 가장 애용하던 눈화장 색깔은 녹색, 가장 좋아하던 립스틱은 청흑색, 그저 봐줄 만한 립스틱은 연지 빨강이었으며, 유행을 따르는 이집트 여성들은 손가락과 발의 살 부분을 헤나 잎으로 적황색 물을 들였다. 그리고 가슴을 드러내놓고 다니던 시대에는 여자들이 가슴의 정맥을 푸른색으로 강조했고 젖꼭지는 금빛을 입혔다.

이집트 남자들도 여자 못지않게 외모에 신경 썼다. 살아 있을 때뿐만 아니라 죽어서도 그들은 내세에 사용할 수 있도록 풍부한 화장품으로 무덤을 가득 채웠다. 1920년대에 기원전 1350년 무렵에 지배했던 투탕카멘왕의 무덤이 발굴되었을 때 스킨 크림, 립 컬러, 뺨에 바르는 루주 병이 여럿 발견되었는데, 이것들은 아직도 사용 가능할 정도로 약한 향기를 담고 있었다.

사실 기독교 시대 이전에는 모든 문화에서 사람들이 분, 향수, 그리고 물 감으로 자신들을 장식한 것을 찾아볼 수 있다. 유일한 예외인 그리스인들을 제외하고는. 이집트인들의 화장술을 받아들인 로마인들과 달리 그리스인들은 자연적인 모습을 선호했다. 기원전 12세기 도리아인의 침입으로부터 700년까지, 힘들게 살아가던 그리스인들은 스스로를 치장하는 나태한 즐거움을 누릴 시간적 여유가 없었다. 그리고 기원전 5세기의 황금기에 사회가 정착되고 번성했을 때에는 남성다움과 자연스러운 소박함이라는 이상에 지배되었다. 학문과 체육이 발달했다. 여자들은 집안의 재산이었다. 장식하지 않고 옷을 입지 않은 남성은 완벽한 존재였다.

이 시대에 이집트인으로부터 흘러온 화장 기술이 고급 매춘부들을 통해 그리스에 전달되었다. 부자들의 정부들은 화장한 얼굴, 장식한 머리, 향수 뿌린 몸매를 자랑했다. 그들은 또한 향내 나는 액체나 기름을 입에 머금고 혀로 굴림으로써 숨결도 향기나게 했다. 역사상 최초의 이 입냄새 제거제는 삼키지 않고 적절한 때를 봐서 몰래 뱉었다.

그리스 정부들에게서 우리는 여성의 블론드 머리가 검은 머리보다 더 매력적이라는 사실을 처음으로 발견하게 된다. 밝은색은 순수함과 높은 사회적 지위, 그리고 성적인 매력을 의미했다. 정부들은 노란색 꽃잎, 꽃가루, 포타슘 소금 등으로 만든 사과향 포마드를 발라서 블론드 색깔을 냈다.

그리스인들과는 대조적으로 로마의 남자와 여자들은 화장품을 듬뿍 사용했다. 동양에서 임무를 마치고 돌아오는 로마 군인들은 인도의 향수, 화장품, 그리고 노란 밀가루, 꽃가루, 고운 금가루 등으로 만든 블론드 머리 물감을 가지고, 또 많은 경우 몸에 바르고 귀환했다. 유행을 따르는 로마 여인들이 오늘날 이용할 수 있는 거의 모든 화장용품을 사용했다는 증거는 상당히 많이 있다. 1세기의 경구작가 마르티알리스는 자기의 여자 친구 갈라가 용모를 완전히 바꾸어버린 것을 비난하며 다음과 같이 쓰고 있다.

'갈라, 당신이 집에 있을 때도 당신의 머리카락은 미장원에 있고, 밤에는 이빨을 빼내서 수백 가지 화장품 상자 속에 쌓아놓고 잠을 자니, 당신의 얼굴조차도 당신과 같이 잠자지 못하는군. 그리고 당신은 다음 날 아침 서랍에서 꺼낸 속눈썹 밑으로 남자들에게 윙크를 보내지.'

화장품을 좋아한 로마인들의 성향을 고려해 어원학자들은 '화장품 cosmetic'이라는 말이 율리우스 카이사르 재위 시절에 로마 제국에서 가장 유명한 화장품 상인이었던 '코스미스Cosmis'의 이름에서 나왔다고 오랫동안 믿어왔다. 그러나 최근에 이들은 이 말이 '장식 기술'을 의미하는 그리스어 '코스메티코스Kosmetikos'에서 나왔다고 결론지었다.

눈화장 : 기원전 4000년 이전, 이집트

눈이 신체의 다른 어떤 부분보다도 내면의 생각과 감정을 잘 나타내기 때문에 오랜 역사를 통하여 가장 정교하게 장식되어왔다. 고대 이집트인들은 기원전 4000년에 이미 얼굴 화장의 주된 포인트로 눈에 초점을 맞추었다. 그들이 선호한 녹색 아이섀도는 녹색의 동광銅鑛인 공작석 분말로 만들었으며, 윗눈썹과 아랫눈썹에 두껍게 발랐다. 눈에 윤곽을 그리고 속눈썹과 눈썹에 검은색을 칠하는 데는 '콜Kohl'이라는 먹이 사용되었는데 이것은 안티몬 가루, 태운 아몬드, 흑색 구리 산화물, 그리고 갈색 황토로 만든 것이었다. 먹은 작은 설화석고 단지에 넣고 침으로 갠 뒤, 오늘날의 아이펜슬 격이었던 상아, 나무, 또는 철제 막대기로 발랐다. 가득 찬 콜 단지가 아직도 수십 개 보존되어 있다.

멋쟁이 이집트 남녀는 역사상 최초의 눈 반짝이도 칠했다. 그들은 빛이 나는 벌레의 껍질을 절구에 넣고 빻아서 거친 가루로 만들었다. 그리고 이것을 공작석 분말로 만든 아이섀도와 섞었다.

많은 이집트 여자들은 눈썹을 밀고 가짜 눈썹을 그렸다. 나중에 그리스의 정부들도 그렇게 했다. 그러나 사람들은 진짜 눈썹이든 가짜 눈썹이든 코 위에서 서로 만나는 눈썹을 좋아했고 이집트와 그리스 사람들은 자연스럽게 연결되지 못하는 눈썹을 콜 연필로 연결했다.

눈 장식은 이스라엘 사람들 사이에서도 가장 인기 있는 형태의 메이크업이었다. 이 풍습은 기원전 9세기 아합 왕의 아내였던 이세벨 여왕에 의해 기원전 850년 무렵 이스라엘에 소개되었다. 시돈의 공주였던 그녀는 당시 문화와 유행의 중심지였던 페니키아 풍습에 익숙했다. 성경에서는 그녀의 화장품 사용에 대해 다음과 같이 언급하고 있다.

'예후가 이스라엘에 이르렀을 때 이세벨이 이 소식을 듣고 얼굴에 화장을 하고…….'

– 열왕기 하 9장 30절

신에게 아름답게 보이기 위해 두꺼운 아이라인과 보석으로 치장한 고대 이집트의 여인이 그려진 양피지.

짙은 화장을 한 이세벨은 궁전의 창문에서 자기 아들의 경쟁자인 예후를 놀렸다. 결국 예후의 명을 받은 내관들이 이세벨을 밀어서 떨어뜨렸다. 그녀가 대표적인 악녀로 명성을 얻게 된 것은 평민의 권리를 무시하고 이스라엘 선지자였던 엘리야와 엘리사를 무시했기 때문이었다. 그녀로 인해 몇 백 년 동안이나 화장품의 평판이 좋지 않았다.

 연지, 분, 루주 : 기원전 4000년, 근동

그리스 남자들은 자연스러운 용모를 높이 평가하고 대부분의 화장품 사용을 회피하긴 했지만 뺨에 바르는 연지만은 사용했다. 그리고 그리스의 정부들은 먼저 흰색 분으로 피부를 코팅함으로써 연지의 빨간색을 강조했다. 그 후 2,000년 동안 유럽 여인들의 얼굴, 목, 그리고 가슴을 희게 했던 이 화장분에는 많은 납이 포함되어 있었기 때문에 결국 피부를 망치게 돼 수많은 사람들이 때아닌 죽음을 맞이했다.

18세기 유럽에서는 얼굴을 하얗게 만들기 위해 '비소안색 웨이퍼'를 먹었다. 이것은 효과가 있었다. 피에 독성이 들어가 더 적은 적혈구가 혈관에 흐르고 신체 각 기관에도 산소가 부족해져서 발생한 결과였다.

그리스와 로마의 남녀가 원치 않는 신체의 털을 제거하기 위해 사용했던 석웅황石雄黃 역시 주요 성분이 비소 합성물이었기 때문에 위험했다.

루주라고 해서 더 안전하지는 않았다. 루주의 기초 물질은 뽕나무나 해초같이 무해한 채소 성분이었지만, 진사라는 독성이 강한 수은의 빨간 황화물로 채색이 되었다. 몇 세기 동안 똑같은 빨간 크림이 입술을 바르는 데 사용되었는데, 입술을 통해 독이 더 쉽게 섭취돼 자기도 모르게 중독되었다. 일단 혈액에 들어가면 납과 비소, 수은은 태아에 심각한 해를 입혔다. 그 결과 유산과 사산이 비일비재했고 선천성 기형아들이 태어났지만 그 수는 추정할 길이 없다. 왜냐하면 당시에 기형아는 태어나자마자 버리는 것이 관례였기 때문이다.

화장품의 역사가 진행되는 동안 여자들이 얼굴에 화장하는 것을 금지하려는 시도는(도덕적이거나 종교적인 이유뿐 아니라 다른 이유에서도) 무수히 있었다. 기원전 4세기의 그리스 역사가인 크세노폰은 신부가 화장술로 자신을 속이는 데 대해 『잘 꾸려나가는 살림살이Good Husbandry』에서 다음과 같이 적고 있다.

> '그녀가 화장을 한 것을 알았을 때 나는 그녀가 화장으로 자기 모습을 속이는 것은 내가 내 재산에 대해 그녀를 속이는 것만큼이나 부정직한 일이라고 그녀에게 지적했다.'

그리스 신학자인 알렉산드리아의 클레멘트는 화장술을 통해 남편을 속여 자기와 결혼하게 하는 것을 금하는 법령을 2세기에 주장했다. 그리고

1770년에도 다음과 같은 것을 요구하는 가혹한 법령이 영국 의회에서 도입되었다(나중에 부결되었지만).

> '나이, 계급, 직업을 막론하고, 처녀, 하녀, 과부를 막론하고, 향수, 화장품, 화장수,
> 의치, 가발을 통해 유혹하거나 속여서 결혼을 한다면 그 결혼은 무효다.'

여기서 이 시기에 영국과 프랑스에서 흰색 화장분 위에다 빨간 연지를 칠하는 유행이 그 어느 때보다도 극치에 달했다는 점을 지적해둘 필요가 있다. 1792년에 나온 영국의 「신사 잡지Gentlemen's Magazine」는 '양털 같은 흰 머리와 불 같은 빨간 얼굴을 한 여자들은 껍질 벗긴 양을 닮았다'라고 적고 있다. 그런 다음 이 기사는 (남성 독자들을 위해 남자가 쓴) 다음과 같은 생각을 쓰고 있다.

> '독신 여자가 이런 유행을 따르는 것은 이해할 만하다. 남편을 얻어야 하니까. 그러
> 나 이런 경박함은 결혼한 여자의 체면에는 어울리지 않는다.'

화장하는 것이 극에 달했던 이 시기 이후에는 프랑스 혁명과 그 여파로 점잖은 시대가 왔다.

19세기 후반 무렵이 되자 연지, 얼굴 분, 루주 등 6,000년간 남자와 여자들이 즐겨 써온 기본 화장품들이 유럽에서 거의 사라졌다. 이런 소강 상태 동안에 당시 한 패션 잡지는 다음과 같이 진술하고 있다.

> '얼굴과 입술에 색을 칠하는 것은 무대에 서는 사람들에게나 적합한 것으로 생각되
> 고 있다. 이따금 마음을 잘못 먹은 여자가 젊음과 건강의 안색을 대치하기 위해 뺨

에 색칠을 한다. 이것이 인위적이라는 것을 모든 사람들은 금방 알게 되고 그가 숨기려고 하는 바로 그 점에 더 주의를 기울이게 된다. 연지와 루주가 다시 사용될 날은 돌아오지 않을 것 같다.'

이것은 1880년의 일이었다. 무대 여배우들이 쓰는 화장품은 옛날에 몇 세기 동안 그랬듯이 집에서 만든 것이었다. 그러나 19세기 말이 가까워지면서 프랑스 사람들이 앞장서서 화장품 사용을 완전히 부활시켰다.

그 결과 현대 화장품 산업이 탄생했고 역사상 유례를 찾을 수 없을 정도로 많은 가게에서 파는 유명 브랜드 제품의 범람이 이어졌다. 겔랑, 코티, 로저앤갈렛, 랑방, 샤넬, 디올, 루빈스타인, 아덴, 레브론, 로더, 그리고 에이본 등. 게다가 더욱 중요한 것은 화학자들이 적극적으로 나서서 미용사와 여자들을 도와 사상 최초로 안전한 화장품을 만들게 되었다는 사실이다. 이 장에서는 유명 상표들과 화학적으로 안전한 제품들의 기원을 살펴본다.

애교점과 콤팩트 : 17세기, 유럽

1600년대에 사람의 모습을 망가뜨리는 무서운 질병인 천연두가 유럽을 휩쓸었다. 전염병이 돌 때마다 수천 명의 사람이 죽었고 그보다 훨씬 많은 사람들 얼굴에 영원히 지워지지 않는 상처를 남겼다. 정도의 차이는 있었지만 곰보 자국은 대다수 유럽 사람들의 얼굴을 망쳐놓고 말았다.

별, 초승달, 하트 모양으로 한 번에 열두 개 정도까지 붙였던 애교점은 천연두 자국으로부터 주의를 다른 데로 돌리는 수단으로 큰 인기를 끌었다.

검은 실크나 벨벳으로 만들어진 점은 눈 근처, 입 주위, 뺨, 이마, 목, 그리고 가슴에 조심스럽게 붙여졌다. 여자들뿐만 아니라 남자들도 붙였다. 어쨌든 시선을 다른 데로 돌리는 효과는 분명했으므로 프랑스에서는 애교점이

18세기 프랑스 화가 프랑수아 부셰가 그린 「화장」(1742). 중세 유럽을 휩쓴 천연두가 만들어낸 유행인 애교점을 눈가에 붙인 젊은 귀족 여성의 모습을 볼 수 있다.

'파리fly'를 의미하는 '무셰mouche'라는 명칭을 얻게 되었다.

비상시에 갈아붙일 수 있는 애교점 상자를 사람들은 식사 때나 무도회에 가지고 다녔다. 이 상자는 작고 얕았으며 뚜껑에 거울이 붙어 있었는데, 오늘날 콤팩트의 선구자가 되었다.

애교점은 말없이 잘 통하는 언어로 발전했다. 여자의 입 근처에 붙이는 점은 '기꺼이 놀아나겠다'는 표시였다. 오른쪽 뺨에 붙이는 점은 '결혼했다'는 뜻이었고, 왼쪽에 붙이면 '약혼했다'는 뜻이었다. 눈 구석에 붙이면 타는 듯한 열정이 있음을 의미했다.

1796년에 애교점을 붙여야 할 의학적 필요성은 사라졌다. 영국의 시골 의사인 에드워드 제너가 8살난 시골 소년에게 우두를 접종하여 천연두 백신을 시험했다. 소년은 곧 약간의 발진이 돋았으나 이내 사라졌다. 제너는 이번에는 더 위험한 천연두 주사를 놓았다. 소년은 면역이 되어 아무 증상도 보이지 않았다.

제너는 이 과정을 우두를 의미하는 라틴어 '박시니아vaccinia'에서 말을 따서 '백시네이션vaccination'이라고 불렀다. 백신의 사용이 유럽 전체에 퍼져 천연두가 사라지자 애교점은 실용적인 위장에서 미용상의 장식이 되었다. 미용으로 장식을 하게 되자 이번에는 연필로 그리는 애교점이 등장했다. 애지중지하던 애교점 상자가 텅텅 비게 되자, 콤팩트 분을 넣는 상자로 쓰게 되었다.

 ## 매니큐어 : 기원전 3000년, 중국

손가락뿐만 아니라 손톱에 헤나 염료를 칠하는 것은 기원전 3000년 무렵 이집트에서 흔히 있는 일이었다. 그러나 손톱에 색을 칠하는 것은 손톱 색깔이 사회적 지위를 나타냈던 중국에서 처음 시작된 것으로 여겨진다.

중국 사람들은 기원전 3000년에 이미 아라비아고무, 달걀흰자, 젤라틴, 그리고 봉밀을 합성하여 니스, 에나멜, 래커를 만들었다. 15세기 명나라 문서에 따르면 몇 백 년 동안 왕족은 검은색과 빨간색으로 손톱을 칠했다. 이보다 먼저 기원전 6세기 무렵 주나라 때는 금색과 은색을 칠하는 것이 왕족의 특권이었다.

이집트인들 사이에서도 손톱 색깔은 사회 계층을 나타냈는데 빨간색이 최상층이었다. 이교도 왕 아케나톤의 아내였던 네페르티티는 손톱과 발톱을 루비색으로 칠했고 클레오파트라는 짙은 빨간색을 좋아했다. 낮은 계층의 여자들에게는 옅은 색깔만 허용되었고, 어떤 여자도 왕이나 여왕이 바르는(이집트에서는 남자들도 손톱을 칠했다) 색깔을 감히 칠할 수 없었다.

이것은 특히 신분이 높은 전사들에게 해당되었다. 이집트, 바빌로니아, 그리고 초기 로마의 군대 지휘관들은 전쟁을 하기 전에 머리에 래커를 바르고 곱슬거리게 하는 것과 손톱을 입술 색깔과 같이 칠하는 데 몇 시간씩을 보냈다.

이처럼 고대인들이 손톱과 발톱에 정성을 들인 것을 보고 화장술 역사가들은 매니큐어가 이미 정착된 예술이었을 것이라고 생각한다. 이런 생각은 여러 가지 예술품이 뒷받침하고 있다. 남부 바빌로니아 우르 지방의 왕족 무덤을 발굴한 결과 순금으로 만든 수많은 도구들을 담은 매니큐어 세트가 나왔다. 이것은 틀림없이 약 4,000년 전에 몸단장을 잘하고 살았던 바빌로니아 귀족의 물건이었을 것이다. 잘 가꾸어진 손톱은 교양과 문화의 상징이자 노동하는 평민과 일하지 않는 귀족을 구분하는 수단이었던 것이다.

크림, 오일, 습윤제 : 기원전 3000년, 근동

오일이 피부의 수분을 가두어 근동 지역의 덥고 건조한 사막 기후에서 피부가 건조해지는 것을 막는 역할을 한 것은 놀랄 만한 일이 아니다. 비누가 개발되기 2,000년 전에 이런 습윤제는 콜드크림이 메이크업을 닦아내듯이 몸에서 먼지를 닦아내는 역할도 했다.

피부를 부드럽게 하는 오일에는 유향, 몰약, 사향초, 마저럼, 그리고 과일과 열매 추출물을(이집트에서는 특히 아몬드를) 넣어 향내가 나게 했다. 기원전 3000년의 것으로 지금까지 보존된 이집트의 점토서판에는 특별한 미용 문제에 대한 용법들이 적혀 있다. 얼굴 피부가 손상된 이집트 여인은 황소의 담즙, 휘저은 타조알, 올리브유, 밀가루, 바다 소금, 송진, 그리고 신선한 우유로 만든 마스크팩으로 치료했다. 피부가 건조해지고 주름이 늘어나 걱정인 사람은 엿새 동안 밤에 우유, 향, 왁스, 올리브유, 가젤이나 악어의 똥, 분쇄한 향나무 잎으로 만든 팩을 붙이고 잤다.

많은 세월이 흘렀지만 변한 것은 별로 없다. 오늘날 어떤 여성잡지를 보더라도 손상된 피부에는 오이를 썰어서 붙이고, 피로한 눈에는 젖은 티백을 사용하도록 처방하고 있고, 꿀, 맥아유, 창가에서 키운 알로에, 약초 정원에서 가져온 컴프리 등으로 팩을 하라고 권유하고 있다.

고대에는 어린 동물의 성기가 노쇠를 막고 성적인 활력을 회복하는 데 가장 좋다고 믿었다. 근동에서 만들어낸 조제물 가운데 으뜸은 송아지의 음경과 음문을 똑같이 떼어내어 말리고 갈아서 만든 연고였다. 그것은 (그것의 성분이나, 어린 동물조직의 효능을 강조하는 것 등) 오늘날 양의 태아 세포 주사를 맞으면 젊음을 회복할 수 있다는 생각만큼이나 괴상하기 짝이 없다. 오늘날 우리가 늙어서까지 젊음과 성적 활력을 유지하려고 집착하는 것은, 그리고 이런 우리의 소망을 병에 담을 수 있다는 생각은 기록된 역사만큼이나 오랜 (어쩌면 그보다 더 오랜) 뿌리를 갖고 있는 것이다.

 콜드크림 : 2세기, 로마

고대의 많은 화장품 처방 중에서 단 한 가지, 즉 콜드크림은 많은 시간이 흘렀으면서도 약간의 변형만 거친 채 우리에게 전승되었다.

콜드크림을 처음 만든 사람은 2세기 그리스 출신으로 로마에서 활동한 고대 최고의 의학자인 갈레노스였다. 갈레노스는 157년에 검투사 학교의 의관醫官으로 임명되었고 나중에는 로마 황제의 시의까지 되었다.

갈레노스는 검투사들을 괴롭히던 감염과 종양을 치료할 약을 조제하는 한편으로 원로원 의원 부인들을 위한 화장품도 만들었다. 그의 『의학적 방법Medical Methods』이라는 책을 보면 콜드크림을 만들기 위해서는 하얀 왁스와 올리브유를 1대 3의 비율로 섞어서 녹인 것에 '장미 꽃봉오리를 담그고

물을 가능한 한 많이 섞는다'고 적혀 있다. 그는 또 피부를 부드럽게 하고 닦아내는 콜드크림의 성분 대용으로 당시 '데스품despum'이라고 알려진 양털에서 나온 기름 라놀린lanolin을 추천했다. 수많은 옛날 화장품이 독성을 포함하고 있었으나 콜드크림은 긴 역사를 통해 가장 간단하고 안전한 화장품이 되어왔다.

거울 : 기원전 3500년, 메소포타미아

인간에게 최초의 거울은 맑은 연못에 고인 잔잔한 물이었다. 그러나 기원전 3500년 무렵에 청동기 시대가 도래하면서 사람들은 광택을 낸 금속물을 선호하게 되었다. 메소포타미아의 수메르인들은 청동 거울에 나무, 상아, 또는 금으로 된 손잡이를 달았다. 이집트인들은 거울 손잡이를 동물, 꽃, 새 모양으로 조각해서 정교한 디자인으로 만들었다. 이집트 무덤에서 발굴된 수많은 거울을 놓고 판단해볼 때 가장 인기 있는 손잡이는 청동 거울을 들고 있는 사람의 모습이었다.

금속 거울은 이집트로부터 기술을 배워간 이스라엘 사람들 사이에서도 인기가 있었다. 성막에 쓰이는 제사용 대야를 만들고자 했을 때 모세는 이스라엘 여자들에게 거울을 바치게 해 '대야와 이것을 받치는 발을 놋쇠로' 만들었다.

기원전 328년에 그리스인들은 거울을 제작하는 학교를 세웠다. 학생들은 반사 표면이 긁히지 않도록 금속의 윤을 내는 섬세한 기술을 배웠다. 그리스 거울은 디스크 형태와 박스 형태의 두 가지 디자인으로 나왔다.

디스크형 거울은 전면을 고도의 광택을 내고 뒷면은 부조로 조각했다. 디스크 거울은 발이 달려 있어서 테이블 위에 세울 수 있는 것이 많다.

박스 거울은 조개처럼 닫히는 두 개의 디스크로 이루어져 있었다. 한쪽

디스크는 고도로 광택을 낸 거울이었지만, 다른 쪽은 광택이 없고 뚜껑 역할만 했다.

거울 제작은 에트루리아인들과 로마인들에게 번성하는 사업이었다. 그들은 캐내거나 수입한 모든 금속에 광택을 냈다. 특히 은은 얼굴의 메이크업을 원래 색깔대로 비추어주는 중립적인 색깔이었기 때문에 거울로서 선호되는 금속이었다. 그러나 기원전 100년 무렵에는 금거울이 유행했다. 부잣집의 하인 우두머리조차도 개인용 금거울을 원했다. 역사적 기록을 보면 많은 하인들이 급료의 일부로 거울을 받았다고 되어 있다.

중세까지는 남녀 모두 조상들이 사용했던 광택 금속 거울에 만족하고 살았다. 1300년대가 되어서야 허영심을 가꾸는 데 없어서는 안 될 이 물건에 혁명이 일어났다.

유리 거울　유리는 기독교 시대가 시작된 이래로 병, 컵, 보석으로 만들어졌다. 그러나 1300년에 최초의 유리 거울이 베네치아에서 등장했는데, 이것은 베네치아의 유리 제조공들 작품이었다.

그들의 기술은 예술적인 경지에 도달해 있었다. 그들은 새로운 기술적 도전을 원했다. 그러나 유리 거울을 만드는 것은 베네치아 유리 기술자들의 우수한 기술로도 아직은 역부족이었다. 금속과 달리 유리는 사포로 갈아서 부드러운 표면을 만들 수 없었기 때문이었다. 유리 한 장 한 장이 처음부터 완벽하게 부어져야만 했다. 이것을 보증할 수 있는 기술이 처음에는 조잡했다. 거울을 가질 수 있었던 사람들은 애지중지했다. 그러나 거울에 비친 모습은 또렷하지도 않았고 뒤틀린 모습이었다.

14세기 베네치아에서는 이미지가(거울에 비친 상이 아니라) 중요했다. 부유한 남녀는 금사슬에다 유리 거울을 장신구 보석처럼 보란 듯이 달고 다녔다. 거울에 비친 모습은 실망스러울 정도로 형편없었으나, 다른 사람의 눈에 비친 거울을 달고 다니는 사람의 이미지는 명백하게 풍요의 이미지였다. 남자들은 손잡이에 작은 유리 거울을 박은 칼을 차고 다녔다. 왕족들은 상아, 은, 금으로 테두리가 된 유리 거울 세트를 수집했고, 이것은 사용되기보다는 전시되었다. 옛날 거울은 기능보다는 모양이었고 반사되는 상이 형편없었음을 생각해볼 때 장식품 역할을 했던 것 같다.

1687년까지 거울의 품질은 그대로였다. 그해에 프랑스의 유리 제조공 베르나르 페로는 부드럽고 뒤틀리지 않은 판유리 제조법 특허를 신청했다. 이제 완벽하게 반사하는 손거울뿐만 아니라 전신 거울도 제작되었다.

 헤어스타일링 : 기원전 1500년, 아시리아

오늘날의 북부 이라크에 해당하는 지역에 살았던 고대 아시리아인들은 최초의 헤어 스타일리스트였다. 머리를 자르고, 곱슬거리게 하고, 층이 지게 하고, 염색하는 그들의 기술은 중동 전체에서 겨룰 자가 없을 정도로 소문이 났다. 그들의 기술은 머리에 대한 집착에서 생겨났다.

아시리아인들은 머리를 층이 지게 잘랐다. 그리고 멋을 내는 고관의 머리는 이집트의 피라미드처럼 기하학적이면서 모양 또한 비슷했다. 긴 머리는 폭포수처럼 정교하게 구불거리게 하고 동그랗게 만들어서 어깨와 가슴에 흘러내리게 만들었다.

머리에는 기름을 바르고 향수를 뿌리고 염색을 했다. 남자들은 말끔하게 다듬은 수염을 길렀는데, 턱에서 시작하여 가슴까지 물결치면서 층이 지게 했다. 왕, 군인, 귀족 여인들의 풍성하고 치렁치렁한 머리는 노예들이 최초의 머리인두기인 불에 달군 쇠막대기를 이용해서 곱슬거리게 했다.

아시리아인들은 거의 모든 다른 화장술은 외면하고 헤어스타일링 기술만 발전시켰다. 사람의 지위와 직업에 따라 머리 모양을 지정하는 법도 생겨났다. 그리고 이집트의 경우처럼 상류층 여성들은 공식적인 궁정의 일을 볼 때는 자기들도 남자처럼 권위가 있음을 주장하기 위해 가짜 수염을 달고 다녔다. 부분이든 전체든 대머리가 된다는 것은 보기 싫은 결점이었고 가발로 숨겨야만 했다.

아시리아인들과 마찬가지로 호메로스 시대의 그리스인들도 길고 곱슬거리는 머리를 좋아했다. 그들은 긴 머리와 정교한 헤어스타일 덕분에 자신들이 북부에 있는 머리가 짧고 다듬지도 않는 야만인들과 구별된다고 생각했다. 수많은 산문과 시를 통해 나타나듯이 그리스인들은 '향내 나고 고귀한 곱슬머리'에 대단히 집착했다.

금발은 높이 평가되었다. 아킬레우스, 메넬라우스, 파리스 등 대부분의 그리스 영웅들은 금발로 묘사되고 있다. 선천적으로 금발이 아닌 사람들은 당시 지중해의 비누 생산 중심지인 페니키아에서 수입한 거친 비누와 알칼리 표백제로 머리를 표백하거나 붉게 만들었다.

특히 남자들은 금발을 만들기 위해 상당한 노력을 기울였다. 잠시 염색을 하기 위해서는 노란 꽃가루, 노란 밀가루, 그리고 순금 가루로 만든 활석을 머리에 뿌렸다. 기원전 4세기의 아테네 극작가 메난드로스는 영원히 물들이는 방법에 대해서 이렇게 적고 있다.

'우리 남자들이 다 알듯이 머리를 탈색하는 데는 태양빛이 가장 좋은 수단이다.'

그리고 그는 실제로 하는 방법을 묘사하고 있다.

'머리를 이곳 아테네에서 만든 특별 연고로 감은 후 그들은 머리가 아름다운 금발로

변하기를 기다리며 1시간 동안 햇빛 아래 모자를 쓰지 않고 앉아 있는다. 그러면 서

서히 변해간다.'

기원전 303년에는 최초의 직업 이발사들이 조합을 결성하고 로마에 가게를 열었다. 로마의 사회적 규범은 머리를 잘 다듬도록 규정하고 있었고, 머리 손질을 게을리하면 조롱과 공개적인 모욕을 당했다. 금발을 이상적으로 생각하는 그리스인들과 달리, 사회적 정치적 지위가 높은 로마 남자들은 검은 머리를 선호했다. 나이가 든 로마 집정관과 원로원 의원들은 흰 머리를 감추려고 애썼다. 1세기의 박물학자 플리니우스는 검은 머리 염색의 중요성에 대해 솔직하게 쓰고 있다. 검은 염색약은 밤껍질과 양파의 일종인 리크를 끓여서 만들었다. 남자들은 머리가 하얗게 세는 것을 막기 위해 약초와 지렁이로 만든 약을 바르고 자야 했다. 로마 시대에 대머리가 되는 것을 막는 약은 으깬 도금낭 열매와 곰의 지방으로 만든 연고였다.

모든 나라에서 검은 머리나 금발을 좋아한 것은 아니었다. 옛날 색슨족 남자들은 (이유는 모르지만) 머리와 수염을 청색, 밝은 적색, 녹색, 또는 오렌지색으로 물들인 모습으로 그림에 묘사되어 있다. 반면 갈리아 사람들은 빨간 머리 염색을 좋아한 것으로 알려져 있다. 그리고 엘리자베스 1세가 패션의 중재자 역할을 했던 영국에서는 당시의 주요 인사들이 머리를 여왕처럼 밝은 적주황색으로 물들였다. 궁정에 간 어느 대사는 엘리자베스 여왕의 머리가 '자연이 만든 적이 없는 색깔'인 것을 알게 되었다.

기독교 시대 이전부터 남자와 여자가 모두 여러 가지 색깔의 분을 머리에 뿌렸지만, 이 습관은 16세기 프랑스에서 유행한 것이었다. 진짜 머리칼과 가발에 풍성하게 뿌렸던 분은 표백하고 분쇄한 밀가루에 향을 뿌린 것이었다. 1780년대 마리 앙투아네트의 궁정에서는 분을 뿌리는 데 더해 온갖 미용 기

법이 극치에 이르렀다. 머리카락은 빗질하고, 곱슬거리게 하고, 말아 올리고, 가발로 기상천외한 탑을 만들어 그 위에다 씌운 뒤 여러 가지 색깔의 분을 뿌렸다. 파랑, 분홍, 자주, 노랑, 흰색이 나름대로 유행했다.

영국에서 머리에 분을 뿌리는 것이 최고로 유행했을 때 영국 의회는 국고를 보충하기 위해 머리 분에 세금을 매겼다. 세금이 1년에 25만 파운드가 걷힐 것이라고 예상되었다. 그러나 프랑스와 스페인에 정치적 소요가 일어나고 머리 유행이 변덕을 부려 분칠하는 것이 한물간 유행이 되면서 세수는 급감했다.

현대식 머리 염색 : 1909년 프랑스

머리 염색은 언제나 위험부담을 안고 있는 일이었다. 짜증, 발진, 암으로 발전할 수 있는 세포 변화의 위험은 오늘날 여러 가지 시험을 거친 조제약에도 상존하고 있다. 하지만 오늘날의 염색약은 독성을 포함하고 있던 옛날 염색약에 비하면 훨씬 안전하다.

안전한 상업용 머리 염색약을 개발하려는 시도가 처음으로 성공한 것은 프랑스의 화학자 외젠 슈엘러에 의해서이다. 그는 새로 발견된 화학물질 파라페닐렌디아민을 기초로 염색약을 만들어 프랑스 무해 염색약 회사를 설립했다. 처음에 이 제품은 별로 안 팔렸다(나중에는 잘 팔렸지만). 1년 뒤 슈엘러는 '로레알'이라는 더 멋진 회사의 이름을 생각해냈다.

하지만 대부분의 여성들은 머리 염색에 원칙적으로는 거부감을 보였다. 그것은 여배우들이나 하는 짓이었다. 1950년대까지만 해도 미국 여성의 단 7%만이 머리를 염색했다. 그에 비해 오늘날은 75%가 하고 있다.

이런 태도 변화는 어떻게 오게 되었을까?

크게 보아서 현대식 머리 염색약은 이전보다 더 안전한 제품이긴 했으나,

손쉽게 쓸 수 있는 편리함 때문이 아니라 재치 있는 이미지 변신 광고로 인해 사용자의 수가 대폭 늘어났다.

이런 광고는 주로 클레롤 사가 주도했다. 뉴욕의 카피라이터 셜리 폴리코프는 전국적인 유행어가 된 두 개의 문구를 고안해냈다. '저 여자 했을까, 안 했을까?' '미용사만이 확실히 알고 있지'라는 문구가 그것이었다. 회사는 염색을 한 어른 모델이 점잖은 여자, 즉 한 아이의 엄마라는 것을 나타내기 위해 사진 광고에 어린이를 넣었다.

아이러니하게도 사람들의 눈살을 찌푸리게 하고 결과적으로 최대의 홍보 효과를 거둔 것은 바로 '저 여자 했을까, 안 했을까?'라는 이중적인 질문이었다. '저 여자가 뭘 하고 뭘 안 했단 말이야?' 하고 사람들은 조크를 했다. 「라이프」지는 이 광고가 너무 노골적으로 암시하는 점이 있다면서 싣기를 거부했다. 그러자 클레롤 사 경영신들은 이 광고를 남자와 여자들에게 시험해보라고 전원이 남성으로 구성된 「라이프」지 심의위원들에게 도전했다. 그 결과는 놀랄 만한, 아니 어쩌면 예측할 만한 것이었고, 확실히 시사하는 바가 많았다. 이 문구에서 성적인 암시를 발견한 여자는 단 한 명도 없었던 반면, 남자는 하나같이 성적인 암시를 느꼈던 것이다.

결국 「라이프」는 양보하고 말았다. 이 제품은 너무나 잘 팔렸다. 머리 염색은 더 이상 놀라운 일이 아니었다. 1960년대 후반까지는 미국 여자의 거의 70%가 (그리고 200만 명의 남자가) 타고난 머리 색깔을 바꾸었다. 현대의 미국인들은 3,000년 전에 인기를 끌었던 유행을 선택한 것이다. 유일한 차이가 있다면 과거에는 염색하는 남자 수가 여자를 앞질렀다는 사실이다.

 ### 가발 : 기원전 3000년, 이집트

아시리아인들도 고대의 뛰어난 헤어스타일리스트였지만, 그보다 1,500년 전에 가발을 예술로 만든 사람은 이집트인들이었다. 서구에서 인조 머리카락을 사용하려는 개념은 바로 그들로부터 시작되었다. 가발의 기능이 대머리를 감추기보다는 격식을 갖춘 파티 복장을 보완하기 위해서이긴 했지만.

많은 이집트의 가발이 오늘날도 우수한 상태로 박물관에 보존되어 있다. 화학 분석을 해보면 정교하게 만들어진 땋은 머리와 꼰 머리가 식물 섬유와 사람 머리카락으로 만들어진 것임을 알 수 있다.

어떤 장식형 가발은 크기가 엄청났다. 그리고 무거웠다. 기원전 900년에 살았던 가발의 여왕 이심케브는 국가 행사 때 가발을 너무 높고 무겁게 만들어서 시종들이 옆에서 부축해야 했다. 현재 카이로의 박물관에 있는 이 가발은 화학적인 시험 결과 전적으로 갈색 머리카락으로만 짜여 있음이 판명되었다. 당시의 다른 가발들처럼, 높이 치솟은 스타일은 꿀로 코팅해서 지탱했다.

기원전 1세기부터 로마에서는 블론드 가발이 유행했다. 그리스 창녀들이 자기 머리카락에 표백을 하거나 분을 뿌리는 것을 선호했던 반면 로마 여인들은 게르만 포로들의 머리에서 뽑은 가느다란 아마색 머리를 선호했다. 이것은 갖가지 형태의 블론드 가발로 만들어졌다. 1세기 로마 시인이었던 오비디우스는 마음대로 벗겨낼 수 있는 게르만인 머리카락이 풍부하여 로마의 남자와 여자들은 대머리가 되는 것에 대해 아무도 걱정하지 않는다고 적고 있다.

블론드 가발은 마침내 로마 창녀들, 또는 그곳을 출입하는 사람들의 상표가 되었다. 음란한 황후 메살리나는 로마의 창녀굴을 순회한 것으로도 악명 높았는데, 거기 갈 때면 반드시 '노란 가발'을 썼다. 그리고 로마의 가장 악명 높은 통치자 칼리굴라도 쾌락을 찾아 거리를 헤맬 때면 밤에 비슷한 가발을 썼다. 블론드 가발은 오늘날 무릎까지 올라오는 하얀 부츠나 미니스

커트가 창녀의 기본 복장이듯이 틀림없는 창녀 복장이었다.

기독교에서는 이유를 막론하고 모든 가발 착용을 금지시키려고 거듭 시도했다. 1세기에 교부들은 가발을 쓴 사람은 기독교식 축도를 받을 수 없다고 정했다. 그다음 세기에 그리스 신학자인 테르툴리아누스는 '모든 가발은 악마가 만들어낸 위장이다'라고 설교했다. 그리고 3세기에 키프리아누스 주교는 가발을 쓴 사람이 교회 예배에 참석하는 것을 금하면서 '너희가 이교도들보다 나은 게 뭐가 있느냐?'라고 질타했다.

그러한 비난은 692년에 절정을 이루었다. 그해에 콘스탄티노플 종교회의는 가발을 포기하지 않는 기독교인들을 파문했다.

12세기에 왕의 주교 임명권을 놓고 교회에 맞서다 파문당했던 헨리 4세조차도 교회에서 추천하는 짧고 깔끔하고 장식을 하지 않은 머리 스타일을 고수했다. 헨리는 궁정에서 긴 머리와 가발을 금지하기까지 했다. 교회의 신도가 줄어드는 더 다급한 문제에 신경 써야 했던 1517년의 종교개혁 때까지 가발과 헤어스타일에 대한 교회의 기준은 전혀 누그러지지 않았다.

1580년에는 가발이 다시 헤어 패션의 최신 유행이 되었다.

곱슬머리와 염색 머리 가발이 다시 유행하게 된 데는 한 사람의 공이 컸다. 적주황색 가발을 엄청나게 많이 갖고 있던 엘리자베스 1세는 머리카락이 심하게 빠지는 것을 감추기 위해 주로 가발을 사용했다.

가발은 너무 흔한 것이 되어서 이제 별로 눈길을 끌지 않을 정도였다. 스코틀랜드 여왕 메리가 적갈색 가발을 썼다는 사실은 그녀를 잘 아는 사람들에게까지도 알려지지 않았다. 그녀의 머리가 단두대에서 잘렸을 때에야 그들은 비로소 이 사실을 알게 되었다. 17세기 프랑스에서 가발의 인기가 최고에 달했을 때 베르사유 궁전에서는 궁전 안에 살면서 가발만 만드는 사람을 40명이나 고용했다.

1588년에 그려진 것으로 추정되는 엘리자베스 1세의 「무적함대 초상화」. 가발임이 한눈에 보인다.

또 다시 교회가 가발을 반대하고 나섰다. 그러나 이번에는 교회 지도자들 사이에서도 의견이 엇갈렸다. 왜냐하면 많은 성직자들이 당시 유행하던 긴 곱슬머리 가발을 썼기 때문이었다. 17세기 기록에 의하면, 가발을 쓰지 않은 사제가 미사를 드리거나 축도를 하려는 사제의 가발을 벗겨버리는 일이 종종 있었다.

교회는 마침내 타협으로 이 문제를 해결했다. 대머리이거나 병이 들거나 나이가 많은 평신도와 신부에게는 가발이 허용되었다. 그러나 교회에서는 쓰지 못했을 뿐만 아니라 특히 여성들은 봐주지 않았다.

18세기 런던에서는 변호사들이 쓰는 값비싼 가발이 자주 도난을 당했다. 가발 도둑들은 주로 혼잡한 거리에서 활동했는데, 작은 아이를 태운 바구니를 어깨에 메고 다녔다. 아이의 임무는 갑자기 일어나서 가발을 벗기는 것이었다. 당한 사람은 가발이 벗겨져서 면도한 민머리가 드러난 우스꽝스러운 자신의 모습 때문에 난리를 피우다가 도둑을 놓쳤다. 법관들 사이에는 법관의 가발이 20세기에 이르기까지 공식적인 복장의 일부로 남아 있었다.

 머리핀 : 1만 년 전, 아시아

보드킨bodkin은 그리스와 로마의 여인들이 머리를 고정시키는 데 썼던 길고 곧은 장식용 핀이었다. 모양과 기능에서 이것은 원시시대 사람들과 오늘날 미개한 부족들이 사용하는 날씬한 동물 척추뼈나 엉겅퀴 가시를 그대로 본뜬 것이었다. 고대 아시아 무덤터에서는 뼈, 쇠, 동, 은, 금으로 만든 수십 개의 머리핀이 발견되었다. 어떤 것은 밋밋하고 또 어떤 것은 화려하게 장식되었지만 이것들은 모두 머리핀 모양이 지난 1만 년 동안 거의 변치 않았음을 분명하게 보여준다.

클레오파트라는 길이가 8인치나 되고 보석이 박힌 상아 머리핀을 좋아했다. 로마인들은 머리핀 속을 파내고 거기에 독을 숨겼다. 이것의 디자인은 클레오파트라가 자결하는 데 사용했다는 핀과 유사하다.

곧은 모양의 핀은 2세기가 지나면서 U자 모양의 '보비bobby' 핀이 되었다.

17세기 프랑스 궁정에서 가발이 유행하면서 원래 머리는 짧게 자르거나 핀으로 머리에 바싹 붙여야 했다. 이처럼 '핀으로 머리를 짧게 처리하는 것bobbing'이 가발 쓰기도 편했고 가발을 벗은 다음 용모를 다듬기도 편했다. 당시에는 길고 곧은 핀이나 U자 모양의 머리핀 모두 '보빙 핀'이라고 불렸다. 18세기가 되자 영국에서는 이 용어가 '보비 핀'으로 바뀌었다. 19세기에 강화한 철선에다 검은 래커칠을 한 두 갈래 핀이 대량생산되면서 곧은 모양의 핀이 거의 사라졌고, 이 핀이 보비 핀이라는 이름을 독점하게 되었다.

헤어드라이어 : 1920년, 위스콘신

오늘날의 헤어드라이어는 서로 연관이 없는 두 개의 발명품, 즉 진공청소기와 믹서기로부터 생겨난 산물이다. 이것의 원산지는 미국 위스콘신주의 러신이다. 그리고 처음 나온 모델 중 '레이스'와 '사이클론'이라는 두 가지 모델은 위스콘신에 있는 러신 유니버설 모터 회사와 해밀턴 비치에 의해 제조되어 1920년에 등장했다.

바람으로 머리를 말리는 아이디어는 진공청소기 광고가 처음 나왔을 때 착안되었다.

20세기 초에는 한 제품, 특히 전기 제품의 여러 기능을 선전 보급하는 일은 일상적인 일이었다. 왜냐하면 '전기가 역사상 최고의 일하는 말'이라고 선전되고 있었기 때문이다. 이 전략은 판매를 높였고 사람들은 다기능 제품을 기대하게 되었다.

진공청소기도 예외는 아니었다. 이른바 뉴매틱 청소기 광고는 여자가 한가롭게 앉아 진공청소기에서 나오는 바람으로 머리를 말리고 있는 그림을 보여주었다. 뜨거운 공기를 왜 낭비하느냐는 철학에 바탕을 둔 이 그림은 청소기 전면이 먼지를 빨아들여 안전하게 처리하는 한편으로 뒷면에서는 '배기구에서는 맑고 신선한 공기가 나온다'는 설명으로 독자들을 설득했다. 처음에 나온 진공청소기는 꽤 잘 팔렸지만 실제로 얼마나 많은 사람이 그 제품을 최대한 이용했는지는 아무도 모른다.

바람으로 머리를 말리는 아이디어 자체는 이때 착안되었다. 그러나 손에 들고 사용하는 헤어드라이어 개발이 늦어진 것은 발명가들에게 '소형 모터'라고 알려진 작고 성능 좋고 전력이 낮은 모터가 아직 없었기 때문이었다.

이 무렵 믹서기가 등장했다.

위스콘신주의 러신은 최초의 밀크 셰이크 믹서가 탄생한 곳이기도 했다.

믹서는 1922년에 가서야 특허등록이 되었지만 소형 모터를 써서 이것을 작동시키려는 노력은 러신 유니버설 모터 회사와 해밀턴 비치가 10년 이상이나 해오던 터였다.

그래서 원리상으로는 진공청소기의 뜨거운 공기 배출구와 믹서의 작은 모터가 만나서 러신이 제조한 현대식 헤어드라이어가 탄생한 것이다. 불편하고, 열효율도 낮고, 비교적 무겁고, 자주 과열되기는 했지만 처음 나온 헤어드라이어는 머리를 손질하는 데 진공청소기보다는 훨씬 편했고 앞으로 지속될 유행을 결정하게 되었다.

1930년대와 1940년대에는 다양한 온도와 속도 조절 기능이 개선되었다. 포터블 드라이어에 결정적으로 변화가 일어난 제품은 1951년의 시어스 로벅 백화점 추동 카탈로그에 등장했다. 12달러 95센트에 팔린 이 기구는 헤어드라이어와 바람이 나오는 곳에 직접 연결해서 여자들 머리에 딱 맞출 수 있는 핑크 플라스틱 보네트였다.

헤어드라이어는 처음 등장한 해부터 여자들에게 인기가 있었다. 그러나 드라이어 시장이 급격히 커진 것은 1960년대 후반 들어 남자들이 머리를 길러 말리고 손질하는 데 어려움을 겪으면서부터였다.

 빗 : 기원전 4000년 이전, 아시아와 아프리카

가장 원시적인 빗은 말린 큰 물고기의 등뼈를 말린 것이라고 추정되는데, 이것은 아직도 아프리카 오지의 부족들이 사용하고 있다. 그리고 빗의 독특한 디자인은 영어의 '콤comb'이라는 말의 고대 인도유럽어 어원인 'gombhos'의 뜻이 '이teeth'였다는 데서 잘 드러난다.

인간이 만든 최초의 빗은 6,000년 된 이집트 무덤에서 발견되었다. 이들 중 많은 것들이 정교한 디자인을 하고 있었는데, 어떤 것은 곧은 이빨이 한

줄로, 어떤 것은 두 줄로 나 있었다. 또 어떤 것들은 첫째 줄은 가는 이빨로, 둘째 줄은 굵은 이빨로 만들어져 있었다. 이집트 사람들이 멋을 부리는 데 가장 기본적인 도구였던 빗은 머리를 빗는 역할과 머리를 특정 스타일로 고정시키는 핀의 역할을 했다.

고고학자들은 거의 모든 문화들이 독자적으로 빗을 개발하고 사용했다고 주장한다. 그러나 영국인들만은 예외였다.

영국 제도의 해안을 따라 거주하던 이들은 머리를 빗지 않은 채 생활했다(심지어 이발에는 일가견이 있었던 로마인들의 지배를 받을 때도 그랬다). 그들이 빗을 사용한 것은 789년의 덴마크인의 침입 이후라고 추정된다. 800년대 중반까지는 덴마크인들이 왕국 도처에 자리를 잡았고 해변에 사는 영국인들에게 정기적으로 머리 빗는 법을 가르쳐주었다.

초기 기독교 시대에는 머리를 빗는 것이 발을 씻는 것과 같이 종교적 의식의 일부가 되었다. 저녁 기도 전에 옷을 입을 때 신부의 머리를 빗기는 적절한 방법에 대한 세심한 지침이 있었다. 기독교 순교자들은 지하 납골당에 빗을 가지고 들어갔는데, 실제로 상아와 금속으로 된 빗이 많이 발견되었다. 종교 역사가들은 빗이 한때는 특별한 상징적 의미를 띠지 않았을까 하고 생각한다. 그들은 중세 초기에 만들어진 스테인드글라스 창문에서 분명히 빗 모양 이미지가 발견되었던 신비한 사실을 지적한다.

빗의 마력에 대한 이야기도 나왔다. 1600년대에 유럽 일부 지방에서는 납으로 만든 빗으로 머리를 자주 빗으면 백발이 원래 색깔로 돌아간다는 생각이 널리 퍼져 있었다. 질이 좋지 않은 부드러운 검은 색의 납이 머리카락에 미세하게 묻었을 것이라고 생각할 수 있지만, 머리를 빗은 사람이 염색을 하고 이것을 빗 때문이라고 했을 충분한 증거가 있다. 이런 의혹은 1600년대 말에 '납으로 만든 빗lead comb'이라는 말이 백발을 염색한다는 완곡한 표현으로 받아들여졌다는 사실에서 뒷받침된다.

스위스에서 최초의 가정용 전기 머리 손질빗이 나왔던 1960년까지는 빗의 디자인에 있어서 실질적인 변화는 없었다.

 ### 향수 : 기원전 6000년 이전, 중동과 극동

향수는 고대의 신성한 사원에서 시작되었다. 미용사가 아니라 사제들이 관심을 보인 물건이었다. 그리고 이것의 원래 기능은 향의 형태로 오늘날 교회 의식에 남아 있다.

향수라는 말 자체는 'per'와 'fumus'가 합쳐진 복합어로, 라틴어로 '연기를 통하여'라는 뜻이다.

식량을 찾는 데만 신경을 썼던 수렵인들은 신에게 바칠 가장 위대한 제물이 자기의 가장 귀중하고 필수적인 소유, 즉 도륙된 짐승을 바치는 것이라고 믿었다. 그래서 원래 향수는 살이 타는 냄새를 숨기기 위해 시체에다 뿌리던 탈취제로 시작됐다. 성경은 홍수에서 살아남은 노아가 동물을 태워 제사를 드리고 '주님이 향내를 맡으셨다'고 기록하고 있다. 여기서 말하는 향내는 살이 타는 냄새가 아니라 향이 타는 냄새다.

시간이 가면서 상징적인 대치를 통해서 연기가 나는 향 자체가 제사를 대신하게 되었다. 유향, 몰약, 계피, 감송 등의 수지 고무를 태우는 것은 인간이 신에게 바칠 수 있는 최대의 경의였다. 이리하여 향수는 나쁜 냄새를 없애려는 실용적인 탈취제에서 그 자체로 귀중한 물품이 되었다. 더 이상 강한 탈취제가 필요 없어지자 사람들은 가볍고 부드러운 과일과 꽃향기를 사용하게 되었다.

향에서 향수로, 강한 탈취제에서 약한 향으로의 전이는 6,000년 전 극동과 중동에서 일어났다. 기원전 3000년 무렵 메소포타미아 지역의 수메르인들과 나일강 유역의 이집트인들은 재스민, 히아신스, 붓꽃, 인동덩굴로 만든 기름과 주정으로 목욕을 했다.

이집트 여인들은 부위마다 다른 향수를 발랐다. 클레오파트라는 손에 장미, 크로커스, 제비꽃 기름인 키야피kyaphi를 발랐다. 발에는 아몬드 기름, 꿀, 계피, 오렌지꽃, 헤나 등으로 만든 로션인 에집티움aegyptium을 발랐다.

고대 그리스의 남자들은 자연적 용모를 선호하여 얼굴에 화장품 바르는 것을 피했지만 향수는 풍부하게 애용하여 머리, 피부, 옷, 그리고 포도주 등에 각각 다른 향수를 사용했다.

기원전 400년 무렵에 활동했던 그리스 작가들은 팔에는 박하, 가슴에는 계피와 장미, 손과 발에는 아몬드 기름, 머리와 눈썹에는 마저럼 진액을 추천하고 있다. 젊은 멋쟁이 그리스인들이 향수를 지나치게 사용하자 아테네 민주주의의 토대를 놓았던 정치가 솔론은 아테네 남자에게 향수 판매를 금지하는 법을 반포했다(나중에 취소되었지만).

고대 로마의 조향사.

향수는 그리스에서 로마로 건너가 군인이 적당한 향수를 바르지 않으면 말을 타고 전쟁터에 나갈 준비가 안 되었다고 여겨질 정도였다. 로마 제국이 다른 지역을 정복하면서 등나무, 라일락, 카네이션, 그리고 바닐라 향이 수입되었다. 그들은 극동과 근동으로부터 삼나무, 소나무, 생강, 미모사 향을 즐기는 법도 배웠다. 그리고 그리스인들로부터는 귤, 오렌지, 레몬 등의 감귤류 기름을 만드는 법도 배웠다.

마침내 로마 향수 상인조합이 생겨났고, 남자와 여자에게 최신 유행 향수를 공급하느라고 정신이 없었다. '엉구엔타리unguentarii'라고 불린 향수 장수들은 고대 로마의 거리 하나를 독차지할 정도였다. '기름을 붓는 자'라는 뜻인 그들의 이름에서 영어의 엉구언트unguent, 연고라는 단어가 생겨났다.

엉구엔타리는 기본적으로 세 가지 타입의 향수를 만들었다. 이것은 아몬드, 장미, 또는 마르멜로marmelo 등 하나의 원료로만 만드는 고체 연고, 꽃이나 향신료를 으깨거나 기름에 섞은 액체 향수, 말리거나 부순 꽃잎과 향신료로 만드는 분말 향수 등이다.

그리스인들처럼 로마인들도 몸과 옷, 가구에 향수를 잔뜩 뿌렸다. 극장에도 뿌렸다. 18세기 영국 역사가 에드워드 기번은 로마의 풍습에 대해 이렇게 적고 있다.

> '원형 경기장의 공기는 분수로 인하여 계속 신선한 상태가 유지되었으며 향수 냄새가 도처에 배어 있었다.'

1세기에 장미 향수를 유행시켰던 네로 황제는 하룻밤의 파티에서 자신과 손님들에게 쓸 장미 기름, 장미 향수, 장미 꽃잎을 위해 400만 세스테르티우스를 썼다. 이는 오늘날 16만 달러에 해당하는 액수다. 그리고 65년에 아내 포파이아의 장례식 때는 아라비아 전역에서 1년에 생산할 수 있는 것보다 더 많은 양의 향수가 뿌려졌다고 한다. 심지어 행렬 중의 노새에게도 향수를 뿌렸다.

그러나 향수의 남용은 교회의 비위를 거슬러 급기야 향수는 타락과 사치의 동의어가 되었고 2세기에 교부들은 기독교인들이 개인적으로 향수를 사용하는 것을 비난했다.

로마 제국 멸망 후 향수는 주로 중동과 극동에서 제조되었다. 십자군들에 의해서 유럽에 다시 소개된 동양의 향수 중 가장 비싼 것은 '장미 향수 rose attar'였는데, 이것은 다마스크 장미 꽃잎의 정수만을 짠 것이었다. 깃털처럼 가벼운 장미 꽃잎 200파운드를 모아야 향수 1온스를 만들 수 있었다.

유럽에서 향수와 향수 제조에 대한 관심을 다시 일깨운 것은 이국적인 향수를 가지고 돌아온 십자군이었다. 그리고 향수의 역사 중에서 바로 이 시점은 새로운 요소가 도입된 시점이었다. 이 새로운 요소는 동물 기름이었다. 동양으로부터 약사들은 네 가지 동물의 분비물을 약간만 써도 사람을 취하게 하는 효과가 있다는 것을 알게 되었다. 이것은 사향, 용연향^{수컷 향유고래의 배설물}, 영묘향^{사향고양이의 향선낭 분비물}, 해리향^{비버의 암수 생식선낭을 통해 얻을 수 있는 향료}인데, 오늘날 향수에서 없어서는 안 될 기본 요소들이다.

이들은 향수로는 전혀 적합하지 않은 요소처럼 보인다. 왜냐하면 성적인 분비샘에서 나오는 분비물이므로 그것 자체는 매우 독하고 역겹기 때문이다. 이런 것들이 어떻게 향수가 되었는지 그 기원에 대해서는 부분적으로만 알려져 있다.

콜로뉴 : 1709년, 독일

이탈리아의 이발사 장 밥티스트 파리나는 1709년에 향수 장사로 돈을 벌려고 독일의 콜로뉴 지방에 도착했다. 그가 특별히 제작한 것 중에는 알코올에 레몬술, 오렌지즙, 배같이 생긴 베르가못 열매에서 추출한 민트 오일 등을 섞은 것이 있었다. 이것이 세계 최초의 오 드 콜로뉴였다. 이것은 로마 황제 클라우디우스의 아내 아그리피나가 50년에 세운 도시 콜로뉴를 따서 이름 지은 '콜로뉴의 물'이란 뜻의 향수였다.

콜로뉴라는 도시는 동방박사의 사당을 모신 성당으로 중세에 이름을 떨쳤지만 파리나가 향수를 만들고 나서는 콜로뉴의 주산지로 유럽 전체에 알려지게 되었다. 처음에 나온 콜로뉴 향수는 1700년대 중반 7년 전쟁을 하면서 이 도시에 주둔해 있던 프랑스 군인들 사이에 특히 인기가 있었고 엄청난 성공을 거두어 파리나 가문은 번창했다. 몇몇 사람은 파리로 가서 또 다른 향수 사업을 시작했고 이것은 1860년에 두 명의 프랑스 사촌인 아르망 로제와 샤를 갈렛이 떠맡았다. 파리나 제품의 향수 목록을 확장시키면서 두 명의 사촌은 이름을 합쳐 '로제앤갈렛'이라는 이름으로 향수를 팔았다.

곧 업계에서는 '콜로뉴', '화장수', '향수'라는 말이 서로 명확하게 구분된 의미로 사용되기 시작했다. 향수는 한 가지 이상의 원액을 25% 이상 에틸알코올과 섞은 것을 지칭했다. 화장수는 같은 성분을 더 희석하여 원액이 약 5% 들어가게 한 것이었다. 콜로뉴는 더 희석하여 향수 원액이 3%였다. 이런 구분은 오늘날도 적용된다. 그러나 특히 강한 (그리고 비싼) 향수는 원액을 42%나 포함하고 있는 경우도 있다.

프랑스인들은 향수 산업을 19세기까지(그리고 그 이후로도) 장악했다.

제1차 세계 대전 후 유럽전에 참전했던 미군들이 엄청난 양의 향수를 고국에 보내는 것을 보고 프랑스 향수가 미국 사람들을 사로잡을 가능성을 포착한 사람은 프랑수아 코티였다. 코르시카 출신의 코티는 원래 성이 스포르투노였다. 유명 상표 제품을 적은 양으로 싸게 판매함으로써 코티는 사회의 새로운 계층을 파고들어 향수 산업에서 최초로 대량 생산 형태를 도입했다. 미국 사람들이 프랑스 향수를 좋아하는 것을 이용해서 잔느 랑방은 파리에서 실패했던 '몽 페시Mon Péché'라는 향수를 미국에서 1925년에 '마이 신My sin'이라는 이름으로 내놓아서 즉각적인 성공을 거두었다.

샤넬 N°5 미신을 믿었던 패션 디자이너 가브리엘 코코 샤넬은 5라는 숫자가 행운을 가져다준다고 생각했다. 1921년에 그녀는 새로운 향수를 선보였고, 이것을 5월 5일에 발표하면서 이름을 '넘버 파이브'라고 붙였다.

샤넬 넘버 파이브는 당시 유행하던 여성적인 꽃향기가 없다는 점에서 시장에 나와 있는 다른 향수들과 구별되었다. 이 점이 재즈 시대의 '남자 같은' 말괄량이들의 마음을 사로잡는 데 큰 몫을 했다. 적절한 타이밍과 향을 갖춘 혁신적인 넘버 파이브는 이것을 만든 샤넬에게 영원한 럭키 넘버가 되면서 그녀에게 1,500만 달러를 벌게 해주었다. 미국인들은 금방 이 향수에 푹 빠졌으며, 한 기자가 마릴린 먼로에게 '밤에 잘 때 무슨 옷을 입느냐'고 물었을 때 그녀가 '샤넬 넘버 파이브'라고 대답할 정도로 샤넬은 인기가 있었다.

에이본 : 1886년, 뉴욕

미국의 현대 화장품 산업이 전적으로 외국인들에 의해 지배당한 것은 아니었다. 물론 샤넬, 코티, 겔랑은 프랑스에서, 헬레나 루빈스타인은 폴란드의 크라쿠프에서, 엘리자베스 아덴원래는 플로렌스 나이팅게일 그레이엄이라는 이름은 캐나다에서, 맥스 팩터는 러시아에서 들어온 것이다. 그러나 에이본은 독특하고 선구자적인 미국식 화장품이다.

최초의 에이본 레이디는 남자로서 뉴욕주 북부 출신의 데이빗 맥코널이라는 젊은 방문 판매 세일즈맨이었다. 그는 1886년에 에이본 방문 판매를 시작하면서 여자들에게 집에 편히 앉아서 화장품을 살 수 있게 해주었다. 그러나 향수와 핸드크림이 맥코널의 원래 상품은 아니었다.

맥코널은 16살에 집집마다 다니며 책을 팔기 시작했다. 사람들의 환영을 받지 못하자 그는 당시 유행하던 광고전략을 흉내내어 세일즈를 하도록 집 안에 들여보내주는 대가로 공짜 선물을 주기 시작했다. 그는 고맙다는 표시로 작은 향수 한 병을 주면 좋겠다고 생각했고 동네 약사의 도움을 받아 독창적인 향수를 직접 만들기 시작했다.

운명의 개입이 이때부터 시작되었다. 나중에 어느 세일즈맨이 원래 상품인 냄비와 팬보다 선물로 주는 수세미 때문에 더 환영받게 된 것을 알게 된 것처럼 맥코널도 여자들이 자기가 준 향수에 더 관심을 보이고 책에는 냉담한 것을 알게 되었다. 그래서 그는 책을 집어던지고 뉴욕을 거점으로 캘리포니아에서 자본을 대준 친구 이름을 따서 캘리포니아 향수 회사를 설립했다. 방문 판매 전략은 화장품 판매에는 아주 적격인 것 같았다. 특히 말과 마차를 타고 다니던 시절에는 농촌에 사는 가정주부들이 더 큰 가게에 나가기 힘들었기 때문에 더욱 그러했다.

최초의 에이본 레이디는 뉴햄프셔 윈체스터 출신의 과부 올비 부인이었다. 그녀는 이 회사의 인기 제품인 '리틀 도트' 향수 세트를 가지고 방문 판매를 시작했고 다른 여성들도 모집해서 판매원으로 훈련시켰다. 회사 이름은 데이빗 맥코널이 살던 뉴욕주의 마을인 서펀 온 더 라마포가 셰익스피어의 고향인 스트랫퍼드 어폰 에이본을 연상시킨다는 단순한 이유로 '에이본'으로 바뀌었다.

1897년까지 맥코널은 18종의 향수를 파는 열두 명의 직원을 거느리게 되었다. 이 숫자는 계속해서 불어났다. 오늘날 값비싼 유명 국내, 국외 브랜드 네임의 화장품이 수십 종 있지만, 50만 명의 에이본 레이디가 미국 전역의 초인종을 누르고 다니는 에이본 화장품은 미국 판매 1위를 기록하고 있다.

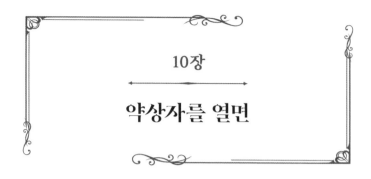

10장

약상자를 열면

 의약품 : 기원전 3500년, 수메르

옛사람들은 질병을 신의 심판으로 여기고 병이 나으면 죄 씻음을 받았다고 생각했으므로 의학과 종교는 몇 백 년 동안 떼려야 뗄 수 없는 관계로 연결되어 있었다. 병에 걸리는 것은 신의 노여움을 사기 때문이며 육체적, 정신적 정화를 통해 신의 은총과 건강을 회복한다고 믿었다. 이런 생각은 '제약학pharmacy'의 어원에서도 분명히 드러나는데, 그것은 '씻어냄을 통한 정화'라는 뜻의 그리스어 '파르마콘pharmakon'에서 온 말이다.

기원전 3500년 무렵에 티그리스-유프라테스 골짜기에 살았던 수메르인들은 오늘날 우리가 사용하고 있는 약 제조법을 이미 거의 다 개발했다. 그들은 양치제, 흡입제, 좌약, 관장약, 찜질약, 냄새 맡는 약, 달이는 약, 주입액, 정제 트로키, 로션, 연고, 그리고 석고 등을 사용했다.

최초의 약 목록, 또는 약전은 익명의 수메르 의사에 의해 쓰였다. 점토판에 상형문자로 기록되어 보존된 문서에는 오늘날 우리가 앓고 있는 질병의 치료약 이름이 수십 개 적혀 있었다. 양치제는 소금을 물에 녹여서, 상처 난

곳의 소독약으로는 신 포도주, 수렴제는 소변의 질산 배설물에서 뽑아낸 질산칼륨을 썼다. 그리고 열을 가라앉히기 위해서는 천연 아스피린이라고 할 수 있는 버드나무 껍질을 가루로 만들어 썼다.

이집트인들도 약 저장고에 보탬을 주었다. 기원전 1900년에 쓰이고, 독일인 이집트학자 게오르그 에베르스의 이름을 따서 붙인 에베르스 파피루스는 고대 이집트 의사들이 시행착오를 거쳐 습득한 노하우를 보여준다. 놀란 데는 피마자 기름과 센나senna 꼬투리 분말로 만든 완화제를 썼다. 소화불량에는 박하잎과 탄산염을(오늘날 제산제로 알려져 있는) 씹었다. 이집트 의사들은 이를 뽑고 나서 통증을 가라앉히기 위해 에틸알코올로 환자를 잠시 마취시켰다.

파피루스에서는 옛날 약 제조의 위계질서도 엿볼 수 있다. '약 제조 책임자'는 수석 약사에 해당되는 신분으로 필요한 광물과 약초를 채집해 오는 '약 채집자'를 감독했다. '제조자의 보조원'이 원료를 말리거나 갈아주면 이것을 '제조자'가 일정한 제조법에 따라 섞었다. 그리고 '약 보관자'는 그 지방에서 나거나 수입된 광물, 약초, 동물의 기관 등의 원료가 보관되어 있는 창고를 감독했다.

기원전 7세기 무렵, 그리스인들은 신체와 정신이 서로 연관되어 있다는 복잡한 의학적 입장을 취하게 되었다. 그들은 의사가 과학적인 틀 속에서 질병의 육체적 원인을 진단하고 치료할 뿐만 아니라 초자연적인(정신적인) 문제도 치료해야 한다고 믿었다. 그래서 초기 그리스 의사들은 건강에 대한 심신 상관학설의 접근 방법을 강조했다. 그러나 그들은 질병의 '정신적'인 원인을 스트레스나 우울증이 아니라 '분노한 신의 저주'라고 해석했다. 그리고 의술의 신 아폴론과 인간을 이롭게 하기 위해 하늘에서 불을 훔친 티탄족 신 프로메테우스가 모든 의약품의 제조를 주관한다고 믿었다.

현대의 의약　현대 제약학은 화학에서의 최초의 중요한 발견에 힘입어 16세기에 시작되었다. 화학물질이 서로 반응하여 몸속에서 어떤 반응을 일으키는지 알게 되면서 의학에서 마술이나 추측이 많이 삭제되었다.

같은 시기에 또 다른 이정표 같은 사건이 일어났다. 1546년에 수백 가지 약과 의학에 쓰이는 화학물질이 자세한 조제법과 함께 실린 최초의 현대 약전藥典이 출판된 것이다. 이 약전에 의해 농도와 성분이 각각 달랐던 약들이 엄격하게 규정되었고 이것은 스위스, 이탈리아, 영국으로 퍼져나갔다.

약은 과학적인 경로로 출발했으나 미신이 과학적 사실에 의해 밀려나기까지는 몇 세기가 더 지나야 했다. 한 가지 중요한 이유는 박테리아와 바이러스 같은 병원균의 존재를 몰랐던 의사들이 병을 일으키는 악마 같은 존재를 여전히 상상했기 때문이다. 그리고 새로운 화학 합성물질이 나와도 그것이 질병 치료에 효과가 있는지는 여전히 시행착오를 거쳐서 알아낼 수밖에 없었다. 새로운 약이 효과가 있다 해도 왜 효과가 있는지, 어떻게 효과를 내는지 아무도 알지 못했다.

이 장에서 살펴보겠지만 우리의 약상자에 들어 있는 많은 평범한 약들은 대부분 시행착오와 우연한 발견을 통해 개발된 산물들이다.

바셀린 : 1879년, 브루클린, 뉴욕

처음 나왔을 때 바셀린은 널리 사용되어 남용되기까지 했다. 이 반투명 젤리는 송어를 유인하려는 낚시꾼의 낚싯바늘에까지 끼워졌다. 무대 여배우는 눈물을 흘린 흉내를 내려고 뺨에다 번들거리는 바셀린을 찍어 발랐다. 바셀린은 얼지 않으므로 탐험가 로버트 피어리는 동상에 걸리지 않기 위해, 그리고 기계 장비가 녹스는 것을 막기 위해 바셀린을 북극에 가져갔다. 바셀린이 찜통 같은 열대의 더위에도 썩지 않기 때문에 아마존 원주민들은 바셀린을 가지고 요리를 했으며 빵에 발라먹기도 했고, 바셀린을 화폐로 서로 교환하기도 했다.

세계 곳곳에서 전해지는 바셀린의 수많은 용도를 듣고도 이것을 발명한 로버트 체스브로는 놀라지 않았다. 96살까지 살았던 브루클린의 이 화학자는 장수의 비결을 바셀린에 돌렸다. 그는 날마다 바셀린을 한 스푼씩 먹었던 것이다.

1859년에 로버트 체스브로는 파산을 막을 방법을 궁리하고 있었다. 등유가 가정과 산업의 주된 화력원이었던 시기에 그가 운영하는 브루클린에 있는 등유회사는 펜실베이니아에서의 오일 붐으로 인해 더 값싼 석유 연료의 위협을 받고 있었다.

체스브로는 석유 사업을 해보려고 오일 스트라이크의 중심지인 펜실베이니아 타이터스빌에 갔다. 그러나 시추봉에 귀찮게 달라붙어서 작업을 중단시키는 끈적끈적한 파라핀 같은 잉여물질을 보고 화학자의 호기심이 발동했다. 체스브로가 만나본 현장 일꾼들은 펌프에 끼는 이 물질에 대해 여러 가지 이름을 적어주었지만 이것의 화학적 성질은 아무도 몰랐다. 일꾼들은 이것의 한 가지 용도를 이미 알고 있었다. 풀과 비슷한 이 물질을 상처나 화상에 바르면 치료를 촉진시킨다는 사실이었다.

체스브로는 석유회사 운영권 대신에 신비한 석유 폐기물을 들고 브루클린으로 돌아왔다. 몇 달 동안 실험을 계속하는 과정에서 그는 이 물질의 필수적인 요소만 뽑아서 정제하려는 시도를 했다.

이 합성물은 맑고 부드러운 물질이 되었고, 그는 이것을 '석유 젤리'라고 불렀다. 체스브로는 자신을 실험 대상으로 삼았다. 젤리의 치료 효과를 시험하기 위해 그는 자신의 손과 팔에 가벼운 상처, 큰 상처, 찰과상, 그리고 화상을 입혔다. 젤리를 바른 상태에서 상처는 감염되지 않고 빨리 낫는 것 같았다. 1870년부터 체스브로는 세계 최초의 바셀린 석유 젤리를 제작하게 되었다.

바셀린이라는 이름의 근원에 대해서는 두 가지 의견이 있었는데, 체스브로는 둘 다 부정했다. 1800년대에 그의 친구들은 그가 바셀린을 정제하던 초창기에 아내의 꽃병을 실험용 비커로 사용하면서 이름을 생각해낸 것이라고 주장했다. 꽃병을 의미하는 '베이스vase'에다 당시 유행하던 의학 접미사인 '린line'을 덧붙였다는 것이다. 그러나 그가 만든 제조회사 사원들은 체스브로가 이보다는 더 과학적으로 단어를 합성했다고 주장하면서 '물'을 의미하는 독일어 '바서wasser'와 올리브유를 의미하는 그리스어 '엘라이온Elaion'이 합쳐서 바셀린이 되었다고 주장했다.

자신을 제품의 실험 대상으로 삼았던 체스브로는 또한 열렬한 판촉가가 되었다. 마차를 타고 그는 뉴욕주 북부를 다니면서 상처나 화상에 이것을 발라보겠다고 약속하는 사람이면 누구에게나 공짜로 바셀린을 나누어주었다. 대중들의 반응이 너무 좋아서 반년도 못 되어 체스브로는 열두 명의 마차 세일즈맨을 고용해서 바셀린을 1온스에 1센트씩 받고 팔게 했다.

바셀린을 상처나 화상에만 바른 것은 아니었다. 주부들은 목재 가구에 이것을 바르면 때나 얼룩이 벗겨지고 광택이 나며 표면을 보호한다고 주장했다. 그들은 또한 바셀린이 말라서 못쓰게 된 가죽 제품을 다시 쓸 수 있게 해준다고 말했다. 농부들은 바셀린을 농기계에 듬뿍 바르면 녹슬지 않는다는 것을 발견했다. 페인트공들은 젤리를 얇게 마루에 발라 놓으면 페인트가 튀어도 잘 지워진다는 것을 발견했다. 바셀린은 약사들에게 가장 인기가 좋았는데, 그들은 순수하고 맑은 이 연고를 자신들이 만드는 고약, 크림, 화장품 원료로 썼다.

세기가 바뀔 때쯤에는 바셀린은 가정용 약장의 기본 약품이 되었다. 체스브로는 끈끈하고 성가신 폐기물을 100만 달러짜리 산업으로 바꾸어놓았다. 1912년에 뉴욕생명보험 본사에 큰 불이 났을 때 체스브로는 화상 환자들을 바셀린으로 치료하는 것을 보고 자부심을 느꼈다. 바셀린은 병원의 기본 약품이 되었다. 그리고 당시 막 싹이 트던 자동차 산업계에서는 젤리를 자동차 배터리의 터미널에 발라주면 부식을 막는다는 것을 발견했다. 이것은 산업의 기본 물품이 되었다. 그리고 스포츠의 기본 품목이기도 하다. 장거리 수영선수들은 이것을 몸에 바르고, 스키 선수들은 얼굴에, 야구선수들은 가죽을 부드럽게 하기 위해 글러브에 바른다.

이처럼 다양하게 바셀린이 사용되는 동안 바셀린을 발명한 당사자는 하루도 빠짐없이 바셀린을 한 숟가락씩 먹었다. 50대 후반에 늑막염에 걸렸을 때 체스브로는 정기적으로 바셀린 전신 마사지를 해달라고 담당 간호사에게 지시했다. 그의 농담대로 자기가 '죽음의 사자의 손아귀에서 미끄러져 빠져나왔다'고 믿었으며, 그로부터 40년을 더 살고 1933년에 죽었다.

구강청정제 : 1880년, 세인트루이스

미주리주의 의사 조지프 로렌스가 개발한 리스터린은 위생적인 수술실 절차를 선도한 영국의 외과 의사 조지프 리스터를 기념하여 붙인 이름이다. 1880년에 처음 등장한 이 제품은 미국에서 가장 믿을 만한 구강청정제이자 가글이 되었다.

세균학이 아직 초보 단계이던 1860년대에 리스터는 외과 의사들의 섬뜩할 만한 위생 상태에 대해 경고를 했다. 그들은 맨손으로, 평상복을 입고 보도와 병원 복도를 다니며 신발을 신고 수술을 했다. 그들은 구경꾼들이 수술대 주위에 몰려들어 수술 과정을 구경하도록 허용하기도 했다. 그리고 그들은 외과 붕대로는 제재소에서 폐기물로 나온 톱밥을 압착시킨 패드를 썼다. 수술도구는 비눗물에 씻었지만 열소독이나 화학소독은 하지 않았다. 많은 병원에서 수술 후 사망률이 90%나 되었다.

영국과 미국의 많은 의사들은 '위생적인 외과 수술을 하자'는 리스터의 호소에 코웃음을 쳤다. 그가 필라델피아 의학회의에서 연설했을 때 사람들은 미온적인 반응을 보였다. 그러나 병균에 대한 리스터의 견해는 조지프 로렌스 박사에게 감명을 주었다. 세인트루이스에 있는 실험실에서 로렌스는 소독약을 개발했고, 이것은 램버트 제약회사세인트루이스에 있으며, 나중에 큰 제약회사 워너-램버트가 됨에 의해 제조되었다.

1880년에 회사에서는 제품의 위생적인 이미지를 부각하기 위해 두 대륙에서 논란의 초점이 되었던 조지프 리스터 경의 이름을 사용하기로 결정했다. 위생에 대한 리스터의 생각을 채택한 외과 의사들은 리스터 덕분에 수술 후 감염과 후유증이 급감했고 생존율이 현저하게 높아졌다고 보고했다. '리스터주의'는 의학저널과 대중매체에서 뜨거운 쟁점으로 부각되었다. 리스터린은 바로 적절한 시기에 최선의 이름을 가지고 등장한 것이다.

구강청정제와 가글이 '수백 만 마리의 세균을 죽인다'고 보고되었고 수백만 명의 미국인이 이것을 샀다. 광고에서는 '돈이 좀 있고 기가 막히게 멋진', 그리고 '브리지 게임도 잘하는' 총각 허브를 내세웠다. 그러나 이 광고에 따르면 허브의 고민은 바로 '그것'이었다.

허브의 고민은 입냄새였다. 20세기 초만 해도 그것은 동성애만큼이나 말하기 곤란한 문제였다. 미국인들은 입냄새를 좋게 하기 위해 리스터린을 샀고 1970년대 중반까지만 해도 수많은 다른 구강청정제, 민트, 가글, 그리고 껌이 경쟁적으로 시장에 나왔는데도 리스터린이 미국의 구강청정제 판매에서 우위를 차지했다.

그러자 리스터린의 효능에 대한 조지프 로렌스의 초기 생각이 의학적으로 도전을 받게 되었다. 1970년대에 법원은 워너-램버트 제약회사에 '리스터린이 감기나 목감기를 예방할 수는 없으며, 그 정도를 약하게 하지도 못한다'는 정정 광고를 실으라고 명령했다.

 일회용 밴드 : 1921년, 뉴저지주 뉴브런즈윅

1876년 필라델피아 의학회의에서 조지프 리스터의 병균 이론에 감명을 받은 미국 사람은 조지프 로렌스만이 아니었다. 브루클린 출신의 31살 난 약사 로버트 존슨도 이 영국 의사의 강연 때문에 인생이 바뀌었다.

리스터는 제재소 폐기물로 만든 압착 톱밥 붕대의 사용을 개탄했다. 그는 수술할 때마다 붕대를 석탄산 수용액에 적셔서 소독했다.

브루클린에 있는 시베리앤드존슨 의약품 공급회사의 공동 소유주였던 존슨은 톱밥 붕대뿐만 아니라 미국의 병원에서 쓰고 있는 소독하지 않은 수술 도구들에 대해 잘 알고 있었다. 그는 자신의 두 형제(토목기사인 제임스와 변호사인 에드워드)에게 자기와 함께 리스터가 회의에서 이론적으로 설명한 건조되고, 미리 포장된 위생 수술 붕대를 개발해서 판매하자고 설득했다.

1880년대 중반에 형제들은 자기들의 회사인 존슨앤드존슨을 설립하여 대형 면 거즈 붕대를 생산했다. 병균이 들어가지 않도록 낱개 포장된 붕대는 먼 지역에 있는 병원과 전쟁터에 있는 의사들에게 위생적인 상태로 공급될 수 있었다.

존슨 형제들은 건강 관리 분야에서 점점 사업이 번성했다. 1893년에 그들은 존슨즈 베이비 파우더의 상큼한 냄새를 미국 어머니들에게 소개하면서 이것을 산파에게 파는 다용도 산모 관리용품 세트에 끼워서 선물용으로 주었다.

그러나 전 세계 가정의 약장에 필수품으로 자리 잡을 소독용품이 곧 등장을 기다리고 있었다.

제임스 존슨 사장이 얼 디킨슨이 집에서 만든 작은 붕대에 대한 이야기를 들은 것은 1920년이었다. 회사의 구매과에서 면 수매를 담당하고 있던 디킨슨은 최근에 결혼했는데 그의 부인되는 사람은 툭하면 부엌에서 다치거나 데였다. 그렇다고 회사에서 나오는 커다란 외과 붕대를 쓰기에는 상처가 너무 작거나 경미해서 밴드 에이드를 만들었다는 것이다. 얼 디킨슨은 나중에 밴드 에이드에 대해 이렇게 썼다.

'나는 떨어지지 않고, 쉽게 붙일 수 있고, 그러면서도 소독이 잘 된 붕대를 고안할 결심을 했습니다.'

아내의 상처를 치료하기 위해 디킨슨은 회사에서 나온 소독솜과 거즈를 반창고 중간에다 놓았다. 필요할 때마다 매번 붕대를 만드는 데 넌더리가 난 디킨슨은 이것을 다량으로 만들어놓고 밴드의 끈적끈적한 부분에다 크리놀린 천을 잠정적으로 덮을 생각을 해냈다. 자기 회사 직원이 두 개의 크리놀린을 떼어내고 자기 손가락에다 쉽게 밴드를 붙이는 것을 보고 제임스 존슨은 새로운 응급처치 용품이 자기 회사에서 나오게 되었음을 알았다.

나중에 작은 붕대에 일반적으로 쓰이게 된 '밴드 에이드'라는 이름은 뉴 브런즈윅에 있는 회사 공장의 공장장이었던 존슨 케년이 제안한 것이었다. 그리고 처음에 반창고는 소독이 된 상태에서 조립라인식으로 손으로 만들었다.

처음에는 판매가 신통치 않았다. 밴드 에이드를 가장 강력하게 판촉한 사람 중의 하나는 회사의 연구과장인 프레드릭 킬머 박사였다. 킬머는 1890년대 존슨즈 베이비 파우더를 개발하고 판매한 사람이기도 했는데 1920년대에는 밴드 에이드 판촉 팀에 합류했다. 그는 작은 상처와 화상의 감염을 예방하고 빨리 낫게 하는 밴드 에이드의 효능에 대해 의학저널이나 대중 잡지에 글을 발표했다. 회사에서 생각해낸 가장 기발한 판촉법은 이 지역의 푸줏간 주인과 전국의 보이 스카우트에게 밴드 에이드를 공짜로 나눠주는 것이었다.

밴드 에이드의 인기는 꾸준히 상승했다. 1924년쯤에는 밴드 에이드가 길이 3인치, 넓이 4분의 3인치 크기로 기계에 의해 제작되었다. 4년 후 미국인들은 통풍을 잘 되게 하고 치료를 촉진하기 위해 거즈 패드에 공기 구멍을 낸 밴드 에이드를 살 수 있었다.

밴드 에이드의 발명자 얼 디킨슨은 존슨앤드존슨 사와 오랫동안 생산적인 경력을 쌓아가면서 나중에 부사장과 이사가 되었다. 존슨앤드존슨 사에서는 1921년에 밴드 에이드가 제작된 이후 전 세계 사람들이 1,000억 개 이상을 상처에 붙였을 것으로 추산한다.

 방취제 : 기원전 3500년, 근동

체취 문제는 이것을 해결하려는 인간의 노력만큼이나 오래된 문제이다. 역사의 여명기인 5,500년 전 수메르에서부터 모든 주요 문명들은 방취제 deodorant를 생산하려는 노력을 기록으로 남기고 있다.

고대 이집트인들은 향수 목욕을 한 다음 겨드랑이에 향수 기름을 바를 것을 권했다. 그들은 아열대 기후에서도 상하지 않는 감귤류와 계피 화장품을 개발했다. 실험을 통해 그들은 겨드랑이털을 제거하면 체취가 상당히 줄어든다는 것을 발견했다. 몇 세기 후에 과학자들은 그 이유를 알게 되었다. 겨드랑이털은 박테리아가 기생하고, 자라고, 죽을 수 있는 표면적을 크게 증가시키며, 박테리아 자체는 냄새가 없지만 박테리아가 썩으면서 냄새를 풍길 수 있게 된다는 것이다.

그리스인과 로마인들은 이집트 제조법을 가지고 향수 방취제를 만들었다. 사실 기록된 모든 역사를 통하여 유일하게 효과가 있는 방취제는 (정기적으로 씻는 것을 제외한다면) 향수였다. 그리고 이것은 그저 하나의 냄새를 다른 냄새로 가리는 것이었다. 그것도 잠시 동안만.

19세기에 땀 분비선이 발견되면서 땀과 냄새 사이의 연관성이 더욱 명백해졌다. 과학자들은 인간의 땀이 두 종류의 선, 즉 아포크린과 에크린에 의해 만들어진다는 것을 알게 되었다. 첫 번째 분비선은 태어나면서 몸 전체에 존재하는 것으로 아기들에게 독특한 냄새가 나게 한다. 이 선의 대부분은 점차 사라지지만 겨드랑이, 항문 주위, 젖꼭지 주위에 집중된 선만은 남는다. 이 선들은 아동기에는 비교적 활동을 하지 않다가 사춘기에 성호르몬이 활발해지면서 기능을 발휘하기 시작한다. 노년에는 위축되어 사라진다.

그러나 몸에서 나는 대부분의 땀은 몸 표면 전체에 풍부하게 퍼져 있는 에크린선이 만든다. 에크린선이 분비하는 땀은 풍부하며 냉각 효과가 있다. 극한 더위 속에서, 또는 수분을 많이 섭취한 상태에서 인간은 24시간 동안 3갤런까지 땀을 흘리는 것으로 측정되었다.

에크린선은 초조함, 열, 스트레스, 매운 음식 섭취에도 반응하여 기능을 발휘한다. 정신적 스트레스가 야기하는 땀은 특히 겨드랑이, 손바닥, 발바닥에서 많이 난다. 그러나 대부분의 땀은 증발하거나 옷에 의해 효과적으로 흡수된다.

겨드랑이가 박테리아에 우호적인 환경을 제공하는 이유는 항상 따스하고 젖어 있기 때문이다. 설득력 있는 과학적 증거에 따르면 겨드랑이 냄새는 주로 아포크린선의 분비물에 서식하는 박테리아로부터 생긴다. 어떤 연구에서는 인간의 아포크린 땀을 채취해서 이것이 냄새가 없다는 것을 보여주었다. 상온에서 6시간을 두면(박테리아가 증식하고 죽도록) 독특한 냄새가 생겼다. 같은 곳에서 채취한 땀을 냉장하면 아무 냄새가 생기지 않았다.

예나 지금이나 향수 방취제는 문제의 근원인 겨드랑이 습기를 해결하지는 못했다. '발한억제제'가 이 문제를 해결했다.

 발한억제제 : 1888년, 미국

겨드랑이 습기와 악취를 방지하기 위해 생산된 최초의 상품은 1888년에 나온 '멈Mum'이라는 제품이었다. 이것은 크림 기초제에다 아연 합성물을 사용했다. 당시나 지금이나 과학자들은 아연 같은 특정 화학물질이 어떻게 해서 땀의 분비를 막는지 알아내지 못했다. 어쨌든 멈은 효과가 있었고 미국에서 너무나 인기가 있었기 때문에 제약회사에서는 발한억제제 시장이 엄청나다는 것을 알게 되었다.

1902년에 '에버드라이'가, 1908년에는 '허쉬'가 등장했다. 이들 제품은 알루미늄 클로라이드라는 새로운 건조제를 사용한 최초의 발한억제제였다. 이 성분은 오늘날에도 대부분의 발한억제제에 사용된다.

몇 년 동안 미국인들은 발한억제제 문제에 대해 너무나 겸연쩍어했다. 그래서 약국에서 그것을 살 때는 콘돔을 살 때처럼 소곤소곤 이야기했다. 1914년에 처음으로 진국적인 잡지 광고에서 당당하게 이름을 말하고 나선 제품은 '오도로노Odo-Ro-No'라는 메아리치는 이름을 가지고 있었다. 이것은 과도한 땀을 치료하여 여성이 '깔끔하고 우아한' 모습을 유지하게 한다고 장담했다. 다음에 나온 발한억제제들도 건조한 상태를 강조했지만 건조한 상태를 유지해서 무엇을 방지할 수 있는지는 아무도 언급하지 않았다.

그러다가 1919년에 선구자적인 오도로노가 다시 앞장섰다. 처음으로 어느 방취제 광고에서 '체취'라는 것이 존재한다는 것, 또 이것이 사회생활에서 충격적이고 역겨운 것이라고 주장했던 것이다.

놀랍게도 초창기에는 발한억제제를 여성들에게만 광고했고, 여성들만 사용했으며, 여성들은 이것을 비누처럼 필수품으로 여겼다. 1930년대가 되어서야 회사들은 남성 시장을 공략하기 시작했다.

발한억제제의 작용을 거의 100년 동안 연구해온 과학자들은 이것이 어떻게 효과를 발휘한다고 생각했을까?

한 가지 보편적인 이론에 따르면 알루미늄이나 아연 같은 '건조' 요소는 땀이 나오는 관 속으로 약간 침투한다고 한다. 거기서 이들 요소는 코르크 역할을 하여 땀의 분비를 차단한다. 관 속에는 압력이 증대하게 되고 바이오피드백 메커니즘을 통해 압력이 땀을 흘리는 것을 막는다는 것이다.

불행하게도 발한억제제는 체취의 주범인 아포크린선이 아니라 에크린선에만 작용한다. 그래서 발한억제제의 효과가 오래가지 못하는 것이다. 겨드랑이 체취를 없애는 가장 좋은 방법은 오래된 치료법인 씻기, 고대 이집트의 관습에서 빌려온 치료법인 겨드랑이털 깎기, 그리고 현대적 치료법인 발한억제제 바르기를 모두 시행하는 것이다.

 제산제 : 기원전 3500년, 수메르

고대인들은 대부분의 음식을 조리하지 않았기 때문에 현대인들보다 더 심한 소화불량에 시달렸을 것이다. 우리는 사람들이 위장장애 때문에 의사의 진찰을 받았음을 그들이 자기 생각을 점토판에 기록한 시기부터 알 수 있다. 수메르인들이 찾아낸 치료약에는 우유, 박하잎, 그리고 탄산염이 있다.

수메르 의사들이 시행착오를 통해 알게 된 것은 알칼리성 물질이 위산을 중화시킨다는 것이었다.

오늘날의 제산제는 위의 염화수소산 음기에 양이온을 부과하여 이온을 중성화시킴으로써 제산 작용을 한다. 이것은 또 다른 강력한 소화액이면서 위벽에 매우 고통을 줄 수 있는 펩신 분비를 억제한다.

수메르인이 사용한 가장 효과적인 제산제는 베이킹소다나 중탄산소다였다. 수세기 동안 이것은 가정에서 만든 위장 치료약의 주성분이었다. 오늘날 상용 제산제에서 이것의 사용을 줄이게 된 것은 소다 복용과 고혈압 사이의 연관성 때문이다.

순수한 베이킹소다에 처음으로 상표를 가지고 맞선 것은 1873년에 등장한 걸쭉한 흰색 액체인 '마그네시아유Milk of Magnesia'였다. 양초 제조자였다가 화학자로 변신한 찰스 필립스가 만든 이 제산제는 가루 제산제를 마그네슘 이완제와 섞은 것이었다. 적은 분량으로 복용하는 이 제품은 위를 편하게 해주는 약으로 즉시 환영을 받았다.

기침약 드롭스 : 기원전 1000년, 이집트

기침의 주된 목적은 흡입된 이물질, 화학 자극물, 또는 감기에 걸렸을 때 과도한 분비물을 기도에서 제거하려는 것이다. 기침이라는 반사작용은 자의적이기도 하고 비자의적이기도 하다. 그리고 기침의 빈도와 강도를 줄여주는 약은 기침 억제제 또는 진해제라고 불린다.

오늘날 기침을 억제히는 많은 회학 물질들은(마약 성분이 있는 코데인 같은) 기침 중추의 활동을 억제하도록 뇌에 작용하여 기침하려는 충동을 줄인다. 더 오래된 기침 억제제들은 목의 기침하는 근육을 풀어주거나 이완시켜준다. 3,000년 전에 과자 장수들이 이집트 의사들을 위해 만든 가장 오래된 기침 드롭스의 기본적인 역할은 이것이었다.

과자 장수들이 처음으로 딱딱한 캔디를 만든 것은 이집트의 신왕국 20대

왕조 시대였다. 설탕이 없었으므로(설탕은 몇 백 년 뒤에야 이 지역에 전래된다) 이집트의 캔디 제작자들은 꿀에다 약초, 양념, 오렌지류의 과일을 넣어 맛을 냈다. 이집트 시대에 사용한 원료들은 오늘날의 사탕에서 발견되는 것들과 별로 다르지 않다. 깔깔하고 건조한 목을 적셔주는 작용원리 또한 비슷했다.

목을 부드럽게 하는 캔디는 여러 다른 문화에서 수많은 작은 변화들을 겪었다. 캔디에 무엇을 넣느냐가 이 캔디의 독특한 특징이 되었다. 느릅나무 껍질, 유칼립투스 기름, 박하유, 그리고 쓴 박하는 고대에 사용되었던 첨가제의 일부에 지나지 않는다.

실질적으로 의사들이 기침의 원천인 뇌에 작용하는 약을 만들기 시작한 것은 19세기에 와서였다. 그리고 아편은 뇌의 기침 반사중추를 억제하는 최초의 합성물이었다. 익지 않은 양귀비꽃의 유액을 말린 아편에서 추출되는 모르핀은 1805년에 독일에서 처음으로 효능을 발견했다. 19세기 말인 1898

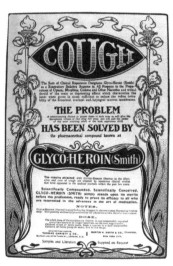

헤로인을 '호흡기 진정제'로 광고한 1903년의 글리코 헤로인 광고.

년에는 화학자들이 간단한 모르핀 파생물인 헤로인을 만들었다. 이 두 가지는 모두 인기를 끌었고 한동안은 기침 억제제로 쉽게 구할 수 있었다. 1903년에 나온 광고에는 '글리코 헤로인'을 의학 기술이 만들어낸 '호흡기 진정제'라고 선전하고 있다.

그러나 의존성의 위험을 알게 된 의사들은 이 약의 처방을 점점 줄이게 되었다. 오늘날 약한 모르핀 파생물인 코데인은 심한 기침을 억제하는 데 계속해서 사용되고 있다. 모르핀을 다량 투약하면 호흡을 중지시켜 죽음을 초래할 수 있기 때문에 모르핀이 어떻게 해서 기침을 진정시키는지는 이해하기 어렵지 않다.

모르핀 합성물은 기침 연구의 새로운 분야를 열었다. 그리고 약학자들은 아편 분자를 성공적으로 변형시켜 의존도와 환각의 위험이 적은 합성물질을 만들어냈다. 그러나 이런 복잡한 치료법은 심각한 생명을 위협하는 기침의 치료에만 쓰이며 처방을 통해서만 구할 수 있다. 매년 수백 만의 감기 환자들은 오래된 감기약의 치료에 의존하고 있다. 미국에서 아직까지도 인기 있는 최초의 두 기침약은 아편 억제제 처방이 성행하던 시기에 등장했다.

스미스 브라더스   에이브러햄 링컨을 제외한다면, 스미스 형제 기침약 상자에 그려져 있는 두 명의 수염 기른 형제는 미국에서 가장 많이 볼 수 있는 수염 난 얼굴 그림일 것이다. 이 두 남자는 실존인물이며 형제지간이었다. 앤드루(상자 오른쪽에 수염이 더 긴 남자)는 마음씨 좋고 씀씀이가 헤픈 총각이었고 박애주의자인 윌리엄은 진저 에일의 이름이 술을 연상시킨다고 해서 집안에서 이것을 금지시킬 정도로 주류 판매 금지주의자였다.

1847년 캔디 장수였던 아버지 제임스 스미스는 가족을 이끌고 퀘벡의 세인트아몬드에서 뉴욕주 포킵시로 이주해 식당을 열었다. 추운 겨울이라 기침과 삼기가 성행하던 어느 날, 식당을 찾은 한 손님으로부터 매우 효과적인 기침약을 5달러에 산 제임스 스미스는 달콤한 약 캔디를 만들었다.

제임스 스미스는 가족과 친구들이 감기에 걸릴 때마다 기침 캔디를 주었다. 겨울이 끝날 때쯤에는 새로운 치료제 소문이 바람이 휘몰아치는 허드슨 강 유역의 모든 마을로 퍼졌다. 1852년 포킵시의 어느 신문에서는 스미스의 광고를 처음으로 실었다. '목이 쉬고, 기침이 나고 감기로 고생하는 사람들

은 부작용이 거의 없는 이 약의 효과를 시험해보세요.'

이 약이 성공하자 유사품이 수없이 생겨났다. '슈미트 형제', '스마이스 자매', 심지어는 똑같이 '스미스 형제'라고 이름을 붙여 판권을 침해하는 일까지 생겼다. 1866년에 윌리엄과 앤드루 형제는 독특하고 쉽게 알아볼 수 있는 상표의 필요성을 깨닫고 자기들의 근엄한 얼굴 자체를 써먹기로 했다. 지금처럼 상자가 아니라 약국 카운터에 놓고 사람들에게 드롭스를 하나씩 파는 커다란 유리병에다가 자신들의 얼굴을 그려넣기로 했다. 당시 대부분의 캔디는 카운터 유리병에 담아 팔았다.

1872년 스미스 형제는 자신들의 사진이 담긴 상자를 디자인했다. 미국 최초로 공장에서 캔디를 포장해서 판매함으로써 스미스 형제의 약은 캔디와 기침 드롭스 제조에 새로운 바람을 불러일으켰다. 몇 년 뒤, 과자 제조업자 윌리엄 루덴이 멘톨향 나는 호박색 루덴 기침 드롭스를 내놓으면서 포장을 개선했다. 루덴의 혁신은

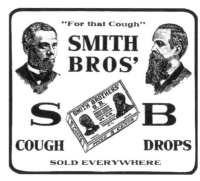

스미스 형제의 기침 드롭스 포장지.

상자에 밀랍 입힌 종이를 발라 사탕의 신선도와 맛을 보존하게 한 것이었다.

오늘날의 감기 환자들이 타이레놀, 나이퀼, 또는 콘택을 찾으려고 약장 문을 열 듯이, 1880년대에는 목이 아프고 기침을 하는 수백 만의 미국인들이 스미스 형제와 루덴의 드롭스를 찾았다. 윌리엄과 앤드루 스미스는 '트레이드'와 '마크'라는 평생 따라다닐 별명을 얻게 되었다. 왜냐하면 드롭스 포장에 '트레이드 마크(상표)'라는 말이 분리되어 각 사람의 사진 밑에 쓰여졌기 때문이다. 스미스 형제는 자신들이 만든 기침 드롭스의 하루 생산량이 5파운드에서 5톤이 될 때까지 살았다.

선탠 로션 : 1940년, 미국

선탠 로션과 선스크린 로션은 현대의 발명품이다. 선탠 산업의 시작은 태평양에 주둔한 미군 병사들이 햇볕에 심하게 타는 것을 막을 수 있는 피부 크림이 필요했던 제2차 세계 대전 때부터이다. 그리고 몸을 구릿빛으로 태우기 위해 햇볕을 쬐는 것도 주로 현대적인 현상이다.

역사를 통해 많은 나라의 사람들은 햇볕에 피부를 노출시키지 않으려 애썼다. 태양을 가리는 파라솔뿐만 아니라 오늘날의 산화아연 같은 불투명한 크림과 연고가 서구 사회에서 많이 사용되었다. 신분이 낮은 노동자들만이 햇볕에 그을렸다. 흰 피부는 높은 지위의 표시였다.

미국에서 햇볕에 태우는 것이 유행하기 시작한 데는 두 가지 요인이 작용했다. 1920년대까지 내륙에 사는 대부분의 사람들은 해변을 이용할 수 없었다. 철도가 수많은 미국인들을 해변의 휴양지로 나르기 시작하고부터 해수욕이 인기 있는 여흥거리가 되었다. 당시에는 수영복이 몸의 너무 많은 부분을 가려서 선탠 약제가 별로 의미가 없었다. 1930년대부터 수영복이 점점 더 많은 피부를 노출하면서 피부를 태우는 것이 유행하게 되었고, 급기야 피부에 진짜 화상을 입힐 위험까지 초래했다.

처음에 제조업자들은 선탠 제품, 특히 선스크린의 시장 가능성을 그다지 인정하지 않았다. 당시에는 수영하는 사람이 충분히 햇볕을 쬐었다고 생각하면 파라솔 밑으로 들어가거나 옷으로 몸을 덮을 것이라는 생각이 지배적이었다. 그러나 필리핀의 뜨거운 뙤약볕 아래 싸우거나 항공모함 갑판에서 일하거나 태평양의 뗏목 위에서 표류하는 미군들은 피할 그늘이 없었다. 그래서 1940년대 초 미국 정부는 햇볕 차단제를 개발하기 시작했다.

처음에 나온 제품 중에서 가장 효과적인 것은 붉은 바셀린이었다. 이것은 원유에서 가솔린이나 가정 난방용 기름을 빼낸 뒤 남는 찌꺼기에서 만든 석유 부산물이었다. 원래 이 속에 포함되어 있는 색소로 인해서 생긴 붉은색이 태양의 자외선을 차단해주었다. 미군 항공단은 조종사들이 열대 지방에 격추될 때에 대비하여 붉은 바셀린을 배급했다.

군이 선스크린 크림을 개발하는 것을 도와준 의사는 벤저민 그린 박사였다. 그린은 선탠 제품의 시장 가능성이 무한하다고 믿었다. 전후에 그는 자신이 개발한 선스크린 기술을 재스민향이 나는 크림 같은 순백색 선탠 로션으로 만들었다. 이 제품을 사용하면 구릿빛 피부색을 얻게 되었고, 그린은 구릿빛이라는 이름에서 착안하여 제품 이름을 '코퍼톤Coppertone'이라고 붙였다. 1940년대에 해변에 처음 등장한 코퍼톤은 미국에서 피부 태우는 유행을 불러일으켰다.

 ### 안약 : 기원전 3000년, 중국

눈은 극도로 예민하기 때문에 안약을 만들 때는 언제나 세심한 주의를 기울였다. 마황 추출물로 만든 최초의 안약은 5,000년 전 중국에서 제조되었다. 오늘날 안과 의사들은 그것의 주요 성분이 에페드린염산염이었을 거라고 생각한다. 이 성분은 오늘날에도 알레르기 반응 때문에 충혈된 눈과 같은 가벼운 눈병 치료에 사용되고 있다.

옛날 의사들은 눈에 쓸 수 있는 유일한 용액과 합성물을 끓였다가 식혀서 소독된 물이라는 것을 발견했다. 순한 항균제인 붕산 가루를 약간 넣으면 여러 가지 눈병의 초기 치료제가 되었다.

안과학과 안약 제조학은 1800년대 중반에 전성기를 맞았다. 독일에서는 헤르만 폰 헬름홀츠가『생리 안과학 핸드북Handbook of Physiological Optics』이라는 기념비적인 저서를 출판했는데, 이것은 눈의 기능에 대한 오래된 이론의 실체를 알리는 책이었다. 눈의 생리에 대한 그의 연구를 통해 눈의 내부를 검사하는 검안경과 거리를 조절하는 눈의 능력을 측정하는 기계가 발명되었다. 1890년대쯤에는 안과학이 역사상 최고로 발달했다.

당시 미국에서는 가정용 약장에 첨가될 새로운 품목이 막 탄생하려 하고 있었다. 1890년 워싱턴주 스포캔에 사는 은행가인 오티스 홀은 시력에 문제가 생겼다. 말의 부서진 발굽을 검사하던 도중 말 꼬리에 오른쪽 눈을 맞아 각막이 손상된 것이다. 며칠 만에 고통스러운 종양이 생겼고 홀은 제임스와 조지 맥패트리치라는 형제 안과 의사에게 치료를 받으러 갔다.

두 형제가 조제한 베르베린염화물이 함유된 안약이 오티스 홀의 눈에 정기적으로 투여되었다. 회복이 너무나 빨라서 그는 눈병으로 고생하는 다른 사람들도 이 약의 도움을 받을 수 있으면 좋겠다고 생각했다. 홀과 맥패트리치 형제는 최초의 안전하고 효과적인 상용 안약을 대량 생산할 회사를 설립했다. 그들은 베르베린염화물Muriate of berberine의 머리글자와 끝글자를 따서 '뮤린Murine'이라고 이름지었다.

그 이후로 수많은 안약 제품이 '피곤한 눈', '건조한 눈', '충혈된 눈'을 치료하기 위해 약장 속으로 들어왔다. 그 안약에는 사람의 눈물의 산성과 염도에 가까운 완충제가 모두 들어 있다. 실제로 우리가 쉽게 살 수 있는 콘택트렌즈 용액은 '인공 눈물'이라는 상표가 붙어 있다. 옛날 의사들도 눈물에 염분이 섞여 있다는 것과 인간의 눈이 연한 소금물을 필요로 하며 이것으로부터 도움을 얻는다는 사실을 깨달았다. 안과 의사들은 인류가 처음에 바다에서 나왔다는 가장 직접적인 증거가 바로 우리의 눈 표면이 끊임없이 소금에 적셔져야만 한다는 사실이라고 지적한다.

 완하제 : 기원전 2500년, 근동

'장에 대한 고민은 오늘날 많은 사람들의 걱정거리인 것 같다'는 사실이 최근 어느 의학 토론회에서 보고되었다. 의사들은 매년 5억 달러의 이익을 남기면서 미국인들에게 조제, 또는 판매되는 완하제의 분량에 근거해서 이런 판단을 내린 것이다.

그러나 원활한 장운동에 관한 관심은 새삼스러운 것이 아니다. 약학의 역사는 고대인들도 우리와 마찬가지로 매일 정상적인 장 활동에 관심을 가졌음을 보여주고 있다. 그리고 옛날 의사들은 생리적으로 해결되지 않는 문제를 해결하기 위해 다양한 약을 만들었다.

메소포타미아 지방과 나일강 유역에서 인기 있었던 최초로 기록된 완하제는 피마자 콩에서 짜낸 노란 기름이었다. 피마자유는 완하제뿐만 아니라 피부를 부드럽게 하는 로션, 그리고 거대한 돌덩어리를 나무 롤러 위에 굴릴 때 건축 윤활유로도 사용되었다.

기원전 1500년까지 완하제에 대한 아시리아인들의 지식은 매우 광범위했다. 그들은 밀기울과 같은 '덩어리가 생기게 하는' 완하제, 소금을 포함하고 있어서 장에 수분을 공급하는 '염분' 완하제, 그리고 장의 벽을 자극해서 연동운동을 하게 함으로써 배변을 하게 하는 '자극' 완하제에 대해 잘 알고 있었다. 이 세 가지는 현대 완하제의 주된 형태이기도 하다.

고고학자들은 사람들이 오랜 세월 동안 장 기능에 대해 집요하리만큼 관심을 보인 데에는 이유가 있다고 주장한다. 기원전 7000년 이전에 인간은 유목 생활, 사냥, 채집을 했으며 주로 섬유질이 많은 뿌리, 곡식, 열매를 먹고 살았다. 즉 고섬유질 식사를 했던 것이다. 이것은 인간의 위와 장이 경험했던 유일한 식사였다.

그러다가 농경사회가 시작되면서 인간은 정착했다. 육류와 우유로 생활하면서 고지방, 저섬유질 식사로 인간은 장에 충격을 주었다. 그 이후로 인간은 장 기능 장애로 고생하면서 치료제를 찾았던 것이다. 오늘날 고섬유질 식사를 강조하게 되면서 비로소 인간의 장은 편안함을 누리기 시작했다.

그 사이 몇 천 년 동안 의사들은 여러 종류의 완하제를 얻으려고 노력했다. 그리고 이것을 좀 더 먹기 좋게 하려고 꿀, 설탕, 귤껍질 등과 섞었다. 1905년에 어느 약사는 완하제를 초콜릿과 섞는 아이디어를 생각해내 미국 시장의 관심을 집중시켰다.

그의 고향 헝가리에서 개업 약사였던 맥스 키스는 동네 주조상들이 술에 섞는 페놀프탈린이라는 화학물질을 잘 알고 있었다. 처음에 이 물질은 무해한 것 같았다. 그러나 상인들과 그 술을 마신 고객들은 하룻밤에 이 술을 과음하면 다음 날 아침 숙취 이상의 결과가 나타나는 것을 알게 되었다.

이 화학물질은 매우 효과적인 하제라는 것이 밝혀졌다. 그리고 1905년에 뉴욕으로 이주하면서 맥스 키스는 초콜릿을 페놀프탈린과 섞어서 상업용 하제를 만들기 시작했다. 그는 처음에 이 약의 이름을 '보보'라고 붙였는데, 이 말은 현명하지 못하게도 하제가 치료하는 대상의 속어 표현과 매우 유사한 이름이었다. 키스는 생각을 다시 해서 '우수한 하제Excellent Laxative'를 줄인 '엑스랙스Ex-Lax'라는 이름을 붙였다. 초콜릿 맛이 나는 제품은 피마자유 같은 기존 하제를 능가하는 환영받을 만한 제품이었다. 특히 아이들에게는 더욱 그랬다. 하제 캔디 생산은 연간 5억 3,000만 개로 늘어났고 이 약은 20세기 초 미국 가정 약장의 필수품이 되었다.

 안경 : 13세기, 이탈리아

고대인들도 살다보면 어느 순간에는 안경이 필요했겠지만 안경이 처음으로 등장한 것은 13세기 말이었다. 그때까지는 선천적으로 결함이 있는 눈을 가지고 태어난 불행한 사람이나 노인들은 책을 읽거나 좋은 시력을 요구하는 일을 할 희망을 가지지 못했다.

안경을 발명한 사람은 1280년대쯤에 이탈리아의 피사에 살았고 유리 세공인이었을 것으로 짐작되고 있다. 그의 정체가 결정적으로 밝혀지지는 않았지만 같은 연배의 유리 제조공인 알레산드로 스피나와 살비노 아르마티 중 한 명이 이 명예를 차지할 가장 유력한 후보자들이다.

증거는 살비노 아르마티에게 약간 더 유리하다. 플로렌스 출신의 안과 물리학자인 35살의 아르마티는 1280년 무렵 빛 굴절 실험을 하다 시력이 손상된 것으로 알려져 있다. 시력을 회복하기 위해 그는 유리 만드는 일을 하게 되었고, 두껍고 커브가 진 교정용 렌즈를 고안했다.

아르마티가 살던 시절에 안경에 관한 두 개의 역사적 기록이 있다. 1289년에 이탈리아 작가 산드로 디 포포조는 「가족의 행동에 관한 논문Treatise on the Conduct of the Family」을 출간했다. 거기서 그는 '안경이 시력이 약해진 불쌍

토마소 디 모데나가 1352년에 산 니콜로 성당에 그린 프레스코화의 한 장면.

한 노인들을 위해 최근에 발명되었다'라고 적고 있다. 그리고 그는 자신이 운 좋게도 안경을 처음으로 쓰는 사람에 속하게 되었다고 밝히고 있다. '나는 너무 노쇠해서 안경이 없으면 더 이상 읽을 수도 쓸 수도 없다.' 그러나 유감스럽게도 포포조는 안경 발명자 이름은 밝히지 않았다.

안경에 대한 두 번째 언급은 이탈리아의 신부였던 지오다노 다 리발토이다. 그는 1306년 2월 어느 수요일 아침에 플로렌스에서 설교를 했는데 이 설교가 기록되어 보존되어 있다.

'세상에서 가장 훌륭하고 필요한 기술인 안경 만드는 기술이 발견된 지 20년도 지
나지 않았다.'

그러나 신부는 발명자에 대해서도 언급했지만 이름은 밝히지 않았다. 그
저 '안경을 처음 발명한 사람을 만나 이야기해보았다'라고만 말하고 있을 뿐
이다.

오목렌즈와 볼록렌즈 안경을 누가 발명했든지 간에 안경이 급속도로 받
아들여진 것만은 분명하다. 지오다노가 설교에서 안경을 언급할 때쯤에는
유럽 유리 산업의 중심지인 베네치아에서는 기술자들이 분주하게 새로운
'눈을 위한 디스크'를 생산하고 있었다. 처음에 나온 안경 렌즈는 돋보기였
고 원시에게만 도움을 주었다. 근시를 위해 오목렌즈가 깎여 나온 것은 100
년도 더 뒤였다.

안경 기술은 영국으로 전파되었다. 1326년까지는 안경이 학자, 귀족, 성직
자에게 제공되었다. 안경은 개인을 위해 만들어지지 않았다. 그 대신 사람들
은 안경점에 와서 여러 가지 렌즈를 통해 살펴본 다음 자신의 시력을 높여
주는 렌즈를 택했다. 의사들은 아직 안경을 인정하지 않았고 시력 검사와 시
력 검사표 따위 측정 과정도 나오지 않았다.

14세기 중반에 이탈리아인들은 유리 눈알 디스크를 '렌틸lentils'이라고 부
르기 시작했다. 디스크 모양이 이탈리아인이 잘 먹는 둥글고 양쪽이 볼록
한 렌틸콩 비슷했기 때문이다. 이탈리아어로 '렌틸'은 '렌티치에lenticchie'였고
200년 이상 동안 안경은 '유리 렌틸'이라고 알려졌다. 그리고 물론 '렌틸'은 영
어 '렌즈lens'의 어원이다.

처음에 안경의 문제점은 어떻게 착용하는가 하는 것이었다. 왜냐하면 귀

에 걸치는 딱딱한 안경 다리는 18세기에 가서야 발명되었기 때문이다. 많은 사람들이 머리 뒤로 매는 가죽끈을 이용했다. 다른 사람들은 양쪽 귀에 맞는 작은 원형 끈을 만들었다. 안경이 코끝까지 흘러내리도록 그냥 내버려둔 사람들도 물론 있었다.

근시용 오목렌즈 안경은 15세기에 처음 만들어졌다. 안경을 대개 독서할 때 사용하던 시절에 근시용 안경은 멀리 잘 안 보이는 것을 교정했으므로 지성의 추구에 별로 필요하지 않다고 생각되었고, 따라서 볼록렌즈보다 더 귀하고 비쌌다.

그러나 무모하게 사치스러웠던 조반니 데 메디치 추기경에게는 비용이 아무 문제가 되지 않았다. 그는 위대한 로렌조의 둘째 아들이었으며 1513년에 교황 레오 10세가 되었다. 심한 근시였던 추기경은 때때로 돈이 너무 궁해서 궁전 가구와 은식기를 저당 잡히기도 했지만 사냥을 할 때 적중률을 높이기 위해 오목렌즈 안경을 여러 벌 구입했다. 그가 교황이 된 지 4년 후에 라파엘로가 그린 초상화의 모델이 되었으며 오목렌즈가 등장한 최초의 초상화가 되었다.

처음 나온 안경은 여러 가지 문제점이 있었지만 재봉사에서 학자에 이르기까지 노년에 이르도록 일하는 수명을 연장시켜줌으로써 사람들에게 깊은 영향을 미쳤다. 인쇄기가 도입되고 책과 신문이 쏟아져 나오면서 안경은 사치품에서 필수품으로 바뀌게 되었다.

오늘날의 안경테와 다초점 렌즈　최초의 '관자놀이'를 누르는 안경은 1727년에 런던의 안경사 에드워드 스칼렛이 만들었다. 이것은 어느 프랑스 신문으로부터 '숨을 쉬게 만드는 안경'이라는 찬사를 들었는데 왜냐하면 관자놀이를 누르는 옆 테가 안경이 떨어질까 염려하지 않고 마음대로 숨을 쉬거

라파엘로가 1517년에 그린 교황 레오 10
세와 그의 사촌, 줄리오 데 메디치 추기경
과 루이지 데 로시의 초상.

나 거동할 수 있게 했기 때문이다. 여행을 하면서 책을 읽다가 멀리 있는 경
치도 감상할 수 있도록 벤저민 프랭클린은 1769년대부터 다초점 안경을 만
드는 실험을 했다. 그러나 다초점 렌즈가 일반적으로 사용된 것은 1820년대
이며, 이때부터 독서용 안경과 먼 거리를 보는 안경 모두가 필요한 사람들이
안경을 바꿔 쓰지 않아도 되게 되었다.

안경이 귀하고 비싸던 몇 백 년 동안은 신분을 상징하는 물건이었지만 안
경이 비교적 싸고 흔해진 19세기에는 안경을 쓰는 것이 결정적으로 불리했
다. 특히 여자들에게는. 그래서 안경은 혼자 있을 때나 꼭 필요한 경우에만
사용했다.

오늘날 우리는 안경이 가볍다는 사실을 거의 당연시하지만 안경이 처음
나왔을 때의 문제점은 무겁다는 것이었다. 뼈, 거북껍질, 상아로 만든 관자
놀이 안경은 귀와 코를 너무 무겁게 눌러서 교정된 시력이 두통 때문에 악

화되기도 했다. 그 무게는 테가 지지하는 순유리 렌즈 때문에 더 무거워졌다. 가벼운 철사 테로 된 관자놀이 안경조차도 무거운 유리 렌즈가 끼어 있었다. 귀와 코를 쉬게 하기 위해 정기적으로 안경을 벗던 시절이 지나 하루 종일 안경을 쓰기 시작한 것은 20세기에 플라스틱 렌즈와 테가 나오면서부터였다.

선글라스 : 15세기 이전, 중국

흔히들 선글라스는 서양 사람들의 전유물인 것으로 안다. 그러나 꼭 그렇지만은 않다. 연기로 색깔을 내는 것이 안경을 검게 하는 최초의 수단이었고, 이 기술은 1430년 전에 중국에서 개발되었다. 이렇게 검게 한 렌즈는 시력 교정이나 태양 광선을 줄이기 위해 만들어진 것이 아니었다. 원래는 다른 목적으로 사용되었다.

몇 백 년 동안이나 중국의 판관들은 법정에서 눈의 표정을 가리기 위해 스모크 컬러의 수정 렌즈를 늘 썼다. 증거의 신빙성 여부에 대한 판관의 평가는 재판이 끝날 때까지 비밀로 남아 있어야 했다. 스모크 컬러의 렌즈는 선글라스 역할도 겸했지만 이것이 원래의 기능은 아니었다. 그리고 1430년 무렵에 시력 교정용 안경이 이탈리아로부터 도입되었을 때, 이 안경들도 재판정에 사용할 목적으로 검게 칠해졌다.

선글라스의 인기는 20세기의 현상이다. 선스크린 개발에 중요한 역할을 했던 사람들이 선글라스 기술 개발에도 앞장섰다.

1930년대에 육군 항공대는 바슈롬 광학회사에 의뢰하여 높은 고도의 광선으로부터 조종사들을 보호할 강력한 안경을 생산하도록 했다. 바슈롬의 물리학자와 광학자들은 스펙트럼의 황색대에서 빛을 흡수하는 특별한 흑록색 색깔을 개발했다. 그들은 또한 계속해서 비행기 계기판을 내려다보아야 하는 조종사의 눈을 최대한 보호하기 위해 약간 밑으로 쳐진 테를 고안했다. 이 선글라스는 조종사들에게 무료로 지급되었고 일반인들도 햇빛을 차단하는 레이밴 조종사 선글라스를 구입할 수 있게 되었다.

선글라스 유행을 일으킨 것은 빗과 안경을 제작하는 포스터 그랜트라는 회사의 1960년대의 성공적인 광고 덕분이다.

선글라스 시장 점유율을 높이기 위해서 이 회사에서는 멋을 강조하기로 결정했다. 이 회사에서는 '스타의 안경'이라는 광고를 도입하여 피터 셀러스, 엘크 소머, 아니타 에크베르그 등 할리우드 스타들이 선글라스를 쓴 모습을 광고했다. 잡지 광고와 텔레비전 광고에서도 '포스터 그랜트 선글라스를 쓴 저 사람 ○○○ 아닌가요?'라고 호기심을 자극했다. 곧 안경을 쓴 스타들은 실제로 어떤 회사 제품을 착용했든 상관없이 포스터 그랜트를 쓰고 있는 것처럼 생각되었다.

할리우드 스타들뿐 아니라 유명한 패션 디자이너들도 자신들의 브랜드로 1970년대의 선글라스 선풍을 일으켰다. 몇 십 년 전만 해도 전무했던 거대한 산업이 새롭게 생겨났던 것이다. 옛날 여인들이 부채 뒤에, 또는 고개숙인 파라솔 뒤에 매혹적으로 숨었듯이, 오늘날의 여인들은(그리고 남자들도) 태양 빛에 상관없이 선글라스를 쓰는 것이 매력적이라는 것을 발견하게 되었다.

 콘택트렌즈 : 1877년, 스위스

콘택트렌즈를 처음으로 제안한 사람은 이탈리아의 화가, 조각가, 건축가, 엔지니어였던 레오나르도 다빈치였다. 16세기에 쓴 『눈의 코드Code on the Eye』에서 다빈치는 끝을 납작한 렌즈로 막고, 물로 채운 짧은 튜브에다 눈을 갖다댐으로써 시력을 교정하는 광학 방법을 묘사하고 있다. 물이 눈알과 접촉하면 볼록한 렌즈처럼 빛을 굴절시킬 수 있는 것이다. 눈과 접촉할 수 있는 가장 좋은 물질이 물이라는 다빈치의 생각은 오늘날 소프트 콘택트렌즈를 만들면서 물을 많이 이용하는 데서 반영되고 있다.

눈이 매우 민감하다는 사실은 극히 부드러운 이물질만이 눈에 닿을 수 있다는 것을 의미한다. 그래서 지난 몇 백 년 동안 유리로 콘택트렌즈를 만들 수 없었다. 아무리 섬세하게 세공해도 유리는 매우 거칠었기 때문이다.

1680년대에 프랑스 광학기사들은 이 문제를 해결하기 위해 새로운 접근 방법을 시도했다. 그들은 눈알 위에 부드러운 젤라틴 보호막을 씌우고 이 위에 작은 맞춤 유리 렌즈를 덮었다. 젤라틴을 사용했다는 것은 물의 함량이 높은 매개체를 사용하려는 시도였다. 프랑스의 콘택트렌즈는 한 가지 큰 문제가 있었는데, 그것은 눈에서 자꾸 떨어져 나온다는 것이었다. 그래서 그냥 실험에 그치고 말았다.

실제로 사용할 수 있는 최초의 렌즈는 1877년에 스위스의 의사인 피크 박사가 개발했다. 이 렌즈는 하드 렌즈였으며 실제로 두꺼웠다. 특별히 편하지도 않았다. 불거나 녹여서 유리가 적절한 굴곡을 이루도록 만든 다음, 부드럽게 갈고, 각막뿐만 아니라 눈알 전체를 덮도록 깎았다. 사치를 부리는 데 모든 것을 걸 만큼 상당한 사명감이 없으면 이것을 착용하기가 매우 힘들었다. 그러나 피크의 렌즈는 빛을 굴절시키는 면을 눈에 직접 대면 시력이 대부분의 경우 완벽하게 교정될 수 있음을 보여주었다. 그리고 이것은 유리라는 이물질을 그다지 손상 없이 견뎌낼 수 있음을 증명했다.

1936년까지는 유리가 하드 렌즈의 기본 재료였다. 그해에 파르벤이라는 독일 회사가 최초의 플렉시글라스, 또는 딱딱한 플라스틱 렌즈를 소개했고 이것은 곧 안경 산업의 새로운 이정표가 되었다. 1940년대 중반에야 비로소 미국 광학기술자들이 눈의 중심부만 덮는 최초의 각막 렌즈를 성공적으로 제작했다. 이 혁신적인 기술을 통해 현대적인 콘택트렌즈 디자인의 시대가 도래했다. 그 이래로 과학자들은 인체 눈의 성분과 가능한 한 비슷한 면을 개발하기 위해서 렌즈의 물리적 화학적 성분을 계속해서 바꾸어왔다.

오늘날 좋은 렌즈를 만드는 데 높은 수분 함량보다 더 중요하게 생각되는 요인들이 있다(살아 있는 눈 세포가 숨을 쉬게 해주는 산소 투과율 같은 요인). 그러나 물을 눈에 대는 것이 편하다는 본능적인 믿음에서 많은 착용자들이 수분 함량이 80%에 이르는 렌즈를 찾고 있다(시력 교정 효과는 수분 함량이 적은 렌즈가 더 높음에도 불구하고). 100% 수분으로 이루어진 렌즈를 만든 다빈치는 눈의 민감한 표면에 닿는 물질로 물만을 사용하는 것이 갖는 심리적 매력을 간파했던 것 같다.

 ## 각성제 : 기원전 2737년 이전, 중국

종교적 의식에서 변화된 의식 상태에 도달하기 위해 옛날 사람들은 자연적으로 생기는 식물 각성제를 사용했다. 기록된 각성제 중에서 가장 오래되고 순한 각성제는 끓인 차였다. 차의 기원은 베일에 가려져 있지만 중국 고대의 삼황 중 한 명인 신농씨가 차의 자극성을 처음 발견했다고 한다. 기원전 2737년에 기록된 신농씨의 의학 일기에는 '차가 갈증을 삭일 뿐 아니라 잠자고 싶은 욕망을 감소시킨다'고 적혀 있다.

차에 들어 있는 각성제는 물론 카페인이다. 그리고 카페인은 커피의 형태로 가장 널리 쓰이고, 남용되는 각성제가 되었다. 서기 850년에 에티오피아에서 커피콩을 씹는 것의 효과를 발견하고 난 후부터 근동과 중동 사람들은 카페인에 중독되었다. 그리고 커피가 유럽과 아시아로 퍼져나가면서 그것의 각성 효과는 맛보다 더 많은 사회적, 의학적 코멘트를 이끌어냈다.

오늘날은 그야말로 카페인의 전성 시대다. 커피, 차, 초콜릿에서 자연적으로 생겨나는 것 외에도 카페인은 콜라와 약국 진열대에서 살 수 있는 많은 종류의 약에 들어 있다. 만약 당신의 약장에 아나신-3, 덱사트림, 엑세드린, 노도즈, 슬림 등이 있다면 당신은 카페인이 든 진통제와 다이어트 보조제를 가지고 있는 셈이다.

그렇다면 왜 카페인을 첨가할까? 코막힘을 뚫는 약에는 잠이 오는 성분이 있기 때문에 그것을 막기 위해 카페인이 들어 있는 것이다. 진통제에 들어 있는 카페인은 진통 효과를 높인다(아직 잘 알려지지 않은 메커니즘을 통해). 그리고 다이어트 보조제에 든 카페인은 식욕을 떨어뜨리는 효과적인 요소다. 적당히 섭취하면 안전하지만 카페인으로 죽을 수도 있다. 사람에게 치사량은 10그램, 또는 4시간 동안 100잔의 커피를 마시는 분량이다.

 ### 진정제 : 1860년대, 독일

1860년대에 독일에서 개발된 바르비투르산 진정제의 주성분은 사과와 인간의 소변이었다. 그리고 '바르비투르'라는 분류 명칭은 실험용으로 소변을 제공했던 뮌헨 출신의 바르바라라는 웨이트리스 이름을 따서 지은 것이었다. 이런 성분의 괴상한 결합은 1865년에 독일 화학자 아돌프 바이어에 의해서 행해졌다. 그가 어떻게 해서 사과의 사과산과 인간의 소변이 결합하면 졸음과 잠을 가져올 것으로 생각하게 되었는지는 역사 속에 묻히고 말았다. 그러나 대중이 재빨리 이 진정제를 수용했다는 것은 기록으로 잘 보존되어 있다. 근심을 가라앉히고 불면증을 치료하고 평온을 얻기 위해서 말이다.

바이어가 바르비투르를 발견한 시점부터 이것을 상업적으로 생산하기까지에는 40년이라는 긴 연구가 있었다. 그러나 일단 화학적 비밀이 풀리고 그 성분이 정제되자 약들이 재빨리 등장하기 시작했다. 최초의 바르비투르 수면제인 바르비탈은 1903년에 나왔고 뒤이어 페노바르비탈, 그리고 비슷한 이름의 여러 가지 수면 효과를 지닌 약들이 수십 종 나왔다. 넴뷰탈과 세코날은 '옐로 재킷'과 '네비스'라는 거리의 이름을 갖게 되었고 거대한 불법 마약 거래를 낳게 되었다.

모든 바르비투르는 뇌에 있는 신경 중추를 억제함으로써 신경을 진정시킨다. 미국에서 5,000만이 넘는 것으로 추정되는 불면증 환자들만으로도 거대한 시장이 형성되었다. 그러나 진정제는 많은 사람들에게 필요한 평온함을 주었지만 또 많은 사람들을 중독자로 만들었다.

아스피린 : 1853년, 프랑스

고대 의사들은 열이 나는 사람들에게 버드나무 껍질을 갈아 만든 약을 권했다. 오늘날 우리는 이 껍질에 아스피린과 연관이 있는 살리실 복합물이 포함되어 있음을 안다. 이것은 아스피린만큼 효과는 없으면서 위장에 불쾌감을 주고 출혈을 초래하기도 한다.

아세틸살리실산acetylsalicylic acid인 아스피린은 옛날 치료법을 인간이 변화시킨 것이며, 세계에서 가장 널리 쓰이는 소염진통제다. 이것은 1853년에 프랑스에서 처음 만들어졌으나 그 후 40년간 잊혔다가 독일의 어느 화학자가 아버지의 관절염 치료약을 찾다가 재발견했다.

알자스의 화학자 찰스 프레드릭 폰 게르하르트는 몽펠리에대학의 실험실에서 1853년 처음으로 아세틸살리신산을 합성했다. 그러나 제한된 실험밖에 해보지 못한 그는 이 약이 당시 널리 쓰이던 살리신보다 훨씬 우수한 약임을 알 수 없었다. 살리신은 장미과에 속하는 일본조팝나무와 버드나무 껍질 추출물이었다. 아스피린은 무시되었고 열, 염증, 관절염으로 고생하던 사람들은 계속 살리신을 복용했다.

1893년에 파르벤페브리켄 바이엘 제약회사에 근무하던 펠릭스 호프만이라는 젊은 독일 화학자는 아버지의 류머티즘 관절염을 치료하기 위해 알려진 약이란 약은 다 써보았다. 호프만은 합성 타입의 살리신에 대해 알게 되었고 지푸라기라도 잡는 심정으로 이 약을 아버지에게 시험해보았다. 놀랍게도 인간이 만든 파생물이 관절염 증상을 완화시키고 고통을 완전히 가라앉혔다.

바이엘 사의 화학자들은 호프만이 중요한 신약을 발견했다는 것을 알았다. 이 복합물을 일본조팝나무Spiraea ulmaria에서 추출하기로 결정한 회사에서는 아스피린이라는 상표를 'acetyl'에서 따온 'a', 라틴어 'Spiraea'에서 따온 'spir', 그리고 약품에 흔히 붙이는 접미사인 'in'을 합쳐서 만들었다.

1899년 가루로 처음 시판된 아스피린은 곧 세계에서 가장 많이 처방되는 약이 되었다. 1915년에 바이엘 사는 아스피린 정제를 내놓았다. 아스피린이라는 상표는 제1차 세계 대전이 시작할 때 독일 회사가 소유했다. 그러나 독일이 패배하자 이 상표가 연합국 측에서 요구하는 배상의 일부가 되어버렸다. 1919년 6월 베르사유 조약에서 독일은 프랑스, 영국, 미국, 러시아에 상표를 내주고 말았다.

그 후 2년 동안 제약회사들은 이름의 소유권을 두고 서로 싸웠다. 그러다가 1921년 러니드 핸드 판사는 이 약이 아스피린이라는 이름으로 널리 알려져 있으므로 어떤 제작자도 이 이름을 소유하거나 로열티를 요구할 수 없다고 판결했다. 대문자 A로 쓰던 아스피린Aspirin이 그냥 아스피린aspirin이 되었다. 그리고 아스피린이 상용되고 실험된 지 100년도 더 지난 오늘날에도 과학자들은 이 약이 어떻게 해서 진통, 해열, 소염 작용을 하는지 완전히 밝혀내지 못하고 있다.

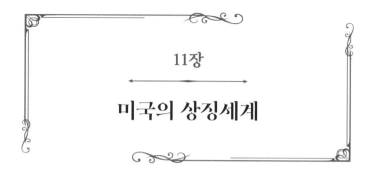

11장

미국의 상징세계

 엉클 샘 : 1810년대, 매사추세츠

엉클 샘은 실존 인물이었다. 줄무늬 바지에 실크모자를 쓰고 미국 정부와 미국인을 상징하는 엉클 샘은 정육 포장 출하업자이자 뉴욕의 정치가였다. 우연과 농담의 일치로 그는 '엉클 샘'이라는 이름으로 널리 알려지게 되었다.

엉클 샘이 실존 인물이었다는 증거는 1830년 5월 12일자 일간지의 광고란이다. 이 증거가 발견되지 않았다면 엉클 샘의 원형이 실존 인물이었다는 사실은 영원한 미스터리로 남았을 것이다.

엉클 샘의 본명은 새뮤얼 윌슨이었다. 그는 매사추세츠주 알링턴에서 1766년 9월 13일에 태어났다. 당시 알링턴시는 메노토미라는 이름으로 불리고 있었다. 8살 때 샘새뮤얼의 약칭 윌슨은 마을 민병대의 고수 역할을 담당하고 있었는데, 독립군인 폴 리비어가 영국군의 침입을 알리는 역사적인 사건이 일어났던 1775년 4월의 어느 날 아침 샘은 마침 당번 근무를 하고 있었다. 비록 '세계를 울린 총성'이 자기 동네가 아니라 인근 마을인 렉싱턴에서

울리긴 했지만 어린 샘은 영국 군인이 눈에 띄자 북을 힘껏 치면서 동네의 애국지사들에게 영국군의 침입을 알렸다. 메노토미로 진입하던 영국군의 행군은 저지당할 수밖에 없었다.

소년 시절 샘은 소년 애국지사인 존 채프먼과 절친한 친구였다. 나중에 채프먼은 조니 애플시드라는 이름으로 미국인들에게 널리 알려지게 되었다. 14살이 되자 샘은 미국 독립군에 입대하여 독립 전쟁에 참가했다. 미국이 독립을 쟁취하자 샘은 뉴욕주의 트로이라는 도시로 이사해 정육 포장 회사를 차렸다. 그는 성격이 명랑하고 사업에서도 정직했기 때문에 주위 사람들은 그를 '엉클 샘'이라는 애칭으로 불렀다.

샘 윌슨의 애칭이 전 미국으로 널리 알려지게 된 계기는 미국이 영국과 다시 교전하게 되면서부터였다.

1812년의 전쟁 기간 동안 미국 정부군은 트로이 근처에 주둔하고 있었다. 샘의 정직성을 소문으로 들은 정부군은 돼지고기와 소고기의 군납을 요청했다. 샘은 군납용 고기를 창고에 저장된 다른 고기와 구별하기 위해 거기에 미국의 약칭인 'U.S.'라는 스탬프를 찍어놓았다. 당시 이 약칭은 일반인들에게 널리 알려지지 않았던 시절이었다.

1812년 10월 1일 정부 검사관이 샘의 공장을 방문했다. 정기 검열을 하기 위해서였다. 검사관들은 고기에 찍힌 'U.S.'가 무슨 뜻이냐고 인부들에게 물었다. 그 의미를 잘 몰랐던 인부는 농담 삼아 그것은 고용인인 엉클 샘의 머리글자가 틀림없다고 대답했다. 이 잘못된 대답이 군인들 입에 오르내리게 되었다. 곧 군인들은 모든 군사 식량을 엉클 샘이 공급하는 하사품으로서 언급하게 되었고, 더 나아가 정부의 모든 공급 물자를 엉클 샘이 공급한 것으로 부르게 되었다.

엉클 샘의 삽화는 1920년 뉴잉글랜드의 한 일간지에 처음으로 등장했다.

당시 아저씨엉클 타입의 샘은 깨끗이 면도를 하고 멋진 검정 실크햇에 검정 연미복 차림이었다. 오늘날 우리가 알고 있는 엉클 샘의 모습이 차츰 골격을 갖추어가기 시작했다. 이 모두가 삽화가들의 작업 결과였다.

앤드루 잭슨의 대통령 재임 기간에 엉클 샘은 빨간 바지를 입은 모습으로 등장했다. 흘러내리는 듯한 턱수염을 가진 엉클 샘의 모습은 에이브러햄 링컨의 대통령 재임 기간에 생겨난 것이었다. 당시 유행하던 링컨 대통령의 턱수염에서 영감을 받은 것

1, 2차 세계 대전에 참전할 미군을 모집하는 데 사용된 '엉클 샘' 포스터.

이었다. 19세기 후반에 접어들면서 엉클 샘이 미국인의 이미지로 사람들의 마음에 자리 잡기 시작하자, 삽화가들은 보다 애국적인 복장을 한 샘을 그리기 시작했다. 샘의 빨간 바지에는 하얀 줄무늬가 그려지고 실크햇에도 별과 줄무늬가 아로새겨졌다. 그의 옷이 성조기 모양을 갖추게 된 것이었다.

당시 엉클 샘의 옷은 휘황찬란했다. 하지만 오늘날 기준에서 보면 그의 키는 약간 작은 편이었으며 몸은 지나치게 비대한 편이었다.

남북전쟁과 재편입 기간남북전쟁 후 남부 각 주가 합중국에 재통합되던 시기 : 1865-1877 동안 활동했던 독일 태생의 유명한 만화가인 토머스 내스트는 엉클 샘을 키가 크고 볼이 움푹 파였으며 호리호리한 모습으로 그렸다. 우연하게도 내스트가 그린 엉클 샘은 실제 인물인 윌슨의 모습과 가장 닮은 그림이었다. 하지만 내스트의 모델은 윌슨이 아니라 링컨이었다.

가장 유명한 엉클 샘 그림은 (가장 많이 복제되고 또 사람들이 가장 쉽게 그 정체를 인식하는) 20세기 예술가인 제임스 몽고메리 플래그의 작품이다. 그의 그림에서 엉클 샘은 근엄한 표정에 팔을 쭉 뻗어 손가락으로 독자를 가리키고 있다. 이것은 제1차 세계 대전 포스터에 그려진 엉클 샘의 모습으로, 그림에는 다음과 같은 설명문이 붙어 있었다. '나는 여러분이 미국 군대에 입대하기를 바랍니다.' 전쟁 기간 동안 온몸에 성조기 무늬 옷을 걸친 엉클 샘의 포스터는 400만 장 이상 팔렸고, 제2차 세계 대전 때는 50만 장 이상 팔렸다. 그러나 플래그의 엉클 샘은 실제로는 링컨의 모습을 모델로 한 그림이 아니라, 신화적인 예술가의 자화상을 그린 것이었다.

엉클 샘의 포스터가 인기 절정에 있을 때에도 사람들은 엉클 샘이 실존 인물이 아니라 신화적인 인물이라고 생각했다. 그 실존 인물의 윤곽이 드러나기 시작한 것은 1961년 초에 이르러서였다. 토머스 거슨이라는 역사학자가 뉴욕 역사학회의 문서보관실에서 1830년 5월 12일자 뉴욕의 일간지를 발견했다. 그 신문에는 당시 뉴욕시의 우체국장이었던 베일리라는 사람이 엉클 샘의 유래를 설명하는 기사가 실려 있었다. 1812년에 군인이었던 베일리는 정부의 검열관과 함께 엉클 샘의 정육 포장 회사를 직접 방문했던 인물이었다. 'U.S.'라는 머리글자가 엉클 샘을 의미한다고 인부가 대답했던 사실을 베일리는 이 기사에서 밝히고 있었다.

샘 윌슨은 어느 정도 정치적인 활동도 하다가 1854년에 88살의 나이로 세상을 떠났다. 트로이의 오크우드 공동묘지에 1931년에 세워진 비석에는 다음과 같은 비명이 적혀 있었다.

'새뮤얼 윌슨의 애칭인 '엉클 샘'을 기억하면서.'

샘 윌슨과 엉클 샘의 관계에 대한 공적인 조사가 존 F. 케네디 대통령의 재임 기간 동안에 진행되었고, 그 결과 87회 국회는 다음과 같은 내용을 공식 발표했다.

'국회는 뉴욕주 트로이의 '엉클 샘' 윌슨이 미국의 국가적인 상징인 '엉클 샘'의 시조임을 공식적으로 선포한다.'

아마도 우연의 일치였겠지만 케네디 대통령은 샘 윌슨이 사용했던 표현 하나를 거의 그대로 사용했던 적이 있다. 1812년 전쟁 전야에 윌슨은 일장의 연설을 하면서 미국이 위대한 국가로 부상하기 위하여 미국인들이 우선적으로 수행해야 할 목표를 제시했다.

'우리가 국가로부터 무엇인가를 언제나 얻으려 하기 이전에 우리 모두 국가에 무엇인가를 조금 더 주도록 노력해야 합니다.'

윌슨의 문장은 케네디 대통령의 대통령 취임식 연설에서 보다 웅변적으로 다듬어져서 표현되었다.

'미국이 여러분을 위해 무엇을 해줄 것인가를 묻지 마십시오. 대신 여러분이 나라를 위해서 무엇을 할 수 있는가를 물으십시오.'

 성조기 : 1777년 이후, 뉴잉글랜드

성조기를 보면 애국심이 고양되고 조국을 향한 헌신감이 불타오르기 때문에, 수많은 별이 반짝이는 미국의 국기가 극적인 순간에 눈부시게 탄생한 것은 아니라는 사실을 미국 사람들이 언뜻 수긍하기는 어려울 것이다.

미국이라는 국가의 탄생과 마찬가지로 성조기의 탄생도 그 출발점은 보잘것없었고, 많은 사람들의 노력과 우여곡절을 거쳐 현재의 형태를 갖추게 되었다. 아마도 벳시 로스는 성조기와 아무런 관계가 없는지도 모른다. 최근의 역사적인 증거에 따르면 그녀가 성조기를 창안해냈다는 주장은 전혀 근거가 없는 듯이 보인다. 비록 역사 교과서는 그녀가 성조기를 만든 것으로 서술하고 있지만 말이다. 현재로서는 누가 성조기의 창안자인지에 또 언제 어디에서 성조기의 별과 줄무늬가 생겨난 것인지에 대한 확실한 지식이 전무한 실정이다.

그렇다면 미군이 거수경례하고 수백 만의 어린 학생들이 충성을 서약하며 대다수의 미국 시민들이 독립기념일에 문 앞에 자랑스럽게 걸어놓는 성조기의 기원에 대해서 알려진 사실은 전혀 없다는 말인가.

1776년 새해에 조지 워싱턴 장군이 보스턴 외곽에 주둔하면서 임시변통으로 '위대한 연방기'를 만들어 그의 막사 앞에 매달았다는 것은 잘 알려진 사실이다. 이것은 미국과 영국의 상징을 결합한 국기로서, 윗부분에는 영국의 전통적인 상징이었던 두 개의 십자가(하나는 영국의 성 조지의 십자가, 나머지 하나는 스코틀랜드의 성 안드레아의 십자가)가 그려져 있었다. 하지만 위대한 연방기의 나머지 부분에는 당시 미국 식민지의 숫자를 상징하는 13개의 빨간색과 흰색 줄무늬가 그려져 있었다. 워싱턴 장군을 포함해서 당시 전쟁에 임했던 식민지 군인들은 모두 자신들이 영국 황실의 신하라고 믿고 있던 시기였다. 때문에 임시변통으로 만든 국기에서도 영국에 대한 충성이 어느 정도 반영되어 있었다.

완전히 미국적인 성조기에 대해서 알려진 가장 최초의 증거로는 1777년 6월 14일에 열린 대륙회의독립 전후에 필라델피아에서 두 번 열린 각 주 대표자 회의의 결정이 있다. 당시 성조기에는 빨강과 하양이 교차하는 13개의 줄과 파랑 바탕에 13개의 별이 새겨져 있었다. 이 대표자 회의는 미국 국기 문제 말고도 해결해야 할 문제가 산더미처럼 많았기 때문에 국기의 크기나 세부 사항에 대해 최종적인 결정을 내리지는 않았다. 워싱턴 장군의 군대조차 대부분의 주요 전투가 막을 내린 1783년에 이르러서야 국기를 소유할 수 있었다.

독립전쟁 기간 동안 미국 육군과 해군은 다양한 깃발을 내걸고 싸웠다. 지역이나 주의 다채로운 깃발이 뒤섞여 휘날렸던 것이다. 이들 깃발에는 소나무, 야자수, 방울뱀, 독수리, 빨강과 파랑의 줄무늬, 금빛 별 등 다양한 무늬가 아로새겨져 있었다.

대륙회의의 공식적인 의결이 있은 지 거의 40년 뒤인 1814년에야 미국 시민들은 성조기를 미국의 상징으로 생각하고, 이에 대해 활발하게 논의하게 되었다. 바로 그해에 15개의 별이 새겨진 성조기가 볼티모어의 포트 헨리 위에 나부끼고 있었다. 여기서 영감을 받아 프랜시스 스콧 키는 미국 국가를 작사했다.

그렇다면 어떻게 해서 미국의 성조기가 필라델피아의 여자 재봉사 벳시 로스의 작품으로 사람들에게 알려지게 되었을까?

벳시 로스　실내 장식업자인 존 로스가 1776년 탄약 폭발 사고로 사망하지 그의 아내 벳시 로스는 남편의 재봉업을 스스로 꾸려나갔다. 로스 가게는 워싱턴 장군의 관저와 인접한 필라델피아 거리에 있었다. 그래서 근처의 주민들은 국가적으로 중요한 행사나 사건을 거의 매일 목격할 수가 있었다.

전하는 이야기에 따르면, 1776년 6월의 어느 날 워싱턴 장군이 벳시 로스의 가게를 찾아왔다. 장군과 벳시는 국기 디자인에 대한 대화를 나눈 다음, 장군은 일곱 개의 빨간 줄무늬와 여섯 개의 하얀 줄무늬에 원형으로 배열된 열세 개의 하얀 별이 그려진 국기를 사용하기로 작정했다. 원래 장군은 별을 도안하는 데 여섯 개의 꼭짓점을 붙이고자 했다. 하지만 벳시는 여섯 개의 꼭짓점을 가진 별을 만드는 것은 다섯 개의 꼭짓점을 가진 별을 만드는 것보다 훨씬 어렵다고 말함으로써 장군이 다섯 개 꼭짓점의 별을 선택하도록 설득했다. 벳시의 가게를 빠져나오는 워싱턴 장군의 모습을 지켜본 사람들은 벳시가 미국의 국기를 직접 만들었다고 생각하게 되었던 것 같다.

하지만 역사가들의 설명에 따르면 독립전쟁 당시 휘날렸던 다양한 국기의 어느 하나도 벳시가 도안했던 것으로 믿어지는 디자인을 하고 있지는 않았다.

또한 역사 교과서에 실린 벳시와 성조기 이야기는 벳시가 1836년 임종의 자리에서 당시 11살이었던 손자 윌리엄 캔비에게 했던 말을 아무런 확증도 없이 그대로 옮긴 것에 불과하다. 당시 벳시는 84살이었고, 또 캔비가 할머니의 이야기를 공식적으로 발표한 것은 1870년 펜실베이니아 역사학회 회의에서였다. 소년이었을 때 들었던 이야기를 34년이 지난 후에서야 역사가들에게 진술했던 것이다. 워싱턴 장군과 벳시의 만남(사실인지 허구인지도 밝혀지지 않은)이 있은 후 거의 1세기가 지난 후에야 그 만남에 대한 이야기가 공식화되었던 것이다.

역사적인 기록에 따르면 워싱턴 장군이 1776년 6월에 필라델피아에 머물렀던 것은 사실이다. 그러나 당시 그의 일정표에는 이 지역의 재봉사를 만났다는 기록은 찾아볼 수 없다. 그의 일기에도 미국 국기의 디자인에 관한 언급이 없다. 당시는 주대표 회의가 공식적인 미국 국기에 대한 결정을 내리기 훨씬 이전이었고, '위대한 연방기'를 대체하려는 아무런 공식적인 움직임도 없었던 시절이었다. 영국 국기에 미국의 특징을 가미함으로써 임시적인 미국 국기를 만든 것은 워싱턴이었고, 그는 새로운 국기를 고안할 생각이 없었다.

벳시와 성조기의 관계를 연구한 역사가들의 공통된 의견은 벳시의 전설은 허구에 불과하다는 것이다.

시간이 지나면서 사실과 전설이 뒤섞일 수도 있다. 임종 때 했다는 말은 미국인의 마음속에 너무 깊이 뿌리 박혀 있어서 그것이 허구일지라도 쉽게 잊히지 않고 후대로 계속 전해내려갈 것이 틀림없다.

워싱턴 D. C. : 1790년

워싱턴 D. C.가 미국 수도가 된 과정에 대한 많은 자료가 있지만, 당시 늪 지였던 지역이 정부의 중심지로 선택된 이유는 잘 알려져 있지 않다. 그 부분적인 이유 중 하나는 아마도 불만에 찬 시민이나 군인의 방해를 받지 않고 국회의원들이 평화롭게 국정을 논의하기에 최적의 장소가 워싱턴 D. C. 아니었을까 하는 것이다.

수도를 교통이 불편한 외딴 곳으로 정하려는 계획이 처음 공식화된 것은 1783년 6월에 필라델피아의 옛 정부 종합 청사에서 국회가 소집되었을 때였다. 물론 이런 결정을 내리기까지 많은 이유가 있었지만, 그중에 특히 한 가지 이유가 가장 결정적인 요인이 되었다.

당시는 독립전쟁 직후였으며 국가 재정도 바닥난 상태였다. 독립을 쟁취하기는 했지만 신생 국가인 미국은 참전 군인들에게 월급도 제대로 주지 못했을 뿐만 아니라 나라를 대표할 대통령도 없었다. 그해 6월 20일에는 월급을 못 받은 군인들이 떼를 지어 필라델피아로 몰려와 국회에 불만을 토로했다. 군인들의 이런 시위는 그전에도 여러 번 있었지만, 그날 매우 당황하고 분노한 국회의원들은 대중들이 이렇게 함부로 국사를 방해하면 안 된다는 의견을 나누었다. 국회의원들은 불만에 찬 대중의 방해를 받지 않고 국사를 논할 수 있는 외딴 곳으로 수도를 옮기는 것이 좋겠다고 결정했다.

여러 후보지가 물색되었다. 뉴욕의 알렉산더 해밀턴이 이끄는 뉴잉글랜드 국회의원들은 수도를 북부로 정하자고 주장했다. 버지니아의 토머스 제퍼슨이 이끄는 남부의 국회의원들은 수도를 남부로 정하기를 원했다. 당시 새로 선출된 워싱턴 대통령은 이 두 주장의 절충안으로 남부와 북부의 중앙 지점으로 하자는 의견을 내놓았다. 이 중앙 지점이란 그의 고향인 버논산에서 포토맥강을 따라 18마일 올라간 지점으로 번창하는 해안도시인 알렉산드리아와 버지니아, 조지타운, 메릴랜드 사이에 위치해 있었다. 워싱턴 대통령의 의견에 반대한 사람은 없었다. 그러나 문제는 후보지가 늪지라는 점이었다.

여러 해에 걸친 계획 과정을 거쳐서 1793년 10월에 워싱턴 대통령은 새로운 미국 수도의 정초식을 거행했다. 1800년이 채 되기 이전에 미국 정부는 본부를 필라델피아에서 워싱턴으로 옮겼다.

이 새로운 도시에 만족한 사람은 아무도 없었다.

국회의원들은 수도가 너무나 외진 곳, 황무지에 있다고 불평했다. 정부 관료들과 국회의원들은 워싱턴 D. C.로 이사 오기를 꺼렸다. 국가의 수도를 보다 살기 편하고 보다 유명한 장소로 다시 정해야 한다고 주장하는 시민들도 있었다. 처음에 워싱턴 대통령이 '매우 외진 도시'라는 이유로 선택했던 장소를 이제 국회의원들은 '비참한 헛간의 도시'나 '진창의 저지'라는 이유로 비난하기 시작했다. 새 대통령 관저에 처음으로 입주했던 애덤스 대통령 부인은 다른 곳으로 이사하고 싶어 했다. '너무나 불편하다'고 하소연하면서 말이다.

토머스 대통령의 임기가 끝나가던 1809년 당시 수도의 인구는 겨우 5,000명이었다. 외국 관료들에게 미국의 수도는 악몽이었다. 문화 시설이 전무한 데다 생활도 더할 나위 없이 불편하고 포토맥강 강물이 시시때때로 범람하여 거리를 진흙탕으로 만들었기 때문에 외국 대사들은 자국으로부터 특별 수당까지 받았다.

증기기관차가 들어오고 전화가 설치되면서 사람들의 불평은 약간 수그러 들었다. 기관차와 전화는 바깥의 다른 세계와 수도를 연결해주는 역할을 했던 것이다. 하지만 새로운 수도에 대한 시민들과 정부 관료의 태도가 완전히 바뀐 것은 국가적인 비극이 계기가 되면서였다.

1814년 8월 영국군은 미국의 수도를 공격했다. 영국군은 대통령 관저와 국회의사당, 해군 병기창을 태워버렸다. 당연히 미국인들은 분개했다. 수도를 파괴한 영국군에 대한 한결같은 분노로 미국인들은 굳게 단결했다. 불타버린 수도가 살기 불편하고 접근성이 나쁘다는 과거의 모든 불만들은 더 이상 문제가 되지 않았다. 정부의 수도를 다시 정하자는 여론은 단숨에 수그러들었다. 대신 파괴된 수도를 복구하려는 애국심이 국민들 마음에서 솟아올랐다. 제퍼슨 대통령은 소실된 국회도서관의 장서를 보충하기 위해 애지중지하던 책들을 도서관에 기증했다. 새까맣게 불에 그은 대통령 관저의 나무 기둥은 빛나는 하얀 색으로 칠해졌다. 그래서 대통령 관저는 오늘날까지 백악관으로 불리고 있다.

뉴욕 센트럴파크를 입안했던 프레드릭 로 옴스테드는 1874년 국회의사당을 조경하기 시작했다. 미국의 다른 주와 외국에서 들여온 수많은 수목이 의사당 정원을 장식하기 시작했다. 이런 미국 정부의 조경 사업에 경의를 표하기 위하여 일본 정부는 1912년에 벚나무 3,000그루를 미국에 기증했다. 이를 계기로 워싱턴 D. C.에서는 매년 정기적으로 벚꽃 축제가 열리게 되었다. 한때 시민들의 접근을 막기 위해 선택되었던 외딴 도시 워싱턴 D. C.는 이제 로비스트들이 몰려드는 혼잡한 장소가 되어버렸다.

마운트 러시모어 : 1923년, 사우스다코타

원래 마운트 러시모어에 조각하려고 했던 얼굴은 유명한 네 명의 대통령의 인자한 얼굴이 아니라 키트 카슨, 짐 브리저, 그리고 존 콜터라는 서부의 전설적인 세 인물의 낭만적인 얼굴이었다. 사우스다코타 경제를 살리기 위해 자금을 끌어들일 관광명소로 계획되었던 이 기념비는 원래대로 만들어졌다면 그 목적을 거의 달성하지 못했을 것이다.

마운트 러시모어의 기원에 관한 이야기는 지하 깊숙한 곳에서의 압력으로 암반이 밀려올라왔던 6,000만 년 전으로 거슬러 올라간다. 그 압력으로 인해 기다란 모양의 화강암과 석회암으로 이루어진 둥근 지붕 모양의 바위가 다코타의 초원지대에 수천 피트 높이로 치솟았다. 이 산을 처음으로 조각한 것은 자연이었다. 바람과 비의 침식작용으로 특별히 돌출한 봉우리가 만들어졌는데 1885년까지는 아무 이름도 붙여지지 않았다.

뉴욕에 살던 변호사 찰스 러시모어는 1885년에 가이드와 함께 말을 타고 산맥을 돌아보고 있었다. 러시모어는 인상적인 봉우리의 이름을 물었고 가이드는 도시에서 온 변호사의 옆구리를 찌르면서 대답했다. '젠장, 이름이 없어요. 하지만 지금부터 저걸 러시모어라고 부르기로 하죠.' 이 이름은 그대로 정해지고 말았다. 그리고 찰스 러시모어는 5,000달러를 기부하면서 대통령 기념비에 최초로 기부한 사람 중 한 명이 되었다.

조각에 대한 유래는 산 이름에 관한 유래보다 기록도 더 잘 남아 있고 더 재미있다.

거대한 산꼭대기를 인간의 얼굴로 된 거상으로 만들 생각을 한 사람은 사우스다코타의 역사가 도언 로빈슨이었다. 1923년에 로빈슨은 사우스다코타의 관광을 진흥시키고 경제를 강화하며 세 명의 '낭만적인 서부 영웅들'을 영원히 기념할 수 있는 일석삼조의 계획을 주에 제출했다. 위원회에서는 유명한 조각가이며 거상 조각의 권위자인 거츤 보글럼에게 조각을 의뢰했다.

아이다호 출신의 보글럼은 화가로 출발했다가 조각으로 전향한 사람이 었으며 그의 명성은 조각의 크기에 비례해서 증가했다. 도언 로빈슨이 마운트 러시모어 기념비를 구상했던 그해에 보글럼은 조지아주의 스토운 마운틴에 로버트 리 장군의 두상을 조각해달라는 남부여성연합회의 요청을 수락했다.

그러나 마운트 러시모어가 더 큰 도전으로 그를 손짓하고 있었다.

보글럼은 서부 영웅들을 조각하려는 의견에 반대했다. 그는 그 아이디어가 너무 특정 지역에 국한된 생각이라고 주장했다. 거상에는 유명 인사를 조각해야 한다는 것이다. 1925년 8월 14일자 편지에서 보글럼은 네 명의 영향력 있는 미국 대통령의 얼굴을 조각하자고 제안했다.

황야에 솟아 있는 6,200피트의 산봉우리에 조각을 하는 것은 수많은 위험을 안고 있었다. 그리고 산은 도보나 말을 타고 올라가야 했고, 따라서 드릴과 발판을 운반하기 위해 수없이 산을 오르내려야 했다. 그러나 보글럼은 두 가지 특징 때문에 한적한 러시모어가 오히려 이상적인 장소가 될 것으로 생각했다. 바위는 남동쪽을 향하고 있어서 조각을 할 때뿐만 아니라 나중에 감상을 위해서도 최대한의 햇빛을 확보해주었다. 그리고 산꼭대기에 오르기 어렵기 때문에 기념비가 사람들에 의해 훼손되는 것도 막을 수 있었다.

혹독한 겨울 날씨에다 만성적인 자금 부족까지 겹쳐 툭하면 건설이 중단될 위기를 겪었다. 조각하기에 적합한 단단한 암석을 드러내기 위해 마모된 바위 표면은 폭파시켜 없애야 했다. 예를 들어 조지 워싱턴의 턱은 원래의 산 표면에서 9미터 들어간 곳에서 시작되었고, 시어도어 루스벨트의 이마는 바위 표면을 36미터나 깨낸 다음에야 착수될 수 있었다.

보글럼은 실물 모델을 이용하여 작업을 했다. 중요한 '포인트'를 모델에서 측정한 후 이것을 산에다 그대로 옮겨 포인트마다 제거해야 할 바위의 깊이를 표시했다.

조각이 시작된 지 14년이 되던 1941년에 총공사비 99만 달러가 들어간 새로운 불가사의가 세상에 선보였다. '국부'였기 때문에 보글럼이 선정했던 조지 워싱턴과 '연방의 보존자'였던 에이브러햄 링컨, '확장주의자' 토머스 제퍼슨, 그 보호자 시어도어 루스벨트의 모습이 모습을 드러낸 것이다.

조각의 크기는 턱부터 머리끝까지가 18미터다. 코는 길이가 6미터이고 입은 넓이가 5.5미터이며, 눈과 눈 사이의 간격은 3.3미터다. '기념비의 크기는 기념되는 사건이 문명에 공헌한 중요성에 의해 결정되어야 한다'는 것이 보글럼의 생각이었다.

보글럼은 1941년 3월 6일 74살의 나이로 사망했다. 기념비는 실제적으로는 완성된 것이나 다름없었다. 역시 조각가였던 그의 아들이 마지막 마무리를 했다.

보이 스카우트 : 1910년, 시카고

한 소년의 선행이 계기가 되어 시카고의 부유한 사업가가 미국의 보이 스카우트를 창설하게 되었다. 이 소년은 당시 스카우트 단원이었다. 로버트 베이든 파월 대령이 설립한 단체의 일원이었던 것이다. 사실상 '항상 준비하라 Be Prepared'라는 스카우트의 표어는 우연하게도 베이든 파월 이름의 첫 글자와 일치하는 표어이기도 했다. 다른 사람들은 아무도 이 점에 주목하지 않았기 때문에 대령은 스스로 이 점을 자랑스럽게 언급하곤 했다.

보어 전쟁에 참전했던 베이든 파월은 영국의 젊은 신병들이 정신적으로도 강하지 못하고 지략도 없음을 알았다. 귀국하자마자 그는 22명의 소년을 모집하여 국가에 대한 충성심과 용기 및 지도자 정신을 주입시켰다. 그리고

1908년에는 「보이 스카우트Scouting for Boys」라는 소책자를 펴내기 시작했다. 이것이 공식적인 영국 보이 스카우트의 출발점이 된다.

당시 영국은 정치사회적으로 매우 혼란하여 스카우트의 활동이 절실했던 시대였다. 영국인들은 기울어가는 국력과 식민지 지배력의 약화를 안타까워했고, 도시 인구 대부분이 신체적으로 강건하지 못하다는 사실을 우려하고 있었다. 그래서 청소년을 국가에 충성하고 지략을 갖추며 법을 준수하는 시민으로 교육시킨다는 스카우트 이념은 국민들의 절대적인 지지를 받았다.

영국의 스카우트가 창설된 지 1년이 지난 어느 날, 영국을 방문 중이던 시카고의 출판업자 윌리엄 보이스는 밤거리에서 길을 잃었다. 그를 도와준 소년은 단지 자신이 '보이 스카우트'의 일원이라는 사실만 밝혔다. 물론 보이스는 예의 바른 소년의 태도와 친절한 도움에 깊은 감명을 받았다. 그의 팁을 정중하게 거절한 소년의 태도 역시 무척 인상적이었다. 보이스는 감사의 팁을 마다하는 청소년을 미국에서 만난 적이 없다고 나중에 자주 회상하곤 했다. 아무튼 깊은 감명을 받은 보이스는 창설자인 베이든 파월을 만났다.

영국의 보이 스카우트 제도를 모델로 하여 1910년 2월 10일 보이스는 미국의 보이 스카우트를 창설했다. 수많은 부모와 교육자, 청소년들이 스카우트에 가담했다. 대성공이었다. 몇 개월 후에 이들 스카우트는 '명예' 선서를 하고, 공훈 배지 득점표와 스카우트법을 받아들였다. 1915년에는 미국 각 주에서 50만 명 이상의 보이 스카우트가 활발하게 활동하게 됐다.

미국 대통령도 처음부터 스카우트 활동에 관여했다. 모든 대통령이 자동적으로 명예 스카우트가 되는 전통을 처음 수립한 것은 윌리엄 태프트 대통령이었다. 한 발짝 더 나아가 시어도어 루스벨트 대통령은 임기 후에도 뉴욕의 오이스터베이 보이 스카우트 단장으로 활동하기까지 했다.

모든 대통령이 스카우트 단원이었던 반면, 스카우트 단원이 나중에 대통령이 되기도 했다. 대통령으로 처음 선출된 보이 스카우트는 뉴욕 브룩스빌 보이 스카우트단의 단원으로 1929년에서 1931년까지 스카우트 활동을 했다. 그의 이름은 존 F. 케네디였다.

1920년 후반에 접어들자 스카우트에 대한 국민들의 관심과 호응도는 전국적으로 확산되어, 자기 아이들이 스카우트 대원이 되지 못할까봐 걱정하는 부모들까지 생기게 되었다. 이런 부모들의 염려를 덜어주기 위해 1930년대 초기에는 어린 스카우트 프로그램이 전개되었다. 그해 말에 스카우트 단원의 숫자는 84만 7,051명이었다. 그리고 그 숫자는 계속해서 폭발적으로 증가하고 있었다.

걸 스카우트 : 1912년, 조지아주 서배너

1860년 서배너에서 태어난 걸 스카우트의 창설자 줄리엣 고든 로는 어려서부터 뛰어난 지도력을 발휘했다. 10대 때 이미 자선 클럽을 조직하여 가난한 어린이의 옷을 만들거나 수선하는 자선 활동을 벌였다. 26살에 부유한 영국인 윌리엄 맥케이 로와 결혼한 그녀는 남편과 함께 영국에 거주했다. 점점 귀가 어두워지는 신체적 결함에도 불구하고 줄리엣은 런던에서 많은 파티를 주선하여 열곤 했다.

한 연회석상에서 줄리엣은 베이든 파월 대령을 만났다. 대령의 스카우트 활동에 대한 열정이 그녀를 깊이 감화시켰음이 틀림없다. 3년 전에는 윌리엄 보이스로 하여금 미국에서 보이 스카우트를 결성하도록 감화시키지 않았던가. 최근에 대령은 자신의 누이에게 보이 스카우트에 상응하는 영국 여자 가이드를 결성하도록 설득하고 있는 중이었다. 당시 파티에 누이와 함께 참석했던 베이든 파월은 줄리엣에게도 스카우트의 중요성과 필요성을 역설했다. 베이든 파월의 감화력은 즉시 열매를 맺기 시작했다. 그와 만난 지 3주가 채 지나지 않아 줄리엣은 런던 여자 가이드의 리더가 되었기 때문이다. 그다음 해에 그녀는 자신의 고향인 조지아주 서배너에 여자 스카우트 활동을 전파했다. 1912년 3월 12일에 주변 학교에서 선발된 18명의 소녀들이 미국 최초의 여자 가이드 단원이 되었다. 그다음 해에는 여자 가이드라는 명칭이 걸 스카우트로 바뀌었다.

줄리엣이 사망한 1927년 1월 17일에는 미국 전역에서 14만 명의 걸 스카우트 단원이 활발하게 활동하고 있었다. 미국 대통령 부인이 자동적으로 걸 스카우트의 명예 단원이 되는 전통도 당시에 확립되었다.

 ## 양키 두들 : 1750년, 영국

> 양키 두들이 마을에 왔네 / 말을 타고서.
> 모자에 깃털을 꽂고는 / 그것을 마카로니라고 불렀다네.

오늘날 이 노래는 짤막한 부수음악으로 연주되거나 아이들의 동요로 불리곤 한다. 하지만 18세기에 '양키 두들'은 미국인의 애국심을 고양시키는 국민시로서 군악대가 연주하는 음악이었다. 영국인이 식민지 사람들을 조소하기 위해 노래를 만들었는데도 불구하고 말이다. 사실은 미국 독립전쟁이 발발하기 이전에 런던 시민들이 반反미국적 감정을 읊은 노래가 바로 '양키 두들'이었다.

음악학자와 역사학자들은 '양키 두들'의 유래와 의미를 발견하기 위하여 많은 노력을 기울였다. 영국 군인들이 그들의 말쑥하고 멋진 유니폼을 자랑스러워했음은 널리 알려진 사실이다. 영국 군인에 비한다면 통일된 군복조차 없었던 식민지 군인들의 복장은 그야말로 형편없었다. 초기의 '양키 두들' 가사에는 이런 식민지 군인의 누더기 같은 복장을 빈정대는 가사가 담겨 있었다. 후기의 가사에도 나타난 '마카로니macaroni'라는 단어는 이 점을 어느 정도 반영하고 있다.

18세기 영국에서 '마카로니'라는 단어는 프랑스나 이탈리아풍 매너와 패션을 흉내내는 영국의 멋쟁이를 풍자하는 용어로 널리 쓰였다. 즉, 당시 영국의 유행으로 본다면 너무나 격에 어울리지 않은 복장을 하고 있음에도 불구하고 '마카로니'는 자신이 멋지게 차려입었다고 생각한다는 것이다. 마찬가지로 양키 두들의 원형이라 할 수 있는 '마카로니'는 모자에 깃털을 꽂고는 스스로 유행의 첨단을 걷는다고 자랑스러워한다는 것이다. 실제로는 그 모습이 너무나 우스꽝스러운데도 불구하고 말이다. 이처럼 '양키 두들' 노래를 부르면서 영국 군인들은 뉴잉글랜드의 촌뜨기를 비웃을 수 있었다.

노래의 작곡자에 대해서는 여러 의견이 있다. 많은 역사학자들은 1758년 무렵에 리처드 슉버그라는 영국 의사가 이 노래를 작사 작곡했다고 믿고 있다. 반면 미국에 주둔한 영국의 병사들이 즉흥적으로 작사 작곡한 후, 이것을 영국에 퍼뜨렸다고 주장하는 역사가들도 있다.

그 작곡 작사가가 누구이건 미국인들은 그 노래의 풍자적인 내용에는 전혀 주목하지 않았다. 노래의 멜로디에 애착을 갖게 된 미국인들은 계속해서 가사를 개조하고 노래를 즐겨 불렀다. 가사는 계속 개조되었지만 '마카로니'라는 단어는 그대로 남아 있었다. 1767년 4월에는 그 멜로디가 앤드루 바턴이 작곡한 미국의 희가곡 『좌절, 또는 고지식한 힘The Disappointment: or, The Force of Credulity』의 주요 테마로 등장했다. 독립전쟁이 끝날 무렵 워싱턴 장군의 군대는 모멸적이었던 노래를 축전 음악으로 연주하기 시작했다. 영국이 요크타운에서 항복했을 때 워싱턴 장군의 군악대는 '양키 두들'을 연주함으로써 항복한 영국의 콘월리스 경과 그의 부하들의 굴욕감을 자극했다. 바로 이런 정서, 즉 '누가 나중에 이기는지 두고보자'라는 국민 정서가 '양키 두들'에 반영되어 있었기 때문에 미국인들은 오랫동안 국민적인 자부심을 느끼면서 이 노래를 애창할 수 있었다.

 ### 미국 국가 : 1814년, 볼티모어

영국으로부터의 독립을 쟁취한 지 38년이 지나서야 미국은 비로소 국가를 갖게 되었다. 하지만 그 미국 국가의 멜로디가 영국인들이 술과 사랑의 즐거움을 환호하는 노래에서 유래했다는 사실은 아이러니하다. 물론 미국 국가의 가사는 법률가이며 시인이었던 프랜시스 스콧 키가 작사했다. 그러나 그는 '하늘에 있는 아나크레온'이라는 노래의 멜로디를 염두에 두고 가사를 작사했다. 아나크레온은 기원전 6세기 무렵의 그리스 시인으로, 술과 사랑을 찬양하는 시를 많이 지었다.

그렇다면 애국지사인 프랜시스 스콧 키는 왜 영국의 멜로디에 국가의 가사를 붙인 것일까?

당시에 '하늘에 있는 아나크레온'은 영국인과 미국인이 가장 즐겨 부르던 노래였다. 이 멜로디에 붙여진 시의 종류도 85가지나 되었다. 심지어 키 자신마저도 '미국 국가'를 작사하기 9년 전에 똑같은 멜로디에 '전사가 귀국할 때'라는 시를 붙이기도 했었다. 다른 누구보다 키 자신이 이 노래의 인기와 멜로디를 잘 알고 있었다.

1812년의 전쟁 당시 30대였던 키는 워싱턴의 법률가로 활동하고 있었다. 잠시 휴전이 되었을 때 키는 포로가 된 미국의 한 의사를 석방시키기 위해 영국 배를 타고 체서피크만으로 향했다. 석방을 위한 회담이 끝났을 때는 전쟁이 다시 시작되고 있었다. 그리고 영국의 전함이 볼티모어시를 방어하는 맥헨리항을 포격하고 있었다.

키는 전투 장면을 생생하게 목격했다. 포격이 있은 다음 날 아침 여전히 맥헨리항에서 나부끼는 미국 국기를 보고 키는 감격했다. 이 휘날리는 국기의 모습에 감격하고 그 전날인 1814년 9월 13일 밤의 포격 소리를 생생히 상기하면서 키는 시를 짓기 시작했다. 「맥헨리항의 방어」라는 제목의 시는 그 다음 주에 출판되었다.

시를 읽은 미국인들은 키의 제안('하늘에 있는 아나크레온'의 멜로디에 따라 가사를 불러야 한다는)에 따라 이것을 미국 국가로 생각하기 시작했다. 하지만 이 노래가 미국 정부에 의해 공식 국가로 채택된 것은 1931년 3월 3일에 이르러서였다. 당시 후버 대통령이 이것을 국가로 공포했던 것이다. 프랜시스 스콧 키에게 영감을 주어 미국 국가를 작사하게 했던 맥헨리항의 국기는 현재 스미소니언박물관에 보관되어 있다.

 웨스트포인트 육군사관학교 : 1802년, 뉴욕

웨스트포인트 육군사관학교의 기원은 식민지 개척자들이 허드슨강, 특히 웨스트포인트라고 알려진 지역의 강둑을 따라 S자 모양으로 휘어진 부분의 전략적 중요성을 알게 되었던 독립전쟁으로 거슬러 올라간다.

허드슨강을 통제하는 것은 뉴잉글랜드와 다른 지역을 연결하는 대동맥을 관장하는 것과 같았다. 워싱턴 장군의 군대는 강의 S자형의 굴곡에 있는 고지를 점령하면서 이곳을 통제하게 되었다. 워싱턴은 그해에 웨스트포인트 마을을 요새화하고 1779년에는 이곳에 본부를 창설했다.

전쟁 기간 동안 워싱턴은 분쟁이 발생할 때마다 민간인들을 급히 징집해서 훈련시켜서는 미국의 자유를 쟁취할 수 없다는 것을 깨달았다. 미국에는 직업 군인이 필요했던 것이다. 1783년 전쟁이 끝나자 그는 군사 기술과 전쟁

과학만을 가르치는 교육기관의 창설을 역설했다.

그러나 승리가 자아내는 자만심의 분위기 속에서 즉각적인 조치는 취해지지 않았다. 뉴욕주의 웨스트포인트에 미육군사관학교를 설립하려는 법안을 1802년에 서명한 사람은 3대 대통령인 토머스 제퍼슨이었다. 그해 독립기념일에 겨우 10명의 생도로 육사는 문을 열었다. 결코 빠른 것이 아니었다.

어느 누구의 예상보다 빨리 전쟁이 다시 발발했다. 1812년의 전쟁은 훈련된 장교의 절박한 필요성에 대해 다시 관심을 집중시켰다. 당시 대통령이던 제임스 매디슨은 생도 규모를 250명으로 늘렸고 교과과목도 확충하여 일반 과학과 공학 과목도 포함되게 했다.

사관학교는 다음 분쟁인 1861년의 남북전쟁에 대비했다. 비극적인 것은, 그리고 아이러니한 것은 미국을 방어하도록 웨스트포인트에서 함께 훈련받은 장교들이 서로를 적으로 삼아 싸우게 되었다는 것이다. 남북전쟁 기간 동안에 그랜트, 셔먼, 셰리던, 미드, 리, 잭슨, 제퍼슨 데이비스 등의 웨스트포인트 졸업생들은 남군과 북군 양쪽에서 싸웠다. 웨스트포인트 출신들은 60개의 중요한 전투 가운데 55개의 전투를 양쪽에서 지휘했다. 남북전쟁은 나라 전체로 봐서도 큰 비극이었지만 특히 육사에게는 씻을 수 없는 상처를 남겼다.

20세기에 와서 육사는 세 가지 중요한 영역에서 변화를 겪었다. 1902년에 개교 100주년이 지난 후 커리큘럼이 확충되어 영어, 외국어, 역사, 사회과학이 포함되었다. 그리고 제2차 세계 대전 후에는 현대 전쟁의 극심한 육체적 요구에 부응하여 육체적 단련에 집중했고 '모든 생도를 운동선수로' 만들 목표를 세웠다. 아마 육사 역사상 가장 큰 변화는 1976년에 여성을 생도로 받아들인 일이었을 것이다.

남북전쟁의 요새 시절부터 허드슨강의 S자 굴곡 지역은 군사와 학문적

우수성의 요람이었다. 이는 워싱턴 장군이 의도했던 것 이상이었다.

자유의 여신상 : 1865년, 프랑스

미국 독립 200주년을 기념하여 1986년에 재단장한 자유의 여신상은 전 세계를 통하여 가장 잘 알려진 미국의 상징일 것이다. 자유의 여신상에 대한 아이디어가 처음 싹터 나온 것은 만찬석상에서 역사학자와 조각가가 나눈 대화였다.

1865년에 베르사유에 인접한 한 마을에서 연회가 열렸다. 이 자리에서 유명한 법률학자이며 역사학자였던 에두아르 드 라불라예는 젊은 조각가인 프레드리크 오귀스트 바르톨디와 미국과 프랑스의 관계에 대해 대화를 나누었다. 드 라불라예는 미국 예찬론자로서 세 권의 방대한 미국사를 저술하기도 했던 만큼, 다가오는 미국의 100주년 독립기념일을 누구보다 잘 의식하고 있었다. 그가 미국에게 기억에 남을 만한 인상적인 선물을 프랑스가 준비해야 한다고 말하자 조각가는 거대한 조각상이 어떻겠느냐고 제안했다. 하지만 당시에 이런 제안은 구체화되지 못했다.

나중에 바르톨디는 이집트로 여행할 기회가 있었다. 이집트의 거상巨像에 깊은 감명을 받은 바르톨디는 귀국하자마자 당시 막 완성된 수에즈 운하 입구에 스스로 조각한 거상을 세우겠다는 계획을 세우고, 정부 고위층을 만나 자신의 계획을 제시했다. 하지만 그가 정부의 허락을 얻기도 전에 프랑스와 프러시아 사이에 전쟁이 발발했다. 바르톨디는 전쟁에 참전해야 했다.

그러나 미국 독립 100주년 기념 선물용 조각에 대한 생각이 머릿속을 떠나지 않았다. 1871년 처음으로 미국을 여행하면서 북적거리는 뉴욕항에 도착했을 때 그의 눈은 조각품을 설치할 장소를 물색하고 있었다. 배가 채 항구에 이르기도 전에 바르톨디는 거상에 관한 스케치를 끝냈다. 이리하여 그의 계획이 구체화되기 시작했다. 여기에 참여한 예술가와 기술자 및 자금주는 5년이면 여신상이 완성될 것으로 예상했다.

'세계를 밝히는 자유'라는 이름의 여신상은 원래 높이 46미터, 무게 225톤으로 예정되었다. 여신상의 옷자락만 해도 손망치를 사용해 만든 주석이 300장 이상이나 필요했다. 여신상 비용은 프랑스가 지불하기로 하고 미국은 여신상의 콘크리트와 철로 된 발판을 구축하기로 했다. 이 작업의 기술적인 측면을 총감독하기 위한 적절한 인물로 바르톨디는 프랑스의 철도 설계업자인 알렉산드르 귀스타브 에펠을 임명했다. 후에 건립된 에펠탑은 그의 이름을 따서 붙여진 이름이다. 또 바르톨디는 고귀하며 현명한 동시에 모성애적인 여신상의 얼굴을 조각하기 위해 자신의 어머니 모습을 빌렸다. 그녀는 아들의 작업을 위해 기꺼이 모델이 되어주었다.

처음부터 프랑스는 이 계획을 아낌없이 후원했다. 프랑스 시민들은 편지 봉투에 현금과 수표를 담아서 계획에 참여하고, 정부는 '자유' 복권을 발행하여 모아진 기금으로 이 계획을 재정적으로 지원했다. 이리하여 총 40만 달러의 기금이 확보되었다. 당시 프랑스의 유명한 작곡가인 샤를 구노는 이를 위한 칸타타를 작곡하기도 했다.

하지만 미국 대중의 반응은 비교적 냉담한 편이었다. 국민들은 다음과 같은 의구심을 품고 있었던 것이다. '그렇게 거대한 프랑스의 선물을 과연 미국이 필요로 하는가, 아니 원하기나 하는가?' 당시 출판업자였던 조지프 퓰리처는 자신의 신문인 「세계World」지에서 기금 모집 캠페인을 벌였다. 1885년 3월의 사설에서 퓰리처는 이렇게 썼다. '우리가 여신상을 세울 자리도 마련하지 않은 채 프랑스의 장대한 여신상을 받아들인다면 이것은 우리 뉴욕시와 전체 미국인에게 결코 지울 수 없는 치욕으로 영원히 남게 될 것이다.' 또한 퓰리처는 뉴욕의 백만장자들이 호화생활을 하면서도 여신상 발판에 필요한 경비를 내는 데는 인색하다고 비판했다. 퓰리처의 캠페인이 시작된 지 두 달 뒤에는 무려 27만 달러의 거금이 마련되었다.

하지만 여신상의 계획은 예상된 시기에 완성되지 못했다. 미국 독립 100주년 기념일이 다가왔을 때는 여신상의 일부만이 완성되었을 뿐이었다. 이 완성된 일부라도 미국인들에게 보여주기 위하여 자유의 횃불이 필라델피아의 독립 기념 행사에 전시되었다. 다시 2년 뒤에 사람들은 프랑스의 박람회에 전시된 거대한 여신상의 머리를 볼 수가 있었다.

자유의 여신상을 건립하는 작업도 대단히 어려웠지만 이것을 미국으로 운반하는 작업은 거의 불가능해 보였다. 1884년 여신상의 외부와 내부를 부분 부분으로 나누고 이들 부분을 200개의 거대한 나무 상자에 넣었다. 거대한 트럭이 50만 파운드나 나가는 이 상자들을 기차역으로 운반하고, 70량의 기차가 이들을 해안으로 운송했다. 1885년 5월 드디어 자유의 여신상은 프랑스 전함에 실려 미국을 향해 출항했다.

1886년 10월 28일에 클리블랜드 대통령이 여신상의 제막식에 참석했을 때는 아직 여신상에 바쳐진 불멸의 시가 쓰여지지 않았을 때였다.

> 자유의 공기를 갈망하는
>
> 너 가난하고 피곤한 무리들이여.

이 시구는 1903년에 여신상에 헌정된 것이었다. 그때 여신상은 그 근처의 엘리스섬으로 몰려드는 미국 이민들에게 희망의 등불로 인식되고 있었다.

당시 뉴욕의 에마 라자러스리는 시인이 1883년에 쓴 소네트 「새로운 거상The New Colossus」의 일부가 바로 위에 인용한 시이다. 스페인 포르투갈계의 유대인 민족주의 운동에 평생을 바친 시인으로, 러시아의 소설가인 투르게네프도 그녀의 작품을 칭찬했던 적이 있다. 하지만 그녀의 시 「새로운 거상」은 당시의 평론가나 일반 대중들에게 전혀 알려지지 않았던 작품이었다. 그녀가 이 작품을 쓴 것은 뉴욕의 디자인 아카데미가 주최한 작품 경매에 출품하기 위해서였다. 여기서 그녀는 미국은 세계의 박해받는 대중을 위한 피난처라는 소신을 피력했다. 1887년 그녀가 암으로 사망한 지 16년 뒤에 이 소네트의 마지막 5행은 청동판에 새겨져서 미국의 기념비적인 시로서 보전되었다.

 신발 : 기원전 2000년 이전, 근동

　신체를 보호하기 위해 고안된 의복도 물론 없지는 않지만, 원시시대부터 대부분의 복장은 신분이나 사회적 지위를 나타내기 위한 필요에서 발달하기 시작했다. 성직자와 일반 신도, 입법자와 범법자, 장교와 부하를 구별하기 위해 옷의 색상과 스타일, 옷감이 선별적으로 사용되었던 것이다. 반드시 그렇지는 않지만, 오늘날에도 사람들의 복장을 보면 사회적 지위를 쉽게 짐작할 수 있다.

　의복 발달의 초기 단계에서 의복은 신체의 심한 노출을 정숙하게 감추기 위한 예의범절과는 아무 관계도 없었던 것 같다. 많은 시간이 흐르고 나서야 비로소 의복과 예의범절은 어느 정도의 상관성을 갖게 되었다.

　매우 실용적인 용도에도 불구하고 신발은 처음에는 신분의 차이를 나타내는 수단으로 사용되었다.

　현존하는 가장 오래된 신발은 샌들이다. 파피루스를 꼬아 만든 샌들은 기원전 2000년 무렵으로 추정되는 이집트 고분에서 발굴되었다. 더운 지방에 살았던 고대인들이 신었던 샌들은 디자인이 매우 다양했다. 아마도 오늘날 만큼 많은 종류의 샌들이 있었던 것으로 추정된다.

그리스의 가죽 샌들은 다양한 색상에 다양한 장식을 달고 있었다. 로마의 샌들은 바닥이 두텁고 측면에는 가죽을 사용했으며 끈으로 묶을 수 있었다. 갈리아 사람은 뒷굽이 높은 샌들을 신었고, 무어인은 대마와 에스파르토esparto로 만든 샌들을 신었다. 인류학자들이 무덤이나 유적지 또는 고대의 그림을 연구한 결과 고대의 샌들은 수백 종류는 되었던 것으로 추정되고 있다.

샌들이 가장 일반적인 고대의 신발이었지만 다른 종류의 신발이 전혀 없었던 것은 아니었다. 가장 오래된 비非샌들류 신발은 모카신북아메리카 원주민의 뒤축 없는 신 비슷한 가죽 신발이었다. 이것은 가죽끈으로 신과 발을 묶는 신발로, 기원전 1600년 무렵 바빌로니아 사람들이 즐겨 신었다.

그리스에서도 기원전 600년 무렵부터 이와 비슷한 신발을 상류층 여인들이 신기 시작했다. 당시 유행하던 색은 흰색과 빨간색이었다.

신발을 만드는 장인동업조합은 기원전 200년 무렵 로마에서 처음으로 등장했다. 이들 전문적인 장인들이 오른발과 왼발에 적합한 신발을 만들기 시작했다.

로마인은 신발의 스타일과 색상에 따라 신분을 구별했다. 상류층 여인은 발등이 있는 흰색이나 빨간색 신발을 신었다. 특별한 경우에는 초록색이나 노란색 신발도 신었다. 하류층 여인들은 발등이 없는 자연색 샌들을 신었다. 원로원 의원들은 4개의 검은 가죽끈이 달린 갈색 신발을 신었다. 이 끈으로 그들은 정강이까지 묶어서 신발을 신었다. 집정관은 하얀 신발을 신었다. 물론 당시에는 상표명이 없었지만 특별히 기술이 뛰어난 장인이나 신기 편한 신발을 만드는 장인의 신발을 로마인들은 즐겨 찾았다. 물론 신발 가격은 매

고대 로마인들의 다양한 신발.

우 비쌌다.

'신발shoe'이라는 명칭은 신발의 스타일만큼이나 자주 바뀌었다. 예를 들어 영어권에는 '신발'의 철자가 무려 17가지나 된다. 특별히 복수형을 표기하는 방법에는 36가지 다양한 표현이 있다. 앵글로색슨 시대에 '감싸다'라는 의미의 'sceo'가 복수화되어 'schewis'로 바뀌고 다시 'shooys'로 변했다가 오늘날의 'shoes'가 되었다.

표준 신발 사이즈 14세기 초반까지도 신발의 표준 사이즈라는 것이 존재하지 않았다. 이것은 문명화된 유럽 사람들, 심지어 왕족들에게도 예외가 아니었다. 가장 값비싼 주문 신발이라도 구두장이에 따라 신발 사이즈가 달라지기 마련이었다. 크기를 재는 방법과 제작 방법에 따라 오차가 많았던 것이다.

1305년에 마침내 사이즈 표기 방법에 변화가 일어났다. 당시 영국 왕 에드워드 1세는 치수의 정확성을 기하기 위해 1인치는 마른 보리알 3개 길이라고 공포했다. 영국의 구두장이가 왕의 기준에 따라 역사상 처음으로 표준 신발 사이즈에 따른 신발을 제조했음은 물론이나. 예를 들어 길이가 보리알 13개인 어린아이 신발은 13사이즈로 통용되었다. 그리고 로마 제국의 몰락 후에 단절되었던, 오른발과 왼발의 상태에 맞게 신발을 만들었던 방법도 14

세기 영국에서 부활했다.

새로운 스타일의 신발도 14세기에 등장했다. 신발의 앞코가 매우 긴 신발로, 이 유행이 지나쳐서 신발 길이가 너무 길어지는 폐단이 생겼다. 고심 끝에 에드워드 3세는 신발의 앞코가 발 길이보다 2인치 이상 튀어나오는 것을 금하는 법을 공포했다. 한동안 사람들은 이 법을 지켰지만 15세기 초에 또다시 그런 유행이 영국을 휩쓸었다. 앞코가 무려 18인치까지 튀어나온 신발까지 등장할 지경이었다.

앞코가 무척 긴 구두를 신은 중세 사람들. 15세기 초 영국에서는 앞끝이 18인치에 이르는 구두까지 등장했다.

르네상스의 창조적인 분위기 속에 등장했던 앞코가 긴 신발은 새로운 스타일의 신발의 등장을 예고하는 것이었다. 너무 긴 신발에 대한 반발로 이제 너무 짧은 신발이 유행하게 되었다. 신으면 발가락이 아플 정도로 길이는 짧은 반면, 넓이는 두 사람 발이 들어갈 정도로 넓은 신발이 등장했던 것이다.

신발 등에 가죽끈을 꿸 수 있도록 서너 개의 구멍이 뚫려 있는 신발이 등장한 것은 17세기 영국에서였다. 대학 도시인 옥스퍼드의 구두장이들이 이런 유형의 신발을 처음으로 만들었다.

당시 미국의 신발 디자인은 오히려 후퇴하고 있었다. 식민지의 구두장이는 왼발과 오른발 구별이 없는 신발을 만들었기 때문이다. 부자들은 영국에서 수입한 신발을 신었다. 17세기 중반에 최초의 미국 신발 공장이 매사추세츠에서 문을 열면서 신발의 종류와 가격, 품질이 향상되기 시작했다. 대량 생산된 이 신발들은 기계로 생산된 것이 아니었다. 엄청나게 저렴한 수공비를 받고 여자나 아이들이 잘라진 가죽을 집에 가져가 꿰매 오면, 공장에서는 이것을 모아서 최종 완성된 신발을 만드는 것이었다.

신발 제조의 기계화, 다시 말해 진정한 의미에서의 대량 생산은 한참 멀었다. 표준 사이즈 신발을 기계로 대량 생산하기 시작한 것은 1892년 영국에서 맨필드 신발 회사가 설립되면서부터였다.

부츠 : 기원전 1100년 무렵, 아시리아

부츠는 원래 전쟁용 신발이었다. 수메르 병사와 이집트 병사는 맨발로 전쟁에 나갔지만 기원전 1100년 무렵 아시리아인은 바닥에 쇠를 박고 높이가 정강이까지 올라오는 높은 가죽 신발을 신었다.

신발 제조업이 뛰어났던 아시리아인과 히타이트인이 오른발과 왼발의 용도에 알맞은 전쟁용 신발을 신었다는 충분한 증거가 있다. 히타이트의 한 문서에 농업신 텔레피누^{Telipinu}가 '왼발용 신발을 오른발에 신고 오른발용 신발을 왼발에 신었기 때문에 기분이 매우 언짢았다'는 구절이 나온다.

그리스나 로마 군인은 아시리아의 보병용 부츠를 신지 않았다. 그들은 처음에는 맨발로 싸우다가 나중에는 바닥에 징을 박은 샌들을 신었다. 쉽게 미끄러지거나 닳지 않도록 하기 위해서였다. 오랫동안 행군할 때는 그리스인이나 로마인들도 튼튼한 부츠를 신었다. 추운 겨울에는 신발 가장자리에 털을 달기도 했다.

추운 산악지대나 광활한 초원지대에 사는 유목민도 부츠를 신었다. 내구성이 좋고 말 타기에도 편리한 부츠의 특성 때문에 그들은 부츠를 전투용으로 사용했다. 1800년대에 독일 헤센 지방의 구두장이들은 무릎까지 올라오는 부츠를 개발했다. 번쩍이는 검은 가죽 부츠 끝에는 멋진 장식술이 달려 있었다. 동시대에 영국 구두장이들은 국가의 군사적인 승리를 계기로 웰링턴 부츠를 만들어 보급시켰다. 워털루에서 나폴레옹을 대파했던 웰링턴 '철 공작'의 별명을 따서 지어진 이름이었다.

부츠의 유행은 부침이 심했다. 그러나 부츠의 중요한 특징인 높은 굽은 하이힐 구두를 유행시키는 촉매제가 되었다.

하이힐 : 16세기, 프랑스

하이힐은 하루아침에 생겨나지 않았다. 굽은 조금씩 높아졌으며 하이힐 유행이 불어닥친 것은 16세기 프랑스에서였다. 요즘은 '하이힐'이라는 명칭이 굽이 높은 여자 구두의 명칭으로 굳어졌지만, 하이힐을 처음 신은 사람들은 남자였다. 16세기만 해도 여자들은 긴 치마를 입고 있어서 신발이 보이지 않았으므로 여자들은 신발에 특별한 관심을 기울이시 않았다.

보통 신발에 비해 굽이 높은 하이힐이 훨씬 편리하다는 사실을 처음 인식한 사람들은 말을 타는 사람들이었다. 하이힐을 신고 등자에 발을 넣으면 발이 확실하게 고정되었다. 따라서 초기의 굽 높은 구두는 대부분 승마용 부츠였다. 중세기 동안에 변변한 하수시설이 없고 인구가 밀집한 지역에서도 바닥이 두텁거나 굽 높은 신발이 널리 사용되었다. 길에 흘러넘치는 사람이나 동물의 오물로부터 발을 보호하기 위해서였다.

중세기에 나막신이 등장한 것도 길거리에 흐르는 오물을 피하기 위해서였다. 나막신을 최초로 신은 것은 북유럽 사람들이었다. 바닥이 두텁고 대개 나무로 된 나막신을 훌륭한 가죽구두 위에 덧신음으로써 값비싼 구두를 오물로부터 보호할 수 있었던 것이다.

1500년대 중반에 끈 없는 가벼운 독일 신발인 펌프pump가 유럽에서 유행했다. 이 헐렁헐렁한 슬리퍼는 굽이 낮았다. 역사학자들은 펌프라는 이름이

하이힐을 신고 있는 루이 14세의 초상(왼쪽)과 루이 15세의 애첩이었던 퐁파두르 부인의 초상(오른쪽).

유성어로, 굽이 마루바닥에 부딪칠 때 나는 소리에서 유래했다고 설명하기도 한다. 후대에 출현한 슬리퍼의 이름 역시 유성어다.

1600년대 중반에 굽이 높은 남자용 부츠가 프랑스에서 유행했다. 하이힐 부츠의 유행을 주도한 것은 태양왕 루이 14세였다. 유럽 역사상 가장 오랜 재위 기간인 73년을 루이 14세가 통치하는 동안 프랑스는 황금기를 구가하고 있었고 궁정은 문화와 유행의 중심지였다. 하지만 그가 이룩한 빛나는 업적에도 불구하고 작은 키에 대한 열등감은 루이 14세의 마음속에서 사라지지 않았다. 키를 좀 더 커보이게 하려고 태양왕은 구두 굽을 좀 높여보았나. 이것을 본 귀족들과 귀부인들은 앞다투어 굽 높은 구두를 신기 시작했다. 왕은 더 높은 굽의 구두를 신을 수밖에 없었다. 나중에 프랑스 남자들이 적당한 높이의 구두를 신기 시작했을 때도 궁정의 여성들은 계속해서 하이힐을 신었다. 이리하여 여성들이 하이힐을 신는 전통이 생겨난 것이었다.

18세기 프랑스 여성들은 아름다운 무늬가 있고 굽이 3인치인 하이힐을 궁정에서 신기 시작했다. 파리의 유행에 젖은 당시 미국 여성들도 이른바 '프랑스굽'이라 불리는 하이힐을 신었다. 이리하여 미국에서는 성별에 따라 구두 굽의 높낮이에 구별이 생겼다. 여성의 굽은 점점 가늘고 높아진 반면 남성의 굽은 부츠를 제외하고는 이에 반비례하여 점점 낮아졌다. 그 결과 1920년에 이르러 하이힐은 구두의 높이를 뜻하는 용어가 아니라 여성의 구두를 뜻하는 용어로 굳어지게 되었다.

 고무바닥 운동화 : 1910년대, 미국

고무바닥 운동화를 뜻하는 스니커sneaker : 몰래 행동하는 사람라는 명칭은 이 신발을 신으면 발자국 소리가 나지 않기 때문에 붙여진 이름으로, 고무 기술의 혁신이 이루어진 후에야 모습이 세상에 나타나게 되었다.

찰스 굿이어가 1860년에 고무를 가황 처리하는 기술을 개발하면서 고무 산업이 발달하게 되었다. 그는 고무나무에서 채취한 자연산 고무를 가황 처리하면 높은 온도에서도 찐득찐득해지지 않고 낮은 온도에서도 쉽게 부스러지지 않는다는 사실을 증명했다. 유황과 섞인 고무는 부드러우면서도 단단하고 탄력 있는 물질이 되기 때문에 방한용 고무신과 같은 신발용으로 제격이었다. 1800년대 후반에 첫선을 보인 고무신은 글자 그대로 대박이 났다.

1800년대 후반에 고무는 가죽 신발의 밑창에 사용되었다. 또한 두터운 헝겊에 고무 밑창을 붙인 신발이 운동화의 혁명적 사건으로서 대대적으로 광고되었다. 1917년에 미국 고무회사는 케즈Keds라는 상품을 시장에 내놓았다. 어린아이kids와 발ped의 철자를 결합하여 만든 상표명이었다. 이렇게 첫선을 보인 운동화는 지금처럼 완전히 흰색도 아니었고, 검은 헝겊에 하얀색 밑창의 신발도 아니었다. 당시 운동화는 고무 밑창은 검은색이고 헝겊은 밤갈색이었다. 남자의 가죽 신발로서는 이런 색깔이 인기가 있었던 것이다.

1950년대 말까지 운동화 디자인은 거의 바뀌지 않았다. 1960년대 초에 대학을 졸업한 대학 달리기 선수와 그의 코치가 뜻밖의 놀라운 발견을 했다. 이 발견으로 인해 현대의 격자무늬 운동화가 등장하게 되었다. 오리건 대학 달리기 선수였던 필 나이트는 미국산보다 훨씬 가벼운 유럽산 운동화를 선호했다. 다른 달리기 선수들도 우수한 품질의 운동화를 신고 싶어 한다는 것을 확신한 나이트와 그의 코치 빌 바우어만은 1962년 운동화 제조업을 시작하고 일본의 운동화를 수입하기 시작했다.

가벼운 운동화는 의심할 여지 없는 이점을 가지고 있었다. 하지만 바우어만은 운동화의 품질을 보다 개량할 수 있다고 확신했다. 특히 운동화 바닥과 지면과의 마찰을 최소화하는 것이 긴요하다고 생각했다. 그렇지만 개선 방법에 대해서는 막연한 상태였다. 그러던 어느 날 아침 부엌에서 격자무늬 철판을 사용하던 그는 철판 무늬에서 영감을 얻었다. 그는 고무 조각을 철판에 붙이고 열을 가했다. 잠시 후 철판에서 고무를 떼어내자 고무에는 선명한 격자무늬가 새겨져 있었다. 이런 격자무늬 고무바닥이 현재 세계적으로 용인된 표준 운동화 바닥이다. 이외에도 새로운 운동화는 뒷굽이 쐐기형으로 되어 있으며, 바닥의 중간 부분에는 충격 완화용 쿠션이 있고, 운동화용 천으로는 종래의 두터운 천 대신 보다 가볍고 공기가 잘 통하는 나일론이 사용되고 있다.

나이트는 새로운 격자무늬 바닥의 운동화를 그리스 신화의 승리의 여신 이름을 따서 '나이키'라고 불렀다. 그리고 운동화 판매를 촉진하기 위해서 1972년 미국 오리건주에서 열린 올림픽에 참관한 다음, 경기 결과를 광고로 활용했다. 1등에서 7등을 한 달리기 선수 중 4명이 고무바닥 운동화를 신고 있었다고 선전한 것이었다. 사실 1위에서 3위를 차지한 3명의 선수는 모두 서독의 아디다스 운동화를 신고 있었지만 나이트는 이 사실은 언급하지 않았다. 그럼에도 불구하고 격자무늬 고무바닥 운동화는 날개 돋친 듯 팔리기 시작했다. 그 결과 1970년대 후반에는 바닥이 평평한 운동화는 완전히 자취를 감추고 말았다.

 바지 : 15세기 이후, 이탈리아

판탈로네 성자는 14세기에 생존했던 기독교 의사이며 '자비의 화신'으로 알려진 순교자이기도 했다. 로마 황제 디오클레티아누스의 명에 의해 참수형을 당한 그는 베네치아의 수호성자로 추앙받았다. 이탈리아의 라벨로시는 그의 피를 간직한 성물함을(지금도 액체 상태라고 전해지는) 아직도 소중히 보관하고 있다. 아마도 많은 성자들 중에서 이름이 옷의 이름과 결부되어 사람들 입에 오르내리는 성자는 판탈로네 성자뿐일 것이다. 사실에 의한 것이라기보다는 허구적인 전설에 의한 것이라고 할지라도 말이다.

판탈로네 성자의 이름은 자구적으로 풀이하자면 '온통 사자pan은 all의 뜻, leone는 lion의 뜻'라는 의미다. 또한 판탈로네 성자는 지혜롭고 독실한 의사였음에도 불구하고 이탈리아 민담에서는 사랑스럽기는 하지만 어리석은 어릿광대 모습으로 등장한다. 성자다

19세기 작가인 모리스 샌드가 그린 희극적인 판탈로네 캐릭터.

운 모습은 찾아볼 수 없는 것이다.

이렇게 희극적인 모습의 판탈로네의 행동이나 의상이 훗날 바지 이름으로 굳어졌다. 그는 돈을 아끼려고 하인들을 굶어 죽게 하는 수전노이며, 겉으로는 신사의 품위와 도리를 선전하면서도 실제로는 여자들에게 끊임없이 추파를 던지는 위선자이기도 했다. 전형적인 판탈로네는 이탈리아의 희곡 작품에서 바짝 여위고 얼굴이 검으며 염소수염을 기른 모습으로 나타난다. 그는 옷도 기묘하게 입었다. 무릎에서 발목까지는 꽉 죄고 그 윗부분은 페티코트처럼 부풀어 오른 바지를 입었던 것이다.

이탈리아의 여행 극단은 판탈로네극을 영국이나 프랑스에서도 공연했다. 공연장에는 언제나 판탈로네가 기묘한 바지를 입고 무대에 등장했다. 그래서 프랑스에서는 판탈로네와 그의 바지를 판탈롱pantalon이라고 칭하게 되었다. 영국에서는 이 발음이 팬털룬pantaloon이 되었다. 셰익스피어가 희곡 『좋으실 대로As You Like It』에서 이 명칭을 사용하면서 영국에서는 사람들 입에 일반적으로 오르내리게 되었다.

18세기에 바지가 미국에 소개되었을 때 유럽에서 바지는 오늘날의 형태를 갖추고 있었다. 미국 사람들은 팬털룬을 줄여서 팬츠pants라고 불렀다.

호주머니 우리는 호주머니를 너무나 당연한 옷의 일부로 생각하기 때문에 1500년 이전에는 호주머니라는 것이 없었다는 사실을 쉽게 이해하지 못할 것이다. 옛날에는 돈이나 열쇠, 개인적인 물품을 헝겊에 둘둘 말아서 지갑처럼 만들고, 이것을 의복의 편리한 곳에 넣고 다녔다.

1500년대에 개인적인 소지품을 일반적으로 보관했던 장소는 바지 앞의 불룩한 부분이었다. 소지품 헝겊이 바지 앞에서 너무 튀어나오면 우스꽝스러울 뿐만 아니라 불편하기도 했기 때문에 이런 관행은 얼마 후 자취를 감추고 말았다. 하지만 당시 사람들은 헝겊을 계속 사용했다. 즉 헝겊을 자그마한 가방으로 만들어 끈을 달고, 이것을 허리 부분에 매달아서 사용했다. 소지품 가방의 위치가 현재 호주머니의 위치와 일치해가기 시작했던 것이다.

바지에 처음으로 호주머니가 달린 것은 1500년대 후반이었다. 호주머니는 다음 두 단계를 거쳐서 오늘날의 모습을 갖추게 되었다. 처음에는 바지의 접합선에 구멍을 뚫고 남자들은 여기에 소지품 헝겊 주머니를 넣고 다녔다. 곧 이 헝겊 주머니는 바지의 일부가 되었다.

「페르디난트 2세 대공의 초상」(1557년 이후). 바지에 호주머니가 달려 있지 않아 작은 가방을 허리춤에 매달고 있다.

호주머니가 바지에 한 번 부착되자마자 사람들은 이것의 편리함과 실용성을 즉시 깨달았다. 다음 세기에 접어들어서는 호주머니가 남녀 옷 패션의 한 부분으로 각광을 받게 되었다. 처음에 호주머니 위치는 코트의 감침 부분의 약간 아래쪽이었다. 오래지 않아 그 위치는 현재처럼 엉덩이 약간 위쪽으로 옮겨가게 되었다.

청바지 : 1860년대, 샌프란시스코

올이 가늘고 질긴 능직 무명의 진은 바지 소재로 사용되거나 오늘날처럼 청색이 되기 이전에는 튼튼한 작업복을 만드는 옷감이었다. 이탈리아의 도시 제노아가 진 옷감의 주 생산지였다. '진'이라는 이름의 유래도 사실 제노아와 밀접한 관련이 있다. 프랑스 직공들이 제노아Genoa를 '진Genes'이라고 불렀던 것이다.

청바지의 유래를 알려면 17살에 미국으로 이민을 간 재단사 레비 스트로스의 일생을 먼저 알아야 한다. 스트로스가 샌프란시스코항에 도착했던 1850년대에는 미국 전역에 금광 붐이 일고 있었다. 처음에 스트로스는 텐트나 마차용 진을 팔았다. 모든 것을 주의 깊게 관찰했던 스트로스는 광부들의 옷이 빨리 해진다는 사실을 발견하고 질기고 튼튼한 진으로 바지를 만들었다.

스트로스가 만든 바지는 조잡하고 뻣뻣했지만 날개 달린 듯 팔려나가 수요를 감당하지 못할 지경이었다.

1860년대 초에 스트로스는 바지 소재를 진에서 더 부드러운 데님denim으로 바꾸었다. 데님은 프랑스의 님므 지방에서 제조되기 때문에 유럽에서는 '님므의 세루serge de nimes'라는 이름으로 통용되고 있었지만 미국에서는 '데님'으로 불렸다. 데님을 바지 소재로 사용하면서 스트로스는 데님을 청색으로 염색하면 때가 잘 타지 않는다는 사실을 발견했다. 청색 바지가 대중들에게 환영받았음은 물론이었다.

데님 바지는 잘 찢어지지는 않았지만 호주머니에 무거운 연장을 넣으면 접합선 부위가 터지는 폐단이 있었다. 광부들이 이 점을 불평하자 스트로스는 러시아계 유대인 제이콥 데이비스의 도움을 빌려 문제를 해결했다. 1873년에 호주머니의 접합선에 주석 못을 박은 바지가 등장했다. 여기서 한 발짝 더 나아가 스트로스는 바지 단추 감춤 부분에도 주석 못을 박았다. 광부들이 쭈그리고 앉을 때 바지 앞부분이 터지지 않도록 하기 위함이었다.

하지만 바지 앞부분에 박은 주석 못은 또 다른 문제를 야기시켰다. 당시

광부들은 속옷을 입지 않았는데, 겨울에는 불 가까이에서 추위를 녹이다가 불에 달구어진 못에 속살을 데곤 했다. 바지 앞의 주석 못은 곧 자취를 감추고 말았다.

1937년까지 사용됐던 호주머니 주석 못도 전혀 예상치 못한 문제를 야기시켰다. 당시 미국의 많은 아이들은 청바지를 입고 학교에 다녔다. 그런데 학생들이 의자에 앉으면 호주머니 못이 책걸상을 할퀴고 결국 책걸상을 못 쓰게 만드는 것이었다. 결국 호주머니 못도 자취를 감추었다.

실용적인 바지였던 청바지가 패션 상품으로 각광받기 시작한 것은 1935년의 일이었다. 그해에 「보그」에 두 명의 사교계 여성이 꼭 맞는 청바지를 입은 광고가 실렸다. 이 광고로 인해 '서부적인 미인'의 유행이 시작되었다. 특히 유행이 극에 달한 것은 1970년대에 들어와 디자이너들이 앞다투어 경쟁적으로 패션 청바지를 내놓기 시작하면서부터였다. 그 결과 한때 작업복이었던 청바지는 유행복이 되었고 시장 규모도 엄청나게 커졌다. 디자이너의 청바지 경쟁이 한창이던 시기에 캘빈 클라인 청바지 가격은 한 벌에 무려 50달러나 되었다. 그런데도 일주일에 25만 벌의 청바지가 팔렸다.

셔츠 : 16세기 이후, 유럽

의복 역사학자들에 의하면, 스커트와 격을 맞추기 위해 블라우스가 생겨났듯이, 현대의 셔츠는 바지와 구색을 맞추기 위해 생겨난 것이라고 한다. 과거에 남자나 여자의 '셔츠'는 무릎 밑으로 내려갈 정도로 길었으며 허리 부분에서 벨트를 차곤 했다. 나중에 바지나 스커트가 등장하면서 무릎까지 내려오는 셔츠는 더 이상 필요하지 않게 되었다. 새로운 상황에 직면하여 셔츠는 변화할 수밖에 없었던 것이다.

1500년대에 서유럽에서 남자 셔츠가 먼저 출현했다. 당시에는 속옷을 입지 않았기 때문에 사람들은 맨몸 위에 바로 셔츠를 입었다. 블라우스가 출현한 것은 19세기 후반이었다. 블라우스는 헐렁헐렁하고 소매가 길었으며 소맷부리가 달려 있었다.

블라우스를 입지 않은 계절에 여자들은 스커트와 어울릴 새로운 의상이 필요했다. 그리하여 나타난 것이 카디건 스웨터였다. 깃이 없고 앞을 단추로 채우는 양모 스웨터의 이름은 7대 카디건 백작인 제임스 토머스 브루더넬에서 유래했다. 영국군 소령으로 크림전쟁에 참전했던 브루더넬은 부하들과 함께 용맹스럽게 전투에 나갔다. 카디건 백작은 이 전투의 몇 안 되는 생존자 중 하나였다. 시인 테니슨은 이 전투를 기념하는 시를 써서 영국인의 기억 속에 영원히 남게 했다. 하지만 오늘날 카디건 백작의 이름은 그가 자주 입었고 대중화시켰던 스웨터와 결부되어 사람들에게 기억될 따름이다.

라코스테 셔츠 보스턴의 상점에 진열된 악어가죽 가방에서 힌트를 얻어 프랑스의 테니스 선수 르네 라코스테가 제조한 셔츠가 악어 상표 셔츠인 라코스테이다.

1923년에 프랑스 데이비스컵 테니스 팀과 함께 당시 19살의 라코스테는 미국을 방문했다. 보스턴의 길거리를 가던 그는 한 상점의 진열장에서 악어가죽 가방을 우연히 보았다. 그리고 동료들에게 만일 자신이 다가오는 시합에서 우승하면 그 악어가죽 가방을 사겠다고 장담했다. 라코스테는 시합에서 졌으므로 가방을 사지 못했다. 그러나 동료들은 농담 삼아 그에게 '악어'라는 별명을 붙였다.

테니스계에서 은퇴한 라코스테는 1943년에 테니스 셔츠 디자인 사업에 뛰어들었다. 그는 자신의 별명인 '악어'를 상표로 사용했다. 그리하여 그가 만든 셔츠는 '악어 셔츠'라고 불리게 되었다.

넥타이 : 17세기, 프랑스

장식적인 기능 이외에는 불편하기만 할 뿐 아무 기능도 없는 넥타이는 군사적인 용도로 처음 사용되었다. 역사상 처음으로 목도리가 사용된 것은 기원전 1세기 무렵이었다. 무더운 여름에 로마 병사들은 더위를 식히기 위해 스카프를 찬물에 적셔서 목에 감았다. 이렇듯 오로지 실용적인 용도로 로마 병사들이 사용했던 목도리는 실용적으로건 장식용으로건 널리 사용된 적이 없었다. 이것이 훗날 남성복의 넥타이로 다시 등장했다.

그런데 현대 넥타이의 기원도 군사적인 용도와 관련이 있다.

1668년 오스트리아를 위해 싸우는 크로아티아 용병부대가 목에 리넨과 모슬린 스카프를 두르고 프랑스에 나타났다. 이 스카프가 특별한 기능이 있었는지 아니면 단순히 유니폼 장식용 목도리였는지에 대해서는 알려진 바가 없지만, 유행에 민감한 프랑스 사람들은 이 목도리에 깊은 관심을 보였다. 곧 목 주위에 리넨과 모슬린 목도리를 두르고 그 중앙 부분을 묶은 다음 끝자락이 흘러내리도록 맵시있게 단장한 프랑스인들이 공식석상에 나타나기 시작했다. 이런 목도리를 처음 걸쳤던 크로아티아인을 뜻하는 프랑스어 크라바트 cravates가 이 목도리의 프랑스어 명칭이었다.

목도리 유행은 재빨리 영국으로 퍼졌다. 호사스럽고 쾌락적인 영국 왕 찰스 2세는 스스로 목도리를 착용한 다음 궁정의 모

레이스 크라바트를 맨 찰스 2세의 초상(1680).

든 대신들도 목도리를 착용하게 했다. 당시 런던 시민들은 1665년의 역병과 1666년의 대화재를 경험한 뒤 허탈한 상태에 빠져 있었기 때문에 뭔가 재미있는 일을 갈망하고 있었다. 목도리 유행이 삽시간에 런던을 휩쓴 것은 시민들이 허탈감을 채워줄 뭔가를 갈망하고 있었기 때문이었다.

18세기에 보 브루멜이라는 인물이 목도리에 새로운 멋을 더했다. 그는 커다란 넥타이를 착용하고 이를 묶는 혁신적인 방법을 고안한 인물로

다양한 크라바트 매듭을 소개한 책 『넥크로티태이어』의 삽화(1818).

유명했다. 당시 남자들은 올바른 넥타이 착용법을 두고 열띤 논쟁을 벌이기도 했다. 인쇄 매체에서도 넥타이 묶는 법이 진지하게 논의되곤 했다. 당시의 패션 잡지는 넥타이를 묶는 서른두 가지 방법을 소개하기도 하였다. 이후로 넥타이의 스타일은 끊임없이 남성들의 관심을 사로잡았다.

1920년대 미국에서 유행했던 나비넥타이도 그 기원은 크로아티아 사람에게로 거슬러 올라갈 수 있다. 유행을 연구하는 역사가들은 작고 쉽게 뗄 수 있는 나비넥타이가 긴 넥타이의 변형된 모습의 하나라고 생각해왔다. 하지만 이런 주장은 다음과 같은 역사적 발견으로 인하여 일부 신빙성을 잃게 되었다. 크로아티아 지방에 사는 남자들은 옷에 나비넥타이를 부착했다. 이들은 사각형 손수건을 대각선으로 접고는 이를 다시 나비 모양으로 만든 다음 이것을 끈으로 묶어 목에 착용했던 것이다.

신사복 : 18세기, 프랑스

오늘날 남자들은 스포츠 재킷과 다양한 옷감과 색상의 바지를 입을 수 있으나 그것이 신사복은 아니다. 현대적인 의미에서 신사복이란 재킷과 바지가 어울리는 한 벌의 옷을 의미한다. 물론 경우에 따라서는 조끼를 안에 받쳐입을 수도 있다. 하지만 신사복의 원래 의미는 이것이 아니었다.

신사복 전통을 처음으로 확립한 것은 다양한 옷감과 무늬의 상의와 조끼 및 바지를 입었던 18세기 프랑스 사람들이었다. 당시 의복은 헐렁해서 자루 비슷했으며 주로 비공식적인 경우에만 일상복으로 착용했는데 '신사복'이라는 이름으로 불렸다. 신사복이 널리 보급되기 시작한 것은 1860년대에 들어와서였다.

당시에는 말을 탈 때도 신사복을 입은 사람들이 있었기 때문에 재단사는 상의 뒷자락을 갈라놓아야 했다. 현대 신사복의 뒷자락이 갈라진 것은 이런 이유 때문이다. 신사복의 접은 옷깃에 단춧구멍이 뚫려 있는 데에도 실용적인 이유가 있었다. 당시 신사복을 입은 사람들은 추운 날에는 찬 바람이 들어오지 못하도록 옷깃을 올려서 단추로 채웠던 것이다.

신사복은 입기에 매우 편했기 때문에 사람들은 점차 공식 모임에도 신사복을 입고 등장하기 시작했다. 재단사들은 옷이 너무 헐겁지 않도록 신사복의 품질을 향상시켰다. 그 결과 일상복이던 신사복은 비즈니스 정장으로 각광받게 되었다.

 턱시도 : 1886년, 뉴욕 턱시도공원

약 100년 전 턱시도가 세상에 첫선을 보인 날 밤, 사람들은 이것이 점잖지 못하며 공식석상에서 입기에는 적합하지 않다고 생각했다. 당시에는 런던의 멋쟁이들이 1800년대 초에 즐겨 입었던 검은 넥타이와 양복이 품위 있는 신사복의 대명사로 통용되고 있었기 때문에 꼬리 없는 턱시도는 이런 정장에 대한 도전처럼 보였다. 하지만 턱시도를 처음 입었던 사람들이 유명 인사의 가족이었기 때문에 사람들은 자기들의 생각을 입 밖에 내지 못했다.

턱시도의 유래는 다음과 같다. 당시 맨해튼에서 북쪽으로 40마일쯤 떨어진 한적한 곳에 턱시도공원이 있었다. 1886년 여름 프랑스 귀족 가문의 피에르 로릴라드 4세는 매년 열리는 정기적인 가을 무도회에 입을 무도복으로 색다른 의상을 물색하고 있었다. 그는 재단사에게 꼬리 없는 재킷을 몇 벌 주문했다. 당시 영국인들이 사냥복으로 즐겨 입었던 꼬리 없는 진홍색 승마용 재킷을 모델로 한 것이었다. 로릴라드가 유행의 첨단을 걷던 영국 에드워드 7세의 의복에서 힌트를 얻었다는 이야기도 있다. 에드워드 7세는 인도를 방문할 때 더위를 식히기 위해서 일부러 꼬리 없는 재킷을 만들어 입었던 적이 있었다.

예정된 무도회 날 밤에 피에르 로릴라드는 차마 턱시도를 입을 용기가 나지 않았다. 그는 아들과 친구들에게 옷을 주어서 입도록 했다. 그들은 꼬리 없는 턱시도 안에 진홍색 조끼를 입고 무도회장에 나타났다.

1880년대에 사람들은 엄격한 예의범절과 품위 있는 의복을 중시했기 때문에 눈에 확 띄는 진홍색 조끼와 꼬리 없는 재킷은 사람들의 눈총을 받을 것이 틀림없었다. 그리고는 기억에서 까마득히 사라져버릴 것이다. 하지만 턱시도는 당당한 로릴라드 집안 사람들이 입었던 옷이었고, 로릴라드는 마을의 땅을 대부분 소유한 유지이기도 했다. 그래서 사람들은 턱시도가 점잖지 못한 복장이라고 비난하는 대신에 하나둘 턱시도를 만들어 입기 시작했고, 마침내 공식 야회복으로 인정하게 되었다.

미국의 정장협회 공식 보고에 따르면 현재 턱시도는 수백만 달러 상당의 시장을 점유하고 있다. 예를 들어 1985년 한 해에 턱시도 판매와 대여 및 수

반되는 액세서리에 사람들은 5억 달러를 쏟아부었다. 대여의 80%는 결혼예식용이고, 나머지 대여는 대부분 고등학생 댄스파티용이었다.

턱시도라는 이름은 이것을 처음 입었던 마을인 턱시도공원의 이름에서 유래했다. 하지만 턱시도라는 이름은 원래 아메리카 원주민과 관련된 이름이었다. 과거 이 지역에 살았던 아메리카 원주민 부족의 추장 이름이 '턱시트P'tauk-seet : 늑대라는 의미'였다. 원주민들은 추장을 기리기 위해 그의 이름을 마을 이름으로 정했다. 이 지역에 처음 발을 들여놓았던 식민지 개척자들은 턱시트를 영어식으로 표기하여 턱시토Tucksito라고 불렀다. 1800년대에 로릴라드의 할아버지가 땅을 사들이기 시작했을 때는 마을 이름이 이미 턱시도로 변해 있었다. 이처럼 턱시도는 '늑대wolf'라는 어원을 가지고 있다. 턱시도를 입는 남자들이 늑대 같은지 그렇지 않은지, 판단은 독자들 몫이다.

 ## 모자 : 고대 유럽과 아시아

머리 가리개인 모자hat와 원시적 오두막집hut은 소리와 철자가 비슷하다. 이런 유사성은 우연의 일치가 아니다.

몸을 가리는 옷을 입기 이전에 서양 사람들은 풀을 엮어서 오두막집hut을 지었다. 집은 눈이나 비, 바람뿐만 아니라 밤의 어둠으로부터도 인간을 보호했다. 때문에 인간이 햇빛이나 눈비로부터 머리를 보호하기 위해 모자를 만들었을 때도 'hut'라는 용어를 사용했다. 사실 모자나 오두막집의 어원은 모두 '피난처shelter'나 '보호protection'인 것이다.

머리 가리개와 원시적 오두막집의 연관성은 여기서 끝나지 않는다. 영국 제도의 원주민들은 'cappan'이라는 골풀을 묶어서 원뿔형 모자를 만들어 사용했다. 그들이 살던 집의 재료도 'cabban'이라는 골풀이었다. 이들 두 용어는 나중에 각각 '캡cap : 챙 없는 모자'과 '캐빈cabin : 오두막집'으로 변했다.

챙 있는 모자를 최초로 쓴 사람들은 기원전 5세기 무렵의 그리스인들이었다. 햇빛이나 비로부터 머리를 보호하기 위해 사냥꾼이나 여행자들이 모자를 만들어 썼다. 그리스 사람들은 머리에 쓰지 않을 때는 모자에 끈을 달아서 등 뒤에 걸고 다녔다. 나중에 로마 사람들도 그리스의 모자를 사용했고 중세에는 모자가 대중적이 되었다.

그리스인들은 원뿔 모양의 챙 없는 펠트 모자를 쓰기도 했다. 이것은 나중에 유럽의 모든 문화권에서도 사용되었다. 중세에 대학이 설립되면서 펠트 사각모자가 등장하고, 학자들이 이것을 즐겨 사용했다. 현재는 대학생이 졸업식 때 이런 사각모자를 쓴다.

현재는 남자보다 여자들이 모자를 더욱 애용한다. 하지만 예전에는 그렇지 않았다. 옛날에 남자들은 실내에서나 교회 또는 성당에서 모자를 쓰곤 했지만 여자들은 모자를 거의 쓰지 않았다. 이것은 15세기 말에도 마찬가지였다. 그러나 16세기에 유럽인들이 가발을 사용하는 풍습이 생기면서 가발 위에 다시 모자를 쓰는 것이 매우 불편해졌다. 가발 유행이 한물갔을 때에서야 남자들은 다시 모자를 쓰기 시작했다. 하지만 과거만큼 모자가 유행하지는 않았다. 더불어 모자를 쓰는 관습도 어느 사이에 완전히 변했다. 이제 남자들은 실내에서나 교회에서, 그리고 여자 앞에서 더 이상 모자를 쓰지 않게 된 것이었다.

 실크모자 : 1797년, 영국

1797년 1월 15일 영국의 모자제조업자인 존 헤더링턴은 저녁놀을 온몸에 받으며 자신의 패션 상점을 막 빠져나오고 있었다. 머리에는 새로 디자인한 모자를 쓰고서. 당시 「런던 타임스」 보도에 따르면 하늘을 향해 우뚝 선 헤더링턴의 검정 실크모자가 너무 멋져서 사람들은 발걸음을 멈추고 그를 쳐다보았다. 그 바람에 행인 한 명이 떠밀려 상점의 유리 진열장에 부딪치고 말았다. 헤더링턴은 평화 교란의 주범으로 경찰에 감금되었다. 하지만 채 한 달도 지나기 전에 그의 실크모자는 날개 돋친 듯 팔리기 시작했다.

영국의 의복 역사학자는 헤더링턴이 썼던 모자가 세계 최초의 실크모자라고 주장한

샤를 베르네가 그린 「1796년의 믿을 수 없는 풍경들」의 삽화.

다. 그러나 프랑스의 역사학자는 실크모자는 이미 1년 전에 파리에서 등장한 적이 있으며, 이것을 헤더링턴이 모방한 것이라고 주장한다. 파리가 실크모자의 본고장이라는 주장에는 단 하나의 증거가 있다. 그것은 프랑스 화가 샤를 베르네가 그린 「1796년의 믿을 수 없는 풍경들Un Incroyable de 1796」이라는 그림이다. 이 그림에는 헤더링턴의 모자 비슷한 실크모자를 쓴 남자가 묘사되어 있다. 그러나 영국의 역사학자는 이 그림이 사실을 묘사한 것이 아니라 예술가의 상상력의 소산이라고 주장한다.

장갑 : 1만 년 전, 북유럽

장갑은 추위와 힘든 노동으로부터 손을 보호하기 위해 발달하기 시작했다. 북유럽에서 발견된 다양한 장갑 중에는 '자루 장갑'도 있다. 이것은 동물의 가죽을 둘둘 말아서 어깨까지 감쌌던 장갑이다. 이런 엄지장갑은 적어도 1만 년 전부터 존재했다.

지중해 연안의 온난한 지방에 살던 사람들은 건축이나 농사용으로 장갑을 사용했다. 장식용 액세서리로 장갑을 최초로 사용한 사람들은 기원전 1,500년 무렵의 이집트인들이었다. 투탕카멘왕의 무덤에서 고고학자들은 헝겊에 감싸인 부드러운 리넨 장갑 한 켤레와 형형색색의 실로 짠 장식용 비단 장갑 한 짝을 발견했다. 장갑의 끝에 끈이 매달려 있는 것으로 보아 이집트인들은 허리에 장갑을 묶고 다녔음이 틀림없었다. 발굴된 장갑은 다섯 손가락을 모두 갖춘 장갑이었다.

지방의 기후적인 조건과는 상관없이 모든 문화권은 장식용 장갑과 작업용 장갑을 다양한 형태로 만들었다. 기원전 4세기 무렵 그리스의 역사가 크세노폰은 페르시아 사람들이 정교하고 아름다운 장갑을 만든 사실을 사서에 기록했다. 또 호메로스의 『오디세이아』를 보면 오디세우스가 집에 돌아왔을 때 그의 아버지 라에르테스가 '가시에 찔리지 않도록 손에 장갑을 끼고' 정원을 손질하는 장면이 있다. '손바닥palm of hand'이라는 뜻으로 손에 끼는 무거운 가죽 덮개를 'glof'라고 부른 앵글로 색슨족의 말에서 오늘날 '글로브glove'라는 영어가 생겼다.

지갑 : 기원전 8세기 이전, 남유럽

당신이 입을 오므리면purse 입가에 주름이 지도록 죄게 된다. 이것은 옛날 사람들이 사용한 최초의 지갑이었던 끈이 달린 주머니의 주둥이 모양과 비슷하다. 그러나 영어의 '지갑purse'의 어원은 주머니를 만드는 재료였던 가죽을 그리스어로 'byrsa'라고 불렀던 데서 연유한다.

로마인들은 그리스의 주머니를 그대로 도입했고 이름을 'bursa'라는 라틴식 이름으로 바꾸었다. 고대 프랑스어에서는 이것을 'bourse'로 바꾸었는데 지갑에 담긴 돈을 의미하기도 했다. 이것이 오늘날에는 파리에 있는 증권거

래소 '부르스Bourse'가 되었다.

16세기에 옷에 주머니가 등장하기 전까지 남녀노소 모두 지갑을 가지고 다녔다. 열쇠와 개인 소지품을 담는 단순한 천 조각에 지나지 않는 지갑이 있는가 하면 화려하게 수를 놓고 보석을 박은 지갑도 있었다.

손수건 : 15세기 이후, 프랑스

15세기에 중국을 방문한 프랑스 사람들은 중국 농부들이 뜨거운 햇살을 피하기 위해 가볍고 커다란 리넨 헝겊을 머리에 쓰고 있는 모습을 보았다. 유행에 민감한 프랑스 여자들은 리넨 헝겊을 머리 장식용으로 사용하기 시작하고, '머리를 가린다'는 의미에서 머리 장식용 헝겊의 이름을 'couvrechef'라고 붙였다. 이것은 나중에 영국으로도 전해졌다. 하지만 영국 사람들은 프랑스 명칭을 영국식으로 'kerchidf'라고 표기했다. 그리고 머리 헝겊을 손에 들고 다니다가 해가 나면 그때나 머리에 착용했기 때문에 사람들은 이것을 '손수건hand kerchief'이라고 부르곤 했다.

짚단을 나르던 중국의 농부와는 달리 유럽 상류사회 여자들은 언제나 햇빛을 가리는 파라솔을 들고 다녔기 때문에 손수건은 처음부터 실용적인 의미가 전혀 없었으며 오롯이 패션이었다. 당시 그림을 보면 이 점을 분명히 알 수 있다. 그림에는 우아하게 장식된 손수건을 머리에 쓴 사람들은 거의 없고 대부분 손에 들고 다니면서 흔들거나 점잖게 떨어뜨리곤 했다. 1500년대 당시 천이 비단이거나 금은 세공이 박힌 손수건은 엄청나게 비쌌기 때문에 유언장에 귀중품의 하나로 명시되기도 했다.

레이스 손수건이 영국에 첫선을 보인 것은 엘리자베스 1세 재위 기간이었다. 영국인들은 한 면이 4인치인 사각형의 천에 사랑하는 이의 머리글자를 넣고 한쪽 끝에는 장식술을 달았다. 그래서 당시 손수건은 '진실한 사랑

의 매듭'이라는 이름으로 불리기도
했다. 남자들은 연인의 머리글자가
새겨진 손수건을 모자의 리본에
꽂고 다녔으며, 여자들은 양 가슴
사이에 사랑의 매듭을 넣고 다니
곤 했다.

그렇다면 유럽인들이 애용했던
패션용 손수건은 언제 오늘날처럼
코를 푸는 손수건으로 바뀌었을
까? 아마도 중국의 머리 가리개가
유럽에 소개된 바로 직후가 아닌가
추정이 된다. 그렇지만 코를 푸는

16세기 이탈리아 화가 파리스 보르도네가 그린
「손수건을 든 여인」(1530년 추정).

방법에서 현재와 당시는 현저한 차이가 있었다.

중세기에 사람들은 힘을 주어 코를 횡 공기 중에 푼 다음 남은 코를 아무
거나 손에 잡히는 물건에 닦았다. 대부분은 소맷자락에 코를 닦곤 했다. 당
시의 예의범절 책도 그렇게 코 푸는 방법을 용인하고 있었다. 고대 로마 사
람들은 '땀수건'이라는 천을 가지고 다니면서 이것으로 땀이나 코를 닦곤 했
다. 하지만 로마 제국의 몰락과 더불어 '땀수건'도 사라져버렸다.

16세기에 들어와서 옷소매에 코를 닦는 행동을 금하는 예의범절 책이 등
장하기 시작했다. 이것은 손수건의 등장과 때를 같이한다. 당시 관습을 기록
했던 에라스무스는 1530년에 이렇게 말했다. '코를 소매로 닦는 것은 점잖지
못하다. 손수건으로 닦아야 한다.'

16세기부터 손수건은 코를 푸는 용도로도 사용되기 시작했다. 특히, 병
원균이 공기 중으로도 옮겨다닌다는 사실이 19세기에 입증되면서부터 당시

까지 공기 중으로 코를 풀던 사람들도 손수건을 사용하기 시작했다. 이때는 값싼 면 손수건이 대량 생산되던 때이기도 했다. 패션용 손수건이 이제 생필품 중 하나가 된 것이다.

부채 : 기원전 3000년, 중국과 이집트

공작의 날개 부채, 파피루스 종이 부채, 야자잎 부채 등, 장식적이면서도 실용적인 부채가 지금으로부터 약 5,000년 전 상이한 문화권에서 독자적으로 발달했다. 중국인들은 부채를 예술품으로 승화시켰다. 반면 이집트인들은 부채를 신분의 상징으로 사용했다.

다양한 이집트의 문서와 그림을 보면 부유한 사람에게 고용된 '부채 부치는 하인'이나 '왕실 부채 부치는 관리'의 모습을 발견할 수 있다. 흑인이나 백인 노예들은 나뭇잎이나 파피루스로 된 커다란 부채를 부쳐서 주인의 더위를 식혀주었다. 일반 서민들은 부채가 땅바닥에 드리운 그림자도 함부로 밟을 수 없었다.

중국에서는 부채가 보다 민주적으로 사용되었으며 종류와 무늬, 장식도 다양했다. 중국인은 무지갯빛 공작 날개 부채 대신 일종의 '스크린'을 개발했다. 이것은 대나무 살 위에 비단 옷감을 붙여서 만든 부채로, 손잡이에는 도료가 칠해져 있었다. 6세기 무렵에 중국의 부채는 일본으로 전파되었다. 일본인들은 중국의 부채를 개량해서 접는 부채를 만들었다.

가느다란 대나무 살에 비단 천을 붙여서 이것을 쉽게 폈다 접을 수 있게 만든 것이 일본식 접는 부채였다. 사용된 천이나 색깔, 디자인에 따라서 부채의 용도나 이름이 다양했는데, 예를 들어 여자들은 '춤추는 부채'나 '궁정 부채', '다과 부채'를 애용했던 반면, 남자들은 '승마용 부채'나 '전투용 부채'를 사용했다.

고대 이집트의 연꽃 문양 부채와 보트, 노.

10세기 무렵에 일본인은 접는 부채를 중국에 소개했다. 중국인은 일본식 접는 부채의 품질을 더욱 향상시켜 대나무 살에 비단 천을 붙이는 대신에 대나무나 상아로 된 얇고 넓은 일련의 박편만 사용하여 부채를 만들었다. 이들 박편의 끝을 리본으로 묶어서 중국인은 접는 부채를 제조했던 것이다. 중국이나 일본과 교역하던 서양 상인들은 15세기 무렵에 다양한 장식용 중국식 부채와 일본식 부채를 서양에 소개했다. 당시 가장 인기 있던 부채는 정교하게 조각된 상아 박편을 흰색이나 빨간색 비단 리본으로 묶은 중국식 접는 부채였다.

 핀 : 기원전 1000년 전, 중앙유럽

현대의 핀은 끝이 집 속에 안전하게 감추어져 있다. 과거에는 뾰족한 끝을 안쪽으로 휘어서 사용하기도 했다. 지금으로부터 약 3,000년 전에 최초로 중앙유럽 사람들이 U자형으로 휜 핀을 사용했다. 일직선의 핀이 혁신적으로 개선된 것이었다. 유적지에서는 청동으로 된 U자형 핀이 때때로 발굴되기도 한다.

철이나 뼈로 된 일자형 핀을 처음 사용한 것은 기원전 3000년 무렵의 수메르 사람들이었다. 수메르 기록에 따르면 그들은 바느질용으로 눈이 있는 바늘도 사용했다. 고대의 동굴벽화나 유물을 연구한 결과 고고학자들은 다음과 같은 결론을 내리기도 한다. 수만 년 전부터 인간은 물고기의 등뼈 중앙이나 끝에 구멍을 내서 바늘을 만들어 사용했다는 것이다.

기원전 600년 무렵 그리스나 로마의 여인들은 옷을 어깨에 걸치고, 이를 고정하기 위해서 핀을 사용했다. 중앙 부분을 원형으로 휘어서 만든 핀이었다. 현재의 핀으로 한 발짝 더 가까이 다가선 것이었다.

그리스 시대에는 일자형 핀이 일종의 귀금속으로 사용되었다. 그리스인은 길이가 6~8인치인 상아핀이나 청동핀으로 머리나 옷을 장식했다. 벨트를 제외한다면 당시 옷을 고정하는 가장 일반적인 방법은 핀을 사용하는 것이었다. 때문에 의복이 보다 복잡해지면서 핀의 수요도 급증했다. 1347년의 궁정 장부에는 당시 프랑스 공주가 옷을 고정시키기 위해 핀을 1만 2,000개나 주문했다는 기록이 있다.

장인들이 생산한 제한된 핀의 숫자는 때때로 수요를 다 채워주지 못했기 때문에 핀 가격이 급등하곤 했다. 봉건 영주들이 핀을 사기 위해 농노들에게 세금을 더 많이 부과했다는 기록도 있다. 중세 후반에는 핀의 부족을 타개하고 핀의 과다 사용이나 축적을 방지할 목적으로 영주가 핀의 판매일을 제한하는 법령을 발표하기도 했다. 판매가 허용된 날에는 상류층 여인들이나 부지런히 '핀 살 돈'을 저축했던 하류층 여인들이 핀을 사려고 핀 가게 앞에 줄을 섰다. 하지만 기계에 의한 핀의 대량 생산이 시작되면서 핀 가격은 급락한 동시에 '핀 돈pin money'도 의미가 바뀌어 겨우 핀이나 살 수 있을 정도의 푼돈, 즉 '아내의 용돈a wife's pocket money'이라는 뜻을 갖게 되었다.

옷을 고정하는 도구로서 핀의 중요성은 단추가 등장하면서 크게 약화되었다.

 단추 : 기원전 2000년, 남부 아시아

단추는 원래 옷을 고정하려고 만들어진 것은 아니었다. 단추는 남녀의 의복에 장식용으로 다는 보석 같은 디스크였다. 그리고 3,500여 년 동안 단추는 오롯이 장식 역할만 했다. 옷을 고정시키는 데는 핀과 벨트만으로 충분했기 때문이다.

인더스 계곡의 고고학적 발굴지에서의 발견에 의하면, 최초의 장식용 단추는 기원전 2000년 전에 만들어졌다. 이것은 조개껍데기와 다양한 연체동물을 원형이나 삼각형으로 깎은 다음, 구멍 두 개를 뚫어 옷에다 꿰맨 것이었다.

초기 그리스인과 로마인들은 튜닉, 토가, 그리고 망토를 장식하기 위해 조개 단추를 썼고 나무 단추를 핀에 붙여서 브로치처럼 옷에 달았다. 정교하게 깎은 상아와 뼈 단추, 금박을 입히고 보석을 박은 단추들이 유럽의 유적지에서 발견되었다. 그러나 그림, 책, 또는 의복 조각 어느 곳을 보아도 옷 만드는 사람이 단추를 단춧구멍에 끼우는 아이디어를 생각해냈다는 흔적은 없다. 명사인 'button'이 언제 동사가 되었을까? 놀랍게도 13세기가 되어서야 이 말은 동사가 되었다.

단춧구멍　단추를 끼워 옷을 입는 습관은 서유럽에서 두 가지 이유에서 시작되었다.

1200년대가 되자 느슨하고 헐렁한 옷이 꽉 조이고 몸에 맞는 옷으로 바뀌기 시작했다. 벨트만으로는 옷매무새를 유지할 수 없었다. 핀으로 이 역할을 할 수 있었지만 엄청나게 많은 핀이 필요했다. 그리고 핀은 잘못 두거나 잃어버리기 쉬웠다. 단추를 옷에 꿰매버리면 옷을 입을 때마다 핀 찾을 걱정을 하지 않아도 되었다.

단춧구멍과 단추가 등장한 두 번째 이유는 옷감 때문이었다. 1200년대에는 곱고 섬세한 옷감이 의복에 사용되기 시작했고 핀이나 안전핀을 옷에 계속 찌르면 옷감이 상했다.

그래서 마침내 현대적이고 기능적인 단추가 등장했다. 그러나 단추는 그동안 사용되지 못한 것을 만회라도 하듯이 너무 많이 사용되었다. 단추와 단춧구멍이 모든 옷에 등장했다. 옷은 목부터 발목까지 오로지 단추를 달기 위해서 찢어졌다. 단추를 과시할 목적으로 단추가 없어도 되는 부분까지 (소매 부분과 다리를 따라 죽 내려가면서) 옷을 찢었다. 그리고 단추는 서로 너무 붙어 있어서 여자 드레스 한 벌에 200개나 되는 단추가 달려 있었다. 옷 입기가 두려울 지경이었다. 잃어버린 안전핀을 찾느라고 시간을 소모했다면, 단추를 채우는 일도 결코 시간이 절약되지는 않았다.

14세기와 15세기의 동상, 삽화, 그리고 회화는 단추에 대한 열광을 잘 보여준다. 이 유행은 금과 은으로 만들고 보석을 박은 단추를 단지 장식을 목적으로 옷에 달았던 (단춧구멍이 나오기 전에 그랬던 것처럼) 16세기에 절정을 이루었다.

1520년에 퐁텐블로 성을 지은 프랑스 왕 프랑수아 1세는 검은 벨벳 옷에 달기 위해 1만 3,400개의 금단추를 보석상에 주문했다. 그는 영국 왕 헨리 8세를 만나는 자리에서 이 옷을 입을 예정이었는데, 이 행사는 칼레 지방 근처에서 성대하게 치러졌다.

헨리 8세는 자신의 반지 무늬를

한스 홀바인이 그린 헨리 8세의 초상. 보석을 박은 단추가 돋보인다.

본떠 만든 보석 단추를 자랑했다. 단추가 달린 옷과 그에 어울리는 반지는 독일 초상화가 한스 홀바인이 캔버스에 포착했다.

단추의 유행은 1980년대의 지퍼 유행과 비슷하다. 지퍼 달린 호주머니, 다리와 팔에 지퍼 달린 구멍, 지퍼 달린 뚜껑, 그리고 수없이 많은 위치에 지퍼를 단 바지와 셔츠가 한동안 유행했던 것처럼.

오른쪽과 왼쪽 단추 채우기　남자들은 오른쪽에서 왼쪽으로, 여자들은 왼쪽에서 오른쪽으로 단추를 채운다. 단추를 채운 옷을 입고 그린 초상화나 그림을 관찰한 패션 역사가들은 이런 관습이 15세기까지 거슬러 올라간다고 추정한다. 이런 관습이 시작된 데에는 그럴듯한 이유가 있다.

궁정에서나 여행을 할 때나 전쟁터에서 대개 직접 옷을 입었던 대부분의 남자는 오른쪽에서 왼쪽으로 단추를 채우는 것이(대부분의 인간은 오른손잡이이므로) 편리하다고 생각했다.

당시에 비싼 단추를 달 여유가 있었던 여자들은 옷 입는 것을 도와주는 하녀가 있었다. 마찬가지로 거의 오른손잡이였던 하녀들은 단추를 정면에서 바라보고 단추를 채울 때 거울에서 보듯이 단추가 반대쪽으로 꿰매져 있으면 훨씬 편했다. 옷 만드는 사람들도 이런 편리함에 순응했고 이 관행이 오늘날까지 변함없이 내려온 것이다.

 지퍼 : 1893년, 시카고

지퍼는 비슷한 물건이 옛날에는 없었고 또 갑자기 천재성이 발동되어 만들어진 것도 아니다. 이것은 아이디어를 시장에서 팔 수 있는 현실로 만드는 데 20년이 걸리고, 또 사람들로 하여금 사용하도록 설득하는 데 10년이 걸린, 오랜 끈질긴 기술적 투쟁의 결과이다. 그리고 지퍼는 옷을 채우는 도구로서 단추와 경쟁하기 위해서 나온 것이 아니라 1890년대의 긴 장화에 매는 길고 후크가 달린 신발끈을 대치하기 위해서 고안되었다.

1893년 8월 29일, 시카고에 살고 있던 기계 공학도인 휘트컴 저드슨은 '걸쇠clasp-locker'의 특허를 땄다. 당시 특허청에는 저드슨이 만든 이 원시적인 지퍼와 조금이라도 비슷한 것이 하나도 없었다. 두 개의 걸쇠가 이미 사용되고 있었다. 하나는 저드슨의 부츠에, 다른 하나는 저드슨의 사업 파트너인 루이스 워커의 부츠에 달려 있었다.

자동차와 철도 브레이크에 관한 특허를 10여 개 갖고 있던 저드슨은 실용적인 발명가로 이름이 나 있긴 했지만 걸쇠에 관심을 보이는 사람은 찾을 수 없었다. 이 무시무시해 보이는 장치는 후크와 구멍 자물쇠가 일렬로 늘어선 것이었고 시간을 줄여주는 현대적 도구라기보다 중세의 고문 도구처럼 보였다.

관심을 부추기기 위해서 저드슨은 1893년의 시카고 세계 박람회에 걸쇠를 내놓았다. 그러나 전시회장에 입장한 2,100만 명의 관람객들은 세계 최초의 대관람차와 벨리 댄서인 '리틀 이집트'가 나오는 쿠치쿠치 쇼로 몰려가 버렸으며, 세계 최초의 지퍼는 거들떠보지도 않았다.

저드슨과 워커의 회사인 유니버설 패스너는 미국 우편국에서 지퍼 달린 우편낭 스무 개를 주문받았다. 그러나 지퍼가 너무 자주 물려서 이 우편낭은 외면당하고 말았다. 저드슨은 걸쇠를 개선해보려고 노력했지만 지퍼의 완성은 또 다른 발명가인 스웨덴계 미국 기술자 기드온 선드백의 손에 떨어졌다. 선드백은 1913년에 저드슨의 후크와 구멍 디자인을 버리고 더 작고 가볍고 믿음직한 도구를 만들었는데 이것이 바로 우리가 사용하는 지퍼다. 그리고 선드백의 지퍼를 처음 주문한 곳은 미 육군으로, 제1차 세계 대전 중에 의복과 장비를 담을 때 사용할 예정이었다.

가정에서는 지퍼가 부츠, 전대, 그리고 담배 주머니에 등장했다. 민간인의 의복에 지퍼가 등장한 것은 1920년대 이후였다.

처음에 나온 지퍼는 별로 인기가 없었다. 철제 지퍼는 쉽게 녹이 슬어서 옷을 빨기 전에 뗐다가 옷이 마르면 다시 꿰매야 했다. 또 사람들을 교육시켜야 하는 어려움도 있었다. 단춧구멍에 단추를 끼우는 것은 아이들도 쉽게 할 수 있었으나 지퍼를 채우는 일은 모르는 사람들에게 그다지 쉬운 일이 아니었다. 지퍼가 달린 옷에는 이것을 작동하고 관리하는 데 대한 지침서가 붙어서 나왔다.

1923년에 비에프 굿리치 회사에서는 '후크가 없는 부착 장치'가 달린 새로운 고무 덧신을 내놓았다. '지퍼zipper'라는 말 자체는 굿리치가 부츠를 잠글 때 나는 '지-퍼z-z-z-zip'라는 소리에서 착안했다고 한다. 굿리치는 신상품 이름을 '지퍼 부츠'라고 다시 붙이고 '후크 없는 부착 장치 회사'로부터 15만 개의 지퍼를 주문했다. 이 회사는 나중에 이름을 탤론Talon으로 바꿨다. 제품이 점점 믿을 만하고 녹이 슬지도 않을 뿐 아니라 '지퍼'라는 신기한 이름 때문에 지퍼는 점점 인기를 끌게 되었다.

1920년대쯤에 지퍼는 덮개 밑에 감추어진 상태로 의복에 널리 쓰이게 되었다. 1935년에 유명 디자이너 엘사 스키아파렐리가 「뉴요커」지가 '지퍼가 줄줄이 달린'이라고 묘사했던 봄옷 컬렉션을 내놓으면서 지퍼 자체가 하나의 패션 액세서리가 되었다. 스키아파렐리는 컬러 지퍼, 특대형 지퍼, 그리고 장식적인 지퍼를 최초로 만든 디자이너가 되었다.

탄생 과정이 길고 오랫동안 천대받긴 했지만 지퍼는 플라스틱 필통에서 복잡한 우주복에 이르기까지 우리 일상의 구석구석으로 파고들었다. 불행히도 지퍼라는 아이디어를 처음 내놓았던 휘트컴 저드슨은 자기 발명품이 결코 실용적으로 쓰일 수 없을 것이라고 생각하면서 1909년에 죽었다.

벨크로 : 1948년, 스위스

몇십 년 동안, 의복 산업에서 지퍼가 확고하게 차지하고 있는 위치를 그 어느 발명품도 흔들어놓지 못할 것처럼 보였다. 그러다가 벨크로가 등장했는데, 이것은 우엉 덤불의 씨앗주머니에서 만들어지는 작은 엉겅퀴 방울과 같은 합성수지 가시를 만들려는 한 사람의 노력의 결과로 생겨났다.

1948년에 알프스산을 오르던 스위스의 등산가 게오르그 데 메스트랄은 바지와 양말에 달라붙는 가시 때문에 짜증이 났다. 이것을 떼내면서 그는 가시에서 착안하여 지퍼를 완전히 대체하지는 못해도 적어도 이것과 경쟁을 할 수 있는 부착 장치를 만들 수 있겠다고 생각했다.

오늘날 벨크로는 두 개의 띠로 되어 있는데 한쪽에는 작은 후크가 수천 개 붙어 있고 다른 쪽에는 눈이 달려 있다. 두 개의 띠를 눌러붙이면 후크가 눈에 잠기는데, 이 아이디어를 완성시키는 데는 10년이 걸렸다.

메스트랄이 자문을 구했던 섬유 전문가들은 사람이 가시를 만든다는 생각에 콧방귀를 뀌었다. 프랑스 리옹의 섬유공장에서 일하는 직조공만이 이것이 실현 가능하겠다는 생각을 했다. 직조공은 소형 베틀에서 오롯이 수작업으로 한쪽에 후크가 달리고 다른 한쪽에는 눈이 달린 두 개의 면띠를 만들어내는 데 성공했다. 두 개의 띠를 압착하면 손으로 떼낼 때까지 단단히 붙어 있었다. 메스트랄은 이 샘플을 '로킹잠그는 테이프'라고 이름붙였다.

직조공이 수작업으로 한 것을 복제할 기계를 개발하는 데는 기술적 발전이 필요했다. 계속해서 이것을 떼었다 붙였다 하면 부드러운 눈과 후크가 망가지므로 면보다 내구성이 좋은 나일론이 사용되었다. 획기적인 변화는 유연한 나일론 실을 적외선을 쬐면서 만들면 단단해져서 거의 망가지지 않는 후크와 눈이 된다는 것을 메스트랄이 발견하면서 마련되었다. 1950년대 중반까지는 최초의 나일론 테이프가 현실이 되었다. 상표 이름을 짓는 데 있어서 메스트랄은 단지 소리가 듣기 좋아 '벨벳velvet'이라는 말에서 '벨vel'을, '후 크hook'의 축소형인 프랑스어 '크로셰crochet'에서 '크로cro'를 따왔다.

1950년대 후반까지는 섬유직조기에서 매년 6,000만 야드의 벨크로를 생산하게 되었다. 메스트랄이 바랐듯이 벨크로가 지퍼를 대치하지는 않았지만 지퍼처럼 여러 가지로 쓰임을 받게 되었다. 벨크로는 인공 심실을 닫거나 우주의 무중력 상태에서 기어를 고정시키는 데 사용될 뿐 아니라 기저귀, 수영복, 의복을 잠그는 데 사용되었다.

 우산 : 기원전 1400년, 메소포타미아

지위와 명예의 상징인 우산은 메소포타미아에서 3,400년 전에 부채의 연장으로 시작되었다. 당시 우산은 비가 귀한 사막에서 메소포타미아인들을 비로부터 보호해주지는 않았지만 강렬한 태양으로부터는 보호해주었다. 그리고 우산은 수 세기 동안 주로 차양막으로 사용되었다. 이것은 '우산 umbrella'의 어원이 '그늘'을 의미하는 라틴어 '움브라umbra'에서 왔다는 사실에서도 잘 알 수 있다. 오늘날 많은 아프리카 나라에서는 우산을 든 사람이 추장의 머리를 햇빛으로부터 보호하기 위해 그의 뒤에서 걷는다. 이것은 고대의 이집트와 메소포타미아의 전통을 잘 반영해준다.

기원전 1200년쯤에는 이집트의 우산이 종교적인 의미를 띠게 되었다. 사람들은 천상의 여신인 누트Nut의 몸이 하늘을 이루고 있다고 믿었다. 거대한 우산처럼 땅을 굽어보는 그녀는 발가락과 손가락 끝으로만 땅을 만졌다. 별이 총총 박힌 그녀의 배는 밤하늘이었다. 사람이 만든 우산은 누트 여신을 지상에서 표현하는 상징이었고 귀족만이 이것을 들 수 있었다. 왕이 쓰는 우산 밑에 서 있도록 초청받는 것은 왕의 보호 아래 있게 되는 것을 상징하는 큰 명예였다. 야자나무 잎, 깃털, 파피루스는 부채뿐만 아니라 우산을 만드는 재료이기도 했다.

그리스인과 로마인들은 이
집트 문화를 거의 그대로 빌
려왔지만 우산은 나약한 것
이라고 생각했다. 남자들은
우산을 거의 쓰지 않았다. 우
산을 '여자들처럼' 가지고 다
니는 남자들에 대해 기원전
6세기 무렵의 그리스 작가들
이 비난조로 언급한 글들이

고대 이집트의 파라솔. 햇빛을 가리는 차양과 바람을 일으
키는 부채로 썼다.

수없이 많다. 몇 세기 동안 공적인 장소에서 남자가 우산을 들고 있어도 괜
찮은 경우는 여성 동반자의 머리를 보호하는 경우뿐이었다.

여성들의 경우는 상황이 정반대였다. 지위가 높은 그리스 여성들은 하얀
파라솔을 들고 다녔다. 그리고 1년에 한 번 아크로폴리스에서 열리는 풍요
의식의 퍼레이드인 파라솔 축제에 참가했다.

종이 파라솔에 기름을 묻혀 방수로 만드는 관습은 로마 여성들로부터 시
작되었다. 로마 역사가들은 원형 극장에서 비가 몇 방울만 떨어져도 수백 명
의 여자들이 시야를 가리는 우산을 펴서 남자들을 화나게 했다고 기록하고
있다. 공적인 행사에서 우산을 사용하는 데 대한 논란이 벌어졌고 1세기에
는 그 이슈가 도미티아누스 황제에게까지 상정이 되었고 황제는 여자들이
기름 붙인 파라솔로 자신을 보호해도 좋다는 판결을 내렸다.

파라솔과 우산은 유럽에서 18세기까지 주로 여성들의 액세서리였다. 그
리고 미국에서는 그 후에도 주로 여성들의 전용물이었다. 남자들은 모자를
쓰거나 비를 흠뻑 맞았다. 비를 피하려는 행동을 조금만 해도 남자답지 못

플랑드르 화가 반 다이크가 그린 「엘레나 그리말디 후작
부인」(1623).

한 것으로 여겨졌다. 16세기의 프랑스 작가 앙리 에티엔은 우산을 가진 남자들에 대한 유럽 사람들의 감정을 이렇게 요약하고 있다. '프랑스 여자가 우산을 가지고 다니는 남자를 본다면 그를 나약하다고 생각할 것이다.'

우산을 남자들의 점잖은 우비로 만든 것은 영국 신사 조너스 핸웨이였다. 그는 우직하게 참으면서, 굴욕감을 느껴가면서, 그리고 공개적으로 비난을 받아가면서 이 변화를 성취했다.

핸웨이는 러시아와 극동과의 무역에서 재산을 많이 모았고 38살에 은퇴하여 보육원과 병원을 세우는 데 전념했다. 그리고 자기가 좋아하던 우산을 널리 보급하는 데 헌신했다. 1750년부터 핸웨이는 해가 뜨나 비가 오나 외출할 때마다 꼭 우산을 가지고 다녔다. 그

프랑스의 인상파 화가 구스타브 카유보트의 「파리의 거리: 비오는 날」(1877).

는 항상 센세이션을 일으켰다. 왕년의 사업 동료들은 갑자기 그를 양성兩性으로 간주했다. 거리의 놈팡이들은 그가 지나갈 때 야유를 했다. 그리고 우산이 비를 피하는 합법적인 수단이 될 경우 이것이 자신들의 생계에 미치게 될 위협을 생각하고 마부들은 일부러 마차를 진구렁으로 몰아서 그에게 구정물을 튀겼다.

　그에 굴하지 않고 핸웨이는 30년의 여생 동안 우산을 들고 다녔다. 이윽고 남자들은 우산 사는 데 한 번 투자하는 것이 비가 올 때마다 마차를 부르는 것보다 싸게 먹힌다는 것을 깨달았다. 특히 런던에서는 이것이 상당한 절약이었다. 당시의 경제적 여건 때문이었는지, 아니면 낯익게 되어서 무관심하게 된 때문이었는지 우산과 결부된 나약함의 낙인은 곧 없어졌다. 1786년에 조너스 핸웨이가 사망하기 전에 영국 신사들은 비오는 날이면 우산을 자랑스럽게 들고 다니게 되었고 실제로 이 우산을 '핸웨이즈Hanways'라고 불렀다.

현대적 비옷 : 1830년, 스코틀랜드

비옷의 역사는 의복의 역사만큼이나 길다. 원시인들은 나뭇잎과 풀을 엮거나 기름진 동물 가죽 조각을 꿰맴으로써 방수 옷과 머리 가리개를 만들었다. 방수에 사용하는 코팅제는 문화마다 달랐다.

예를 들어 고대 이집트인들은 왁스를 먹인 리넨과 기름을 먹인 파피루스를 사용했고 중국인들은 종이와 비단에 니스와 래커칠을 했다. 그러나 편리하고 가볍고 효과적인 고무 비옷이 나오게 한 사람들은 남아메리카 원주민들이었다.

16세기에 신세계를 방문한 스페인 탐험가들은 원주민들이 헤베아 브라질리엔시스Hevea brasiliensis라는 나무에서 나온 우윳빛 송진을 머리와 신발에 바르는 것을 보았다. 흰 수액은 엉기고 말라서 코팅을 한 의복을 뻣뻣하지만 탄력성 있게 만들었다. 스페인 사람들은 그 물질을 '나무 우유'라고 불렀고 원주민들처럼 나무의 수액을 내서 코트, 모자, 망토, 부츠 바닥에 발랐다. 그렇게 하면 비는 막을 수 있었지만 한낮의 열기에는 이것이 녹아서 옷에 풀이나 낙엽이 묻었고, 기온이 내려가는 밤이 되면 다시 딱딱하게 엉겨붙었다.

사람들은 이 수액을 유럽으로 가져갔다. 당시 이름난 과학자들은 이것의 성능을 높이기 위해 실험을 했다. 1748년에 프랑스 천문학자 프랑수아 프레노François Fresneau는 이 수액을 천에 붙였을 때 유연하지만 끈적거리지는 않게 하는 화학 약품을 개발했다. 그러나 화학 첨가제 자체가 참을 수 없을 정도로 악취가 났다.

또 다른 실험이 있었으나 실패했다. 그러나 적어도 이 수액에 이름을 부여하게 되었다. 1770년에 영국의 화학자이자 산소를 발견한 조지프 프리스틀리는 우윳빛 라텍스를 개선시키려고 작업을 하고 있었다. 우연히 그는 응고된 수액 조각이 흑연 자국을 지우는 것을 발견했고 거기서 실용적인 이름이 생겨났다.

현대의 고무 비옷의 시대가 도래한 것은 1823년에 57살의 스코틀랜드 화학자 찰스 매킨토시가 기념비적인 발견을 하면서부터였다.

글래스고에 있는 실험실에서 실험을 하던 매킨토시는 천연고무가 석유의 분별증류에 의해 만들어지는 액체인 콜타르 나프타에 잘 녹는 것을 발견했다. 나프타 처리된 고무를 옷에 바름으로써 매킨토시는 고무 냄새만 나는 방수 코트를 만들었다. 사람들은 그것을 매킨토시라고 불렀다.

나프타 처리된 고무로 만든 장화는 '갈로시galosh'라는 이름을 얻게 되었는데, 이 용어는 이미 높은 부츠에 사용되고 있던 이름이었다. 이 말은 갈리아 사람들이 신던 두꺼운 가죽끈의 샌들을 지칭하던 로마식 표현이었다. 장딴지까지 십자로 끈을 묶은 이 신발은 '갈리아인의 신발'이라는 뜻의 '갈리카 솔레아Gallica solea'라고 불렀는데 마침내 '갈로시galoshes'가 되었다.

 수영복 : 19세기 중반 유럽

독자적인 의복으로서 수영복이 시작된 것은 1800년대 중반이었다. 그전에는 오락으로 수영을 하는 것이 유행되지 않았다. 남자나 여자가 물에 뛰어들 때는 속옷을 입거나 발가벗고 들어갔다.

한 가지 중요한 발견으로 인해 사람들의 수영하는 습관이 변해 수영복의 필요를 창출하게 되었다. 1800년대의 유럽 의사들은 오락으로 수영을 하는 것이 '신경'을 치료하는 강장제라고 권장하기 시작했다. 당시 '신경'이라는 말은 상사병과 같은 일시적인 것과 결핵성 뇌막염과 같은 치명적인 병을 모두 포함하는 말이었다. 이것을 치료하는 방법은 바로 석탄수, 샘, 그리고 바다 같은 물이었다. 몇 세기 동안 온몸을 적시는 목욕을 죽음과 동등하게 여겼던 유럽인들이 호수, 강, 그리고 바다에 수만 명씩 들어가서 걷기도 하고 몸을 적시기도 하고 물장구도 쳤다.

이런 필요를 충족시키기 위해 나온 수영복은 거리 의상의 디자인을 따랐다. 여성들은 플란넬, 알파카, 서지serge로 만든 옷, 딱 맞는 보디스bodice, 목까지 올라오는 칼라, 팔꿈치까지 내려오는 소매, 무릎까지 오는 치마를 입었으며 그 밑에는 반바지, 검은 스타킹, 그리고 낮은 캔버스 슈즈까지 신었다. 젖었을 때 수영복의 무게는 수영하는 사람의 몸무게만큼 나갔다. 영국과 미국에서의 익사자 숫자는 많은 사람들이 수영복 무게 때문에 저류에 말렸음을 입증한다. 남자들 수영복도 약간 덜 거추장스러웠을 뿐, 위험도에서는 별로 다르지 않았다.

이런 의복은 나중에 나온 더 가벼운 '스위밍 슈츠swimming suits'와는 대조되는 '베이딩 슈츠bathing suits'였다.

1880년 무렵부터 여자들은 '수영 기계'에서 안전하게 해수욕을 할 수 있었다. 경사로와 탈의실을 갖춘 이 장치는 모래에서 얕은 물 속으로 굴러갈 수 있었다. 여자들은 기계 속에서 옷을 벗고 풀 사이즈의 플란넬 가운으로 갈아입은 후 경사로를 따라 바다 속으로 들어갔다. '정숙 덮개'라고 불리는 차양이 해변의 남자들로부터 그녀를 감추어주었다. 수영 기계는 '디퍼dippers'라고 불리는 여자 종업원들이 신경을 곤두세워 지켰는데, 그들의 업무는 주변에 어슬렁거리는 남자들을 빨리 다른 곳으로 가게 하는 것이었다.

미국 제1차 세계 대전에 참전한 직후 달라붙는 원피스 수영복이 인기를 끌었다. 그러나 여전히 소매가 있었고 무릎까지 내려오는 길이였다. 여자들 수영복은 스커트였다. 수영복의 혁명은 칼 얀첸이라는 덴마크계 미국인의 섬유 기술에 의해서 이루어졌다.

1883년에 덴마크에서 태어난 얀첸은 미국으로 이민 와서 1913년 오리건주 포틀랜드에 있는 직조공장의 동업자가 되었다. 이 공장에서는 털스웨터,

양말, 모자, 장갑을 만들었다. 얀첸은 1915년에 더 촘촘하고 가벼우면서 잘 늘어나는 털스웨터를 만들려고 기계를 가지고 실험을 하다가 탄력성 있는 립니트 스티치rib-knit-stitch를 개발했다.

이것은 원래 스웨트를 만드는 데 쓰이도록 되어 있었다. 그러나 포틀랜드 조정팀의 어느 친구가 얀첸에게 더 '탄력성' 있는 체육복을 만들어달라고 부탁했다. 피부에 딱 달라붙는 얀첸의 립니트 옷은 곧 팀의 모든 멤버들이 입게 되었다.

포틀랜드 회사는 이름을 얀첸 니팅 밀즈로 바꾸고 다음과 같은 슬로건을 내걸었다. '목욕을 수영으로 바꾼 옷'.

비키니 1930년대가 되면서 수영복은 몸을 더 많이 드러내게 되었다. 어깨끈이 가늘고 등이 없는 디자인에서부터 여자들의 수영복은 곧 투피스로 된 윗도리와 팬티로 발전했다. 비키니가 다음 단계였다. 그리고 이 이름을 통해 비키니 패션은 핵 시대의 시작과 영원히 연관되게 되었다.

1946년 7월 1일, 미국은 비키니 환초라고 알려진 태평양의 마셜 제도에 원자폭탄을 떨어뜨림으로써 핵실험을 시작했다. 1년 전에 히로시마와 나가사키에 떨어진 것과 같은 타입의 폭탄은 세계적인 주목을 끌었다.

파리에서 루이 레아르라는 디자이너는 아직 이름을 붙이지 않은 대담한 투피스 수영복을 공개할 준비를 하고 있었다. 신문은 온통 핵폭탄 이야기였다. 자기 수영복이 언론의 관심을 끌기를 바랐고, 또 그 디자인 자체가 폭발적이라고 믿었던 레아르는 최고의 화젯거리였던 '비키니'를 이름으로 정했다.

핵폭탄이 떨어진 지 나흘 후인 7월 5일 레아르의 톱 모델인 미슐린 베르나르디니는 역사상 최초의 비키니를 입고 파리의 무대를 행진했다. 1946년 수영복은 핵폭탄보다 더 많은 논란과 관심과 비난을 불러일으켰다.

기성복 : 18세기 유럽

백화점과 부티크에 온갖 남녀 의복이 넘쳐나는 오늘날 기성복이 없던 시절은 상상하기 힘들다. 그러나 기성복이 편리한 현실이 된 것은 채 200년도 되지 않는다. 그전에는 필요할 때만 직업 재봉사나 집안의 여성이 옷을 만들었다.

최초의 기성복은 남성복이었다. 1700년대 초기에 헐렁하고 볼품없는 싸구려 기성복이 런던에서 팔렸다. 멋쟁이 남성들이 기피하고, 밥줄이 끊어질까 두려웠던 직업 재봉사들이 경멸했던 이 옷은 노동자들과 하류 계층이 구입했는데, 그들은 잘 맞든 맞지 않든 특별한 경우에 입을 옷이 생겼다는 사실에 감지덕지했다.

재봉사 조합에서는 이 유행을 중단시키려고 했다. 그들은 기성복을 만드는 조합회원을 추방하는 한편 이것을 불법화하려고 의회에 탄원서를 제출했다. 의회는 골치 아픈 사태에 휘말리지 않으려 했다. 그리고 더 많은 사람들이 기성복을 사 입게 되자 더 많은 재봉사들이 조합을 탈퇴하여 커지는 수요를 만족시켰다.

1770년대에 남자 기성복 유행이 패션의 중심지인 파리를 휩쓸었다. 재봉사들은 슈트의 맵시와 품질을 개선하려고 서로 경쟁했다. 그리고 우수한 의복이 상류층 고객을 유혹했다. 1770년대 말에는 여섯 개의 유럽 회사에서 슈트뿐만 아니라 코트도 만들기 시작했다. 기성복은 항구에 기항하는 시간이 짧아서 여러 번 가봉하면서 옷을 맞출 수 없었던 항해사들에게 특히 더 사랑받았다.

오랫동안 여성들은 옷을 직접 만들어서 입었다. 그들은 개인적인 취향이나 은밀한 몸의 치수도 모르는 남에게 옷을 만들게 한다는 생각 자체를 거부했다. 그러나 기성복이 가정에서 만든 의복보다 여러모로 편리하기 때문에(색깔과 모양, 원단을 마음대로 고를 수 있고 시간도 절약되므로) 마침내 여성들도 기성복에 넘어가게 되었다. 여성복과 아동복을 만드는 최초의 회사가 1824년에 파리에서 문을 열었고 꽃시장과 가깝다는 이유로 라 벨르 자르디니에르라는 이름이 붙었다. 미국에서는 1830년 무렵 매사추세츠주 뉴베드퍼드에 있는 브룩스 형제가 남자 기성복을 만들기 시작했다.

당시의 두 가지 발명 덕분에 오늘날 기성복 제조는 수백만 달러짜리 산업이 되었다. 하나는 의복의 대량 생산을 가능케 한 재봉틀의 발명이었다. 왜냐하면 역사상 처음으로 손으로 바느질하지 않은 옷이 만들어졌기 때문이다. 두 번째 획기적 사건은 남자, 여자, 아동을 위한 표준 사이즈 스케일의 도입이었다.

1860년대까지는 옷을 두 가지 방법으로 재봉했다. 새 옷을 만들 때는 입고 있던 옷을 본떠서 만들었는데 그러자니 옷을 다시 뜯어서 천을 펴야 했다. 아니면 모슬린으로 옷 모양을 대충 잘라서 사람 몸에 붙인 후 이것을 다시 자르고 모양을 맞추어 만족스럽게 맞을 때까지 되풀이했다. 그러고 나서 완성된 모슬린 본을 비싼 옷감에 복사했다. 이런 지루한 과정은 지금도 패션 디자이너의 옷을 만드는 데 사용되고 있지만 대량 생산에는 적합하지 않다.

표준 사이즈는 '등급별 종이 옷본'의 형태로 1860년대에 산업계의 현실이 되었다. 이제 고객은 옷걸이에서 서너 벌의 옷을 들고 어떤 옷이 맞을지 추측하지 않아도 되었다. 집에서 옷을 만드는 사람들도 종이 옷본에 의존하게 되었는데 이것은 잡지와 상점 카탈로그에 나오거나 우편 주문으로 판매되었다. 1875년까지는 종이 옷본이 1년에 수천만 개씩 팔리게 되었다. 옷본으로 만든 옷을 입는 것이 유행이 되었다. 왕실 재봉사가 만든 맞춤옷을 입을 여유가 있었던 빅토리아 여왕도 당시 가장 인기 있던 버터릭 옷본으로 만든 옷을 아들을 위해 주문했다.

1904년의 재봉사들의 모습.

기성복에는 민주주의의 일면이 담겨 있다. 이것은 모든 사람이 평등하게 창조되었다는 사실을 증명하지는 않았으나 부자든 가난하든 기껏해야 한정된 몇몇 사이즈 안에 들어간다는 것을 확인시켜주었다. 더욱 중요한 것은 역사상 처음으로 패션이 몇몇 부자들의 특권이 아니라 모든 사람이 이용할 수 있는 것이 되었다는 사실이다.

디자이너 라벨 : 19세기, 프랑스

디올, 클라인, 드 라 렌타, 폰 퍼스텐버그, 카시니, 가르뎅, 로렌, 구찌.

역사는 오늘날의 패션 디자이너 이름을 기록하고 있지만, 역사의 어느 페이지에도 왕족과 귀족의 옷을 만들었던 재봉사나 재단사 이름은 기록되어 있지 않다. 그들은 분명히 존재했으며 패션도 확실히 존재했었다. 프랑스와 밀라노는 유럽 최초의 패션 중심지로 기록되어 있다. 그러나 18세기 후반 이전에 중요했던 것은 옷 자체였다. 옷 모양, 마감, 컬러, 옷감, 입고 행진했던 사람 등 모든 것이 중요했지만 디자이너만은 중요하지 않았다.

디자이너 의상과 유명 상표의 유행을 처음 시작한 사람은 누구일까?

최초로 명성과 인정과 역사의 한 페이지를 차지한 디자이너의 이름은 로즈 베르탱이었다. 1700년대 중반에 프랑스 아베빌의 마리잔느라는 이름으로 태어난 그녀는 일련의 운 좋은 만남이 없었더라면 놀라운 재능에도 불구하고 유명해지지는 못했을 것이다.

로즈 베르탱은 1770년대 초에 파리에서 모자 장사를 했다. 그녀의 맵시 있는 모자는 샤르트르 백작 부인의 마음에 들었고 그녀는 베르탱의 후견인이 되어 마리아 테레지아 여제에게 소개시켰다. 자기 딸 마리 앙투아네트가 입고 있던 드레스 스타일이 마음에 들지 않았던 마리아 테레지아는 로즈 베르탱에게 프랑스에서 가장 사치스럽고 유명한 왕비가 될 딸의 몸단장을 지시했다. 황녀를 위해 만든 로즈의 화려한 의상은 프랑스 궁정을 눈부시게 했다. 그러나 마리아 테레지아 여제는 딸의 옷이 무대 배우처럼 지나치다고 불평했다.

왕비가 된 마리 앙투아네트는 패션에 더 많은 시간과 돈을 쏟아부었다. 그리고 그녀의 사치는 국가적 스캔들 수준까지 올라갔고, 로즈 베르탱의 살롱은 파리 패션의 중심지가 되었다. 그녀는 마리 앙투아네트와 일주일에 두 번씩 만나 새로운 가운을 만들어주었을 뿐 아니라 프랑스 귀족 대부분, 스웨덴과 스페인 여왕, 데번셔 공작부인, 러시아 황후 등의 옷을 만들었다.

로즈 베르탱의 옷값은 엄청나게 비쌌다. 들끓는 혁명의 분위기도 옷값과 가운에 대한 수요와 패션에 대한 왕비의 열정을 가라앉히지 못했다. 왕비가 체포되어 참수형을 당한 것도 아마 그 때문이었을 것이다.

1791년 6월 초, 루이 16세와 마리 앙투아네트는 그달 20일에 도피하기로 되어 있었다. 왕비는 도피하기 전에 로즈 베르탱에게 가능한 한 빨리 만들어 달라면서 엄청난 양의 여행복을 주문했다. 이 주문이 발각되면서 국왕 부부

가 도망칠지도 모른다는 의심이 확인되
었다.

　왕비는 체포되어 감금된 후 1793년
에 기요틴의 이슬로 사라졌다. 로즈 베르
탱은 프랑크푸르트로 도망갔다가 런던
으로 가서 유럽과 아시아 귀족들을 위해
계속 옷을 디자인했다. 그녀는 나폴레옹
이 재위하던 1812년에 죽었다.

　그녀의 세계적 명성으로 인해 옷을
디자인하는 사람들이 주목받기 시작했

로즈 베르탱.

다. 파리에서는 살롱과 개인 디자이너들이 자신이 만든 패션에 자기 이름을
붙이기 시작했다. 영국의 디자이너인 찰스 워스는 유명 상표 옷을 전시하는
데 살아 있는 모델을 사용하는 아이디어를 1846년에 도입했다. 이 아이디어
는 저작권법으로 보호받고 있다. 이런 이벤트를 통해 고급 패션이 탄생했다.
디자이너 라벨이 하나의 가능성이 되고 이윤을 남길 수 있는 현실이 된 것은
이런 19세기의 유행과 때마침 일어난 기성복이 합쳐져서 가능해졌다.

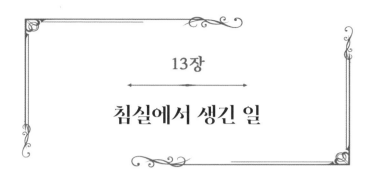

13장

침실에서 생긴 일

 침실 : 기원전 3500년, 수메르

인류 역사의 3분의 1은 결코 쓰인 직이 없다. 이것은 왕, 여왕, 그리고 평민들이 일생동안 잠자리에서 보낸 여덟 시간 동안에 일어났기 때문이다. 마치 잠자리에 들어서 아침 식사를 하러 식탁에 앉을 때까지 인류가 존재하지 않는 것처럼 말이다. 그러나 이 무시된, 그리고 잃어버린 것처럼 보이는 시간 동안에 인간은 수태되고 태어났으며, 미래의 자손들을 낳았고, 또 죽었다. 침실 문화 속으로 감히 들어가보는 것은 이 자체의 전설, 언어, 자질구레한 이야기, 그리고 정담으로 가득 찬 영역으로 들어가는 것과 같다.

기원전 3500년 수메르의 왕궁에서 침실로 사용하기 위해 집 안에 있는 방 하나를 따로 마련해두기 시작했다. 이 고대 수메르 침실의 중요한 특징은 집의 크기와 가족 수와 관계없이 집에 침실이 딱 하나뿐이었다는 점이다. 집 안의 호주는 침실과 침대를 차지했고 부인과 자녀, 하인, 손님들은 집안 여기저기에서 소파나 라운지, 바닥에 드러누워 잤다. 각자 베개가 하나씩 있었지만 나무, 상아, 또는 설화석고로 만든 딱딱하고 커브가 진 머리받침으로 주로 밤새 머리 장식이 망가지는 것을 막기 위해서 사용했다.

이집트인들은 좀 더 나은 침실에서 잤다. 베개가 여전히 딱딱하기는 했지만. 기원전 3000년의 궁전에는 커튼, 네 기둥 달린 침대가 있는 '마스터 침실master bedroom'이 있었고 주위에는 아내와 자식들이 자는 작은 침대가 놓인 좁은 '아파트먼트'가 있었다.

이집트의 가장 좋은 침실에는 이중 벽과 침대를 놓는 높은 단이 있었다. 침대를 바닥보다 높은 단에 놓는 이유는 밤의 추위, 낮의 더위, 그리고 외풍이 잠자는 사람에게 미치지 않게 하기 위해서였다. 옛날에는 거의 모든 나라에서 침대를 밤에 잠잘 때뿐만 아니라 낮에 기대어 쉬거나 식사를 하면서 몸을 쭉 뻗기 위해서 사용했다.

대부분의 이집트 침대에는 천장과 휘장이 있어서 밤에 귀찮게 하는 존재인 모기로부터 사람을 보호했다. 나일강 유역에는 곤충들이 너무나 집요하게 괴롭혀서 평민들조차도 모기장 아래 또는 모기장을 감고 웅크린 채 잠을 잤다. '역사학의 아버지' 헤로도토스는 고대의 여러 곳을 다니면서 만난 사람들과 그들의 행동을 기록했는데, 모기 때문에 괴로움을 당하는 이집트인들에 대해서도 묘사했다.

'늪지대에 사는 이집트인들은 높은 탑 위에서 밤을 보낸다. 모기들이 바람 때문에 높은 곳에는 날아오를 수 없기 때문이다. 탑이 없는 늪지대에서는 모든 사람이 모기장을 가지고 있다. 낮에는 이것으로 고기를 잡고 밤에는 이것을 침대 위에 편 후 그 속에 기어들어가서 잠을 잔다. 옷을 입거나 모슬린을 입고 웅크리고 자면 분명히 옷을 뚫고 무는 모기가 모기장을 통과하려는 시도를 하지 않기 때문이다.'

어원학자들은 '모기mosquito'라는 말과 '캐노피canopy'라는 말 사이에 강한 연관성을 발견한다. 오늘날 '캐노피'라는 말은 침대에 드리우는 화려한 휘장이지만 고대 그리스인들에게 '코노프스konops'라는 말은 모기를 뜻했다. 로마인들은 그리스인들의 모기장을 받아들여 '코노프스konops'라는 말을 '코노페움conopeum'이라는 라틴어로 바꾸었고 이것을 초기 영국 거주민들이 '가나페canape'로 다시 바꾸었던 것이다. 시간이 지나면서 이 이름은 모기 자체가 아니라 모기로부터 사람을 보호하는 침대의 휘장을 의미하게 되었다.

에드먼드 뒬락의 「완두콩 공주」 일러스트 중에서.

　이집트인들이 큰 침실과 침대를 즐겨 사용했던 반면 기원전 600년 무렵의 그리스인들은 더 엄격한 가정생활을 영위했다. 이것은 침실의 간소함에 반영되어 있다. 부유한 그리스 남자의 전형적인 침실에는 나무나 등나무로 만든 평범한 침대와 귀중품을 넣는 상자와 간단한 의자 하나만 있을 뿐이었다. 많은 스파르타의 가정에는 침실 자체가 없었는데, 남편들이 군인의 의무 때문에 10년 또는 그 이상 아내와 떨어져 지냈기 때문이었다. 20살이 된 스파르타 청년은 군대에서 잠을 자야 했다. 결혼을 하면 저녁 식사 후 잠시 아내

14세기와 15세기 중세 프랑스의 침대와 침실을 묘사한 19세기 일러스트.

에게 들를 수 있었지만 정식 그리스 시민이 되는 30살 전까지는 집에서 잠을 잘 수 없었다.

로마의 침실은 그리스의 침실보다는 나았지만 여전히 소박했다. '큐비큘라cubicula'라고 불리는 침실은 문이나 커튼으로 가려진 방이라기보다는 옷장 같았다. 이 큐비큘라는 집 또는 궁전의 중심부를 삥 둘러 서 있었고, 이 안에는 의자, 냄비, 참나무나 단풍나무 또는 삼나무로 만든 간단한 나무 침대가 있었다. 매트리스에는 경제적 형편에 따라 짚, 갈대, 모, 깃털, 백조털 따위를 넣었다.

어떤 로마의 침대들은 화려하게 장식이 되고 비싼 리넨과 실크로 단장을 했지만, 대부분의 침대는 로마의 노동 윤리를 반영하여 아무런 장식 없이 실용성을 강조했다. 아침에 일어나면 사람들은 목욕을 하지 않았고(목욕은 한낮에 공공시설에서 했다) 아침 식사도 물이나 한 잔 마시는 정도였다. 옷 입는 것도 밤에 입고 자던 속옷 위에다 토가toga를 걸치는 것으로 끝났다. 왜냐하면 로마 사람들은 일어나자마자 바로 하루 일과를 시작할 준비를 갖추는 것을 자랑스럽게 생각했기 때문이다. 예를 들어 영국의 정복과 콜로세움 건축을 주재했던 베스파시아누스 황제는 일어난 후 30초 안에 하인의 도움을 받지 않고 국사를 할 준비를 갖출 수 있다고 자랑했다고 한다.

침대 만들기 로마 제국의 멸망 이후 침대와 침실이 사양길로 접어든 것은 '침대를 만들다make a bed'라는 표현에서 적절하게 포착된다. 오늘날 시트와 담요를 정돈하고 꺼진 베개를 툭툭 쳐서 부풀어 오르게 하는 것을 의미하는 이 표현은 암흑의 시기에는 실제로 잠자리를 만드는 것을 의미했다.

500년부터는 바닥이나 딱딱한 벤치나 눅눅한 땅 위에, 또는 쥐를 깔고 밤에 눕는 것을 고생이라고 생각하지 않았다. 실내에 있는 것만으로도 감지덕지한 일이었다. 여러 사람이 끼여서 자는 깃도 싫어하지 않았다. 프라이버시보다는 따뜻한 것이 더 좋았기 때문이다. 그리고 이 무법의 시기에는 사람이 많은 것이 안전하기도 했다.

집이나 여관에 온 손님은 거친 천으로 만든 자루에다 짚을 넣어 테이블이나 벤치 위에다 펴서 '침대를 만들었다'. 낮에 쓰거나 말리기 위해 짚을 매일 빼냈으므로 침대는 매일 다시 만들어야 했다.

침대와 침실이 주는 안락함이 사라진 것은 중세에 나온 또 다른 용어에서도 반영된다. 오늘날 우리는 매트리스를 받치는 침대의 틀을 베드스테드bedstead라고 부른다. 그러나 금욕적인 삶을 살았던 앵글족, 색슨족, 유트족Jutes들에게 베드스테드란 그저 하룻밤 잘 수 있는 자리를 뜻했다.

어려움은 풍습의 일부가 될 수 있다. 영국에서는 편안한 침대가 없는 것을 하나의 장점으로 여겼다. 매일 밤의 고생을 심신 단련의 수단으로 활용할 수 있었기 때문이다. 부드러운 침대는 군사를 나약하게 만든다고 여겨졌다. 이런 생각은 1100년대 초에 스코틀랜드 왕이었던 에드가에 의해 표현되었다. 그는 편안한 오리털 매트리스를 사용할 여유가 있는 귀족들이 부드러운 잠자리에서 자는 것을 금했다. 부드러운 잠자리가 그들을 나약하게 만들 수 있다는 우려 때문이었다. 심지어 잠잘 때 옷을 벗는 것조차(갑옷을 벗는 것을 제외하고) 나약한 사치라고 여겨졌다. 앵글로 색슨족의 삶이 이처럼 금욕적이었기 때문에 이들을 정복한 노르만족은 그들을 동물보다 약간 문명화된 존재들로 간주했다.

스프링 매트리스 : 18세기 후반, 영국

한때는 빈대와 곰팡이가 낀 매트리스가 악몽보다 더 사람들을 괴롭혔던 적이 있다. 짚, 나뭇잎, 솔잎, 갈대는 곰팡이가 피고, 썩고, 빈대가 들끓었다. 중세의 많은 이야기에는 자주 말리지도 않는 매트리스에 쥐들이 먹이를 물고 와서 산다는 대목이 나온다. 15세기에 레오나르도 다빈치는 친구 집에서 '죽은 동물의 전리품' 위에서 밤을 새워야 했다고 불평하고 있다. 의사들은 매트리스 속에 마늘 같은 동물 퇴치용품을 넣으라고 권했다.

스프링과 현대적인 침대 속이 나오기까지 편안하고 동물이 끼지 않는 매트리스에 대한 추구는 끝이 없었다. 매일 '침대를 만들어야 했던' 한 가지 이유는 매트리스 속을 말리고 바람을 쐬어주기 위해서였다.

다빈치의 시대부터 18세기에 스프링 매트리스가 탄생하기까지 편안하고 빈대 없는 휴식을 위한 수많은 시도가 있었다. 그중 가장 주목할 만한 것은 1500년대에 나온 프랑스의 에어 매트리스였다. '에어 베드'라고 알려진 이 매트리스는 왁스를 듬뿍 먹인 캔버스 천으로 만들었으며 입이나 펌프로 부풀릴 수 있는 밸브가 붙어 있었다. 윌리엄 뒤자르댕이라는 가구상이 만든 사상 최초의 에어 매트리스는 당시 프랑스 귀족들 사이에서 잠시 인기를 누렸으나 계속 또는 무거운 사람이 사용할 경우 천이 터져서 수명이 급격히 단축되었다. 17세기 영국에서는 더 신축성 있는 유포로 만든 많은 에어 베드가 나왔으며 벤 존슨이 1610년에 쓴 『연금술사The Alchemist』라는 희곡의 등장인물은 '나는 침대 속을 채우기보다는 공기로 부풀리게 하겠어'라고 단언하면서 짚보다 공기를 더 선호하는 표현을 하고 있다.

18세기 초에 영국에서 스프링가구와 마차 좌석에 대한 특허가 등장하기 시작했다. 처음에는 너무 불편했다. 원추형이 아니라 완전한 원통형이었기 때문에 그 위에 앉으면 수직으로 압축되기보다는 한쪽으로 미끄러졌다. 옆으로 완전히 눕기도 했다. 당시에는 야금술이 형편없었으므로 스프링이 반동을 일으켜 위험하게 돌출하기도 했다.

스프링 매트리스도 시도되었다. 그러나 침대에 누울 경우 가하는 압박이 모두 다르기 때문에 복잡한 기술적 문제가 제기되었다. 예를 들어 엉덩이를 받칠 만큼 단단한 스프링은 머리에는 전혀 탄력성이 없었고 머리에 반응을 보일 만큼 민감한 스프링은 엉덩이 밑에서는 찌그러지고 말았다.

그러나 1850년대 중반에 원추형 나선 스프링이 의자에 등장하기 시작했다. 밑바닥의 원주가 더 크기 때문에 수직 압축을 더 안정되게 보장했다. 1870년대의 런던 신문은 원추형 나선 스프링 위에서 잠을 잔 경험을 이렇게 묘사하고 있다.

'이상하게 보이겠지만 철사 위에 담요를 접어서 놓기만 하면 스프링도 훌륭한 잠자리가 된다.'

이 신문 기사는 스프링의 안락함에 대해서도 강조하고 있다.

'표면이 물처럼 민감해서 모든 압력에도 반응을 보이고 몸을 일으키면 원래 모양으로 돌아간다.'

처음 나온 스프링 매트리스는 수공품이었고 비쌌다. 뉴욕 출신의 발명가가 만든 미국 최초의 특허 매트리스는 너무 비싸서 미국의 침구 제작자들은 아무도 관심을 보이지 않았다. 몇 년 동안 스프링 매트리스 침대는 최고급 호텔과 〈모리타니아〉호, 〈루시타니아〉호, 〈타이태닉〉호 같은 유람선에서나 볼 수 있었다. 1925년에 미국의 침대 제작자 젤몬 시몬스가 '뷰티레스트' 스프링 매트리스를 고안해냈을 때만 해도 39달러 50센트라는 가격은 당시 최고급 모발 매트리스의 두 배 이상이었다.

시몬스는 머리를 써서 매트리스뿐만 아니라 '과학적인 잠'을 팔기로 작정했다. 그는 뷰티레스트 광고에 토머스 에디슨, 헨리 포드, H. G. 웰스, 구글리엘모 마르코니 같은 당대 발명의 천재들을 내세웠다. 회사는 수면 연구라는 비교적 최신 분야의 최근 연구를 대중들에게 알림으로써 '과학적 수면'을 홍보했다.

'사람들은 통나무처럼 그냥 쓰러져 자는 것이 아니다. 사람들은 이쪽저쪽 근육을 번갈아 쉬게 하려고 하룻밤에도 22회에서 45회 정도 몸을 뒤척인다.'

당대 최고의 천재들이 잠을 잘 자서 효과를 보았다고 홍보를 했으니 뷰티레스트가 미국 최초의 스프링 매트리스로서 연간 900만 달러의 매출을 올리게 된 것도 놀랄 일이 아니다. 사람들은 기존의 매트리스를 청소부가 걷어가기 힘들 정도로 빠른 속도로 버렸다.

전기담요 : 1930년대, 미국

인간이 최초로 덮은 담요는 동물의 가죽, 또는 『오디세이아』 묘사를 빌리면 '선택된 털'이었다. 그러나 영어의 '담요blanket'라는 말은 나중에 다른 종류의 침구에서 나온 말이다. 중세 프랑스 사람들은 염색하지 않은 양모를 주로 침대보로 썼다. 이것은 흰색이었는데 흰색을 뜻하는 프랑스어 '블랑blanc'에서 따와 '블랑켓blanquette'이라고 불렸다. 시간이 지나면서 이 단어는 '블랭킷blanket'으로 변하여 덮는 침구만을 지칭하게 되었다.

그동안 양털 담요를 덮다가 실질적인 진보를 보인 것은 전기를 의학적으로 응용하다가 부산물로 생겨난 것으로 20세기에 와서였다. 1912년에 아직 미국의 많은 지역에서 전기 공사를 하고 있을 때 미국의 발명가 러셀은 실외에 누워서 요양하는 폐결핵 환자의 가슴을 따뜻하게 해줄 전기담요의 특허를 냈다. 이 담요는 안에 절연된 전선이 가득 들어 있는 작은 사각 천이었고, 가격은 150달러라는 엄청난 금액이었다.

병자가 아닌 일반인을 위해 커다란 침대 크기의 전기담요를 만들어도 되겠다는 생각이 사람들의 마음에 들게 되었다. 그러나 1930년대 중반까지는 가격, 기술, 그리고 안전이 걸림돌이었다. 전기담요의 안전은 몇 년 동안 이슈로 남아 있었다. 사실 오늘날까지의 문제점은 어떻게 하면 불을 내지 않고 고르게 열을 발생시킬까 하는 것이었다. 처음에 나온 해결책 중 하나는 불이 붙지 않는 플라스틱으로 발열체를 둘러싸는 것이었다. 이 플라스틱은 제2차 세계 대전 중에 조종사들을 위해 전기 보온 조종복을 만들려다 생긴 부산물이었다.

 산아제한 : 600만 년 전, 아프리카와 아시아

'산아제한'이라는 용어는 아일랜드계 미국인 간호사 마거릿 생어가 1914

년에 만들어낸 말이다. 11남매 중 한 명으로 태어난 그녀는 '가족계획의 어머니'로 여겨진다. 그러나 산아제한이라는 개념 자체는 고대 사회에서도 실행될 정도로 오래된 것으로, 600만 년 전부터 여성의 생식 주기에 일어났던 놀라운 생리적 변화에서 기인한다.

이 변화는 발정기에 일어난 변화였다. 당시 호모 사피엔스의 조상이 될 암컷은 발정 기간 동안에만 수컷을 성적으로 받아들이는 상태에서 항상 받아들일 수 있는 상태로 변화를 겪기 시작했다. 그래서 일정 기간 동안에만 임신을 할 수 있었던 상태에서(자연의 자동적인 산아제한) 차츰 1년 내내 임신을 할 수 있게 된 것이다.

인류학자들은 이런 변화가 직립 성향과 더불어 시작되었다는 논리를 편다. 직립 자세에서 균형을 유지하기 위해 자연히 골반이 좁아졌고, 이것은 임신을 어렵게 만들고 사산하게 만들었다. 자연은 여성에게 조산하는 성향을 부여했다. 즉, 좁아진 골반에 맞도록 작은 아기를 낳게 된 것이다. 이렇게 조산된 아기는 낳고 나서도 오랫동안 보살펴야 했고 어머니를 바쁘게 만들었다. 그래서 여성은 먹을 것을 구하고 자신을 보호하는 데 있어서 점점 더 남성 의존적이 되어갔다. 그리고 여성은 음식과 보호를 보장받기 위해 그 대가로 남성에게 더 오랜 기간 동안 성적인 호의를 제공했다. 한정된 발정 기간을 가진 여성은 점점 도태되었다. 곧 모든 세대가 계속적인 성적 흥분과 수용을 할 수 있는 유전자를 갖게 되었다. 그리고 이런 발전과 함께 원치 않는 임신을 조절하려는 생각이 나오게 되었다.

수만 년 동안 유일한 피임 방법은 성교 중단, 즉 남성이 여성의 몸 밖에다 사정하는 것이었다. 성경에서 오난이 저지른 죄가 바로 그것이었다. 5,500년 전에 문자가 등장하면서 기상천외한 것에서 실용적인 것에 이르는 여러 가지 산아제한 방법이 역사에 기록되었다.

모든 문화마다 임신을 막는 확실한 방법을 추구했다. 고대 중국에서는 여성들에게 기름에 데운 수은은 삼키도록 했다. 수은은 매우 독성이 강해 태아를 독살했기 때문에 이 방법이 성공했을지는 모르나 때로는 임산부까지 죽었다.

이집트 여인들은 그보다는 덜 위험한 방법을 사용했다. 성교 전에 여성은 질 속에 악어똥과 꿀의 혼합물을 넣었다. 끈끈한 꿀이 정자가 난자와 결합하는 것을 임시로 방해하는 장애물 역할을 했을지도 모르지만 사실 더 중요한 요소는 악어똥이었다. 강한 산성이 임신에 필요한 페하ᴘʜ 환경을 변화시켜 정자를 죽였을 수도 있다. 사실 이것은 역사상 최초의 살정제였다.

이집트의 산아제한 방법은 기록된 것 중에서 제일 오래된 것이다. 기원전 1850년에 쓰인 페트리 파피루스와 그보다 300년 뒤에 쓰인 에베르스 파피루스는 임신을 피할 수 있는 수많은 방법을 묘사하고 있다. 남자가 할 수 있는 방법으로는 성교 중단 외에도 성교 방해라는 것이 있었는데, 이것은 성교를 한 뒤 요도 하부를 누름으로써 정액이 방광으로 들어가게 하는 것이었다. 파피루스에는 여성들이 월경을 처리한 방법에 대한 기록도 있다. 이집트 여성들은 집에서 만든 탐폰 모양의 도구를 사용했는데, 이것은 잘게 찢은 리넨과 아카시아 줄기 나무로 만들었다. 나중에 아라비아고무라고 알려진 아카시아는 물감, 캔디, 그리고 의약품에 쓰이는 유상액 안정제이다.

자유분방했던 2세기와 3세기 로마에서는 피임법이 더욱 중요해졌다. 로마에서 개업했던 부인과 의사 에페수스의 소라누스는 임신이 되지 않게 하는 피임약과 수정된 난자를 방출하는 낙태약의 차이를 분명히 알고 있었다. 그리고 그는 계속해서 낙태를 하면 영원히 아이를 못 낳을 수 있다고 가르쳤다(이것은 맞는 가르침이었다). 그리고 그는 또한 성교 직후에 정자를 방출하기 위해서 여자가 기침을 하거나 뛰거나 재채기를 하라고 가르쳤다(이것은 엉터리 가르침이었다). 그는 또 월경 주기에 배란이 안 되는 '안전한 날'이 있다는 가설도 제시했다.

살정제는 근동과 중동에서 인기 있는 산아제한 방법이었다. 고대 페르시아에서는 여성들이 정자를 죽인다고 생각되는 여러 가지 용액, 즉 알코올, 아이오딘, 키니네, 석탄산을 천연 해면에 적셔서 성교 직전에 질 속에 넣었다. 시리아에서 나는 해면이 흡수력이 가장 좋은 것으로 귀하게 취급되었고 향을 탄 식초는 사람들이 선호하는 살정제였다.

피임용 페서리 기원전 6세기 무렵부터 주로 남자들이었던 의사들은 여자들의 자궁 경부 입구에 씌울 캡처럼 생긴 도구들을 수없이 고안해왔다. 그리스 의사들은 석류를 반으로 잘라 씨를 파내고 그것을 정자를 막는 캡으로 사용하라고 여자들에게 충고했다. 몇 세기 후 카사노바는 자기 애인들에게 반으로 자른 레몬을 약간 짜서 주었다. 레몬 껍질이 물리적 장벽의 역할을 했고, 레몬주스는 산성 살정제 역할을 했다.

매우 효과가 높은 페서리가 1870년에 독일에서 출현했다. 해부학자이며 의사였던 빌헬름 멘싱가가 고안한 캡은 고무로 만든 반구로서 머리에 시계 스프링을 달아 고정시키도록 되어 있었다. '폐색 페서리occlusive pessary' 또는 '더치 캡Dutch cap'이라고 알려진 이것은 98%의 효능을 발휘한다고 여겨지고 있는데, 오늘날의 다이어프램만큼 효과가 있었던 것으로 보인다.

자궁 내 링(IUD) 자궁 내 링의 기원에 대한 기록이 희소한 것은 임신을 방지하는 이것의 역할이 신비에 싸여 있었기 때문이다. 중세 때 아랍인들이 오랜 사막 여행에서 낙타의 임신을 막기 위해 IUD를 사용했다고 알려져 있다. 속이 빈 튜브를 이용하여 아랍인들은 낙타의 자궁 안으로 작은 돌을 밀어 넣었다. 놀랍게도 1970년대 후반이 되어서야 의사들은 IUD가 어떻게 작용하는지를 이해하기 시작했다. 금속이든 또는 플라스틱이든 외부 물체가 자궁 속에 들어가면 하나의 침입자로 여겨져서 백혈구 세포의 공격을 받게 된다. 백혈구의 무기 중 일부는 항바이러스성 합성물인 인터페론이다. 이 인터페론은 정자를 죽여서 임신을 막는 것으로 알려져 있다.

아랍인들이 낙타의 자궁에 돌을 넣은 것처럼 동물과 사람의 자궁 속에 다양한 이물질을 집어넣는 일이 그 후 계속되었다. 몇 가지만 예를 들면 유리와 흑옥으로 만든 구슬, 금속, 단추, 말총, 은으로 만든 실타래 따위가 있다. 그러나 처음 만들어진 철제 코일 IUD는 독일인 의사 에른스트 그래펜베르크가 1928년에 고안한 '실버 루프'였다. 지름이 5분의 3인치인 이 루프는 나중에 나온 많은 IUD처럼 일부 여성들에게 골반 염증을 일으키게 하기도 했지만 적절한 탄력성을 가지고 있었다.

역사상 대부분 나라의 의사들은 성교 후에 즉시 뒷물을 하라고 여자들에게 충고했다. 그들은 이것만으로도 효과적인 피임법이 될 수 있다고 생각했다. 그러나 오늘날 남성이 사정한 지 10초 안에 정자가 질에서 이미 자궁 경부로 헤엄쳐 간다는 연구 사실이 밝혀짐으로써 뒷물이 피임에는 별다른 효과를 미치지 못한다는 것이 증명됐다.

악어똥에서 뒷물에 이르기까지 옛날의 모든 피임법은 대개 엉성한 것이었고, 피임의 책임은 전적으로 여성에게만 돌아갔다. 그러다가 16세기에 콘돔이라는 효과적인 남성 피임법이 생겨났다.

 ## 콘돔 : 16 · 17세기, 이탈리아와 영국

왜 16세기 전에는 성교 시에 음경 위에 덮개를 씌울 생각을 한 의사가 한 명도 없었던가?

옛날의 덮개는 두꺼웠다는 말부터 해야 할 것 같다. 따라서 이것은 남자의 즐거움을 방해했다. 그리고 대부분의 의사는 남자였던 관계로 거의 권장되지도, 사용되지도 않았다. 너무 과장된 이야기처럼 들릴지 모르지만 그다지 과장된 이야기는 아닐 것이다. 음경 덮개가 있기는 했다. 로마인들이(어쩌면 이집트인들도) 기름을 바른 동물의 방광이나 장을 덮개로 사용했다는 증거가 있다. 그러나 이것들은 여자가 임신하는 것을 막기 위해서가 아니라 남자를 성병으로부터 보호하기 위해 만든 것이었다. 남자들은 산아제한 문제에 관한 한 여자들이 주도권을 갖기를 원했다.

난자를 난소에서 자궁으로 나르는 두 개의 가느다란 관을 처음으로 묘사했던 16세기의 이탈리아의 해부학자 가브리엘레 팔로피오가 일반적으로 '콘돔의 아버지'로 여겨진다. 이 별칭은 시대착오적이다. 왜냐하면 콘돔 박사가 이것을 만든 것은 100년 후였기 때문이다.

파도바대학 해부학 교수였던 가브리엘레 팔로피오는 1500년대 중반에 귀두에 씌우고 표피를 고정시키는 의학 처리된 리넨 덮개를 고안했다. 이것은 처음으로 기록된 남성용 피임 도구다. 곧 포경수술을 한 남자들을 위한 덮개도 나왔다. 표준 8인치 길이였고 여자에게 매력적으로 보이기 위해 핑크 리본으로 뿌리 부분을 단단히 묶게 되어 있었다. 팔로피오의 발명품은 1,000명 이상의 남자에게 시험되었고 의사의 말대로 '완전 성공'이었다. 당시 이것은 '오버코트overcoat'라는 완곡어법으로 불렸다.

팔로피오는 처음에 이 덮개를 피임 기구가 아니라 당시 창궐하고 있던 성병과 싸우기 위한 수단으로 고안했다. 선원들이 신대륙에 가서 원주민에게 옮긴 매독균은 16세기 유럽의 성병에서 비롯된 것이었다.

16세기의 음경 덮개는 리넨이 아니라 동물 창자와 어류 막으로 만든 두꺼운 것이었다. 성교의 쾌감도 방해하고 성병 예방도 어쩌다가 했기 때문에(잘

못 사용하거나 씻지 않고 다시 사용했기 때문에 성병 예방도 하지 못했다)
남자들에게 인기가 없었고 경멸을 받았다. 어느 프랑스 후작은 가축의 장으
로 만든 덮개를 가리켜 '사랑에는 갑옷, 성병에는 거미줄'이라고 불렀는데 이
말은 당시 상황을 잘 요약해준다.

　그러면 팔로피오의 오버코트가 어떻게 콘돔이라고 불리게 되었을까?

　구전에 따르면 콘돔이라는 말은 1600년대 중반 영국 찰스 2세의 주치의
로서 작위를 받은 콘돔 백작 이름에서 따왔다. 찰스의 쾌락 추구는 악명 높
았다. 그는 당시 유명한 배우였던 넬 권을 비롯해서 수많은 정부를 거느렸고
적법한 후계자는 낳지 못했지만 수많은 서자를 전국에 뿌렸다.

　콘돔 박사는 찰스 2세로부터 완벽한 피임 도구가 아니라 성병 예방 수단
을 만들어달라는 어명을 받았다. 그의 해결책은 양의 창자를 늘려서 기름을
바른 덮개였다(그가 100년 전에 팔로피오가 만든 도구를 알고 있었는지는

분명치 않으며, 그는 평생 이 고안
품을 설명할 때 자기 이름을 사용
하지 말라고 했다고 한다). 콘돔
덮개는 궁정의 귀족들도 관심을
보였다. 그들도 성병 예방책으로
콘돔을 사용했다.

　사람들이 서자를 낳는 것보다
성병을 훨씬 더 무서워했다는 사
실은 17, 18세기에 나온 여러 사전
에서 콘돔을 어떻게 정의하고 있
는가를 보면 알 수 있다. 예를 들
어 1785년에 런던에서 출판된 『속

카사노바의 콘돔.

어 사전A Classical Dictionary of Vulgar Tongue』은 '성병을 막기 위해 남자들이 성교 시에 쓰는 양의 말린 창자'라고 콘돔을 정의하고 있다. 이 항목을 부연 설명 하기 위해 다른 문장이 여러 개 나오지만 피임에 대한 언급은 없다.

페니실린이 나와서 매독에 대한 남자들의 공포를 잠재운 20세기에 와서 야 콘돔은 피임 도구로 간주되기 시작했다.

경화 고무로 만든 콘돔은 1870년대에 처음 나왔고 나올 때부터 '고무 rubber'라는 대중적인 이름을 취하게 되었다. 그러나 이것은 얇지도 않았고 살균되지도 않았고 일회용도 아니었다. 남자는 성교 직전과 직후에 고무를 씻어야 했는데, 이것이 찢어지거나 갈라질 때까지 썼다. 효과적이고 비교적 편리했지만 여전히 성교의 감각을 무디게 한다는 이유로 기피당했다. 더 얇 은 라텍스 고무는 1930년대가 되어서야 비로소 소개되었다.

종교 집단들은 이 고무 제품을 비난했다. 1880년대 뉴욕의 우편국은 우 편 판매되려던 6만 5,000개 이상의 콘돔을 '부도덕한 목적으로 사용되는 물 품'으로 규정하여 압수했으며 경찰은 제품 제작과 판촉 관계자 700명 이상 을 체포하여 벌금형을 때렸다.

정관수술, 정자와 난자 : 1600년대, 영국과 네덜란드

콘돔 박사가 영국에 최초로 덮개를 소개했던 것과 같은 세기에 영국의 동 료 의사들은 최초의 정관수술을 시술했다. 정관을 자르고 불로 지지는 수단 은 조잡했지만 수술은 효과를 발휘했다. 그러나 오늘날처럼 복원 가능하지 는 않았다.

정자와 난자의 결합이라는 중요한 인간의 생식 원리가 확인된 것도 17세 기였다. 옛날 의사들은 정자와 난자가 합쳐져야 임신이 된다는 사실을 몰랐 다. 몇 세기 동안 난자가 존재한다는 사실조차 아무도 생각하지 못했다. 종의 유지에 대한 책임은 남자들에게만 있었다.

> '의사들은 남자의 정액 속에 '호문쿨리(homunculi)', 즉 '작은 인간'이 들어 있어
> 서 여자의 자궁에 착상하면 인간으로 자라난다고 믿었다.'

피임법은 이 호문쿨리가 자궁으로 행진하는 것을 막는 수단이었다. 16세기에 가브리엘레 팔로피오는 난소와 자궁을 연결하는 관을 묘사했고 1677년에는 네덜란드의 잡화상인 안토니 판 레이우엔훅이 처음으로 양질의 현미경을 만들어 정자를 식별해내어 생식 과정의 절반을 밝혀냈다.

레이우엔훅은 1632년에 네덜란드의 델프트에서 태어났다. 그는 잡화업을 하면서 틈만 나면 유리를 갈아 렌즈를 만드는 실험을 했다. 높은 해상도와 선명도를 가진 현미경을 제작하면서 레이우엔훅은 거의 단독으로 미생물학이라는 분야를 만들었다.

자신이 만든 고성능 렌즈 아래에 표본들을 계속 밀어 넣으면서 레이우엔훅은 수많은 중요한 발견을 했다. 그는 진딧물이 '처녀 생식', 즉 남성의 수정 없이 난자 스스로 부화한다는 것을 발견했다. 그는 자기 피를 사용하여 최초로 적혈구를 정확하게 묘사했다. 자기 침을 사용하여 인간의 입 안에 기생하는 수많은 박테리아도 기록했다. 자기 정액을 사용하여(사람들이 부도덕하다고 아우성쳤지만) 정자도 발견했다. 분명히 정액은 호문쿨리로 이루어져 있지 않았다. 정자는 난자와 결합해야만 했으며 여성도 자녀를 낳는 데 절반의 기여를 하고 있었다. 이 역할이 과거에는 부인되어왔던 것이다.

 피임약 : 1950년대, 매사추세츠주 슈루즈베리

피임법의 역사에서 경구 피임약의 도입만큼 산아제한에 심오한 영향을

미친 사건은 없을 것이다. '피임약'이라고 곧 알려지게 된 경구 피임약에는 핏속에 흘러들어 난자의 생산과 배란을 방해하는 호르몬과 같은 성분이 들어 있다. 피임약이 19세기 중반에 예견되기는 했으나 현실화된 것은 1950년대에 와서였다. 이것은 미국의 가족계획 운동을 조직했던 마거릿 생어의 선구적인 의학 연구와 용기의 결과였다.

피임약은 1930년대에 멕시코의 열대 정글에서 있었던 뜻밖의 발견에서 연유한다. 펜실베이니아주립대학에서 휴가차 와 있던 화학 교수 러셀 마커는 거기서 물에 비누 같은 거품을 만드는 사포게닌이라는 식물 스테로이드를 가지고 실험을 하고 있었다. 그는 사포게닌 디오스게닌sapogenin diosgenin을 인간의 여성 호르몬 프로게스테론으로 변화시키는 화학 반응을 발견했다. 멕시코의 야생 얌 열매가 호르몬 선구물질의 풍부한 공급원이었다.

당시 프로게스테론은 생리 불순 치료나 유산을 막는 데 사용되고 있었다. 그러나 이 약은 유럽의 제약회사에서만 구할 수 있었으며 만들기 힘들어 값도 비쌌다. 그런데도 마커는 미국의 제약회사로부터 종합적인 프로게스테론 연구를 위한 재정적 지원을 받을 수 없었다.

그는 멕시코시티에 있는 실험실을 빌려 10톤의 얌을 모아서 순수 디오스게닌을 추출하기 시작했다. 미국에 돌아와서 그는 2,000그램 이상의 프로게스테론을 합성했는데, 이것은 당시 16만 달러의 값어치가 나가는 것이었다. 합성은 전통적인 방법보다 훨씬 간단해 합성 스테로이드 가격은 1그램에 80달러에서 1달러로 서서히 떨어졌다.

1940년대 후반의 연구자들은 저렴한 경구용 피임약의 가능성을 재평가하기 시작했다. 매사추세츠주 슈루즈베리에 있는 우스터 실험 생물학 재단의 화학자 그레고리 핀커스는 1958년에 얌에서 추출한 배란억제제인 노르에티노드렐norethynodrel을 푸에르토리코에 사는 1,308명의 지원자에게 테스트했다. 그것은 월경을 일정하게 했고 효과적인 피임약이었다. 설 제약회사는 노르에티노드렐을 시판할 수 있도록 FDA 승인을 요청했다. 산아제한에 반대하는 종교 집단의 격렬한 반대에도 불구하고 연구와 마케팅 노력은 지속되었고 1960년에 미국 전역의 여성들에게 역사상 최초의 경구 피임약인 '에노비드Enovid'가 소개되었다.

피임약에 대한 사회적 비난이 강했지만, 판매 수치를 보면 가정의 은밀한 곳에서 여성들이 정기적으로 복용하는 데 거부감을 가지지 않고 있음이 드러났다. 1961년 말에는 50만 명의 미국 여성이 피임약을 복용하고 있었다. 이 수치는 다음 해에 두 배 이상 늘었다.

그 이래로 제약회사들은 부작용이 없는 안전한 경구용 피임약을 개발하려고 애써왔다. 세계적으로 약 7,000만 명의 여성이 복용하고 있는 오늘날의 경구용 피임약에는 원래 얌에서 추출해낸 노르에티노드렐이 하나도 들어 있지 않다.

가족계획   화학자 그레고리 핀커스에게 피임약을 완성시키라고 용기를 준 사람은 마거릿 생어였다. 1883년에 태어난 생어는 10명의 형제자매가 있었고 계속된 임신과 출산, 만성적 가난, 그리고 이른 죽음으로 특징지어지는 아일랜드계 어머니의 힘겨운 삶을 목격했다. 20세기 초에 맨해튼의 로어이스트 사이드의 산과 병동에서 간호사로 일하면서 그녀는 원치 않는 임신과 임신 중단 비율이 높은 것을 보고 당혹감을 느꼈다. 그녀는 터울이 많이 진 소수의 자녀가 가족으로 하여금 더 나은 생활 수준을 보장해줄 것이라고 생각했다. 그러나 막상 가족 계획에 대해 더 공부하려 했더니 제대로 된 정보가 없었다.

거기에는 직접적인 이유가 있었다. 우편국장이자 뉴욕퇴폐추방협회 의장이었던 앤서니 컴스톡의 이름을 따서 생긴 1873년의 컴스톡 법은 모든 피임 정보를 '외설적'인 것으로 규정했다. 그 결과 피임에 대한 정보는 출판이 중단되었다. 생어가 만나본 의사들은 나중에 자신의 말이 인용되어 컴스톡 법으로 기소당할까봐 인공 산아제한에 대한 논의를 거부했다.

가능한 한 모든 정보를 얻기 위해 그녀는 1913년에 유럽 전역을 여행한 후 다음 해에 많은 문서와 방법론을 가지고 귀국했다. 그녀는 자신이 발간하는 「여자 반역자Woman Robel」라는 월간지에 피임 정보를 실었고 이로 인해 컴스톡 법을 어긴 죄로 일곱 번이나 기소당했다. 마침내 그녀의 잡지는 미국 우편국으로부터 거부당했다. 1916년에 그녀는 브루클린의 브라운스빌 구역에 세계 최초의 산아제한 클리닉을 열고 여성들에게 피임과 가족 계획에 대한 정확하고 실용적인 충고를 제공했다.

뉴욕 경찰은 '공적 불법 방해'라면서 곧바로 클리닉을 폐쇄했다. 다이어프램, 콘돔, 책자들은 압수당했고 마거릿 생어는 감옥에 갇혔다. 미국 상고 법정은 결국 의사들이 피임이 아니라 '질병 예방과 치료'를 위해서만 여성에게 예방책을 제공할 수 있다는 판결을 내렸다.

1927년, 마거릿 생어는 제1회 세계 인구 대회를 주관했고 20년 후에는 국제가족계획협회를 출범시켰다.

1950년대 초에 그녀는 매사추세츠주에 있는 그레고리 핀커스 박사의 연구소를 방문했다. 그녀는 그에게 경구용 피임약의 필요성을 인식시켰다. 그리고 자신이 1966년에 죽을 때까지 그의 발명품을 옹호했다. 그녀가 세상을 떠날 때쯤에는 피임약이 나온 지 6년이 지났으며 미국 여성 400만 명이 매년 2,600톤의 피임약을 소비하고 있었다.

나이트가운과 파자마 : 16세기 후반, 프랑스와 페르시아

16세기 후반 몸을 조이는 코르셋과 여러 겹의 옷과 분칠한 가발이 유행하던 시대에 하루 일과를 마친 남녀가 좀 더 편한 옷으로 갈아입는 것은 일종의 사치였다. 이 무렵 프랑스에서는 소매가 길고 앞에 단추가 달리고 온몸을 덮는 남녀 공용의 옷을 묘사하기 위해 '나이트가운nightgown'이라는 용어가 만들어졌다. 중앙난방이 있기 전에 몸의 보온을 위한 용도로도 만들어진 나이트가운은 털이 속에 든 벨벳이나 모직으로 만들어진 것이었다. 그 이후 150년 동안 남자와 여자는 기본적으로 같은 옷을 입고 잠자리에 들었으며 유일한 차이가 있다면 여자 옷에 레이스, 리본, 자수 등 장식이 좀 더 추가됐다는 점이었다.

스타일에서 실질적인 차이는 18세기에 여성을 위한 네글리제negligee가 출현하면서 시작되었다. 네글리제라는 말은 남성과 여성의 나이트가운이 스타일과 원단의 차이가 더욱 도드라지면서 생겨난 말이었다. 여성의 네글리제주름 장식이나 레이스가 달리고 허리에 띠를 매게 되어 있는 실크나 비단으로 만든 달라붙는 옷는 잠잘 때뿐만 아니라 집에서 혼자 쉴 때 편하게 입는 옷이었다. 네글리제를 입고(즉 집안일을 하지 않고) 쉰다는 개념은 이 말의 어원에도 잘 나타나 있다. '등한시하다'라는 뜻의 라틴어인 '네글레게레neglegere'는 '네그neg'와 '레게레legere'를 합친 말로 '줍지 않는 것'을 의미했다.

1953년의 미국의 남녀 파자마 광고. 〈나는 루시를 사랑해〉 스타일의 파자마다.

같은 시기에 남자가 입는 더 평범하고 펑퍼짐한 나이트가운은 더 짧아져서 '나이트 셔츠'가 되었다. 남자가 집에서 쉴 때 바지와 나이트 셔츠를 입거나, 낮에 외출할 때 속옷으로 나이트 셔츠를 입는 경우도 드물지 않았다. 당시 인기 있었던 쉴 때 입는 바지는 페르시아에서 수입된 것이었다. 헐렁하고 동양 여성들이 입는 규방 바지를 본떠서 만든 이 바지는 '파자마'라는 이름이 붙었다. 파자마pajamas라는 말은 '다리 옷'을 의미하는 페르시아어 '파에pae'와 '옷'을 의미하는 '자마jama'에서 나왔다. 처음에는 색깔이나 천, 무늬가 서로 어울리지 않았던 나이트 셔츠와 페르시아 바지가 오늘날 우리에게 익숙한 파자마로 발전했다.

속옷 : 1800년대 중반, 유럽

언급할 수 없는 것. 묘사할 수 없는 것. 속삭일 수도 없는 것. 비교적 짧은 역사 동안 남자와 여자의 속옷은 이런 완곡어법으로 표현되었다. 옛날에는 헐렁한 가운과 토가 밑에 입는 속옷이 정식 의복으로 인정받지 못했다.

19세기 이전의 속옷은(만약 입었다면) 단순한 것으로 헐렁한 슈미즈와 드로즈가 전부였다. 어떤 경우 속옷은 특정 의복의 부분으로 디자인되었다. 입는 당사자 외에는 볼 사람이 없었으므로 속옷은 스타일이나 크기 여부가 별로 문제가 되지 않았다. 한 가지 주목할 만한 예외는 코르셋이었는데, 이것은 여자들의 허리와 가슴이 인공적으로 조여지고 부풀려지도록 특별히 만들어진 것이었다.

패션 역사가들은 속옷과 속옷에 대한 대중의 태도 변화가 1830년대 무렵에 시작되었다고 말한다. 속옷은 더 길고 무거워지면서 드레스의 일부가 되었다. 속옷을 입지 않는 사람은 더럽고 세련되지 못하고 예의도 모르는 하층계급 사람으로, 그리고 도덕이 문란한 사람으로 생각되었다. 이런 변화는 세 가지 요인의 영향 때문이라고 여겨진다. 빅토리아 시대의 고상한 척하는 사회 분위기가 점잖은 복장을 요구하게 되었고, 더 가볍고 얇은 옷감이 나오면서 속옷이 필요해졌으며, 오한과 합쳐질 때 병으로 발전할 수 있는 병균의 존재를 의사들이 알게 되었던 것이다.

마지막 요인은 특히 중요했다. 의사들은 마치 오한이 바이러스처럼 하나의 형태를 가진 실체인 것처럼 오한에 걸리지 말라고 경고했고, 사람들은 얼굴을 제외한 신체 부위를 병균이 가득 찬 공기에 노출시키는 데 병적인 두려움을 갖게 되었다. 파스퇴르는 질병의 병균이론을 증명하고 리스터는 의학에서 소독의 효과를 부르짖고 있을 무렵이었다. 말하자면 시대적 분위기가 속옷을 요구하고 있었던 것이다.

당시 속옷은 흰색이었다. 대개 풀을 먹였고, 따끔거렸으며, 주로 아마포, 거친 무명, 플란넬로 만들었다. 1860년대부터 여성의 속옷은 멋에 강조점을 두고 디자인되었으며 실크는 1880년대에 인기 있는 속옷 감이 되었다.

1880년대에는 피부에 닿으면 따끔거리는 느낌을 주는 양모 속옷이 의사들의 주도에 의해 유럽과 미국을 휩쓸었다. 슈투트가르트대학 생리학 교수였으며 양모 의류를 제조하는 예거 회사의 창립자인 구스타프 예거 교수에 의해 이른바 양모 운동이 영국에서 시작되었다. 예거 박사는 거칠고 구멍이 난 양모가 피부에 닿으면 신체를 '숨을 쉬게' 하므로 건강에 좋다고 역설했다. 양모는 또한 염색할 수도 없었다. 영국의 '양모 건강 문화' 운동은 오스카 와일드와 조지 버나드 쇼 같은 유명인 추종자들에 의해 시작되었다(버나드 쇼는 한동안 피부에 닿는 옷은 양모만 입었다). 양모 속옷, 양모 코르셋, 양모 페티코트가 유행했으며 미국에서는 새로 소개된 블루머bloomer 비슷한 니커knicker도 양모로 만들어졌다. 양모 운동 때문에 대서양 양쪽에 사는 사람들은 따끔거리는 속옷을 입고 불편을 겪었다.

1910년에 미국 남자들은 작은 속옷의 혁신을 환영했다. 이 혁신은 남자들 속옷 앞에 X자 모양의 서로 겹쳐지는 덮개였다. 그리고 1934년에 자키 브리프Jockey Brief의 도입으로 남자들 속옷에 혁명이 일어났다. 위스콘신주에 위치한 쿠퍼앤드선즈 사는 바로 그 전해에 프랑스 리비에라에서 유행하던 수영복 디자인을 복제했다. '넘버 1001'이라는 이름이 붙은 최초의 자키 스타일은 너무 인기가 있어서 그다음에 좀 더 유선형 모양의 1007번이 나왔다. 그것은 클래식 자키 브리프라고 알려지게 되었는데, 'Jockey'라는 글자가 고무밴드에 새겨져 있었다.

브래지어 : 기원전 2500년, 그리스

긴 역사를 통해서 여성의 상반신은 의복의 유행을 타기도 하고 그렇지 않기도 했다. 그에 따라 가슴도 사람들에게 보이기도 하고 안 보이기도 했다. 예를 들어 기원전 2500년 무렵에 크레타섬에 살았던 미노아 여인들은 옷 밖으로 가슴을 완전히 드러내는 브래지어를 착용했다.

반면 남성 중심의 고대 사회인 그리스와 로마의 여성들은 가슴 크기를 최소화하기 위해서 가슴띠를 착용했다. 이 유행은 몇 세기 후 교부들이 다시 도입했다. 4,500년 전에 그리스에서 처음 나온 이후로 브래지어나 코르셋은 남자가 여자들을 자기들 마음대로 가꾸는 주요한 수단이 되었다.

어떤 시기에는 당시 기준으로 너무 작다고 여겨지는 가슴을 크게 하기 위한 장치가 고안되었다. '폴시즈falsies'라는 이름으로 나중에 알려지게 된 이 고안품은 19세기 파리에서 처음 광고되었다. '가슴 증진기bust improver'는 뼈로 만든 보디스bodice 속에 집어넣은 양모 패드로 구성되어 있었다. 19세기 후반에 프랑스 여성들은 모양과 크기 때문에 '레몬 가슴lemon bosoms'이라고 불리는 최초의 고무 가슴 패드를 구입할 수 있었다. 이 기간 동안에는 브래지어가 코르셋의 연장이었다.

최초의 현대식 브래지어는 1913년에 처음 등장했다. 이것은 뉴욕의 명사였던 메리 펠프스 제이콥스의 작품이었는데, 그녀로 인해 코르셋이 사라지게 되었다.

당시 멋쟁이 여성들은 고래 뼈와 밧줄로 만든 박스 모양의 코르셋을 입었는데 불편하고 거추장스러웠다. 그러나 메리 제이콥스의 관심은 편리함이 아니라 모양이었다. 1913년에 그녀는 사교 모임을 위해 속이 비치는 비싼 이브닝가운을 샀다. 가운에 코르셋 모양이 너무 환히 비쳐서 제이콥스는 프랑스 하녀 마리의 도움을 받아 하얀 손수건 두 장과 리본, 그리고 끈으로 짧고 뒤가 없는 브래지어를 만들었다. 가볍고 즉흥적인 패션을 보고 감탄해마지 않던 여자 친구들에게 이것을 선물로 주었다. 그러나 '당신의 고안품'을 보내달라며 1달러를 보내온 낯선 사람의 편지를 받은 제이콥스는 자신의 디자인을 스케치해서 미국 특허청에 제출했다.

1914년 11월에 뒤가 없는 브래지어에 특허가 나왔다. 친구들의 도움을 받아 메리 제이콥스는 수제품 몇 백 개를 만들었다. 그러나 적절한 마케팅이 없어서 이 시도는 실패했다. 우연히 그녀는 코네티컷주에 있는 워너브라더스 코르셋 회사의 디자이너를 사교 모임에서 만나게 되었다. 그녀가 자신의 발명품을 설명하자 회사에서는 1,500달러에 특허권을 사겠다고 제안했고, 그녀는 수락했다. 그 후 그 특허는 1,500만 달러짜리가 되었다.

메리 제이콥스의 디자인을 혁신한 디자인들이 줄을 이었다. 1920년대에는 탄력성 있는 옷감이 소개되었고 1930년대에는 표준형 컵 사이즈와 끈 없는 브래지어가 나왔다. 사이즈가 있는 브래지어를 만든 사람은 러시아계 유대인 이민자인 아이다 로젠탈이었는데 그녀는 남편의 도움을 받아 메이든 폼이라는 회사를 설립했다.

1920년대 '말괄량이 시대'에는 가슴이 납작하고 소년 같은 모양이 유행했다. 재봉사이자 의상 디자이너였던 아이다 로젠탈은 가슴을 돋보이게 하는 브래지어를 판촉함으로써 이런 경향에 도전했다. 자신의 디자인 경험과 종이 패턴을 이용해서 그녀는 미국 여성을 가슴 크기 범주대로 분류했고 여성이 사춘기에서 성년이 될 때까지 이용할 수 있는 일련의 브래지어를 내놓았다. 가슴 모양이 유행을 탈 것이라는 그녀의 신념이 4,000만 달러짜리 메이든폼 산업을 일으켰다. 여성 해방의 상징으로 젊은 여자들이 브래지어를 불태우던 1960년대에 이런 행동이 브래지어 사업의 죽음을 의미하는 것이냐는 질문을 받았을 때 아이다 로젠탈은 다음과 같이 대답했다.

'우리는 민주주의이다. 사람은 옷을 입거나 벗을 권리가 있다. 그러나 35살이 지나면 여자는 보조 장치를 입지 않을 정도의 몸매를 갖지 못한다. 시간은 내 편이다.'

 양말류 : 기원전 4세기, 로마

양말, 호스, 스타킹. 우리가 오늘날 서로 연관된 이 단어들을 어떻게 정의하든, 또는 이것을 문장에서 서로 바꿔 쓰든, 한 가지 사실은 분명하다. 그것은 원래 이 물건들이 오늘날과 같은 물건이 아니었다는 점이다. 예를 들어 양말은 로마 여자들과 나약한 남자들이 신던 부드러운 가죽 슬리퍼였다. 호스는 다리를 덮었지만 발은 덮지 않았다. '스타킹'이라는 말이 의복 용어에 등장하게 된 것은 16세기가 되어서였고 발에서 다리까지 올라오는 데는 몇백 년이 걸렸다.

남자와 여자의 '양말' 역사는 오늘날처럼 '주위에 두르는 것'이 아니라 '신는' 의복의 탄생으로부터 시작되었다.

최초로 '신는' 물건은 기원전 600년 무렵에 그리스 여성들이 신었다. 낮고 부드러운 샌들처럼 생긴 신발은 주로 발끝과 발꿈치를 가렸다. '시코스 sykhos'라고 불린 이것은 남자가 신기에는 부끄러운 물건이었고 남자배우가 사용하면 반드시 웃음을 자아내는 희극용 도구가 되었다.

로마 여자들은 그리스의 시코스를 흉내내어 이 이름을 '소쿠스soccus'라 고 라틴식으로 고쳤다. 이것 역시 몇 세기 동안 희극의 복장으로 쓰였다.

소쿠스 샌들은 '삭sock'이라는 말과 오늘날 장딴지까지 올라오는 양말의 선구자였다. 부드러운 가죽 소쿠스는 로마에서 영국 제도로 갔고 거기서 앵 글로 색슨족이 이것을 짧게 '속soc'이라고 불렀다. 그리고 그들은 거친 장화 속에 부드러운 속을 신으면 마찰로부터 발을 보호한다는 것을 알게 되었다. 그래서 장화 속에서부터 속은 오늘날의 양말로 가는 길을 걷게 되었다. 재미 있는 것은 로마의 소쿠스가 독일로도 갔으며 거기서도 장화 속에 신었다는 사실이다. 이 철자는 'socc'으로 줄었는데 19세기까지 이것은 천으로 만든 양 말과 가벼운 신발 둘 다를 의미했다.

호스 옛날 따스한 지중해 국가들에서는 바지를 입어서 다리를 보호할 필요가 없었기 때문에 남자들은 몸에 두르는 스커트를 입었다. 그러나 북 유럽의 추운 기후에서는 게르만족들이 'heuse'라고 불리는 허리에서 발목 까지 내려오는 헐렁한 바지를 입었다. 더 따뜻하게 몸을 보호하기 위해서는 발목부터 무릎까지 로프로 옷을 지그재그로 묶어서 바람이 들어오지 못하 게 했다.

이런 스타일의 바지는 북유럽에만 있는 것이 아니었다. 기원전 1세기에 로 마 군단을 이끌고 갈리아 정복에 나섰던 율리우스 카이사르는 병사들의 다 리에 '호사hosa'라는 것을 씌워 추위와 북서부 숲 지방의 가시덤불로부터 다 리를 보호했다. '호사'는 짧은 군대 바지 밑에 입는 천이나 가죽으로 다리를 감싸는 덮개였다. 호사라는 말은 '호스hose'가 되었고 몇 세기 동안 무릎까지 내려오는 달라붙는 다리 덮개를 의미했다.

논리적으로 생각하면, 시간이 흐르면서 호스가 양말과 연결되어 스타킹이 되었을 것 같다. 그러나 그렇지 않다. 오늘날 우리가 신는 스타킹의 전신은 양말이나 호스가 아니라 '우도udo'였다.

스타킹 : 5세기, 로마

서기 100년까지 로마인들은 우도udo, 복수는 udones라고 불리는 천으로 된 양말을 신었다. 우도에 대한 최초의 언급은 당시의 시인이자 경구 작가였던 발레리우스 마르티알리스의 작품에 나오는데, 그는 우도를 신으면 '발이 염소털로 만든 옷감 속에서 안식을 취할 수 있다'라고 쓰고 있다.

당시 우도는 발과 정강이만 덮었다. 100년이 못 되어 로마의 재봉사들은 우도를 장화 속에 신을 수 있도록 무릎 위까지 연장시켰다. 장화 없이 스타킹을 신는 남자는 나약하다고 간주되었다. 그리고 무릎까지 오는 우도가 다리 위를 더 올라가서 허벅지까지 덮게 되었을 때 이것을 신는 남자에게 나약하다는 낙인을 찍는 것이 강화되었다.

불행하게도 역사는 스타킹을 신는 남자에게 나약하다는 오명을 씌우던 일이 언제 사라졌는지 기록하지 않고 있다. 그러나 이것은 100년 이상이라는 세월에 걸쳐서 천천히 진행되었고 천주교 사제들이 선구적인 유행의 개척자들이 되었을 가능성이 크다. 4세기에 교회는 흰 리넨으로 만든 무릎 위까지 오는 스타킹을 신부의 예배 복장의 일부로 채택했다. 5세기의 교회 모자이크는 로마 제국의 신부와 평신도 사이에 풀 사이즈의 스타킹이 유행했음을 보여주고 있다.

이렇게 등장한 스타킹은 주로 남자들이 신었다. 딱 달라붙는 스타킹의 인기는 11세기에 상승했고 '스킨 타이츠skin tights'라는 바지가 되었다. 정복자 윌리엄이 1066년에 영국 해협을 건너 영국 노르만 왕이 되었을 때 그와 그의 부하들이 영국 제도에 스킨 타이츠를 소개했다. 그리고 그의 아들인 윌리엄 루푸스는 엄청난 가격의 프랑스 스타킹 팬츠(오늘날의 팬티 호스와 별로 다르지 않은)를 입어서 시에 등장할 정도였다. 14세기가 되면서 남자들의 타이츠는 다리, 엉덩이, 사타구니의 모든 윤곽을 너무나 적나라하게 드러내어 교회 성직자들은 이것을 점잖지 못하다고 비난했다.

일단의 14세기 베네치아 청년들의 반항적 성격은 스타킹 팬츠를 더 야하게 만들어서 10대와 부모를 서로 갈라서게 했다.

자신들을 '호스의 집단The Company of the Hose'이라고 부르는 이들은 짧은 재킷과 깃털 달린 모자, 그리고 양쪽 다리의 색깔이 서로 다른 얼룩덜룩한 스킨 타이츠를 신었다. 그들은 대중들에게 가장무도회, 음악회 등의 여흥을 제공했고 그들의 현란한 의상은 이탈리아 전역의 청년들이 흉내 냈다. 당시 역사가 가운데 한 사람은 '젊은이들이 머리의 절반을 면도로 밀고, 달라붙는 모자를 쓰는 버릇이 있다'고 불평했다. 그리고 그는 점잖은 사람들은 '꼭 달라붙는 호스가 정말 점잖지 못하다'고 생각한다고 기록했다. 제프리 초서조차 『캔터베리 이야기』에서 젊은이들의 복장을 비판적으로 논평했다. 두 가지 색깔의 달라붙는 스타킹은 10대들이 표현한 최초의 반항적 복장이었을 것이다.

지금까지 논의한 스타킹은 신부, 군인, 젊은 남자들이 신은 것이었다. 그러면 여자들은 언제부터 스타킹을 신기 시작했을까?

패션 역사가들은 결론을 못 내리고 있다. 그들은 여자들이 600년 무렵부터 스타킹을 신었다고 생각하고 있다. 그러나 긴 가운이 다리를 숨겼기 때문에 그림이나 삽화가 그려진 원고에는 18세기의 어느 작가가 말한 것처럼 '여

중세의 호스.

자들도 다리가 있다'는 것을 보여줄 증거가 거의 없었다.

스타킹을 신은 여성을 그림으로 보여주는 가장 최초의 증거는 1306년 영국에서 나온 원고이다. 이 원고는 내실에서 침대 끝에 앉아 하녀가 건네주는 한쪽 스타킹을 신는 여성을 묘사하고 있다. 다른 쪽 스타킹은 이미 다리에 신은 상태다. 문학에서 스타킹에 대한 최초의 언급은 초서가 『캔터베리 이야기』에서 바쓰의 아낙네가 '진홍빛' 스타킹을 신었다고 언급하는 대목이다.

그러나 여성의 스타킹에 대한 언급은 16세기까지는 극히 드물다. 사사로이 있을 때는 분명 사랑받았던 여성의 다리가 공적인 자리에서는 결코 언급되면 안 되는 존재가 되었던 것이다. 16세기에 영국에서 스페인 여왕에게 바칠 실크 스타킹을 온갖 예의를 갖추어 스페인 대사에게 전달하였을 때 스페인 대사는 몸을 거만하게 세우면서 다음과 같이 선언했다고 한다.

'스타킹을 도로 가져가시오. 바보 같은! 좀 제대로 아시오. 스페인 여왕께는 다리가 없소.'

엘리자베스 여왕 시절의 영국에서는 여성의 스타킹이 역사에 완전히 등장하여 유행이 되었다. 남아 있는 문서에는 스타킹이 '주홍빛 심홍색'과 '자주색'으로 묘사되어 있고 '정교한 자수와 진귀한 재봉 기술의 재단으로 장식되었다'고 되어 있다. 1561년에 재위 3년째가 된 엘리자베스 여왕은 손으로 짠 실크 스타킹을 선물로 받았고, 그 후로 평생 실크 스타킹만 신었다.

윌리엄 리 목사가 1589년에 기계로 스타킹을 짤 수 있는 '베틀'을 발명한 것도 엘리자베스의 재위 기간 중에 일어난 일이었다. 리 목사는 처음으로 스타킹이 '한 가닥 실로부터 여러 개의 서로 연결된 고리가 기계를 통해 짜이고 있다'고 적고 있다. 그해에 양말 산업이 시작되었다.

 나일론 스타킹 : 1940년 5월 15일, 미국

나일론 스타킹이 처음 등장할 때는 홍보를 너무나 거창하게 했기 때문에 이것의 시작이 언제였느냐에 대한 논란은 없다. 그러나 스타킹 한 켤레의 '수명이 영원하다'는 초기 주장에 대해서는 많은 회의가 있었던 것 같다.

나일론 스타킹 이야기는 1938년 10월 27일부터 시작한다. 그날 듀폰화학 회사는 '강도나 탄력성에 있어서 지금까지 알려진 섬유를 능가하는' 새로운 합성 물질인 나일론을 개발했다고 공표했다. 한편으로 그러한 혁신적인 물건의 등장은 이제 양말 산업이 실크 스타킹을 만드는 데 쓰이는 실크 원단이 부족해서 만성적으로 어려움을 겪는 일은 더 이상 없을 것이라는 뜻이었나. 그러나 제조사늘은 정말 떨어지지 않는 스타킹이 나온다면 양말 산업이 곧 파산하지 않을까 우려하기도 했다.

1939년 세계 박람회에서 '기적의 실'이 선보이는 동안 미국 전역의 여성들은 새로운 나일론 스타킹을 학수고대했다. 시험 착용자들은 그 양말을 '믿을 수 없을 정도로 오래 신었다'고 말했다고 한다.

듀폰은 선택된 양말 제조자들에게 나일론 실뭉치를 보냈고 그들은 회

중세 프랑스에서 제작된 고딕풍의 채색필사본 『베리공의 호화로운 기도서』 1월 달력 부분. 베리공 일가가 새해 선물을 주고받는 모습을 그렸다. 오른쪽에 파란 옷을 입은 중년 남성이 베리공이며 아래쪽에 각각 다른 색깔과 문양의 호스를 신은 남자들의 모습이 보인다.

사의 주문대로 양말을 만드는 데 동의했다. 공장은 만든 나일론 스타킹을 1940년 5월 15일로 예정된 '나일론의 날' 전까지는 하나라도 팔지 못하게 다짐을 받고 몇몇 상점에 나일론 스타킹을 배당했다.

5월 15일 아침, 전국을 휩쓸던 열풍이 폭발했다. 신문에서는 역사상 소비자들이 찾는 물건 중에서 이토록 선풍적이었던 상품은 없었다고 보도했다.

여자들은 상점이 문을 열기 몇 시간 전부터 줄을 섰다. 사람들은 한정된 수량의 양말을 얻으려고 양말 매장에 몰려들었다. 많은 가게에서 폭동이 일어날 뻔했다. 그해 말까지 나일론 스타킹 3,600만 켤레가 팔렸으며 그 숫자는 공급이 제대로 되었으면 훨씬 더 높았을 것이다.

처음에 기적의 나일론은 정말 떨어지지 않을 것처럼 보였다. 약한 실크 스타킹에 비하면 그것은 분명한 사실이었다. 그리고 나일론이 귀했기 때문에 여자들은 가까스로 마련한 한두 켤레의 나일론 스타킹을 실크 스타킹보다 더 애지중지했다.

눈 깜짝할 사이에 실크 스타킹은 자취를 감추었다. 그리고 나일론 스타킹은 그냥 '나일론'이 되었다. 여자들도 다리가 있었으며, 역사상 처음으로 그것을 공공연하게 드러내게 되었고 감탄의 대상이 되었다.

 ## 성과 관련된 단어 : 11세기 이후, 영국과 프랑스

노르망디공 윌리엄이 1066년에 영국을 정복하면서 영국 제도의 앵글로색슨어는 많은 변화를 겪었다. 프랑스어를 사용하는 노르만인들이 지배계층으로 자리를 잡으면서 원주민인 색슨족과 그들의 언어를 열등한 것으로 취급했다. 많은 색슨어가 단지 색슨족이 말한다는 이유 때문에 천하다고 간주되었다. 이들 단어 중 일부는 원래는 그렇지 않았으나 계속 살아남아 영어로 흡수되면서 거칠고 천하고 불손하고 더러운 표현이 되어버렸다. 어원학자들은 '점잖은'노르만어 말과 '불손한'색슨어 말의 수많은 예를 열거하고 있다.

〈노르만어〉	〈앵글로색슨어〉
발한(perspiration)	땀(sweat)
식사하다(dine)	먹다(eat)

사망한(deceased)	죽은(dead)
요구하다(desire)	바라다(want)
소변(urine)	오줌(piss)
대변(excrement)	똥(shit)

비록 앵글로 색슨어가 계속 쓰이기는 했지만 윌리엄 1세부터1066년에서 1087년까지 통치 리처드 2세1377년부터 1399년까지 통치에 이르는 열두 명의 왕과 여왕의 모국어가 노르만계 프랑스어였다. 두 언어가 합쳐져서 중세 영어라는 새로운 언어가 되었고 중세 영어는 1362년에 궁정의 공식 언어, 1380년에 옥스퍼드대학과 케임브리지대학의 교육용 언어가 되었다. 중세 영어에서 나온 두 가지 표현이 오늘날 영어에도 많이 남아 있다. 위에서 열거한 것 외에도 색슨어의 'fuck성교하다'라는 말을 좀 더 고상한 노르만어의 'fornicate'라는 말이 대신하게 되었다. 그런데 'fuck'라는 말 자체도 '무엇에다 대고 마구 치다'라는 뜻의 고대 영어 'fokken'에서 나왔다.

물론 노르만족들의 'fornicate'라는 말도 옛날 말에서 나온 것이며, 어원학자들은 이것이 하룻밤 빌릴 수 있는 작고 지붕이 아치형인 지하실 방을 의미하는 라틴어 'fornix'에서 나온 것으로 보고 있다. 왜냐하면 기독교 시대 로마의 창녀들이 오늘날의 창녀들이 모텔방을 빌리듯이 지하실 방에서 몰래 장사를 했기 때문이다. 'fornix'라는 말은 처음에 '사창가'를 의미하는 명사가 되었고, 거기서 '사창가를 출입하다'라는 뜻의 동사 'fornicari'가 되었으며 결국에는 그곳에서 행하는 행위를 가리키는 이름이 되었다.

'창녀prostitute'라는 단어도 '팔기 위해 내놓은'이라는 뜻의 라틴어 'prostitutus'에서 나왔다. 이것은 창녀가 자신의 봉사에 대한 대가를 요구한다는 뜻을 나타낼 뿐 아니라, 이 단어가 동사로 쓰일 때는 물질적 이익을 위해 자신의 인격을 희생한다는 뜻도 내포하고 있다. '창녀prostitute'라는 말 자체도 한때는 단지 욕망을 의미했던 고대 영어의 'whore'에 대한 완곡어법이었다.

'Hooker'라는 말은 남북전쟁 때 용맹을 떨쳤던 조셉 후크 장군과 연관되어 있다고 생각된다. 부하들의 사기를 북돋우기 위해 후크 장군은 병영에 창녀의 출입을 허락했다고 하며 거기서 창녀들은 '후크의 여자들'로 알려졌다. 워싱턴의 어느 구역이 창녀굴로 변하면서 후크 구역이라는 이름을 갖게 되었고 이곳에서 일하는 창녀는 후크가 되었다.

오늘날 '동성연애자'와 동의어로 쓰이는 '게이gay'라는 말은 'gai'라는 말이 '궁정의 사랑의 컬트', 말하자면 동성애적인 사랑을 의미했던 13세기 프랑스로 거슬러 올라간다. 당시는 'gaiol'이라고 불렀다. 당시의 음유시는 이런 컬트 러브를 노골적으로 묘사했다. 그 후 이 단어는 처음에 창녀를 가리키는 단어가 되었다가, 사회적으로 바람직하지 못한 관계를 가리키다가, 마지막에는 동성애를 기피하는 영국 문화에서 동성애와 동성연애자를 묘사하는 단어가 되었다. 미국에서 이것이 처음 쓰인 것은 (포르노 소설을 제외하고) 「아기 키우기Bringing Up Baby」라는 1939년 할리우드 영화에서 케리 그랜트가 드레스를 입고 자신이 '게이가 되었다'고 부르짖는 장면에서였다.

14장

잡지의 흥망성쇠

 미국의 잡지 : 1741년, 뉴잉글랜드

　신문이 광범한 일반 독자층을 겨냥하면서 발달했다면 잡지는 제한된 독자에게 특수한 읽을거리를 제공하기 위하여 출현한 인쇄매체였다. 따라서 탄생 때부터 진통을 겪지 않을 수가 없었다. 미국에서 초창기에 등장한 잡지들은 실패의 쓴잔을 마시는 경우가 많았다. 많은 잡지가 끊임없이 폐간 위기를 맞거나 실제로 폐간되었다.

　15세기 독일에서 시작된 인쇄 기술의 발달과 더불어 잡지가 원시적인 형태로부터 현재의 형태로 발달했다. 처음에 출현했던 것은 낱장짜리 인쇄물이었으나, 이내 쪽수가 많은 팸플릿이 등장했다. 팸플릿은 신문과 책의 중간 역할을 담당했다. 역사에 기록된 최초의 잡지는 1633년에 독일에서 「유익한 토론 월보Erbauliche Monaths-Unterredungen」라는 이름으로 간행되었다. 발행인은 함부르크의 시인이며 신학자였던 요한 리스트라는 사람이었다. 그는 두 가지 직업을 가지고 있었기 때문에 원고를 작성하고 인쇄할 여가가 있을 때만 「월보」를 발행했다. 이 잡지는 모든 점에서 발행인의 의견과 관점을 전적으로 반영하면서 간헐적으로 약 5년간 출간되었다. 최초의 잡지치고는 매우 오랫동안 간행된 셈이었다.

17세기 중반에 접어들면서 가벼운 읽을거리와 흥미 위주의, 전적으로 여성 독자층만을 위한 잡지가 간행되었다. 이들 중에서도 두 종류의 잡지는 특히 중요하다. 미래 잡지의 향방을 결정지었기 때문이다.

1672년에 간행된 「품위 있는 안내자Mercure Galant」라는 잡지에는 시와 다양한 여담, 특집 프로그램, 궁정의 일화 등이 실려 있었다. 1693년에 영국에서 간행된 잡지는 여기서 한 걸음 더 나아갔다. 「여성들의 안내자Ladies' Mercury」는 전적으로 여성 독자만을 위한 잡지였기 때문이었다. 이 잡지는 약간의 가벼운 시와 많은 가십거리 이외에도 에티켓, 사랑의 기술, 아이들 양육법, 수놓는 법, 화장법 등에 지면을 할애했다. 신문이나 책에서 찾아볼 수 없는 실용적인 지식이나 오락물 및 사소한 세상의 이야깃거리가 잡지의 대부분을 차지했던 것이다. 잡지의 성격에 맞는 내용들이 비로소 발견된 것이었다. 이후로 이 잡지를 모방한 많은 잡지들이 등장했다.

가격이 저렴한 주간지가 유럽에서는 여러 세기에 걸쳐서 인기를 끌고 있었지만, 영국의 식민지였던 미국의 초창기 동안 사람들은 잡지에 별 관심이 없었고 필자 구하기도 어려웠다. 그 결과 많은 주간지가 1년에 두 번쯤 출간되는 것이 고작이었다.

미국에서 최초로 간행된 두 종류의 잡지는 모두 정치적인 성격을 띠고 있었다. 한 잡지가 가진 정치적인 성격 때문인지 또 하나의 잡지가 사흘이 지나지 않아서 경쟁적으로 창간되었다. 앤드루 브래드퍼드가 「아메리카 잡지, 영국 식민지의 정치적 상황에 관한 월간 논평American Magazine, or A Monthly View of the Political State of the British Colonies」이라는 잡지를 창간하자 그와 경쟁 관계에 있던 벤저민 프랭클린이 곧 「아메리카의 영국 식민지를 위한 일반 잡지 및 역사적 사건General Magazine, and Historical Chronicle, For all the British Plantations in America」을 서둘러 간행했던 것이다. 두 잡지 사이에 살벌한 싸움이 오갔다. 싸움은 이들 두 필라델피아 잡지의 폐간으로 막을 내렸다. 브래드퍼드의 잡지는 3개월 후에, 프랭클린의 잡지는 6개월 후에 각각 폐간되고 말았다.

벤저민 프랭클린이 1741년에 창간한 잡지 「아메리카의 영국 식민지를 위한 일반 잡지 및 역사적 사건」 창간호 표지.

두 잡지의 뒤를 이어 많은 잡지들이 속속 간행되었다. 시, 산문, 사실적인 이야기, 허구적인 이야기, 정치에 관한 글, 또는 실용적인 안내책자 등 종류도 다양했다. 하지만 이들 대부분은 실패작이었다. 노아 웹스터가 1788년에 '잡지라는 이름은 실패와 떼려야 뗄 수 없는 관계다'라고 한탄했을 지경이었다. 18세기에 발행되었던 잡지 중 가장 수명이 길었던 「뉴욕 매거진New-York Magazine」도 다음과 같은 사설을 끝으로 폐간되고 말았다. '이런 종류의 시도는 모두 실패해야만 하는가. 미국은 문학에 아무 관심이 없다는 낙인이 찍힐 수밖에 없단 말인가.'

그렇다면 미국에서 잡지가 실패한 원인은 무엇일까?

실패의 원인은 독자, 필자, 우편 제도라는 세 가지 요소에서 발견할 수 있다. 우선 당시 미국 독자는 어땠을까? 벤저민 프랭클린의 잡지가 창간된 해인 1741년의 경우 식민지 인구는 백인과 흑인을 합쳐서 100만 명이 채 안 되었고, 그중 대다수가 문맹이었다. 설상가상으로 이들 인구의 대부분은 해안을 따라 남북으로 약 1,200마일 떨어진 드넓은 지역에 뿔뿔이 흩어져 살고 있었다. 심지어는 서부로 1,000마일쯤 진출해서 사는 사람들도 있었다. 그리고 대부분 지역의 도로 사정은 당시 출판업자의 말에 따르면 글자 그대로 '끔찍했다'. 마차를 타고 보스턴에서 뉴욕으로 여행하는 데는 8~10일이 걸렸다. 이런 상황을 감안한다면 18세기에 1,500명 이상의 구독자를 가진 잡지가 미국에 없었다는 사실을 쉽게 이해할 수 있을 것이다. 각 잡지의 고정 독자는 800명 정도에 불과했다.

그렇다면 당시의 필자는 어떠했을까? 필자들은 잡지가 책이나 신문보다 수준이 낮다고 생각했고 독자 수도 적었기 때문에 잡지를 기피하는 경향이 강했다. 그 결과 대부분의 미국 잡지들은 책이나 신문 또는 유럽의 잡지에 실린 글로 지면을 채웠다. 폐간된 「뉴욕 매거진」 발행인은 이렇게 탄식했다. '현재 상황을 고려할 때 자발적인 기고가를 찾기는 하늘에 별따기이다.'

당시의 우편 제도는 어떠했을까? 마차보다 말을 이용하면 우편물을 훨씬 빨리 목적지에 배달할 수 있었지만, 18세기 미국에서 신문과 잡지는 해당 지역의 우체국장이 승인해야만 우편물로 취급될 수 있었다. 사실상 미국의 초기 잡지 발행인 대다수가 우체국장이었다. 따라서 자신의 잡지는 우편물로 분류하여 신속하게 배달했지만 경쟁지들은 불이익을 당할 수밖에 없었다. 인쇄매체에 대한 우체국장의 권한과 영향력이 커지는 것은 불 보듯 뻔했고, 정치유세와 결부되어 우체국장의 부패가 만연해졌다. 정치인들은 인쇄물에 자신의 기사를 싣기 위해 우체국장에게 뇌물을 바쳐야 했다. 고결한 성품의 벤저민 프랭클린도 예외가 아니었다. 1737년에 필라델피아 우체국장으로 임명된 프랭클린도 우편물들을 차별적으로 배달했다.

더구나 당시의 관행적인 우편 제도에 따라서 구독자들은 잡지 대금을 이중으로 지불해야 했다. 잡지를 우편으로 받기 위해 구독자는 지역의 우편배달원과 우체국장에게 동시에 대금을 지불했던 것이다. 이런 관행은 미국에서 50년 이상이나 지속되었고, 1782년의 우편제도법은 이 관행에 법적인 정당성을 부여하기도 했다. 당시의 잡지에는 구독자가 '기회가 닿는 대로 우선해서' 간행물을 받아볼 수 있다는 광고문이 실리기도 했다. 이 말을 풀어서 말하자면 간행물이 어떻게 배달될지, 또 언제 배달될는지는 전적으로 구독자의 재량에 달려 있다는 것이었다.

미국 초기의 잡지 발행인들이 이 외에도 또 다른 문제와 직면하지 않으면 안 되었다. 이것은 이후로 사정이 많이 향상되었으나 완전한 해결은 요원했던 문제였다. 요즈음은 구독자가 미리 대금을 지불하거나 할부로 나누어 지불하든지 구독 예약을 하는 것이 일반적인 관행이다. 그러나 18세기의 구독자는 잡지를 수령한 후 3, 4주일 후에, 심지어는 여러 달이 지나서야 대금을 지불했다. 우편물 배달이 불안정하여 잡지가 구독자에게 배달되지 않거나 오랜 시간이 지나서야 배달되거나 손상된 상태로 배달되는 경우가 많았기 때문이었다. 따라서 구독자로부터의 완벽한 대금 지불을 기대하기는 힘들었다. 당시는 수금회사나 신용평가 같은 강제적인 수금제도도 없었다.

잡지 대금과 관련된 문제를 해결하기 위하여 잡지 발행인들은 변칙적인 방법을 사용하곤 했다. 밀린 잡지 대금을 신속히 회수하기 위한 궁여지책으로 발행인들은 구독자가 현금이 아니라 목재나 치즈, 돼지고기, 옥수수를 비롯한 기타 농산물로 지불해도 된다는 광고를 잡지에 싣기도 했다. 1780년대에 출판된 「우스터 매거진Worcester Magazine」 간행인 아이제이어 토머스는 한때 다음과 같은 기사를 잡지에 실었다. 그의 집에 버터가 떨어졌다는 사실을 통보하고 잡지 대금이 밀린 구독자가 대금을 쉽게 지불할 방법을 제안했던 것이다. '잡지와 신문 구독료가 밀린 구독자 여러분은 될 수 있으면 빠른 시일 안에 대금을 지불하기 바랍니다. 버터로 구독료를 지불해도 됩니다. 소량의 버터를 사나흘 안에 가져온다는 조건으로 말입니다.'

이처럼 수많은 난관에 봉착하면서도 왜 미국의 출판업자들은 계속해서 잡지를 발간했을까? 그것은 그들이 유럽을 항상 모델로 염두에 두고 독자와 필자, 우편 제도 문제만 해결되면 잡지가 매우 수지맞는 사업이자 사회적으로도 명예로운 일이라고 생각했기 때문이었다.

레이디스 홈 저널 : 1883년, 펜실베이니아

미국 독립 100주년 기념 당시 26살이었던 펜실베이니아의 신문기자 사이러스 커티스는 연간 구독료가 50센트인 가정용 원예잡지 「트리뷴과 농부 Tribune and Farmer」를 발간했다. 그러자 그의 아내는 남편을 설득해 이 잡지에 '여성과 가정'이라는 제목의 고정칼럼을 정기적으로 쓸 지면을 허락받았다. 물론 남편은 마지못해 허락했다. 나중에 커티스의 잡지가 실패로 막을 내렸을 때도 그의 아내의 칼럼은 계속 인기가 있었다. 여기서 힘을 얻어 커티스 부인이 독자적으로 「레이디스 홈 저널」을 창간했다. 현재도 이 잡지는 많은 구독자를 확보하고 있다.

1880년대에 출판된 잡지는 지면 수가 그리 많지는 않았다. 대부분의 지면은 요리법, 살림 정보, 자수 패턴, 정원 손질법, 시로 채워졌으며 가끔 단편소설도 실렸다. 소박한 표지에 가격도 저렴한 이 얇은 잡지는 이처럼 매우 다양한 소재를 다루었던 것이다. 한편 커티스 부인은 루이스 냅이라는 자신의 처녀 때 이름으로 편집자 역할을 훌륭히 수행해나갔다. 따라서 독자들은 루이스를 미국 중신층 여성의 대변자로 인식하게 되었다. 창간 1년 만에 집지의 판매 부수는 2,500부에 이르렀다. 당시로서는 대단한 숫자였다.

한편 자신의 출판사업을 완전히 포기한 커티스는 아내의 잡지사업을 전심전력으로 도왔다. 제한된 독자의 숫자나 불확실한 우편 배달이라는 과거의 문제가 당시에는 어느 정도 해결되어 있었다. 하지만 뛰어난 필자를 확보하는 문제는 여전히 잡지 편집자의 커다란 고민거리였다. 가정생활 전문지인 여성지의 경우 이런 어려움은 더욱 가중되기 마련이었다. 『작은 아씨들』의 작가인 루이자 메이 올컷 같은 당대 유명 작가들은 여성지를 기피했다. 원고료는 적더라도 보다 권위 있는 잡지에 기고하기 위해서였다. 이 점이 커티스가 직면한 문제였다.

사이러스 커티스는 고민을 거듭한 끝에 유명 작가가 후원하는 자선단체에 기부금을 내면 작가의 글을 쉽게 얻어낼 수 있음을 알아냈다. 올컷이 「레이디스 홈 저널」의 '유명한 기고자의 명단' 첫머리를 장식할 수 있었던 것은 이런 방법을 사용한 결과였다. 이외에도 커티스는 파격적인 광고 캠페인이나 현상공모 같은 아이디어를 짜냈다. 그 결과 1887년에는 판매 부수가 40만 부로 늘었다. 매월 증가하는 판매 부수에 비례하여 잡지 지면도 나중에는 32면으로 늘어났다.

1890년대에 「레이디스 홈 저널」이 구독자의 흥미를 자극할 수 있었던 부분적인 이유의 하나는 잡지의 친근한 스타일이었다. 당시 총각이었던 에드워드 보크라는 편집자는 '여성과 나누는 한담'이라는 칼럼을 만들었다. 일상적인 어조로 솔직하게 사적인 문제에 조언해주는 칼럼이었다. 이 칼럼의 글을 처음에 맡아 쓴 것은 편집자 자신으로, 그는 루스 애시모어라는 가명을 사용했다. 이 칼럼이 거둔 성공은 경이적이었다. 칼럼이 처음으로 잡지에 실린 지 얼마 되지 않아 여성 독자들의 편지가 쇄도했다. 700통이 넘는 편지들은 연애에서 건강 문제까지 다양한 문제에 자문을 구했다. 이 경이적인 성공으로 인해 '청소년과 나누는 한담'이나 '가슴을 열고 나누는 대화' 같은 칼럼들이 속속 등장했다. 그 결과 '충고'나 '자기계발' 같은 고정칼럼이 잡지의 단골메뉴로 자리잡게 되었다. 또 당시의 다른 잡지들은 매호마다 거의 비슷한 표지를 달고 있었지만 「레이디스 홈 저널」은 과감하게 표지를 매달 새단장했다. 현대적인 취향을 반영했던 것이다.

「레이디스 홈 저널」 1891년 5월호 표지.

그렇다고 「레이디스 홈 저널」에 실린 모든 내용이 가벼운 한담은 아니었다. 그중에는 진지한 내용도 있었다.

20세기 초에는 많은 시럽이나 약초가 만병통치약이라는 이름으로 약국에서 팔리고 있었지만, 광고의 진위를 검증하고 단속하는 국가기관이 없었다. 물론 연방정부와 의료기관은 과대광고나 허위선전을 일삼는 제약회사와 가짜 약과 힘겨운 싸움을 벌였지만 역부족이었다. 당시 가장 잘 팔렸던 약은 부인과 질환의 만병통치약이었던 리디아의 약초 화합물이었는데, 이 약의 효험을 놓고 치열한 공방전이 벌어지고 있었다. 이 약은 리디아가 완벽한 약효를 위해 '매사추세츠에 위치한 연구소'에서 밤낮없이 실험에 몰두하고 있다는 광고를 게재하고 있었다. 「레이디스 홈 저널」은 이 광고가 허구임을 낱낱이 폭로했다. 실제 리디아는 20년 전에 사망하여 매사추세츠의 묘지에 안치되어 있음을 증명했던 것이었다. 그 증거로 잡지에는 무덤 위의 낡은 묘석 사진이 실려 있었다. 워터게이트 사건에 견줄 정도는 아니지만, 이 기사로 인해 당시 많은 사람들이 광고의 허위성에 비로소 눈을 뜨게 되었다. 기사가 실린 후 1년이 채 지나지 않아 국회는 연방 음식물 및 약품법을 통과시켰다.

미국에서 최초로 구독자 100만 명을 확보한 것은 「레이디스 홈 저널」이었다.

코스모폴리탄 : 1886년, 뉴욕

'세계 전체가 나의 조국이며 모든 인류가 나의 동향인이다'라는 좌우명의 잡지 「코스모폴리탄」은 1886년 뉴욕의 로체스터에서 처음 발행되었다. 이 좌우명의 고안자는 작가이자 출판업자였던 폴 J. 쉴리히트였다. 1년 구독료가 4달러로 상당히 비싼 이 잡지의 시작은 그리 순조롭지 않았다. 잡지의 좌우명에 걸맞게 「코스모폴리탄」은 고대인의 생활방식, 베수비오산 오르기, 모차르트의 생애, 유럽여행 가이드, 아프리카 정글 탐험 등 다양하고 이국적인 토픽들을 다루었다.

잡지 경영을 둘러싸고 경제적인 진통을 겪다가 쉴리히트는 당시 40살의 존 워커에게 잡지사를 매각했다. 잡지사를 인수한 워커는 '정기간행물에 신문적인 시사성과 고상한 선정성'을 도입하기 시작했다. 그 결과 잡지는 상업적으로 대성공을 거두었다. 그의 이런 잡지 운영에 대하여 찬반 양론이 교차했지만, 워커는 상업적인 성공을 바탕으로 1892년에는 당시 유명 문필가였던 윌리엄 딘 하우얼스를 공동편집장으로 초청하여 잡지의 위상을 높이기도 했다. 하우얼스가 편집한 잡지의 첫 번째 판은 매우 인상적이었다. 제임스 러셀 로웰의 시, 유명한 소설가인 헨리 제임스의 논문, 에밀리 디킨슨의 조언자였던 히긴스의 수필, 그리고 루스벨트 대통령에 대한 특집기사가 잡지를 장식했던 것이다.

잡지의 판매 부수를 늘리기 위하여 워커는 뉴잉글랜드의 도시들을 기차로 순방했다. 처음 가입하는 구독자에게 워커는 그랜트 장군이나 셔먼 장군의 비망록을 선물로 증정했으며 잡지를 많이 판매한 학생 세일즈맨에게는 장학금을 수여하기도 했다. 그 결과 1896년에 「코스모폴리탄」은 미국의 유수한 정기간행물의 하나로 부동의 지위를 굳혔다.

그러나 워커가 추구했던 고상한 선정주의도 하우얼스의 문학적 취향에

「코스모폴리탄」 1917년 11월호 표지.

서 보면 저급한 속물주의로 비쳤으므로 하우얼스는 사표를 내고 말았다. 하지만 일반 독자들은 워커의 선정주의를 환영하는 편이었다. 1920년대에 한 부의 가격이 35센트였으니까 말이다. 하지만 고상한 선정주의에 매료된 구독자들은 가격은 크게 신경 쓰지 않는 듯했다. 더욱이 시어도어 드라이저나 스티븐 크레인 같은 유명 작가들의 글도 잡지에서 읽을 수 있는 이점이 있었다. 쿨리지 대통령이 「코스모폴리탄」 잡지사로 하여금 자신의 자서전을 출판하기로 결정했을 때, 그는 이렇게 말했다. '잡지 한 부에 35센트를 지불한다면, 그것은 그만큼 잡지가 매력적이기 때문이지. 또 내용도 그만한 값어치가 있다고 생각하는 거야. 그래서 가격에 걸맞게 잡지를 귀중히 대우하지.'

 보그 : 1892년, 뉴욕

매우 세련되고 고상한 유행에 관심이 있던 1890년대 미국 여인들은 「보그」를 찾았다. 영국의 문학비평가이며 독설가였던 조지 오웰은 이 잡지는 정치나 문학에 관한 기사에는 거의 지면을 할애하지 않으며, 대부분의 내용이란 기껏해야 '야회복, 밍크코트, 팬티, 브래지어, 실크 스타킹, 실내화, 향수, 립스틱, 매니큐어, 그리고 이런 제품들을 입거나 사용하는 여인들, 믿을 수 없을 만큼 아름다운 여인들'에 불과하다고 냉소적으로 말했다.

하지만 「보그」는 바로 이런 '제품을 사용하는' 여인들을 위해서 창간되었다. 1892년에 창간된 「보그」는 부유한 뉴욕 시민들을 위한 일종의 상류사회 사교계 주간지였다. 250명에 이르는 출판사 주주의 대부분은 밴더빌트나 모건, 위트니와 같이 사교계 명사록에 이름이 실려 있는 유명 인사들이었다. 이 주간지의 철학은 '사교계와 패션 및 생활의 의례를 우아하고 확실하게 소개하는' 데 있었다. 소설이나 뉴스를 최대한 배제하는 것이 잡지의 철학이었던 것이다.

「보그」 창간호는 야외의 사교계 일정과 사교계 데뷔 축하 파티를 소개하는 내용이 대부분이었다. 일반 시민들도 10센트만 내면 뉴욕 상류사회의 행사나 약혼, 결혼, 여행 일정 및 떠도는 소문을 쉽게 접할 수 있었다. 또한 「보그」는 연극이나 연주회, 미술 전시회를 호평하거나 혹평했다. 표지 기사로는 골프를 많이 다루었는데, 이는 당시 골프가 대유행이었기 때문이었다.

하지만 「보그」는 모든 사람의 구미에 맞지는 않았다. 예를 들어 '이제 모든 사람들이 매일 목욕을 한다. 그렇다면 어떻게 신사와 신사가 아닌 사람을 구별할 수가 있겠는가?' 같은 스타일의 유머는 사려 깊은 독자들에게 거부감을 불러일으켰다. 그리고 초기에 잡지를 편집했던 조세핀 레딩은 총명하지만 몹시 괴팍한 인물이었다. 혹자는 그녀를 평하여 '작지만 난폭하고, 어깨가 떡벌어졌으며 피부가 검은 여자로서 모두가 코르셋을 착용하는 시대인데도 혼자 코르셋을 착용하지 않는다'라고 말하기도 했다. 그녀는 절대로 모자를 벗지 않는 습관으로도 유명했다. 아파서 누워 있는 그녀를 찾아온 동료를 잠옷 차림에 모자를 쓰고 맞이할 정도였다.

1895년에 「보그」는 밴더빌트 양의 3,000달러짜리 혼숫감을 지상에 공개함으로써 일대 센세이션을 불러일으켰다. 그녀와 말보로 공작의 결혼은 찰스 왕세자와 다이애나의 결혼만큼이나 대단한 사건이었다. 「보그」가 아닌 다른 잡지였다면 이런 기사를 취재할 엄두도 내지 못했을 것이다.

「보그」 1892년 12월호 표지.

1909년에 「보그」는 출판업자인 콘데 내스트 손에 넘어갔다. 내스트의 지휘 아래 잡지는 상류사회의 패션 잡지로서의 성격을 굳혀갔다. 1909년의 사설은 이 점을 분명하게 표명했다. 잡지의 목적은 '유행을 거울처럼 반영하지만, 모든 사람이 아니라 유명 인사만이 반영되도록 배려하는 것'이라고 말했던 것이다. 1930년대에 접어들면서 내스트는 두 종류의 잡지를 또 다시 창간했다. 17살에서 30살에 이르는 연령층의 여성 구독자를 위한 잡지 「마드모아젤」과 젊은 직장 여성을 위한 잡지 「글래머」가 그것이다. 하지만 뭐니뭐니해도 잡지사가 가장 자랑스럽게 내놓을 수 있는 잡지는 「보그」였다. 「타임」지가 패션 계통에서 가장 뛰어난 미국 잡지로 선정한 것도 「보그」였다.

 아름다운 집 : 1896년, 일리노이

1896년에 창간된 이 잡지의 이름은 로버트 루이스 스티븐슨의 시 「아름다운 집The House beautiful」에서 따온 것이었다. 1925년에는 원제에서 정관사를 뺀 이름이 잡지의 공식 명칭으로 자리 잡았다.

건축과 문학에 관심이 많았던 시카고의 기술자 유진 클랩이 창간한 이 잡지는 '단순성과 경제성'을 모토로 내걸었다. 당시 물가에 맞게 가격도 한 부에 10센트였다. 잡지에는 집의 건축과 실내 장식에 관한 읽기 쉽고 짧은 에세이가 실려 있었고, 첫 페이지를 열면 '작은 액수의 돈도 예술적인 감각이 뛰어난 사람이 사려 깊게 사용하면 엄청난 효과와 결과를 낼 수 있다'라는 잡지의 신조가 적혀 있었다. 평범한 자택 소유자라도 노력하면 아름답고 우아한 집안을 꾸밀 수 있다는 이야기였다. 1899년에 클랩이 군대에 입대하게 되자 하버드대학 졸업생인 허버트 스톤이 「아름다운 집」을 인수했다.

겉치레와 허식을 끔찍이도 싫어했던 스톤의 성격과 잡지의 꾸밈없는 검소한 신조는 찰떡궁합이었다. 그는 '부자의 형편없는 취향'을 비판하는 글을 잡지에 연재하기도 했다. 그는 이 연재물을 통해 '집안을 장식하는 데 반드시 많은 돈이 필요한 것은 아니다'라는 사실을 독자들에게 주지시키고 '많은 부자들이 집을 값비싼 가구의 잡동사니 소굴로 만들고 있다'는 사실도 홍보하고자 했다. 이 비판적인 글에는 촌스럽게 부티나는 대저택의 실내 사진도 적나라하게 실려 있었으며 소유자 이름까지 소개되었다. 이 연재물은 많은 물의를 일으켰지만, 어느 누구도 잡지사에 소송을 제기할 엄두를 내지 못했다.

1898년에 잡지사는 3,000달러 한도 내에서 가장 잘 설계한 집을 현상공모하는 프로그램을 마련했다. 물가가 오르고 경제가 향상됨에 따라 한도액은 매년 조금씩 증가했다. 1910년대에 아파트가 각광을 받으면서 세워지기 시작했을 때 이런 새로운 타입의 집의 가구와 장식 문제를 처음으로 거론한 것도 「아름다운 집」이었다. 이렇게 사회적인 변화를 민감하게 반영했기 때문에 잡지 기사를 보면 미국 중산층의 삶의 질과 변화를 한눈에 파악할 수 있었다. 예를 들면 '주차장 두 개에 침실 세 개인 8,650달러짜리 집'(1947년 4월)이라는 제목만 보아도 당시 분위기와 사람들의 생각을 어느 정도 짐작할 수 있다.

허버트 스톤은 16년 동안 편집장으로서 잡지를 이끌었다. 그는 1915년에 유럽 여행을 마치고 미국으로 돌아오는 길에 사망했다. 그가 탔던 〈루시타니아)호가 독일 잠수함에 의해 격침되었던 것이다.

 내셔널 지오그래픽 : 1888년, 워싱턴 D. C.

노란 표지와 사진 에세이로 특색 있는 「내셔널 지오그래픽」은 1888년 10월에 창간된 지 얼마 되지 않아 미국의 유명 잡지로 부상했다. 창간호부터 구독자들은 간행된 잡지를 수집했다. 잡지에 실린 흑백 사진의 작품성이 뛰어났으므로 구독자들은 잡지를 영구 소장하고 싶어 했던 것이다.

잡지 출판의 신기원을 이룩한 「내셔널 지오그래픽」은 내셔널 지오그래픽 협회가 지리 지식을 일반 대중에게 전달하기 위한 목적에서 창간한 잡지이다. 창간호부터 시작하여 잡지는 이국적인 강의 지도, 숲의 강우량 도표, 화산에 대한 보고와 고고학적 발견, 유명한 과학자와 탐험가에 의한 외국의 땅 탐사 따위의 기사들을 다루었다. 항공 여행이 불가능했던 시절이었지만 「내셔널 지오그래픽」은 독자들이 상상도 못했던 낯선 지역을 소개하고 안내했다. 구독자들은 1년에 5달러만 내면 집에 편히 앉아서 이국적인 지역으로의 여행을 즐길 수가 있었던 것이다.

내셔널 지오그래픽 협회의 초대 회장은 발명가인 알렉산더 그레이엄 벨이었다. 1897년 당시 1,300명 정도였던 잡지 구독자를 보다 많이 확보하기 위해 벨은 새로운 아이디어를 생각해냈다. 이것은 잡지를 구독하는 동시에 독자들이 내셔널 지오그래픽 협회의 회원이 됨으로써 협회 활동을 후원한다는 것이었다. 잡지 신청서에는 다음과 같은 문구가 적혀 있었다. '우리 협회는 여러분이 협회의 회원으로 가입되었다는 사실을 자랑스럽게 통지하는 바입니다.' 따라서 구독자는 자신이 새로운 미지의 땅을 탐구하는 과학적인 탐험을 후원한다는 자부심을 느낄 수 있었다.

동시에 벨은 필자들에게 모험담을 흥미진진하게 쓰도록 부탁했다. 구독자들이 기사를 읽음으로써 탐험 도중의 고난과 벅찬 감격을 실제 상황처럼 생생하게 체험하도록 하기 위해서였다. 피어리, 쿡, 아문센, 버드, 섀클턴 같은 유명한 탐험가들이 탐험담을 잡지에 기고했다. 협회는 이런 탐험에 재정 지원을 아끼지 않았다. 이에 감사한 버드가 '미국 국기와 내셔널 지오그래픽 협회의 휘장을 휴대하는 것이 저에게는 무한한 영광입니다'라고 말했을 정도이다. 1908년 당시 총 80쪽짜리 잡지의 절반 이상은 사진으로 꾸며졌다.

「내셔널 지오그래픽」 1915년 1월호 표지.

하지만 「내셔널 지오그래픽」에 커다란 변화를 가져오고 이를 대중에게 보다 많이 알리게 만든 계기는 총천연색 사진과 삽화의 등장이었다.

잡지에 처음으로 총천연색 사진이 실린 것은 1910년 11월판이었다. 한국과 중국에 관한 39개의 이국적인 화보가 페이지 가득히 총천연색으로 실려 있었던 것이다. 당시 독자의 반응은 폭발적이었다. 다음 달 잡지 역시 일본과 러시아에 관한 총천연색 사진과 진귀한 새 그림이 지면을 채웠다. 새 그림은 곧 잡지의 고정 연재물이 되었다. 「내셔널 지오그래픽」은 사진 촬영에 많은 혁신적인 방법을 도입하기도 했다. 자연에 서식하는 동물을 최초로 플래시 촬영하거나 성층권에서 최초로 사진을 촬영하고 해저의 물고기와 식물을 최초로 촬영한 것도 「내셔널 지오그래픽」이었다. 대중의 인기를 한몸에 받았던 특집의 하나가 1919년 5월호에 실려 있었다. 이것은 '인간의 가장 친한 친구'라는 제목으로 73종의 견종을 휘황찬란한 총천연색으로 게재한 특집이었다.

독자의 호응적인 편지를 읽으면서 편집자들은 다음과 같은 사실을 깨달았다. 즉, 독자들이 외국 사람들의 다채로운 복장도 좋아하지만 미지의 세계에 사는 원주민들의 알몸 사진을 더욱 좋아한다는 사실을 말이다.

1950년에 이르자 「내셔널 지오그래픽」은 세계 10대 잡지 중 하나로 위상을 굳혔다.

라이프 : 1936년, 뉴욕

여러 달에 걸친 시행착오와 개선의 결과 헨리 루스의 「라이프」가 미국 전역의 신문 및 잡지 판매점에 첫선을 보인 것은 1936년 11월이었다. 10센트만 내면 독자는 96쪽짜리 잡지에서 다양한 기사와 사진을 접할 수 있었다. 창간호에는 갓 태어난 아이를 손바닥으로 가볍게 때려서 아이의 첫울음을 터뜨리는 산부인과 의사의 사진이 '생명의 시작'이라는 설명과 더불어 실려 있었다. 창간호는 진열된 지 서너 시간이 채 지나지 않아 매진되고 말았다. 열렬한 구독자들은 다음 호를 구입하기 위해 예약을 하느라 아우성이었다.

역사상 가장 성공적인 사진 잡지가 「라이프」인 것은 틀림없는 사실이다. 하지만 이것이 최초의 사진 잡지도 아니었고 그렇다고 최초의 라이프 잡지도 아니었다. 1883년에 존 미첼이라는 도안가가 처음 발간했던 사진 잡지의 이름을 루스가 빌렸기 때문이었다.

미첼은 하버드대학을 졸업한 과학도였으나 졸업 후에 파리에서 건축학을 공부한 인물이었다. 1882년에 뉴욕에 정착한 그는 사진 주간지를 새로운 방법으로 발간하기 시작했다. 선화를 나무판에 새긴 다음 이를 종이에 찍는 종래의 방법이 아니라 직접 선화를 재생하는 아연 에칭 방법을 이용했던 것이다. 미첼의 「라이프」는 자신이 그린 우스꽝스러운 도안이 곁들여진 유머와 풍자 잡지였다. 1877년의 「라이프」지는 갓 20살이 지난 찰스 다나 깁슨의 아름답고 자립적인 '깁슨 여자'를 미국인들에게 선보였다. 미국이 대공황에 휩쓸리기 전까지만 해도 미첼의 잡지는 미국에서 가장 잘 팔리는 10센트 주간지의 하나였다.

「라이프」 1911년 9월 24일자 표지.

여기에 비로소 헨리 루스가 등장한다.

1936년 당시 루스는 곧 발간될 사진 잡지의 명칭을 열심히 물색하고 있었다. 시험적인 명칭은 「표정Look」이었다. 그러다가 루스는 미첼에게 9만 2,000달러를 주고 그의 유머 잡지인 「라이프」의 명칭을 사들였다. 사진으로 뉴스를 생생히 보도하는 루스의 잡지는 영화에 매료된 수백 만의 미국인들에게 호소하는 바가 매우 컸다. 글이 아니라 그림으로 이야기를 전달하는 새로운 방법이 각광받게 되었을 뿐만 아니라 「라이프」의 사진은 마치 글처럼 이야기를 쉽게 전달해주었다. 사진 저널리즘이라는 새로운 분야가 발전하게 된 것은 이 잡지의 '사진 에세이' 덕분이라 할 수 있었다. 1936년의 창간호가 선보인 지 서너 주가 지나면서 「라이프」는 곧 100만 부 이상 팔리는 대중 잡지로 자리를 굳히게 되었다. 역사상 가장 성공적인 잡지의 하나로서 말이다.

 에보니 : 1945년, 일리노이

가장 잘 팔리는 잡지였던 「라이프」와는 전혀 다른 새로운 잡지가 등장했다. 그리고 이것은 미국 흑인 인구의 4분의 1 이상의 구독자를 확보하게 되었다.

존슨 출판사의 사장이었던 존 존슨이 제 2차 세계 대전에 참가했던 흑인 병사를 대상으로 한 잡지 「에보니Ebony」를 창간했다. 당시 많은 흑인 참전 용사들이 미국으로 귀국하고 있었다. 존슨은 결혼 적령기를 맞은 흑인 청년들, 곧 아이의 아버지가 될 이들 흑인들이 사회에 대한 지식이 필요하며 성공한 흑인들의 이야기가 이들에게 많은 도움이 될 것이라고 생각했다.

존슨은 영향력이 많은 백인들에게도 자신의 계획이 갖는 중요성을 인식시켰다. 그가 처음으로 출판했던 잡지는 「니그로 다이제스트Negro Digest」였다. 그가 열심히 자금을 모은 결과 잡지가 출판되어 나왔으나 처음에 잡지 배포업자들은 흑인을 위한 잡지를 선뜻 취급하려 하지 않았다. 존슨은 수백 명의 친구들에게 잡지판매점에 진열된 「니그로 다이제스트」를 구입하도록 요청했다. 우선 몇 개의 잡지 판매점이 이 잡지를 실험적으로 서가에 진열했다. 존슨의 부탁을 받은 친구들이 잡지를 모두 구입했음은 물론이다. 이에 시카고의 백인 잡지 배포업자는 존슨의 잡지가 충분히 시장성이 있다고 확신하게 되었다. 창간호가 나온 지 서너 달이 지나자 판매 부수는 5만 부로 껑충 뛰었다. 창간 후 1년이 지난 1943년에 존슨은 루스벨트 부인에게 '내가 만약 흑인이라면'이라는 제목의 글을 쓰도록 의뢰했다. 이 글 덕분에 잡지는 미국 전역에 널리 알려지게 되었다. 그 결과 1943년 말에 잡지 판매량은 다시 3배로 껑충 뛰었다.

비록 흑인 독자들이 「에보니」를 꾸준히 구독하기는 했지만 그것으로 출판 비용이 충분히 충당되는 것은 아니었다. 문제는 백인 광고주들이 흑인 잡지를 기피한다는 사실이었다. 문제의 실마리는 제니스 주식회사와 더불어 어느 정도 풀릴 수 있었다. 제니스 회사의 사장이던 유진 맥도널드는 피어리 제독 및 흑인 탐험가 매슈 헨슨과 함께 북극을 탐험한 적이 있었다. 어느 날 존슨은 「에보니」한 부를 손에 들고 맥도널드 사장을 방문했다. 헨슨과 피어리의 북극 탐험에 관한 기사를 실은 잡지였다. 사장은 아련한 시선으로 과거의 추억을 더듬더니 선뜻 존슨의 제안을 수락했다. 제니스 회사가 「에보니」에 광고를 실으면서 백인들의 오랜 편견도 조금씩 무너져내리기 시작했다. 존슨이 펴낸 「에보니」, 「니그로 다이제스트」 그리고 또 하나의 흑인 잡지인 「제트Jet」는 약 120만의 독자를 확보하고 있다. 이는 미국의 성년 흑인의 거의 절반을 차지하는 숫자다.

에스콰이어 : 1933년, 뉴욕

1931년 10월에 출판된 계간지 「의복 예술Apparel」에 힌트를 얻어 탄생한 잡지가 「에스콰이어」이다. 아널드 킹그리치가 편집한 「의복 예술」은 남성 의복을 전문적으로 취급하는 인기 잡지였으나 값이 꽤 비싼 편이었다. 킹그리치는 미국의 많은 남자들이 기꺼이 10센트를 내고 패션 전문 잡지를 구독하리라고 생각했던 것이다. 처음에 그는 잡지명을 「유행, 남성, 그리고 여성Trend, Star, or Beau」이라고 붙일 생각이었으나, 어느 날 편지의 서두에 쓰인 약자 'Esq'를 우연히 쳐다보고는 이것을 잡지명으로 삼기로 작정했다.

킹그리치는 「에스콰이어」가 잘 팔릴 것이라고 확신했다. 의복 전문점에 들른 고객이 「의복 예술」지를 몰래 훔쳐 가기도 한다는 말을 전해 들었기 때문이었다. 당시 옷가게들은 두꺼운 패션 계간지를 진열해놓고 고객들이 여기서 마음에 드는 옷을 주문하는 판매 제도를 실시하고 있었다. 동부 해안의 몇몇 옷가게는 값이 싼 의복 목록을 발간할 수 있느냐고 킹그리치에게 제안하기도 했다. 고객들이 집에 가서 한가한 시간에 목록을 뒤적이며 마음에 드는 옷을 고르도록 할 목적에서였다. 옷가게는 이 목록을 무료로 배포할 생각이었다. 하지만 킹그리치는 목록 대신에 한 부당 가격이 10센트인 남성 전문 잡지 「에스콰이어」를 펴내고 싶어했다. 그는 기존에 발행된 「의복 예술」의 사진을 오리고 다시 붙여서 잡지 견본을 만들었다.

1933년 10월에 처음 발간된 「에스콰이어」는 116쪽의 호화장정판 잡지로 값도 50센트였다. 잡지의 3분의 1은 총천연색 사진이었다. 잡지계 전문가들은 이 잡지가 기껏해야 2만 5,000부 정도나 팔릴 것이라고 장담했다. 하지만 옷가게에서 구입한 창간호 부수만 해도 10만 부가 넘었다. 이에 힘입은 깅그리치는 잡지를 월간지로 펴내기로 결정했다.

창간호 「에스콰이어」는 패션뿐만 아니라 헤밍웨이나 존 도스 패서스 같은 유명 작가의 글과 단편소설 및 스포츠 기사도 다루었다. 토마스 만, 로렌스, 토머스 울프 같은 작가의 작품이 잡지에 실린 것은 문학과 패션을 동시에 다룬다는 잡지의 정책 때문이었다. 헤밍웨이의 유명한 단편소설 「킬리만자로의 눈」이 처음 발표된 곳도 「에스콰이어」였다. 피츠제럴드의 소설이나 아서 밀러, 테네시 윌리엄스의 극작품도 심심찮게 실렸다. 남성 의류 전문점의 무료 의복 책자에서 힌트를 얻은 「에스콰이어」는 1960년대가 되자 광고 수입만 700만 달러에 이르는 대기업으로 성장했다. 잡지 판매 부수도 100만 부를 돌파했다.

 리더스 다이제스트 : 1922년, 뉴욕

미네소타에 있는 장로교회 목사의 아들 월리스는 자그마한 가정 다이제스트를 편집할 계획을 세웠다. 잡지 운영을 통해 1년에 5,000달러 정도의 수입만 확보하면 좋겠다는 소박한 계획이었다. 그는 사람들이 다양한 지식을 소화하기를 원하지만 1920년 당시 독자들은 여러 잡지를 한꺼번에 사서 읽을 시간과 경제적 여유가 없다고 생각했다. 그래서 월리스는 최신 주요 기사들을 간추려 읽기 쉽게 요약하고 이를 중편소설 정도 두께의 잡지로 출판하면 유익할 것이라고 생각했다.

이미 출판된 잡지들에 실린 중요한 기사를 간추려서 윌리스는 잡지를 펴 냈다. 「리더스 다이제스트」라는 명칭의 잡지 200부를 시험삼아 간행하여 뉴 욕의 출판업자나 잠재적 고객에게 우송했다. 누구도 털끝만큼도 관심을 보 이지 않았다. 하지만 윌리스와 장로교회 목사의 딸이었던 그의 약혼자 애치 슨은 뉴욕의 그리니치빌리지에 사무실을 하나 빌려서 리더스 다이제스트 협회를 창설했다. 그들은 사무실에서 잡지 기사를 요약하고, 등사 인쇄한 잡 지 구독 신청서를 수천 명의 사람들에게 편지로 보냈다. 그들의 결혼식날인 1921년 10월 15일의 일이었다. 2주간의 신혼여행을 마치고 사무실에 돌아 오자 3달러가 동봉된 1,500통의 구독 신청서가 그들을 기다리고 있었다. 그 리하여 1922년 2월에 「리더스 다이제스트」가 세상에 첫선을 보였다.

성공적 출발에 뒤이어 전혀 예기치 못한 문제가 발생했다. 처음에 다른 잡지사는 「리더스 다이제스트」가 그들의 기사를 재인쇄하는 것을 기꺼이 허락했다. 이로 인해 잡지가 홍보될 수 있었기 때문이었다. 하지만 「리더스 다이제스트」 판매량이 증가하자 다른 잡지사들이 경쟁상대로 여기게 되었 다. 구독자와 광고물을 뺏어가는 경쟁상대였던 것이다. 곧 유력 잡지사는 윌 리스의 무단 전재를 금했다.

다이제스트의 성격을 계속 유지하기 위해서 1933년 윌리스는 아이디어 하나를 내놓았다. 이것은 필자에게 다른 잡지를 위해 글을 쓰도록 의뢰하고 원고료도 지불하지만 하나의 단서를 다는 것이었다. 즉 글의 일부를 윌리스 가 이용할 수 있도록 허락해달라는 것이었다. 이것은 논란의 여지가 많은 방 법이었다. 비판적인 입장의 사람들은 그런 기사가 '주입된 기사planted articles' 라고 공격했지만, 윌리스는 이것은 '공동 작업 기사'라고 옹호했다. 자금 사 정이 좋지 않은 소규모 잡지사는 이 아이디어를 환영했다. 하지만 대규모 출 판사는 윌리스가 사상의 자유로운 표현을 억압하고 인쇄물의 내용을 미리 결정하는 잘못을 범했다고 비난했다. 이런 관행은 1950년대에 중단되었다. 당시 이웃과의 교류와 선행을 기리는 「리더스 다이제스트」의 1년 수입은 이미 300만 달러에 육박하고 있었다. 이런 사업적 성공에 힘입어 잡지사는 리더스 다이제스트 요약 독서클럽을 조직했다. 1960년대에 잡지의 판매 부수는 무려 1,500만 부에 달하게 되었다.

 ## 타임 : 1923년, 뉴욕

처음에 그 명칭이 '기회Chance'나 '운명Destiny'으로 결정될 수도 있었던 「타임」지는 출판의 역사를 통틀어 가장 대중적인 주간지라고 할 수 있다. 이 잡지는 성격은 매우 다르지만 지극히 우정이 돈독했던 두 동창생의 우정에서 싹튼 결실이었다.

1898년 유복한 집안에서 태어난 브리턴 해든은 어린 시절부터 저널리즘에 깊은 관심을 갖고 있었다. 그는 시를 써서 가족을 기쁘게 하기도 했으며 신문을 만들어 학급 친구들에게 돌리기도 했다. 그는 처음에 「뉴욕 세계New York World」 기자로 직장생활을 시작했다. 면접 때 그를 달가워하지 않았던 편집장에게 '선생님은 저의 운명을 방해하시는 것입니다'라고 말하면서 자신의 신념을 강하게 피력했기 때문에 취직이 되었다는 일화도 전한다.

해든이 외향적이고 장난꾸러기였다면 헨리 루스는 보다 실용적이고 진지한 성격이었다. 루스는 중국에 미국 대학을 두 개나 세웠던 장로교 선교사의 아들로, 출생지도 중국이었다. 루스 집안의 오래된 가풍은 이웃이나 다른 사람을 위해 하루에 최소 한 시간 이상 선행을 베푸는 것이었다.

헨리 루스와 브리턴 해든은 코네티컷의 레이크빌에 위치한 호치키스고등학교의 동창이었다. 서로 만난 지 얼마 되지 않아서 두 친구는 강한 우정으로 맺어졌다. 당시 해든은 학교 신문인 「호치키스 레코드Hotchkiss Record」 편집자로 활동했고 루스는 「호치키스 도서관 월보Hotchkiss Literary Monthly」를 펴내고 있었다. 스스로도 시와 수필을 기고하면서 말이다. 예일대학에서 다시 만난 이들의 우정은 더욱 돈독해졌다. 당시 해든은 「예일 뉴스Yale News」 회장을, 루스는 편집장을 맡았다. 두 친구는 1918년에는 동시에 학업을 중단하고 학생군인훈련단에 입대하기도 했다. 그들이 전국 규모의 주간지를 간행할 생각을 품게 된 것도 여기에서였다.

두 청년이 마침내 1923년에 펴낸 잡지가 현재의 「타임」지와 똑같지는 않았다. 그들의 출판 취지는 당시의 일간지, 특히 「뉴욕 타임스」에 나타난 기사를 요약한 듯한 내용이었다. 다음과 같은 내용 견본이 이를 말해준다.

> 「타임」지는 모든 중요한 토픽에 관한 모든 정보를 환영합니다. 이들 정보는 약 100개의 짧은 기사로 잡지에 실릴 것입니다. 각 기사의 분량은 400단어 이상을 초과하면 안 됩니다. 어떤 특정한 논점을 증명하는 기사는 받지 않습니다.'

필요한 자금을 확보하기 위해 당시 24살이던 두 젊은이는 예일대학 친구들에게 도움을 구했다. 한 친구의 어머니는 2만 달러의 거금을 투자하기도 했다. 잡지 사업의 성공 여부는 아주 불확실했는데도 말이다. 물론 잡지는 대성공을 거두었고, 투자했던 돈은 그녀의 생전에 100만 달러로 껑충 뛰어올랐다.

산더미처럼 쌓인 신문 뭉치를 이용하여 이 두 청년과 몇 명 안 되는 사원들은 「타임」지 창간호를 1923년 3월에 세상에 내놓았다. 32쪽짜리 잡지는 기존 기사를 압축해 고쳐 쓴 항목이 200개가 넘었다. 3줄짜리 기사도 있었고 100여 줄에 이르는 기사도 있었다. 잡지 표지에는 당시 은퇴했던 국회의원 조지프 캐넌의 초상화가 목탄으로 그려져 있었다. 누군가 나중에 기술했듯이 「타임」지 창간호는 '미국 출판계나 대중들의 완전한 무관심' 속에 첫선을 보였다. 해든과 루스가 당시 유력 인사에게 창간호에 대한 의견을 구하자 그는 주저하지 않고 '이것으로 끝을 내지.'라고 대답했다.

1923년 3월 3일에 창간한 「타임」 창간호 표지.

하지만 좌절하지 않고 두 젊은 편집장은 잡지와 표지를 쇄신하기 시작했다. 우선 현재 「타임」지의 도안처럼 표지 인물의 둘레에 빨간 테두리를 둘렀다. 하지만 가장 중요한 변화는 잡지 자체의 독자적인 글과 보도를 수행할 필진을 고용한 사실이었다. 신랄하고 거만하며 유머 가득한 스타일의 글을 개발하여 「타임」지 필자들은 새로운 표현이나 용어를 만들어내고, 일상적인 어법을 기묘하게 비틀기도 하며, 거의 매 문단마다 수사적 표현이나 난해한 용어를 불쑥불쑥 던져놓았다.

이런 기괴함이 「타임」지 스타일을 확립시켰다. 잡지가 새롭게 표현이나 낱말들이 미국의 일상어가 되기도 했다. 예를 들어 '장군'을 뜻하는 일본어 '타이쿤Tycoon'은 「타임」지에 등장하면서 대중적으로 널리 사용하게 되었다. '타이쿤'보다 정도는 덜하지만 잡지는 '식자'를 뜻하는 히두어 'pandit'와, 영광을 뜻하는 그리스어 'kydos'에서 유래한 'kudos'라는 단어를 명예학위의 뜻으로 사용하여 이를 대중화하기도 하였다. 이외에도 「타임」지는 많은 신조어를 개발했다.

두 명의 대학생이 꿈꾸었던 잡지의 계획은 전국적인 잡지로, 더 나아가서는 전 세계적인 잡지로 발돋움했다.

연쇄구균에 의한 감염으로 해든이 잡지 창간 6주년을 1주일 앞두고 1929년 31살도 되기 전에 사망했을 때 그의 주식은 100만 달러가 넘는 규모였다. 깊은 슬픔에 잠긴 헨리 루스는 다음 호의 첫 번째 쪽의 박스 고시란에서 친구의 죽음을 애도했다. 간결하면서도 매우 함축적인 글로, 이것은 곧 「타임」의 트레이드마크가 되었다. '그의 천재성의 산물이며 뛰어난 자질의 후계자인 「타임」지는 브리턴 해든의 일대기나 찬사를 새삼 기록하지는 않을 것입니다.'

　　헨리 루스가 계속 발전시킨 「타임」은 정기간행물 역사의 새로운 장을 열었다. 「포춘Fortune」지는 1930년 2월에 첫선을 보였다. 「타임」지의 제한된 비즈니스란에 직원들이 매주 쏟아내는 수많은 자료를 전부 소화할 수가 없었기 때문에 1928년에 헨리 루스는 남는 자료를 새로운 잡지를 발간하여 이용해보면 어떻겠냐고 제안했다.

　　루스가 「포춘」이라고 명명한 잡지는 처음부터 성공적이었다. 잡지의 면수, 구독자 수 및 다루는 범위가 증가함에 따라서 「포춘」지는 보도의 정확성에 자신감을 갖게 되었다. 숫자의 홍수 속에서도 잡지는 정확성을 잃지 않았던 것이다. 정확성에 자신감을 가진 잡지 편집자들은 1937년 5월 독자들에게 다음과 같은 제안을 했다. 잡지에서 발생한 실수를 지적한 독자에게 실수 하나에 대하여 5달러를 지불하겠다고 약속한 것이다. 이런 제안에 독자들은 별로 구미가 당기지 않았는지 별다른 반응이 없었다. 잡지사가 금액을 2배로 늘렸을 때 거의 1,000여 통에 달하는 편지가 쇄도했다. 편집자는 두 개의 '중대한' 오류와 23개의 '소소한' 오류를 인정하지 않을 수 없었다. 40개의 오차에 대해서는 '사소한 실수'라고 편집자들은 인정했다. 그 결과 잡지사는 4,000달러의 현상금을 지불해야 했다. 잡지사는 이내 이 제안을 철회했다. 독자의 편지를 읽고 확인하고 답장하는 데 너무 많은 시간이 소모되었기 때문이었다.

1923년의 「타임」, 1930년의 「포춘」, 1936년의 「라이프」에 뒤이어 헨리 루스의 출판제국은 잡지 출판 역사상 또 하나의 신기원을 이룩했다. 이것이 바로 1954년의 「스포츠 일러스트레이티드Sports Illustrated」와 1973년의 「피플 People」지다. 두 잡지는 진부한 스포츠 저널리즘과 연예 잡지에 혁신적인 변화를 가져왔을 뿐만 아니라 수준도 높이고 구독자 수도 늘렸다.

오늘날 잡지 진열대에 꽂혀 있는 대부분의 잡지는 브리턴 해든과 헨리 루스라는 대학 동창 친구가 힘을 모아 이루었던 노력과 창조력의 결실을 어느 정도 반영한 것들이다.

뉴스위크 : 1933년, 뉴욕

경제공황의 해인 1933년은 새로운 주간지 창간에는 매우 불리한 시기였다. 더구나 「타임」이 이미 특수한 독자층을 광범위하게 확보하지 않았던가. 이런 여건에도 불구하고 「뉴스위크Newsweek」는 1933년에 출간되었다. 당시 미국인 4명 중 1명은 실업자였고 주가는 하루에 230포인트씩 떨어지고 있었다. '후버의 담요'라고 불린 신문은 국민에게 정보를 제공하기보다 국민을 위로하려는 경향이 강했다.

「뉴스위크」를 창간한 것은 「타임」에 불만을 품은 「타임」 간부였다. 해든과 루스는 토머스 마틴이라는 영국 사람을 외국 기사 담당 편집장으로 고용했다. 그가 국제 정세에 밝을 것이라고 잘못 판단했던 것이다. 「타임」에서 전문적인 훈련을 받은 마틴은 곧 「뉴스 타임스」로 자리를 옮겼다. 그 후 신문사를 그만두고 독자적인 주간지를 만들 계획을 세웠다.

토머스 마틴이 주간지를 창간한 데는 사적인 이유와 공적인 이유가 있었다. 그는 개인적으로 헨리 루스의 잡지가 망하기를 바랐다. 동시에 그는 자기가 루스보다 뛰어난 잡지를 만들 수 있다는 신념을 가지고 있었다. 다음과 같은 그의 글이 이를 증명한다.

'나는 「타임」처럼 신랄하지는 않은 새로운 타입의 잡지를 만들 여지가 아직 미국에는 있다고 생각한다. 이 새로운 잡지는 보도에 보다 충실하고, 뉴스의 배후에 숨어 있는 진실을 밝혀냄으로써 뉴스에 보다 많은 의미를 부여하고자 한다.'

스물두 명의 편집자와 기본적인 자료로 사용할 신문 스크랩 한 뭉치를 가지고 마틴은 1933년 2월 17일 「뉴스-위크」 창간호를 발행했다. 한 부에 10센트였다. 1주일 동안 매일매일 일어났던 일곱 가지 중요한 사건의 사진을 복합적인 이미지로 제시한 잡지 표지는 사람들을 혼란스럽게 만들었다. 다음으로 표지에 하나의 사진만을 실어도 잡지 판매량은 크게 늘지 않았다.

4년 동안 「뉴스-위크」는 엄청난 경제적인 역경을 견뎌야 했다. 현재의 「뉴스위크」로 명칭이 바뀐 것은 1937년이었다. 동시에 연대기적인 사건 보도 형식을 과감하게 버리고 편집진은 '3차원적 편집 방법'을 제시했다. 우선 뉴스를 제시하고, 그다음에는 뉴스의 배경 설명, 그리고 마지막에는 뉴스의 중요성에 대한 해석을 가하는 편집 방법이 그것이었다.

보다 포괄적으로 뉴스를 다루기 위해 잡지사는 특파원과 사무소의 정보 수집 체계를 확립했다. 그해에 「뉴스위크」는 사실과 사실에 대한 의견을 뚜렷하게 구별하는 새로운 전통을 수립했다. 이는 나중에 「타임」도 채택했던 방법으로, 잡지 필자가 시사 칼럼에 이름을 밝힘으로써 이것이 객관적이고 중립적인 해설은 아니라는 것을 독자에게 인식시키는 방법이었다. 새로운 방법의 효과는 뚜렷했다. 「뉴스위크」는 경쟁지인 「타임」을 '망하게' 만들지는 못했지만 1968년에는 광고 페이지에서 「타임」의 실적을 뛰어넘는 약진을 보였다. 이것은 1980년대 잡지의 새로운 향방을 알리는 신호탄이나 마찬가지였다.

15장

놀이는 즐거워

 공깃돌 : 기원전 3000년, 이집트

플랑드르의 풍속화가 브뤼헐은 1560년에 그린 대작 「아이들의 놀이
Children's Games」에서 당시 아이들이 노는 모습을 화폭에 옮겼다. 동그란 테
를 돌리거나 점토빵을 어루만지고 있는 아이들, 인형에게 옷을 입혀주거나
목마 위에서 몸을 흔드는 아이들, 또는 공깃돌을 던지는 아이들의 모습이었
다. 이 그림에는 80가지 종류의 놀이가 묘사되어 있다. 그림을 보면 500년 전
아이들이 즐겼던 많은 놀이를 오늘날 아이들도 여전히 즐기고 있음을 알 수
있다. 그리고 이런 놀이 가운데 몇 가지, 특히 공깃돌 놀이는 4,500년 이전에
이집트 아이들이 즐겼던 놀이였다.

다른 많은 옛날 놀이와 마찬가지로 아이들은 공깃돌을 장난감으로 사용
했던 반면, 어른들은 점을 치기 위해 이것을 사용했다. 앞으로 살펴보겠지
만, 장난감 중 많은 것들은 원래 왕이나 종족의 운수를 점치는 도구로 사용
되었다. 나중에 점을 치는 기능이 차츰 사라지면서 이것들은 아이들의 장난
감이 되었다.

브뤼헐의 「아이들의 놀이」(1560). 80가지 종류의 놀이를 묘사하고 있다.

개나 양의 척골 모양을 한 돌멩이는 원래 근동 지방에서 점을 치는 도구였다. 나중에 1,000년의 세월이 지났을 때에서야 이들 돌멩이는 장난감으로 이용되었다. 원시적인 돌멩이가 폐허가 된 사원이나 아이의 무덤에서 발굴되면서 고고학자들은 종교적인 도구가 장난감으로 변한 과정을 어느 정도 추적할 수 있었다. 현재까지 발견된 가장 오래된 장난감 돌은 기원전 3000년 전 이집트의 어린이와 함께 매장되었다가 발굴된 둥근 준半보석용 돌이다.

일찍이 기원전 1435년에 그리스 크레타섬의 젊은이들은 반짝이는 백옥이나 마노 공깃돌을 갖고 놀았다. 그리스 사람들은 반짝이는 하얀 마노를 'marmaros'라고 불렀는데 공깃돌marble이라는 이름은 여기서 유래했다.

고대 사회에서 공깃돌은 그 문화의 경제적이고 기술적인 발전 단계를 반영하는 척도이기도 했다. 예를 들어 문명화된 크레타인들은 일반적으로 준보석용 공깃돌을 사용했던 반면, 미개한 생활을 영위했던 영국 제도의 원주민들은(지배계급까지 포함해서) 평범한 돌이나 점토 덩어리를 공깃돌로 썼다. 영국 원주민보다 더 미개한 부족들은 올리브나 개암나무 열매, 밤송이, 또는 참나무의 둥근 혹을 공깃돌로 썼다. 켈트족이나 색슨족, 아프리카의 부족 같은 소박한 부족들은 공깃돌을 사용하지 않았다. 대부분의 원시 사회에서 놀이는 독자적인 발달 과정을 밟았다.

로마의 어린이들에게도 공깃돌은 인기 있는 장난감이었다. 최초의 로마 황제인 아우구스투스는 거리에서 공깃돌이나 참나무 혹을 던지며 노는 아이들을 보면 자신도 거처에서 나와 어울려서 함께 놀았다는 이야기가 전해 내려온다. 고대 로마인들은 실리카와 재에 녹여서 투명한 유리 공깃돌도 만들었다. 폐허가 된 유적지에서 많은 공깃돌이 발견되고 공깃돌 놀이를 언급한 문헌도 많지만 정작 놀이 방법에 대해서는 전혀 알려진 바가 없다.

팽이 : 기원전 3000년, 바빌로니아

팽이가 똑바로 서서 돌아가는 원리를 이해하기 위해서는 회전동력학에 대해서 어느 정도 알아야 할 것이다. 하지만 원추형 물체를 돌리면 윙 소리를 내면서 돌아간다는 사실을 발견하기는 그리 어렵지 않았다. 탐구심이나 기계학적 지식은 필요 없었던 것이다. 기원전 3000년 전부터 바빌로니아 아이들은 점토 팽이를 가지고 놀았다. 팽이 옆면에는 동물이나 사람의 모습이 아로새겨져 있었다. 이 팽이가 아이들 장난감이라는 사실은 이것들이 아이들 무덤에서 공깃돌과 함께 발견되었기 때문에 쉽게 짐작할 수 있다.

팽이에 무늬가 새겨지면 팽이의 회전이 느려질 때 무늬의 모양이 점점 선명하게 드러나기 때문에 구경하는 재미도 있었다. 사실상 최초로 사용된 팽이의 표면에는 다양한 무늬가 그려지고 새겨졌다. 고대 일본인들은 팽이에 복잡한 무늬를 그렸을 뿐만이 아니라 점토 팽이 측면에 구멍을 뚫어서 돌아갈 때 윙윙하는 휘파람 소리가 나도록 만들었다.

훌라후프 : 기원전 1000년, 근동

1958년에 훌라후프 열풍이 미국을 휩쓸었다. 허리 둘레에 밝은 총천연색의 플라스틱 후프를 걸어놓고 엉덩이를 까불거리면 후프가 요란한 속도로 빙빙 돌아가는 것이었다. 가게에 진열된 훌라후프는 진열되기 무섭게 팔려나갔다. 등장한 지 채 6개월이 되지 않아서 미국에서 2,000만 개의 훌라후프가 팔렸다. 한 개당 가격은 1달러 98센트였다. 의사들은 청소년이나 나이 든 노인들이 훌라후프를 돌리면서 생긴 허리나 목의 이상을 치료하느라 바빴다. 그리고 보다 심각한 위험에 대해 경고하곤 했다.

하지만 훌라후프 놀이가 20세기에 처음 등장한 것은 아니었다. 의사들의 경고도 새로운 현상이 아니었다. 이것은 기원전 몇 세기 전으로 유래를 거슬러 올라갈 수 있다.

고대 이집트, 그리스나 로마의 어린이들은 마른 포도나무 덩굴 껍질을 벗겨서 훌라후프를 만들었다. 이 둥근 장난감을 땅에 세우고 막대기로 돌리기도 하고, 공중으로 던져서 몸의 중앙에 걸치게 하고 허리 주위로 돌리기도 했다. 고대 영국에서는 '후프 죽이기' 놀이가 유행하기두 했다. 이것은 후프를 돌려놓고 그 중앙에 화살을 던지는 놀이였다. 남미 문화권에서는 사탕수수로 훌라후프를 만들었다.

14세기 영국에 훌라후프 열풍이 불어닥친 시기가 있었다고 역사가들은 말한다. 남녀노소 할 것 없이 모두 나무나 금속으로 만든 훌라후프를 허리에 걸치고 돌리는 유행에 젖어들었다. 요통이나 탈골로 고생하는 많은 환자들이 생겨나고 의사는 이들을 치료하느라 분주했다. 오늘날과 마찬가지로 의사들은 성인들이 과도한 훌라후프 운동을 하면 심장마비로 사망할 수 있다고 경고했다. 의사들은 '훌라후프 죽이기' 놀이를 역전시켜 '후프가 사람을 죽인다'고 경고했던 것이다.

'훌라'라는 명칭이 후프와 결합된 것은 18세기에 접어들어서였다. 훌라란 앉아서, 또는 서서 엉덩이를 움직이며 추는, 성행위 동작을 모방하는 관능적인 하와이 춤을 의미한다. 하와이 훌라춤은 원래 종교적인 의식 행위였다. 여자의 출산 능력을 높이고 하와이의 신들을 경배하며 족장에게 영광을 돌리기 위해 훌라춤을 추었던 것이다. 하와이에 처음 도착한 영국이나 뉴잉글랜드 선교사들은 젖가슴을 그대로 드러내고 짧은 치마를 간신히 걸친 여자들과 사타구니만을 헝겊으로 가린 남자들이 추는 관능적인 춤에 경악을 금치 못했다. 선교사들은 남자들이 춤을 추지 못하도록 설득하는 한편 여자들에게는 조금 긴 치마를 입도록 권유했다. 아무튼 훌라춤의 엉덩이를 흔드는 모습과 후프를 돌리는 엉덩이의 모습이 너무나 유사하기 때문에 훌라가 후프 놀이의 이름이 되었다.

요요 : 기원전 1000년, 중국

16세기에 필리핀의 사냥꾼들은 커다란 목재판과 단단한 끈으로 만든 사냥용 요요를 개발했다. 이 무기를 던지면 끈이 동물의 다리에 걸치면서 동물이 땅에 넘어지기 마련이었다. 그러면 쉽게 동물을 죽이거나 잡을 수 있었다. 이처럼 요요는 오스트레일리아인들이 사용하는 부메랑 비슷한 사냥용 무기로서 멀리 있는 동물의 힘을 꺾는 데 사용되었다. 요요의 이름은 인도네시아어와 필리핀어의 '타칼로그Tagalog'에서 유래했다. 요요는 원래 장난감이 아니었던 것이다.

1920년대에 도널드 던컨이라는 창의적인 미국인이 요요를 사용하는 필리핀인의 모습을 지켜보았다. 그는 이 무기를 작게 줄여서 이것을 아이들의 장난감으로 만들었다. 여전히 타갈로그라는 이름을 사용하면서. 하지만 던컨의 요요가 원반 두 개에 실을 사용하는 최초의 장난감은 아니었다.

요요와 비슷한 최초의 장난감은 기원전 1000년 전에 중국에서 사용되었다. 중국에서는 상아로 만든 두 개의 원반을 말뚝으로 연결하고 여기에 명주실을 감아놓은 요요를 사용했다. 그 후 중국 요요는 유럽으로 전파되었다. 영국인은 이 장난감을 '퀴즈quiz'라고 불렀으며 프랑스인은 '방달로르bandalore'라고 불렀다. 유럽에 전파된 요요는 보석으로 장식되고 기하학적인 무늬가 새겨지기도 했다. 그리하여 요요가 돌아가면 이런 무늬와 장식이 아지랑이처럼 매혹적으로 아른거리는 것이었다.

 연 : 기원전 1200년, 중국

중국에서 전래된 연은 원래 군사용 신호 수단이었다. 기원전 1200년 무렵 중국인들은 연의 색상이나 무늬 또는 움직임을 암호로 삼아 진영과 진영 사이에 의사소통을 할 수 있었다. 연 만드는 기술을 크게 발전시켰던 고대 중국인들은 가볍고 커다란 연을 만들어 사람을 공중에 띄우기도 했다. 대나무와 창호지로 만든 연에 몸을 밀착시킨 다음 비행사는 강한 바람이 불어오면 어느 정두 공중을 날 수두 있었다. 물론 이런 원시적인 비행 시두는 그리 성공적이지 못했다.

고대 중국의 날염 옥양목이나 목판화를 보면 기발한 무늬의 작은 연을 날리는 아이들 그림이 그려져 있다. 연에 다양한 종류의 꼬리가 달려 있는 것으로 보아 중국인들은 꼬리의 공기역학적 기능을 어느 정도 감지하고 있었던 것 같다. 연은 중국에서 인도로, 그리고 유럽으로 전파되었다. 가장 주된 용도는 군사용 암호 전달이었다. 고대부터 유럽에서 사용되던 횃불이나 연기 피우기를 보완하는 새로운 전달 수단으로 이용되었던 것이다.

12세기에 접어들면서 유럽 아이들은 '노래하는' 연을 날리기 시작했다. 연의 몸체에 작은 구멍을 뚫고 여러 겹의 진동하는 실을 사용함으로써 휘파람 비슷한 소리를 낼 수가 있었다. 연은 기상학 발달에도 결정적인 역할을 했다. 연의 몸체에 대기 측정 기구를 매달 수 있었기 때문이었다. 또한 여러 세기에 걸친 연의 제조법에서 축적된 지식은 공기역학의 발달에도 도움이 되었다. 오늘날 연은 대부분의 나라에서 놀잇감으로 이용되고 있다.

프리스비 : 1957년 이전, 코네티컷

코네티컷의 브리지포트에 위치한 프리스비 파이 회사와 회사의 가벼운 파이용 주석 그릇에서 현대의 프리스비가 유래했다.

뉴잉글랜드의 과자 제조업자인 윌리엄 러셀 프리스비는 1870년대에 빵 가게를 열고 직접 만든 파이를 그의 가문의 성이 적힌 동그란 주석 그릇에 담아서 팔았다. 당시 아이들이 빈 주석 그릇을 장난감으로 가지고 놀았는지에 대한 정확한 기록은 없다. 1940년대 중반에 예일대학에서는 학생들이 빈 주석 그릇으로 뱃놀이를 하는 유행이 있었다. 당시 뉴헤이븐 캠퍼스 근처에 브리지포트 파이 공장이 주변 빵 가게에 파이를 납품하고 있었다. 예일대학의 이런 유행은 곧 시들해지고 말 것이었지만, 하늘을 나는 쟁반에 관심을 가진 캘리포니아 출신의 월터 프레드릭 모리슨이라는 사람이 빈 주석 그릇을 새로운 장난감으로 개발했다.

자동차 헤드라이트 발명가의 아들이었던 모리슨은 우주인의 출현 가능성에도 관심이 많았다. 1950년대 영화제작사들은 우주인을 소재로 한 많은 영화를 만들었기 때문에 일반 대중도 우주인에 대한 관심이 매우 높았다. 미국인의 UFO에 대한 지대한 관심을 상업적으로 이용할 요량으로 모리슨은 가벼운 금속 원반 장난감을 발명했다(나중에는 금속 대신 플라스틱을 사용했다). 영화에서 많이 본 비행접시에서 아이디어를 얻은 것이었다. 그는 캘리포니아의 장난감 회사인 웸오 사와 손잡고 1957년 1월 13일에 최초의 '나는 접시' 장난감을 세상에 내놓았다. 이 장난감은 처음에는 서부 해안 지역에서만 판매되었다.

채 1년도 안 되어서 캘리포니아 해안은 장난감 UFO를 가지고 노는 사람들로 북적였다. 하지만 미국의 다른 지역에서는 이 장난감을 볼 수가 없었다.

제품의 판매망을 확대하기 위해서 웸오 사 사장인 리처드 너는 동부 지역 대학들을 방문하면서 플라스틱 UFO를 배포하기 시작했다. 놀랍게도 아이비리그 대학인 예일대학과 하버드대학 학생들이 잔디밭에서 파이 주석 그릇을 던지면서 놀고 있는 모습을 발견했다. 학생들은 파이 주석 그릇을 '프리스비'라고 부르고 있었다. 프리스비라는 이름이 웸오 사 사장 마음에 쏙 들었다. 프리스비 파이 회사가 있다는 사실도 모른 채 그는 1959년에 '프리스비'라는 상호의 등록 허가를 신청했다. 이리하여 하늘을 날아다니던 파이 주석 그릇에서 프리스비 놀이기구가 탄생한 것이다.

 딸랑이 : 기원전 1360년, 이집트

최초의 딸랑이는 마른 호박 속에 자갈이 섞인 진흙 공을 넣어서 악령을 쫓아내기 위한 도구로 사용되었다. 딸랑이는 단순히 장난감이 아니었던 것이다. 고대인들은 출생이나 사망 시, 또는 아플 때 악령이 출몰한다고 믿었기 때문에 부족의 제사장들은 악령이 가까이 오지 못하도록 딸랑이로 '딸랑딸랑' 소리를 냈다. 바다 근처에 살았던 부족들은 쌍각류의 조개 속에 자갈을 넣은 딸랑이를 종교적인 용도로 사용했다.

딸랑이가 아이들 장난감으로
처음 사용된 것은 기원전 1360년
이집트에서였다. 현재 이집트의
박물관에는 아이들의 무덤 유적
지에서 발견된 초기의 딸랑이가
몇 가지 진열되어 있다. 이들 딸
랑이의 생김새를 보면 아이들이
이것을 흔들면서 놀았다는 사실
을 금방 알 수 있다. 이집트인들은
새, 돼지, 곰 모양으로 진흙 딸랑
이를 만든 다음 모난 부분은 부드
럽게 다듬었다. 예를 들어 돼지 귀
는 머리에 가깝게 밀착되었으며,
새는 발이나 다리, 뾰족한 부리를

「딸랑이를 든 아이의 초상」(1611).

가지고 있지 않았다. 진흙 딸랑이는 보통 부드러운 명주 헝겊으로 감싸서 사
용했다. 이집트인들은 주술적인 색깔로 여겼던 하늘색으로 딸랑이 표면을
칠하기도 했다.

오늘날에도 아프리카 부족들은 마른 씨앗의 꼬투리로 딸랑이를 만들어
악령을 쫓는 도구나 아이들 장난감으로 다양하게 사용한다.

장난감 곰 : 1902년, 미국

오늘날 수많은 장난감 제조회사들이 다양한 이름을 가진 수많은 장난감
곰을 생산하고 있지만, 가장 고전적인 곰의 이름은 여전히 '테디'라는 이름
이다. 테디라는 이름은 미국의 26대 대통령의 별명에서 유래한 것이다.

1902년 「워싱턴 스타Washington Star」지는 시어도어 루스벨트 대통령의 풍자화를 실었다. 클리포드 베리먼이 그린 풍자화에서 루스벨트는 한 손에 총을 든 채 서 있고, 그 뒤에는 겁에 질린 아기곰이 웅크리고 있었다. 이 풍자화에는 '미시시피에 선을 긋다'라는 설명문이 붙어 있었다. 당시 루스벨트 대통령은 루이지애나주와 미시시피주 사이에 벌어진 경계 논쟁을 해결하기 위하여 남부를 돌고 있었다.

이 기간 동안 루스벨트는 여가를 이용하여 남부 유지들이 후원한 사냥 여행에 참가했다. 대통령이 사냥의 전리품을 두 손에 안고 백악관으로 돌아가기를 바라는 마음에서 남부의 유지들은 아기곰을 도망치지 못하도록 궁지에 몰아넣었다. 대통령이 곰을 사살할 수 있도록 배려한 것이었다. 하지만 대통령은 끝내 총을 쏘지 않았다. 이 사건을 그린 베리먼의 풍자화는 국민들의 커다란 관심을 불러일으켰다. 브루클린에 거주하던 러시아계 미국인 장난감 판매상인 모리스 믹텀은 이 풍자화에서 힌트를 얻어 장난감 아기곰을 만들었다. 그리고 장난감 가게 진열장에 아기곰을 풍자화와 함께 전시했다. 아기곰은 이내 사람들의 관심을 끌고 '테디의 곰'을 사려는 고객들로 가게가 붐비기 시작했다. 믹텀은 장난감 곰에 단추 눈을 달고, 이를 '테디 베어'라는 이름으로 대량 생산하기 시작했다. 그리고 1903년에는 아이디어 장난감 회사를 설립했다.

이렇듯이 테디 베어를 최초로 제작한 것이 미국인이라는 것은 충분한 증거가 있다. 그렇지만 마르가레테 슈타이프라는 독일의 장난감 제조업자도 믹텀이 테디 베어를 생산한 바로 직후 장난감 아기곰을 생산하기 시작했다. 당시 커다란 장난감 회사의 경영주였던 슈타이프는 자신이 테디 베어의 창안자라고 주장했다.

장난감 아기곰 산업계에서 존경받는 인물로 부상할 수도 있었던 슈타이

프는 소아마비 환자였기 때문에
일생 휠체어를 떠난 적이 없었다.
자신의 조국인 독일에서 그녀는
1880년대에 톱질하는 펠트 동물
장난감을 개발하기도 했다. 독일
의 장난감 제조업자들 말에 따르
면, 클리포드 베리먼의 풍자화가
첫선을 보인 직후 슈타이프의
회사를 방문했던 한 미국인이
슈타이프에게 이 풍자화를 보여

1902년에 「워싱턴 스타」에 실린 풍자화. 이 풍자화의
아기곰에서 영감을 얻어 '테디 베어'가 태어났다.

주었다고 한다. 물론 오동통한 장난감 아기곰을 제조하면 어떻겠느냐는 제
안과 함께 말이다. 슈타이프는 이런 경로를 거쳐 장난감 아기곰을 제조하게
되었다. 1904년 라이프치히 시장에서 슈타이프의 곰 인형이 첫선을 보이자
엄청난 주문이 밀려들었다. 테디 베어는 1년쯤 먼저 미국에 등장하기는 했
지만 이런 제반 사정을 고려하면 테디 베어는 미국과 독일에서 독자적으로
개발된 것 같다.

　당시 테디 베어는 가장 인기 있는 장난감이었다. 20세기 초기에 유럽과 미
국의 장난감 제조업자들은 다양한 종류의 장난감 아기곰을 생산했다. 98센
트에서 12달러까지 가격도 천차만별이었다. 아기곰에게 입힐 스웨터, 상의,
코트 등도 함께 생산되었다. 테디 베어의 홍수 속에서 당시 다른 인형은 거
의 자취를 감출 지경이었다.

크로스워드 퍼즐 : 1913년, 뉴욕

　크로스워드 퍼즐은 너무도 단순한 게임이기 때문에 독자들은 이것이 20

세기에 접어들어서야 발명되었다는 사실과 '크로스워드'라는 단어가 1930년에서야 미국의 사전에 실리기 시작했다는 사실을 선뜻 수긍하기 어려울 것이다.

크로스워드 퍼즐을 최초로 창안한 사람은 영국 태생의 미국 신문기자 아서 윈이었다. 그는 1913년 「뉴욕 월드New York World」지의 일요일 특별 증보판인 「오락Fun」에 실을 오락 프로그램을 담당하고 있었다. 그해 12월의 어느 날, 어떻게 새로운 오락 프로그램을 만들지 골똘히 생각하던 그는 할머니가 가르쳐주신 빅토리아 시대의 단어 게임인 매직 스퀘어를 떠올렸다.

매직 스퀘어는 19세기 영국의 퍼즐 책이나 미국의 값싼 정기간행물에서 흔히 볼 수 있었던 어린 아이용 단어 놀이였다. 일정한 숫자의 단어가 주어지고 이 단어를 새롭게 배열함으로써 가로로 읽거나 세로로 읽어도 철자가 똑같도록 만드는 게임이었다. 매직 스퀘어는 단어를 종횡으로 교차하거나 여백을 채워야 하는 복잡한 게임이 아니었다(이것은 나중에 윈이 매직 스퀘어에 가미한 특징이다). 매직 스퀘어의 경우 필요한 단어가 모두 문제를 푸는 사람에게 제시된 반면, 윈은 위 아래 여백에 필요한 단어의 '힌트'만을 제시했다. 힌트에 착안하여 문제를 푸는 사람은 적당한 낱말을 생각해내야 하는 것이었다.

「뉴욕 월드」 12월 21일자에 세계 최초로 크로스워드 퍼즐 게임이 등장했다. 신문은 이것이 새로운 독창적인 게임이라고 주장하지는 않았다. 단지 일요일 증보판 신문 '두뇌 게임'의 한 종류로 소개됐을 뿐이었다. 오늘날의 어려운 크로스워드 퍼즐과 비교했을 때, 윈의 퍼즐은 비교적 단순한 편이었다. 독자들이 알아맞혀야 하는 단어는 잘 알려진 단어들이었으며 힌트를 보면 쉽게 답을 찾을 수 있었다. 그럼에도 불구하고 크로스워드 퍼즐은 독자들의 관심을 단번에 사로잡았다.

채 몇 개월이 지나지 않아서 윈의 '두뇌 게임'은 다른 신문에도 실리기 시작했다. 1920년대 초반에는 대부분의 미국 주요 신문들이 크로스워드 퍼즐을 연재했다. 처음으로 크로스워드 퍼즐책이 출간된 것은 1924년이었다. 사이먼 앤 슈스터 출판사가 발행한 이 책은 4대 베스트셀러의 하나로 커다란 인기를 끌었다. 퍼즐 게임 붐이 일어나면서 서점들은 뜻밖의 횡재를 하게 되었다. 국어사전이 사상 유례없이 팔려나가기 시작한 것이었다.

1925년에는 영국도 크로스워드 열풍에 휩싸였다. 당시 한 출판업자가 '퍼즐 유행은 이제 영국인의 습관이 되었다'라고 말할 정도였다. 곧 크로스워드 퍼즐은 중국어처럼 한 자 한 자 종횡으로 철자를 구성할 수 없는 언어권을 제외한 모든 언어권에서도 유행하게 되었다. 1930년대 초반에 크로스워드 퍼즐은 세계적인 유행의 하나가 되었다. 크로스워드에서 아이디어를 얻은 여성의 의상, 신발, 핸드백, 귀금속까지 등장했다. 다른 종류의 게임들은 한때 인기를 끌다 곧 시들해지는 반면, 점점 난이도가 높아져가는 크로스워드 게임은 계속 인기를 유지하고 있다. 오늘날 5,000만 명 이상의 미국인이 규칙적으로 즐기고 있는 크로스워드 퍼즐 게임은 미국에서 가장 대중적인 실내 오락이 되었다.

 보드게임 : 기원전 3000년, 메소포타미아

1920년에 영국의 고고학자 레너드 울리 경은 고대 메소포타미아의 도시 우르의 유적지에서 세계에서 가장 오래된 게임용 보드를 발견했다. 각 경기자는 여섯 개의 피라미드형 주사위를 던져서 일곱 개의 말을 움직여 경기에 임하는 것이었다. 각 주사위의 네 면 중 두 개의 면에는 무늬가 새겨져 있었고, 세 개의 주사위는 흰색이었고 나머지 세 개는 파란색이었다. 보드게임의 규칙은 잘 알려져 있지 않지만, 서양 주사위놀이와 비슷했을 것으로 추정된다. 메소포타미아 보드는 현재 영국박물관에 진열되어 있다.

메소포타미아의 보드게임과 비견되는 가장 오래된 보드게임에는 기원전 4300년 무렵 이집트에서 유행했던 세넷senet 게임이 있다. 농부를 비롯하여 장인 및 파라오가

고대 이집트의 세넷 게임판과 말. 미닫이 서랍이 달려 있다(기원전 1390 – 기원전 1353).

즐겼던 세넷은 파피루스 게임 보드 위에서 각 경기자가 다섯 개의 상아나 돌로 만들어진 말을 움직이며 앞으로 나아가는 게임이었다. 이것은 매우 인기 있는 게임이었기 때문에 파라오의 무덤에서도 세넷 보드가 때때로 발견된다. 한 예로 1920년대에 투탕카멘왕의 무덤에서도 세넷 게임 보드가 발견되었다.

원래 보드게임은 예언의 도구로 사용되었다. 현자나 제사장은 무늬가 새겨진 보드 위에서 말을 움직여 미래를 점치곤 했다. 이런 종교적인 목적으로 사용된 보드게임이 언제 오락용으로 전용되었는지는 아직 알려져 있지 않다. 기록에 따르면 1895년 프랑스 군대가 아프리카 남동쪽의 섬나라인 마다가스카르의 수도를 침공했을 때 그 나라의 왕비와 근신들은 피노로나 Fanorona라는 고대 보드게임으로 전쟁의 동향을 예측하고 있었다고 전해진다. 게임의 흰 말과 검은 말을 움직여 전진하고 퇴각하며 상대편을 공격하는 것은 일종의 신적인 전략으로 간주되었기 때문에, 패배가 목전에 다가왔는데도 이들은 보드게임으로 전략을 세우고 있었던 것이다.

체스 현재까지 전해 내려오는 가장 오래된 보드게임의 하나인 체스는 5세기 후반 무렵 인도의 한 힌두교도가 발명했다는 설도 있고, 고대 페르시아인이 발명했다는 설도 있다. 당시 페르시아인들은 체스 비슷한 게임을 즐겼으며, 영어의 'checkmate', 즉 외통장군이라는 표현은 아라비아의 관용어인 'al shah mat왕이 죽었다는 의미'에서 유래된 것으로 알려져 있기 때문이다.

하지만 최근에 러시아에서 2세기 무렵의 것으로 추정되는 상아 말 두 개가 발견되어 러시아 유래설이 가장 유력하게 대두되고 있다.

11세기 무렵 유럽에 처음으로 체스를 소개한 것은 스페인이었다. 십자군 원정으로 인하여 체스가 유럽에 보다 널리 소개되면서 유럽의 상류 계층은 체스 게임을 애호하게 되었다.

람세스 2세의 왕비였던 네페르타리의 무덤에 그려진 그림(기원전 1295 - 기원전 1255).

체커(서양 장기) 체커 게임이 처음 시작된 것은 기원전 2000년 무렵 이집트에서였다. 게임의 목적은 전쟁의 승패를 점치는 것이었으므로 '적군' 말, '호전적' 공격, '포획' 따위의 게임 용어가 있었다. 이집트인의 묘의 유적지에서 발견된 체커와 벽에 그려진 그림을 보면 두 사람이 한꺼번에 임하는 게임이 체커였음을 알 수 있다. 각 경기자는 보드 위에서 최대한 열두 개의 말을 움직일 수가 있었다. 이집트의 체커는 그리스인이나 로마인에게 소개되고 개량되기도 하면서 귀족들이 애용하는 게임의 하나가 되었다.

롤러스케이트 : 1759년, 벨기에

실질적인 의미에서 최초의 롤러스케이트는 1759년에 벨기에의 악기 제조업자인 요제프 메를린이 발명했다. 당시 메를린은 벨기에의 도시인 위이에서 개최된 호화로운 의상 파티에 입장하면서 다른 사람들을 깜짝 놀래켜주기 위해 롤러스케이트를 제작했다. 그는 각 스케이트의 중앙에 두 개의 바퀴를 달고 이것을 발에 묶었다. 메를린은 당시 유행했던 아이스 스케이트에서 착상을 얻었던 것이다.

뛰어난 바이올린 연주자이기도 했던 메를린은 바이올린을 연주하면서 롤러스케이트를 타고 연회석장으로 입장하고자 했다. 하지만 불행하게도 스케이트를 멈추는 방법을 당시에 터득하지 못했기 때문에 그는 커다란 거울에 정면으로 충돌하고 말았다. 거울과 그의 바이올린이 산산조각났음은 물론이었다. 정말 깜짝 놀랄 만한 입장 장면이었다. 당시에는 이런 사고가 비일비재했다. 기술이 충분히 발달하지 않았기 때문에 멈추고 싶어도 발에 단 바퀴를 쉽게 멈출 수 없었다. 둥근 베어링도 없는 조악한 형태의 바퀴로는 방향 전환도 쉽지 않았다. 갑작스럽게 방향이 뒤틀리기 마련이었고, 정지하려는 경우에도 바퀴가 막히거나 걸려야만 간신히 멈출 수가 있었다.

1850년대에 접어들어서 스케이트 제조 기술이 보다 향상되자 롤러스케이트의 인기가 점차 상승하여 아이스 스케이트의 인기를 위협하게 되었다. 독일의 작곡가 자코모 마이어베어가 1800년대 중반에 완성한 오페라 「예언자」에는 아이스 스케이트를 타는 장면이 포함되어 있었다. 오페라 가수들은 롤러스케이트를 타고 이 장면을 연출할 수 있었다. 오페라는 대성공이었다.

어떤 사람들은 당시 장안의 화제가 되었던 롤러스케이트 장면을 구경하려고 오페라 하우스에 오기도 했다. 또 당시의 이탈리아 발레 음악인 「겨울의 유희」「스케이트를 타는 사람들」에서 아이스 스케이트 타는 장면이 롤러스케이트로 연출되어 많은 사람들의 관심을 끌기도 했다.

하지만 기묘하게도 롤러스케이트 자체가 무대 위에서 하나의 어엿한 예술로 연기된 적은 거의 없었다. 대부분은 아이스 스케이팅의 모방으로서만 의미를 가졌을 따름이었다. 아마도 1884년에 둥근 베어링 바퀴가 개발될 때까지 롤러스케이트를 타는 것이 매우 어렵고 위험했기 때문에 대중적인 스포츠로 발돋움하지 못한 것이 주된 원인이었을 것이다.

돼지 저금통 : 18세기, 영국

1만 4,000년 이상이나 인간에게 가장 사랑받아온 동물인 개는 배가 부르면 남은 뼈다귀를 나중에 먹으려고 흙 속에 묻어두기도 한다. 그런데 왜 저금통은 개 모양이 아닐까? 또한 교통과 상업의 발달에 필수불가결했던 동물이 말인데, 왜 저금통은 말의 모양이 아닐까? 또 다람쥐는 먹이를 잘 저장해두는 동물로 유명하고 귀중품을 '다람쥐처럼 저장하다squirreling away'라는 관용적 표현도 있는데, 왜 저금통은 다람쥐 모양이 아닐까?

300여 년 동안 아이들의 저금통은 대부분 등에 가느다란 구멍이 뚫린 돼지 저금통이었다. 돼지는 절약하는 동물도 아닌데 말이다. 돼지의 귀를 가지고 비단 지갑을 만들면 무익하다는 속담도 있다. 성경에서도 돼지에게 진주를 던지지 말라고 경고하고 있지 않은가. 사실 돼지 저금통에 동전을 집어넣는 것은 돼지에게 진주를 던지는 격 아닐까.

어떻게 해서 돼지가 돈을 저금하는 행동의 상징으로서 나타난 것일까? 우연의 일치가 이에 대한 해답이다.

중세에는 금속이 귀하고 매우 비쌌기 때문에 가정용품을 만드는 데 금속을 사용하는 경우는 매우 드물었다. 서유럽을 통틀어서 가장 흔한 가정용품 재료는 오렌지 빛깔의 점토로, 'pygg'라고 불렸다. 이 점토로 만든 그릇이나 단지, 즉 토기 제품은 pygg라고 불리기도 했다.

당시 근검절약하는 사람들은 부엌의 단지나 병에 현금을 모아두곤 했다. 그러므로 당시의 'pygg 단지'는 전혀 돼지 모양이 아니었다. 하지만 가정용품의 재료로 더 이상 흙을 사용하지 않게 되었는데도 불구하고 pygg라는 용어는 계속 살아남아 사람들 입에 오르내렸다. 그리하여 18세기 영국에서 'pygg 단지'라는 명칭은 pig돼지 단지, 또는 돼지 저금통이라는 이름으로 바뀌어서 사용하게 되었다. 단어의 어원에는 관심이 없었던 도자기공들은 일상적인 이름인 pygg를 돼지로 착각하고, 돼지 모양으로 저금통을 만들었던 것이다.

 ### 폭죽 : 10세기 무렵, 중국

번쩍이는 불꽃과 섬광 및 완성된 형태의 폭죽의 기원은 모두 10세기 무렵 중국으로 거슬러 올라간다. 당시 부엌에서 일하던 요리사가 여러 가지 성분을 합성한 결과 역사상 최초로 인간이 만든 번쩍이는 불꽃이 탄생하게 되었다. 익명의 요리사가 보다 성능이 뛰어난 화약을 제조하고자 시도했다는 말이 전해지기도 하지만, 당시에 화약은 아직 등장하지 않았다. 또 중국이 폭죽과 화약을 최초로 발명한 나라라는 영예는 진짜로 중국이 이들을 발명해서가 아니라 단지 요리사가 유황과 석탄 및 초석을 합성했기 때문에 얻어진 것이다.

불꽃의 발명자인 중국 요리사가 무슨 요리를 준비하고 있었는지는 기록되어 있지 않지만, 당시 중국 요리사들은 위의 세 가지 성분에 대해 매우 잘 알고 있었다. 그들은 음식을 보존하거나 절일 때 소금 대용으로 초석이나 질산칼륨을 사용했다. 불의 온도를 높이기 위해 유황을 사용하기도 했다. 당시 연료로는 석탄이나 숯을 많이 썼다.

이후 얼마 지나지 않아서 중국 사람들은 빈 대나무에 폭발 성분을 빽빽하게 쑤셔 넣으면 이것이 폭발하면서 하늘로 높이 치솟는다는 사실을 발견했다. '꽝!' 하는 폭발음과 동시에 번쩍이는 불빛은 악령을 쫓는 의식에 안성맞춤이었다. 결혼식이나 승전행사, 월식과 새해를 축하하는 도구로도 일품이었다. 중국 사람들은 처음에는 폭죽을 '나는 불화살'이라고 불렀다.

중국 사람들은 화약을 만드는 데 필요한 모든 약품을 구비하고 있었지만 군사적인 목적으로 쓴 적은 없었다. 아이러니하게도 군사적인 용도로 처음 화약을 개발한 것은 프란시스코 수도회에 속한 수도사였으며 이름은 베르톨트 슈바르츠였다. 역사상 처음으로 그가 화기를 제조했던 것이다.

중국 사람들은 폭약을 주로 행사용으로 사용했다. 비행하기 위해서 폭약을 사용한 적도 있었다. 명나라의 관리였던 완후万戶라는 발명가는 두 개의 연에 마흔두 개의 로켓 폭죽을 매달았다. 그리고 자기는 두 개의 연 사이에 나무 의자를 매달고 거기 앉았다. 불행히도 이들 로켓이 동시에 점화되었을 때, 종이 연과 나무 의자뿐만 아니라 발명가의 육체도 새까맣게 타버리고 말았다.

17세기 초반에 유럽의 폭죽 전문가들은 폭죽의 불꽃을 정교하게 조작함으로써 폭죽이 하늘에서 터질 때 역사적인 중요한 장면이나 유명한 사람들의 모습이 하늘에 나타나도록 만들었다. 프랑스의 베르사유 궁전에서도 이런 불꽃놀이가 유행했다. 그럼에도 불구하고 거의 800년 동안 폭죽 색깔은 주로 노랑이나 붉은빛이 도는 호박색뿐이었다. 1830년에 화학자들이 금속아연 가루를 생산할 수 있게 되면서 폭죽은 연푸른색도 낼 수 있게 되었다.

그 후 여러 화학 약품들을 합성한 결과 폭죽이 하늘에서 별처럼, 즉 처음에는 흰색, 다음에는 밝은 빨강, 마지막으로는 청백색으로 폭발하는 장관을 연출할 수 있게 되었다. 1845년에는 가장 만들기 힘들었던 색상인 순수한 파랑이 폭죽의 색상으로 등장했으며, 1800년대 중반에는 오늘날 볼 수 있는 폭죽의 모든 다양한 색상들이 가능해졌다.

인형 : 4만 년 전, 아프리카와 아시아

마텔의 바비 인형금발과 푸른 눈의 플라스틱 인형이 장난감 업계에 등장하기 훨씬 이전에도 인형은 있었다. 고대부터 다산의 상징으로 풍만한 여인의 작은 상이 사용되곤 했는데, 이것이 현대 인형의 전신이다. 이들 점토로 빚은 작은 여인상은 풍만한 가슴에 아이를 밴 큼직한 배를 가지고 있었다. 근대적인 의미에서 최초의 인간이라 부를 수 있는 고대인이 약 4만 년 전에 이런 여인상을 만들었다.

각 부족마다 독특한 신화를 발전시켰던 고대인들은 신들을 모신 신전을 가지고 있었다. 이 신전에는 신의 형상을 본떠서 양초나 돌, 철, 또는 청동으로 만들어진 남신상과 여신상이 안치되어 있었다. 예를 들면, 기원전 2900년 무렵 인도인들은 거위를 탄 브라흐마상, 황소를 탄 시바상, 호랑이를 탄 두르가시바의 아내상을 만들었다. 이와 비슷한 시기에 이집트인들은 고관대작의 무덤에 많은 인형을 매장했다. 이집트인들은 내세에 이들 인형이 일종의 하인으로서 고인의 시중을 들어준다고 생각했기 때문이었다.

우상으로서의 인형이 장난감으로서의 인형으로 변모한 것은 이집트의 하인과 같이 평범한 인물의 소상이 등장하면서부터 시작되었다. 옛날에 아이들이 우상 인형을 가지고 노는 것은 일종의 신성모독으로 간주되었다. 하지만 이들 인형이 불사의 신이 아니라 평범한 인간의 조상인 경우에는 아이들이 장난감으로 사용해도 무방했다.

초기의 장난감 인형을 만든 것은 동양인들이었다. 하지만 현대의 인형과는 달리 당시에는 아이의 모습을 가진 인형은 없었다. 인형들은 성인의 모습을 하고 있었다.

초기의 인형은 또 다른 독특한 특징을 가진다. 오늘날의 인형은 대부분 성별이 분명하지 않은 데 반해(머리의 길이나 옷의 색상과 같은 부수적인 요인에 의하여 성별이 구별된다) 고대의 인형은 성별이 뚜렷했다. 일반적으로 말하자면 고대의 여자 인형이 대개 육감적이고 풍만한 모습을 하고 있었다면, 남자 인형은 생식기를 달고 있었다. 당시 사람들은 인형이 모든 점에서 성인을 정확하게 묘사해야 한다고 생각했던 것 같다.

그리스인과 로마인은 기원전 500년 무렵 사지가 움직이는 장난감 인형을 만들었다. 그들은 엉덩이, 어깨나 팔꿈치 및 무릎과 같은 접합 부분을 핀으로 연결했다. 당시 그리스의 인형은 여자아이들의 장난감으로 대부분 여자 인형이었다. 로마의 장인들이 점토나 양초를 이용하여 남자아이를 위한 인형을 만들기도 했지만, 이것들은 언제나 군인을 모델로 한 인형이었다. 적어도 2,500년 전부터 남자나 여자가 종사하는 직업이나 활동에 확실한 구분이 생기기 시작했다. 그리스의 몇몇 비석을 보면 어려서 죽은 소녀 아이가 자신의 인형을 친구에게 물려준다는 유언이 적혀 있기도 했다.

어른을 모델로 했던 인형이 언제부터 아이를 모델로 한 인형으로 바뀌기 시작했는지는 분명치 않다. 현존하는 기록에 미루어 생각해보면, '어머니' 인형의 팔에 안겨주기 위해 '아이' 인형을 제조했던 그리스의 한 장인의 아이디어로부터 아이 인형이 생겨난 것 같다. 기원전 3세기 무렵 그리스에는 아이 인형이 있었고, 시간이 흐르면서 아이 인형의 숫자는 어른 인형의 숫자를 앞지르기 시작했다. 현대의 심리학자들은 어른 인형에서 아이 인형으로의 변화를 이렇게 설명하기도 한다. 즉, 어른 인형과 아기 인형 가운데 하나를 선택해야 하는 경우에 여자아이는 언제나 아기 인형을 선택한다는 것이다. 이것은 여자아이가 어머니와 자신의 관계를 모방하면서 인형놀이를 하기 때문이다. 자신을 '어머니'로, 인형을 자기 '아이'로 생각하면서 말이다.

기독교가 전파되기 시작할 무렵에 그리스와 로마의 아이들은 움직이는 나무 인형이나 채색된 점토 인형을 가지고 놀면서 인형에 작은 옷을 입히기도 하고 인형의 집을 만들어 장난감 가구로 인형을 장식하기도 했다.

바비 인형　1917년 콜로라도의 덴버에서 태어난 장난감 제조업자 루스 핸들러는 그녀의 딸 바비 핸들러에게서 영감을 얻어 인형을 만들고 그 인형에 딸의 이름을 붙였다. 인형의 집 디자이너였던 남편 엘리엇과 함께 루스 핸들러는 1945년에 마텔 장난감 회사를 설립했다.

당시 미국의 인형은 대부분 천동天童의 모습을 한 아기 인형이었다. 루스는 딸이 멋진 틴에이지 종이 인형을 갖고 노는 것을 더 좋아한다는 사실을 발견하고 시험 삼아 멋진 옷을 입은 성인 인형을 만들었다.

1958년에 첫선을 보인 바비 인형 덕분에 마텔 장난감 회사는 세계 최대의 장난감 회사 가운데 하나로 급성장했다. 여자 바비 인형의 성공에 힘입어 마텔사는 1961년에는 남자 인형도 생산하기 시작했다. 핸들러의 아들 이름을 따서 남자 인형은 케이라는 이름으로 불렸다. 이런 인형은 현대 미국인의 생활의 중요한 일부가 되었다. 1976년에 미국 독립 200년을 기념하기 위해 미국이 100년 후에 개봉할 타임캡슐을 만들었을 때, 그 안에는 바비 인형도 들어갔다.

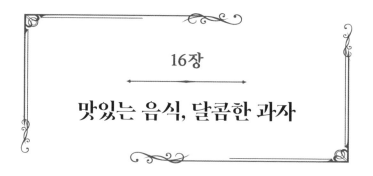

16장

맛있는 음식, 달콤한 과자

 포테이토 칩 : 1853년, 뉴욕주 새러토가 스프링스

감자는 쌀과 밀 다음으로 전 세계 사람들이 많이 먹는 음식이다. 그리고 소금을 뿌린 얇고 아삭한 칩으로서 감자는 미국인이 가장 좋아하는 간식이다. 포테이토 칩은 뉴잉글랜드 지방에서 어떤 사람이 프렌치프라이를 변형시킴으로써 시작되었고, 새로운 요리에 대한 영감이 떠올라서가 아니라 홧김에 만들어졌다.

1853년 여름 아메리카 원주민 조지 크럼은 뉴욕주 새러토가 스프링스에 있는 유원지의 요리사로 고용되었다. 문레이크 로지 레스토랑의 메뉴에는 크럼이 요리하는 프렌치프라이가 있었는데, 이것은 1700년대에 프랑스에서 인기를 끌었다. 토머스 제퍼슨은 프랑스 대사로 갔을 때 굵게 썬 프랑스 스타일의 감자 요리를 즐겨 먹었다. 미국으로 돌아오면서 제퍼슨이 조리법을 가져와 몬티첼로에서 손님들에게 프렌치프라이를 내놓았더니 인기를 끌었고, 정식 요리가 되었다.

문레이크 로지에서 어느 저녁 식사 손님이 크럼이 요리한 프렌치프라이가 너무 두껍다며 퇴짜를 놓았다. 크럼은 얇게 썰어서 다시 내놓았지만 이것도 퇴짜를 맞았다. 화가 난 크럼은 포크로 먹기에는 너무 얇고 아삭아삭한 프렌치프라이를 만들어서 이 손님을 골탕 먹여야겠다고 생각했다.

이 계획은 역효과를 내고 말았다. 손님은 노릇노릇하고 종이처럼 얇은 감자를 너무나 좋아했으며 다른 손님들도 크럼의 포테이토 칩을 주문했다. 그래서 이것은 '새러토가 칩'이라는 특별 메뉴로 등장하게 되었다. 곧 이것은 포장이 되어서 뉴잉글랜드 전역으로 팔려나갔다. 마침내 크럼은 칩을 파는 식당을 열었다. 당시에는 감자 껍질을 일일이 사람 손으로 까고 잘랐다. 포테이토 칩이 가장 잘 팔리는 간식으로 떠오른 것은 1920년대에 감자 깎는 기계가 발명되면서부터였다.

처음 만들어지고 난 후 몇십 년 동안 포테이토 칩은 주로 북부 사람들의 지녁 요리였다. 1920년대에 남부로 출장을 갔던 세일즈맨 허먼 레이가 포테이토 칩을 애틀랜타에서 테네시까지 유행하게 했다. 레이는 자기 차 트렁크에 포테이토 칩을 싣고 남부의 식료품 가게에 공급했으며, 마침내 사업을 차려서 그의 이름은 얇고 짭짤한 스낵과 거의 동의어로 쓰이게 되었다. 레이의 포테이토 칩은 전국에 성공적으로 팔린 첫 번째 상표가 되었고 1961년에 레이는 상품 수를 늘리기 위해 댈러스에서 프리토스 콘칩 따위의 스낵을 만드는 회사 프리토와 합병했다.

미국인들은 세계 어느 나라 사람들보다 많은 포테이토 칩을(그리고 프리토스와 프렌치프라이를) 소비한다. 이것은 뉴잉글랜드 사람들이 감자를 주로 돼지 먹이로 던져주고 감자를 먹으면 수명이 짧아진다고 생각하던(날감자에는 수명을 짧게 하는 행동을 촉발시키는 최음제가 들어 있다고 생각했다) 식민지 시대와는 정반대 현상이다. 물론 감자에는 최음제 따위 들어 있지 않다. 그러나 많은 사람들은 포테이토 칩이 너무 좋아 섹스만큼이나 만족스럽다고 찬사를 퍼붓는다.

팝콘 : 기원전 3000년, 미국 대륙

모든 옥수수가 튀겨지는 것은 아니다. 이상적으로 말하자면 옥수수 알갱이에는 적어도 14%의 수분이 있어야 한다. 그래서 열을 가할 때 수분이 증기로 팽창해서 알갱이를 부풀어 오른 하얀 덩어리로 폭발시키는 것이다.

옥수수를 튀기는 기술은 적어도 5,000년 전에 아메리카 원주민들이 완성시킨 기술이다. 그들은 달콤한 식용 옥수수와 들옥수수가축 먹이, 그리고 튀기기에 충분한 수분을 함유한 이른바 인디언 옥수수의 차이를 알았다.

튀긴 옥수수는 원주민들의 토속 음식이었고, 신세계를 탐험하는 사람들에게는 별미였다. 콜럼버스와 그의 부하들은 서인도제도의 원주민들로부터 팝콘 목걸이를 샀고 1510년대에 에르난도 코르테스가 오늘날 멕시코시티 지역을 침략했을 때는 아즈텍인들이 종교적인 의식에서 팝콘으로 만든 목걸이를 부적으로 걸고 있는 것을 보았다. 팝콘이라는 이름은 폭발음을 나타내는 중세 영어의 'poppe'에서 나온 것이다.

원주민들은 수분이 많은 옥수수를 튀기는 세 가지 방법을 개발했다. 첫 번째는 팝콘 옥수수를 꼬챙이에 끼워 불에 구워서 불에서 튀는 알갱이를 모으는 것이었다. 두 번째는 처음에 옥수숫대에서 알갱이를 훑은 다음 이것을 낮은 불 속으로 직접 던지는 것이었다. 이것도 불에서 터져나오는 알갱이를 먹었다. 세 번째 방법은 가장 복잡하다. 거친 모래를 담은 얇은 진흙 용기를 불에 달구어 모래가 높은 온도에 도달하면 옥수수 알갱이를 섞어 넣었다. 옥수수 알갱이가 익으면 모래 표면으로 튀어 올랐다.

전하는 바에 따르면 플리머스에 도착한 청교도들이 1621년의 첫 감사절 식사에서 팝콘을 즐겼다고 한다. 왐파노악 족의 마사소이트 추장이 여러 가지 음식을 든 90명의 용사들과 함께 방문한 것은 잘 알려진 사실이다. 마사소이트의 동생 콰데퀴나는 미리 튀긴 옥수수를 여러 개의 사슴 가죽 가방에 담아 청교도들에게 주었다고 한다.

옥수수 튀기는 일은 1880년대에 특별히 고안된 가정용, 업소용 팝콘 기계가 도입되면서 간단해졌다. 그러나 당시 옥수수는 옥수숫대에 붙어 있는 채로, 대량으로만 팔았다. 예를 들어 1897년에 나온 시어스 로벅 백화점 카탈로그에서는 옥수숫대에 붙어 있는 25파운드짜리 팝콘 옥수수를 1달러에 판다고 광고하고 있다. 옥수수를 대량으로 구입하는 데 발생하는 문제점은 보관을 하게 되면 옥수수에서 수분이 다 빠져나간다는 점이었다. 오늘날 음식을 연구하는 과학자들은 내부 수분이 12% 이하로 떨어지면 알갱이가 부분적으로 터지거나 아예 터지지 않는다고 한다.

미국에서 나온 최초의 전기 팝콘 기계는 1907년에 등장했는데, 당시에는 전기제품 자체가 별로 없었고 대부분 크거나 안전하지 않은 상태였다. 팝콘 기계에 대한 잡지 광고는 이 두 가지 문제점을 적절하게 다루고 있다.

'많은 가정용 전기제품 중에 새로 나온 팝콘 기계는 가장 우아한 것입니다.'
'아이들이 거실 테이블에서 하루 종일 팝콘을 튀겨도 전혀 위험하거나 다치지 않습니다.'

전기 팝콘 기계가 나오고, 또 경제공황 때 가족의 식비를 절약하는 데 팝콘이 큰 역할을 한다는 사실을 사람들이 깨달으면서 팝콘의 인기는 커져갔다. 그러나 팝콘이 거대한 사업이 된 것은 극장 로비에서였다. 1947년이 되자 전미 극장의 85%가 팝콘을 팔았고, 매년 중서부 농지의 30만 에이커에 인디언 옥수수를 심었다.

1950년대에 텔레비전이 등장하면서 팝콘 수요는 더욱 증가했다. 사람들이 한 프로그램이 끝나면 다음 프로그램이 시작하기 전에 부엌에서 팝콘을 튀기기 시작한 것이다. 1950년대 중반의 여론 조사에 따르면 텔레비전 시청자 세 명 중 두 명이 일 주일에 네 번이나 팝콘을 먹는다고 대답했다. 그러나 모든 제품의 품질이 같지는 않았다. 어떤 것은 짜증날 정도로 많은 실패작duds을 냈다. 퍼듀대학에서 농업경제학을 전공한 오빌 레덴바커가 새로운 팝콘 잡종을 실험하게 된 것은 양질의 팝콘을 만들려는 노력의 결과였다.

곡물 생산의 과학과 경제학인 농업경제학은 미국 농지의 향상된 경영에 공헌한 결과 1950년대에는 확립된 학문의 한 분야가 되었다. 1952년에 레덴바커와 대학 친구 찰스 보면은 실패하는 일이 거의 없고 더 크고 포송포송한 덩어리로 터지는 옥수수를 생산했다. 그러나 고급 개량종 옥수수는 비교적 비쌌고 레덴바커가 접촉한 팝콘 회사들은 스낵이란 값이 싸야 된다는 생각에서 그의 제품을 팔기를 거부했다. 하지만 팝콘 애호가들이 자기만큼이나 '실패작'을 싫어한다는 것을 확신하고 있던 레덴바커는 자기 옥수수를 직접 포장해서 소매상에게 팔기 시작했다. 이 옥수수는 비싼 값을 기꺼이 지불할 만큼 품질이 좋았다. 왜냐하면 이것은 미국에서 가장 잘 팔리는 팝콘이 되어 매년 전기 팝콘기, 화덕, 스토브 위에서 튀겨지는 1억 9,200만 파운드의 옥수수에 상당한 공헌을 하고 있기 때문이다. 오늘날 보통의 미국인은 1년에 거의 2파운드약 908그램의 팝콘을 먹는다.

 땅콩 스낵류 : 1800년대, 미국

식물로서 땅콩은 선사시대부터 있었다. 그러나 이것을 스낵으로 먹기 시작한 것은 비교적 현대이다. 그리고 땅콩peanut이라는 이름은 잘못되었다. 왜냐하면 땅콩은 너트지상의 나무에 열리는 열매가 아니라 씨가 땅 밑에서 자라는 콩과 식물이기 때문이다.

남미 원산의 땅콩은 콜럼버스가 오기 몇 세기 전에 브라질에서 북미로 (현재 버지니아주가 있는 지역으로) 오게 되었다. 땅콩은 남동부 전역에서 잘 자랐고 주로 돼지, 닭, 칠면조의 사료로 재배되었다. 가난한 남부 사람들과 노예들만 '구버goober'라는 이름으로 흔히 알려진 땅콩을 먹었다. 원래 반투어인 구바ngauba에서 나온 이 말은 1850년대쯤에는 버지니아주, 앨라배마주, 조지아주 출신의 시골뜨기를 경멸적으로 일컫는 말이 되었다. 조지아주는 땅콩이 너무나 잘되어서 '구버주Goober State'로 알려지게 되었다.

북부인들이 땅콩을 맛본 것은 남북전쟁 때였다. 1860년대에 남부로 몰려든 수천 명의 굶주린 북부군은 난생처음 본 줄기에 달린 완두콩 크기의 낯선 콩을 맛있게 먹었다. 군인들은 노란 꽃이 피고 콩깍지가 달리는 이 줄기를 북쪽으로 가져갔으나 북부에서 땅콩은 그저 신기한 음식에 지나지 않았다. 1880년대에 흥행사 P. T. 바넘이 서커스단 순회 공연을 다니면서 5센트 크기의 주머니에 땅콩을 넣어 판촉을 시작했고 미국 사람들이 서커스를 좋아하게 되면서 덩달아 땅콩까지 좋아하게 되었다. 팝콘이 영화 보는 데 없어서는 안 될 스낵이라면 땅콩은 서커스를 보는 일의 일부가 되었다.

땅콩이라는 단어와 음식은 우리 생활에 다른 방식으로 들어오게 되었다. 1880년대와 1890년대에 공공 여흥장소에서는 '땅콩 좌석'이라는 말이 서커스, 극장, 그리고 축제에서 흑인들을 위해 마련된 뒷좌석을 완곡하게 일컫는 말이 되었다. 1940년대에 이 말이 〈하우디 두디Howdy Doody〉 어린이 텔레비전 프로그램에서 다시 쓰이면서 이 말은 아이들을 위한 특별관람석을 의미하는 말로 널리 쓰이게 되었다. 그리고 땅콩버터는 1890년대에 세인트루이스에 사는 의사가 만들어낸 '건강식'이었다. 어원학자들은 땅콩버터가 젤리와 같이 사용된 것이 1920년대부터라고 보고 있으며, 이때부터 땅콩버터와 젤리를 넣은 샌드위치가 미국의 기본 식품이 되었다.

1889년에 미국 선교사들은 땅콩을 가지고 중국으로 건너갔다. 선교에 도움이 될까 해서 땅콩 상자를 가져간 것이다. 기독교 세례를 받은 중국인 부부들에게는 땅콩 1쿼터를 선물로 주었다. 이것은 얼마 되지 않는 양이었고 사소한 분량을 가리켜 미국 남부에서는 속어로 '피너츠'라는 표현을 썼다. 왜냐하면 흑인들이 말 그대로 '피너츠'를 얻기 위해 일했기 때문이다. 중국에 소개된 땅콩은 중국의 전 지역에서 재배되었고 20세기에 들어서면서 전통적인 중국 요리에 첨가하는 미국적인 장식이 되었다.

당시에 두 명의 젊은 이탈리아인이 미국으로 이주해 와서 땅콩 제국을 세웠고 땅콩을 영양가 있는 스낵으로 퍼뜨리는 데 크게 이바지했다.

플랜터스 피너츠　아메데오 오비치와 마리오 페루치는 이탈리아에서 이주해서 펜실베이니아주의 윌크스배리에 친구와 함께 정착하여 작은 과일과 너트 가게를 열었다. 그 가게에서 파는 볶은 땅콩은 인기가 있었으나 땅콩 볶는 기계를 매일 손으로 돌리는 일은 너무 힘들었다. 모터를 가지고 실험을 한 후 오비치는 자동 땅콩 기계를 완성했고, 그것은 그의 사업의 주춧돌이 되었다. 스스로를 '땅콩 전문가 오비치'라고 부르면서 그는 기계로 볶아서 소금을 친 땅콩으로 인근 마을에 있는 고객까지 끌어들였으며 1906년에는 동업자와 함께 플랜터스 땅콩 회사를 세웠다.

그들은 땅콩을 홍보하고 독특한 회사 상표를 만들기 위해 1916년에 콘테스트를 열었다. 당선된 작품은 14살 소년이 크레용으로 그린 '작은 땅콩 사람'이었다. 그 작품으로 소년은 5달러를 벌었고 회사의 아티스트가 외알 안경, 지팡이, 모자를 덧붙여서 만화의 그림을 '미스터 피너츠'로 변신시켰다. 사람들의 상상력을 사로잡은 재미있는 그림은 땅콩을 재미로 먹는 음식으로 격상시켰고 서커스단이 텐트를 걷고 마을을 떠난 후에도 먹을 수 있는 음식으로 만들었다.

그 무렵 남부에서는 앨라배마주 터스키기 연구소의 유명한 농학자 조지 워싱턴 카버가 자신의 연구와 요리법을 통해서 땅콩을 보급하고 있었다. 카버가 만든 요리에는 미국 최초로 등장하여 미국의 스탠다드가 된 두 가지 음식이 있었다. 땅콩 아이스크림과 땅콩버터 쿠키가 그것이다. 1943년에 사망하기 전까지 카버는 땅콩과 땅콩 부산물로 마요네즈, 치즈, 칠리소스, 샴푸, 표백제, 자동차 윤활유, 리놀륨, 철제 광택제, 목재 칠, 반창고, 플라스틱, 잉크, 염색약, 구두약, 연고, 면도 크림, 비누, 여러 종류의 땅콩버터 등 300가지 이상의 제품을 만들었다.

호두 호두의 역사는 고대 페르시아로 거슬러 올라간다. 당시에 호두는 너무나 귀하고 높이 평가되었기 때문에 한때는 화폐로 통용되었을 정도였다. 호두는 페르시아에서 카르타고로, 또 로마로, 그다음에는 유럽을 거쳐 신세계로 건너갔다.

유글란Juglan과에 속하는 나무에서 나오는 열매로서 호두는 중세 영국에서 사용되던 비하어에서 유래되었다. 영국 사람들은 외지에서 온 물건이나 사람을 '웰쉬Welsh'라고 욕했다. 호두가 처음 영국으로 건너왔을 때 사람들은 그것을 'wealh hnutu', 즉 '웰시 너트'라고 불렀고 그것이 중세 영어에 와서 'walnot'가 되었다.

미국에서는 원주민들과 초기 정착자들이 그것을 매우 귀하게 생각했으며 잉여 수확이 있을 때는 돼지 먹이로도 주었다. 오늘날 미국은 세계의 주요 호두 생산국이며 프랑스, 이탈리아, 중국이 그 뒤를 따르고 있다.

아몬드 피스타치오와 더불어 성경에 언급된 두 가지 너트 중 하나인 아몬드는 고대 메소포타미아에서 재배되었으며 그곳에서는 향내 나는 아몬드 기름을 신체 습윤제, 헤어 컨디셔너, 향수 등으로 사용했다. 아몬드는 기원전 2500년에 이미 그리스에서 재배되었다. 크레타섬의 크노소스 궁전에서 아몬드 씨앗이 발견되고 있다. 그리스인들의 사랑을 받는 디저트로서 아몬드는 'amygdale'라고 불렸으며 로마인들은 그것을 'amygdala'라고 불렀는데, 오늘날의 편도처럼 아몬드같이 생긴 신체 구조를 일컫는 해부학 용어이기도 하다.

아몬드는 세계에서 가장 오래되고 가장 널리 재배되고 이용되는 너트이다. 미국에서는 멕시코와 스페인에서 온 나무에서 최초의 아몬드가 수확되었으며, 선교사들이 그 씨앗을 캘리포니아 땅에 심었다. 그러나 그때의 나무들은 선교사들이 떠날 때 대부분 죽고 말았다. 오늘날 캘리포니아에서 자라는 나무들은 1843년에 동부에서 가져온 나무의 자손들이다. 오늘날 캘리포니아에서 생산하는 아몬드는 기타 전 세계 지역에서 수확하는 것을 합친 것보다 더 많다.

피스타치오 페르시아와 시리아 원산인 연한 황록색의 피스타치오고대 페르시아어로는 피스타pistah였다는 근동에서 널리 재배되었다. 그 나무는 기원전 8세기에 바빌로니아 왕궁의 정원에도 심었으며 열매는 기름을 짜기도 하고 그냥 먹거나 과자 만들 때 쓰기도 했다. 피스타치오는 고대 로마 시대 때 식후에 먹는 값비싼 별미 디저트였다. 갈리아 지방에서는 디저트라는 말이 너트라는 말과 동의어로 사용되었으며 '디저트dessert'라는 영어의 어원은 '테이블을 치우다'라는 뜻의 고대 프랑스어 'desservir'에서 왔는데, 식사가 끝나고 너트 코스가 나온다는 신호였다.

핫도그 : 기원전 1500년, 바빌로니아

핫도그의 역사는 3,500년 전에 동물 창자에 양념한 고기를 채워서 먹었던 바빌로니아인들에서 시작된다. 그 후 여러 나라의 문화에서 이 요리를 채택해서 변형시키거나 독자적으로 만들었다. 그리스인들은 이것을 'orya', 로마인들은 이것을 'salsus'라고 불렀는데, 이것이 '소시지sausage'라는 영어의 어원이다.

호메로스는 『오디세이아』에서 소시지의 미각을 찬양하고 있는데 이것이 문학에 나타난 첫 번째 언급이다.

> '불 옆에 앉은 사람이 소시지에 지방과 기름을 채워 이리저리 돌리면서 이것이 빨리
>
> 익기를 고대하고 있다……'

소시지의 쇠퇴는 로마의 멸망보다 먼저 왔다. 서기 228년에 쓰인 가장 오래된 로마 요리책에 의하면, 소시지는 목양신 루페르쿠스를 기념하여 2월 15일에 열리는 이교도 축제인 루퍼칼리아에서 가장 선호되는 음식이었다. 축제에는 성적인 통과의례도 있었는데, 어떤 작가들은 음식 이상의 역할을 했을 것이라고 시사하고 있다. 초기 천주교는 루퍼칼리아를 불법으로 규정하고 소시지 먹는 것을 죄로 규정했다. 4세기 로마 황제 콘스탄티누스 대제는 기독교를 받아들이고 소시지 먹는 것을 금했다. 20세기에 금주령이 있었을 때 그랬듯이, 로마인들은 소시지를 너무나 심하게 '불법 제조'했고 관리들은 금지 조치가 소용이 없음을 알고 금지령을 철회하고 말았다.

퉁퉁한 소시지가 가느다란 핫도그로 변한 것은 중세 때였다. 유럽의 여러 도시국가에 있는 푸줏간 조합에서는 지역 특산의 소시지 제조법을 자랑하면서 지역 이름을 붙인 독특한 모양과 굵기, 상표의 소시지를 생산했다. 비

엔나부르스트비엔나소시지는 마침내 독일계 미국 이름 '위너wiener'와 '위니wienie'라는 이름을 낳게 되었다.

나라의 특성을 나타내는 특징은 모양과 크기만이 아니었다. 지중해 국가들은 더운 날씨에도 상하지 않는 딱딱하고 건조한 소시지를 전문으로 만들었다. 스코틀랜드에서는 평범하고 흔한 곡식인 귀리로 소시지를 채웠고(그래서 지금도 돼지고기나 쇠고기는 부차적인 요소다), 독일에서는 두껍고 부드럽고 지방이 많은 소시지를 만들었으며, 1850년대에 '프랑크' 소시지가 탄생한 곳도 독일이다.

1852년에 프랑크푸르트의 푸줏간 조합에서는 양념을 하고, 훈제를 하고, 얇고 거의 투명한 덮개에 싼 소시지를 내놓았다. 전통을 따라 제조자들은 자기들의 고장 이름을 따서 '프랑크푸르트'라고 이름을 붙였다. 그리고 그들은 새로 나온 날씬한 소시지를 약간 커브가 지게 만들었다. 독일 전설에 따르면 마을에서 사랑받던 애완용 닥스훈트 개를 소유했던 푸줏간 주인의 요청 때문에 그렇게 만들었다고 한다. 그는 닥스훈트 모양의 소시지가 프랑크푸르트 사람들의 마음을 사로잡을 것이라고 동료들을 설득한 것으로 여겨지고 있다.

세 가지 사실만은 분명하다. 첫째, 프랑크푸르트는 이것을 만든 독일 도시의 이름을 따서 1850년대에 나왔다. 둘째, 모양은 커브가 진 모양이었다. 셋째, 이것은 '닥스훈트 소시지'라는 이름으로도 불렸으며 이 이름이 미국까지 건너갔다.

미국에서 '프랑크푸르트'는 오늘날 세계적으로 유명한 이름인 '핫도그'로 알려지게 되었다. 독일 프랑크푸르트에서 온 두 명의 이민자가 1880년대에 각자 미국에 소시지를 소개한 것으로 인정받고 있다. 미주리주 세인트루이스에 정착한 앙투안 포히트방거와 코니아일랜드의 비포장도로에서 수레를

17세기 화가 다비드 테니에르가 그린 「소시지 만드는 사람」(1650).

끌면서 파이를 팔았던 찰스 펠트만이 그들이다. 핫도그 역사에서 빼놓을 수 없는 부분이 될 사람이 바로 펠트만이다.

1890년대 초에 코니아일랜드에 있는 여관들이 여러 가지 더운 음식을 내놓기 시작했을 때 펠트만의 파이 사업은 경쟁상대가 생겨 고전하게 되었다. 친구들은 따뜻한 샌드위치를 팔라고 충고했지만 펠드만의 파이 수레는 너무 작아서 많은 음식과 조리기구를 실을 수 없었다. 대신 그는 자기 고향에서 나온 프랑크푸르트 소시지를 넣은 따뜻한 샌드위치만을 전문적으로 팔기로 결심했다.

펠트만은 수레에 작은 숯불 화덕을 설치하고 주전자에다 소시지를 삶고 전형적인 독일식 토핑인 겨자와 소금에 절인 양배추를 소시지에 얹어서 내놓으며 '프랑크푸르트 샌드위치'라고 선전했다. 샌드위치가 성공하자 펠트만은 코니아일랜드에다 〈펠트만의 독일 비어가든〉이라는 식당을 열었고 이 유원지는 프랑크푸르트 소시지가 연상되는 곳이 되었다.

핫도그 1906년에 미국에서는 날씬한 유선형의 소시지가 아직은 신기한 음식이었고 프랑크푸르트, 프랑크, 위너, 레드 핫, 닥스훈트 소시지 등 여러 이름으로 불렸다. 이즈음에 간식 매점업자 해리 스티븐스는 이미 소시지를 뉴욕시 야구 경기장에 친숙한 음식으로 만들어놓았다. 뉴욕 자이언트의 홈 구장인 폴로 그라운드에서는 스티븐스의 행상인들이 관객석을 다니면서 '레드 핫 닥스훈트 소시지 사려!' 하고 외치고 다녔다.

1906년 어느 여름날 허스트 신문의 만화가 토머스 알로이시우스 도건(TAD)은 스탠드에 앉아 있었다. 프랑크의 개처럼 구부러진 모습과 행상인의 '짖는' 소리에서 영감을 얻어 도건은 진짜 닥스훈트 개가 겨자를 뒤집어쓰고 샌드위치 빵 속에 들어가 있는 만화를 그렸다. 사무실에 돌아와서 도건은 이 만화를 다시 손보았고, '닥스훈트'라는 스펠링을 쓸 수가 없어서 그냥 '도그'라고 쓰기로 하고 만화 밑에다가 '핫도그 사려!'라고 썼다.

'핫도그'라는 말이 너무 유명하여 세상 사람들은 프랑크나 비엔나소시지가 미국에서 발명된 것으로 생각하는 경우가 많다. 미국은 핫도그의 발명국은 아니었지만 순식간에 주요 생산국이 되었다. 오늘날 매년 165억 개의 핫도그가 생산되며 이것은 미국인 1인당 75개에 해당하는 숫자다.

'핫도그'라는 말을 만들어낸 토머스 알로이시우스 도건은 미국의 주요 만화가였고 자기 그림에다 TAD라고 사인을 했다. 그의 작품을 회고하려는 움직임이 그동안 있었으며 전국의 몇몇 만화 박물관은 도건의 작품을 소장하고 있다. 대부분의 역사가, 기록 보관자, 만화 박물관 관리인들은 도건이 '핫도그'라는 말을 만들어낸 것으로 인정하고 있지만 오늘날까지 아무리 찾아 보아도 이것을 뒷받침할 만한 만화는 찾아내지 못했다.

햄버거 : 중세, 아시아

햄버거는 몽골 사람들과 타타르족으로 알려진 튀르키예 부족들 사이에서 중세에 유행하던 음식 조리 방법에서 출발했다. 러시아 초원지대에서 풀을 뜯는 아시아 가축들의 질이 나쁘고 질긴 고기를 먹기 좋고 소화도 잘 되게끔 갈아 만든 것이 햄버거의 출발이었다. 난폭한 타타르인들의 이름은 그리스 신화에 나오는 지옥의 심연 타르타로스Tartarus에서 유래했다. 그들은 자기네 이름을 이용하여 우월한 상대를 공격한다는 뜻의 '타타르를 잡다catch a tartar'와, 잘게 찢은 날고기 요리를 의미하는 '타타르 스테이크' 같은 표현을 만들었다.

러시아계 타타르인들이 14세기 전에 독일에 소개한 타타르 스테이크는 조미료와 날달걀을 넣은 오늘날의 일품요리가 아니었다. 독일인들은 잘게 저민 질 나쁜 쇠고기에 양념을 넣어 맛을 냈고 이것은 조리하거나 날것 그대로 먹는 가난한 계층의 기본 식사였다. 함부르크라는 항구 도시에서는 이것을 '함부르크 스테이크'라고 불렀다.

함부르크의 특산물은 두 가지 경로로 독일을 떠났으며, 전래된 곳에서는 각각 다른 이름과 다른 조리법을 얻었다.

함부르크 스테이크는 영국으로 건너갔는데, 이곳에서는 19세기의 음식 개혁가이면서 의사인 솔즈베리 박사가 소화를 촉진하기 위해 모든 음식을 잘게 찢으라는 충고를 하고 있었다. 솔즈베리는 특별히 하루 세 번 쇠고기를 뜨거운 물과 함께 먹는 것이 좋다고 믿고 있었다. 그래서 스테이크는 품질에 상관없이 이 의사를 광신하는 신봉자들에 의해 잘게 찢어졌고 함부르크 스테이크는 솔즈베리 스테이크가 되어 빵 사이가 아니라 접시에 올려져 식탁에 올라왔다.

1880년대에 함부르크 스테이크는 독일 이민의 물결과 함께 미국으로 건너가서 '햄버거 스테이크'라는 이름을 얻었고, 그다음에는 그냥 '햄버거'가 되었다. 정확히 언제, 그리고 왜, 고깃덩어리를 빵 속에 넣었는지는 알려져 있지 않다. 그러나 1904년 세인트루이스 세계 박람회에서 제공될 때는 이미 샌드위치 모양이 되어 있었고 이름은 더 줄어서 '햄버그'가 되어 있었다. 맥도널드의 골든 아치가 햄버거 메카로 가는 관문이 되기 30년 전에는 화이트캐슬 체인이 타타르의 유산을 대중화했다.

샌드위치 : 1760년, 영국

샌드위치와 샌드위치섬지금의 하와이섬은 18세기의 악명 높은 도박가이자 제4대 샌드위치 백작이며 미국 혁명 당시 영국 최초의 해군 장관이었던 존 몬태규의 이름을 따서 붙인 것이다.

몬태규의 공직 생활은 수뢰, 독직, 직무유기로 얼룩졌고 사생활도 별로 모범적이지 않았다. 결혼을 했지만 정부와 사이에 자식을 넷이나 두기도 했다. 그의 높은 군대 계급 때문에 영국의 탐험가 제임스 쿡 선장이 하와이 제도를 발견했을 때 이 섬은 샌드위치를 기념하여 이름이 붙여졌다.

타고난 도박가였던 몬태규는 식사 때도 도박판을 떠나지 않았다. 1762년에 44살의 나이로 외무장관 자리에 앉아 있을 때 그는 꼬박 24시간을 도박을 하면서 얇게 자른 고기와 치즈를 빵 속에 넣어 가져오게 시켰다. 한 손으로 먹으면서 다른 손으로 도박을 할 수 있게 하는 그의 식사 방법은 한동안 그의 트레이드마크가 되었고, 그 유명한 에피소드로 인해 이것에는 '샌드위치'라는 이름이 붙여졌다.

몬태규의 샌드위치는 빵 속에 음식을 넣어 먹는 최초의 음식이 아니었다. 기독교가 도래하기 전 로마인들도 샌드위치처럼 생긴 오풀라offula라는 간식을 즐겼다. 로마인들이 빵 사이에 음식을 넣어서 먹은 것은 전혀 놀랄 만한 일이 아니다. 당시 로마인들은 빵 만드는 데 있어서 세계 최고였던 것이다. 무게가 1파운드 정도 되는 전형적인 로마 빵 덩어리는 두 가지 방법 중 하나로 만들어졌다. 스토브 위에서 구운 빵을 '팬 빵pan bread'이라고 불렀고 토기에 구운 빵을 '냄비 빵pot bread'이라고 불렀다. 기원전 2세기의 역사가들은 로마 여성들이 오븐을 싫어해서 빵 굽는 일은 자유의 몸이 된 노예들에게 떠넘겼다고 신랄하게 비판했다.

빵 자체는 기원전 2600년 무렵에 이집트 제빵사들이 놀라운 발견을 하면서 시작되었다. 그들은 곡식과 물을 섞은 반죽을 즉시 굽지 않고 발효하게 두면 훨씬 더 부드러운 빵이 만들어진다는 것을 알아낸 것이다. 이처럼 발효를 알게 되면서 이집트 제빵사들은 기술을 개발하여 통밀빵과 발효빵을 비롯해 50가지 다른 빵을 만들었다.

 케첩 : 기원전 300년, 로마

우리는 케첩이라고 하면 주로 토마토로 만든 소스를 생각하지만, 옛날에는 채소나 과일에 양념을 넣고 졸여서 만든 퓌레 같은 것은 모두 케첩이라고 불렀다. 그리고 이것은 인간의 문명이 만들어낸 최초의 향신료였다. 기원전 300년에 로마인들이 처음 만든 케첩은 식초, 오일, 고추, 그리고 말린 멸치 반죽이 들어 있었으며 리쿼멘liquamen이라고 불렀다. 로마인들은 이 소스를 생선이나 닭고기 요리의 맛을 내는 데 사용했고 몇몇 마을은 향신료 공장으로 이름이 나 있었다. 폼페이 유적 가운데는 다음과 같은 글자가 새겨진 작은 병들이 있었다.

'최고로 만든 리쿼멘. 움브리쿠스 아가토푸스 공장 제작.'

로마의 퓌레는 기록된 것 중에서 가장 오래된 '케첩'이지만 오늘날 우리가 먹는 케첩의 직계 조상은 아니다. 1690년에는 중국인들도 생선과 닭, 오리 요리에 사용할 톡 쏘는 소스를 개발했다. 절인 생선, 조개, 그리고 양념으로 이루어진 소스는 케첩ke-tsiap이라는 이름이었고, 그 인기는 말레이 제도로 퍼져서 케첩kechap이라고 불리게 되었다.

18세기 초 영국 선원들은 싱가포르와 말레이 원주민들이 케첩을 사용하는 것을 보고 케첩을 고국으로 가지고 갔다. 영국 요리사들은 이 양념을 흉내 내려고 했지만 동양의 양념에 익숙지 않았던 터라 버섯, 호두, 오이 같은 대용품을 쓸 수밖에 없었다. 실수로 'ketchup'이라고 잘못 쓰여진 이 소스는 영국 사람들의 애용품이 되었고, 해리슨 부인이 1748년에 쓴 요리책『주부 포켓북Housekeeper's Pocket』에서는 '절대 케첩을 빠뜨리지 말라'고 주의를 주고 있다. 영국에서는 이것이 너무나 인기가 있어서 찰스 디킨스는『바나비 러지』에서 '케첩을 잔뜩 바른 양고기'를 보고 입맛을 다셨으며, 바이런 경도「베포」라는 시에서 이것을 찬양하고 있다.

그런데, 토마토는 언제, 어디서 케첩에 들어가게 되었을까?

1790년 무렵 뉴잉글랜드에서였다. 그전에는 토마토케첩이 나올 수 없었다. 왜냐하면 정착자들이 토마토가 그와 비슷한 종류인 벨라도나와 가지처럼 독성이 있을지 모른다고 생각했기 때문이다. 아즈텍인들이 토마토를 'tamatl'이라고 부르면서 재배했고, 스페인 사람들도 이것을 'tomate'라는 이름으로 채집했지만, 초기 식물학자들은 토마토가 '가짓과' 식물이라는 것을 정확하게 알아냈다. 그런데 가짓과에는 감자나 가지 같은 식물도 있지만 독성 식물들도 있다. 나중에 토마토를 자기들 요리에서 없어서는 안 될 부분으로 이용하게 된 이탈리아 사람들도 처음에는 토마토를 '건강에 좋지 못한 사과'라고 불렀다. 식품의 권위자들은 토마토를 잘 모르는 사람들이 빨간 열매 대신 독성이 있는 잎을 먹어서 이런 말들이 생겨났을 것이라고 결론을 내릴 수밖에 없었다.

미국에서는 토마토를 최초로 재배한 사람 중 한 사람인 토머스 제퍼슨이 토마토가 좋은 과일이며 무해하다고 사람들에게 선전했다. '토마토케첩catsup'을 만드는 최초의 조리법은 1792년에 리처드 브릭스가 쓴『새로운 조리기술The New Art of Cookery』에 등장했다. 토마토와 케첩은 천천히 받아들여졌지만, 1800년대 중반에는 마침내 부엌의 필수품이 되었다. 당시 인기 있던 요리책이었던 이사벨라 비튼의『비튼 부인의 살림 요령Mrs Beeton's Book of Household Management』에서는 주부들에게 이렇게 충고하고 있다.

'이 맛을 내는 요소는 경험이 많은 요리사에게 가장 유용한 소스이며, 이것을 만드는 데 노력을 아끼지 말아야 한다.'

그러나 집에서 케첩을 만들려면 시간이 많이 걸렸다. 토마토를 데친 다음 껍질을 까야 했으며 조리할 때는 계속 저어야 했다. 그래서 1876년에 독일계 미국인 요리사이며 사업가인 헨리 하인즈의 공장에서 미국 최초로 대량 생산되어 병에 담긴 케첩이 나오자 가정주부들이 열렬히 환영하며 이것을 샀던 것은 놀랄 만한 일이 아니다. '어머니와 집안 여성들의 일손을 덜어주기 위해 나온 복된 상품!'이라는 구호와 함께 나온 하인즈 토마토케첩은 즉시 성공을 거두었고, 바닥이 넓고 목이 가늘고 코르크 마개를 한 병의 디자인과 내용물은 100년이 지나도록 거의 바뀌지 않았다.

케첩이 성공하자 하인즈는 다양한 피클, 양념, 과일, 버터, 서양고추냉이를 생산했다. 그러나 그의 회사에는 아직 이렇다 할 슬로건이 없었다. 1890년대 초에 뉴욕시의 지상철을 타고 가던 하인즈는 어떤 가게의 간판을 보았다. '21가지 스타일의 신발.' 그 순간 영감을 받은 그는 이 문구를 다시 쓰고 숫자를 높여서 광고에서 가장 유명한 숫자 슬로건을 만들었다. '57가지 다양한 제품.' 당시 그의 회사에서는 실제로 65가지 제품을 생산하고 있었다. 헨리 하인즈는 단지 57이라는 인쇄된 숫자가 보기 좋았던 것이다.

A1. 스테이크 소스　프랑스 왕 루이 14세의 집사였던 루이 드 베샤멜이 베샤멜 소스를 만들었듯이, 에이원A1. 스테이크 소스는 영국 왕 조지 4세의 주방장이 왕의 입맛에 맞추려고 고안했다. 오만하고, 파격적이고, 방탕했으며, 스스로도 자신이 '여자와 술을 너무 좋아한다'고 평가한 조지 왕은 회화에 대한 뛰어난 안목과 제인 오스틴이나 월터 스콧 같은 문학가들을 인정해준 덕택에 나중에는 좋은 평가를 받았다. 그는 또한 미식가였는데, 요리에 대한 그의 요구는 그의 수석 주방장이었던 브랜드에게 항상 도전이 되었다. 브랜드는 끊임없이 새로운 요리를 고안했고, 특히 콩, 식초, 멸치, 파를 사용해서 고기 요리에 쓰는 특별한 향신료를 개발했다. 전설에 따르면 새로운 소스를 맛본 왕이 '이 소스는 에이원이야!'라고 감탄했다고 한다.

이 이야기는 사실일지도 모른다. 조지 4세가 재위하던 1820년에서 1830년까지 런던의 로이드 보험 회사에서는 보험을 목적으로 배를 분류하는 데 숫자를 사용했다. '에이 넘버 원A-1'은 보험 대상이 되는 선박들 중 가장 높은 등급이었다. 이 표현은 런던의 사업가들과 일반인들에게도 퍼져서 부동산에서 극장 구경에 이르기까지 모든 것에 사용되면서 축약된 'A-1'이라는 형태로 사용되었다. 이것은 사람이나 장소, 물건이 '최고'라는 뜻이었다.

조지 4세가 죽자 브랜드는 사직을 하고 개인적으로 소스를 만들기 시작했다. 이것은 미국으로 수출되었으나 제1차 세계 대전 중에는 수송이 뜸해지기 시작했다. 미국의 주조회사 휴블라인이 영국의 브랜드 회사와 계약을 맺었고 에이원 스테이크 소스는 코네티컷주의 하트퍼드에서 생산에 들어갔다. 금주령이 실시돼 휴블라인의 술이 미국 시장에 전혀 팔릴 수 없게 되었을 때 회사를 파산에서 구한 것은 에이원 스테이크 소스였다. 오늘날 브랜드의 소스는 미국에서 가장 많이 팔리는 고기용 소스다.

마요네즈 날달걀 노른자와 올리브유로 만든 스페인의 향신료는 18세기 초에 발레아레스 제도의 메노르카섬에서 인기를 끌었다. 이웃한 마요르카섬이 쇼팽이 머물면서 명성을 얻었다면 메노르카섬은 이 섬의 항구 마혼에서 프랑스 공작 리슐리외가 맛본 소스 덕분에 유럽에 알려지게 되었다.

리슐리외는 '마혼의 소스'라고 평범하게 이름 붙인 이 소스의 조리법을 가지고 프랑스로 돌아갔다. 그러나 프랑스 요리사들이 이것을 최고의 고기 요리에만 쓰는 고급 향신료로 사용하면서 소스 이름이 '마호네즈mahonnais'로 바뀌게 되었다. 1800년대 초반에 '마요네즈'가 미국에 들어왔을 때만 해도 만들기 힘든 프랑스의 고급 향신료로 간주되었다.

고급 소스를 대중적인 샌드위치 스프레드로 변신시킨 두 가지 혁신적인 계기가 있었다. 하나는 전기믹서가 등장하여 마요네즈를 쉽게 만들 수 있게 된 것이고 다른 하나는 비싸지 않은 드레싱이 병에 담겨 팔리게 된 것이다. 맨해튼에서 식료품 가게를 운영하던 리처드 헬먼은 미리 섞어서 만든 고급 마요네즈가 시장성이 있다고 판단하고 1912년에 자신이 만든 마요네즈를 1파운드짜리 '보트'에 담아 팔기 시작했다. 1년 후 그는 제품을 큰 유리병에 담았다. 마요네즈가 점점 흔해져 BLT 샌드위치나 햄버거에도 바르게 되면서 마혼의 이국적인 소스라는 고급 마요네즈의 영광을 잃게 되었다는 것은 아이러니한 일이다.

타바스코 소스 루이지애나의 전설적인 케이준 지역에 있는 해변의 늪지대에는 에이버리섬이라는 선사시대의 지질학적인 장관이 있다. 둘레가 6마일이나 되는 치솟아 오른 돔 모양의 소금 덩어리인 이 섬은 목초로 덮여 있고, 지금도 1년에 150만 톤의 소금을 생산하는 미국 최초의 소금 광산이다. 에이버리섬은 또한 타바스코 소스의 원산지인데 이것을 만든 에드먼드 매킬러니는 단지 소리가 듣기 좋다는 이유로 남부 멕시코의 타바스코강 이름을 따서 이름을 붙였다.

1862년에 뉴올리언스에서 성공적으로 은행업을 하고 있던 매킬러니는 북군이 시내에 들어오자 아내 메리와 함께 도망쳤다. 그들은 메리의 친정이 소금 광산업을 하고 있는 에이버리섬으로 피난을 갔다. 그러나 군량인 고기를 보관하는 데는 소금이 필수였으므로 1863년에 북군은 섬을 침공해서 광산을 점령했다. 텍사스로 도망갔던 매킬러니 부부가 전쟁이 끝난 후 돌아와 보니 플랜테이션은 엉망이 되어 있었고 저택도 노략질을 당한 상태였다. 재산 중 남아 있던 것은 단 한 가지, 매운 고추뿐이었다.

고추를 팔아 수입을 얻으려고 마음먹은 매킬러니는 식초, 에이버리섬의 소금, 그리고 다진 고추를 사용해서 매운 소스를 만들었다. 나무통에 혼합물을 넣어서 며칠 재운 다음 그는 이것을 뽑아 빈 콜로뉴 병에 담아 친구들에게 시식을 시켰다. 1868년에 매킬러니는 남부의 도매상들을 위해 350병을 생산했다. 1년 후 그는 1달러에 한 병씩 수천 개를 팔았다. 그리고 타바스코 소스를 주문하는 유럽의 증대되는 수요를 감당하기 위해 곧 런던 사무실을 열었다.

오늘날 매킬러니 사는 미국에서만 2온스짜리 병을 5,000만 개나 판매하고 있으며 수백 개 나라의 식료품 진열대에서 찾아볼 수 있다. 매년 10만 명의 관광객이 타바스코 소스 제조 과정을 보고, 땅속 5만 피트까지 내려가는 소금 광산을 구경하려고 에이버리섬을 찾아온다.

파스타(국수) : 기원전 1000년 이전, 중국

우리는 이름만으로도 모양과 요리 방법, 그리고 근원을 알 수 있는 많은 이탈리아 음식을 즐긴다. '에스프레소espresso, 짜냈다', '카넬로니cannelloni, 큰 파이프', '라비올리ravioli, 작은 무', '스파게티spaghetti, 작은 실', '투티 푸루티tutti-frutti, 모든 과일', '베르미첼리vermicelli, 작은 벌레', '라자냐lasagna, 굽는 냄비', '파르메산parmesan, 파르마에서 나온', '미네스트로네minestrone, 떠낸', '파스타pasta, 밀가루 반죽' 등등. 이 모든 음식은 이탈리아 이미지를 떠올리게 하며, 실제로 파스타베르미첼리와 스파게티도 포함를 제외하고는 모두 이탈리아에서 시작되었다. 파스타는 적어도 3,000년 전에 중국에서 쌀과 콩가루로 처음 만들었다.

전하는 바에 따르면 니콜로와 마페오 폴로 형제, 그리고 니콜로의 아들 마르코가 13세기 말에 중국에서 국수 제조법을 가지고 돌아왔다. 확실한 것은 보카치오의 『데카메론』이 출간된 1353년쯤에는 스파게티 식의 국수와 무 모양의 라비올리가 이탈리아에서 확실한 음식으로 자리 잡았다는 사실이다. 열흘 동안(그래서 '열흘'이라는 뜻의 '데카메론'이라는 제목이 붙여졌다) 전염병을 피해서 시간을 보내는 플로렌스 사람들이 지어낸 100가지 환상적인 이야기에는 두 가지 요리뿐만 아니라 소스와 치즈 토핑도 나온다.

> '사람들이 소시지로 포도나무 가지를 묶는 벤고디라는 지역에는 분쇄된 치즈로 이루어진 산이 있는데 거기서 사람들은 하루 종일 스파게티와 라비올리를 만들어 캐폰 소스를 찍어서 먹는다.'

몇 세기 동안 모든 형태의 국수는 손으로 힘들게 밀고 잘랐다. 그래서 국수가 오늘날처럼 흔한 음식이 되지 못했던 것이다. 목재로 만든 국수 기계의 도움으로 1800년에 나폴리에서 스파게티 국수가 대량으로 제조되었고 국수의 긴 가락은 햇볕에 널어서 말렸다. 1830년까지는 반죽도 손으로 했는데 기계 반죽 그릇이 발명되면서 이것도 이탈리아 전역에서 사용되게 되었다.

병에 든 스파게티와 깡통에 든 라비올리는 미국에서 처음 나왔는데 이탈리아 태생의 뉴욕 요리사 에토레 부아르디가 만들어낸 것이었다. 그는 미국 사람들이 이탈리아 음식을 너무 잘 모른다고 생각하고 뭔가 조치를 취해야겠다고 생각했다.

1920년대에 맨해튼의 플라자호텔 요리사였던 부아르디는 10년 뒤 자신의 유명한 요리를 병에 담아 팔기 시작했는데 그 상표는 자기의 영어식 이름인 헥터 보야디Hector Boyardee를 발음기호로 표기하여 '보야디Boy-ar-dee'라고 만들었다. 그가 만든 편리한 국수는 A&P 식품 체인의 이사인 존 하트퍼드의 관심을 끌었고 곧 미국 전역의 식료품 가게 진열대에 등장했다. 부아르디가 병과 깡통에 담아서 부르기 쉬운 이름으로 보급한 토마토 소스 요리는 1940년대의 음식 혁명이었다. 부아르디의 음식을 통해 이탈리아계가 아닌 수백만 명의 미국인들이 처음으로 이탈리아 음식을 맛보게 되었다.

 파이 : 기원전 5세기, 그리스

빵과 과자를 굽는 일은 고대 이집트에서 시작되었지만 최초의 제빵사들이 어떻게 밀가루 반죽 안에 고기, 생선, 과일 따위를 넣을 생각을 하게 되었는지에 대해서는 증거가 없다. 그런 음식은 고대 그리스에서 발전했고 바닥에만 파이 껍질을 깔고 저민 고기를 넣은 '아르토크레아스artocreas'라는 파이가 몇 세기 동안 존속했다. 이 파이는 오늘날 파이와 두 가지가 다르다. 그

네덜란드의 여성 화가 클라라 페테르스가 그린 「오렌지, 올리브, 파이가 있는 테이블」(1611년 추정).

것은 위에 껍질을 덮지 않았다는 점과 과일이나 커스터드가 아니라 고기나 생선을 속에 넣었다는 점이다.

두 겹의 껍질로 만든 최초의 파이는 로마인들이 만들었다. 농사에 대한 책인 『농업De Agricultura』을 쓴 기원전 2세기의 로마 정치가 대大 카토는 진귀한 음식을 좋아했고 자기 시대에 가장 사랑받던 파이인 '플라센타placenta' 조리법을 기록했다. 껍질을 만드는 데는 호밀과 밀가루가 사용되었다. 달콤하고 두툼한 속은 꿀, 양념, 양젖으로 만든 치즈로 만들었고 파이는 기름을 발라 향기로운 월계수 잎 위에다 구웠다.

서구에서 과일 파이에 대한 최초의 언급은 (진정한 의미에서 디저트 파이) 역사에서 놀랄 정도로 늦게 등장한다. 이것은 영국의 엘리자베스 1세가 재위하던 16세기였다. 집에서 파이를 만드는 사람들이 사과나 복숭아 같은 과일을 사용했을 수도 있지만 여왕이 고기나 생선 같은 전통적인 속 대신에 씨를 빼고 절인 버찌를 넣으라고 요구했다고 한다. 엘리자베스 시대 이전에는 '파이'라고 하면 식사의 메인 코스인 '고기파이'를 의미했다. 단어의 앞글자 '파이pi'는 사물이 혼돈스럽게 섞인 것을 지칭하는 말이다. 이것이 영국 사람들에게는 고기를 의미했고 그리스인들에게는 원주를 지름으로 나눌 때 끊임없이 계속되는 혼돈스러운 숫자를 의미했다.

일단 디저트 파이가 등장하자 거기에 대한 언급과 다양한 화제들이 여기저기서 등장했다. 흥미롭게도 (아마 여왕의 본을 따르는 것이겠지만) 사람들이 선호한 파이 속은 과일이 아니라 열매였다. 1610년대에 영국 사람들이 가장 좋아하던 속은 검푸른 허틀베리였는데, 이것은 블루베리 비슷하지만 너트처럼 생긴 씨앗이 10개나 들어 있다. 미국에서는 1670년 무렵에 이것을 허클베리라고 불렀고 이것은 허클베리 파이의 원료가 되었을 뿐만 아니라 핀이라는 성을 가진 개구쟁이의 전형적인 이름이 되었다.

쿠키 : 기원전 3세기, 로마

오늘날의 쿠키는 아삭아삭하거나 쫀득쫀득하고, 둥글거나 타원형이고, 아무것도 넣지 않거나 너트, 건포도, 초콜릿 칩을 넣기도 한다. 옛날에는 이런 선택이 존재하지 않았다. 쿠키는 가늘고 효모를 넣지 않은 과자였는데, 딱딱하고, 네모나고, 또 덤덤했다. 이것은 두 번 구웠다. 그 근원과 발전 과정은 역사를 통해 변화한 이름을 통해 잘 나타난다.

쿠키는 기원전 3세기 무렵에 로마에서 웨이퍼처럼 생긴 비스킷으로 시작되었다. 라틴어로 비스코툼bis coctum이라는 말은 '두 번 구웠다'는 뜻인데 빵이나 케이크에 비해 습기가 적다는 뜻이었다. 웨이퍼를 부드럽게 하기 위해

로마인들은 이것을 포도주에 적
셔 먹었다.

그러나 쿠키는 단단하고 바
삭바삭한 성질 때문에 '반향하
다'라는 뜻의 중세 영어 크라켄
craken이라는 이름을 얻었다. 쿠
키를 쪼개면 '바스락' 하는 소리
가 나기 때문이다. 크라켄은 '크
래커cracker'가 되었고 이것은 개
념상 현대 음식에 상당히 가까웠
다. 비스코튬이나 크라켄은 단것
에 대한 욕구를 채워주지는 못했

폼페이의 제과점을 그린 프레스코화(1세기).

지만 둘 다 당시에 매우 인기 있는 음식이었다. 습도가 낮아 보관하기 쉬웠
으므로 집안 선반에 오래오래 둘 수 있었기 때문이다. 파이가 몇 세기 동안
고기파이였듯이 쿠키 역시 아무것도 들어 있지 않은 쿠키였다. 쿠키가 단맛
을 갖게 된 것은 중세 이후였다.

'쿠키'의 현대적 뉘앙스는 'koekje'라고 알려진 네덜란드의 작고 달콤한
웨딩케이크로부터 나왔다고 생각되고 있다. 'koekje'는 풀 사이즈 케이크인
'koek'를 잘게 만든 것이다. 어원학자들은 'cooky'와 'cookie'라는 영어, 그리
고 쿠키 자체가 여러 가지 종류로 만들어지고 '두 번 굽지' 않은 달콤하고 부
드럽고 촉촉한 'koekje'에서 나왔다고 주장한다.

미국에서는 'cooky'와 'cookie'가 1700년대 초에 영어화되었다. 그러나 과
자에 대한 기록은 다른 음식에 비해 부족한 편이다. 일차적인 이유는 1900
년대 무렵까지 쿠키가 진정으로 사람들의 사랑을 받지는 못했기 때문이다.

동물 모양 쿠키 : 1890년대, 영국

1902년 크리스마스에 수천 명의 미국 어린이들은 새롭고 먹을 수 있는 장난감을 선물로 받았다. 이것은 동물 모양 쿠키가 서커스 우리 그림이 새겨진 작은 직사각형 상자에 담긴 것이었다. 상자에는 끈으로 된 손잡이도 있어서 들고 다니거나 장난감 지갑으로 쓰기에도 좋았다. 그러나 하얀 끈은 부모들이 동물 모양 쿠키 상자를 크리스마스트리에 장식으로 달아놓으라고 내비스코 사에서 제공한 것이었다.

동물 모양 쿠키 디자인은 원래 1890년대에 영국에서 생겼으나 미국의 제조업자가 포장 디자인 면에서 광고의 천재성을 발휘했다. P. T. 바넘이 '지상 최대의 쇼'로 인기를 끌고 있던 시기에 '바넘의 동물들'이라는 이름으로 나온 이 상자는 어른과 아이들의 상상력을 금세 사로잡았다. 그리고 영국의 동물 크래커가 단지 몇 가지 모양으로만 나오는 데 반해 미국 동물원은 열일곱 가지 다른 동물들의 모습을(과자 모양은 열여덟 가지가 나왔지만) 자랑했다. 크래커는 들소, 낙타, 퓨마, 코끼리, 기린, 고릴라, 하마, 하이에나, 캥거루, 사자, 원숭이, 코뿔소, 바다표범, 양, 호랑이, 얼룩말, 그리고 앉아 있는 곰[18번째 모양은 걸어가는 곰]의 모습이었다.

동물 크래커 한 상자에는 스물두 개의 쿠키가 들어 있었지만 1902년이나 그 후에 이것을 받은 아이들은 어느 누구도 모든 동물이 다 들어 있는 상자를 받지는 못했다. 쿠키를 기계로 무작위로 상자에 담기 때문에 여러 마리 낙타 행렬에 하이에나 한 마리가 들어 있을 수 있고, 캥거루는 한 마리도 없을 수 있기 때문이었다.

이런 무작위성이 동물 크래커 선물 상자를 받았을 때의 기대감을 더해주었다. 이것은 회사에서 예측하지 못했던 플러스 요인이었다. 그리고 곧 부모들은 내비스코 사에 편지를 써서 또 다른 예측하지 못했던 현상(하찮게 볼 수도 있고 심오한 심리적 의미를 부여할 수도 있는)을 밝혀주었다. 미국 전역의 아이들이 동물 과자를 먹을 때 동물의 몸을 먹는 일정한 순서가 있다는 사실이었다. 먼저 뒷다리를 먹고, 앞다리, 머리, 그리고 마지막으로 몸통을 먹었다.

 ## 초콜릿 칩 쿠키 : 1847년 후, 미국

초콜릿 칩 쿠키가 언제부터 시작되었는지 역사에는 확실하게 나오지 않지만 우리는 1847년 이전에는 그런 과자가 없었음을 확신할 수 있다. 왜냐하면 그전에는 초콜릿이 액체나 가루로만 존재했기 때문이다.

초콜릿 칩 쿠키로 가는 길은 기원전 1000년 무렵에 멕시코에서 시작되었다. 아즈텍인들은 그 지역에서 나는 코코아콩을 빻아서 'xocoatl쓴 물'이라는 제례용 초콜릿 음료를 만들었다. 멕시코의 나와틀 방언으로 'xocoatl'은 'chocolatl'이 되었다. 스페인 사람들이 신대륙의 음료를 유럽에 소개했고 유럽에서 초콜릿은 1828년까지 음료로 이용되었다. 그해에 반 호텐이라는 네덜란드의 제과공이 물이나 우유와 더 잘 섞이는 초콜릿 가루를 만들려고 하다가 코코아콩의 크림 같은 버터를 발견했다. 1847년에 프라이 앤 선즈라는 영국 과자회사는 세계 최초의 먹을 수 있는 고체 초콜릿을 생산했다. 초콜릿 칩이 현실이 된 것이다. 그러나 쿠키는 여전히 하나의 가능성이었다.

구전에 따르면 최초의 초콜릿 칩 쿠키는 매사추세츠주 휘트먼 외곽의 〈톨 하우스 인〉에서 1930년 무렵에 만들어졌다고 한다.

보스턴과 뉴베드퍼드 중간에서 여행객을 위한 톨게이트로 1708년에 지어진 이 집은 1920년대 후반에 뉴잉글랜드 출신의 루스 웨이크필드라는 여인이 사들여서 여관으로 개조했다. 요리사 겸 제과 기술자로 일하면서 웨이크필드 부인은 버터 쿠키에 초콜릿 조각을 섞어서 '톨 하우스 인 쿠키'를 만들었다. 이것은 나중에 전국적인 상품이 되었다. 초콜릿 조각을 만들기 위해 웨이크필드 부인은 네슬레 사에서 나온 세미스위트 초콜릿 바를 힘들게 쪼갰다. 그녀의 조리법에 눈독을 들인 네슬레 사에서는 그녀에게 평생 사용할 초콜릿을 공짜로 주는 대신 이 조리법을 초콜릿 바 포장지에 인쇄할 수 있도록 허락을 요청했다.

거의 10년 동안 주부들이나 전문 과자 제조공들은 '톨 하우스 쿠키'를 만들기 위해 네슬레 초콜릿 바를 일일이 손으로 쪼개야 했다. 그 일을 쉽게 하기 위해 네슬레에서는 초콜릿바에 금을 긋고 특별 제작한 분쇄기까지 팔았다. 마침내 1939년에 '톨 하우스 쿠키'가 전국적으로 인기를 얻는 가운데 포장된 초콜릿 칩 알갱이가 미국인들에게 공급되었다. 이 혁신적인 아이디어로 쿠키는 점점 더 인기를 끌게 되었고 초콜릿 칩이라는 말은 이제 보통 명사가 되었다. 비스코튬에서 크라켄으로, 다시 초콜릿 칩 쿠키로, 쿠키는 참으로 먼 길을 걸어왔다.

 도넛 : 16세기, 네덜란드

네덜란드 제빵사들이 처음 만든 도넛은 250년 이상 동안이나 중간에 구멍이 없었다. 구멍은 미국 사람들이 만든 것이었고 일단 이것이 도입되자 빵 모양이 바뀌어버렸다.

기름에 넣고 푹 튀기는 밀가루 도넛은 16세기에 네덜란드에서 시작되었는데, 네덜란드에서는 기름이 많다고 해서 '올리코엑olykoek' 즉 '기름진 케이크'라고 불렀다. 설탕을 넣은 반죽으로 만들거나 가끔 설탕을 뿌려서 만드는 올리코엑은 16세기의 처음 20년을 네덜란드에서 보냈던 청교도들이 이 제조법을 배워서 미국으로 오면서 함께 건너왔다. 동그랗고 호두 크기인 올리코엑은 뉴잉글랜드에서 '도넛반죽으로 만든 너트'이라는 이름을 얻게 되었다. 반면 달걀을 넣고 튀긴 네덜란드식 긴 꽈배기는 네덜란드어 'krullen'을 본떠서 크룰러cruller라고 알려지게 되었다.

도넛의 가운데 구멍은 19세기 전반에 생겨났는데 펜실베이니아에 사는 네덜란드인들과 더 동쪽에 사는 뉴잉글랜드 선원의 독자적인 창작이었다. 메인주 출신의 선원 핸슨 그레고리는 1847년 어머니가 만든 도넛에 구멍을 뚫었다고 한다. 표면적이 넓어지면 도넛이 골고루 익어서 중간 부분이 눅눅해지지 않는다는 실용적인 이유에서였다. 오늘날 핸슨 그레고리가 도넛에 구멍을 뚫어서 공헌한 사실은 메인주의 락포트에 있는 그의 고향에서 동판에 새겨져 기억되고 있다.

 추잉 껌 : 1860년대, 뉴욕주 스태튼 아일런드

껌을 씹는 행동은 턱 근육을 움직임으로써 안면 긴장을 완화시켜 온몸의 긴장이 풀리는 느낌을 준다. 껌은 미군의 전투 식량의 일부이며 군인들은 전국 평균의 5배 정도 껌을 소비한다. 따라서 추잉 껌 현상을 일으킨 장본인이 군대의 장군이 된 것도 아주 당연한 것처럼 보인다. 그는 알라모 대학살을 일으킨 멕시코의 지휘관 안토니오 로페스 데 산타 안나였다.

산타 안나는 껌을 씹는 이유가 있었다.

1830년대에 텍사스가 멕시코로부터 독립을 선언하려고 했을 때 산타 안나가 이끄는 5,000명의 멕시코 군대가 샌안토니오 마을을 공격했다. 수비대를 구성하고 있던 150명의 텍사스 주민들은 알라모 요새로 후퇴했다. 멕시코 장군과 그의 부하들은 요새를 공격해서 두 명의 여자와 두 명의 어린이만 남기고 모두 죽였다. 몇 주 후 '알라모를 기억하라!'라는 구호와 함께 샘 휴스턴 장군이 이끄는 미국 군대는 산타 안나를 패배시키고 멕시코로 하여금 텍사스의 탈퇴를 받아들이도록 했다. 텍사스는 1845년에 미국 주가 되었고 산타 안나는 전범으로 처형되지 않은 몇 안 되는 멕시코 장군으로서 미국에 들어와 뉴욕주 스태튼섬에 정착했다.

망명한 장군은 많은 양의 치클을 가져왔는데 이것은 멕시코 정글에서 자라는 사포딜라sapodilla라는 나무의 수액을 말린 것이었다. 아즈텍인들에게 치크틀리chictli라고 알려져 있는 무미건조한 수지는 산타 안나가 즐겨 씹는 대상이 되었다. 스태튼섬에서 왕년의 장군은 동네 사진사이자 발명가인 토머스 애덤스에게 치클을 소개했고, 애덤스는 많은 양의 수지를 수입하여 이것을 화학적으로 변화시켜 값싼 합성고무로 만들려다 실패했다. 밑천을 건지기 위해 애덤스는 산타 안나뿐만 아니라 자기 아들이 치클 씹는 것을 즐기는 것을 보고 당시 씹는 것으로 인기 있던 파라핀 왁스의 대용품으로 치클을 팔기로 마음 먹었다.

토머스 애덤스가 처음으로 만든 아무 맛이 없는 치클 볼이 1871년 2월에 뉴저지주 호보켄에 있는 드럭스토어에서 한 개당 1센트에 나왔다. '애덤스 뉴욕 껌-기분 전환용'이라는 문구가 쓰인 상자에 든 낱개 포장되지 않은 치클볼은 행상을 하던 애덤스의 아들에 의해 동부 해안을 따라 판매가 되었다. 치클은 파라핀 왁스보다 우수했고 길고 가는 띠 모양으로 판매가 되었다. 중간에 눈금이 있어서 점원이 1센트 길이로 쉽게 잘라 줄 수 있었다. 껌에는 땅콩 따위를 넣은 캔디의 일종인 태피처럼 턱을 운동시킬 만한 쫀득함이 있었다.

1875년에 처음으로 껌에다 맛을 첨가한 사람은 켄터키주 루이빌 출신의 존 콜건이었다. 그는 캔디처럼 버찌나 박하 기름을 넣지 않고 톨루발삼을 넣었다. 이것은 남미의 콩과 식물 껍질에서 채취한 향내 나는 수지였으며, 1870년대에 감기약 시럽으로 사용되어 아이들에게도 익숙했다. 콜건은 자신의 껌을 태피-톨루라고 이름붙였고, 이것이 성공하자 다른 맛을 첨가한 치클들이 쏟아져 나왔다.

토머스 애덤스는 사사프라스sassafras 껌을 내놓고, 이어서 리코리스licorice 액이 든 블랙 잭이라는 껌도 내놓았는데, 이것은 오늘날 향미가 가미된 가장 오래된 추잉 껌이다. 1880년에는 오하이오주 클리블랜드에 있는 한 제조업자가 껌 산업에서 가장 인기 있는 향미가 된 껌을 내놓았다. 바로 박하였다. 같은 1880년대에 애덤스는 최초의 추잉 껌 자동판매기로 또 하나의 기록을 세웠다. 이 기계는 뉴욕의 지상철 플랫폼에 설치되어 투티-프루티 껌볼을 팔았다.

현대적인 공정, 포장, 그리고 광고로 인해 껌이 정말 인기를 얻게 된 것은 1890년대였다. 이 기술을 선도한 사람은 비누 세일즈맨이었다가 추잉 껌 제조업자가 된 윌리엄 리글리 2세였다.

리글리가 처음 내놓은 두 가지 상품은 곧 잊혀지고 말았다. 그러나 1892년에 그는 스피어민트를, 그다음 해에 주시 프루트를 내놓았는데, 이것은 세기가 바뀌던 시기에 미국에서 가장 잘 팔린 추잉 껌이 되었다. 리글리는 지칠 줄 모르는 껌 광고가였다. '모든 사람은 공짜를 원한다'라는 개인적인 모토와 '사람들을 걸려들게 만들어라'라는 자신의 사업 철학에 따라 1915년에 그는 전국의 모든 전화번호부에 실린 150만 가입자들에게 껌 네 개를 공짜로 우송했다. 4년 후에는 미국의 전화 가입자가 700만이 넘었지만 그는 또다시 같은 친절과 유혹을 베풀었다. 주시 프루트와 스피어민트 껌을 씹는 일은 유행하기는 했지만 비방하는 사람들도 있었다. 청교도적인 생각을 가진 사람들은 이것을 악덕으로 보았다. 코담배 중독자들은 이것이 계집애 같은 짓이라고 싫어했다. 교사들은 껌이 아이들의 집중력을 방해한다고 주장했다. 부모들은 껌을 삼키면 장이 막힌다고 경고했다. 의사들은 껌을 너무 씹으면 침샘이 말라버린다고 믿었다. 1932년까지만 해도 교류전기 체계를 발명한 공학의 천재 니콜라 테슬라는 이런 걱정을 정중하게 표현했다.

'침샘이 마르게 함으로써 껌은 많은 어리석은 희생자들을 무덤에 가게 합니다.'

오늘날 우리가 사는 것은 산타 안나 장군이 원래 씹던 태피 같은 치클이 아니라 더 부드러운 합성 중합체인 폴리비닐 아세테이트이다. 그 자체는 맛이 없고 향기도 없고, 이름도 입맛 떨어지게 하지만 미국인들은 그것을 1년에 1,000만 톤 정도 씹는다.

아이스크림 : 기원전 2000년, 중국

아이스크림은 미국인이 가장 좋아하는 디저트로 평가되고 있다. 미국인들은 아이스크림을 엄청나게 먹는다. 연간 생산량은 미국에 있는 남녀노소 1인당 15쿼터이며 워터 아이스, 셔벗, 소르베sorbet, 스푸모니spumoni, 젤라토까지 포함시킨다면 이 숫자는 1인당 23쿼터로 뛸 것이다.

아이스크림은 4,000년 전 중국에서 처음 만들어질 때도 디저트로 생겨났다. 중국에서 만든 최초의 아이스크림은 부드러운 아이스크림이 아니라 흐물흐물한 밀크 아이스였다.

당시 가축의 젖은 귀한 생산품이었다. 귀족들이 좋아하는 요리는 익힌 쌀, 양념, 우유를 넣어 만든 반죽을 눈 속에 다져서 굳힌 것이었다. 이런 밀크 아이스는 부의 상징이었다.

중국 사람들의 냉동 음식 만드는 기술이 발달하면서 그들은 높은 산에서 눈을 수입해서 보관했다. 그들은 과일 아이스도 개발했다. 과육도 포함된 과즙을 눈과 함께 섞거나 밀크 아이스에 첨가했다. 13세기 무렵에는 여러 가지 얼음 디저트를 북경 시내의 손수레에서 살 수가 있었다.

아이스크림을 즐기는 귀족 여성들을 묘사한 캐리커처(1801).

중국 다음으로 아이스 밀크와 과일 아이스가 등장한 곳은 14세기 이탈리아였다. 디저트를 보급시킨 공은 마르코 폴로와 토스카나의 제과업자 베르나르도 부온탈렌티에게 똑같이 부여되고 있다. 유럽의 조리법은 부잣집 요리사들이 극도로 보안을 유지했으며, 냉장한다는 것은 여름에 쓰기 위해 겨울에 얼음을 지하 창고에 저장해야 하는 값비싼 작업이었으므로 부자들만이 얼음 디저트를 맛볼 수 있었다.

이탈리아에서 냉동 디저트는 프랑스로 건너갔다. 베네치아 메디치 가문의 카드린이 1533년에 프랑스의 앙리 2세와 결혼했을 때, 그녀는 자기 나라의 요리 기술을 다른 유럽 국가에게 과시하기 위해 과일 아이스를 내놓았다. 한 달 동안 이어진 결혼 피로연에서 그녀의 제과공들은 매일 다른 아이스를 내놓았고 레몬, 라임, 오렌지, 체리, 야생 딸기 등 맛도 다양했다. 그녀는 또한 진하고 달콤한 크림으로 만든 반쯤 얼린 디저트를 프랑스에 소개했는데, 이것은 중국의 밀크 아이스보다 오늘날의 아이스크림에 더 가까웠다.

아이스크림은 기술적인 혁신의 결과로 1560년대에는 많은 양을 얼릴 수 있었다. 로마에 사는 스페인 의사 블라시우스 빌라프랑카는 아이스크림을 둘러싼 얼음과 눈에 초석을 첨가하면 아이스크림 재료가 빙점에 빨리 이른다는 것을 알았다. 플로렌스의 제과공들은 세계 최초의 단단히 언, 완전히 크림으로만 만든 아이스를 만들기 시작했다. 10년이 못 되어 프랑스에서는 다양한 맛의 반구형 아이스크림이 '봉브 글라세bombe glacée'라는 이름으로 등장했다.

유럽 전역에 새로 둥지를 튼 이탈리아 이민자들은 얼음으로 차갑게 한 손수레에서 아이스크림과 아이스를 팔았고 대중들도 손쉽게 아이스크림을 접할 수 있게 되었다. 1870년에는 이탈리아인 아이스크림 행상은 런던 거리에서 어디서나 볼 수 있었다. 영국 아이들은 그들을 '호키 포키hokey-pokey' 맨이라고 불렀는데 이것은 그들이 '에코 운 포코Ecco un poco' 즉 '여기 있습니다'라고 외치는 말을 잘못 흉내 낸 말이다. 미국에서도 아이스크림 행상은 1920년대까지 그런 호칭으로 알려졌다. 그러다가 1920년대에 해리 버트가 초콜릿이 덮인 바닐라 아이스크림 바를 막대기에 꽂아서 '굿 유머 서커Good Humor Sucker'라고 부르며 팔기 시작하면서 이 표현은 없어졌다. 그래서 굿 유머 맨이 탄생하게 된 것이다.

아이스크림 콘 : 1904년, 미주리주 세인트루이스

몇 세기 동안 아이스크림은 작은 찻잔 받침이나 접시에 담아 내놓았으며 와플 위에 수북히 쌓기도 했다. 그러나 세인트루이스 세계 박람회가 열리던 1904년까지 먹을 수 있는 과자로 만든 콘이 있었다는 증거는 없다. 루이지애나 구입 100주년 기념으로 열린 이 박람회는 비용이 1,500만 달러가 들었고 (루이지애나를 구입한 비용과 맞먹는다) 특별한 볼거리도 많았다. 그중에는 존 필립 수자의 군악대와 최초의 전기 요리 시범이 있었다. 1,300만 명의 관람자들에게 다양한 음식 매점도 제공되었다. 와플을 전문으로 하는 시리아의 제빵업자 어니스트 함위와 프랑스계 미국인 아이스크림 행상 아놀드 포르나슈가 나란히 한 장소에서 장사를 했다.

거기서 전설이 생겨났다. 한 가지 설은 시계 수선공이 되기 위해 공부하던 10대 소년 포르나슈가 종이 아이스크림 접시가 떨어지자 함위의 와플을 콘 모양으로 접어서 새로운 유행을 만들어냈다는 것이다. 또 다른 설은 이 공로를 어니스트 함위에게 돌리고 있다. 다마스커스에서 이민 온 제과업자인 함위는 웨이퍼(살짝 구운 컵 모양의 과자로 아이스크림을 담아먹는다)처럼 얇고 설탕을 뿌린 페르시아 과자인 잘라비아zalabia를 손님들에게 제공했다. 그가 둘둘 만 잘라비아를 가지고 포르나슈를 도와주었던 것이다.

어쨌든 그날에 대해 보도한 여러 신문에서는 이구동성으로 아이스크림 콘, 또는 '세계 박람회 뿔'이 세인트루이스 박람회에서 흔히 볼 수 있는 광경이 되었다고 기록하고 있다. 콘은 1912년까지는 손으로 말았으나 1912년에 발명가 프레드릭 브룩맨이 이 일을 하는 기계에 특허를 냈다. 10년이 채 지나기 전에 미국에서 소비되는 모든 아이스크림의 3분의 1이 아이스크림 콘 형태가 되었다.

참고문헌 및 설명

1장

미신은 인간의 행동에 영향을 끼치는 비이성적인 믿음, 추측, 또는 관습이라고 정의된다. 우리가 가장 궁금해하는 미신들의 유래와 수수께끼를 풀기 위해 나는 다양한 자료에 의존했다. 캘리포니아대학 버클리 캠퍼스 인류학과에 있는 민속학자 앨런 던디스 박사에게 감사하고 싶다. 그는 아메리카 원주민의 풍속부터 신데렐라 동화에 이르기까지 다양한 민속의 유래에 대해 사려 깊은 의견과 출판된 자신의 자료 모음을 제공해주었으며 다른 방면으로 조사를 할 수 있도록 제안도 해주었다. 『흉안의 마력-유대인과 인도 유럽인의 세계관에 관한 연구 : Wet and Dry, the Evil Eye : An Essay in Semitic and Indo-European Worldview』라는 그의 논문은 미신에 관한 결정판 격인 저작이며 민속 자료에 대한 다각도적인 접근의 모범적인 예이다.

이 장과 관련된 던디스 박사의 또 다른 저서는 『민속 해석 : Interpreting Folklore, 1980, Indian University Press』, 『거룩한 이야기 : Sacred Narratives, 1984년, University of California Press』, 『민속학 연구 : The Study of Folklore, 던디스 외 편집, 1965, Prentice-Hall』가 있다.

학문적으로 우수하면서 읽기 쉽고 광범위한 자료를 다루고 있는 추천할 만한 책은 클라우디아 드 리스 박사가 쓴 『미신의 보고 : A Treasury of Superstition, 1957, Philosophical Library』인데 이 책은 1976년에 Citadel Press에서 『미신에 관한 책 : A Giant Book of Superstition』이라는 제목으로 다시 나왔다. 저명한 사회 인류학자인 드 리스 박사는 30년 이상이나 세계 각처를 다니며 미신의 유래를 수집했다. 각 주제를 짧게 다루고 있긴 하지만 특정 미신의 유래에 대해서는 매우 포괄적이다. 중요한 미신을 포괄적으로 다룬 단 한 권의 책을 찾으려는 독자에게는 이 책이 가장 만족스러울 것이다.

두 번째로 추천할 책은 드 리스와 줄리 풋이스 배철러가 쓴 『미신? 여기에 이유가 있다 : Superstitious? Here's Why! 1966, Harcourt Brace』를 들 수 있다. 젊은 독자를 겨냥한 이 책은 드 리스 박사의 학문적인 내용을 선별해서 축약한 것이다.

미신에 깃들어 있는 신기한 세계적 민속에 관심이 있는 독자라면 에릭 메이플의 『미신과 미신을 믿는 사람들 : Superstition and the Superstitious, 1972, A.S. Barnes』, 『Superstition in All Ages, 1972, Gordon Press』, 엠 에이 래드포드가 출판했다가 크리스티나 호울이 1949년에 개정한 『미신 백과사전 : Encyclopedia of Superstitions, Philosophical Library』을 추천한다. 이 백과사전은 1969년에 Greenwood Press에서 출간되었고, 1975년에 Hutchinson에서 재출간되었다. 래드포드의 책은 토끼 다리에 관련된 미신, 고대 사회에서 토끼의 의미, 특히 부활절 관습의 유래와 연관성 등에 대해 통찰력을 보여준다.

가정에서 생긴 미신을 포함한 미국 민속에 관한 일반 개론서에는 리처드 도슨이 1959년에 지은 『미국 민속학 : American Folklore, University of Chicago Press』이 있다.

이 분야에서 추천할 책은 민속학자 잰 해롤드 브룬밴드가 쓴 두 권의 책 『미국 민속학 연구 : Study of American Folklore, 1968, Norton』와 『멕시코 애완동물 : 도시 전설 : The Mexican Pet : Urban Legends, 1986, Norton』이다. 『미국 민속학 전설 : Journal of American Folklore』 편집장을 지냈던 브룬밴드는 신화와 미신이 왜 인간의 상상력을 사로잡는지에 대한 이유를 탐색한다. 그는 민속학 자료에 대한 인간적인 시각에 자주 관심을 보여서 그 이야기와 화자가 원래 가졌던 가치와 즐거움을 강조한다. 그러나 그는 심리학적인 영역에도 뛰어들어 질식, 거세, 눈이 머는 것 등 원초적이고 보편적인 인간의 두려움에서 출발하는 전설과 믿음을 탐색한다.

많은 미신은 종교적 근원을 가지고 있다. 예를 들어 말발굽과 연관된 행운은 성 던스턴과 관련된 전설과 연관되어 있다. 그런 경우 나는 종교적 인물에 관한 두 권의 백과사전을 이용해서 원래의 민속 이야기를 전체 또는 부분적으로 밝히려고 했다. 내가 사용한 사전은 J. N. D. 켈리의『옥스퍼드 교황 사전 : The Oxford Dictionary of Popes, 1986, Oxford University Press』과 도널드 애트워터의『아브넬 성자 사전 : The Avenel Dictionary of Saints, 1981, Avenel Books』이다. 각각의 책은 나름 상세하고 재미있다. 폴 바우어의『기독교냐 미신이냐 : Christianity or Superstition, 1966, Marshall Morgan and Scott』도 도움이 되었다.

2장

이 장은 우리가 하는 행동이 어떻게 유래되었는가를 다루며 그 내용은 민속학, 문화 인류학, 그리고 어원학에서 나왔다. 왜냐하면 어떤 단어('허니문'과 같은)의 원래 의미는 그것이 묘사하는 관습에 관한 전통을 말해주기 때문이다. 뉴욕대학의 공연예술학 과장이며 민속학자인 바바라 커션블라트 김블레트의 참고 자료는 많은 도움이 되었다.

전통의 영향 때문에 우리는 유래나 원래의 의미를 거의 물어보지 않은 채 습관적으로 많은 행동을 한다. 랍비 학자인 브라쉬 박사는『어떻게 시작했나 : How Did It Begin, 1976, David McKay』에서 결혼 풍습부터 장례 절차에 이르는 많은 인간의 풍습들에 대해 통찰력 있게 다루고 있다. 유감스럽게도 절판되었지만 그의 책은 동네 도서관에 가서 한번 뒤져볼 만하다. 브라쉬의 언어학적 배경(12개 언어를 공부했는데 그중에는 바빌론–아시리아어, 아랍어, 시리아어, 그리고 페르시아어가 있다)은 이 장에 다루는 많은 주제들에 대한 탄탄한 기초를 제공해준다.

한번 훑어볼 만한 포괄적인 책으로서 그 속에서 내가 많은 사실을 건져내고 확인했던 책은 마리아 리치와 제롬 프리드가 편집한『펑크 앤 와그널스 스탠더드 민속 신화, 전설 사전 : Funk and Wagnalls Standard Dictionary of Folklore, Mythology, and Legend, 1980』이다.

생일 풍습은 랠프와 애들린 린턴의『생일의 전설 : The Lore of Birthdays, 1952, Henry Schuman』을 참조했다. '해피 버스데이 투 유'라는 노래의 역사와 저작권을 둘러싼 법적 논쟁은 1946년 5월 26일자「뉴욕 타임스」의 '컬럼비아대학의 패티 힐 박사 사망'이라는 기사와 1948년 2월 15일자『루이빌 쿠리어 : Louisville Courier』에 리아 탤리가 쓴 '그들의 노래는 만인의 노래가 되었다'라는 기사를 참조했다. 그 노래를 요약한 개관은 제임스 풀드의『세계 명곡집 : The Book of World–Famous Music, 3판, 1985, Dover』에서 나왔다. 생일 풍습에 관한 다른 정보들은 홀마크 카드 사의 연구진과 개인적인 교신을 통해 입수했다.

다양한 인간의 풍습에 관해서 매우 읽을 만한 두 권의 책은 웹 개리슨의『왜 그것을 말하는가 : Why You Say It, 1953, Abingdon Press』와 에드윈 다니엘 울프의『왜 우리는 그것을 하는가 : Why We Do It, 1968, Books for Libraries Press, 1929년 원판의 재판』이다. 전 세계적인 풍습의 유래를 훌륭하게 개관해놓은 책은 윌리엄 월쉬의『신기한 풍습 : Curiosities of Popular Customs, 1966, Gale』이다.

결혼 풍습에 관해서는 매우 오래된 책인 릴리언 왓슨의『인간의 풍습 : The Customs of Mankind』(1925년에 나온 원판을 Greenwood Press에서 1970년에 다시 찍은 것)과 새로 나온 책 바바라 토버의『신부 : The Bride, 1984, Abrams』를 읽기를 권한다. 결혼 풍습의 기독교적인 양상에 대해서는 신학자 존 맥콜리스터가『기독교식 해설서 : The Chrisitan Book of Why, 1933, Jonathan David Publishers』에서 훌륭하게 설명하고 있다. 질문과 대답 형식으로 쓰인 이 책은 어떻게 해서 많은 풍습들이 옛날에 시작되었으며 오늘날까지 유지되고 있는지 간략하게 설명하고 있다. 대학교수이며 루터교 목사인 맥콜리스터는 결혼 풍습 이외에도 성스러운 물건의 유래, 기도와 예배의 형태, 축제와 식사 예법에 대해 조사해놓고 있다.

반지를 끼고 교환하는 풍습에 관해 철저히 다루고 있는 책은 제임스 맥카티의『역사 속의 반지 : Rings

Through the Ages, 1945, Harper & Brothers』이다.

뉴잉글랜드의 지역적인 풍습은 앨리스 모르스 얼이 쓴『옛 뉴잉글랜드의 풍습과 패션 : Customs and Fashions in Old New England, 1893, Scribner』에서 다루고 있는데 찰스 터틀에 의해 1973년에 재판이 나왔다.

고대의 풍습에 관해서는 리처드 도슨이 쓴『영국 민속학자들이 뽑은 농민 풍습과 야만 신화 : Peasant Customs and Savage Myths from British Folklorists, 1968, University of Chicago Press』가 있다.

3장

전적으로 명절의 유래만을 다루는 훌륭한 책들이 몇 권 있다. 내가 찾은 책들 중에 포괄적이고 읽을 만하고 학문적인 가치도 있는 세 권의 책은 조지 더글러스가 쓰고 제인 해치와 헬렌 콤튼이 개정한『미국 명절에 관한 책 : The American Book of Days, 1978, H. W. Wilson Company』, 매이미 크라이스의『미국 명절에 관한 모든 것 : All About American Holidays, 1962, Harper & Brothers』, 로버트 마이어가 홀마크 카드 회사 편집진과 펴낸『축일 : 미국 명절에 관한 책 : Celebrations : The Complete Book of American Holidays, 1972, Doubleday』이다. 명절, 명절 음식, 명절 풍습의 유래에 관한 엄청난 자료, 크고 작은 명절 때 팔리는 카드의 수에 관한 기록 등을 내게 제공해준 미주리주 캔자스 시에 위치한 홀마크 카드 사 편집진에게 감사한다.

몇몇 명절은 특히 주목할 필요가 있다.

어머니날 : 웨스트버지니아에 있는 국제 어머니날 기념 위원회는 어머니날을 창설한 애나 자비스에 관한 자료를 제공해주었다. 어머니날 행사에 관한 다른 정보는 웨스트버지니아주 모건타운에 있는 공영방송국(PBS)과 클락스버그에 있는 WBOY-TV에서 제공했다. 미국식당협회는 명절에 외식하는 가족에 관한 숫자를 제공해주었다.『어머니날과 어머니날 교회 : Mother's Day and the Mother's Day Church, 1962, Kingsport Press』를 쓴 하워드 울프는 애나 자비스의 생애와 야망에 대해 새롭게 볼 수 있는 안목을 제공했다.

감사절 : 감사절의 유래에 대해 내가 찾은 가장 훌륭한 자료는 다이애나 애플바움의『감사절 : 미국의 역사 : Thanksgiving : An American History, 1984, Facts on File』이다. 마찬가지로 도움이 되었던 자료는 버넌 히튼이 쓴『메이플라워 : The Mayflower, 1980, Mayflower Books』이다.

부활절 : 이 단락 서두에 열거한 세 권의 책도 부활절과 그 전통에 관해서 꽤 포괄적인 설명을 하고 있지만 부활절만 취급하고 있는 책은 프랜시스 와이저가 쓴『부활절 책 : The Easter Book, 1954, Harcourt Brace』이다. 또 다른 부활절 이야기는 패스 염료 회사가 제공했다. 이 회사는 1870년대에 창설되어 미리 포장된 부활절 달걀용 염료를 처음으로 시장에 내놓은 회사이다.

고대에 있어서, 특히 이집트, 페니키아, 페르시아, 희랍, 로마인들에게 있어서의 달걀의 역사와 의미는 빅터 휴아트가 쓴『부활절 달걀 : Easter Eggs, 1982, Stephen Green Press』에 자세히 나와 있다. 이교도 명절로부터 기독교적 명절이 되기까지의 부활절의 역사는 크리스티나 호울이 쓴『부활절과 그 풍습 : Easter and Its Customs, 1961, M. Barrows Company』에 담겨 있다.

밸런타인, 니콜라우스(원래 산타) 성인에 관한 전기적 자료는 앞서 나왔던『옥스퍼드 교황 사전』과『아브넬 성인 사전 : The Avenel Dictionary of Saints』에서 뽑았다.

크리스마스 : 크리스마스 풍습은 너무나 많고, 다양하고, 국제적이어서 위에서 열거한 책들을 포함한 다양한 원전에서 수집되었다. '빨간코 사슴 루돌프'라는 노래의 유래는 1939년에 그 노래를 사용한 몽고메리 백화점 체인이 제공했다.

미국에서의 크리스마스는 세 가지 자료를 이용했다. 제임스 바네트가 쓴 『미국의 크리스마스 : The American Christmas, 1954, Macmillan』, 존 바우어가 쓴 『미국 개척지에서의 크리스마스, 1800-1900, Christmas on the American Frontier, 1961, The Caxton Printers』, 그리고 보트킨이 편집한 『미국 민속의 보고 : A Treasury of American Folklore, 1944, Crown』가 그러한 책들이다. 이 자료들은 예수의 생일을 축제적으로 지키는 데 대해 초기 식민자들이 종교적인 거부감을 나타냈음을 보여주고 있다. 크리스마스 풍습에 관한 장을 쓰는 데 마찬가지로 도움이 되었던 것은 다음과 같은 책에 실려 있는 우수한 개관이다. 클레멘트 마일즈가 쓴 『크리스마스 풍습과 전통 : 역사와 의미 : Christmas Customs and Traditions : Their History and Significance, 1976, Dover』, 알프레드 핫츠의 『크리스마스에 관한 1001가지 사실과 허구 : 1001 Christmas Facts and Fancies, 1954, A. T. De La Mare』. 크리스마스에 대한 세계적인 조망은 허버트 워네크의 『전 세계의 크리스마스 풍습 : Christmas Customs Around the World, 1979, Westminster Press』에 실려 있다. 달력과 주간의 유래에 대한 훌륭한 참고자료는 에비아타 제루바벨의 『칠일의 주기 : 주의 역사와 의미 : The Seven Day Circle : The History and Meaning of the Week, 1985, The Free Press』이다.

명절과 풍습에 관해 읽을 만하고 포괄적인 책은 하워드 하퍼의 『모든 종교의 명절과 풍습 : Days and Customs of All Faiths, 1957, Fleet Publications』이다.

4장

이 장은 에티켓의 유래를 논한 다음 나이프, 포크, 숟가락으로 먹기 시작한 유래, 그리고 코를 푸는 관습에 대해 다루고 있다. 사회 예절과 행동의 통제 사이의 연관성을 검토하는 고전적이고 선구적인 저서는 스위스의 사회학자 노베르트 엘리아스가 쓰고 에드먼드 젭코트가 번역한 『매너의 역사 : 문명화의 과정 : The History of Manners : The Civilizing Process, 1978, Pantheon』인데 이것은 1939년에 나온 원판의 재판이다. 엘리아스는 중세의 에티켓과 매너 규범서, 18세기 소설, 여행기, 노래 가사, 회화 등 눈부실 정도로 많은 자료로부터 도움을 얻고 있다. 이 장에 사용된 많은 인용은 거의 엘리아스로부터 빌린 것이다.

식탁 예절에 관한 책 중 별로 학문적이지는 않지만 재미있는 읽을거리인 책은 에스터 아레스티가 쓴 『최고의 행동 : 고대로부터 현재까지의 예절서와 에티켓 서적을 통해 본 좋은 매너의 코스 : The Course of Good Manners from Antiquity to the Present as Seen Through Courtesy and Etiquette Books, 1970, Simon and Schuster』이다. 두 권의 책은 모두 재미있고 즐길 만하며 추천할 만하다.

이 장의 서두에서 현대 사회의 모든 단면에서 식탁 예절이 하락하고 있다고 설명한 부분은 '식탁 예절 : 변화하는 시대의 희생자'라는 윌리엄 그리어가 1985년 10월 16일자 「뉴욕 타임스」에 쓴 기사이다.

이 장에서 다룬 정보는 다음과 같은 고대의 책들에 근거를 두고 있다.

기원전 2500년 이집트, 『프타호텝의 가르침 : The Instructions of Ptahhotep』

기원전 950년 솔로몬과 다윗왕의 글

서기 1000년 히브리의 가정 도서. 서구 사회에서 처음으로 등장한 예절에 대한 글.

1430년 이탈리아 『훌륭한 아내는 딸을 어떻게 가르치는가 : How a Good Wife Teaches Her Daughter』와 『현명한 남편은 아들을 어떻게 가르치는가 : How a Wise Man Teaches His Son』

특정 매체에 관한 자료는 다음과 같다.

코를 푸는 것 : 다음 세 가지 자료는 코푸는 습관과 당시에 용인되었던 기준을 자세히 밝히고 있다. 마지막 2개의 자료는 손수건의 발달과 사용을 다루고 있다. 본비에에노다 리바의 『50가지 테이블 예절 : Fifty Table Courtesies, 1290』, 로테르담의 에라스무스가 쓴 『아이들의 예절에 관해 : On Civility in Children, 1530』, 라 살 신부가 쓴 『코와 코를 푸는 예절, 그리고 재채기에 관해 : On the Nose, and the Manner of

Blowing the Nose and Sneezing, 1729』

식사 예절에 대해서는 『50가지 테이블 예절』과 『아이들의 예절에 관해서』를 보라.

나이프, 포크, 스푼의 역사는 헬렌 스프래클링의 『식탁 차리기 : Setting Your Table, 1960, Morrow』와 J. B. 힘스워스의 『식기 이야기 : The Story of Cutlery, 1953, Ernest Benn』에 나와 있다.

'테이블 대화'에 관한 단락 : 웹 개리슨의 『왜 그것을 말하는가 : Why You Say It, 1953, Abingdon Press』와 에드윈 대니얼 울프의 『왜 우리는 그것을 하는가 : Why We Do It, 1968, Books for Libraries Press』. 찰스 얼 펑크가 지은 『그렇게 이야기는 진행된다 : 재미있는 말의 유래 이야기 : Thereby Hangs a Tale : Stories of Curious Word Origins, 1950, Harper & Row, Harper Colophon Edition, 1985』도 참조했다. 식기와 그릇 이름의 유래를 다루고 있는 훌륭한 책은 윌프레드 펑크의 『말의 어원과 거기에 얽힌 낭만적인 이야기 : Word Orgins and Their Romantic Stories, 1978, Crown』이다.

5장

부엌과 집안 구석구석에서 매일 사용되는 물건들과 도구를 다루는 이 장과 다음 장을 쓰면서 나는 미국 통상국의 특허 상표부 연구팀, 버지니아에 있는 미국 발명가 명예의 전당, 그리고 자신의 제품에 대한 역사적 정보를 제공해준 여러 회사들의 도움을 받았다. 개개의 제품에 대한 구체적인 참고자료를 제공하기 전에 다양한 발명가, 도구, 회사들을 다루고 있는 네 권의 매우 훌륭한 개론서를 소개한다.

뉴스프린트 이어 편집진이 쓴 『미국 산업계의 50명의 선구자들 : The Fifty Great Pioneers of American Industry, 1964, Maplewood Press』. 드 보노가 편집한 『유레카! 발명의 역사 : Eureka! The History of Invention, 1974, Holt, Rinehart & Winston』. 톰 마호니가 쓴 『위대한 상인들 : 미국의 일류 소매점과 그것을 위대하게 만든 사람들 : The Great Merchants : America's Foremost Retail Institutions and the People Who Made Them Great, 1955, Harper & Brothers』. 스털링 슬래피가 쓴 『미국 사업계의 선구자들 : Pioneers of Amercan Business, 1970, Grossett』.

전자레인지(마이크로파 오븐)에 관하여 : 매사추세츠주 월댐에 있는 레이티언 사의 전자레인지와 파워 튜브 분과와 개인적인 통신을 통해서 자료를 얻었다. 전자레인지 요리의 발달에 관하여 두 가지 훌륭한 자료가 있는데 하나는 논문이고 하나는 책이다. 찰스 베렌즈가 「가전제품 제작자」 1976년 11월호에 쓴 '전자레인지의 개발(The Development of the Microwave Oven)'이라는 논문과 오토 스콧이 쓴 『창조적 시련 : 레이티온 이야기 : The Creative Ordeal : The Story of Raytheon, 1974, Atheneum』이라는 책이 그것이다. 마이크로파 열을 요리에 사용하게 만든 선구적인 노력에 대해 자세히 설명하고 있는 부분은 나약과 케터링엄이 쓴 『돌파구! : Breakthrough!, 1986, Rawson』의 제8장이다.

이 장과 다음 장에 있는 자료를 모으는 데 없어서는 안 될 중요한 책은 시카고 소재 미국 가전제품 제조자 협의회가 1973년에 펴낸 얼 리프시의 『가정용품 이야기 : The Houseware Story』이다. 이 놀라운 책은 내가 지면이 한정되어 다루지 못한 수많은 가정용 제품(오렌지 주스기, 욕실용 저울, 부엌 의자 등)의 상품화 노력을 자세히 다루고 있다. 매우 추천할 만한 저서다.

미국 발명가 명예의 전당은 리오 베이클랜드와 베이클라이트, 찰스 굿이어와 고무, 찰스 마틴 홀이 1885년에 값싸게 알루미늄을 제작하는 방법을 발견하게 된 경위, 그래서 마침내 알루미늄이 광범위하게 사용되게 된 이야기에 대해 귀중한 정보를 제공해주었다.

플라스틱과 타파웨어에 대해서는 앞에서 언급한 『유레카!』와 실비아 카츠가 쓴 『플라스틱 : 평범한 물건, 고전적 디자인 : Plastics : Common Objects, Classic Designs, 1984, Abrams』을 참조했다. 카츠는 1840년대부터 시작해서 플라스틱 산업의 역사를 다루면서 장식품, 빗, 가구, 장난감에 이르기까지 플라스틱의 사용을 자세히 다루고 있다. 이 주제에 관한 또 다른 재미있는 책은 안드레아 디노토가 쓴『예술 플라스틱 : 생활을 위해 디자인되다 : Art Plastic : Designed for Living, 1984, Abbeville Press』가 있다. 그녀의 책은 플라스틱의 제조와 관련된 과학적 기술에 대해 지식이 거의 없는 독자를 겨냥하고 있다. '기적'의 플라스틱인 나일론에 관한 자료는 듀폰 사와의 개인적인 교신과 제러드 콜비의『듀폰 왕조 : 나일론 장막 뒤에서 : DuPont Dynasty : Behind the Nylon Curtain, 1984, Lyle Stuart』에서 참조했다.

파이렉스에 관하여 : 뉴욕주 코닝에 있는 코닝 유리 제조 회사가 제공한 자료를 참조했다.

일회용 컵 : 위에서 열거한 발명에 관한 일반적 자료 외에도 한나 캠벨이 쓴『왜 그렇게 이름 붙였을까? : Why Did They Name It?, 1964, Fleet Press』를 사용했다. 캠벨은 미국 가정에 없어서는 안 될 상표들에 대해 재미있는 이야기들을 하고 있다. 이 책은 1960년대에 「코스모폴리탄」에 발표된 연재물로 시작되었다.

부엌과 목욕탕과 집 주위에서 사용되는 다양한 도구들을 다루는 훌륭한 자료를 마지막으로 한 가지만 소개하자면 오빌 그린과 프랭크 더가 쓴『실용적인 발명가의 핸드북 : The Practical Inventor's Handbook, 1979, McGraw-Hill』이 있다.

6장

서구 문화에서 집의 역사와 편리함을 다룬 재미있고 도움이 되는 책은 위톨드 립친스키가 쓴『가정 : 작은 사상사 : Home : A Short History of an Idea, 1986, Viking』이다. 이 책은 전기 기구의 도래가 있기 전의 가정, 그러한 편리한 도구가 도입되어 특권계층의 소유물로 자랑스럽게 진열되고 나서의 가정, 그리고 과거의 단순함에 대한 향수가 집안 장식의 유행이 되어 '기계적인 도구가 치워지고 대신 청동 덮개의 총 상자, 침대 곁에 두는 은제 주전자, 가죽 장정의 책에 의해 대치된' 현대의 가정을 다루고 있다.

이 장의 특성에 알맞게 립친스키는 가정의 안락함과 이것이 각 시대에 어떤 의미였는지를 그리고 있다. 그는 "17세기에는 안락함이 프라이버시를 의미했고, 그것은 곧 친밀함, 또 가정적인 것을 의미하게 되었다. 18세기에는 레저와 편안함으로 강조점이 변했고, 19세기에는 불, 열, 환기 등 기계적으로 조종되는 편리함으로 관심이 옮겨졌다. 20세기에는 가정용품 엔지니어들이 효율성과 편리함을 강조했다."라고 적고 있다. 이런 일반적인 논의는 각 발명품을 설명할 때마다 아래에 열거된 많은 자료를 통해 자세하게 다루어졌다.

선사시대의 오일 램프에서 형광등에 이르기까지 가정용 조명에 대한 내용은 윌리엄 오디가 쓴『조명의 사회사 : The Social History of Lighting, 1858, Routledge & Kegan Paul, London』에서 가장 자세하게 다루고 있었다.

유리와 유리창의 종류에 대해 : 존 해리스가 1986년 5월 22일 「뉴 사이언티스트」에 발표한 '유리 제조의 역사(A History of Glassmaking)'. 뉴욕주 코닝 유리 제조 회사가 출판하고 제공한『이것이 유리다 : This is Glass』. F. R. 샨드가 쓴『유리 제조 핸드북 : Glass Engineering Handbook, 1980, McGraw-Hill』. 제이 윌슨이 「유리 기술학회 저널 : Journal of the Society of Glass Technology」의 제16권에 쓴 '안전유리 : 역사, 제작자, 시험, 개발(Safety Glass : Its History, Manufacturer, Testing, and Development)'.

가정용 이기에 관한 빼놓을 수 없는 책은 앞에서 나왔던『가정용품 이야기』이다. 가정용 발명품과 발명가에 대해 간략하게 묘사해놓은 것은 스테파니 버나도가 쓴 방대하고 재미있는『종족의 연대기 : The Ethnic Almanac, 1981, Doubleday』에서 볼 수 있다.

빗자루, 카펫 청소기, 진공청소기 : 개관은『가정용품 이야기』에 나온다. 밀튼 모스코위츠 등이 편집한『모든 사람의 일 : 연대기 : Everybody's Business : An Almanac, 1982, Harper & Row』는 진공청소기에 관한 아주 재미있는 책이다. 다른 자료들은 풀러 브러시 회사에서 제공했다.

고무와 정원호스에 관해 : L. M. 패닝이 쓴『찰스 굿이어, 고무 산업의 아버지 : Charles Goodyear, Father of the Rubber Industry, 1955, Mercer Publishing』;『일상적 발명품 : Everyday Inventions』. 오하이오주 아크론에 있는 비에프굿리치 회사가 제공한 정보.

7장

동요와 동화에 대한 두 가지 결정적인 참고서가 없었다면 이 장을 쓰는 데 필요한 자료를 모으는 것이 불가능했을 것이다. 이오나와 피터 오피가 쓴『고전적인 동화 : The Classic Fairy Tales, 1974, Oxford University Press』와『옥스퍼드 동요 사전 : The Oxford Dictionary of Nursery Rhymes, 1959, Oxford University Press』이 바로 그 책들인데, 오피 부부의 연구가 너무 완벽해서 거의 독보적이었다. 그 후 동요와 동화에 대해 내가 찾아본 참고자료들도 오피 부부의 저작으로부터 도움을 받았다고 말하고 있었다.

많은 역사적인 이슈들에 대한 오피의 자료에 살을 붙이기 위해 나는 앨런 던디스가 편집한『신데렐라 : 민속학 케이스북 : Cinderella : A Folklore Casebook, 1982, Wildman Press』을 참조했다. 던디스 박사는 여러 세기에 걸쳐 여러 나라의 문화에서 신데렐라 이야기가 어떻게 변했는지를 재미있게 보여주고 있다. 로저 디아브람스의『줄넘기 동요 : Jump Rose Rhymes, 1969, American Folklore Society』, 폴 브루스터의『노래를 부르지 않고 하는 미국의 놀이 : American Non-Singing Games, 1954, University of Oklahoma Press』, 버트랜드 브론슨의『전통 동요 곡조 : Traditional Tunes of the Child Ballads, 1959, Princeton University Press』, 이오나와 피터 오피의『학동들의 이야기와 언어 : The Lore and Language of Schoolchildren, 1967, Oxford University Press』, 마리 루이스 폰 프란츠의『동화의 해석 : The Interpretation of Fairy Tales, 1970, Spring Publications』, 그리고 오피 부부의 또 다른 저서『거리와 놀이터에서 하는 아이들의 놀이 : Children's Games in Street and Playground, 1969, Oxford University Press』를 참조했다.

오즈의 마법사, 푸른 수염, 그리고 드라큘라에 대한 추가 자료는 캐롤 매디건과 앤 엘우드가 쓴『브레인스톰과 번개 : Brainstorm and Thunderbolts, 1983, Macmillan』에서 참조했다.

8장

토머스 크래퍼에 대해서 한마디 : 잘 알려진 영국 전설에 따르면 토머스 크래퍼는 현대의 수세식 변기를 발명한 사람이며 빅토리아 시기 초기에는 그의 발명품을 폭포, 홍수, 그리고 나이애가라로 불렀다. 크래퍼는 목욕탕에 관한 여러 인기 있는 역사서에서 언급되지만 그의 배경에 대한 정보는 거의 없고 원전도 실려 있지 않다.

몇 달 동안 이 책을 찾다가 나는 운 좋게도 토머스 크래퍼와 관련된 전설의 원전을 찾게 되었다. 이것은 순전히 꾸며낸 전설인 것처럼 보이며 월리스 레이번이라는 작가가 영국적 유머를 섞어 책을 쓰면서 오늘날까지 전해 내려오게 되었다.『자만심으로 우쭐하여 : 토머스 크래퍼의 이야기 : Flushed with Pride : The Story of Thomas Crapper』1969년 영국에서 맥도널드 사가 출판했으며 2년 후 미국 프렌티스 홀 출판사에서 나왔다(지금은 절판). 그 책은 진지한 전기로서 오랜 시간을 들여 읽는 책이지만 변기와 관련된 유머, 이중적인 뜻을 가진 말, 놀라운 우연의 일치 등이 여기저기 산재해 있어서 월리스 레이번의 장난기를 잘 드러내준다.

이런 식의 목욕탕에 관한 학문을 잘 예시하기 위해 레이번이 쓴 토머스 크래퍼의 '전기' 중에서 따온 몇몇 자료를 다음에 인용하려고 한다. 독자가 나름대로 결론을 내려보기 바란다.

크래퍼는 '빅토리아가 왕위(throne)에 오른 해인' 1837년에 쓰로운(Throne)이라는 요크셔 마을에서 태어났다. 그는 런던으로 가서 플리트 거리에 자리를 잡고 '크래퍼 수세식 변기 정화조를 많은 연습 사격 끝에' 완성했다. 레이번에 따르면 샌드링엄 왕궁에 수세식 변기를 설치하는 것은 '크래퍼의 경력에 있어서…… 최고수위표(high-water mark)'였다. 그는 '왕실 배관공'이 되었고 자신의 질녀인 에마 크래퍼와 특히 가까운 사이였고 'B. S.'라는 친구가 있었다. 이 장을 쓸 때 나는 레이번의 책을 자료로 삼지는 않았으며, 그 책에 나오는 재료만을 사용했다.

높이 추천할 만한 책은 로렌스 라이트의 『깨끗하고 점잖은 : Clean and Decent, 1960, Viking』이다. 이 책은 배관과 수세식 변기, 그리고 나무 변기 좌석을 사용한 미노아 사람들의 업적을 다루면서 시작한다. 이 책은 돌 좌석을 포함한 이집트 사람들의 공헌을 자세히 설명하고 18, 19세기에 영국 엔지니어들의 업적에 이르기까지 배관의 발전을 추적한다. 라이트의 책은 매우 철저하게 내용을 다루고 있지만, 토머스 크래퍼라는 사람은 언급도 하지 않는다.

이 장의 자료를 모으는 데 도움이 되었던 또 하나의 책은 메리 얼 굴드가 쓴 『초기의 미국 가옥 : The Early American House, 1965, Charles Tuttle』이다. 빌 헤네프룬드가 「국가의 사업 : Nation's Business」 1947년 9월호에 쓴 '부엌 안의 욕조(The Washtub in the Kitchen)'와 제임스 영이 쓴 『의학의 메시아 : 20세기 미국의 의료 사기의 사회사 : A Social History of Health Quackery in 20th Century America, 1967, Princeton University Press』도 참조했다.

칫솔, 치약, 치과 치료의 유래에 관해서는 미국 치과의사 협회에서 치아와 구강 관리의 역사를 자세히 다룬 저널 논문들을 제공해주었다. 특히 도움이 되었던 것은 피터 골딩이 「치의학 : Dental Health」 21권 4호, 5호(1982년)에 1, 2부로 실었던 '칫솔의 발전 : 치아 세척의 소사(The Development of the Toothbrush : A Short History of Tooth Cleaning)'였다.

나일론과 나일론 칫솔모의 개발에 관해서는 듀폰 사에서 「듀폰 매거진 : The Du Pont Magazine」에 실린 많은 논문들을 제공해주었다. 특히 도움이 되었던 것은 '개인 소유 : 플라스틱이 현대의 칫솔을 만들다(A Possession : Plastic Makes the Modern Toothbrush/1937년 9월)'와 '엑스턴 칫솔모 소개 : 웨스트 박사의 기적의 칫솔(Introducing Exton Bristle : Dr. West's Miracle-Tuft Toothbrush/1938년 11월)', 그리고 '칫솔의 탄생(Birth of a Toothbrush)/1951년 10월)'이다.

훌륭하고 추천할 만한 개관은 맬빈 링의 『치의학 : 그림이 있는 역사 : Dentistry : An Illustrated History, 1986, Abrams』이다. 이것은 선사시대 때부터 20세기 중반까지 치의학의 역사를 훌륭한 그림과 사진과 함께 설명한 화려한 책이다. 버팔로 소재 뉴욕주립대학 교수인 링은 매우 고통스러운 과정에서 오늘날의 고통이 없는 (그렇지만 여전히 무서운) 과정까지 치과 기술이 발전해온 점을 주로 다루고 있다.

의치의 역사에 관한 두 권의 훌륭한 책은 존 우드포드의 『의치의 신기한 이야기 : The Strange Story of False Teeth, 1972, Drake』와 시드니 가필드가 쓴 『이빨, 이빨, 이빨 : Teeth, Teeth, Teeth, 1969, Simon and Schuster』이다. 델라웨어주 윌밍턴의 해글리 박물관과 도서관에서는 치과의 역사에 관한 좋은 글들을 제공해주었다.

면도, 면도칼, 전기면도기의 역사에 관해서는 스퀴브, 쉬크, 질레트에서 각각 자기들의 제품에 대한 자료를 제공했다. 관심 있는 독자들은 다음 자료를 참조하기 바란다. 앞에서 나왔던 『위대한 미국 상표』와 『톱셀러』는 둘 다 티슈의 기원을 다루고 있다. 질레트 면도기와 크리넥스 티슈에 관해서 읽을 만하고 도움이 되는 책은 앞에서 나왔던 한나 캠벨의 『왜 그렇게 이름 붙였을까?』이다. 캠벨은 목욕탕에서 사용되는 물건의 발달에 대해 책의 두 챕터를 할애하고 있다.

비누의 유래, 특히 물에 뜨는 비누의 유래에 관한 방대한 양의 연구 자료와 아이보리 비누의 초기 광고 카피를 제공해준 프록터앤갬블 사의 기록보관자 에드워드 라이더에게 감사드린다.

9장

이 장에서 다룬 사실을 모으기 위해 많은 자료들을 사용했지만 학문적 가치와 철저함 때문에 특별히 언급되어야 할 세 저서가 있다. 그것은 메이크업, 머리, 향수에 관한 저서이다.

메이크업의 유래와 발전에 대해 : 내가 찾을 수 있었던 단 한 권의 가장 좋은 자료는 불행히도 절판되었지만 뉴욕시 링컨센터 도서관에 가면 관내에서 읽을 수 있다. 이 책은 M. 에인절로글루의 『메이크업의 역사 : A History of Makeup, 1970, Macmillan』이다.

고대에서 현대까지의 모발 관리, 염색, 가발에 대해 : 존 우드포드의 『가발의 신기한 이야기 : The Strange Story of False Hair, 1972, Drake』. 부차적인 자료는 클레롤 사와의 개인적인 교신을 통해서, 그리고 『모든 사람의 일 : Everybody's Business』에 나와 있는 머리 염색에 관한 통계로부터 입수했다.

향이 개발되어 향수로 바뀌고 향수 산업으로 발달한 경위에 대해 : 에드윈 모리스의 『향수, 클레오파트라에서 샤넬에 이르는 향수 이야기 : Fragrance, The Story of Perfume from Cleopatra to Chanel, 1984, Scribner』. 뉴욕시의 패션 공과대학에서 향수에 대해 가르치는 모리스는 가장 귀한 향수가 레바논 삼나무였던 메소포타미아 시대부터 프랑스가 향수 산업을 지배하게 된 오늘날까지의 역사적 개관을 재미있게 해준다. 이 분야를 더 자세히 공부하고 싶은 독자는 이 책을 읽어보기 바란다. 에이본 사는 자료를 현대의 미국까지 연장할 수 있도록 도움을 주었다. 에이본의 역사에 관한 이야기는 『톱셀러』와 『왜 그렇게 이름 붙였을까?』에 나온다.

빗, 머리핀, 보석, 그리고 메이크업의 발달에 관한 개괄적인 참고자료는 캐서린 레스터와 베스 오어크가 쓴 『드레스의 액세서리 : Accessories of Dress, 1940, Manual Arts Press』이다.

도린 야우드가 쓴 『세계 의상 백과사전 : The Encyclopedia of World Costume, 1978, Scribner』은 주로 의상의 유래를 다루지만 화장품의 역사에 관해서도 자세하고 훌륭하게 설명하고 있다.

10장

이 장은 다른 어떤 장보다도 상표 이름을 많이 다룬다. 이것을 위해 개개의 회사들을 접촉했으며 그들은 자신들의 제품에 관해서 자료를 제공해주었다. 모두에게 감사드리지만 특히 체스브로(바셀린), 존슨앤드존슨(밴드 에이드), 스콜(스콜 박사의 발 관리 제품), 바슈롬(콘택트렌즈와 눈 관리 제품), 바이엘(아스피린)에 감사한다. 아래에 열거한 것은 이 분야를 더 알고 싶은 독자들이 쉽게 구할 수 있는 자료들이다.

의약품의 유래에 대해 : 새뮤얼 노아 크레머가 쓴 『역사는 수메르에서 시작한다 : History Begins at Summer, 1981, University of Pennsylvania Press』. 크레머 교수는 최초로 기록된 약품 카탈로그인 수메르 점토판을 번역했다. 도널드 웨슨이 쓴 『바비투르산염 유도체 : Barbiturates, 1977, Human Science Press』, 리처드 휴즈가 쓴 『미국을 진정시키기 : The Tranquilizing of America, 1979, Harcourt Brace』, 바이런 웰즈가 쓴 『약장 : The Medicine Chest, 1978, Hammond Publications』.

가정용 약장에서 흔히 볼 수 있는 처방전 없이 살 수 있는 약품에 관한 훌륭한 참고자료는 데이비드 짐머만의 『무처방 의약 필수 가이드 : The Essential Guide to Nonprescription Drugs, 1983, Harper & Row』이다. 이 책에 있는 정보를 보충하기 위해서 앤드루 와일과 위니프리드 로젠의 『초콜릿에서 모르핀까지 : Chocolate to Morphine, 1983, Houghton Mifflin』를 사용했다.

약학의 발달에 관해서 내가 찾을 수 있었던 책 중에서 가장 포괄적인 책은 『크레머스와 운당의 약학의 역사 : Kremers and Undang's History of Pharmacy』이다. 매우 추천할 만한 책이다.

로렌스 칠니크가 편집한 『작고 검은 알약책 : The Little Black Pill Book, 1983, Bantam』은 여러 계층의 약장용 약에 관한 정보를 제공하고 있다. 1918년에 있었던 독감 유행에 관해서는 리처드 고든 박사의 『대

의학 재난 : Great Medical Disasters, 1983, Dorset』의 19장, 베버리지의『마지막 전염병 : The Last Great Plague, 1977, Neale Watson Academic Publications』, 지글러의『흑사병 : The Black Death, 1971, Harper & Row』을 보라.

이 장에서는 도처에서 민간요법에 관해 여러 자료를 제시하고 있는데 대부분 「미국 건강 잡지 : American Health Magazine」에 실렸던 캐롤 앤 린즐러의 '민간의학'이라는 칼럼에서 나온 것이다.

11장

미국의 오리지널 엉클 샘이었던 샘 윌슨에 관한 자료는 뉴욕에 있는 트로이 역사학회에서 제공한 것이다. 관심이 있는 독자는 알튼 케첨이 쓴『엉클 샘 : 인간과 전설 : Uncle Sam : The Man and The Legend, 1975, Hill and Wang』을 읽기 바란다.

보이 스카우트에 관해 : 텍사스주 어빙에 있는 미국 보이 스카우트 본부에서 많은 역사적 자료를 제공했다. 또한 미국 보이 스카우트에서 발행한『공식 보이 스카우트 핸드북 : The Official Boy Scouts Handbook, 9판, 1983』도 사용했다. 영국에서 스카우트를 창설한 로버트 바덴 파월에 관한 가장 훌륭한 자료는 마이클 로젠탈이 쓴『인간 공장 : 바덴 파월과 보이 스카우트 운동의 유래 : The Character Factory : Baden-Powell and the Orgins of the Boy Scout Movement, 1986, Pantheon Books』이다. 스카우트 단체들은 원래 이 운동이 소년들에게 군복무를 준비시키기 위해 만들어진 게 아니라고 하지만 로젠탈은 바덴 파월이 만들고자 했던 '훌륭한 시민'이란 훌륭한 군인에 거의 가깝다고 분명히 예시하고 있다. 스카우트의 창설자는 스카우트 운동이 '계급, 피부 색깔, 신조, 또는 나라에 상관없이 모두에게 열려 있다'고 주장하지만 바덴 파월의 글에 종교적 편견이 종종 스며들어 있다는 점 또한 분명한 사실이다.

러시모어산에 관해 : 미국 내무부 국립 공원 관리 서비스 소속 마운트 러시모어 국립 기념관 측에서 제공한 역사적 자료 기념비의 유래와 발전에 관한 훌륭한 자료는 산을 직접 조각한 사람의 아들이면서 아버지가 죽은 후 마무리를 했던 링컨 보그럼이 그웨네스 리드 데두벤과 같이 쓴『마운트 러시모어, 미국의 유산 : Mount Rushmore, Heritage of America, 1980, Kc Pubns』에 수록되어 있다. 더 자세한 역사는 길버트 파이트가 쓴『마운트 러시모어 : Mount Rushmore, 1952, University of Oklahoma Press』에 있다.

미국의 노래에 관해 : 네 곡조에 관한 훌륭한 결정판은 오스카 소넥트가 쓴『리포트 : 성조기여 영원하라, 컬럼비아 만세, 아메리카, 그리고 양키 두들 : Report : The Star-Spangled Banner, Hall Columbia, America and Yankee Doodle, 1972, Dover』이다. 이 책은 각 노래에 관련된 전설을 추적하고 학문적으로 사실과 허구를 구분한다는 점에서 놀랍다. 노래의 유래에 관한 또 다른 참고자료는 제임스 풀드가 편집한『세계 명곡집』이다. 풀드가 세계에서 가장 잘 알려진 거의 1,000곡의 노래를 원래 인쇄 악보에 이르기까지 추적하여 유래를 밝혀낸 이 책은 1966년에 출판된 이래로 음악 연구에 기념비적인 존재가 되어왔다. 오래전에 절판된 이 책은 1984–85년에 작가에 의해 최신판으로 만들어져 1986년에 도버 출판사에서 다시 펴냈다. 재미있게 훑어볼 수 있는 책이다.

이 장에서 음악 자료를 편집하는 데 사용된 또 다른 자료들은 마크 부스가 쓴『미국의 대중음악 : American Popular Music, 1983, Greenwood Press』과 지그문드 스패스가 쓴『미국 대중음악의 역사 : A History of Popular Music in America, 1967, Random House』이다.

미국 국기에 대해 : 누가 미국 국기를 최초로 디자인했는지를 둘러싼 논란에 대한 많은 글이 있다. 그러나 읽을 만하고 학문적인 한 가지 책은 밀로 퀘이프 등이 쓴『미국 국기의 역사 : The History of the United States Flag, 1961, Harper & Brothers』이다. 이 책은 '국기와 관련된 신화'를 많이 떨쳐버리고 명료하고 간략한 방법으로 공화국의 초기 상징에 대해 알려진 구체적인 사실들만 나열하고 있다.

어떻게 해서 '대륙, 나라, 주, 군, 도시, 마을, 읍, 촌락, 우체국들이 현재의 이름을 얻게 되었는지'에 대해 설명해주는 재미있는 책은 매이미 크라이스가 쓴 『우리가 자랑스럽게 찬양하는 것 : 미국 국기, 기념비, 상징에 대한 모든 것 : What So Proudly We Hail : All About Our American Flag, Monuments, and Symbols, 1968, Harper & Row』이다. 이 한 권의 책은 엉클 샘, 미국 국기, 자유의 여신상, 링컨과 제퍼슨 기념관, 워싱턴 기념탑, 백악관 등의 유래를 다루고 있다.

수도의 역사에 관한 자료를 제공해주신 워싱턴 D. C. 상공회의소와 방문자협회에 감사드린다.

자유의 여신상에 관해 : 폴 와인바움이 쓴 『자유의 여신상, 미국의 유산 : Statue of Liberty, Heritage of America, 1980, K.C. Publications』. 역사적 자료를 제공해준 자유의 여신상-엘리스섬 재단에 감사드린다.

12장

이 장에서는 여러 개의 물품들을 다루고 있는데, 각 물품에 관한 구체적 자료를 제공하기 전에 이 분야를 전문적으로 다루고 있는 몇몇 책을 제시한다.

도린 야우드의 『세계 의복 백과사전 : The Encyclopedia of World Costume, 1978, Scribner』은 의복의 주제에 대해 철저하고도 거의 완벽한 저서다. 터너 윌콕스도 의복의 유래와 발전에 대해 자세한 이야기를 담고 있는 몇 권의 책을 썼다. 그는 『의복의 유행 : The Mode in Costume, 1958, Scribner』, 그리고 같은 시리즈로 『모자와 머리 장식의 유행 : Mode in Hats and Headdress』과 『신발의 유행 : Mode in Footware』를 썼다. 블랜치 페인의 『의복의 역사 : History of Costumes, 1965, Harper & Row』도 있다.

그림 자료는 더글러스 고슬라인의 『고대에서 현재까지 눈으로 본 의복의 역사 : A Visual History of Dress from Ancient Times to the Present, 1952, Bonanza Books』와 브라운과 슈나이더의 『그림으로 본 역사적 의상 : Historical Costumes in Pictures, 1975, Dover』이 있다. 도버 출판사에서 나온 또 다른 훌륭한 책은 칼 콜러의 『의복의 역사 : A History of Costume, 1963』이다. 엠비 픽켄의 『패션 사전 : Fashion Dictionary, 1973, Funk & Wagnalls』도 도움이 되었다.

넥타이에 관해 : 콜이 쓴 『칼라와 넥타이, 1655-1900 : Collar and Cravats, 1974, Rodale Press』. 앞에서 나왔던 『의복의 액세서리』라는 책의 '제2부 : 목에 다는 액세서리'도 참조했다. 이 저서에는 모자, 베일, 거들, 신발, 장갑, 부채, 단추, 레이스, 핸드백, 손수건의 유래에 대해서도 훌륭하게 다루고 있다.

기성복에 관해 : 위에서 거론한 책들이 이 주제에 대해서 많이 다루고 있긴 하지만 매우 철저하게 다루고 있는 자료는 샌드라 레이의 『모든 사람을 위한 패션 : 바로 입을 수 있는 옷 이야기 : Fashion for Everyone : The Story of Ready-to-Wear, 1975, Scribner』이다.

모자에 대해 : 위에서 말한 일반적인 자료 외에도 마이클 해리슨의 『모자의 역사 : The History of the Hat, 1960, H. Jenkins, Ltd.』가 있다.

보그 사에서는 내게 도움이 되었던 책을 시리즈로 출판하고 있다.

『1910년 이후 스포츠웨어에서의 유행 : Sportwear in Vogue Since 1910』

『1910년 이후 신부들의 유행 : Brides in Vogue Since 1910』

『1910년 이후 신발의 유행 : Shoes in Vogue Since 1910』

『1910년 이후 수영복의 유행 : Swimwear in Vogue Since 1910』

『1910년 이후 모자의 유행 : Hats in Vogue Since 1910』

『1910년 이후 란제리의 유행 : Lingerie in Vogue Since 1910』

지퍼에 관해 : 지퍼의 개발에 대해 남아 있는 유일한 자료, 특히 『성취의 로맨스 : 지퍼의 역사 : A Romance of Achievement : History of Zipper』를 빌려주신 펜실베이니아주 메드빌의 탈론 사람들에게 감사한다. 또

한 1893년 시카고 세계 박람회에서 지퍼의 전시에 관한 정보를 알려준 시카고 역사학회와 초기의 지퍼 달린 신발과 '지퍼'라는 말의 유래에 대해 정보를 보내준 비에프 굿리치 사에 감사드린다.

수영복과 비키니에 관한 추가 자료는 애틀랜틱시티 역사학회와 닐 마샤드 프로덕션(그들은 『수영복 역사 30년 : Thirty Years of Swimsuit History』이라는 매우 유익한 영화를 보여주었다)이 제공했다. 국립자료보관소는 비키니섬에서의 핵폭탄 실험을 다룬 신문 기사 복사본을 제공했다.

우산에 관해 : 내가 찾을 수 있었던 가장 훌륭한 자료는 T. S. 크로포드의 『우산의 역사 : A History of the Umbrella, 1970, Taplinger』이다. 그것은 이집트와 인도에서 햇빛 가리개로 사용했던 인류 최초의 우산으로부터 시작해서 방수의 시기, 남자가 우산을 들지 않았던 시기를 거쳐, 어느 영국의 괴짜가 우산을 남자 의상의 액세서리로 삼았던 비교적 현대에 이르기까지 우산의 발달을 추적하고 있다.

뉴욕 도시 지역에 관심이 있는 독자에게 의복에 관한 정보를 찾을 가장 좋은 곳은 맨해튼에 있는 패션공과 대학이다. 의복과 책에 대한 그곳의 자료는 세계 최대이다. 시간과 인내심만 있으면 전 시대의 패션에 관한 어떤 질문도 그곳의 자료를 이용하여 해결할 수 있다.

옷감에 관해 : 마틴 하딩햄의 『옷감 카탈로그 : The Fabric Catalogue, 1978, Pocket Books』. 이 책은 모든 천연, 인공 옷감과 직물의 역사와 유래를 제공해준다.

턱시도에 관해 : 턱시도에 관한 역사적 자료를 제공해준 메트로폴리탄박물관 의상학교와 뉴욕 상의 턱시도 파크에 감사드린다.

진에 관해 : 청바지에 관한 정보를 수록하고 있는 위에서 열거한 일반적 참고자료 외에도 리바이 스트라우스 사에 감사드린다.

운동화에 대해 : 나이키와의 개인적인 교신과 『돌파구!』라는 책의 10장이 많은 도움을 수었다.

개인 의상에 대한 또 하나의 훌륭한 책은 드라마 북스가 출판한 『의상 액세서리 시리즈 : The Costume Accessories Series』이다. 품목별로 보자면:

〈가방과 지갑〉, 밴다 포스터	〈모자〉, 피오나 클라크
〈장갑〉, 발레리 커밍	〈부채〉, 헬렌 알렉산더

같은 출판사에서 『눈으로 보는 의상의 역사 시리즈 : A Visual History of Costume Series』가 나왔다.

〈16세기〉, 제인 아셀포드	〈17세기〉, 발레리 커밍
〈18세기〉, 에일린 리베이로	〈19세기〉, 밴다 포스터

다이애나 드 말리가 쓴 『오트 쿠튀르의 역사 1850-1950 : The History of Haute Couture, Drama Books』도 있다.

13장

잘 알려진 전설에 따르면 브래지어는 오토 티즐링이라는 사람이 독일에서 만든 것으로 되어 있다. 티즐링이라는 이름은 수세식 변기를 만든 토머스 크래퍼의 이름만큼이나 수상쩍게 들린다. 그리고 그것도 놀랄 일이 아닌데, 왜냐하면 두 사람의 전기를 월리스 레이번이라는 한 사람의 영국 작가가 썼기 때문이다. 앞에서도 소개한 크래퍼에 관한 전기가 『자만심으로 우쭐해서 : 토머스 크래퍼 이야기』라는 제목인데 비해 브래지어에 관한 책은 『바스트 업 : 오토 티즐링의 고양된 이야기 : Bust Up : The Uplifting Tale of Otto

Titzling』라는 제목이다. 이것은 1971년에 런던의 맥도널드 사가 출판했고 다음 해에 미국에서 프렌티스 홀이 출판했다.

티즐링이라는 사람은 실존했을까? 웰레스 레이번의 책은 의복과 의상의 역사를 다룬 몇몇 저서에서 참고 자료로 인용되고 있다. 도린 야우드의 『세계 의상 백과사전』 같은 진지한 책에서도 레이번의 책은 '속옷'에 관한 정보의 원전으로 당당히 열거되어 있다(티즐링의 이름 철자가 Titzling이 아니라 Tilzling이지만). 몇 달 동안 조사한 결과 나는 레이번의 허구와 사실을 섞어놓은 책 『바스트 업』을 실제로 읽은 사람이 거의 없음을 알았다. 많은 사람이 그 책을 진지하게 취급하고 참고문헌으로 열거하고 민속학에서 슬그머니 한 자리 차지하게 된 것은 바로 그러한 이유에서였다. 몇 권 남아 있지 않은 레이번의 책들 중 하나를 뉴욕공립도서관에서 찾아내서 그가 책에서 다루고 있는 몇 가지 사실들을 독자에게 제시하고자 한다. 이것이 브래지어와 관련된 티즐링 신화를 떨쳐낼 것이다.

레이번에 따르면 티즐링은 1884년 함부르크에서 태어났다. 그는 몸집이 풍만한 쓰완힐다 올라프센이라는 바그너 오페라의 소프라노 가수가 공연 때 코르셋을 입어야 하는 고통에서 해방시키기 위해 브래지어를 발명했다. 여기까지는 레이번의 말이 신빙성이 있지만 티즐링이 브래지어를 디자인하는 데 있어서 한스 델빙이라는 덴마크 사람의 도움을 받았다는 대목에 가면 수상해진다. 한스 델빙과 함께 티즐링은 스웨덴의 위대한 여성 운동가 로이스 렁을 위해 브래지어를 만들었다. 레이번이 특허권 침해 혐의로 프랑스 사람인 필립 드 브래지어를 고소했다는 대목에서는 수상한 이름들이 계속 등장한다. 오토 티즐링, 한스 델빙, 그리고 필립 드 브래지어가 실존했고 브래지어를 만드는 데 선구적 역할을 했다면 그들의 이름은 영원토록 기억되어야 할 것이다.

침대와 침실의 유래와 발달에 관한 탁월한 책은 라이트 로렌스가 쓴 『침대 : The Bed, 1962, Routledge and Kegan Paul, London』이다. 이 책은 이 장의 서두 부분을 쓰는 데 기초가 되었다.

침실에서 볼 수 있는 의상에 관하여 : 양말과 스타킹이 시대적으로 어떻게 발전했는가에 대한 자세한 언급은 밀턴 N. 그래스의 『양말의 역사 : A History of Hosiery, 1955, Fairchild』에 나와 있다. 좀 더 은밀한 의복에 관한 사실들은 세인트 로렌트의 『여자 속옷의 역사 : A History of Ladies' Underwear, 1968, Michael Joseph Publishing』에서 볼 수 있다. E. 유잉의 『속옷의 패션 : Fashion in Underwear, 1971, Batsford』, C. W. 커닝턴의 『속옷의 역사 : A History of Underclothes, 1951, Michael Joseph』.

초기의 브라와 슬립에 관해 : 노라 위의 『코르셋과 크리놀린 : Corsets and Crinolines, 1970, Batsford』.

성적인 사실과 수치는 브레커가 편집한 『성 연구가들 : The Sex Researchers, 1969, Little, Brown』과 필립 노빌이 「폼 : Form」 1984년 5월호에 쓴 '성 역사의 20가지 위대한 순간(20 Greatest Moments in Sex History)'에 나와 있다.

피임약에 대해 : 칼 제라시가 「사이언스」 1984년 11월호에 쓴 '피임약의 제작'.

말의 의미에 대해 : 헨리 스키너의 『의학 용어의 어원 : The Origins of Medical Terms, 2판, 1961, Hafner』. 존 보스웰 『기독교, 사회적 관용, 그리고 동성애 : Christianity, Social Tolerance and Homosexuality, 1980, University of Chicago Press』.

14장

잡지 창간에 관한 역사적 배경을 제공해준 많은 잡지사에 감사드린다. 일반 독자들이 「뉴스위크」에서 찾을 수 있는 정보는 1983년에 편집진에서 펴낸 『역사 초고(A Draft of History)』와 『뉴스위크 : 처음 50년사』이다. 자신들의 출판 자료에 관한 많은 정보를 제공해준 「TV 가이드」 연구팀에게 감사드린다.

미국의 잡지 발달사에 관한 가장 중요한 책은 프랭크 모트가 쓰고 1950년대와 1960년대에 걸쳐 하버드대학 출판부에서 다섯 권으로 펴낸 『미국 잡지의 역사 : A History of American Magazines』일 것이다. 모트는 미국에서 정기간행물 초창기의 고군분투하는 모습을 낱낱이 설명하고 1700년대부터 현재까지 수백 가지 출판물들의 탄생과 죽음, 승리를 자세히 그리고 있다.

이 장에서 사용된 또 다른 자료에는 제럴드 홀랜드가 「애틀랜틱 먼슬리 : Atlantic Monthly」 1971년 5월호에 쓴 '루스와의 점심식사(Lunches with Luce)', 에드윈 다이아몬드가 「뉴스위크」 1984년 11월 19일자에 쓴 '타임 주식회사(Time Inc.)'가 있다.

15장

장난감의 유래를 추적하는 데 관심이 있는 독자의 입문서는 그웬 화이트의 『옛날 장난감과 그 배경 : Antique Toys and Their Background, 1971, Arco Publishing』이다. 이 책은 생각할 수 있는 모든 어린이용 장난감을 상당히 깊이 있게 다루고 있으며 참고문헌도 훌륭하다.

이 장을 정리하는 데 도움이 된 또 다른 자료에는 M. 맥클린톡이 쓴 『미국의 장난감 : Toys in America, 1961, Public Affairs Press』와 C. E. 킹이 쓴 『장난감 백과사전 : The Encyclopedia of Toys, 1978, Crown』, 존 스칸이 쓴 『스칸의 게임 백과사전 : Scarne's Encyclopedia of Games, 1973, Harper & Row』, 이오나와 피터 오피가 쓴 『거리와 놀이터에서 하는 아이들의 게임』이 있다.

폭죽에 관한 훌륭한 저서는 조지 플림튼의 『역사와 축하 : A History and Celebrations, 1984, Doubleday』이며, 인형에 관해서는 맥스 폰 보엔이 쓴 『인형 : Dolls, 1972, Dover』을 참조했다.

중세, 르네상스, 그리고 오늘날 아이들에게 인기 있는 게임에 대한 논의는 마이클 올머트가 「스미소니언」 1983년 12월호에 쓴 '시작 지점'에서 볼 수 있다. 올머트는 또한 「스미소니언」 1984년 10월호에 실린 '시작 지점'이라는 칼럼에서 우연과 기술의 게임을 다루고 있다.

프리스비의 기원과 발달에 대한 흥미로운 책은 스탠실 존슨이 쓴 『프리스비 : Frisbee, 1975, Workman Publishing』이다.

16장

아이스크림에 관해 : 아이스크림의 유래와 발달에 관한 사실과 수치를 제공해준 워싱턴 D. C. 소재 아이스 크림 제조자 국제연합회에 감사드린다. 그들이 1984년에 발행한 『마지막 한 주걱 : The Last Scoop』은 세계 적인 아이스크림 소비에 관한 풍부한 통계 자료를 담고 있다.

미주리 역사학회는 1904년 세인트루이스 세계 박람회에서 아이스크림콘이 시작된 유래에 대한 자료를 제공해주었다.

뉴저지주 파시파니에 있는 내비스코 사의 기록보관자 데이브 스티버스는 아이스크림뿐만 아니라 쿠키(동물 크래커, 오레오), 캔디, 땅콩(특히 플랜터스)에 대해 귀중한 도움을 주었다.

오리건주 포틀랜드 역사학회는 아이스크림콘의 유래를 추적하는 데 도움을 주었다.

폴 딕슨이 쓴 『위대한 미국의 아이스크림 : The Great American Ice Cream, 1972, Atheneum』은 이 주제를 훌륭하게 개관하는 책이다.

핫도그에 관해 : 네이선스 사의 홍보담당자 맥스 로지와 경쟁 회사인 스티븐스 사는 소시지의 역사를 모으는 데 큰 도움을 주었다. 브루클린 공립도서관과 롱아일랜드 역사학회는 코니아일랜드에 핫도그가 도입되고 판매된 역사에 관해 자료를 제공했다.

포테이토 칩에 관해 : 뉴욕주 새러토가 스프링스의 조지 볼스터와 새러토가 스프링스 역사학회는 이 내용에 관한 자료를 제안해주었다.

자기 회사와 제품의 유래에 관해 문서를 보내준 하인즈 사와 베티 크로커에 감사드린다.

음식에 관해 참조한 네 권의 책은 다음과 같다. 웨이벌리 루트가 쓴 『음식 : Food, 1980, Simon and Schuster』은 과일, 채소, 그리고 음식 조리법에 대해 알파벳 순서로 사실과 일화를 제시하고 있는 재미난 책이다. 마찬가지로 방대한 책은 패트릭 코일의 『세계 음식 백과사전 : The World Encyclopedia of Food, 1982, Facts on File』이다. 그리고 돈과 팻 브로스웰이 쓴 『고대의 음식 : Food in Antiquity, 1969, Praeger』과 리 타나힐의 『역사 속의 음식 : Food in History, 1973, Stein & Day』이 있다.

마지막으로 주간 텔레비전 시리즈 '뭔가 큰 것의 시작(The Start of Something Big)'의 제작에 종사하는 텔레렙 관계자들, 특히 알 마시니, 노린 도노반, 로즈메리 글로버, 존 고트리브, 그리고 신디 슈나이더에게 감사한다. 노린, 로즈메리, 존, 그리고 신디는 이 책에 아노고 텔레비전 쇼에도 나왔던 스물네 개의 자료를 수집하는 데 큰 도움을 주었다.

그림 출처

p. 12 | https://en.wikipedia.org/wiki/Dunstan#/media/File:Dunstan_and_the_Devil_-_Project_Gutenberg_eText_13978.png

p. 22 | https://www.ppomcats.org/post/the-devil-s-handmaiden-cat-s-in-the-middle-ages

p. 26 | https://en.wikipedia.org/wiki/Art_of_ancient_Egypt#/media/File:Menna_and_Family_Hunting_in_the_Marshes,_Tomb_of_Menna_MET_DT10878.jpg

p. 27 | https://commons.wikimedia.org/wiki/File:Das_Buch_vom_Klapperstorch_18.jpg

p. 30 | https://en.wikipedia.org/wiki/Wedding_ring#/media/File:Wedding_ring_Louvre_AC924.jpg

| https://en.wikipedia.org/wiki/Wedding_ring#/media/File:Byzantine_-_Marriage_Ring_with_Scenes_from_the_Life_of_Christ_-_Walters_4515_-_Right.jpg

p. 35 | https://www.english-heritage.org.uk/visit/inspire-me/blog/blog-posts/origins-of-the-wedding-cake/

p. 39 | https://www.rct.uk/collection/400885/queen-victoria-1819-1901

p. 48 | https://commons.wikimedia.org/wiki/File:Queen_Victoria_after_Heinrich_von_Angeli.jpg

p. 49 | https://commons.wikimedia.org/wiki/File:Egyptian_-_Coffin_Panel_with_Paintings_of_Funerary_Scenes_-_Walters_622_-_Detail_B.jpg

p. 50 | https://en.wikipedia.org/wiki/Do%C3%B1a_Joanna_the_Mad#/media/File:Do%C3%B1a_Juana_%22la_Loca%22_(Pradilla).jpg

p. 53 | https://en.wikipedia.org/wiki/Fiesole_Altarpiece

p. 66 | https://en.wikipedia.org/wiki/Faberg%C3%A9_egg#/media/File:House_of_Faberg%C3%A9_-_Gatchina_Palace_Egg_-_Walters_44500_-_Open_View_B.jpg

| https://upload.wikimedia.org/wikipedia/commons/2/2d/House_of_Faberg%C3%A9_-_Rose_Trellis_Egg_-_Walters_44501.jpg

p. 77 | https://commons.wikimedia.org/wiki/File:The_First_Thanksgiving_cph.3g04961.jpg

p. 84 | https://commons.wikimedia.org/wiki/File:Martin_Luther%E2%80%99s_Christmas_Tree.jpg

p. 87 | https://en.wikipedia.org/wiki/John_Callcott_Horsley#/media/File:Firstchristmascard.jpg

p. 98 | https://en.wikipedia.org/wiki/John_of_Gaunt#/media/File:John_of_Gaunt,_Duke_of_Lancaster_dining_with_the_King_of_Portugal_-_Chronique_d%27_Angleterre_(Volume_III)_(late_15th_C),_f.244v_-_BL_Royal_MS_14_E_IV.png

p. 109 | https://www.meisterdrucke.ie/fine-art-prints/George-Goodwin-Kilburne/387209/The-Toast:-The-Ladies,-God-Bless-em.-.html

p. 124 | https://en.wikipedia.org/wiki/Matchgirls%27_strike#/media/File:Women_working_in_a_match_factory.jpg

p. 134 | https://en.m.wikipedia.org/wiki/File:Medieval_bakerFXD.jpg

p. 155 | https://commons.wikimedia.org/wiki/File:A_Woman_with_a_Burning_Candle_(Alexander_Laur%C3%A9us)_-_Nationalmuseum_-_18220.tif

p. 158 | https://www.boweryboyshistory.com/2023/03/new-york-by-gaslight-illuminating-the-19th-century.html

p. 170 | https://pixels.com/featured/the-laundry-maid-henry-robert-morland.html

p. 175 | https://www.wikidata.org/wiki/Q17330212#/media/File:Jozef_Isra%C3%ABls_-_'Het_naaistertje'.jpg

p. 183 | https://www.meisterdrucke.uk/fine-art-prints/Adriaen-Jansz.-van-Ostade/557783/A-Peasant-Family-at-Home,-1661-.html

p. 194 | https://en.wikipedia.org/wiki/Neuroscience_of_sleep#/media/File:%D0%A1%D0%BF%D1%8F%D1%89

%D0%B0%D1%8F_%D1%86%D0%B0%D1%80%D0%B5%D0%B2%D0%BD%D0%B0.jpg

p. 197 | https://en.wikisource.org/wiki/Edmund_Dulac%27s_picture-book_for_the_French_Red_Cross/ Cinderella#/media/File:Edmund_Dulac's_picture-book_for_the_French_Red_Cross_-_color_plate_13. jpg

p. 207 | https://fr.wikipedia.org/wiki/La_Barbe_bleue#/media/Fichier:Walter_Crane03.jpg

p. 214 | https://www.surfnetkids.com/early/5585/little-jack-horner-illustrated-by-frederick-richardson

p. 224 | https://commons.wikimedia.org/wiki/Category:Chamber_pots_in_art#/media/ File:Latrint%C3%B6mning_medeltid.jpg

p. 234 | https://en.wikipedia.org/wiki/Toothbrush#/media/File:Toothbrush1899Paris.jpg

p. 238 | https://commons.wikimedia.org/wiki/File:Medieval_dentistry.jpg

p. 246 | https://en.wikipedia.org/wiki/Ivory_(soap)#/media/File:Ivoryso2.jpg

p. 255 | https://www.gct.com/community/the-inside-scoo | travel-trivia/beauty-in-the-eye-of-the-beholder

p. 259 | https://commons.wikimedia.org/wiki/File:Boucher_toilette_1742.jpg

p. 272 | https://upload.wikimedia.org/wikipedia/commons/7/7b/Elizabeth_I_%28Armada_Portrait%29.jpg

p. 278 | https://perfumeroads.blogspot.com/2013/12/ancient-roma.html

p. 298 | https://commons.wikimedia.org/wiki/File:Heroin-Werbung.jpg

p. 300 | https://en.wikipedia.org/wiki/Smith_Brothers#/media/File:SmithBrothers_04.jpg

p. 306 | http://www.opticweekly.com/news/view.php?idx=15854

p. 309 | https://it.wikipedia.org/wiki/Ritratto_di_Leone_X_con_i_cardinali_Giulio_de%27_Medici_e_Luigi_ de%27_Rossi#/media/File:Portrait_of_Pope_Leo_X_and_his_cousins,_cardinals_Giulio_de'_Medici_ and_Luigi_de'_Rossi_(by_Raphael).jpg

p. 319 | https://en.wikipedia.org/wiki/Uncle_Sam#/media/File:J._M._Flagg,_I_Want_You_for_U.S._Army_ poster_(1917).jpg

p. 344 | https://en.wikipedia.org/wiki/Ancient_Roman_military_clothing#/media/File:Ancient_Times,_ Roman._-_017_-_Costumes_of_All_Nations_(1882).JPG

p. 345 | https://www.meisterdrucke.us/fine-art-prints/Loyset-Liedet/195446/Ms-5073-f.140v-Table-Service-of-a- Lady-of-Quality,-from-the-Renaud-de-Montauban-cycle-.html

p. 348 | https://ko.wikipedia.org/wiki/%EB%A3%A8%EC%9D%B4_14%EC%84%B8#/ media/%ED%8C%8C%EC%9D%BC:Louis_XIV_of_France.jpg

| https://upload.wikimedia.org/wikipedia/commons/e/e5/Pompadour6.jpg

p. 351 | https://en.wikipedia.org/wiki/Pantalone#/media/File:SAND_Maurice_Masques_et_bouffons_06.jpg

p. 353 | https://en.wikipedia.org/wiki/Ferdinand_II,_Archduke_of_Austria#/media/File:Archduke_Ferdinand_ II_of_Further_Austria.jpg

p. 357 | https://commons.wikimedia.org/wiki/File:Charles_II_1680_by_Thomas_Hawker.jpeg

p. 358 | https://upload.wikimedia.org/wikipedia/commons/a/af/Neckclothitania-1818.gif

p. 363 | https://www.britishmuseum.org/collection/object/P_1874-0711-835

p. 366 | https://upload.wikimedia.org/wikipedia/commons/4/48/Paris_borodone_018.jpg

p. 368 | https://commons.wikimedia.org/wiki/File:Ancient_Egyptian_Fans_and_Oars.png

p. 371 | https://en.wikipedia.org/wiki/Portrait_of_Henry_VIII#/media/File:After_Hans_Holbein_the_ Younger_-_Portrait_of_Henry_VIII_-_Google_Art_Project.jpg

p. 377 | https://www.wikiwand.com/en/Umbrella#Media/File:Hatshepsut_temple4_b.jpg

p. 378 | https://www.wikiwand.com/en/Umbrella#Media/File:Anthonis_van_Dyck_016.jpg

p. 379 | https://en.wikipedia.org/wiki/Paris_Street;_Rainy_Day#/media/File:Gustave_Caillebotte_-_Paris_ Street;_Rainy_Day_-_Google_Art_Project.jpg

p. 386 ㅣ https://en.wikipedia.org/wiki/Sewing_machine#/media/File:Eatons_Seamstresses.jpg

p. 388 ㅣ https://en.wikipedia.org/wiki/Rose_Bertin#/media/File:Rose_Bertin_Trinquesse.png

p. 391 ㅣ https://en.wikipedia.org/wiki/File:Edmund_Dulac_-_Princess_and_pea.jpg

p. 392 ㅣ https://commons.wikimedia.org/wiki/File:Medieval_Bed_and_Bedroom.jpg

p. 403 ㅣ https://en.wikipedia.org/wiki/Giacomo_Casanova#/media/File:Condoomgebruik_in_de_19e_eeuw.png

p. 409 ㅣ https://en.m.wikipedia.org/wiki/File:I_love_lucy_pajamas_1953.jpg

p. 418 ㅣ https://commons.wikimedia.org/wiki/File:Domenico_ghirlandaio,_miracolo_dei_santi_giusto_e_clemente.jpg#/media/File:Ghirlandaio,_Domenico_-_Saints_Justus_and_Clement.jpg

p. 420 ㅣ https://fr.wikipedia.org/wiki/Les_Tr%C3%A8s_Riches_Heures_du_duc_de_Berry#/media/Fichier:Les_Tr%C3%A8s_Riches_Heures_du_duc_de_Berry_Janvier.jpg

p. 426 ㅣ https://commons.wikimedia.org/wiki/File:The_General_Magazine_and_Historical_Chronicle_Vol_1,_January,_1741.jpg

p. 431 ㅣ https://en.wikipedia.org/wiki/File:Ladies%27_Home_Journal_Vol.8_No.06_(May,_1891).pdf

p. 433 ㅣ https://en.wikipedia.org/wiki/Cosmopolitan_(magazine)#/media/File:Cosmopolitan-FC-November-1917.jpg

p. 435 ㅣ https://en.wikipedia.org/wiki/Vogue_(magazine)#/media/File:VogueMagazine24Dec1892.jpg

p. 438 ㅣ https://en.wikipedia.org/wiki/National_Geographic#/media/File:1915NatGeog.jpg

p. 440 ㅣ https://en.wikipedia.org/wiki/Life_(magazine)#/media/File:Life_1911_09_21_a.jpg

p. 447 ㅣ https://en.wikipedia.org/wiki/Time_(magazine)#/media/File:Time_Magazine_-_first_cover.jpg

p. 453 ㅣ https://en.wikipedia.org/wiki/Children%27s_Games_(Bruegel)#/media/File:Pieter_Bruegel_the_Elder_-_Children%E2%80%99s_Games_-_Google_Art_Project.jpg

p. 460 ㅣ https://commons.wikimedia.org/wiki/File:Portrait_of_a_Child_with_a_Rattle.jpg

p. 462 ㅣ https://commons.wikimedia.org/wiki/File:TheodoreRooseveltTeddyBear.jpg

p. 465 ㅣ https://commons.wikimedia.org/wiki/File:Gaming_Board_Inscribed_for_Amenhotep_III_with_Separate_Sliding_Drawer,_ca._1390-1353_B.C.E.,49.56a-b.jpg

p. 466 ㅣ https://en.wikipedia.org/wiki/Senet#/media/File:Maler_der_Grabkammer_der_Nefertari_003.jpg

p. 485 ㅣ https://commons.wikimedia.org/wiki/File:David_Teniers_the_Younger_-_The_Sausage_Maker_GG_715.jpg

p. 497 ㅣ https://commons.wikimedia.org/wiki/Category:Still_life_with_tazza,_stoneware_jug,_saltcellar_and_dainties_by_Clara_Peeters#/media/File:Mesa_(Clara_Peeters).jpg

p. 499 ㅣ https://www.stneotsmuseum.org.uk/articles/the-history-of-biscuits/

p. 507 ㅣ https://en.wikipedia.org/wiki/Ice_cream#/media/File:Les_Glaces.jpg

일상 속에 숨어 있는

뜻밖의 세계사

지은이_ 찰스 패너티

옮긴이_ 이형식

펴낸이_ 양명기

펴낸곳_ 도서출판 북피움

초판 1쇄 발행_ 2024년 1월 22일

등록_ 2020년 12월 21일 (제2020-000251호)

주소_ 경기도 고양시 덕양구 충장로 118-30 (219동 1405호)

전화_ 02-722-8667

팩스_ 0504-209-7168

이메일_ bookpium@daum.net

ISBN 979-11-974043-6-8 (03900)